Herausgegeben von
Christian Gudehus,
Ariane Eichenberg und
Harald Welzer

Gedächtnis und Erinnerung

Ein interdisziplinäres Handbuch

Verlag J. B. Metzler
Stuttgart · Weimar

Die Herausgeber
Christian Gudehus, promovierter Sozialwissenschaftler, ist wissenschaftlicher Geschäftsführer des Center for Interdisciplinary Memory Research am Kulturwissenschaftlichen Institut in Essen.
Ariane Eichenberg, Promotion 2003, ist Redakteurin der Zeitschrift »Erziehungskunst« und Lehrbeauftragte an der Universität Stuttgart.
Harald Welzer ist Professor für Sozialpsychologie an der Universität Witten-Herdecke und Direktor des Center for Interdisciplinary Memory Research am Kulturwissenschaftlichen Institut in Essen.

Bibliografische Information der Deutschen Nationalbibliothek
Die Deutsche Nationalbibliothek verzeichnet diese Publikation in der Deutschen Nationalbibliografie; detaillierte bibliografische Daten sind im Internet über <http://dnb.d-nb.de> abrufbar.

ISBN 978-3-476-02259-2
ISBN 978-3-476-00344-7 (eBook)
DOI 10.1007/978-3-476-00344-7

©2010 Springer-Verlag GmbH Deutschland
Ursprünglich erschienen bei J. B. Metzler'sche Verlagsbuchhan und Carl Ernst Poeschel Verlag GmbH in Stuttgart 2010

www.metzlerverlag.de
info@metzlerverlag.de

Dieses Werk einschließlich aller seiner Teile ist urheberrechtlich geschützt. Jede Verwertung außerhalb der engen Grenzen des Urheberrechtsgesetzes ist ohne Zustimmung des Verlages unzulässig und strafbar. Das gilt insbesondere für Vervielfältigungen, Übersetzungen, Mikroverfilmungen und die Einspeicherung und Verarbeitung in elektronischen Systemen.

Inhaltsverzeichnis

Vorwort VII

Erinnerung und Gedächtnis. Desiderate und Perspektiven 1

I. Grundlagen des Erinnerns

1. Neuroanatomische und neurofunktionelle Grundlagen von Gedächtnis . . 11
2. Zur Psychologie des Erinnerns 22
3. Die Entwicklung des autobiographischen Gedächtnisses 45
4. Das Gedächtnis im Alter 54
5. Psychoanalyse als Erinnerungsforschung 64

II. Was ist Gedächtnis/Erinnerung?

1. Das autobiographische Gedächtnis . 75
2. Das kollektive Gedächtnis 85
3. Das kulturelle Gedächtnis 93
4. Das kommunikative Gedächtnis . . . 102
5. Das soziale Gedächtnis 109
6. Das Politische des Gedächtnisses . . 115

III. Medien des Erinnerns

Einleitung 127
1. Schrift 129
2. Gedächtniskünste 136
3. Rituale 143
4. Produkte 149
5. Architektur 156
6. Archive und Bibliotheken 165
7. Museen 171
8. Denkmale und Gedenkstätten 177
9. Erinnerungsorte 184
10. Literatur 189
11. Printmedien und Radio 196
12. Bilder 202
13. Film und Fernsehen 217
14. Fotografie 227
15. Internet 235
16. Körper 241

IV. Forschungsgebiete

Einleitung 247
1. Geschichtswissenschaft 249
2. Philosophie 261
3. Soziologie 276
4. Literaturwissenschaft 288
5. Biographieforschung 299
6. Tradierungsforschung 312
7. Geschlechterforschung 319
8. Generationenforschung 327

V. Anhang

1. Auswahlbibliographie 337
2. Institutionen, Projekte, Zeitschriften 338
3. Mitarbeiterinnen und Mitarbeiter . . 346
4. Sachregister 348
5. Personenregister 359

Vorwort

Was ist Gedächtnis?
Das System zur Aufnahme, zur Aufbewahrung und zum Abruf jeder Art von Informationen (z. B. Daten, Fähigkeiten, Emotionen)

Was ist Erinnerung?
Der Abrufvorgang dieser Informationen

Das Gedächtnis schließt unsere menschliche Existenz zu einer Einheit zusammen. Ohne die Fähigkeit zu erinnern, würde das Wissen von uns selbst und der Welt in unzusammenhängende Einzelheiten auseinanderfallen. Eine Vergegenwärtigung des Vergangenen für eine Orientierung in der Gegenwart und eine Gestaltung der Zukunft, wäre ohne Gedächtnis und Erinnerung nicht möglich. Das Gedächtnis als basales Organ und die Erinnerung als zentrale Fähigkeit stehen somit seit Jahrtausenden im Fokus des menschlichen Interesses.

Seit inzwischen rund drei Jahrzehnten allerdings ist dieses Interesse sprunghaft gestiegen und hat eine Fülle unterschiedlichster Forschungsansätze und Fragestellungen hervorgebracht. Das Thema ›Gedächtnis und Erinnerung‹ berührt seitdem nicht nur sämtliche kultur- und naturwissenschaftlichen Disziplinen, politische und öffentliche Debatten, sondern wirkt bis in den Alltagsdiskurs hinein. Die Gründe für diese gesamtkulturelle Präsenz sind vielfältig und auf mehreren Ebenen zu suchen. Ein Aspekt ist, dass in modernen Gesellschaften Lebensläufe nicht mehr linear, auf generationellen und traditionellen Konzepten fußend, verlaufen. Sie sind hochriskant, von Brüchen gekennzeichnet, so dass eine fortwährende Vergewisserung der Vergangenheit erforderlich ist. Zugleich evozieren die demographischen Verschiebungen einen wachsenden Blick auf die Vergangenheit; krankhafte und altersbedingte Gedächtnisstörungen fordern nicht nur die medizinische Forschung, sondern auch die Gesundheitspolitik zu neuen Konzepten heraus. Gesellschaftspolitisch relevant für das Interesse an Gedächtnis und Erinnerung sind die historischen Transformationsprozesse, die mit der Auflösung der Sowjetunion in Gang gesetzt wurden. Sehr unterschiedliche nationale Gedächtnisse formulieren sich seitdem, stehen einander entgegen – und sollen doch zusammengehören, wie das Beispiel Ost- und Westdeutschland zeigt –, so dass eine Beschäftigung mit dem Gedächtnis unabdingbar ist. Eng verzahnt hiermit ist die Wende in der Geschichtswissenschaft, in der nicht mehr nur noch das scheinbar unveränderbare Faktum im Forschungsmittelpunkt steht, sondern dieses als Konstrukt aus der jeweiligen Perspektive begriffen werden kann.

Doch nicht zuletzt tragen die Neurowissenschaften entscheidend dazu bei, dass sich das Wissen um das Gedächtnis und die Erinnerung enorm erweitert hat. Durch die sogenannten bildgebenden Verfahren ist es möglich geworden, das menschliche Gehirn während des Lernens und Erinnerns abzubilden und somit zu einer differenzierten Darstellung unterschiedlicher Gedächtnissysteme zu kommen. Allein beschreiben lassen die Gedächtnisinhalte sich mit den neurowissenschaftlichen Verfahren nicht. Das Gedächtnis bildet sich im Laufe des Lebens entsprechend seiner sozialen Erfahrungen, seiner Einbettung in bestimmte Umwelt- und Lebenszusammenhänge fortwährend um und schafft damit immer neue neuronale Verknüpfungen. Gehirn und Gedächtnis wie Erinnerung sind also immer in Interaktion mit der jeweiligen Umwelt im weitesten Sinne zu denken.

Will man Gedächtnis und Erinnerung verstehen, so liegt es in der Sache, die verschiedenen Disziplinen und Konzepte zu verbinden: Gedächtnis und Erinnerung sind ein interdisziplinäres Phänomen. – Das Handbuch bietet eine Einführung in die Gedächtnis- und Erinnerungsforschung. Von den neurologischen und psychologischen Grundlagen ausgehend, werden die vielfältigen Formen des Gedächtnisses vorgestellt, seine verschiedenen medialen Repräsentationsmöglichkeiten untersucht sowie einzelne Forschungsdisziplinen und -konzepte gesondert dargestellt.

Das erste Kapitel »Grundlagen des Erinnerns« fokussiert auf die organische und psychische Verfasstheit des Gedächtnisses sowie seine Entwicklung und Rückbildung. Aus neurowissenschaftlicher Perspektive werden die verschiedenen Gedächtnissysteme und ihre jeweiligen Verarbeitungsstufen erläutert, Störungen der Gedächtnisfunktionen und der Zusammenhang neuronaler Plastizität und Psychopathologie an Beispielen herausgearbeitet. Aus psychologischer Sicht wird die Erinnerungsfähigkeit – das Wie und Warum des Erinnerns – in den Mittelpunkt gerückt. Neben der Geschichte der Gedächtnispsychologie und ihren Methoden, wird das Vergessen als zentrale Instanz gegenüber dem Erinnern untersucht, um dann Gedächtnis, Erinnern und Vergessen in den unterschiedlichsten psychischen Funktionsbereichen erläutern zu können. Daran schließen die Entwicklung des autobiographischen Gedächtnisses durch sprachliche Kommunikation in frühester Kindheit und der natürlichen wie krankheitsbedingten Rückbildung des Gedächtnisses im Alter an. Das Kapitel endet mit psychoanalytischen Konzepten, dem Blick auf das unbewusste Wissen des Gedächtnisses.

Das zweite Kapitel »Was ist Gedächtnis/Erinnerung?« stellt die Formen des Gedächtnisses aus geistes- und kulturwissenschaftlicher Sicht dar. Es beginnt beim Individuum mit dem autobiographischen Gedächtnis, reicht über das kollektive, kulturelle, kommunikative und soziale Gedächtnis ganzer Gruppen bis hin zum Politischen des Gedächtnisses von Nationen. Deutlich wird hieran, dass zwar das Individuum Träger des Gedächtnisses ist, dass es rezipiert, umarbeitet und fortwährend das Wahrgenommene aktualisiert, dass es aber als Teil verschiedener Kollektive in soziale Prozesse eingebunden ist, die eigenen Gesetzmäßigkeiten folgen und in ihrer Vergangenheitsrepräsentation auf das Individuum zurück-

wirken. Die inflationär und oft unscharf verwendeten Begriffe wie kulturelles, kommunikatives, kollektives Gedächtnis werden in diesem Kapitel so noch einmal einer Revision unterzogen und gegeneinander deutlich abgegrenzt.

Das dritte Kapitel »Medien des Erinnerns« spannt einen großen entwicklungsgeschichtlichen Bogen. Es reicht von den frühesten Repräsentationsmöglichkeiten des Gedächtnisses wie Ritualen, Bildern und Schrift über Archive, Bibliotheken, Literatur, Architektur, Museen, Fotografie und Film bis hin zu den neuesten medialen Vermittlungsinstanzen den Produkten und dem Internet. Hier wird vor allem nach der Geschichte des jeweiligen Mediums, seiner Zuordnung wie Leistung gefragt.

Das vierte und abschließende Kapitel »Forschungsgebiete« nimmt eine gewisse Sonderstellung ein. Es greift verschiedene Forschungsgebiete und Disziplinen noch einmal auf, die den Fragen nach Gedächtnis und Erinnerung innerhalb ihres Faches eine zentrale Stellung einräumen, wie die Philosophie, Literaturwissenschaft, Soziologie, aber auch Geschichtswissenschaft, Geschlechter- und Genderforschung. Zugleich enthält das Kapitel Beiträge, die nicht einer Disziplin zuzuordnen sind, die sich der Methoden und Theorien unterschiedlicher Fächer bedienen, die aber gedächtnisrelevante Gegenstände untersuchen: die Biographieforschung und Tradierungsforschung. Im Grunde sind es gerade letztere, die dem interdisziplinären Anspruch am meisten Genüge tun. Dieser im Titel des Buches formulierte Anspruch realisiert sich über die thematische und disziplinäre Breite der Einführung, deren Zielgruppe vor allem Lehrende und Studierende verschiedenster Fachrichtungen sind. Sie sollen über die weit über eine Disziplin hinausgehende Beschäftigung mit Phänomenen von Gedächtnis und Erinnerung informiert werden. Die vorgestellten Konzepte, Theorien, Forschungsrichtungen und Disziplinen sind lediglich eine Auswahl aus einem noch erheblich weiter gestreuten und sich ständig erweiternden Feld, das sehr allgemein mit Gedächtnisforschung beschrieben werden kann. Um diese Unzulänglich jeden Druckerzeugnisses gegenüber dem Internet, das die Möglichkeit ständiger Korrektur und Erweiterung bietet, auszugleichen, findet sich im Anhang ein Verzeichnis, das auf weitere Ressourcen zum Thema verweist.

Wir danken herzlich Ute Hechtfischer und Franziska Remeika vom Verlag J. B. Metzler für die gute Zusammenarbeit und das äußerst genaue Lektorat, sowie all denjenigen, die Texte schrieben, recherchierten und übersetzten. Stellvertretend für unsere Kollegen am Kulturwissenschaftlichen Institut danken wir seinem Direktor Claus Leggewie für die in jeder Hinsicht außergewöhnlich erfreulichen Arbeitsbedingungen.

Essen/Stuttgart, Dezember 2009

Christian Gudehus, Ariane Eichenberg, Harald Welzer

Erinnerung und Gedächtnis.
Desiderate und Perspektiven

Die Erinnerungs- und Gedächtnisforschung hat über die letzten drei Jahrzehnte eine beispiellose Konjunktur erlebt, wobei besonders bemerkenswert ist, dass dieser Befund für beide Kulturen der Scientific Community gilt: Sowohl die kultur- wie die naturwissenschaftliche Gedächtnisforschung verzeichnet in diesem Zeitraum rasante Fortschritte; in den Kultur-, Sozial- und Geisteswissenschaften stehen vor allem die Gedächtnispraktiken im Zentrum empirischer Untersuchungen und theoretischer Konzeptualisierungen und in den Neurowissenschaften die Gedächtnisfunktionen und ihre neuronalen und hirnanatomischen Korrelate. In Untersuchungen zur Ontogenese des menschlichen Gedächtnisses sind Perspektiven und Methoden aus beiden Wissenschaftskulturen zusammengeführt worden. Gedächtnis und Erinnerung sind transdisziplinäre Forschungsgegenstände par excellence, finden doch alle hirnorganisch angelegten Entwicklungsschritte der humanspezifischen Formen des Gedächtnisses unter kulturellen Formatierungen statt. Dieser zentrale Befund hat nicht nur zu einer Fülle interdisziplinärer Forschungsprojekte (etwa ›Strukturen der Erinnerung‹ an der Ruhr-Universität Bochum; ›Das soziale Gehirn‹ an der Universität Heidelberg) geführt, sondern auch zu der Etablierung einer in vielen Teilbereichen sich mit der Gedächtnisforschung überlappenden ›social neuroscience‹. Ein weiterer prosperierender Bereich liegt im Bereich der altersspezifischen Gedächtnisforschung und hier insbesondere im Zusammenhang mit Demenzerkrankungen (s. Kap. I.4). Das Erscheinen von anerkannten Zeitschriften (*Memory* bzw. *Memory Studies* in allgemeiner Perspektive sowie ein Fülle spezialistischer Journals vor allem aus dem medizinischen Bereich) sowie von einschlägigen Buchreihen (wie der von Erll/Nünning herausgegebenen Reihe ›Media and Cultural Memory‹) zeigt – folgt man dem klassischen Modell von Thomas S. Kuhn – die Etablierung der Erinnerungs- und Gedächtnisforschung als ›normal science‹ an. Dazu gehört selbstverständlich auch die Publikation eines Handbuchs, das den Stand der Dinge zu repräsentieren und zusammenzufassen sucht. Die hier versammelten Beiträge stehen für den aktuellen Stand der Theoriebildung und der Forschung vor allem in der kulturwissenschaftlichen Erinnerungs- und Gedächtnisforschung. Jedoch bleiben gerade in der Zusammenschau noch einige Fragen offen, die im Folgenden vor allem im Hinblick darauf diskutiert werden sollen, welche weiteren Entwicklungs- und Forschungsperspektiven sich der Erinnerungs- und Gedächtnisforschung in Zukunft eröffnen (sollten).

In der kulturwissenschaftlichen Gedächtnisforschung ist inzwischen, besonders durch die Arbeiten von Jan und Aleida Assmann, ein befriedigender Zustand in systematischer und begrifflicher Hinsicht erreicht; insbesondere die Differenzierung von kulturellem und kommunikativem Gedächtnis hat sich sowohl unter theoretischen wie unter forschungspraktischen Gesichtspunkten als ausgesprochen hilfreich erwiesen (s. Kap. II.2, II.3). Innerhalb der Subdifferenzierungen – also etwa hinsichtlich eines ›sozialen‹, ›familialen‹, ›Alltags-Gedächtnisses‹ oder in Bezug auf Formen von Gedächtnis, wie sie in Routinen und im Habitus wirksam sind, besteht auch in der Gegenwart noch einiger Klärungsbedarf. Dasselbe gilt für den Umstand, dass das menschliche Gedächtnis in erheblichem Ausmaß nicht innerhalb des individuellen Gehirns organisiert ist, sondern außerhalb. Das individuelle Gedächtnis ist in vielerlei Hinsicht nicht ein Speicherorgan, sondern ein Interface von Erinnerungen, ein Umstand, der für künftige Forschungen sicher von erheblicher Tragweite ist. Unter empirischen Gesichtspunkten ist gewiss auch von Bedeutung, dass die Forschung zur Rezeption erinnerungskultureller Angebote einstweilen defizitär ist. Das gilt auch für komparative Forschungen zu Erinnerungskulturen und spezifischen Erinnerungsphänomenen. Ein eklatant vernachlässigter Aspekt von Erinnerung und Gedächtnis ist generell deren prospektive Seite: der epistemische Bezugspunkt allen Erinnerns ist die Zukunft; die evolutionäre Funktion des Gedächtnisses ist Überlebenssicherung in sich verändernden Umwelten. Daher ist die Kategorie ›Vergangenheit‹ für die Theorie und Empirie von Erinnerung und Gedächtnis in Zukunft vielleicht weniger wichtig als die Kategorie ›Zukunft‹. Damit wird die folgende Übersicht schließen.

Engramme und Exogramme

Zunächst: Alle Lebewesen haben ein Gedächtnis; einer der berühmtesten Gedächtnisforscher, der mit dem Nobelpreis ausgezeichnete Biologe Eric Kandel, hat die grundlegenden Zusammenhänge der neuronalen Bedingungen des Gedächtnisses an einer Meeresschnecke untersucht und zeigen können, dass auch bei diesem mit einem extrem einfachen neuronalen System ausgestatteten Tier Umwelterfahrungen in seine synaptische Verschaltungsarchitektur übersetzt werden. Gedächtnis ist auf dieser Ebene nichts anderes als die Integration eines erfahrenen Reizes in die Organisationsstruktur des neuronalen Apparates, um, einfach gesagt, etwas in einer Vergangenheit Erlerntes in einer jeweiligen Gegenwart für künftiges Überleben anwenden zu können. Ein solches System ist notwendig, damit Organismen in dynamischen Umwelten überleben können.

Die meisten Tiere verfügen, wie übrigens Säuglinge auch, lediglich über ein Erfahrungsgedächtnis, das ihnen über die Lerntechniken der Habituation und Sensitivierung eine sich selbst optimierende Anpassung an die Bedingungen jener Umwelten ermöglicht, in denen sie existieren. Sie leben in einer unablässigen Gegenwart; ihre Gedächtnissysteme – das prozedurale, perzeptuelle und das Priming-Gedächtnis – sind implizit oder non-deklarativ; ihr Funktionieren setzt keinerlei Bewusstsein voraus. Bei Menschen entwickeln sich ontogenetisch bald weitere Gedächtnissysteme: das semantische, das Wissen speichert, das episodische, das spezifische Ereignisse behält und schließlich das autobiographische, das einen Raum-Zeit-Bezug, ein entwickeltes Selbstkonzept und eine emotionale Codierung voraussetzt (s. Kap. I.1, II.1). Andere Lebewesen und selbst nicht-menschliche Primaten erreichen offenbar nur die semantische Ebene, und da es manchmal unklar ist, ob sie nicht doch mehr erinnern, spricht die Forschung hier etwas hilflos von ›episodic-like memory‹.

Autobiographisches Gedächtnis entwickelt sich etwa mit dem dritten Lebensjahr eines Kindes, und es dauert bis zum Ende der Adoleszenz, bis es sich vollständig entfaltet – was man unter anderem daran ablesen kann, dass Menschen erst zu diesem Zeitpunkt eine Lebensgeschichte erzählen können, die den sozialen Anforderungen an diesen Typ von Geschichte entspricht und durch ein hinreichendes Maß an Linearität und Kohärenz zusammengehalten wird. Das verweist schon auf den eminent sozialen und kulturellen Charakter des autobiographischen Gedächtnissystems. Wie es phylogenetisch zum Entstehen dieses Gedächtnissystems gekommen ist, ist ungeklärt, aber die Fähigkeit, sich bewusst und selbstbezogen, autonoetisch, erinnern zu können, ist Ergebnis einer komplexen phylo- und ontogenetischen Entwicklung und ein humanspezifisches Vermögen.

Die Verfügung über ein autobiographisches Gedächtnissystem schafft die Möglichkeit, die eigene Existenz in einem Raum-Zeit-Kontinuum zu situieren und auf eine Vergangenheit zurückblicken zu können, die der Gegenwart vorausgegangen ist. Ganz offensichtlich dient das komplexe Vermögen, ›mentale Zeitreisen‹ – wie Endel Tulving dieses Phänomen nannte – vornehmen zu können, dem Zweck, Orientierungen für zukünftiges Handeln zu ermöglichen. Erlerntes und Erfahrenes kann auf diese Weise für die Gestaltung und Planung von Zukünftigem genutzt werden.

Autobiographische Erinnerungen sind ›autonoetisch‹, das heißt, Menschen erinnern sich nicht nur, sondern können sich auch dessen bewusst sein, dass sie sich erinnern. Dieses Vermögen zur autonoetischen oder deklarativen Erinnerung liefert den unschätzbaren Vorteil eines *expliziten* Abrufs von Erinnerungen. Das bedeutet, dass man sich willentlich in längst vergangene Situationen zurückversetzen kann, zum Beispiel, um sich eine Handlung und ihre nicht wahrgenommenen Alternativen vor Augen zu führen, um in einer analogen Situation in der Gegenwart ein breiteres Handlungsspektrum nutzen und eine begründete Entscheidung treffen zu können.

Mit der Möglichkeit, sich reflexiv zu dem zu verhalten, was einem widerfahren ist und wie man darauf reagiert hat, wird Gedächtnis bei Menschen in zwei Hinsichten auf eine funktional effizientere Ebene als bei nicht-menschlichen Lebewesen gehoben. Die Fähigkeit, sich selbst in einem Raum-Zeit-Kontinuum situieren zu können, bedeutet erstens, dass die eigene Umwelt planmäßig erschlossen und ausgewertet werden kann: Während ohne bewusstes Gedächtnis Reize und Reaktionen, Anforderungen und Antworten unmittelbar aufeinander folgen, eröffnet die Fähigkeit zum autonoetischen Erinnern einen prinzipiell unendlichen Raum von Aufschüben zwischen den jeweiligen Anforderungen und den möglichen Reaktionen darauf. Ein solches Gedächtnis ermöglicht das Warten auf bessere Gelegenheiten, das Überstehen problematischer Situationen, das Entwickeln effizienterer Lösungen, kurz: Es erlaubt Handeln, das auf Auswahl und Timing beruht. Ein solches Gedächtnis schafft Raum zum Handeln und entbindet vom unmittelbaren Handlungsdruck; es schafft genaugenommen erst jenen Unterschied zum Agieren und Reagieren, der als ›Handeln‹ bezeichnet wird.

Zweitens, und damit zusammenhängend, schafft ein solches Gedächtnis die Möglichkeit, Gedächtnisinhalte zu externalisieren, aus dem einzelnen Organismus auszulagern: angefangen von der einfachen Markierung eines Nahrungsverstecks über die Entwicklung symbolischer Austauschformen durch sprachliche Kommunikation bis zur Herausbildung von Schriftsprachen haben Menschen ganz einzigartige Formen der Repräsentation von Gedächtnisinhalten geschaffen, die wiederum zum einen Entlastung von Handlungsdruck, zum anderen die soziale Weitergabe von Erinnertem erlauben. Menschen können Informationen aufbewahren und kommunizieren; sie können sie mit der Erfindung von Schrift schließlich sogar an Menschen weitergeben, mit denen sie räumlich oder zeitlich überhaupt nichts verbindet, womit sich ein Fundus von gespeichertem Wissen auftut, der die Beschränkungen der direkten Kommunikationen radikal überwindet. Neben das Engramm, die neuronale Einschreibung einer Gedächtnisspur, tritt das Exogramm, die externe Gedächtnisspur, die von Dauer sein und auf die deshalb übertemporal zurückgegriffen werden kann.

Exogramme sind externale Gedächtnisinhalte jeglicher Art, die zur Bewältigung gegenwärtiger Anforderungen und zur Entwicklung von Handlungsoptionen für die Zukunft genutzt werden. Es kann sich dabei um schriftliche, mündliche, symbolische, gegenständliche, musikalische, habituelle, kurz: um jegliche Inhalte handeln, die entweder selbst als menschliches Orientierungsmittel entwickelt worden sind (wie eine Karte) oder als solche verwendet werden können (wie der Sternenhimmel zum Navigieren). Ein solcher Inhalt springt, um es quantentheoretisch zu formulieren, in dem Augenblick in den Zustand eines Exogramms, in dem er von einem Subjekt als externer Gedächtnisinhalt betrachtet und verwendet wird.

Im Unterschied zu Engrammen sind Exogramme permanent, das heißt, sie überschreiten die zeitlichen und räumlichen Grenzen der individuellen Existenz und den Horizont persönlicher Erfahrung. Evolutionär betrachtet, liegt der entscheidende Schritt der menschlichen Phylogenese in der Entwicklung von Symbolen, weil diese, wie Merlin Donald gezeigt hat, die Möglichkeiten der menschlichen Kognition um einen höchst leistungsfähigen Gedächtnisspeicher bereichern, wobei sich vor allem die Speichereigenschaften von Engrammen und Exogrammen unterscheiden: Engramme »sind unbeständig, winzig und schwer zu modifizieren, lassen sich im Bewusstsein nicht langfristig präsent halten und sind nicht leicht aufzufinden und abzurufen. Demgegenüber sind externe Symbole mit stabilen, dauerhaften und im Prinzip beliebig erweiterbaren Erinnerungszeichen verknüpft« (Donald 2008, 298). Darüberhinaus kann man Exogramme leicht und mit einer Fülle unterschiedlicher Verfahren abrufen. Das menschliche Bewusstsein verfügt damit über zwei Repräsentationssysteme, ein internes und ein externes, während alle anderen Lebewesen nur über ein internes verfügen.

In diesem zugleich en- wie exogrammatischen Charakter des menschlichen Gedächtnisses liegt begründet, dass autobiographische Gedächtnisinhalte durchaus externen Quellen entstammen können, obwohl die sich erinnernde Person fest davon überzeugt ist, sich an Selbsterlebtes zu erinnern. Um alle möglichen, aus Filmen, Erzählungen oder Kommunikationen stammenden Episoden nahtlos in das eigenen autobiographische Gedächtnis einzufügen, ist lediglich erforderlich, dass diese eine hinreichende Wahrscheinlichkeit aufweisen, dass sie auch im Leben des sich Erinnernden vorgekommen sein könnten, und dass sie zweitens von den Erinnerungsgemeinschaften geteilt werden können, zu denen die sich erinnernde Person zählt. Die Wahrheit des autobiographischen Gedächtnisses unterliegt allein sozialen Bestätigungskriterien; diese Kriterien sind nicht – wie etwa juristische oder wissenschaftliche Wahrheitskriterien – an objektivierbare Datenbestände gebunden. Bei einem in so hohem Maße exogrammatisch operierenden Gedächtnissystem wie dem menschlichen ist es funktional gleichgültig, ob die ›Lehre‹, die man aus einer Vergangenheit zu ziehen und anzuwenden meint, auf ein authentisches oder ein importiertes Erlebnis zurückgeht, stärker formuliert: ob man etwas selbst oder ob es jemand anderes erlebt hat.

Erinnerungskonflikte auf der gesellschaftlichen und auch auf der individuellen Ebene rekurrieren auf eine Kongruenz zwischen einer Ereignis- und einer Erinnerungsgeschichte, die es nicht gibt und auch nicht geben kann. Meist ist das Verständnis der Funktionsweise des menschlichen Gedächtnisses noch sehr stark der traditionalen Annahme verhaftet, es handele sich beim Sich-Erinnern um den Abruf von Erfahrungen, die die jeweilige Person selbst gemacht hat und die nach dem Erleben abgespeichert wurden, um unter bestimmten Bedingungen wieder abgerufen werden zu können. Dass ein menschliches Gedächtnis aber als ein distributives System organisiert ist, das sowohl die Grenzen zwischen Individuen wie die zwischen Individuen und technischen Speichermedien jederzeit überschreitet, legt das Bild nahe, dass ein sich erinnerndes Individuum wie ein Interface operiert, dass je nach der gegebenen Anforderungssituation ganz unterschiedliche Segmente und Lesarten von engrammatisch und exogrammatisch verfügbaren Erinnerungseinheiten neu organisiert und nach Gebrauch wieder abspeichert. Mit diesem einfachen Modell lässt sich einerseits alles integrieren, was seit Freuds Fehlerinnerungen über Elisabeth Loftus' ›false memories‹ bis hin zu den allfälligen Überschreibungsvorgängen von Erinnerungen im Gebrauch gut belegt ist, und andererseits ein transsubjektives Konzept des menschlichen Gedächtnisses entwerfen, das viel eher Kommunikations- als Speichermodellen entspricht.

Weitere theoretische Arbeit in diese Richtung würde die Erinnerungs- und Gedächtnisforschung nicht nur über den Scheinwiderspruch hinwegführen, dass nur individuelle Gedächtnisse ein organisches Substrat haben, kollektive aber nicht. Sie würde sie überdies aus ihrer Vergangenheitsfixierung lösen, die auf die Annahme zurückgeht, dass jene Teile des Gedächtnisses, die humanspezifisch sind, auf materielle Wirklichkeiten rekurrieren. Diese Annahme übersieht, dass die Wirklichkeiten, innerhalb derer menschliche Überlebensgemeinschaften operieren, vor allem kultureller und keineswegs nur materieller Natur sind.

Co-Evolution

»Die Regulierung der Uhren beruht auf der Regelmäßigkeit der Naturbewegungen [...]. Aber was wüssten wir von der natürlichen Chronologie ohne unser Uhrensystem?« Dieses nachdenkliche Aperçu von Jean Piaget (1974, 386 f.) verdeutlicht, dass Menschen Wesen sind, die aus der langsam verlaufenden biologischen Evolution herausgetreten sind, indem sie einen ungeheuer effizienten Entwicklungsbeschleuniger eingeführt haben: die kulturelle Weitergabe von Erfahrung und Wissen. Voraussetzung dafür war eben das autonoetische Gedächtnis, denn ohne ein solches gibt es keine Möglichkeit der Auslagerung von Gedächtnis, von Symbolisierung, von Aufbewahrung. Der Entwicklungspsychologe Michael Tomasello hat auf der Basis vergleichender Säuglings- und Primatenforschung die Theorie aufgestellt, dass das Beherrschen symbolischer Kommunikationsformen einen evolutionären Fortschritt ums Ganze bedeutet: Die Schaffung einer Möglichkeit der kulturellen Weitergabe von Erfahrungen im Medium der sprachlichen Kommunikation, argumentiert Tomasello, beschleunigt die langsame biologische Evolution mit den Mitteln des Sozialen (Tomasello 2009). Darauf geht die atemberaubende und sich permanent steigernde Entwicklungsgeschwindigkeit der Evolution menschlicher Existenzformen zurück: Kulturelle Weitergabe ermöglicht, dass die jeweils folgenden Generationen auf der Basis der gemachten und in soziale Praktiken überführten Bewältigungserfahrungen ihre Entwicklungsmöglichkeiten auf jeweils höheren Erfahrungsniveaus ansetzen und entfalten können.

Vor diesem Hintergrund findet die Ontogenese in anthropogenen adaptiven Umgebungen statt – also immer unter spezifischen kulturellen Bedingungen. Nachwachsende Generationen setzen ihre Entwicklung sozial jeweils auf der Stufe an, die die Vorgängergenerationen erreicht und kultiviert haben. Man kann das sehr klar an einem sozialen Orientierungsmittel wie ›Zeit‹ illustrieren. Die Verfügung über einen Zeitbegriff ist essentiell für das autobiographische Gedächtnis; aber wie das obige Zitat von Piaget andeutet, ist sie zunächst nichts anderes als ein – so würde der Soziologe Norbert Elias sagen – menschliches Orientierungsmittel auf hohem Syntheseniveau. Es bedurfte phylogenetisch einer außerordentlich langen Entwicklungszeit, bis Menschen lineare, regelmäßige und abstrakte Zeitintervalle operationalisiert hatten, mit deren Hilfe sie zum einen Ordnung in experimentell oder direkt beobachtbare Abläufe bringen konnten und zum anderen jene enormen Synchronisierungsleistungen hervorbringen konnten, die unterschiedlichste Menschen mit unterschiedlichsten Funktionen an unterschiedlichsten Orten innerhalb einer einzigen temporalen Matrix zusammenschaltet. Diese Synchronisierung erfordert auf Seiten der einzelnen Subjekte ein temporal organisiertes Selbstkonzept, was nichts anderes ist als das autobiographische Gedächtnis.

Wenn also auf der Ebene der Phylogenese seit etwa viertausend Jahren Zeitkonzepte entwickelt werden, die soziale Zeit zunehmend von abstrakter Zeit entkoppeln, dann bedeutet das ontogenetisch, dass diese Auffassung von Zeit immer schon Teil der Entwicklungsumwelt ist, in der das Kind heranwächst. Dasselbe gilt etwa für die Sprache oder jedes andere symbolische Orientierungsmittel, das Menschen im Zuge der Phylogenese entwickelt haben. Dies alles gewährleistet eine gegenüber anderen Säugetieren völlig andere Entwicklungsdynamik der Spezies, die mittels Speicherung und Weitergabe von Erfahrung und Wissen, Tradierung und Traditionsbildung erreicht wird.

Möglich wird dieser Sprung über die biologische Evolution hinaus dadurch, dass Menschen über ein Gehirn verfügen, dessen eigene Organisation sich erst in der Auseinandersetzung mit einer spezifischen Umwelt strukturiert. Die neuronale Struktur des menschlichen Gehirns bildet sich nutzungs- und erfahrungsabhängig. Man muss dabei berücksichtigen, dass Menschen hinsichtlich ihrer Hirnreifung völlig unfertig auf die Welt kommen und diese erst im jungen Erwachsenenalter abgeschlossen wird – bis zu diesem Zeitpunkt sind soziale und biologische Entwicklungsaspekte Teile ein und desselben Vorgangs. Deshalb sind Menschen einzigartig anpassungsoffen und modulationsfähig, und die schier unerschöpfliche Flexibilität der menschlichen Hirnorganisation zeigt sich auch daran, dass es hirnbiologisch und -anatomisch keinerlei Unterschied zwischen den Menschen der Gegenwart und denen gibt, die vor 200.000 Jahren gelebt haben. Unser Gehirn sieht genauso aus wie das ihre, und vermutlich leistet es auf der Ebene seiner Hardware auch nicht mehr. Dieser erstaunliche Befund gibt in etwa die Dimension der co-evolutionären Beschleunigung durch die menschliche Kultur an. Evolution bedeutet biologisch nichts anderes als den Vorgang der Genese und Bereitstellung von Potential für Entwicklung (was im Übrigen eine ausgesprochen klassische Definition von Evolution ist). Sie liefert Entwicklungsmöglichkeiten, die so oder so, besser oder schlechter, optimal oder suboptimal ausgewertet werden können. Die humanspezifische kulturelle Evolution nutzt also einfach ein Entwicklungspotential, das die biologische Evolution einer bestimmten Primatenart eröffnet hat.

Die außergewöhnlich lange Entwicklungszeit des menschlichen Gehirns bedeutet zugleich, dass eine sehr viel engere und länger anhaltende Vernetzung mit anderen Menschen, in der Regel den Eltern, gewährleistet sein muss, damit ein sich entwickelndes Kind sein Potential ausschöpfen kann. Die menschliche Ontogenese ist daher in viel höherem Maße sozial als die anderer Lebewesen; menschliche Babys kommen, wie eine Unzahl entwicklungspsychologischer Studien gezeigt hat, daher mit einer ›readiness for communication‹ zur Welt. Da Menschen zu früh und höchst unfertig geboren werden, sind alle ihre basalen Fähigkeiten ausschließlich überlebensorientiert – ihr Gehirn, genauer gesagt: das Stammhirn sorgt dafür, dass sie atmen können, dass ihr Herzschlag sich reguliert, ihr Stoffwechsel funktioniert, aber auch, dass sie vom ersten Moment an lernen und kommunizieren können. Auch diese letztere Fähigkeit ist essentiell, da menschliche Neugeborene die angemessene Betreuung durch ihre älteren Artgenossen viel intensiver und länger brauchen als andere Tiere. Sie existieren deshalb nicht als Individuen, sondern als Teil eines sozialen Netzwerks. Das menschliche Gehirn ist das einzige Gehirn in der Biosphäre, das sein Potential nicht aus sich selbst heraus realisieren kann. Es muss Teil eines Netzwerks werden, bevor seine Eigenschaften entwickelt werden können (vgl. Donald 2008, 11).

Wie Katherine Nelson und ihre Mitarbeiterinnen gezeigt haben, ist auch die Fähigkeit, sich autonoetisch zu erinnern, etwas Erlerntes, das über sich wiederholende Abläufe und Routinen und später mittels ›memory talk‹ als eine Form sozialer Praxis vermittelt und angeeignet wird (s. Kap. I.3). Qi Wang hat in vergleichenden Untersuchungen gezeigt, dass die Autobiographisierung in verschiedenen Kulturen zu unterschiedlichen Lebensaltern einsetzt; in den traditionell weniger individualistisch orientierten asiatischen Kulturen später als in den westlichen (Wang 2006). In historischer Perspektive ist anzunehmen, dass unter anderen Gesellschaftsformationen mit geringerem Individualisierungsgrad wie im Mittelalter oder in der frühen Neuzeit andere autobiographische Regime vorgelegen haben als heute. Wo jede Bedingung fehlt, den eigenen Lebenslauf zu gestalten, liegt vermutlich eine Autobiographisierung im modernen Sinn gar nicht vor. All das verdeutlicht, in welch ausgeprägtem Maße kulturelle Formationen in die Gedächtniskonstitution einwirken, so dass man mit Recht davon sprechen kann, dass das menschliche Gehirn ein biokulturelles Organ ist, das sich im Rahmen von Netzwerken anderer Gehirne unter historisch und kulturell spezifischen Bedingungen entwickelt.

Das unterstreicht einmal mehr, dass das menschliche Gedächtnis als ein transsubjektives, distributives System zu verstehen ist, ohne das die kooperative Überlebensform der menschlichen Gattung nicht auskommen würde. Das zentrale Unterscheidungsmerkmal zwischen Primaten und menschlichen Primaten ist dann auch offenbar in einer fundamentalen Differenz der sozialen Organisation ihrer Überlebensgemeinschaften zu suchen. Während nicht-menschliche Primaten innerhalb ihrer Überlebensgemeinschaft um Nahrungsmittel konkurrieren und ein Sozialsystem entwickelt haben, das durch strikte Hierarchisierung und eine inflexible soziale Ordnung die Ernährungs- und Fortpflanzungserfordernisse der Gruppe reguliert, setzen menschliche Überlebensgemeinschaften auf ein völlig anderes Prinzip: auf Kooperation. Kooperation steigert die Potentiale der Einzelnen, indem sie Fähigkeiten und Kräfte bündeln, kombinieren, kumulieren kann und damit ihrerseits neue Potentiale zu entfalten in der Lage ist. Gerade darum sind menschliche Überlebensgemeinschaften prinzipiell kommunikative Gemeinschaften, denn Kooperation setzt natürlich Kommunikation und die Distribution des von Einzelnen Gewussten voraus.

Vergleichende Studien

Was Studien zu erinnerungskulturellen Fragestellungen angeht, dominieren noch immer Arbeiten das Feld, die sich mit der Bearbeitung und Repräsentation sogenannter ›negativer Geschichte‹ (Koselleck 2002) beschäftigen. Gemeint sind von kollektiver Gewalt geprägte Vergangenheiten, die oft tiefe Spuren in Kollektiven und Individuen hinterlassen haben (was Saul Friedländer (2007) ›deep memory‹ nennt). Herausgebildet am noch immer paradigmatischen Fall Deutschlands, hat sich dieses Feld inzwischen regional und hinsichtlich der Fragestellungen und Ansätze breit aufgefächert. Die Anzahl der Studien zur Erinnerungspolitik, zu juristischen Aufarbeitung, zur Übersetzung in Bildung, zur kulturellen Repräsentation auf verschiedensten Ebenen – Kunst, Medien, Wissenschaft – sind weltweit kaum noch zu überblicken. So haben sich zwischenzeitlich Spezialdisziplinen wie die Transitional Justice-Forschung herausgebildet, eine weitere Atomisierung des Gegenstandes ist zu erwarten. Dagegen sind trotz einiger Bemühungen, übrigens gerade im letztgenannten Bereich, die Potenziale vergleichender Forschung noch längst nicht ausgeschöpft. Lange dominierten die Forschungslandschaft Sammelbände, in denen wenig systematisch einige Länderstudien nebeneinandergestellt und allenfalls mühsam in einleitenden Artikeln verbunden werden. Diesen Aspekt hat Jan Holger Kirsch schon vor einigen Jahren kritisch gewürdigt. Er schrieb seinerzeit: »Wichtiger erscheint mir – auch für künftige Forschungen – eine konzeptionelle Überlegung: Statt die nationalen, inzwischen weitgehend bekannten Erinnerungsparadigmen relativ isoliert nebeneinanderzustellen, wäre es vielleicht erkenntnisfördernder, bestimmte Aspekte im direkten Vergleich zu untersuchen – beispielsweise die Phasen, Akteure, Medien und Deutungsmuster der Erinnerung.

Vermutlich würden die strukturellen Gemeinsamkeiten gegenüber den nationalen Spezifika dann überwiegen« (Kirsch 2002).

Zunehmend finden sich aber Studien, die mit gleichen Konzepten und Methoden erinnerungskulturelle Praktiken in unterschiedlichen Ländern untersuchen. Neuere Beispiele sind die Arbeiten der Gruppe um Welzer (2007), die mit einem einheitlichen Forschungsdesign das Verhältnis von privater zu öffentlicher Erinnerung in sieben europäischen Ländern untersucht hat oder der von Claudio Fogu, Wulf Kansteiner und Richard Ned Lebow herausgegebene Band, in dem die öffentlichen und politischen Prozesse in Folge des Zweiten Weltkriegs in verschiedenen Ländern mit einer einheitlichen Fragestellung und einem abgestimmten Begriffsapparat untersucht worden sind (2006). Als Klassiker kann die Arbeit von James E. Young gelten, der durch den Vergleich von Gedenkstätten, Denkmalen und Museen in Deutschland, Israel, Polen und den USA verdeutlicht hat, wie das jeweilige national vorherrschende Selbstverständnis als Opfer, Täter, Überlebende oder Retter sich in den jeweiligen Vergangenheitsrepräsentationen wieder finden (1992).

Grundsätzlich dient bisher in der Regel der Nationalstaat als relevante räumliche Vergleichseinheit. Das Spektrum der Vergleichsobjekte reicht von großräumigen Gebilden (z. B. Erinnerungskulturen) bis zu Segmenten (z. B. Denkmalen, Museen, Wahrheitskommissionen). Weiter ist zwischen diachronen Vergleichen (zeitverschieden, vorrangig in einem Land, z. B. zwischen Berliner, Bonner und Weimarer Republik), synchronen (zeitgleich, meistens zwischen Ländern, aber auch zwischen unterschiedlichen Territorien innerhalb eines Landes) und zeitversetzten zu unterscheiden. Der grundsätzliche Gewinn des Vergleichs besteht einerseits darin, Fallspezifisches vom Allgemeinen zu unterscheiden. So unterscheiden sich die Dynamiken juristischer, kultureller und politischer Thematisierung negativer Vergangenheit zum Teil erheblich zwischen einzelnen Kollektiven. Dennoch kann in allen Fällen beobachtet werden, wie Vergangenheit als Ressource für Produktion von Sinn, Orientierung und Kohärenz erzeugende Narrationen genutzt wird, dass diese Prozesse hochgradig konflikthaft sind und dass Konjunkturen festzustellen sind, die unmittelbar an die jeweils vorherrschenden politischen Konstellationen gebunden sind. Eine ganz andere Vergleichsperspektive eröffnen Metastudien, wie sie in der Psychologie und Soziologie regelmäßig zur Anwendung kommen.

Wie einige Autorinnen und Autoren in diesem Handbuch anmahnen (s. Kap. II.2, 3, III.13, IV.6), fehlt es an empirischen Arbeiten zur Rezeption der verschiedenen medial und kommunikativ angebotenen Deutungsweisen von Vergangenheit. Da für unterschiedliche Bereiche wie etwa Museen, Internet, Radio oder auch Film Rezeptionsstudien vorliegen, sollten diese noch stärker als bisher hinsichtlich ihrer Ergebnisse, aber besonders im Hinblick auf die Methoden systematisch verglichen werden. Vor allem aber können rezeptionswissenschaftliche Ansätze auch der Erinnerungsforschung interessante Hinweise liefern. Beispielhaft genannt seien eine ethnographisch angelegte Studie, in der die orientierende Funktion von Telenovelas in Brasilien eine Rolle spielt (Machado-Borges 2006) oder eine Interviewstudie, die zeigt, dass schwarze und weiße Amerikaner unterschiedliche Lesarten von Madonnas Video »Papa don't preach« entwickeln (Brown/Schulze 1990).

Prospektives Gedächtnis

Aus der Tradierungsforschung und der in Folge sozialpsychologischer Experimente entwickelten Weitererzählforschung ist bekannt, dass die Operation des Sinnmachens in der transgenerationellen Kommunikation ebenso wie in Weitererzählexperimenten sowohl kulturellen Normen als auch generationsspezifischen Bedingungen folgt (s. Kap. IV.6). Das diesem Typ Forschung zugrunde liegende Paradigma kann jedoch auch umgekehrt Anwendung finden: dann nämlich, wenn nicht nach Lesarten von Vergangenheiten gefragt wird, sondern etwa kulturell oder generationell differente Zukunftsvorstellungen und -horizonte in Kommunikationen untersucht werden. Diesem Aspekt wird in den Jahren 2009 bis 2011 in einer ländervergleichenden Mehrgenerationenstudie nachgegangen, die sich mit der Frage beschäftigt, wie die seit den 1970er Jahren sich vollziehenden Strukturveränderungen auf dem Arbeitsmarkt und in den sozialstaatlichen Versorgungssystemen sich auf die Entwicklung und Reichweiten von individuellen Zukunftsvorstellungen auswirkt. Das Verschwinden tradierter Gewissheiten der Lebensplanung, die Abkehr vom Konzept des Lebensberufs, die Flexibilisierung von Berufserwartungen und -verläufen und nicht zuletzt größere soziale Unsicherheit müssten, so die Annahme, auch zu generationell differenten Zukunftshorizonten führen. Und, wie es etwa die anhaltende Vergangenheits- und Erinnerungsfixierung in der Bundesrepublik Deutschland nahelegt, eingeschränkte Zukunftshorizonte korrespondieren möglicherweise mit ausgedehnteren Vergangenheitsbezügen. Vergleichbare Fragestellungen lassen sich in Bezug auf Umweltrisiken mit zerdehnter zeitlicher Struktur entwickeln: So wirft etwa der Klimawandel aufgrund seiner zeitlich extrem ausgedehnten Spanne zwischen Verursachung und Wirkung nicht nur ganz neue, generationsübergreifende, Handlungsperspektiven auf, sondern konfrontiert Akteure mit der Relevanz von Zukunftshorizonten, die bislang bei Handlungsplanungen noch kaum in Rechnung gestellt werden mussten. Untersuchungen solcher Phänomenbereiche wären sehr geeignet, der Erinnerungs- und Gedächtnisforschung einen Raum zu eröffnen, der bislang noch kaum ausgemessen wurde. Die gegenwärtige Erinnerungs- und Gedächtnisforschung hat eine sehr starke Verzerrung hin zu retrospektiven Gedächtnisformen und -praktiken; in Zukunft dürfte es darauf ankommen, die prospektiven Aspekte des Gedächtnisses stärker zu beachten, mithin Zukunft in die Gedächtnisforschung zu bringen.

Erinnerung hat funktional nichts mit Vergangenheit zu tun. Sie dient der Orientierung in einer Gegenwart zu Zwecken künftigen Handelns. Deshalb ist es eine irreführende Vorstellung, dass Gedächtnis vor allem mit der Vergangenheit zu tun habe; ganz im Gegenteil spielen ›Vorerinnerungen‹, wie Edmund Husserl (1917/18) bemerkt hat, also Vorgriffe auf etwas erst in der Zukunft Existierendes, als Orientierungsmittel für die Ausrichtung von Entscheidungen und Handlungen eine mindestens so wichtige Rolle wie der Rückgriff auf real oder vorgestellt erlebte Vergangenheiten (s. Kap. IV.3). Die von Husserl eingeführte Unterscheidung zwischen Retentionen als Rückgriffen auf Vergangenheitsbestände und Protentionen als auf Späteres gerichteten Intentionen, die schon die enorme Bedeutung von imaginierten Zukünften für Handlungsentwürfe und -ausführungen dargelegt hat, ist von Alfred Schütz in seinem Konzept der »antizipierten Retrospektionen« weiterentwickelt worden. Das humanspezifische Vermögen, die persönliche Existenz in einem Raum-Zeit-Kontinuum zu situieren und auf eine Vergangenheit zurückblicken zu können, die der Gegenwart vorausgegangen ist, hat den Zweck, Orientierungen für zukünftiges Handeln zu ermöglichen. Umgekehrt können Menschen auf eine Zukunft zurückblicken, die noch gar nicht Wirklichkeit geworden ist. Die grammatische Form dafür ist das Futurum II – es wird gewesen sein –, seine mentale Form die »antizipierte Retrospektion«, der Vorausblick auf etwas, noch bevor es verwirklicht worden ist (Schütz 1972, 261).

Antizipierte Retrospektionen spielen für menschliches Handeln eine zentrale Rolle – jeder Entwurf, jeder Plan, jede Projektion, jedes Modell enthält einen Vorgriff auf einen Zustand, der in der Zukunft vergangen sein wird. Und genau aus diesem Vorentwurf eines künftigen Zustands speisen sich Motive und Energien – aus dem Wunsch, einen anderen Zustand zu erreichen als den gegebenen. Gedächtnis ist eine dreistellige Relation aus Vergangenheit, Gegenwart und Zukunft, und gerade der prospektive Teil dieser Relation hat der menschlichen Lebensform nicht nur den evolutionären Vorsprung verschafft, Vorteile und Hindernisse bei der Gestaltung der Welt abschätzen und virtuell durchspielen zu können, sondern diese Lebensform überhaupt mit einem Gedächtnis ausgestattet, das seine Inhalte nicht nur aus dem Gegebenen und dem Vergangenen, sondern auch aus dem Vorgestellten und Erwünschten bezieht. Man kann daraus den Schluss ziehen, dass der epistemische Bezugspunkt des Gedächtnisses die Zukunft und keineswegs, wie gewöhnlich angenommen, die Vergangenheit ist.

An dieser Stelle öffnet sich der Erinnerungs- und Gedächtnisforschung ein erheblich weiterer Raum als bisher. In empirischer kulturwissenschaftlicher Perspektive könnten etwa spezifische Ungleichzeitigkeiten in Handlungsorientierungen und -optionen sowohl auf der gesellschaftlichen wie auf der individuellen Ebene zum Untersuchungsgegenstand werden, die Schwerkraft von Selbstbildern und Habitusbildungen oder die Tiefenwirkung historischer Erfahrungen auf die Konzipierung von Zukunftsentwürfen oder allgemeiner: zukunftsbezogenen Handlungspotentialen analysiert werden. In theoretischer Hinsicht ließen sich Konzeptionen entwickeln, die den Gedächtnistätigkeiten immanenten Zukunftsbewältigungszielen systematisch Rechnung tragen und Bausteine zu einer Theorie eines wiederum humanspezifischen Zukunftsgedächtnisses zusammenstellen. Und in neurowissenschaftlicher bzw. interdisziplinärer Perspektive ließe sich grundlagenwissenschaftlich möglicherweise Aufschluss darüber gewinnen, welche zeitlichen Horizonte von menschlichen Gedächtnissen kapazitär überhaupt prozessiert werden können. All dies würde die Erinnerungs- und Gedächtnisforschung auf ein höheres Abstraktions- und Syntheseniveau als bisher heben können und überdies die gerade in Bezug auf kollektive Gedächtnisphänomene leider noch allzu oft fehlende Trennung von normativen und analytischen Perspektiven sicherstellen. Damit würde die rein normative Privilegierung der Vergangenheit gegenüber der Gegenwart und der Zukunft in der Erinnerungs- und Gedächtnisforschung ebenso Geschichte sein wie die Höherbewertung des Erinnerns gegenüber dem Vergessen. Da jede Gedächtnistätigkeit ein notwendig selektiver Vorgang ist, ist Vergessen konstitutiv für Erinnerung überhaupt. Und da der funktionale Überlebenswert des Gedächtnisses von seinem Zukunftsbezug abhängt, ist es die Zukunft, die konstitutiv für das Gedächtnis ist, und nicht die Vergangenheit.

Literatur

Brown Jane D./Schulze, Laurie: The Effects of Race, Gender, and Fandom on Audience Interpretations of Madonna's Music Videos. In: *Journal of Communication* 49, 2 (1990), 88–102.

Donald, Merlin: *Triumph des Bewusstseins. Die Evolution des menschlichen Geistes.* Stuttgart 2008 (engl. 2001).

Friedländer, Saul: Trauma, Erinnerung und Übertragung in der historischen Darstellung des Nationalsozialismus und des Holocaust. In: Ders.: *Nachdenken über den Holocaust.* München 2007, 140–153, hier 141.

Husserl, Edmund: *Die Bernauer Manuskripte über das Zeitbewußtsein* [1917/18]. Dordrecht 2001.

Kirsch, Jan Holger: Rezension zu: Volkhard Knigge/Norbert Frei (Hg.): Verbrechen erinnern. Die Auseinandersetzung mit Holocaust und Völkermord. München 2002. In: *H-Soz-u-Kult*, 15.10.2002 (http://hsozkult.geschichte.hu-berlin.de/rezensionen/id=1310).

Koch, Gertrud: Nachstellungen – Film und historischer Moment. In: Klaus E. Müller/Jörn Rüsen (Hg.): *Historische Sinnbildung – Problemstellungen, Zeitkonzepte, Wahrnehmungshorizonte, Darstellungsstrategien.* Reinbek 1997, 536–551.

Koselleck, Reinhart: Formen und Traditionen des negativen Gedächtnisses. In: Volkhard Knigge/Norbert Frei (Hg.) *Verbrechen erinnern. Die Auseinandersetzung mit Holocaust und Völkermord.* München 2002, 21–32.

Lebow, Richard Ned/Kansteiner, Wulf/Fogu, Claudio (Hg.): *The Politics of Memory in Postwar Europe.* Durham/London 2006.

Machado-Borges, Thais: Going with the Flow: Ethnography & Dialogism in the Reception of Brazilian Telenovelas. In: *Particip@tions* 3, 2 (Special Edition 2006): http://www.participations.org/volume%203/issue%202%20-%20special/3_02_contents.htm (4.4. 2008).

Piaget, Jean: *Die Bildung des Zeitbegriffs beim Kinde.* Frankfurt a. M. 1974.

Schütz, Alfred: Tiresias oder unser Wissen von zukünftigen Ereignissen. In: Ders.: *Gesammelte Aufsätze.* Bd. 2. Den Haag 1972.

Tomasello, Michael: *Die kulturelle Entwicklung des menschlichen Denkens* [2002]. Frankfurt a. M. 2009.

Wang, Qi: Earliest Recollections of Self and Others in European American and Taiwanese Young Adults. In: *Psychological Science* 17, 8 (2006), 708–714.

Welzer, Harald (Hg.): *Der Krieg der Erinnerung. Holocaust, Kollaboration und Widerstand im europäischen Gedächtnis.* Frankfurt a. M. 2007.

Young, James E.: *Beschreiben des Holocaust. Darstellung und Folgen der Interpretation.* Frankfurt a. M. 1992.

Harald Welzer

I. Grundlagen des Erinnerns

1. Neuroanatomische und neurofunktionelle Grundlagen von Gedächtnis

Das Gedächtnis ist kein einheitliches anatomisches und funktionelles System, sondern kann in Bezug auf verschiedene Charakteristika in spezifische funktionelle Subsysteme unterteilt werden. Hinsichtlich der Dimension ›Zeit‹ wird das Gedächtnis in Ultrakurzzeit-, Arbeits-, und Langzeitgedächtnis unterteilt (für die folgenden Ausführungen Piefke/Markowitsch, 2008). Der Zeitraum der Informationserhaltung umfasst im Falle des Ultrakurzzeitgedächtnisses einige Millisekunden und beim Arbeitsgedächtnis mehrere Minuten. Der Behaltenszeitraum des Langzeitgedächtnisses kann einige Stunden, Jahre oder sogar Jahrzehnte umfassen. Letzteres gilt insbesondere für das autobiographische Gedächtnis. Das Arbeitsgedächtnis ermöglicht die kurzfristige und unmittelbare Speicherung von Information, die nicht mehr perzeptuell in der Umwelt verfügbar ist. Es leistet jedoch nicht nur die Speicherung, sondern auch die aktive Verarbeitung von Informationsmaterial zur Steuerung nachfolgenden Verhaltens (z. B. Entwicklung von Strategien zur Lösung einer Aufgabe). Das Langzeitgedächtnis integriert vielfältige bewusste und unbewusste Lern- und Gedächtnisprozesse. Nach dem Konzept multipler Gedächtnissysteme (Tulving 2005) kann man das menschliche Langzeitgedächtnis in fünf Gedächtnissysteme unterteilen. Zwei dieser Systeme, das *prozedurale Gedächtnis* und das *Primingsystem*, operieren auf der Ebene der unbewussten Informationsverarbeitung (implizites Gedächtnis). Das prozedurale Gedächtnis ermöglicht den Ablauf vorwiegend motorischer Routinen (z. B. Fahrrad fahren), während das Primingsystem das unbewusste Wiedererkennen vertrauter perzeptueller Reize erlaubt (z.B Rekonstruktion eines Fernsehers oder eines anderen Alltagsobjekts aus einer fragmentierten Darstellung des Objekts). Zwei weitere Gedächtnissysteme, das *perzeptuelle Gedächtnis* und das *Wissenssystem*, können sowohl an bewussten (explizites Gedächtnis) als auch unbewussten Gedächtnisverarbeitungsprozessen beteiligt sein. Das perzeptuelle Gedächtnis arbeitet auf der präsemantischen Stufe: seine Basis ist die Vertrautheit wahrgenommener Reize (z. B. Wiedererkennen einer vertrauten Banknote). Das Wissenssystem leistet dagegen die grundlegende semantische Verarbeitung von Information. Das episodische Gedächtnis operiert auf der Ebene des bewussten Erinnerns von Ereignissen und Episoden einschließlich deren zeitlicher, räumlicher und emotionaler Kontexte. Abbildung 1 (s. S. 12) illustriert diese fünf unterschiedlichen Systeme des menschlichen Langzeitgedächtnisses anhand der spezifischen Arten von Information, die jedes der Systeme verarbeitet.

Das episodisch-autobiographische Gedächtnis

Um die komplexen Wege der Informationsverarbeitung in diesem Gedächtnissystem beschreiben zu können, muss zunächst eine Unterteilung in unterschiedliche Verarbeitungsstufen vorgenommen werden.

Enkodierung und Konsolidierung: Episodische Information findet über sensorische Bahnen Eingang in das Gehirn und wird zunächst kurzfristig »online« in Assoziationsarealen des Kortex (= Hirnrinde) gespeichert (insbesondere in denen des seitlichen Scheitellappens und des Stirnhirns). Von dort wird die Information in das sogenannte *limbische System* übermittelt, einem phylogenetisch älteren System von Strukturen und Faserverbindungen im zentralen Nervensystem, das die Enkodierung und Konsolidierung

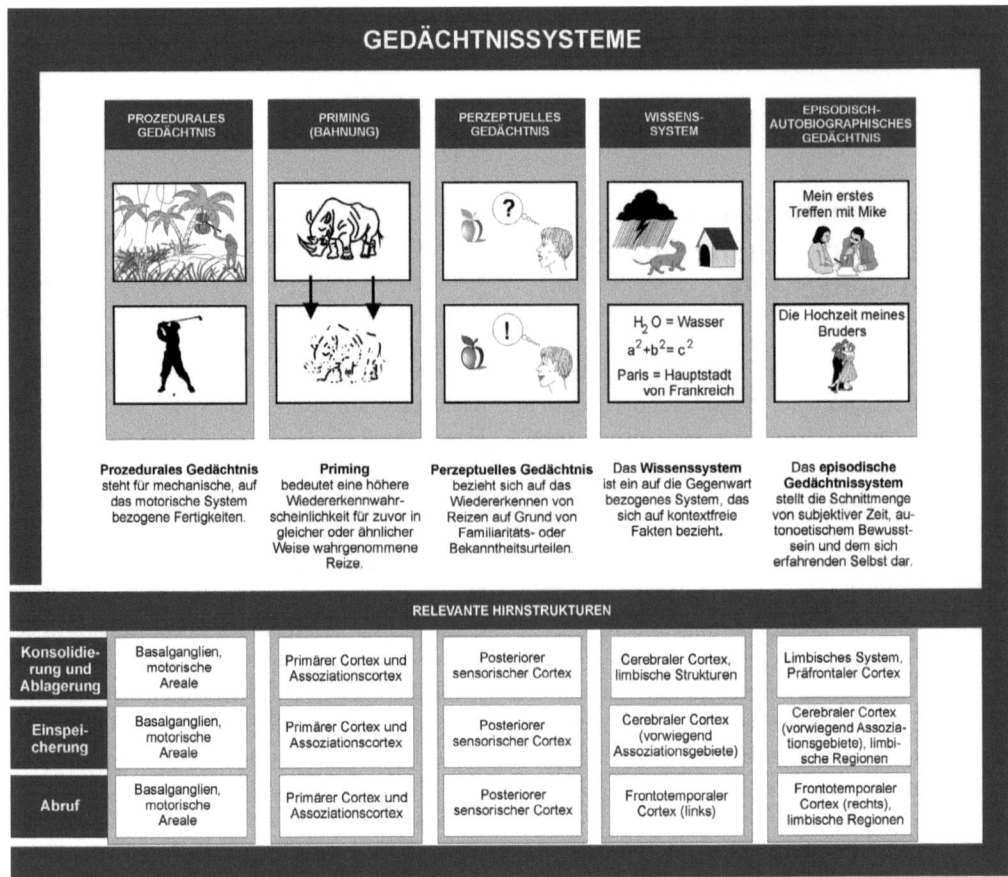

Abb.1: Nach dem Konzept multipler Gedächtnissysteme (Tulving 2005) ist das Langzeitgedächtnis des Menschen in fünf verschiedene Subsysteme unterteilt: das prozedurale Gedächtnis, das Primingsystem, das perzeptuelle Gedächtnis, das Wissenssystem und das episodisch-autobiographische Gedächtnis. Die Abbildung beschreibt jedes Subsystem des Langzeitgedächtnisses durch die spezifischen Arten von Information die es verarbeitet. Das episodische Gedächtnis, das Wissenssystem und das perzeptuelle Gedächtnis verarbeiten bewusste (explizite) Erinnerungen. Die Dimensionen des unbewussten (impliziten) Langzeitgedächtnisses sind durch das prozedurale Gedächtnis und das Priming-System repräsentiert.

kognitiver und emotionaler Information sowie deren Integration in das bereits bestehende Gedächtnisrepertoire über einen begrenzten Zeitraum leistet. Abbildung 2 illustriert die wichtigsten zum limbischen System gehörenden Strukturen des menschlichen Zentralen Nervensystems.

Dem limbischen System werden zentrale Funktionen für das episodische Langzeitgedächtnis und die Verarbeitung von Emotionen zugeschrieben. Die im limbischen System stattfindende Integration von episodischen Langzeitgedächtnisprozessen und Emotionsverarbeitung spielt insbesondere für das episodisch-autobiographische Gedächtnis eine Schlüsselrolle. Die Abbildung veranschaulicht die Lage der wichtigsten limbischen Gehirnstrukturen im Zentralen Nervensystem des Menschen. Dazu gehören die Amygdala, der Hippocampus, thalamische Regionen, das basale Vorderhirn, der Gyrus cinguli, der Fornix, die Mammillarkörper und der mammillothalamische Trakt.

Zusätzlich sind die Strukturen und Faserver-

1. Neuroanatomische und neurofunktionelle Grundlagen von Gedächtnis

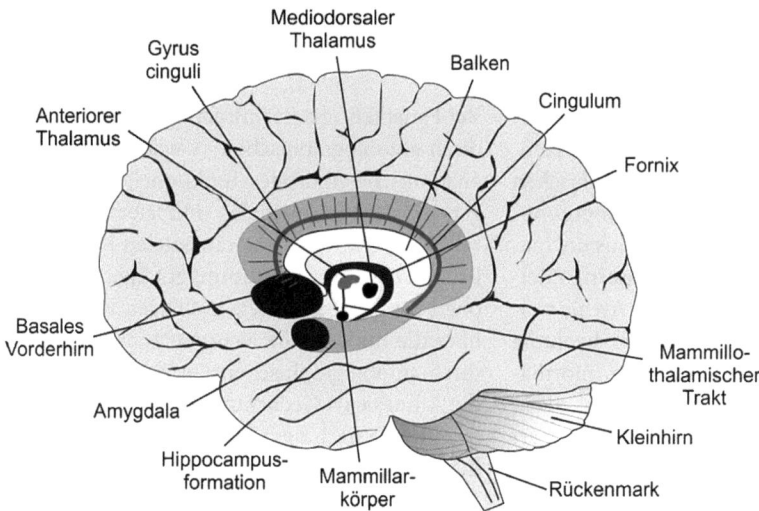

Abb. 2: Das limbische System im menschlichen Zentralen Nervensystem

bindungen des limbischen Systems in die Evaluation eingehender Information und deren Übertragung zu den endgültigen neokortikalen Speicherorten involviert. Der Hippocampus und die Amygdala gehören zu den Kernstrukturen des limbischen Systems. Für Gedächtnisfunktionen spielen jedoch weitere limbische Strukturen eine Schlüsselrolle. Das limbische System wird in zwei verschiedene Netzwerke untergliedert: den *basolateralen limbischen Schaltkreis* und den *Papezschen (medialen) Schaltkreis*. Der basolaterale limbische Schaltkreis bildet die Basis der Evaluation affektiver und emotionaler Aspekte von Information (z. B. gefährlich oder erstrebenswert), während der Papezsche Schaltkreis in erster Linie die kognitiven Dimensionen der Evaluation und Übertragung von Information für die Langzeitspeicherung leistet. Zum basolateralen limbischen Schaltkreis gehören die Amygdala, der mediodorsale Thalamus (d. h. in der Mitte und höher gelegene thalamische Regionen) und die subcallosale Region (d. h. unterhalb des Corpus Callosum – es handelt sich um einen Balken, der die rechte und linke Gehirnhemisphäre verbindet) des basalen Vorderhirns. Diese Strukturen sind verbunden durch verschiedene Nervenfasern, die die Weiterleitung von Information zwischen diesen Regionen ermöglichen. Der Papezsche Schaltkreis umfasst die Mammillarkörper,

den anterioren Thalamus, den Gyrus cinguli und den Hippocampus einschließlich der zwischen diesen Regionen verlaufenden Fasersysteme.

Eine Gedächtnisspur (Engramm) hat nach der Enkodierung und Übertragung der Information in die Hirnrinde zur Langzeitspeicherung noch keine Stabilität. Es müssen weitere Konsolidierungsprozesse stattfinden, die »frisch erworbene« Information mit schon lange gespeicherter abgleichen und integrieren. Die gegenwärtigen Kenntnisse über die Biochemie der Gedächtniskonsolidierung sprechen für eine den Konsolidierungsprozessen inhärente Tendenz, eine kongruente und kontinuierliche »Gestalt« des Gedächtnisrepertoires zu formen (Piefke/Markowitsch 2008). Auf diese Tendenz wird bei der Beschreibung des autobiographischen Gedächtnisses später näher eingegangen.

Speicherung: Ausgedehnte und weit verzweigte neuronale Netzwerke in neokortikalen Gehirnregionen (insbesondere im Assoziationskortex) sind die Speicherorte episodischer Information. Die Speicherung von emotionaler episodisch-autobiographischer Information benötigt auch einen Input von unterhalb der Hirnrinde gelegenen Strukturen, insbesondere von der Amygdala und den septalen Kernen.

Abruf: Laterale und mediale Regionen des Stirnhirns (= präfrontaler Kortex), der temporale

Pol (Schläfenlappenspitze), mediale temporale Regionen, der posteriore Gyrus cinguli und der retrospleniale Kortex (in der Mitte gelegene Strukturen in hinteren Bereichen des Gehirns) sind die Kernstrukturen der funktionellen Neuroanatomie des episodisch-autobiographischen Gedächtnisabrufs. Präfrontale und temporopolare Regionen sind durch den Fasciculus uncinatus, eine großes Bündel von Nervenfasern, miteinander verbunden. Die präfrontalen Areale stellen Auslöser (»Trigger-Signale«; z. B. Lenkung der Aufmerksamkeit auf die gesuchte Information) bereit für den Abruf von Information, die in den posterioren Assoziationskortizes gespeichert ist. Die temporopolaren und medialen temporalen Regionen leisten die affektive und emotionale Verarbeitung sowie die Re-Enkodierung episodischer Information. Re-Enkodierungsprozesse finden grundsätzlich während des Informationsabrufs statt, so dass es fortlaufend zu einer Re-Integration und damit zu einer Veränderung und Aktualisierung abgerufener Information kommt. Auch die Re-Enkodierungsprozesse während des episodischen Abrufs unterstützen die schon im Zusammenhang der Gedächtniskonsolidierung erwähnte Tendenz zur Herstellung eines kongruenten Gedächtnisrepertoires. Hier zeigt sich insofern eine Entsprechung zu einer wichtigen psychologischen Funktion von Erinnerungen. Re-Enkodierungsprozesse basieren vermutlich insbesondere auf Hippocampusfunktionen. Der episodische Abruf basiert insofern in erster Linie auf einem fronto-temporalen Netzwerk, das mit posterioren, vor allem im Scheitellappen gelegenen Gehirnregionen interagiert. Eine posteriore neokortikale Struktur, die an der Generierung visueller Vorstellungen während des episodischen Abrufs beteiligt ist, ist der *Präkuneus*, eine der Strukturen des Scheitellappens (Piefke 2008). Daher ist diese Gehirnstruktur auch als »the mind's eye« bekannt (Fletcher u. a. 1995). Je nach Aufgabenstellung zeigten neurofunktionelle Bildgebungsstudien eine rechts- oder linkshemisphärische Dominanz von Aktivität innerhalb des neuronalen Netzwerks, das die Grundlage des Abrufs von Information aus dem episodischen Gedächtnis bildet (Piefke u. a. 2003).

Störungen episodisch-autobiographischer Gedächtnisfunktionen

Bei Patienten mit Beeinträchtigungen des episodisch-autobiographischen Gedächtnisses sind anatomische und/oder funktionelle Schädigungen meistens im medialen und lateralen Temporallappen und/oder im präfrontalen Kortex lokalisiert. Dieser Befund stimmt gut überein mit den oben beschriebenen gegenwärtigen Kenntnissen über die funktionelle Neuroanatomie des episodisch-autobiographischen Gedächtnisses. Wenn die Amnesie (= Gedächtnisstörung) Information betrifft, die nach dem Eintreten der Gehirnschädigung enkodiert wurde, spricht man von einer *anterograden* Amnesie. Betrifft sie Informationsmaterial, das vor dem Eintreten der Schädigung des Zentralen Nervensystems enkodiert wurde, wird sie als *retrograde* Amnesie bezeichnet. Anterograde und retrograde Amnesien können separat oder kombiniert auftreten. Verletzungen des Hippocampus in einer (unilateral) oder beiden Hemisphären des Gehirns (bilateral) führen typischerweise zu schwerwiegenden anterograden und retrograden Gedächtniseinbußen. Das klassische Fallbeispiel ist in diesem Zusammenhang der Patient HM, der nach einer bilateralen Resektion im medialen Temporallappenbereich (wegen einer medikamentös nicht behandelbaren Epilepsie), die auch Teile beider Hippocampi einschloss, bleibend amnestisch war (Scoville/Milner 1957). Er konnte sich an jedem neuen Tag nicht an den vorausgegangenen erinnern (anterograde Amnesie), und auch sein episodisch-autobiographisches Altgedächtnis war schwerwiegend beeinträchtigt (retrograde Amnesie).

Bei retrograden Amnesien infolge von Hippocampusschädigungen beobachtet man häufig (jedoch nicht immer) ein zeitliches Gefälle, so dass rezente Erlebnisse nicht mehr erinnert werden können, während das episodische Gedächtnis für Kindheitserinnerungen oft intakt ist (z. B. Rempel-Clower u. a. 1996). Der Hippocampus hat möglicherweise eine auf den Zeitraum der Gedächtniskonsolidierung begrenzte Funktion beim Abruf episodischer Erinnerungen, so dass nach einer selektiven Schädigung dieser Struktur nur

1. Neuroanatomische und neurofunktionelle Grundlagen von Gedächtnis   15

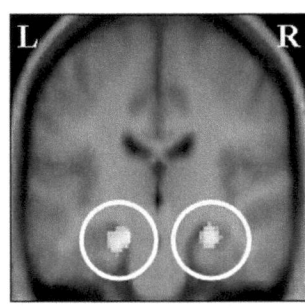
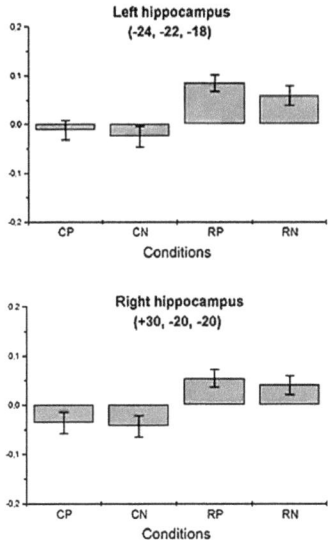

Abb. 3: Bilaterale Aktivität der Hippocampi während des Abrufs rezenter emotionaler autobiographischer Episoden relativ zum Abruf alter emotionaler Kindheitserinnerungen (modifiziert nach Piefke u. a. 2003). Die Histogramme zeigen das Ausmaß (in %) der Veränderung des »blood-oxygen-level-dependent« (BOLD) Signals in den Hippocampi während des Abrufs rezenter autobiographischer Ereignisse. Der umgekehrte Vergleich (Erinnerungen an Kindheitsepisoden versus Erinnerungen an rezente autobiographische Episoden) zeigte keinerlei differenzielle neuronale Aktivität (R = rechts, L = links, CP = positive Kindheitserinnerungen, CN = negative Kindheitserinnerungen, RP = positive rezente Erinnerungen, RN = negative rezente Erinnerungen).

rezent enkodierte episodische Information von einer Amnesie betroffen ist (Squire 1992). Die Befunde hierzu sind jedoch nicht eindeutig. Auch neurofunktionelle Bildgebungsstudien über das experimentelle und autobiographische episodische Gedächtnis an gesunden Versuchspersonen ergeben kein einheitliches Bild. Einige sprechen für das Modell einer zeitbegrenzten Funktion des Hippocampus beim Abruf rezenter Erinnerungen (eine Zusammenfassung findet sich in Piefke u. a. 2003). Andere Autoren berichten dagegen, dass der Hippocampus auch in den Abruf autobiographischer Ereignisse involviert ist, die lange zurück liegen (eine Überblicksarbeit geben Cabeza/St. Jacques 2007). Abbildung 3 zeigt die in der Studie von Piefke u. a. (2003) beobachtete Aktivierung der Hippocampi in beiden Gehirnhemisphären während des Abrufs rezenter autobiographischer Erinnerungen (im Vergleich zum Abruf früher Kindheitserinnerungen).

Psychogene Amnesien: Nicht nur morphologische Schädigungen des Zentralen Nervensystems können Beeinträchtigungen von Gedächtnisfunktionen zur Folge haben. Der Begriff der *psychogenen Amnesie* bezeichnet Gedächtniseinbußen, denen keine (mit den derzeit zur Verfügung stehenden Untersuchungsmethoden feststellbaren) neuroanatomischen Veränderungen zugrunde liegen. Vielmehr bilden *funktionelle* Veränderungen von Funktionen des Zentralen Nervensystems das neuronale Korrelat psychogener Gedächtnisdefizite. Personen mit psychogenen Amnesien können entweder Teile oder sogar ihre gesamte Autobiographie nicht mehr erinnern. Entsprechend der oben beschriebenen neuroanatomischen Grundlagen von episodischen Gedächtnisfunktionen liegen neurofunktionelle Veränderungen bei psychogenen Amnestikern vor allem in medialen temporalen, medialen und lateralen präfrontalen Gehirnstrukturen sowie posterioren Regionen des Scheitellappens. Diese lokalen Veränderungen neuronaler Mechanismen können gelegentlich, aber keineswegs immer mit neurofunktionellen Bildgebungsverfahren entdeckt werden. Unmittelbarer Auslöser für das Auftreten psychogener Amnesien ist häufig ein emotional belastendes Erlebnis. So etwa im Fall des psychogenen Amnestikers A.M.N., der nach einem Schockerlebnis die für funktionelle Gedächtnisstörungen typischen Defizite im Bereich des episodisch-autobiographischen Gedächtnisses zeigt. A.M.N. hatte als Vierjähriger gesehen, wie ein Mann in einem Auto verbrannte. Später, im Alter von 23 Jahren, erlebte er einen offenen Brand im eigenen Haus. Nach diesem zweiten Branderlebnis trat bei ihm eine persistierende psychogene Amnesie auf. Eine kernspintomographische Untersuchung (Magnetresonanztomographie) seines Gehirns zeigte keine anatomischen Schädigungen des Zentralen Nervensystems. Mit Hilfe eines Untersuchungsverfahrens, das die Messung des Glukosestoffwechsels im Gehirn ermöglicht, konnte jedoch in gedächtnisrelevanten Strukturen des Zentralen Nervensystems ein verminderter Glukosestoffwechsel nachgewiesen werden. Zum Zeitpunkt dieser Untersuchung hatte A.M.N. keinerlei bewusste Erinnerungen an autobiographische Episoden seiner letzten sechs Lebensjahre (retrograde Amnesie), und er konnte sich auch neue Information nicht mehr einprägen (anterograde Amnesie). Ein Jahr später war seine psychogene Amnesie noch so schwerwiegend, dass er weiterhin nicht seinem früheren Beruf nachgehen konnte. Eine Folgeuntersuchung zeigte jedoch zu diesem Zeitpunkt (d.h. zwölf Monate nach dem Auftreten der psychogenen Amnesie) eine Wiederherstellung des normalen zerebralen Glukosestoffwechsels. Parallel wurden bei A.M.N. erste mittels neuropsychologischer Testverfahren messbare Verbesserungen seiner Gedächtnisleistungen nach etwa acht Monaten beobachtet (Markowitsch u. a. 2000).

Gedächtnis und Bewusstsein

Nach Tulving (2005) ist das episodische Gedächtnis von einem *autonoetischen Bewusstsein* begleitet. Diese Form des Bewusstseins ermöglicht uns den Zugang zu zeitlichen und räumlichen Kontexten von Ereignissen und beinhaltet im Falle des episodisch-autobiographischen Gedächtnisses typischerweise Eindrücke der *eigenen Erfahrung* eines Erlebnisses und des ›*persönlichen Eigentums*‹ einer Erinnerung. In nicht-pathologischen Fällen sind wir überzeugt, uns an Episoden unserer ›eigenen‹ Vergangenheit zu erinnern. Bei psychiatrischen Patienten mit Schizophrenie oder dissoziativer Identitätsstörung kann das autonoetische Bewusstsein schwerwiegend gestört sein. Beispielsweise können die Patienten in bestimmten Stadien der Erkrankung eigene Erinnerungen als die einer fremden Person erleben. (Es gibt noch vielfältige weitere Störungen des episodischen Gedächtnisses und anderer Gedächtnissysteme, die Bestandteile der Symptomatik solcher psychiatrischen Krankheitsbilder sind.) Nach dem philosophischen Ansatz von Gallagher (2000) beinhaltet das autonoetische Bewusstsein sowohl den Eindruck des *persönlichen Eigentums* (*self-ownership* = das Gefühl, dass ich selbst es bin, der eine Erfahrung macht) als auch den des *eigenen Handelns* (*self-agency* = das Gefühl, dass ich selbst es bin, der die Quelle oder der Initiator einer Handlung ist). Inwieweit Tiere (z.B. Rabenvögel, Primaten) derartige eng an die Differenzierung episodischer Gedächtnisfunktionen geknüpfte Bewusstseinsfähigkeiten besitzen, wird seit einiger Zeit intensiv untersucht (z.B. Mulcahy/Call 2006).

Der Abruf von prä-semantischer Information aus dem perzeptuellen Gedächtnis und von Faktenwissen aus dem Wissenssystem ist nach Tulving (2005) von einem *noetischen Bewusstsein* begleitet. Dieses unterscheidet sich von der autonoetischen Bewusstseinsform vor allem durch den Aspekt des *Kontextbezugs*. Während das autonoetische Bewusstsein zeitliche und räumliche Kontexte von Ereignissen mit einschließt (siehe oben), beinhaltet das noetische Bewusstsein keinen solchen Kontextbezug. Es erlaubt daher *keinen* Zugang zu zeit-räumlichen Ereigniskontexten, sondern ausschließlich den Abruf von vertrauten Aspekten perzeptueller Information (perzeptuelles Gedächtnis) und von Fakten (Wissenssystem). Beispiele hierfür sind weiter oben in Abbildung 1 illustriert.

Der *unbewusste* Abruf motorischer und perzeptueller Fähigkeiten aus dem prozeduralen Gedächtnis und dem Primingsystem ist nach Tulving (2005) mit einem *anoetischen Bewusstsein* assoziiert. Das anoetische Bewusstsein ermöglicht es uns insofern, etwas aus dem Gedächtnis abzurufen, ohne dass wir uns dieser Gedächtnisleistung bewusst sind (Beispiele finden sich ebenfalls in Abbildung 1).

Eigenschaften des episodisch-autobiographischen Gedächtnisses

Das episodisch-autobiographische Gedächtnis operiert *rekonstruktiv* und erlaubt auf diese Weise eine fortlaufende Re-Interpretation vergangener persönlicher Erlebnisse. Wir sind in der Lage, die persönliche Vergangenheit jeder neuen Perspektive aus einer aktuellen Lebenssituation kontinuierlich anzupassen. Die Rekonstruktivität des episodisch-autobiographischen Gedächtnisses fällt besonders ins Auge, wenn man die Veränderungen subjektiver kognitiver und emotionaler Bewertungen von persönlichen Lebenserfahrungen im Verlauf des Lebens eines Individuums betrachtet. Durch die Verknüpfung mit einem autonoetischen Bewusstsein ist das episodisch-autobiographische Gedächtnis an eine *selbst-referentielle Perspektive* geknüpft: es ist per se eine selbst-referentielle Form unseres Gedächtnisses. Entsprechend besitzt es eine Schlüsselfunktion für Prozesse der Persönlichkeits- und Identitätsentwicklung (z. B. Pasupathi 2001) sowie auch für die synchrone subjektive Wahrnehmung einerseits der Kontinuität und andererseits des Wandels von eigenen Persönlichkeits- und Identitätsmerkmalen. Die Befunde entwicklungspsychologischer Studien über das autobiographische Gedächtnis stimmen mit dieser Sichtweise gut überein: die Genese des episodisch-autobiographischen Gedächtnisses verläuft parallel zu und in enger Verknüpfung mit der Identitäts- und Persönlichkeitsentwicklung eines Menschen (z. B. Cycowicz 2000). Erinnerungen an persönliche Erlebnisse bilden die Erfahrungsgrundlage für die Entstehung, die Kontinuität und den Wandel von *Selbstkonzepten* im Zeitverlauf des Lebens eines Menschen. Umgekehrt verändern aktuelle Selbstkonzepte die (Re-)Interpretation autobiographischer Erlebnisse und modifizieren dadurch auch die persönlichen Erinnerungen daran.

Neuronale Mechanismen der Rekonstruktion vergangener Lebenswelten

Neuronale Plastizität: Sowohl Umwelteinflüsse (*extrinsische Faktoren*; z. B. Erfahrungen in der Familie und im sozialen Umfeld, generell Umwelteinwirkungen) als auch genetische und biologische Faktoren (*intrinsische Faktoren*; z. B. genetische Dispositionen, physiologische Prozesse, diverse medizinische Erkrankungen) formen und modifizieren die Vernetzung von Nervenzellen. Diese Eigenschaft unseres Gehirns wird als *neuronale Plastizität* bezeichnet. Die Plastizität des Zentralen Nervensystems ist in frühen Lebensstadien besonders stark ausgeprägt, bleibt jedoch – wenngleich sie im Verlauf des Alterns abnimmt – über die gesamte Lebensspanne eines Menschen erhalten.

Eine Studie von Maguire u. a. (2000) demonstriert die neuronale Plastizität unseres Gehirns eindrucksvoll bei Taxifahrern in London. Mit Hilfe der Magnetresonanztomographie fanden die Autoren bei Taxifahrern typische erfahrungsabhängige Vergrößerungen einer Teilstruktur des Hippocampus, die auf die beruflich bedingten hohen Anforderungen an das räumliche Gedächtnis und die räumliche Orientierung zurückgeführt werden können. Der Hippocampus spielt insbesondere für den räumlichen Kontextbezug des episodischen Langzeitgedächtnisses, aber auch generell für die räumliche Kognition und Navigation eine Schlüsselrolle (Squire 1992).

Die Plastizität des Zentralen Nervensystems erlaubt, dass sich jede neue Erfahrung in das Gehirn ›einschreibt‹ und auf diese Weise unsere bewussten und unbewussten Erinnerungen an vergangene Ereignisse und deren Interpretation verändert. Umwelteinflüsse können unser Gedächtnis und damit auch unser Verhalten modifizieren. Die neurobiologische Grundlage solcher Veränderungen ist die erfahrungsabhängige Modulation der neuroanatomischen und neurofunktionellen Vernetzung von Strukturen des Zentralen Nervensystems. Die Plastizität unseres Gehirns stellt Mechanismen zu Verfügung für die Formbarkeit unserer Sichtweise vergangener und gegenwärtiger Situationen und die Herstellung von Kohärenz und Kontinuität in unseren Lebensgeschichten. Wir sind daher in der Lage, unsere Vergangenheit entsprechend unserer aktuellen Lebenssituationen zu re-modellieren und sie unseren gegenwärtigen Bedürfnissen entsprechend zu adaptieren. Die persönliche Lebensgeschichte wird so flexibel nutzbar für die wechselnden Anforderungen unterschiedlicher Lebensphasen und -situationen.

Neuronale Plastizität und Psychopathologie

Der Befund, dass Umwelteinwirkungen Konsequenzen für den Aufbau und die Funktion des Zentralen Nervensystems haben, ist auch von zentraler Bedeutung für das Verständnis der Genese psychiatrischer Erkrankungen und die Wirksamkeit psychotherapeutischer Interventionen. Emotional traumatische Erlebnisse können ›Narben‹ im Gehirn hinterlassen, die im weiteren Entwicklungsverlauf zu psychopathologischen Symptomen und manifesten psychiatrischen Erkrankungen führen. Die Plastizität des Gehirns bildet die neurobiologische Grundlage sowohl für die Pathogenese psychiatrischer Erkrankungen, als auch für die Modifikation oder Remission der Störung und eine entsprechende Veränderung von Verhaltensmustern und Persönlichkeitsmerkmalen durch psychotherapeutische Intervention (einen Überblick gibt Piefke 2008). Die Mechanismen der Entstehung klinischer Symptome durch schädigende Umwelteinwirkungen auf die neuroanatomische und neurofunktionelle Konnektivität von Gehirnstrukturen ist besonders evident bei Personen, die nach einem traumatischen Erlebnis (z. B. schwerer Unfall, Umweltkatastrophe, sexuelle Gewalt) eine posttraumatische Belastungsstörung (PTSD) entwickeln. Eines der Kernsymptome der PTSD ist ein gestörtes emotionales episodisch-autobiographisches Gedächtnis (z. B. intrusive Erinnerungen, Dissoziation). PTSD-Patienten sind oft ganz oder teilweise amnestisch für das Schockerlebnis und seinen Kontext oder erleben es als unwirklich. In den meisten Fällen ist jedoch nicht nur das Trauma-Ereignis selbst von der Störung betroffen, sondern auch emotional und/oder erfahrungsabhängig assoziierte Aspekte von Alltagsepisoden. Typisch für die Gedächtnissymptomatik bei PTSD-Patienten sind auch Störungen der selbst-referentiellen Perspektive und Schwierigkeiten bei der Integration von Erinnerungen in den raum-zeitlichen autobiographischen Kontext. Die autobiographischen Erinnerungen sind meistens fragmentiert, und einzelne Fragmente sind voneinander dissoziiert. Angsterkrankungen und Depression treten bei PTSD-Patienten als häufigste komorbide (= zusätzliche, von der Grunderkrankung abzugrenzende) Störungen auf.

Die Ursache morphologischer und funktioneller Schädigungen neuronaler Strukturen kann sowohl in einer massiven einmaligen und punktuellen (wie z. B. bei einem schweren Unfall) als auch in einer chronischen Stresseinwirkung (wie z. B. bei über Jahre andauerndem sexuellen Missbrauch) liegen. Eine veränderte Ausschüttung von Stresshormonen spielt als physiologische Grundlage der Entstehung solcher durch traumatischen Stress verursachten Gedächtnisdefizite eine Schlüsselrolle (Sapolsky 1996). Im Kindesalter ist das Gehirn besonders verletzbar durch Stresserfahrungen. Aber auch im Erwachsenenalter kann traumatischer Stress das Gehirn nachhaltig schädigen, so dass er über die gesamte Lebensspanne eines Individuums hinweg zu bleibenden kognitiv-emotionalen Störungen und psychiatrischen Krankheitsbildern führen kann.

Mit Hilfe der Magnetresonanztomographie und einiger neurofunktioneller Bildgebungstechniken (z. B. funktioneller Magnetresonanztomographie, Positronenemissionstomographie) konnte gezeigt werden, dass der Hippocampus, die Amygdala und angrenzende limbische Areale sowie auch Regionen des präfrontalen Kortexes besonders anfällig für Stresseinwirkungen sind (z. B. ein Überblick findet sich in Piefke u. a. 2007). Gurvits u. a. (1996) berichteten verringerte Volumina des Hippocampus ($\leq 25\%$) bei Vietnam-Veteranen mit chronischer PTSD. Liberzon u. a. (1999) zeigten bei Kriegsveteranen mit ebenfalls langjähriger PTSD eine verstärkte Aktivierung limbischer (z. B. Amygdala) und paralimbischer Gehirnregionen (z. B. Nucleus accumbens) während der Darbietung von Kriegsgeräuschen. Ähnlich beobachteten Driessen u. a. (2004) in einer Traumaexpositionsstudie bei Frauen mit PTSD eine verstärkte Aktivität in Hippocampus- und Amygdalabereichen der rechten Hemisphäre. Parallel zu der limbischen Hyperaktivierung fanden Liberzon u. a. (1999) eine verringerte Aktivität (= Hypoaktivität) frontaler Gehirnareale, die die Kontrolle und Steuerung emotionaler Prozesse leisten. Die Befunde über neuroanatomische und neurofunktionelle Veränderungen bei Kriegsveteranen mit chronischer PTSD zeigen besonders eindrucksvoll, dass Traumata nicht nur in der Kindheit, sondern auch im Erwachsenenalter zu schwerwiegenden Schädigungen des Gehirns führen können.

In den meisten neurofunktionellen Bildgebungsstudien über die Auswirkungen von traumatischem Stress auf Gehirnfunktionen wurden bislang Personen mit chronischer PTSD untersucht. Vermutlich spielt jedoch gerade die akute Phase der Erkrankung eine entscheidende Rolle für das wissenschaftliche Verständnis neurofunktioneller Mechanismen der Krankheitsgenese und des weiteren Erkrankungsverlaufs. Bremner (2006) betont die Wichtigkeit der Untersuchung früher und akuter Effekte emotionaler Traumata, nicht nur für die neurobiologische Grundlagenforschung, sondern auch ganz besonders für Ausarbeitung effizienter therapeutischer Interventionen zur Vermeidung und Behandlung chronischer Formen der PTSD. Bislang sind wenige Bildgebungsstudien über akute neurobiologische Folgen von traumatischem Stress und deren Veränderung im Krankheitsverlauf publiziert. In einigen experimentell kontrollierten Gruppenstudien wurden Abweichungen der Morphologie des anterioren cingulären Kortexes, des Hippocampus und der Amygdala, oder veränderte neuronale Antworten der Amygdala auf emotionale Gesichtsausdrücke bei Patienten mit akuter PTSD untersucht. Die Studien zeigten übereinstimmend, dass anatomische und funktionelle Veränderungen in Gehirnregionen, die die neuronalen Grundlagen des emotionalen Gedächtnisses bilden, bereits in frühen, akuten Stadien der PTSD auftreten können. Piefke u. a. (2007) belegten und erweiterten diese Befunde kürzlich in einer funktionellen Magnetresonanztomographie-Studie an chirurgischen Patienten mit akuter PTSD infolge schwerer Unfalltraumata. Die akut traumatisierten Unfallpatienten zeigten ausgedehnte neurofunktionelle Abweichungen im Hippocampus und in der Amygdala sowie weiteren Strukturen des limbischen Systems. Darüber hinaus beobachteten die Autoren auch Veränderungen der Aktivität des retrosplenialen Kortexes und emotionsregulierender Regionen des präfrontalen Kortexes. Der Vergleich dieser Befunde über akute PTSD von Piefke u. a. (2008) mit früheren bildgebenden Untersuchungen chronischer Erkrankungsphasen zeigt, dass akute Stadien der PTSD mit instabileren und weiter ausgedehnten neurofunktionellen Veränderungen in limbischen, paralimbischen und neokortikalen Regionen des Zentralen Nervensystems verbunden sind. Während die chronische PTSD auf umschriebenen und stabilen – und daher nur noch schwer veränderbaren – anatomischen und funktionellen Veränderungen des Gehirns zu basieren scheint. Es ist daher anzunehmen, dass therapeutische Interventionen im frühen, akuten Krankheitsstadium mit größerem Erfolg zum Nachlassen von Krankheitssymptomen als in späteren chronischen Erkrankungsphasen eingesetzt werden können (Piefke u. a. 2008).

Zusammenfassung und Schlussfolgerungen

Komplexe neuronale Netzwerke in neokortikalen (insbesondere präfrontalen, temporalen und parietalen) Regionen des zentralen Nervensystems und in limbischen Strukturen (insbesondere Hippocampus, Amygdala, anteriorer Gyrus cinguli) bilden die neuronale Basis episodischer Gedächtnisprozesse (Enkodierung, Konsolidierung, Speicherung, Abruf). Entsprechend entstehen Störungen des episodischen Gedächtnisses durch neuroanatomische und/oder neurofunktionelle

Veränderungen in diesen Regionen des Gehirns. Die anatomische und funktionelle Konnektivität von Nervenzellen in unserem Gehirn verändert sich im Verlauf der Entwicklung eines Individuums durch Einflüsse der (vor allem sozialen) Umwelt sowie durch genetische und biologische Faktoren. Diese neuronale Plastizität ermöglicht die Rekonstruktivität des episodisch-autobiographischen Gedächtnisses. Durch die Plastizität des Zentralen Nervensystems ist ein Mensch in der Lage, seine individuelle persönliche Vergangenheit aus der Perspektive der sich wandelnden Gegenwart stets neu zu rekonstruieren. Insofern bildet sie die neurobiologische Grundlage für die Formbarkeit unserer Sichtweise vergangener und gegenwärtiger Situationen. Das episodisch-autobiographische Gedächtnis kann durch traumatischen Stress vorübergehend oder dauerhaft beeinträchtigt werden. Untersuchungen der Gedächtnisdefizite von Patienten mit PTSD und psychogenen Amnesien demonstrieren, dass der Genese dieser Störungsbilder und den mit ihnen assoziierten Beeinträchtigungen des episodisch-autobiographischen Gedächtnisses neuroanatomische und/oder neurofunktionelle sowie hormonelle Veränderungen zugrunde liegen. Diese Abweichungen können als »Narben« betrachtet werden, die traumatischer Stress im Zentralen Nervensystem hinterlässt. Die neuronale Plastizität des Gehirns bildet auch die neurobiologische Basis stressbedingter Störungen des episodisch-autobiographischen Gedächtnisses. Für die Behandlung von Patienten mit PTSD und psychogenen Amnesien ist der Befund von zentraler Bedeutung, dass die neuronale Plastizität des zentralen Nervensystems die Grundlage sowohl für die Pathogenese psychiatrischer Krankheitsbilder als auch für die psychotherapeutische Behandlung bildet.

Literatur

Bremner, Douglas J.: Effects of Traumatic Stress on Brain Structure and Function. Relevance to Early Responses to Trauma. In: *Journal of Trauma and Dissociation* 6 (2006), 51–68.

Cabeza, Roberto/St. Jacques, Peggy: Functional Neuroimaging of Autobiographical Memory. In: *Trends in Cognitive Sciences* 11 (2007), 219–227.

Cycowicz, Yael M.: Memory Development and Event-related Brain Potentials in Children. In: *Biological Psychology* 54 (2000), 145–174.

Driessen, Martin u. a.: Different fMRI Activation Patterns of Traumatic Memory in Borderline Personality Disorder with and without Additional Posttraumatic Stress Disorder. In: *Biological Psychiatry* 55 (2004), 603–611.

Fletcher, Paul C. u. a.: The Mind's Eye – Precuneus Activation in Memory-related Imagery. In: *Neuroimage* 2 (1995), 195–200.

Gallagher, Shaun: Philosophical Conceptions of the Self: Implications for Cognitive Science. In: *Trends in Cognitive Sciences* 4 (2000), 14–21.

Gurvits, Tamara V. u. a.: Magnetic Resonance Imaging Study of Hippocampal Volume in Chronic, Combat-related Posttraumatic Stress Disorder. In: *Biological Psychiatry* 40 (1996), 1091–1099.

Hering, Ewald: *Ueber das Gedächtnis als eine allgemeine Funktion der organisierten Materie. Vortrag gehalten in der feierlichen Sitzung der Kaiserlichen Akademie der Wissenschaften in Wien am XXX. Mai MDCCCLXX*. Leipzig 1870.

Liberzon, Israel: Brain Activation in PTSD in Response to Trauma-related Stimuli. In: *Biological Psychiatry* 45 (1999), 817–826.

Maguire, Eleanor A.: Navigation-related Structural Change in the Hippocampi of Taxi Drivers. In: *Proceedings of the National Academy of Science of the USA* 97 (2000), 4398–4403.

Markowitsch, Hans J. u. a.: Neuroimaging and Behavioral Correlates of Recovery from ›Mnestic Block Syndrome‹ and other Cognitive Deteriorations. In: *Neuropsychiatry Neuropsychology, and Behavioral Neurology* 13 (2000), 60–66.

Mulcahy, Nicholas J./Call, Josep: Apes Save Tools for Future Use. In: *Science* 312 (2006), 1038–1040.

Pasupathi, Monisha: The Social Construction of the Personal Past and its Implications for Adult Development. In: *Psychological Bulletin* 127 (2001), 651–672.

Piefke, Martina et al.: Differential Remoteness and Emotional Tone Modulate the Neural Correlates of Autobiographical Memory. In: *Brain* 126 (2003), 650–668.

– u. a.: The Neurofunctional Mechanisms of Traumatic and Non-traumatic Memory in Patients with Acute PTSD Following Accident Trauma. In: *Neurocase* 13 (2007), 342–357.

–: Neuronale Plastizität und emotionale Entwicklung: Altersabhängige Veränderungen emotionaler Verarbeitungsprozesse im Gehirn des Menschen und ihre Störungen. In: Hans-Peter Wunderlich/Reinhold Becker (Hg.): *Wie wirkt Psychotherapie?* Stuttgart 2008, 46–63.

– u.a.: *Funktionen des Bewusstseins. Zur Stellung des Menschen in der Natur.* Berlin 2008, 135–160.

Rempel-Clower u. a.: Three Cases of Enduring Memory Impairment after Bilateral Damage Limited to the Hippocampal Formation. In: *Journal of Neuroscience* 16 (1996), 5233–5255.

Sapolsky, Robert M.: Why Stress is Bad for your Brain. In: *Science* 273 (1996), 749–750.

Scoville, William B./Milner, Brenda: Loss of Recent Memory after Bilateral Hippocampal Lesions. In: *Journal of Neurology, Neurosurgery, and Psychiatry* 20 (1957), 11–20.

Shin, Lisa M. u. a.: Regional Cerebral Bloodflow during Script-driven Imagery in Childhood Sexual Abuse-related PTSD: A PET Investigation. In: *American Journal of Psychiatry* 156 (1999), 575–584.

Squire, Larry R.: Memory and the Hippocampus: A Synthesis from Findings with Rats, Monkeys, and Humans. In: *Psychological Review* 99 (1992), 195–231.

Tulving, Endel: Episodic Memory and Autonoesis: Uniquely Human? In: Terrace, Herbert S./Metcalfe, Janet (Hg.): *The Missing Link in Cognition: Self-knowing Consciousness in Man and Animals.* New York 2005, 3–56.

Danksagung: Unsere Forschungsarbeiten werden unterstützt durch die Deutsche Forschungsgemeinschaft (EC 277) und die Europäische Kommission (FP6-043460).

Martina Piefke/Hans J. Markowitsch

2. Zur Psychologie des Erinnerns

Pioniere der Gedächtnispsychologie: Historische Annotationen

In Historiographien der Gedächtnispsychologie werden ausnahmslos zwei besonders einflussreiche Wissenschaftler genannt: Hermann Ebbinghaus (1850–1909) und Frederic C. Bartlett (1886–1969). Diese Namen repräsentieren grundsätzlich verschiedene Erkenntnisinteressen sowie theoretische und methodische Zugänge. Andere Pioniere und Wegbereiter der modernen Gedächtnispsychologie sind weniger prominent. So wird eher selten an die bedeutenden gedächtnispsychologischen Studien Aleksej N. Leont'evs (1903–1979) erinnert, wohl auch deswegen, weil diese Studien für eine des Russischen nicht mächtigen Leserschaft lange Zeit nur unvollständig zugänglich waren. Im Folgenden werden die Beiträge dieses Mitbegründers der sogenannten sowjetischen kulturhistorischen Schule in der Psychologie ebenfalls als klassische Arbeiten einer noch jungen Gedächtnispsychologie gewürdigt.

Ebbinghaus setzt sich in seiner Arbeit *Über das Gedächtnis* (1885) das Ziel, das ›reine‹ Gedächtnis zu untersuchen, d.h. Gedächtnisleistungen, die möglichst unabhängig von vorhergehenden Erfahrungen und Lernleistungen, aktuellen Wissensbeständen und sonstigen Zuständen sein sollen. Dabei interessieren Ebbinghaus vor allem Behaltensleistungen. Dieses Memorieren wird als erfahrungsunabhängige mnestische Funktion des häufig sogenannten mechanischen, reproduktiven oder passiven Gedächtnisses bestimmt. Um dieses ›reine‹ Gedächtnis untersuchen zu können, müssen die Gedächtnisinhalte von Sinn und Bedeutung ›gereinigt‹ werden, da man es sonst bei der Untersuchung ja mit ganz unterschiedlichen Voraussetzungen zu tun hätte. Diesen Zweck sollen ›sinnlose Silben‹ erfüllen, deren Reproduktion nach vorhergehendem Auswendiglernen rasch zur Standardmethode der Gedächtnispsychologie wurde. Die sinnlosen Silben konstruierte Ebbinghaus so, dass ein Vokal von zwei Konsonanten umschlossen wird (z. B. BOW, JAV, KIV etc.). Die (vermeintliche) semantische Leere, das gemeinsame Konstruktionsprinzip und dieselbe Länge der Silben sollen die Gleichartigkeit des Materials gewährleisten. Ebbinghaus, der Forscher und Untersuchungsobjekt zugleich war, lernte in zahlreichen Selbstversuchen zum sogenannten Listenlernen oder seriellen Lernen eine Reihe sinnloser Silben auswendig. Dazu las er die Liste laut vor, versuchte sie zu reproduzieren, las sie wieder laut vor, versuchte sie abermals wiederzugeben, und dies tat er so lange, bis es ihm fehlerfrei gelang. Im Anschluss ließ er eine (variable) Zeit verstreichen und versuchte, die Liste erneut zu reproduzieren. Die Anzahl an Durchläufen, die er nun brauchte bis seine Behaltensleistung wieder vollkommen war, notierte er und setzte sie zu der Anzahl an Durchläufen ins Verhältnis, die er für das erste Lernen benötigt hatte. Er zog die zweite Zahl von der ersten ab und kam so zu einem Maß ersparter Wiederholungen. Dieses kann auch prozentual angegeben werden. Daraus resultiert die Ersparnisrate. Ein Beispiel: Bei 30 ursprünglich benötigten Lautlesedurchgängen und 15 Wiederholungsdurchgängen ergibt sich eine Ersparnisrate von 50 Prozent. Mit Hilfe dieser Ersparnismethode kam Ebbinghaus zur Formulierung der berühmten Vergessenskurve (s. Abb. 1).

Die Vergessenskurve besagt, dass die Ersparnisrate mit zunehmendem Zeitabstand zum ursprünglichen Lernen immer geringer wird. Dabei verhält es sich so, dass in der ersten Zeit nach dem ersten Lernen besonders schnell, dann zunehmend langsamer vergessen wird, bis hin zu einem ›unvergesslichen Rest‹. Der von Ebbinghaus erstmals aufgewiesene und in zahlreichen nachfolgenden Untersuchungen (auch mit anderem Material) bestätigte Zusammenhang lässt sich stets als negativ beschleunigte Kurve darstellen. In Abhängigkeit vom Lernmaterial sowie der Prüfmethode weisen Vergessenskurven allerdings charakteristische Unterschiede auf. Bedeutungsvolles Material etwa geht mit einer deutlich geringeren Vergessensrate einher. Sinnlose Silben werden besonders rasch vergessen. Neben der Vergessenskurve gelangte Ebbinghaus in seinen Selbstversuchen noch zu weiteren experimentell

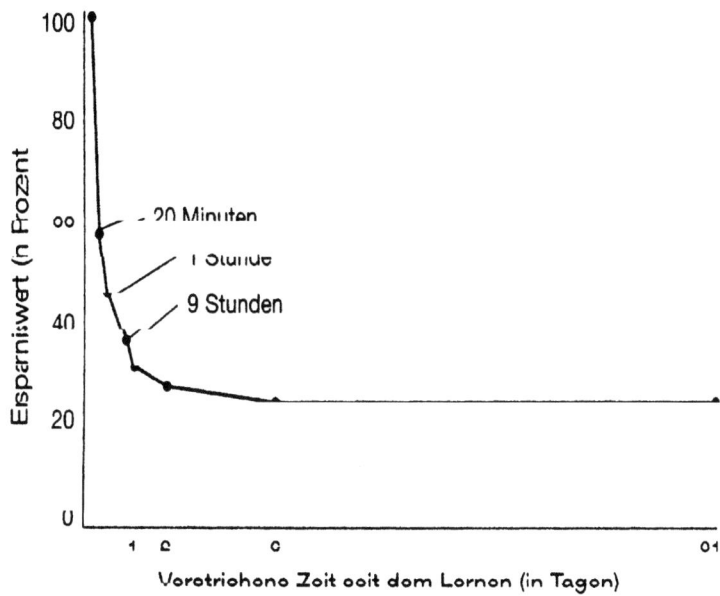

Abb. 1: Die Vergessenskurve (nach Steven Schwartz: *Wie Pawlow auf den Hund kam …: Die 15 klassischen Experimente der Psychologie.* Weinheim/Basel: Beltz 1988, 110)

fundierten Einsichten. Zu ihnen gehört der Befund, dass die Gedächtnisleistungen umso besser sind, je häufiger die Listen im ersten Lautlesedurchgang wiederholt werden. Das bedeutet, dass sich die aufgewendete Lernzeit positiv auf die Behaltensleistung auswirkt; intensive Übung beim ersten Einprägen hat einen hohen Ersparniswert – diesen Tatbestand bezeichnete Ebbinghaus als (empirisch bestätigte) Ganzheitshypothese.

Ebbinghaus' Arbeit gehört nicht zuletzt deshalb zu jenen Klassikern der Gedächtnispsychologie, auf welche bis heute Bezug genommen wird, weil sie die experimentelle Methode auf ein neues Gebiet anwandte. Bislang meinte man, Gedächtnisleistungen seien in Experimenten gar nicht erforschbar. Die experimentelle Psychologie bewegte sich deswegen vor allem in den Bahnen der Psychophysik. Das änderte sich mit Ebbinghaus' innovativen Ideen schlagartig. Sein Ansatz und Vorgehen machte Schule. Gedächtnispsychologische Untersuchungen zum sogenannten verbalen Lernen ab den 1960er Jahren sowie zum Paarassoziationslernen etwa sind in ihrem methodischen Aufbau dem Ebbinghausschen Vorbild verpflichtet. Allerdings werden die Behaltensleistungen in diesen neueren Untersuchungen zum Teil anders geprüft. Der Test erfolgt nun nicht mehr allein mittels der Ersparnismethode, sondern umfasst auch solche Verfahren wie die freie oder die gebundene Reproduktion, die Treffermethode oder Verfahren des Wiedererkennens.

Was die praktische Relevanz der Ebbinghausschen Versuche anbelangt, so sind sie für das Auswendiglernen unterschiedlichen Materials, etwa Vokabellisten, noch am ehesten von Bedeutung. Ansonsten sind seine Befunde und Theorien kaum oder allenfalls mit erheblichen Einschränkungen auf den normalen Alltag übertragbar. Dies hat dem Ansatz eines vermeintlich ›reinen‹, jedenfalls ziemlich artifiziellen Gedächtnisses, das mit ›sinnlosen‹ Silben befasst ist, den Vorwurf mangelnder ökologischer Validität eingebracht, den Vorwurf also einer mangelnden Gültigkeit seiner Ergebnisse außerhalb des experimentalpsychologischen Laboratoriums. Diese Kritik geht mit dem Einwand einher, so etwas wie im strengen Sinne des Wortes völlig ›sinnlose‹ Silben gebe es gar nicht, da Menschen auch solches Material mit Sinn versähen, das auf den ersten Blick keinen aufweise. So kann man eine Silbe vielleicht als eine individuell bedeutungsvolle

Abkürzung für ein Wort oder als Erinnerungszeichen für ein persönlich wichtiges Ereignis kodieren. Dieses und weitere Bedenken haben an unterschiedlichen Orten etwa zur gleichen Zeit Aleksej N. Leont'ev und Frederic C. Bartlett geäußert. Sie forderten die Untersuchung nicht des vermeintlich reinen oder passiven, sondern des aktiven, produktiven, kreativen, dynamischen oder konstruktiven Gedächtnisses, und zwar unter alltagsweltlichen oder möglichst lebensnahen Bedingungen.

In Bartletts 1932 erschienenem Buch *Remembering* geht es um »efforts after meaning«, um ein sinn- und bedeutungsvolles Erinnern und Vergessen. Der englische Gedächtnisforscher wird damit zu einem Wegbereiter einer Psychologie, die an »acts of meaning« (Bruner 1990) interessiert ist und dabei auch kulturpsychologische Perspektiven einnimmt. Bartlett rückt genau dasjenige ins Zentrum, wovon sich Ebbinghaus entledigen wollte in seiner möglichst objektiv und exakt verfahrenden, dem naturwissenschaftlichen Ideal verpflichteten Gedächtnispsychologie. Für subjektive, soziale oder kulturelle Akte der Sinngebung oder Bedeutungszuschreibung war da kein Platz. Auch Bartlett hatte zunächst mit sinnlosen Silben geforscht, diesen Ansatz aber bald schon verworfen. Er widmete sich fortan den Strukturen und Funktionsweisen des Gedächtnisses als eines lebensweltlichen und alltäglichen Phänomens. Dies heißt, dass Gedächtnis, Erinnerung und Vergessen in Abhängigkeit von soziokulturellen Rahmenbedingungen und pragmatisch-situativen Erinnerungskontexten betrachtet werden.

Methodisch wird dieses Interesse im Rahmen ›qualitativer‹ Forschungen in alltagsnahen Settings mittels ökologisch valider, also auch für Alltagskontexte gültige, Aufgaben umgesetzt, deren Bearbeitungen protokolliert und interpretiert werden. Sinn- und bedeutungsvolle Akte des Erinnerns und Vergessens werden in *Remembering* etwa mit der Darbietung des indianischen Märchens *The War of the Ghosts* untersucht, das (studentische) Probanden nach variierenden Zeitabständen nacherzählen sollen (wiederholte Reproduktion) bzw. das ein Proband einem anderen erzählen soll, der es wiederum einer weiteren Person erzählt usw. (serielle Reproduktion). Zu den zentralen Resultaten dieser Analysen gehört die Erkenntnis, dass Erinnerungsleistungen keineswegs reproduktiv im Sinne eines getreuen Abbildes, sondern aktiv und konstruktiv auf der Basis vorgängiger, nicht zuletzt implizit erworbener und soziokulturell variabler Schemata und Skripte (s. u.) erfolgen. Dies zeigt sich etwa daran, dass bei der Reproduktion die Erzählung in der Regel kürzer wird, Namen nicht mehr richtig erinnert werden und die Nacherzählungen eine Reihe weiterer bezeichnender Fehler enthalten, die häufig etwas mit eigenen – sei es kulturellen, sozialen oder persönlichen – Erfahrungen, Erwartungen und den verfügbaren sprachlichen Ausdrucksmöglichkeiten zu tun haben. Besonders bemerkenswert war für Bartlett, dass die britischen Versuchspersonen aus den teilweise ja ziemlich fremdartigen Bestandteilen der indianischen Geschichte vertraute Ereignisse und Handlungen machten. Die Nacherzählungen waren nicht nur einfacher, sie zeichneten sich auch viel stärker durch eine den Probanden vertraute, logisch-rationale Ordnung aus als die mitunter etwas mythische Originalgeschichte.

Remembering blieb durch die Dominanz des Behaviorismus lange Zeit eine angemessene Rezeption verwehrt. Erst im Zuge der kognitiven Wende, also seit den 1950er Jahren, änderte sich das rapide. In der an alltagsweltlichen Praktiken interessierten ›ökologischen‹ Gedächtnisforschung (Ulric Neisser u. a.) wird Bartlett ebenso wiederentdeckt wie in den neuen Arbeiten zur künstlichen Intelligenz (Marvin Minsky u. a.). Ähnliches widerfuhr der Würzburger Schule der Denkpsychologie, der Berliner Schule der Gestaltpsychologie und weiteren Strömungen, die nun allesamt zu neuen Ehren kamen und der Forschung neue Impulse verliehen. Bis heute knüpfen zahlreiche Analysen speziell an Bartletts Einsichten an, z. B. im Bereich des ›false memory syndromes‹ (s. u.) oder im weiten Feld der für die Erinnerungs- und Gedächtnisforschung des späten 20. Jahrhunderts so wichtigen narrativen Psychologie. Die für Bartletts Struktur- und Funktionstheorie des Gedächtnisses zentralen Erinne-

2. Zur Psychologie des Erinnerns

rungsschemata, die mit den im Alltag tagtäglich erneuerten Ereignis- und Handlungsskripten verwandt sind, waren eben nicht zuletzt Erzählschemata. Die soziokulturell geprägte Sinn- und Bedeutungsstruktur von Erinnerungen ist ohne deren häufig geschichtenförmige Gestalt kaum zu begreifen. Erinnerungen gehören zu einem bemerkenswerten Teil zum narrativen Modus menschlichen Denkens (Bruner 1986).

Leont'ev (2001) untersucht in seiner Monographie zur Entwicklung des Gedächtnisses von 1932 dessen – wie er es nennt – *spezifisch* menschliche Formen. Seine bahnbrechende Arbeit ist in ihrer Stoßrichtung in vielerlei Hinsicht mit den Studien Bartletts verwandt. Die spezifisch menschlichen Formen des Gedächtnisses sind für Leont'ev die »höheren« Formen. Diese »höheren« Formen seien sozio-kulturell bedingt und werden von den »niederen« Formen unterschieden, die biologisch bedingt seien. Damit möchte er »zu einer Psychologie des modernen Menschen unter realen Lebensumständen« beitragen, statt einfach nur den bereits ausgetretenen »Weg zu einer ›Psychologie‹ der Laboratoriums-Versuchsperson« mitzugehen (ebd., S. 91). Letzteres wirft er allen psychologischen Strömungen vor, die sich auf das ›mechanische‹ Gedächtnis versteift haben. Seine Kritik richtet sich in der Hauptsache gegen Ebbinghaus. Die Verwendung bloß vermeintlich sinnloser Silben (s. o.) erscheint ihm als inadäquat.

Leont'ev beginnt seine Analysen mit einer Skizze der Kulturgeschichte des Gedächtnisses. Dabei greift er auf bereits vorhandene Arbeiten zurück, vor allem auf diejenigen von Lucien Lévy-Bruhl, Richard Thurnwald und Pierre Janet. Sein zentrales Ergebnis lautet: Das Gedächtnis ist prinzipiell abhängig von den sozialen Formen menschlichen Lebens. Es variiert mit dem historischen Wandel von Kultur und Gesellschaft. Die das Gedächtnis strukturell, inhaltlich und funktional prägenden sozialen Formen haben insbesondere mit den jeweils dominierenden Arbeitstätigkeiten und deren Organisationsformen zu tun. Mit ihrer Ausdifferenzierung geht auch die Entwicklung des Gedächtnisses einher.

Im Einzelnen stellt Leont'ev diese Entwicklung so dar: Der ›Primitive‹ verfügt lediglich über ein elementares, natürliches Gedächtnis und lebt noch beinahe ausschließlich in der Gegenwart. Dieses natürliche Gedächtnis ist abhängig von den gerade eintreffenden Reizen, die mal diesen, mal jenen Gedächtnisinhalt hervorrufen. Im weiteren kulturgeschichtlichen Verlauf tauchen Völker auf, die ihre Erinnerungsleistungen deutlich verbessern können. Dies gelingt ihnen durch die Verwendung von ›Zwischen-Stimuli‹, das sind Hilfsmittel wie Knoten oder Kerben. Zu Beginn sind diese ›Zwischen-Stimuli‹ noch wenig differenziert und haben nur für denjenigen Bedeutung, der sie verwendet. Das ändert sich erst mit dem späteren Auftauchen hochspezifischer Systeme, vor allem von Schriftzeichen. Die Transformation des ›äußerlich‹ vermittelten Einprägens mit Hilfe von ›Zwischen-Stimuli‹ in ein ›innerlich‹ vermitteltes Einprägen ohne äußere Hilfen bildet den Schlusspunkt der Entwicklung. Es ist hier auch die Rede von einem ›Hineinwachsen‹ der Hilfsmittel in die psychische Konstitution des Menschen. Das unwillkürliche, unvermittelte, biologische oder mechanische Gedächtnis wird in der Menschheitsgeschichte sukzessive in ein vermitteltes, signifikatives oder logisches Gedächtnis umgewandelt.

Diesen Entwicklungsverlauf nimmt Leont'ev auch in ontogenetischer Perspektive an und führt dazu Experimente mit über tausend Versuchspersonen durch. Zu seinen Probanden gehören Vorschul-, Grundschul-, Hilfsschulkinder, geistig Behinderte, Studenten und (ältere) Erwachsene. Leont'ev führte auch Experimente durch, um die postulierte Entwicklung des Gedächtnisses ›in vivo‹ beobachten zu können. Er spricht diesbezüglich vom Typ des ›genetischen Experiments‹. Es soll die Normalentwicklung simulieren. Innerhalb von etwa zwei Monaten sollen entwicklungsfähige Probanden im Unterricht den Übergang von einem mechanischen zu einem logischen Gedächtnis trainieren. Der angestrebte Schritt gelingt nahezu ausnahmslos. Dadurch sieht Leont'ev seine generelle Entwicklungstheorie des Gedächtnisses gestützt.

Methoden der Gedächtnispsychologie

Die Methoden der Gedächtnispsychologie umfassen laborexperimentelle und nicht-experimentelle Verfahren, wobei innerhalb der experimentellen Verfahrensklasse bei der Auswertung statistische Analysemethoden, bei der anderen Verfahrensklasse ebenfalls statistische, aber auch – wenngleich vergleichsweise selten – qualitative Methoden eingesetzt werden. Die nicht-laborexperimentellen Verfahren sind insbesondere im Rahmen der ›ökologischen‹ Gedächtnis- und Erinnerungsforschung entwickelt worden, die sich als Alternative oder – je nach Radikalität der programmatischen Verlautbarungen – zumindest als Ergänzung zur ›traditionellen‹ Gedächtnispsychologie zu etablieren suchte.

Im experimentellen Paradigma gibt es eine Vielzahl an Methoden zur Prüfung der Gedächtnisleistung. Getestet werden üblicherweise die Rekognitions- oder Wiedererkennungs- sowie die Reproduktionsleistungen von Versuchspersonen. Rekognitionsleistungen werden etwa mittels ›erzwungener Wahl‹ bzw. ›Mehrfachwahlaufgabe‹ untersucht. Dazu werden einem Probanden in der Phase des Abrufs mindestens zwei Stimuli vorgelegt, von denen aber nur einer in der Darbietungs- und Enkodierungsphase präsentiert worden ist. Der andere Stimulus stellt einen Distraktor, einen Störreiz, dar. Die Versuchspersonen sollen entscheiden, welcher der Stimuli bereits in der Enkodierungsphase dargeboten worden ist. Mit Hilfe der Signalentdeckungstheorie bemüht man sich erfolgreich, die Möglichkeit zutreffender Antworten aufgrund von Raten methodisch zu kontrollieren. Reproduktionen unterscheiden sich insofern von den Rekognitionen, als sie die aktive Wiedergabe von Gedächtnisinhalten erfordern. Zumeist wird eine mündliche Wiedergabeform gewählt. Varianten der Prüfung von Rekognitionsleistungen stellen etwa die Methode der geförderten Reproduktion und die freie Reproduktion dar. Bei der Methode der geförderten Reproduktion werden den Versuchspersonen Abrufhilfen zur Verfügung gestellt. Die Methode der freien Reproduktion sieht dagegen keine Abrufhilfen vor.

Eine besondere methodische Herausforderung stellen ganze Texte als Lernmaterial dar (im Unterschied zu einzelnen Wörtern). Hierauf bezogene Prüfungen der Reproduktion können sich einerseits an der Auszählung von Inhaltswörtern des Textes orientieren. Andererseits kann auch die Anzahl an Propositionen (s. u.), die sich im Reproduktionsprotokoll finden, erfasst werden. Allgemein kann festgehalten werden, dass Wiedererkennungsleistungen oftmals noch dann erfolgen, wenn den Versuchspersonen Reproduktionen nicht mehr möglich sind. Rekognitionen erweisen sich also meistens als die sensibleren Gedächtnisindikatoren. Die bis jetzt angesprochenen Methoden erbringen direkte Gedächtnismaße. Ebbinghaus' Ersparnismethode gehört ebenfalls zu den direkten Gedächtnismaßen. Indirekte Gedächtnismaße werden etwa über die Identifikation sogenannter ›priming‹-Effekte gewonnen. Weitere ausgefeilte methodische Verfahren beziehen sich auf die Messung von Antwortzeiten sowie die Variation von Parametern des Lernmaterials und der Bestimmung ihrer Auswirkungen auf Gedächtnisleistungen. In jüngster Zeit hat schließlich noch eine bestimmte Spielart der laborexperimentellen Methodik in der Gedächtnispsychologie einen besonderen Aufschwung erfahren, nämlich die sogenannten bildgebenden Verfahren, die insgesamt im Zuge der Erstarkung neuro- bzw. biopsychologischer Erkenntnisinteressen eingesetzt, stetig modifiziert und weiterentwickelt werden (s. Kap. I.1).

Zu den nicht-laborexperimentellen Methoden gehören etwa Tagebuchaufzeichnungen, Nacherzählungen, Analysen von Archivmaterial, mehr oder weniger offene Interview- bzw. Gruppendiskussionsverfahren oder Kasuistiken. Tagebuchaufzeichnungen werden in Forschungen zum autobiographischen Gedächtnis verwendet, beispielsweise dergestalt, dass sie als Vergleichsmaterial dienen für spätere Abrufversuche, die etwa entlang der ›cues‹ Was, Wer, Wo und Wann erfolgen. Nacherzählungen waren z. B. für die Bartlettschen Studien zur schemabasierten (Re-)Konstruktivität des Gedächtnisses von herausragender methodischer Bedeutung. Analysen von Archivmaterial finden sich oftmals in Untersuchungen zum episodischen oder zum autobiographischen Gedächtnis. Sie ermöglichen Vergleiche zwischen archivierten Informationen und in anderen Medien protokollierten Erinnerungen, und dies wiederum bringt Aufschlüsse über die Veridikalität, also die ›Realitätshaltigkeit‹ von Erinnerungen. Im Zuge von Untersuchungen zum autobiographischen Gedächtnis werden in ihrer Offenheit variierende biographische Interviews geführt. In Gruppendiskussionen werden bisweilen auch Erzählungen, Berichte und Argumentationen zur kollektiven Vergangenheit der Gruppenmitglieder erhoben, beispielsweise in Bezug auf ihre Erlebnisse im Zweiten Weltkrieg. Dieses Verfahren findet ebenfalls Verwendung bei der Analyse von Tradierungsprozessen im ›Familiengedächtnis‹ (Welzer u. a. 2008; s. Kap. IV.6). Biographische Interviews und Gruppendiskussionsverfahren werden nicht zuletzt dazu eingesetzt, um Aussagen über die Organisation autobiographischen Erinnerns treffen zu können, wobei dann Fragen nach dessen Veridikalität sekundär oder gänzlich uninteressant sein können.

Kasuistiken spielen eine wichtige Rolle in der Klasse der nicht-laborexperimentellen Verfahren der psychologischen Gedächtnis- und Erinnerungsforschung. Solche Einzelfallanalysen können recht unterschiedliche Gestalt annehmen. In Neissers Fallstudie zu John Deans Erinnerungen (1981) werden etwa Tonbandaufzeichnungen und Archivmaterialien miteinander verglichen (s. u.). Anders nehmen sich demgegenüber die ›neurologischen Geschichten‹ Aleksandr Lurijas (1991) aus. In einem von zwei berühmt gewordenen Fallporträts – *Der Mann, dessen Welt in Scherben ging* (russ. 1971) – wird die Entwicklung eines Mannes namens Zaseckij (neuro-)psychologisch rekonstruiert. Zaseckij hatte im Zweiten Weltkrieg eine schwere Schussverletzung erlitten. Ausführungen zu dessen mnestischem Funktionieren im Kontext anderer psychischer Funktionen, ja seiner gesamten Persönlichkeit, nehmen einen wichtigen Raum in Lurijas Analysen ein. Dabei greift er einerseits auf ein umfangreiches Konvolut aus Tagebuchaufzeichnungen zurück, die Zaseckij ihm überlassen hatte, sowie auf Erfahrungen aus seinen wiederholten (praktisch-professionell bedingten) Begegnungen mit ihm. In dem anderen Fallporträt – *Kleines Porträt eines großen Gedächtnisses* (russ. 1968) – leuchtet Lurija das neuropsychologisch hypertrophe mnestische Funktionieren des Gedächtniskünstlers Shereshevskij aus, ohne dass er sich isolierend bloß auf dessen Gedächtnis konzentriert hätte. Vielmehr geht es ihm auch in diesem Fallporträt um (allerdings außergewöhnliche) Erinnerungs- und Vergessensleistungen im Kontext der gesamten Persönlichkeit.

Das Gedächtnis als Mehrspeichermodell

William James unterschied bereits gegen Ende des 19. Jahrhunderts in seinem Werk *Principles of Psychology* (1890) zwischen einem primären und einem sekundären Gedächtnis. Er brach also mit der Vorstellung eines monolithischen, einheitlichen Gedächtnisses. Das primäre Gedächtnis umfasst nach James Informationen, die seit ihrer Aufnahme ins Bewusstsein ununterbrochen dort präsent sind, wogegen im sekundären Gedächtnis Informationen aufbewahrt werden, die nach ihrer Verarbeitung zwar aus dem Bewusstsein treten, aber nach einiger Zeit möglicherweise wieder abgerufen werden können. Donald Broadbent (1957) ebnete mit seinen Untersuchungen in den 50er Jahren zur begrenzten Kapazität des menschlichen Sensoriums, die zur Annahme eines vom Langzeitgedächtnis unterschiedenen ›Zwischenspeichers‹ führten, den Weg für die neueren Mehrspeicher- oder Mehrkomponentenmodelle. Aber erst mit dem Dreispeicher-Modell des Gedächtnisses und der damit verknüpften Zwei-Komponenten Theorie von Richard C. Atkinson und Richard M. Shiffrin (1968), brach sich die Sichtweise, das Gedächtnis als strukturell (und funktional) differenziert und prozessual zu betrachten, endgültig Bahn. Dieses Modell sieht eine Unterscheidung zwischen einem Ultrakurzzeit-, einem Kurzzeit- und einem Langzeitspeicher bzw. -gedächtnis vor und nutzt auch sonst in mancherlei Hinsicht den Computer als Quelle der analogisierenden Theoriebildung (s. Abb. 2, S. 28).

Der Ansatz unterscheidet insofern zwei Kom-

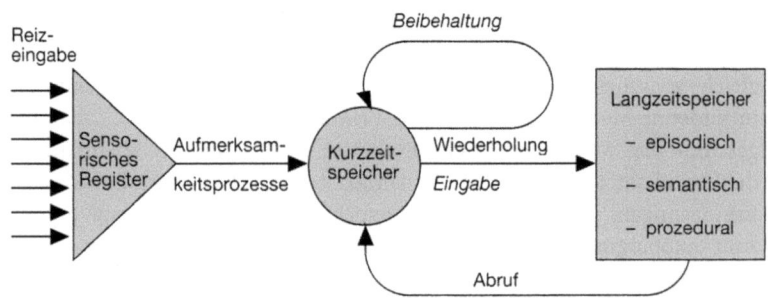

Abb. 2: Ein typisches Mehrspeichermodell (nach Franz Schermer: *Lernen und Gedächtnis*. Stuttgart: W. Kohlhammer GmbH 1991, 119)

ponenten des Gedächtnisses, als er von statisch-strukturellen Merkmalen einerseits, den eben genannten Speichern bzw. Gedächtnisbereichen, sowie prozessualen Merkmalen andererseits – das sind gezielt ausgeführte Schritte der Informationsverarbeitung – ausgeht. Das Ultrakurzzeitgedächtnis wird auch sensorisches Gedächtnis oder sensorisches Register genannt, das Kurzzeitgedächtnis nach einflussreichen Arbeiten Alan Baddeleys (1986) bisweilen auch Arbeitsgedächtnis. Die in der Sekundärliteratur zumeist vorgenommene Gleichsetzung zwischen Kurzzeit- und Arbeitsgedächtnis ist allerdings insofern unpräzise (oder sogar inkorrekt), als das ursprüngliche Baddeleysche Konzept auf eine Ersetzung eines einheitlichen Kurzzeitgedächtnisses durch ein Mehrkomponenten-Arbeitsgedächtnis-Konzept abzielte. Dieses sieht eine ›zentrale Exekutive‹ sowie zwei ›Sklavensysteme‹ – die phonologische Schleife und den visuell-räumlichen Notizblock – vor. Die Aufgabe der phonologischen Schleife ist es, sprachliche Informationen zu verarbeiten. Die Aufgabe des visuell-räumlichen Blocks ist es, visuelle bzw. räumliche Informationen zu verarbeiten.

Das Ultrakurzzeitgedächtnis im Modell von Atkinson und Shiffrin stellt die erste Stufe des Dreispeicher-Modells des Gedächtnisses dar. Man nimmt an, dass es für jede Sinnesmodalität ein sensorisches Register gibt. Besonders gut untersucht sind zwei Register, das visuelle oder ikonische und das auditive oder Echogedächtnis. In die sensorischen Register gelangt eine Vielzahl an Informationen – ihre Kapazität ist also sehr groß –, die Verweildauer der Informationen ist allerdings sehr gering, sie beträgt lediglich eine halbe Sekunde bis zu vier Sekunden. Besondere Prominenz bei der Erforschung der Funktionsweise des Ultrakurzzeitgedächtnisses erlangten die Experimente George Sperlings (Sperling 1960). Sperling bot Versuchspersonen visuelle Reize für wenige Millisekunden mittels eines Tachistoskops, eines Apparats zur Vorführung optischer Reize, dar. Als Reizmaterial verwendete er beispielsweise Buchstaben-Matrizen, die aus drei Reihen mit je drei Buchstaben bestanden. Wurden die Versuchspersonen unmittelbar nach der Darbietung darum gebeten, möglichst viele Buchstaben zu erinnern (Ganzberichtmethode), so wurden vier bis fünf Buchstaben reproduziert. Forderte man die Versuchspersonen dagegen auf, nur eine Buchstabenreihe wiederzugeben, wobei ein bestimmtes akustisches Signal nach Darbietung des Reizmaterials anzeigte, um welche Reihe es sich handeln solle (Teilberichtmethode), ergab sich ein interessantes Bild: Ganz unabhängig davon, welche Reihe reproduziert werden sollte, war die Erinnerungsleistung der Probanden hier so gut wie vollkommen. Sperling schloss daraus, dass die gesamte Buchstaben-Matrix den Versuchspersonen für kurze Zeit präsent ist. Je mehr das akustische Signal nach der Darbietung des Reizmaterials verzögert wird, desto schlechter wird die Reproduktionsleistung.

Damit Informationen aus dem Ultrakurzzeitgedächtnis ins Kurzzeitgedächtnis gelangen, muss ihnen Aufmerksamkeit gewidmet werden. Die aufgenommenen Informationen können dann bis zu 20, max. 30 Sekunden im Kurzzeitgedächtnis behalten werden. Innerhalb dieser unmittelbaren Gedächtnisspanne, die zu unserer psychologischen Gegenwart gehört, können die

Informationen bewusst verarbeitet werden. Im Kurzzeitgedächtnis wird akustisch-artikulatorisch, visuell, olfaktorisch oder semantisch kodiert. Bei erhaltender Wiederholung sind Informationen in diesem Gedächtnisspeicher nahezu beliebig lange verfügbar, etwa indem man sich die fraglichen Informationen immer wieder konzentriert vorsagt. Aber erst im Zuge elaborativen Wiederholens wird das Material so bearbeitet, dass es in ein größeres – häufig bedeutungsstrukturiertes – Netzwerk gestellt wird, womit die Wahrscheinlichkeit, sich zu einem späteren Zeitpunkt an das Material zu erinnern, gesteigert wird. Damit sind die Informationen dann aber schon im Langzeitgedächtnis ›gelandet‹. Anders als beim Ultrakurzzeitgedächtnis ist die Kapazität des Kurzzeitgedächtnisses sehr begrenzt, ein Tatbestand, auf den schon Ebbinghaus in seinen Experimenten stieß. Sie umfasst lediglich sieben plus/minus zwei Einheiten oder ›chunks‹ (Klumpen), so George Miller (1956) in einer heute als klassisch geltenden Arbeit. Diese Anzahl soll unabhängig von der Komplexität der Einheiten sein. Durch ›chunking‹ kann die Erinnerungsleistung verbessert werden. Das ›chunking‹ sieht keine Erhöhung der Zahl an ›chunks‹ vor, sondern deren Erweiterung durch sinn- und bedeutungsvolle Verknüpfungen. So lässt sich die Zahlenreihe 16181664819141918193919 45 bedeutend leichter memorieren, wenn man sich nicht jede Ziffer einzeln merkt, sondern die Ziffern zu historisch bedeutungsvollen Daten gruppiert.

Das Langzeitgedächtnis schließlich umfasst die psychologische Vergangenheit. Seine Kapazität ist prinzipiell unbegrenzt, die Verweildauer des dort Abgelegten soll lebenslang anhalten. Dieses Gedächtnissystem beinhaltet das gesamte Welt- und Selbstwissen eines Menschen. Folgende inhaltsabhängige Binnendifferenzierungen des Langzeitgedächtnisses haben sich durchgesetzt (für die ›Initialzündung‹ im Hinblick auf solche Differenzierungen vgl. Tulving/Donaldson 1972): deklaratives, prozedurales, semantisches sowie episodisches Gedächtnis und das (perzeptuelle und konzeptuelle) ›Priming‹ (Bahnung). Dabei fallen das semantische und das episodische unter das deklarative Gedächtnis. Dieses beinhaltet Wissen, das die symbolische Beschreibung von Fakten, Objekten, Situationen oder Ereignissen umfasst (›knowing that‹), explizit, bewusst und leicht verbalisierbar ist. Es wird davon ausgegangen, dass das deklarative Gedächtnis eine vergleichsweise neue Entwicklung in der Evolution darstellt und insbesondere an den Hippocampus, benachbarte Hirnregionen sowie den Neokortex gebunden ist. Für diese Annahme sprechen neuropsychologische Befunde an amnestischen Patienten sowie Studien mit unterschiedlichen Säugetierarten (s. Kap. I.1).

Das semantische Gedächtnis umfasst die Bedeutung von Wörtern und anderen Symbolen, Kenntnisse von Regelsystemen und unser allgemeines faktenbasiertes Weltwissen. Die Inhalte dieses Systems sollen ohne einen räumlich-zeitlichen Bezug gespeichert sein. Das ist beim episodischen Gedächtnis anders. Dieses Gedächtnissystem soll nämlich für räumlich und zeitlich datierbare Ereignisse zuständig sein. Wie, wo, wann und in welcher Reihenfolge man etwas erlebt hat, wird mit Hilfe des episodischen Gedächtnisses erinnert. Bisweilen wird das episodische auch als autobiographisches Gedächtnis bezeichnet (s. Kap. II.1). Das ist allerdings mindestens missverständlich, da nicht alles, was im tagtäglichen Leben geschieht (und damit möglicherweise im episodischen Gedächtnis gespeichert wird), auch biographisch relevant ist. Das prozedurale Gedächtnis, das bereits von Ebbinghaus und Ewald Hering als habituelles oder als operatives Gedächtnis bezeichnet wird, umfasst Inhalte, die als Wissen im Sinne eines ›knowing how‹ Fähigkeiten und Fertigkeiten zugrunde liegen, die vorwiegend implizit sind und z. T. nur schwer oder gar nicht verbalisiert werden können. Die in diesem Gedächtnissystem gespeicherten (motorischen) Tätigkeiten werden eher langsam durch Übung sowie Lernen am Modell erworben und noch langsamer oder überhaupt nicht vergessen. Es wird davon ausgegangen, dass das prozedurale Gedächtnis früh in der Evolutionsgeschichte auftaucht und an subkortikale Gebiete gebunden ist. Für diese Annahme soll der Umstand sprechen, dass sich sowohl Babys als auch Tierjunge eher an Fertigkeiten denn an Fakten erinnern. Das ›Priming‹ (Bahnung) schließlich betrifft die erhöhte Wahrscheinlichkeit, einen zu einem früheren Zeitpunkt unbewusst wahrgenommenen Reiz (etwa ein Wort, ein Bild oder einen Geruch) wiederzuerkennen.

Das semantische Gedächtnis sei noch etwas näher dargestellt. Wie werden Gedächtnisinhalte in diesem System organisiert? Begriffe gelten als die kleinsten Einheiten des semantischen Gedächtnisses. In ihnen ist Wissen verdichtet. Man kann zwischen eher allgemeinen und eher spezifischen Begriffen unterscheiden. Allgemeinbegriffe enthalten spezifische Begriffe, so dass Begriffshierarchien gebildet werden können. Wie werden Begriffe repräsentiert? Zur Beantwortung dieser Frage sind insbesondere drei Modelle entwickelt worden: das Modell der Mengenrepräsentation, der Prototypenansatz und das Modell der Merkmalsrepräsentation. Das Modell der Mengenrepräsentation geht davon aus, dass ein Begriff über eine Menge von zu diesem Begriff gehörenden Objekten repräsentiert wird, also ›Hund‹ etwa durch eine Reihe von Hunderassen. Der Prototypenansatz postuliert, dass ein Begriff über einen exemplarischen Vertreter seiner Klasse gespeichert wird und zwar einem besonders typischen Vertreter. So gilt etwa Sperling als ein typischer Vertreter des Begriffs ›Vogel‹, Pinguin demgegenüber als ein eher untypischer Vertreter. Im Modell der Merkmalsrepräsentation wird angenommen, dass Begriffe über ihre Merkmalsstrukturen im Gedächtnis gespeichert werden. So gehören zum Begriff ›Junggeselle‹ die Merkmale ›unverheiratet‹ und ›männlichen Geschlechts‹.

Besondere Bedeutung im Hinblick auf die Verknüpfung oder Relationierung von Begriffen haben die sogenannten Netzwerkmodelle erlangt. Diese Modelle stellen Begriffe als Knotenpunkte eines Netzes dar. Die im Laufe der Zeit entwickelten einschlägigen Theorien sind durch eine Zunahme an Komplexität gekennzeichnet. Während frühe Theorien die Netzwerke als vergleichsweise schlichte Begriffshierarchien mit Ober- und Unterbegriffen modellierten, erlaubten spätere Ansätze, die Organisation komplizierterer Sätze und Ereignisse theoretisch abzubilden.

Von Interesse sind aber selbstverständlich nicht allein einzelne Begriffe und ihre Verknüpfungen, sondern auch größere sprachliche Einheiten. Forschungen in diesem Kontext befassen sich mit propositionalen Repräsentationen, Schemata und Skripten.

Propositionen sind Behauptungen, die wahr oder falsch sein können, beziehen sich auf den inhaltlichen Kern von Informationen und klammern alles Unwesentliche aus. Im semantischen Gedächtnis werden freilich kaum einzelne isolierte Propositionen repräsentiert, sondern komplexere Wissensbestände. Diese Wissensbestände sollen sich allerdings ihrerseits wieder in Propositionen zerlegen lassen. Diese ›Zerlege‹-Prozedur soll im semantischen Gedächtnis zum Zweck der Speicherung und anderer Informationsverarbeitungsschritte vonstatten gehen.

Ein Schema ist – wie dies z. T. bereits Bartlett in seinen wegweisenden gedächtnispsychologischen Untersuchungen vorwegnahm – eine komplexe und hierarchische kognitive Struktur, die Teil eines semantischen Netzwerks ist. In ihm sind typisierte Sachverhalte über unterschiedliche Tatbestände sinnhaft organisiert – das können Menschen, Situationen, Gegenstände, Orte oder Ereignisse sein. Schemata sind dekontextualisierte und generalisierte Erwartungsstrukturen, die aus Leerstellen sowie aus Bedingungen dafür bestehen, was diese Leerstellen besetzen kann. Dies verleiht ihnen eine ökonomische Funktion für das Gedächtnis, da nicht mehr jede kleine Einzelheit erinnert werden muss. Darin liegt aber auch die Gefahr, unterschiedliche Tatbestände im Sinne bestimmter – etwa milieu- oder allgemeiner: kulturspezifischer – Schemata zu verzerren und damit nicht realitätsangemessen zu erinnern. Diese Gefahr wird etwa in der Beschäftigung mit dem ›false memory syndrome‹ diskutiert. Damit werden Erinnerungen an Ereignisse bezeichnet, die, obwohl mit einem Gefühl der Erinnerungsgewissheit versehen, faktisch nicht stattgefunden haben, was etwa im Kontext von Zeugenbefragungen in praktischer Hinsicht eminent wichtig ist. Auch im Kontext von Psychotherapien hat das ›false memory syndrome‹ große Aufmerksamkeit beansprucht, nicht zuletzt deswegen, weil solche falschen Erinnerungen (z. B. an traumatische Erfahrungen physischer Gewalt wie etwa sexuellen Missbrauch) nicht selten von Psychotherapeuten angeregt oder unterstützt, manchmal regelrecht inszeniert und erzeugt wurden (Loftus/Ketcham 1994).

Skripte sind Ereignisschemata und weisen ähnlich wie Drehbücher feste Bestandteile und Leerstellen auf. Mit ihnen werden Ereignis- oder Handlungsabfolgen strukturell organisiert und mental repräsentiert. Ein in der Gedächtnispsychologie häufig zitiertes Beispiel ist das Skript eines Restaurantbesuches. Exemplarische konstitutive Merkmale eines solchen Besuches sind etwa das Betreten des Restaurants, die Bestellung von Speisen und Getränken beim Kellner, das Verzehren der bestellten Speisen und Getränke sowie das Zahlen der Rechnung. Dabei können die genannten Merkmale je nach Erfahrungs- und Wissenshintergrund des erinnernden Individuums ihrerseits komplex hierarchisch und sequenziell untergliedert werden. Skripte strukturieren Erinnerungen ebenso wie Erwartungen sowie beliebig komplexe Handlungs- und Lebensorientierungen.

Die obigen Binnendifferenzierungen sind immer wieder problematisiert worden. Eine besonders bekannte Infragestellung stammt von Neisser (1981). Dieser Autor hat in seiner (oben bereits erwähnten) berühmten Fallanalyse der Zeugenaussagen des Präsidentschaftsberaters John Dean im Watergate-Prozess – »John Dean's Memory: A Case Study« – die klare Unterscheidung zwischen einem semantischen und einem episodischen Gedächtnis in Frage gestellt. Deans Aussagen vor dem Senat seien (zumindest im Großen und Ganzen) zutreffend gewesen, aber weder eindeutig dem semantischen noch dem episodischen Gedächtnis zuzuordnen: dem semantischen Gedächtnis nicht, da Dean spezielle Episoden beschrieb; dem episodischen Gedächtnis nicht, da die berichteten Episoden in ihren Einzelheiten oftmals fehlerhaft waren. Bei Deans Erinnerungen handle es sich tatsächlich um Repräsentationen nicht einzelner Episoden, sondern wiederholter Serien von Ereignissen. Neisser schlägt hierfür den Begriff des ›repisodischen‹ Gedächtnisses vor. Bei »John Dean's memory« handelt es sich insgesamt um eine vielschichtige gedächtnispsychologische Studie, in der nicht zuletzt die Bartlettsche These der Konstruktivität des Gedächtnisses eine (weitere) Stützung und empirische Konkretisierung erfährt.

Kollektives Gedächtnis in der Psychologie

Mit der Kategorie eines kollektiven Gedächtnisses (s. Kap. II.2) hat die Psychologie Schwierigkeiten, die teilweise bereits Bartlett artikuliert hat. Diese Bedenken haben u. a. mit einem bisweilen allzu engen Selbstverständnis der Psychologie als Wissenschaft vom Individuum zu tun (individuozentrischer Ansatz). Auch mag die durchaus begründete Skepsis gegenüber dem Gebrauch von Metaphern und metaphorischen Begriffen manchmal überzogen wirken. Das trifft nicht zuletzt auf den Begriff eines Gedächtnisses zu, über das auf den ersten Blick allein Individuen zu verfügen scheinen. So ist denn auch der Ansatz von Maurice Halbwachs eher in der Soziologie (s. Kap. IV.2) als in der (Sozial-)Psychologie fruchtbar geworden. Analoges gilt für Aby Warburgs kulturwissenschaftliches Gedächtniskonzept und verwandte Ansätze. In Fortführung der oben besprochenen Binnendifferenzierungen des Langzeitgedächtnisses ist jedoch von William Hirst und David Manier (2002) ein Vorschlag unterbreitet worden, der mit der gängigen Gedächtnispsychologie heutiger Tage kompatibel scheint und gleichzeitig überindividuelle Aspekte von Gedächtnis, Erinnerung und Vergessen einbezieht. Zunächst einmal gilt es zu fragen: Was ist ein ›kollektives Gedächtnis‹? Die Antwort hierauf kann im Rahmen der Psychologie in zweierlei Weise erfolgen. (1) Kollektives Gedächtnis bezeichnet die soziokulturelle und kommunikative Dimension der Herausbildung des Gedächtnisses (insbesondere seines episodisch-autobiographischen Teils). (2) Kollektives Gedächtnis bezeichnet die Repräsentation von Geschichtsversionen und kulturellem Wissen im semantischen Gedächtnis des Individuums. An diesen zweiten Punkt knüpft das Modell der überindividuellen Gedächtnisbildung von Hirst und Manier an. Die

Autoren unterscheiden drei Formen der Repräsentation kollektiver Erinnerung im individuellen Gedächtnis und sprechen von einem kollektiv-episodischen, einem kollektiv-semantischen und einem kollektiv-prozeduralen Gedächtnis. Zumindest erwähnt sei, dass dieses Modell gewisse Verwandtschaften mit konzeptuellen Überlegungen zu einer (narrativen) Psychologie des Geschichtsbewusstseins unterhält (vgl. Straub 1998).

Kollektiv-episodisches Gedächtnis: Hierunter fallen Erinnerungen, die Mitglieder einer sozialen Gruppe übereinstimmend an ihre geteilten Erfahrungen haben (ein gemeinsamer Grillabend beispielsweise). Alle erinnern den spezifischen Kontext, die Zeit und den Ort des Ereignisses. Solche Erinnerungen können auch zu einem kollektiv-autobiographischen Gedächtnis werden, wenn die Erinnerung für alle besonders bedeutsam und kollektiv identitätsstiftend war.

Kollektiv-semantisches Gedächtnis: Hierunter fallen Erinnerungen an nicht selbst miterlebte historische Ereignisse (etwa im Kontext der Französischen Revolution). Außerdem unterscheiden Hirst und Manier hier zwischen einer ›lived semantic memory‹ und einer ›distant semantic memory‹. Ein Beispiel für ›lived semantic memory‹ sind etwa Erinnerungen von heute über fünfzigjährigen Amerikanern an den Vietnamkrieg, an dem sie selbst nicht kämpfend beteiligt waren, an dem sie aber indirekt über die Medien, Gespräche im Freundeskreis und dergleichen mehr beteiligt waren. Ein Beispiel für ›distant semantic memory‹ sind etwa Erinnerungen an den Hundertjährigen Krieg – da fehlt die Lebendigkeit und Unmittelbarkeit der ›lived semantic memory‹. Ein lebensnahes und lebendiges semantisches Gedächtnis wird nicht zuletzt zwischen den Generationen gebildet, seine abstraktere und weitläufig vermittelte, distante Variante durch Institutionen wie die Schule.

Kollektiv-prozedurales Gedächtnis: Hierunter fallen Traditionen und Rituale, die von einzelnen Personen häufig nicht-bewusst ausgeführt und weitergegeben werden.

Speicher oder Verarbeitungsebenen?

Der ›levels of processing‹-Ansatz bzw. der Ansatz der Verarbeitungsebenen oder Verarbeitungstiefe von Fergus Craik und Robert Lockhart (1972) steht insofern im Gegensatz zum oben beschriebenen Dreispeicher-Modell, ja zu Mehrspeichermodellen generell, als in ihm das Konstrukt unterscheidbarer struktureller Gedächtnisbereiche abgelehnt, als ›box model‹ polemisch kritisiert, als zu unflexibel und als zu wenig erklärungskräftig angesehen wird. Im Zentrum der Überlegungen von Craik und Lockhart steht dagegen – wie der Name schon sagt – das Konzept der Verarbeitungsebenen, das die Behaltensleistung als Produkt der Verarbeitung des Materials betrachtet und nicht als Eigenschaft des jeweiligen Speichers. Speichermodelle werden in diesem Ansatz in gewisser Weise ›funktionalisiert‹. Herausgestrichen wird der Prozess des Sich-Erinnerns gegen eine Konzeption des Gedächtnisses als strukturelles System. Das Konstrukt der Verarbeitungsebenen besagt, dass ein dargebotener Reiz unterschiedliche Analyseebenen durchläuft, die durch zunehmende Verarbeitungstiefe gekennzeichnet sein sollen. Zunächst erfolgt die Analyse physikalischer und sensorischer Merkmale. Daran schließt die phonemische Analyse an, am Ende steht die semantische Verarbeitung. Je tiefer die Verarbeitung des dargebotenen Materials erfolgt, desto einfacher kann das Material erinnert werden, desto stärker sind die Spuren im Gedächtnis (›Engramme‹). Phonemisch verarbeitete Reize werden nur geringe Zeit behalten, da sie nur oberflächlich, in geringer Tiefe verarbeitet worden sind. Informationen, die semantisch verarbeitet worden sind, werden demgegenüber länger erinnert, da sie auf einer tieferen Ebene analysiert wurden.

Im ›levels of processing‹-Ansatz wird zwischen zwei Typen der Verarbeitung unterschieden – Verarbeitungstyp I und II. Beim ersten Verarbeitungstyp werden Informationen lediglich auf einer oberflächlichen Verarbeitungsebene gehalten. Diese Information verfällt, sobald keine Aufmerksamkeit mehr auf sie gerichtet wird. Vom zweiten Verarbeitungstyp ist dann die Rede, wenn Informationen auf einer tieferen Ebene verarbeitet werden – vorzugsweise durch eine Verknüpfung mit anderen Wissensstrukturen – und damit längerfristig behalten werden können. Die Tiefe der Verarbeitung hängt von den Intentionen des lernenden Individuums ab, von der Reizspezifik und der verfügbaren Zeit. Untersuchungen zu diesem Ansatz erfolgten insbesondere im Rahmen von Experimenten zum inzidentellen, also beiläufigen Lernen. Kritisch wird gegen den Ansatz der Verarbeitungstiefe u. a. eingewandt, dass die Verarbeitungstiefe nicht unabhängig von der Behaltensleistung definiert werden könne. Ebenfalls gegen diesen Ansatz und für die Überlegenheit von Mehrspeichermodellen werden Befunde an amnestischen Patienten ins Feld geführt, die die Behauptung unterschiedlicher Speicher belegen würden. Darüber hinaus wird auf den seriellen Positionseffekt hingewiesen, der ein Mehrspeichermodell mindestens nahe legen würde. Dieser Effekt bezeichnet den Umstand, dass es bei freien Reproduktionen bessere Behaltensleistungen für Ereignisse gibt, die am Anfang (›primacy‹-Effekt) und am Ende (›recency‹-Effekt) einer zu merkenden Liste stehen. Wenn die Darbietungszeit zu merkender Wörter verlängert wird, verbessert sich die Reproduktionsleistung für Ereignisse am Anfang und in der Mitte der Liste, nicht aber an deren Ende. Der ›recency‹-Effekt – so die Verfechter von Speichermodellen – sei durch den unmittelbaren Abruf aus dem Kurzzeitspeicher bedingt. Die anderen Teile der seriellen Positionskurve würden demgegenüber durch den Langzeitspeicher bestimmt.

Kritik an der kognitivistischen und der konnektionistischen Gedächtnispsychologie

Kritik am Mehrspeichermodell im Rahmen eines Modells der Verarbeitungsebenen oder die kritischen Einwände Baddeleys gegen Kurzzeitspeicher im Sinn von Atkinson und Shiffrin tasten die Grundlagen der kognitivistischen Gedächtnisforschung nicht an. Die kognitivistische Gedächtnispsychologie ist aber – einerlei, ob nun im Gewande von Mehrspeichermodellen oder eines Ansatzes der Verarbeitungstiefe – in unterschiedlichen kritischen Spielarten der Psychologie einer fundamentaleren Kritik unterzogen worden. Konnektionistische Auffassungen in der Gedächtnispsychologie sind ebenfalls kritisiert worden, bislang jedoch in geringerem Maße. Solche Kritik speist sich aus ganz unterschiedlichen Geistes- und Theorieströmungen, etwa pragmatistischer, marxistischer, phänomenologischer oder konstruktivistischer Provenienz. Im angloamerikanischen Sprachraum haben sich beispielsweise Jérôme Bruner, Rom Harré, Jonathan Potter, Margaret Wetherell oder Kenneth Gergen im Kontext kulturpsychologischer, diskursanalytischer bzw. sozialkonstruktionistischer Forschungen kritisch mit der kognitivistischen und konnektionistischen Gedächtnisforschung auseinandergesetzt, haben Alternativen vorgeschlagen und empirisch zu realisieren versucht. Einen der Brennpunkte der Kritik bildet die in der kognitivistischen Gedächtnisforschung kultivierte Computer-Metaphorik, die Erinnerungs- und Vergessensvorgänge als Informationsverarbeitungsprozesse in Analogie zu Computer-Hardware und -Software modelliert. Im deutschsprachigen Bereich haben Carl Graumann sowie Klaus Holzkamp besonders profilierte Überlegungen mit kritischer Stoßrichtung vorgelegt. Zumindest die grundlegende Intention im Ansatz des letzteren sei im Folgenden zu exemplarischen Zwecken vorgestellt.

Holzkamp (1993) widmet sich in seinem Buch *Lernen. Subjektwissenschaftliche Grundlegung* auch einer Kritik und Reinterpretation prominenter Gedächtnistheorien zum Zwecke der Erarbeitung einer eigenständigen subjektwissenschaftlichen Lerntheorie. Nach einer kritischen Sichtung insbesondere von Mehrspeichermodellen, dem Ansatz der Verarbeitungsebenen und konnektionistischen Modellen des Gedächtnisses kreisen Holzkamps Überlegungen zunächst um ein von ihm als zentral betrachtetes Problem der kognitivistischen Gedächtnisforschung überhaupt, nämlich der schon erwähnten weitgehenden Modellierung von Gedächtnisprozessen in Termini der Computer-Hardware und -Software. Holzkamps diesbezügliche Kritik läuft auf den Einwand hinaus, dass im Zuge einer solchen Modellierung der Computer vom Hilfsmittel zum Modell menschlicher Kognition umgedeutet und damit das erinnernde Subjekt in ein informationsverarbeitendes System mystifizierend hineinverlegt worden sei, mit anhaltender Wirkung bis heute. Der Computer werde in gewissermaßen animistischer Verkennung zum eigentlichen Subjekt des Erinnerns, die Computer-Metapher nicht mehr als Metapher verwendet, sondern als Einfallstor für die ›Homunculuisierung‹ und Verdinglichung bzw. Reifizierung des Gedächtnisses: Nicht ›ich‹ nehme etwas wahr, speichere es, rufe es wieder ab oder vergesse es, sondern ein ›Computer-Subjekt‹ (ganz ähnliche Begriffsverwirrungen finden sich im Übrigen bisweilen in neurowissenschaftlichen Sprachspielen, in denen ebenfalls nicht mehr ›wir‹ denken, fühlen, wollen oder handeln, sondern unser Gehirn, neuronale Aktivitäten und ähnliches mehr). Demgegenüber ist Holzkamps Intention auf den »realen Subjektstandpunkt von Individuen außerhalb des ›Systems‹« gerichtet (ebd., 136). Einen wertvollen Ansatzpunkt für eine derartige kategoriale Umorientierung sieht er im Modell von Craik und Lockhart (s. o.), das die Aktivität des erinnernden Subjekts gegenüber einer Hypostasierung unterschiedlicher Speicher als Quasi-Erinnerungssubjekten zumindest im Prinzip herausstreicht und auch neueren konnektionistischen Modellen überlegen sei, da diese wieder in einen Homunculi-Diskurs zurückfielen. Um eben diesen Problemen wirkungsvoll zu begegnen, schlägt Holzkamp vor, konsequent nicht von Gedächtnis zu sprechen, sondern von Behalten und Erinnern als menschlichen Handlungen und damit einhergehend von Behaltens- und Erinnerungsintentionen.

Als ein weiteres zentrales Problem identifiziert Holzkamp die ›traditionelle‹ Fassung des Verhältnisses zwischen Behalten und Erinnern als kontingenten Zusammenhang zwischen unabhängiger und abhängiger Variable. Wenn man aber nun Behalten und Erinnern als intendierte menschliche Handlungen bestimmt, handle es sich beim Verhältnis zwischen Behalten und Erinnern nicht um einen kontingent-empirischen, bloß faktischen Zusammenhang, sondern um eine inferentiell-implikative Beziehung. Diese Beziehung steht im Kontext eines ›Begründungsdiskurses‹, in dem Behaltensaktivitäten darin fundiert sind, dass das Subjekt das Behaltene später erinnern will – weil und solange es gute Gründe dafür hat. Von den intendierten Erinnerungsleistungen hängt dann auch ab, welche Arten von typischen Behaltens- bzw. Erinnernsstrategien begründetermaßen genutzt werden. Im Kontext der anvisierten subjektwissenschaftlichen Lerntheorie gelte es gerade auch, die Weltlosigkeit der kognitivistischen Psychologie auch bei der Modellierung von Gedächtnisstrategien zu durchbrechen, ihren Realitätsverlust sowie die solipsistische Einkapselung des erinnernden Individuums zu überwinden. Dazu gehöre auch die Zurückweisung der weitgehenden Beschränkung auf sprachsymbolische Gegebenheiten.

Möglichkeiten zur Verbesserung von Erinnerungsleistungen

Menschen müssen in unterschiedlichen Situationen und allen biographischen Phasen Erinnerungsleistungen erbringen, die im Hinblick auf den Umfang des zu Erinnernden sowie seine Komplexität variieren. Variationen sind darüber hinaus kulturell, gesellschaftlich, sozial und historisch bedingt. In Abhängigkeit situativer, internaler, krankheits- und entwicklungsbedingter Faktoren haben Menschen schließlich mitunter mehr oder weniger große Schwierigkeiten beim Erinnern. Vor diesem Hintergrund sind im Laufe der Zeit unterschiedliche Möglichkeiten zur Verbesserung von Erinnerungsleistungen entwickelt worden, manchmal auch ›nur‹ um Aussichten auf eine Verschlechterung von Erinnerungsleistungen entgegenzuwirken. Zu diesen (nicht scharf gegeneinander abgegrenzten) Optionen gehören Mnemotechniken, Gedächtnisstützen sowie Gedächtnistrainings.

Mnemotechniken spielten insbesondere in der antiken Rhetorik zur Unterstützung der Auswendigkeit eine herausragende Rolle (s. Kap. III.2). Zu ihnen werden etwa die Methode der Orte (Locitechnik), visuelle Techniken sowie die Schlüsselwortmethode gezählt. Generell geht es bei den

Mnemotechniken darum, Lernmaterial, das eingeprägt werden soll, mit etwas Vertrautem zu verbinden, um es so leichter erinnern zu können.

Bei der Methode der Orte wird neues Lernmaterial mit einem Ordnungsschema, das aus einer gut bekannten Folge markanter Orte besteht, in Verbindung gebracht. Das zu lernende Material wird in der Einprägungsphase mit den verschiedenen Orten der Wegstrecke bildhaft verknüpft. Wenn das Material später wieder erinnert werden soll, schreitet man mental die Strecke mit ihren jeweiligen Orten ab und ruft sich dabei die Vorstellungsbilder, die man sich bei der Einprägungsphase ausgedacht hat, ins Gedächtnis zurück. Die Anwendung führt zu nachweisbaren Erhöhungen der Erinnerungsleistungen auch älterer Menschen. Allerdings ist sie für abstraktes Lernmaterial nicht so gut geeignet.

Visuelle Techniken allgemein bestehen aus der Speicherung von Erinnerungen mit Hilfe bildhafter Vorstellungen. Man versucht etwa, seine Erinnerung an Wörter dadurch zu erhöhen, dass man sie mit lebhaften und deutlichen Vorstellungsbildern assoziiert. Visuelle Techniken, die oftmals einen Teilaspekt komplexerer Mnemotechniken ausmachen, gelten als besonders effektiv.

Die Schlüsselwortmethode wird beim Vokabellernen eingesetzt. Die Methode funktioniert so, dass ein Wort aus der Muttersprache, das ähnlich klingt wie die zu lernende Vokabel aus der zu lernenden Fremdsprache, das Schlüsselwort darstellt. Aus der Bedeutung der Vokabel und dem Schlüsselwort wird eine bildhafte mentale Repräsentation konstruiert. Die Schlüsselwörter müssen nicht notwendigerweise aus der Muttersprache, sondern können auch aus einer beliebigen anderen Sprache stammen.

Als Gedächtnisstützen fungieren mehr oder weniger willkürlich ausgewählte Objekte oder Hinweisreize, etwa der berühmte Knoten im Taschentuch, die anzeigen sollen, dass etwas erinnert werden soll. Über diesen Hinweis, dass etwas erinnert werden soll, soll sich dann – so die Annahme – der Inhalt dessen, was erinnert werden soll, leichter assoziieren lassen. Darüber hinaus kann man Gedächtnisstützen benennen, die mit dem Merkinhalt in einem anschaulichen Zusammenhang stehen. Zwei Codierungen werden hier unterschieden: reduktive und elaborative Codierungen. Reduktive Codierungen zielen auf die Ausklammerung, die Wegnahme alles Überflüssigen, auf die Verdichtung des zu Merkenden in Kurzzusammenfassungen. Elaborative Codierungen dagegen versuchen – scheinbar paradox – die Komplexität des Merkinhaltes durch Hinzufügung von Komplexität zu reduzieren. Diese Hinzufügung kann visuell, semantisch und/oder verbal erfolgen. Solche Hinzufügungen müssen, um als Gedächtnisstützen wirken zu können, die Merkinhalte in eine einprägsamere Form bringen, aus der sie dann wieder ›rückübersetzt‹ werden müssen.

Gedächtnistrainings sind insbesondere im gerontologischen Bereich entwickelt, implementiert und evaluiert worden (s. Kap. I.4). Als wirksam haben sich etwa zweistufige Trainingsverfahren zur Förderung der Gedächtnisleistung älterer Menschen erwiesen. Das eine Teilprogramm solcher Trainings umfasst üblicherweise ein Reattributionstraining. Dieses dient u. a. der Revision überzogener Leistungsansprüche, der Aufgabe dysfunktionaler Attributionen und der Einübung alternativer Erklärungen für Erfolg bzw. Misserfolg in Gedächtnisaufgaben, wobei diese Erklärungen gerade auch jenseits des Faktors ›Alter‹ liegen sollen. Das andere Teilprogramm besteht zumeist aus einem Strategietraining, das der Verbesserung von Erwerbs- und Erinnerungsstrategien dienen soll.

Ansätze zur Erklärung des Vergessens

Um überhaupt etwas vergessen zu können, muss es trivialer Weise vorher ins Gedächtnis gelangt sein. Die Güte der Erinnerbarkeit oder überhaupt die Erinnerbarkeit dessen, was ins Gedächtnis gelangt ist, ist von verschiedenen Faktoren abhängig – von einigen war bereits die Rede. Mangelnde Reproduktionsfähigkeit oder Schwierigkeiten beim Abruf liefern keinen zwingenden Beleg dafür, dass einstmals ins Gedächtnis gelangtes Material vollständig vergessen worden wäre. Häufiger kann zu einem späteren Zeitpunkt, unter veränderten Bedingungen oder mittels anderer Methoden das vergessen geglaubte Material doch noch erinnert werden. Der Bedeutungshof des Begriffs ›Vergessen‹ umfasst sowohl den (teilweisen oder vollständigen) Verlust von Informationen als auch den der (konstruktiven oder rekonstruktiven) Veränderung bzw. Verzerrung der ursprünglichen Informationen.

Bei Fragen zur Klärung von Vergessensprozessen haben vier theoretische, teilweise durchaus heterogene Ansätze besondere Prominenz erlangt. Es handelt sich dabei um die Konzepte des Spurenzerfalls, der Interferenz (Hemmung), der Abrufprobleme sowie des motivierten Vergessens.

Wie sich eine Spur im Sand im Laufe der Zeit verwischt und schließlich wieder verschwindet, so sollen dem Konzept des Spurenzerfalls zufolge auch Gedächtnisspuren kontinuierlich mit der Zeit zerfallen. Einzig die Festigung durch Wiederholung vermöge diesem Zerfall entgegenzuwirken. Die empirische Überprüfung dieser Annahme ist jedoch problematisch. Es gilt nämlich sicherzustellen, dass zwischen dem Lernen von Material und dessen Abruf keine kognitiven Aktivitäten ablaufen, die mit dem Lernstoff interferieren. Darüber hinaus – und dies ist der schwerer wiegende Punkt – muss nachgewiesen werden, dass die Informationen tatsächlich nicht mehr im Gedächtnis vorhanden und nicht bloß unzugänglich sind.

Lernen, das auf ein späteres Wiedererinnern abzielt, ist stets störanfällig. Altes Material kann mit neuem Material interferieren und umgekehrt. Üblicherweise wird zwischen proaktiver und retroaktiver Interferenz unterschieden. Proaktive Interferenz bedeutet, dass alte Gedächtnisinhalte, das Einprägen neu zu lernenden Materials stören. Retroaktive Interferenz bewirkt, dass neues Material alte Gedächtnisinhalte stört. Je größer die Ähnlichkeit des Materials, umso störanfälliger ist der Lernprozess.

Bisweilen ist etwas im Langzeitgedächtnis gespeichert, aber es fehlen die nötigen Abrufhilfen, um an die Gedächtnisinhalte zu gelangen. Erinnern hängt immer auch von situativen Umständen ab, in denen erinnert werden soll. Das schließt die Art der Gedächtnisprüfung ein, ob also beispielsweise etwas bloß wiedererkannt werden oder ob freie Reproduktion stattfinden soll (s. o.). Bedeutsam ist auch das Konzept der sogenannten Enkodierspezifität. Damit wird die Bedeutung des externen Kontextes beim Lernen und beim Abruf bezeichnet. Informationen, die in einem bestimmten Raum gelernt wurden, so heißt es etwa, könnten auch am besten wieder in diesem Raum reproduziert werden. Dies wird damit erklärt, dass der räumliche Kontext, in dem das Lernen stattfindet, mit enkodiert wird und somit als Hilfe beim späteren Abruf dienen kann. Enkodierspezifität soll sich auch auf Stimmungen und personale Zustände beziehen, also gewissermaßen auf interne Kontexte.

Peinliche, schambesetzte, traumatische und andere unangenehme Erfahrungen können so unterdrückt werden, dass sie vergessen werden, zumindest aktuell nicht bewusst sind. Dies wird motiviertes Vergessen genannt, in der Psychoanalyse ist von Verdrängung die Rede (s. Kap. I.5). Das Verdrängte ist aber nicht ein für alle Mal weg, sondern kann – in klassischer psychoanalytischer Lesart jedenfalls – wiederkehren. Die Wiederkehr erfolgt typischerweise in Form von Fehlleistungen, Träumen oder Symptombildungen. Im analytischen Therapiesetting kann das Verdrängte bei Einhaltung der Grundregel bewusst gemacht und bearbeitet werden.

Die oben dargestellten Ansätze werden bisweilen noch durch das Konzept des prospektiven Vergessens ergänzt, dem allerdings (noch) keine gleichermaßen große Aufmerksamkeit entgegengebracht wird. Prospektives Vergessen bezeichnet das Vergessen von in der Zukunft liegenden Ereignissen. Die Erinnerung an künftige Ereignisse, die mit Personen zu tun haben, oder an Ereignisse, an die positive Erwartungen geknüpft sind, soll weniger anfällig für diese Form des Vergessens sein als die Erinnerung an künftige Termine oder Fristen, die mit negativen Erwartungen verknüpft sind oder keine offensichtliche soziale Komponente aufweisen.

Gedächtnis, Erinnern und Vergessen im Kontext anderer psychischer Funktionsbereiche

Erinnerungs- und Vergessensprozesse sind keine isolierten psychischen Geschehnisse, sondern stehen in vielfältiger Verbindung mit anderen psychischen Funktionsbereichen. Üblicherweise werden in der Allgemeinen Psychologie neben dem Gedächtnis noch die folgenden Funktionsbereiche unterschieden: Wahrnehmung, Motivation, Handeln, Denken, Lernen, Emotion und Sprache. Wir widmen uns im Folgenden beispielhaften Aspekten solcher interfunktioneller Zusammenhänge (vgl. Albert/Stapf 1996).

Gedächtnis und Wahrnehmung: Wahrnehmung ist einerseits eine Bedingung der Möglichkeit von Gedächtnisprozessen. Im Dreispeicher-Modell des Gedächtnisses (s. o.) wird dies an der Funktion der sensorischen Register besonders augenfällig. Gedächtnisbildung ist in diesem Modell wesentlich vom ›Input‹ durch die Umwelt abhängig, wobei dieser ›Input‹ via visueller, auditiver, taktiler, olfaktorischer und gustatorischer sowie auf den Gleichgewichtssinn bezogener Wahrnehmung erfolgt. Andererseits ist das Gedächtnis wiederum wesentlich für Wahrnehmungsprozesse: Ohne entsprechende Gedächtnisspuren in Form von Schemata, Skripten, semantischen Netzwerken und manchem mehr wäre die Wahrnehmung von Personen, sozialen Phänomenen oder Sprachereignissen unterschiedlicher Art nicht möglich.

Gedächtnis, Motivation und Handeln: Motivation als der Inbegriff für die Begründetheit und Bewegtheit unseres Handelns ist ebenfalls eine wichtige Voraussetzung für Gedächtnisbildungsprozesse. Erinnerns- und Vergessensprozesse können nicht allein als ein gewissermaßen naturwüchsig ablaufendes Geschehen betrachtet werden, wie etwa in den Ebbinghausschen Selbstversuchen, sondern auch als ein in sinn- und bedeutungstragenden, ziel-, regel- und normorientierten Handlungen sowie in Handlungen als und in Geschichten eingebettetes und damit motiviertes Geschehen. Die Bartlettsche Rede vom ›effort after meaning‹ wäre ohne so eine Voraussetzung nicht nachvollziehbar. Unter einer solchen Perspektive kann dann beispielsweise die Wirksamkeit von auf unser Gedächtnis gerichteten und bestimmten Zielen verpflichteten Handlungen untersucht werden. Forscherisches Interesse beanspruchen darüber hinaus Fragestellungen, die sich ergeben, wenn man unterschiedliche Motivklassen betrachtet. Üblicherweise wird hier zwischen dem Affiliations- bzw. Gesellungsmotiv, dem Macht- und dem Leistungsmotiv differenziert. Gedächtnisrelevante Studien zielen auf den Zusammenhang dieser Motivklassen mit unterschiedlichen Gedächtnisinhalten und -prozessen. Die Erinnerung an das Gelingen oder Misslingen motivierter Handlungen ist dann wiederum selbst von psychologischem Interesse, nicht zuletzt deswegen, weil solche Erinnerungen bestimmte Gefühle evozieren können, z. B. des Stolzes oder der Scham, und für die künftige Weichenstellung motivierten Handelns bedeutsam sind.

Gedächtnis und Denken: Denkprozesse bedürfen des Gedächtnisses und sie münden – zumindest teilweise – in Gedächtnisspuren. Exemplarisch sei auf den ersten Fall ein wenig näher eingegangen: Einen wichtigen Stellenwert nehmen in diesem Zusammenhang Untersuchungen zur Integration unterschiedlicher Informationsquellen im Gedächtnis während des Problemlösens und anderer Formen des Denkens, wie Beurteilen und Entscheiden, ein. Schon in frühen Laboruntersuchungen zum Problemlösen, in denen Gedächtnisprozesse möglichst ausgeschaltet werden sollten, ergaben sich aus der Analyse von Protokollen lauten Denkens gedächtnispsychologisch relevante Befunde. Ein zentrales Ergebnis besagt, dass Problemlöseprozesse durch die verfügbare Gedächtniskapazität eingeschränkt sind. Es sind im weiteren Verlauf aber auch Studien durchgeführt worden, in denen Problemlöseprozesse in vertrauten Aufgabengebieten untersucht wurden, wobei die Probanden problemrelevantes Wissen mitbrachten. Von zentralem Interesse sind hier die selektiven Abrufprozesse aus dem Langzeitgedächtnis im Hinblick auf eben dieses problemrelevante Wissen. Dabei erhalten Hilfsinformationen, etwa bereits erworbene Lösungsverfahren, spezielle Aufmerksamkeit. Darüber hinaus kreisen die einschlägigen Untersuchungen um die unterschiedlichen Mechanismen des Abrufs relevanter Informationen bei Laien und Experten. Erfahrene Problemlöser in einem bestimmten Gebiet, Experten eben, können auf eine Fülle von Lösungsmethoden zurückgreifen, was der Schnelligkeit der Aufgabenbearbeitung sehr entgegenkommt.

Gedächtnis und Lernen: Intentionale und implizite oder inzidentelle Lernprozesse erfolgen (oftmals) gedächtnisbasiert; ohne den Rekurs auf wie auch immer geartete Erinnerungsspuren wären zahllose Lernvorgänge nicht möglich. Darüber hinaus zielt Lernen auf den kumulativen Aufbau von Gedächtnisinhalten und -strukturen ab, sind für den Begriff des Lernens doch länger anhaltende Veränderungen des Verhaltens oder Verhaltensrepertoires konstitutiv. Solche Veränderungen sind ohne Behaltensleistungen offenbar nicht möglich. Schließlich können sich Lernvorgänge auch auf den Erwerb von Mnemotechniken oder Gedächtnisstützen richten sowie auf das Metagedächtnis, also Wissen über die Funktionsweise unseres Gedächtnisses. Vor diesem Hintergrund ist es selbstverständlich, dass psychologische Lerntheorien ganz unterschiedlicher Provenienz das Verhältnis zwischen Lernen und Gedächtnis modellieren.

Einige wenige Hinweise sollen hier etwas ausführlicher als bei den anderen interfunktionellen Zusammenhängen ausfallen, weil der Konnex zwischen Lernen und Gedächtnis gemeinhin als besonders eng angesehen wird: In Albert Banduras sozial-kognitiver Theorie des Lernens, die u. a. auch als Modelllernen oder als Beobachtungslernen bezeichnet wird, wird in Abkehr von einem strikt behavioristischen Modell zwischen Reiz und Reaktion die kognitive Tätigkeit des lernenden Subjekts in den Mittelpunkt gestellt. Bandura interessiert sich dafür, wie Subjekte von einem Modell lernen. Förderliche Bedingungen, die zum Gelingen eines solchen Lernens beitragen, sind etwa die Attraktivität des beobachteten Modells oder die Tatsache, dass das Modell für sein Verhalten verstärkt wird (stellvertretende Verstärkung) oder dass das beobachtende Verhalten des Beobachters verstärkt wird. Bei all dem kommt mnestischen Prozessen insofern eine bedeutsame Rolle zu, als sie es gewährleisten, dass sich das Beobachtete später einmal auch im Verhalten des Beobachters niederschlägt. Würde dieser sich das, was er wahrgenommen hat, nicht merken können – etwa, weil entwicklungsbedingt mnestische Leistungen noch oder wieder eingeschränkt sind – würde Lernen am Modell nicht funktionieren. Aber auch im Assoziationslernen des klassischen Konditionierens (Ivan P. Pavlov, John B. Watson) und des operanten Konditionierens (Burrhus F. Skinner) dürften mnestische Prozesse zumindest dergestalt eine Rolle spielen, als die Verknüpfung zwischen Reizen bzw. Reiz und Reaktion nur schwer ohne die Annahme von Gedächtnisspuren vorstellbar ist. Darüber hinaus wird im Modell des klassischen Konditionierens der Tatbestand der Löschung bzw. Extinktion einer konditionierten Reaktion, nachdem ein konditionierter Reiz mehrmals alleine dargeboten worden ist, mitunter als Vergessen bezeichnet. Schließlich werden Erfolge klassischen oder operanten Konditionierens auch als Belege für das Vorhandensein eines impliziten Gedächtnisses gewertet.

Werfen wir noch einen weiteren Blick auf Theorien jenseits des behavioristischen Paradigmas. In den gestaltpsychologischen Arbeiten von Max Wertheimer, Wolfgang Köhler und Kurt Koffka wird Einsicht als zentrales Lernprinzip angenommen und Lernen als Erzeugung von Gedächtnisspuren verstanden. Diese Arbeiten ebnen den dezidiert kognitiven Lerntheorien der 1960er und 1970er Jahre (wie der oben angesprochenen Theorie Banduras) mit den Weg. An die kognitiven Theorien schließen die konstruktivistischen Lerntheorien der 1990er Jahre an, die die Eigenaktivität, Selbststeuerung, soziale Interaktion und Kooperation sowie die Situationsgebundenheit des Lernens herausstellen und die Erfahrungsabhängigkeit von Lernprozessen im kulturellen Kontext besonders akzentuieren. Zentrale Autoren in diesem Zusammenhang sind etwa Jean Lave oder Barbara Rogoff, als historische Vorläufer werden etwa Arbeiten des Pragmatisten John Dewey oder Ansätze aus der Reformpädagogik

2. Zur Psychologie des Erinnerns

gezählt, z. B. Georg Kerschensteiners Konzept der Arbeitsschule. Gerade die Erfahrungsabhängigkeit des Lernens verweist natürlich auf die zentrale Rolle von Erinnerns- und Vergessensprozessen für das Lernen.

Gedächtnis und Emotion: Forschungen zum Verhältnis von Gedächtnis und Emotion kreisen mindestens um die folgenden Fragen: (1) Welchen Einfluss haben Stimmungen auf Behaltensleistungen? (2) Welchen Einfluss haben (physiologische) Erregungszustände – als gewissermaßen basale Grundlage emotionaler Prozesse – auf das Gedächtnis? (3) Wie steht es um die empirische Stützung der psychoanalytischen These der Verdrängung bedrohlicher Erfahrungen aus dem Bewusstsein? (4) Inwieweit können Emotionen selbst als eine implizite Form des Gedächtnisses aufgefasst werden?

1. Stimmungen und Gedächtnis: Hier wird untersucht inwiefern Stimmungen – begriffen als länger andauernde, ›mildere‹ emotionale Zustände – Erinnerns- und Vergessensprozesse mitbestimmen. Einschlägige Forschungen prüfen etwa die Hypothese der ›Stimmungskongruenz‹. Diese besagt, dass im Falle einer Kongruenz zwischen Stimmung und der emotionalen Valenz des zu lernenden Materials Enkodierungs- und Abrufleistungen verbessert würden.

2. Erregung und Gedächtnis: Forschungen zu diesem Themenbereich haben etwa erbracht, dass mäßig starke Erregung während eines Lernvorgangs zu vergleichsweise besseren Behaltensleistungen führt; dass als emotional erregend eingeschätzte Bilder oder persönliche Lebensereignisse besser erinnert werden als neutrale; dass erhöhte Erregung beim Abruf aus dem semantischen Gedächtnis die Zugreifbarkeit dominanter gegenüber weniger dominanten Inhalten erhöht. Diese und andere Befunde werden mittels teilweise konfligierender Erklärungsansätze interpretiert.

3. Verdrängung: Die experimentelle Befundlage zur Verdrängungsthese wird insgesamt als schwach angesehen, da Replikationsversuche inkonsistente Ergebnisse gezeigt haben und die theoretischen Interpretationen umstritten sind. Als verhältnismäßig klarer – wenngleich aufgrund theoretischer und methodischer Probleme ebenfalls nicht unumstrittener – Befund gilt, dass Personen mit einer Disposition zur Vermeidung negativer Erfahrungen emotionale Lebensereignisse vergleichsweise schlechter erinnern. Gegenüber einer experimentell fundierten Skepsis an der Verdrängungshypothese wird allerdings immer wieder (schon von Sigmund Freud selbst) die Fruchtbarkeit und Gültigkeit dieser These vor dem Hintergrund kasuistischen, insbesondere klinischen Materials ins Feld geführt.

4. Emotion als implizites Gedächtnis: Hier widmen sich Experimente der Frage, inwiefern sich implizites Gedächtnis in emotionalen Reaktionen äußern kann. Unter implizitem Gedächtnis wird in diesem Kontext das Phänomen verstanden, dass Erfahrungen Effekte auf späteres Verhalten haben können, auch dann, wenn die Erfahrungen selbst nicht bewusst erinnert werden. In den angesprochenen Experimenten werden die emotionalen Reaktionen oftmals als autonome physiologische Reaktionen operationalisiert.

Gedächtnis und Sprache: Sowohl Sprachproduktion als auch Sprachrezeption sind auf Erinnerungsleistungen angewiesen. Der kompetente produktive und rezeptive Umgang mit grammatischen Strukturen, mit pragmatischen Regeln der sprachlichen bzw. sprachlich vermittelten Interaktion, mit der Semantik sowie mit der Phonologie einer Sprache bedürfen notwendigerweise entwickelter mnestischer Strukturen und Prozesse sowie elaborierter und komplexer Gedächtnisinhalte. Sprache ist außerdem im Kontext von Mnemotechniken und Gedächtnisstützen von unschätzbarem Wert, sind doch gerade verbale Techniken einer der zentralen Bestandteile vieler Versuche der Optimierung von Erinnerungsleistungen. Einen eigenen thematischen Schwerpunkt bilden theoretische Überlegungen und empirische Forschungen zum Verhältnis von Sprache, Gedächtnis, Autobiographie und Identitätsbildung bzw. der Artikulation und (Re-)Präsentation von Identität. In diesem Zusammenhang kommt dem Erzählen und Verstehen von Geschichten eine besondere Rolle zu, da Autobiographie und Identität gerade auch im Medium des Narrativen gebildet, artikuliert und (re-)präsentiert werden. Aber auch allgemeiner sind im Rahmen der narrativen Psychologie eine Reihe gedächtnispsychologischer Studien durchgeführt worden. Diese betreffen nicht zuletzt die empirische Validierung von Geschichtenschemata, wobei sich zeigte, dass Informationen, die zentrale Stellen in diesen Schemata besetzen, besser erinnert werden als andere. Dass Erinnerungen gerade auch in Orientierung an narrative Schemata gebildet und rekonstruiert werden, gilt in der kognitiven Psychologie als theoretisch begründet und empirisch als gut bestätigt. Die These einer narrativen Form aller Gedächtnisbestände wird dagegen kontrovers diskutiert und ruft ein gehöriges Maß an Skepsis hervor.

Gedächtnis, Erinnern und Vergessen im Kontext unterschiedlicher psychologischer Teildisziplinen

Im Kanon der psychologischen Teildisziplinen ist die Beschäftigung mit dem Gedächtnis insbesondere ein integraler Bestandteil der Grundlagendisziplin Allgemeine Psychologie. Die Allgemeine Psychologie strebt nach der Beschreibung und Erklärung der grundlegenden psychischen Strukturen und Funktionsbereiche, zu denen eben auch das mnestische Funktionieren gehört. In der dominierenden nomologischen Ausrichtung der Psychologie orientiert sich gerade auch die Allgemeine Psychologie am Ideal universell gültiger Aussagen. Das heißt nun aber selbstverständlich nicht, dass Phänomene des Erinnerns und Vergessens in anderen Grundlagen- und Anwendungsdisziplinen der Psychologie keine Rolle spielen würden. Das Gegenteil ist der Fall: Gedächtnis ist auch im Hinblick auf seine biopsychologischen Grundlagen, auf seine Entwicklung, auf interindividuelle, also persönlichkeitsbedingte Variationen, auf sein Funktionieren in und seine (Mit-)Konstitution durch unterschiedliche soziokulturelle Kontexte, auf seine klinisch relevanten Aspekte, auf sein Funktionieren in und seine Beeinflussung durch Schule und andere pädagogische Kontexte sowie in und durch Arbeits- und Organisationskontexte von Interesse für psychologisches Denken und Forschen. Das Gedächtnis spielt also außer in der Allgemeinen Psychologie auch in der Bio-, der Entwicklungs-, der Differentiellen und Persönlichkeits-, der Sozial-, der Klinischen, der Pädagogischen und der Arbeits- und Organisationspsychologie, also in allen klassischen psychologischen Teildisziplinen eine erhebliche Rolle (von spezielleren Teildisziplinen wie etwa der Kulturvergleichenden, der Militär-, der Werbe- oder der Rechtspsychologie sehen wir hier aus Gründen der Übersichtlichkeit ab). In exemplarischer Absicht seien noch einige (wenige) Fragestellungen, Begrifflichkeiten, Methoden und empirische Befunde aus diesen Gebieten erwähnt, wobei Verbindungslinien zu oben behandelten Themen leicht gezogen werden können.

Differentielle und Persönlichkeitspsychologie: Während in der Allgemeinen Psychologie nach der Universalität des Psychischen gefragt wird, widmet sich die Differentielle und Persönlichkeitspsychologie interindividuellen Unterschieden im Hinblick auf Leistungsbereiche (z. B. Wahrnehmung, Denken oder Gedächtnis) sowie auf Persönlichkeitsfaktoren (etwa Extro- und Introversion). In beiden Feldern werden auf das Gedächtnis bezogene Untersuchungen durchgeführt. So interessiert beispielsweise die interindividuell variable Verteilung von Reproduktionsleistungen. Eine große Rolle kommt hierbei der adäquaten Testung psychischer Funktionsbereiche, nicht zuletzt des Gedächtnisses, zu. Dazu wurden bereits von den Gründungsfiguren dieser Teildisziplin (z. B. Sir Francis Galton, Hugo Münsterberg oder William Stern) gegen Ende des neunzehnten Jahrhunderts einschlägige Testskalen entwickelt und erprobt. Einen der zentralen Forschungsgegenstände der Differentiellen und Persönlichkeitspsychologie stellt die Intelligenz dar. Auch hier wird dem Gedächtnis Aufmerksamkeit gewidmet. Das zeigt sich daran, dass bereits im Intelligenztest von Alfred Binet und Theodore Simon mnestische Leistungen eigens überprüft werden. Eine Aufgabe für die Altersgruppe der Achtjährigen beinhaltet dazu die Lektüre einer Textpassage und die spätere Reproduktion zweier Details aus diesem Text. Aber auch in der nachfolgenden wissenschaftlichen Auseinandersetzung um Erträge und Probleme der Intelligenzforschung wird immer wieder nach dem Zusammenhang von Intelligenz und Gedächtnis gefragt. Drei Beispiele: In der Intelligenztheorie von John L. Horn, die als eine Weiterentwicklung der zwei Faktoren umfassenden Theorie Raymond B. Cattells gilt, wird ein Faktorenmodell der Intelligenz postuliert, das u. a. einen Generalfaktor ›Kurzzeitgedächtnis‹ und einen Faktor ›Langzeitgedächtnis‹ beinhaltet. Im Berliner Intelligenzstrukturmodell von Adolf Otto Jäger gehört das Gedächtnis zu den sogenannten Operationsfaktoren. Schließlich sieht Joy P. Guilfords Modell der Intelligenz drei ›Cluster‹ vor, die die Vielzahl an intelligenzrelevanten Faktoren bündeln sollen; es wird zwischen Inhalten, Operationen und Produkten unterschieden. Gedächtnisleistungen gehören zu den Operationen. Im Hinblick auf Persönlichkeitsfaktoren werden Studien angestellt, in denen es um Korrelate zu bestimmten Persönlichkeitsfaktoren geht. So ist wiederholt gezeigt worden, dass Extrovertierte schlechtere Leistungen bei längerfristigem Behalten zeigten, aber bessere bei sofortigem. Oder: Im Kontext von Untersuchungen zu ›lage-‹ vs. ›handlungsorientierte‹ Personen (Julius Kuhl) ergab sich, dass bei Lageorientierung Absichten im Gedächtnis höher aktiviert blieben als neutrale Inhalte. Manchen ihrer Vertreter gilt die Differentielle und Persönlichkeitspsychologie auch als diejenige psychologische Teildisziplin, in der gerade das Zusammenwirken der unterschiedlichen Funktionsbereiche untersucht wird bzw. werden müsse.

Sozialpsychologie: Neben den Ausweitungen des Langzeitgedächtnisses im Hinblick auf ein kollektives Gedächtnis (s. o.) sind in der Sozialpsychologie solche Themen wie die Erzeugung von Erinnerungen im Rahmen eines ›conversational‹ oder ›group remembering‹ von Interesse. Im Zuge konversationellen Erinnerns, das auch als ›memory talk‹ bezeichnet wird, wird bisweilen mehr, insbesondere aber anders erinnert als im bloß individuellen Gedächtnis. Die in solchem ›memory talk‹ artikulierten Erinnerungen folgen gruppenspezifischen Relevanzkriterien, und eine adressatenorientierte Kommunikation ist für die Auswahl des Erinnerten verantwortlich.

Klinische Psychologie: In der Klinischen Psychologie kommt nicht zuletzt unter Rekurs auf biopsychologische Ergebnisse der Beschreibung, Erklärung, Diagnostik und Prävention von Störungen des Gedächtnisses sowie auf deren Behebung oder Linderung ausgerichteten Interventionsmaßnahmen (therapeutischer Art oder in Form von Trainings) eine zentrale Rolle zu. Intensiv erforscht werden beispielsweise Amnesien. Während früher die Amnesie in einem globalen Sinne als die allgemeine Unfähigkeit, alte Informationen wiederzugeben und neue aufzunehmen, betrachtet wurde, sind mittlerweile eine ganze Reihe von Differenzierungen vorgenommen worden (vgl. z. B. Markowitsch 1999). Diese Differenzierungen ergeben sich nicht zuletzt durch die Unterscheidung verschiedener Gedächtnissysteme. An begrifflichen und konzeptuellen Differenzierungen finden sich Unterscheidungen zwischen domänen-, material- und modalitätsspezifischen Amnesien, anterograden Amnesien – Gedächtnisverlust, der sich auf die Zukunft bezieht –, retrograden Amnesien – Gedächtnisverlust, der sich auf die Vergangenheit bezieht –, partieller und globaler Amnesie, zeitlich begrenzter und zeitlich unbegrenzter Amnesie, Amnesien bezüglich des Kurzzeit- oder des Langzeitgedächtnisses und schließlich zwischen organisch und funktionell bedingter Amnesie. Ein weiteres Forschungs- und Anwendungsfeld stellen Demenzen dar, wobei die Demenz vom Alzheimer-Typ die häufigste, aber keineswegs die einzige ist – Morbus Pick oder die Chorea Huntington sind weitere Formen. Demenzen sind dadurch charakterisiert, dass nicht allein das Gedächtnis (wie bei den Amnesien), sondern auch weitere Dimensionen der Persönlichkeit betroffen sind. Gedächtnisstörungen gelten als ein wichtiges Frühsymptom von Demenzen. Um eine Demenz diagnostizieren zu können, muss mindestens eines der folgenden Defizite zur Gedächtnisstörung hinzukommen: Aphasie (Verlust des Sprechvermögens und/oder des Sprachverständnisses), Apraxie (die Unfähigkeit gezielte Bewegungen auszuführen), Agnosie (die Unfähigkeit,

Objekte zu erkennen) oder Defizite der Exekutivfunktionen (z. B. Planen; s. Kap. I.4).

Pädagogische Psychologie: Für die Pädagogische Psychologie ist das Thema Gedächtnis insbesondere unter der Perspektive seiner Optimierbarkeit in schulischen und außerschulischen Bildungskontexten von Bedeutung und wird zumeist im Rahmen der Lehr-Lernforschung abgehandelt. Einschlägige Forschungen kreisen etwa um unterschiedliche Arten der Wissensrepräsentation (Schemata, semantische Netzwerke, mentale Modelle) und Möglichkeiten zu deren Verbesserung sowie das Behalten von Textinformationen mittels elaborativer, reduktiver und metakognitiver Prozesse. Zu den elaborativen Prozessen gehören z. B. vorstrukturierende Lernhilfen (›advanced organizer‹), zu den reduktiven Prozessen etwa die selektive Lektüre oder Verdichtungsprozesse und zu den metakognitiven Prozessen das Bewusstmachen der Steuerungsprozesse des eigenen Lernens. Gerade in Untersuchungen zum adaptiven und selbstkontrollierten Lernen finden sich vielfältige gedächtnisrelevante Ausführungen. So geht es dort um Möglichkeiten der Erweiterung der Abrufkapazität, das Behalten komplexer Informationen (im Unterschied zu einem bloßen Behalten einzelner Items), die Wirkungsweise des Notizenmachens, generatives Lernen und ›Self-Explanations‹ sowie um Verräumlichungsstrategien (›Networking‹, ›Mapping‹, ›Schematizing‹).

Arbeits- und Organisationspsychologie: In der Arbeits- und Organisationspsychologie wird im Rahmen von Personalentwicklungsmaßnahmen, die auf die Verbesserung unterschiedlicher kognitiver Leistungen – darunter auch mnestischer Leistungen – von Mitarbeitern unterschiedlicher Ebenen zielen, das Gedächtnis relevant. Solche Personalentwicklungsmaßnahmen beziehen ihre Grundlagen gerade auch aus den oben angesprochenen pädagogisch-psychologischen Diskursen. Im Hinblick auf die Überprüfung der Wirksamkeit dieser Maßnahmen kommen – wie in entsprechenden pädagogisch-psychologischen Interventionen auch – oftmals experimentelle bzw. quasi-experimentelle Prä-Posttest-Kontrollgruppendesigns zur Anwendung. Das Gedächtnis wird in der Arbeits- und Organisationspsychologie, aber auch im Kontext der kulturtheoretisch orientierten Organisationsforschung thematisch. Einen prominenten Platz nehmen dort etwa empirische Studien zur ›corporate identity‹ von Unternehmen bzw. – allgemeiner – Organisationen und ihrer Mikropolitik ein. In beiden – miteinander teilweise verschränkten – Fällen wird der Analyse der in Organisationen kursierenden Geschichten und Mythen besondere Aufmerksamkeit gewidmet. Diese Narrative und Mythen beziehen sich auf Aspekte einer in Bezug auf die Organisation kollektiv bedeutsamen Vergangenheit. Dabei gilt konfligierenden Erzählungen, die mittels narrativer Interviews, Gruppendiskussionen oder Dokumentenanalysen erhoben werden, ein herausgehobenes Interesse. Nicht zuletzt geht es um die Frage, wer warum an welchem ›Gedächtnis der Organisation‹ (strategisches) Interesse hat und wie versucht wird, bestimmte Erinnerungen als verbindlich, andere als unverbindlich zu konstruieren und praktisch durchzusetzen sowie wiederum andere Themen oder Ereignisse zu vergessen bzw. vergessen zu machen.

Zur Zukunft der Gedächtnispsychologie

Es ist sicher nicht allzu gewagt, der Gedächtnispsychologie – wie überhaupt allen mit Gedächtnis, Erinnerung und Vergessen befassten wissenschaftlichen Bemühungen – mindestens für die nähere Zukunft einen sicheren Platz in der Forschungslandschaft vorherzusagen. Zu stark sind nicht zuletzt die lebensweltlichen (Hinter-)Gründe des nach wie vor ungebrochenen Interesses an Gedächtnisphänomenen. Lediglich einige wenige Stichwörter mögen zur Illustration genügen:

- der demographische Wandel und die damit einhergehende Zunahme an alten Menschen zumindest in Gesellschaften ›unseren‹ Typs;
- gesellschaftliche Veränderungen, die mit solchen Begriffen wie Individualisierung und Enttraditionalisierung belegt werden und die verstärkte autobiographische Selbstthematisierungen nach sich ziehen;
- das Bedürfnis nach kollektiven, gedächtnis-

bzw. auf Geschichte basierten Selbstthematisierungen in der Folge gesellschaftlicher Umbruchsituationen;
• die verbreitete Vorstellung, psychisches Leiden könne in therapeutischen oder Settings der psychosozialen Beratung gerade auch mittels spezifischer Akte des Erinnerns (und Vergessens) bearbeitet werden.

Speziell das vielfältige gedächtnispsychologische Theoretisieren und (empirische) Forschen dürfte seine Potenziale im Hinblick auf diese lebensweltlichen Hintergründe noch keineswegs ausgespielt haben. Aber auch im Hinblick auf künftige, im engeren Sinne wissenschaftsimmanente Entwicklungen dürfte gedächtnispsychologischen Anstrengungen weiterhin eine wichtige Rolle zukommen. Dies betrifft zunächst einmal die Bedeutung der Gedächtnispsychologie innerhalb der Einzelwissenschaft Psychologie. Wie oben deutlich wurde, ist die Beschäftigung mit dem Gedächtnis dabei keineswegs auf die Allgemeine Psychologie beschränkt, dem ›angestammten‹ produktiven Platz der Gedächtnispsychologie, sondern erstreckt sich auf andere Grundlagen- sowie angewandte Disziplinen, was auch neuartigen Fragestellungen und innovativen Erkenntnissen den Weg bahnen kann. Die auch künftig wichtige Rolle gedächtnispsychologischer Anstrengungen bezieht sich im Übrigen gerade auch auf inter-, multi- und transdisziplinäre Arbeitszusammenhänge, die von genuin psychologischen Einsichten (theoretischen wie empirischen), Begrifflichkeiten und methodischen Zugängen in der ein oder anderen Weise profitieren können und dies de facto auch häufig tun. Neben der ausgiebigen Nutzung der experimentell verfahrenden nomologischen Gedächtnispsychologie wäre ein wichtiges Desiderat für weitere inter-, multi- und transdisziplinäre Kooperationen ein stärkerer Einbezug auch der eher sozial- und kulturwissenschaftlichen Forschungstraditionen, die es in der Gedächtnispsychologie ebenfalls gibt.

Literatur

Albert, Dietrich/Stapf, Kurt-Hermann (Hg.): *Enzyklopädie für Psychologie. Themenbereich C: Theorie und Forschung. Serie II: Kognition. Bd. 4: Gedächtnis.* Göttingen 1996.

Atkinson, Richard C./Shiffrin, Richard M.: Human Memory. A Proposed System and its Control Processes. In: Kenneth W. Spence/Janet T. Spence (Hg.): *The Ppsychology of Learning and Motivation.* New York 1968, 89–195.

Baddeley, Alan D.: *Working Memory.* Oxford 1986.

Bartlett, Frederic C.: *Remembering. A Study in Experimental and Social Psychology.* Cambridge 1932.

Broadbent, Donald: A Mechanical Model for Human Attention and Immediate Memory. In: *Psychological Review* 64 (1957), 205–215.

Bruner, Jérôme: Two Modes of Thought. In: Ders. (Hg.): *Actual Minds, Possible Worlds.* Cambridge, Mass./London 1986, 11–43.

–: *Acts of Meaning.* Cambridge, Mass./London 1990.

Craik, Fergus I. M./Lockhart, Robert S.: Levels of Processing. A Framework for Memory Research. In: *Journal of Verbal Learning and Verbal Behavior* 11 (1972), 671–684.

Ebbinghaus, Hermann: *Über das Gedächtnis. Untersuchungen zur experimentellen Psychologie.* Leipzig 1885.

Hirst, William/Manier, David: The Diverse Forms of Collective Memory. In: Gerald Echterhoff/Martin Saar (Hg.): *Kontexte und Kulturen des Erinnerns. Maurice Halbwachs und das Paradigma des kollektiven Gedächtnisses.* Konstanz 2002, 37–58.

Holzkamp, Klaus: *Lernen. Subjektwissenschaftliche Grundlegung.* Frankfurt a. M. 1993.

James, William: *The Principles of Psychology.* 2 Bde. New York/London 1890.

Leont'ev, Aleksej N.: Die Entwicklung des Gedächtnisses [1932]. In: Georg Rückriem (Hg.): *Aleksej N. Leont'ev – Frühschriften.* Berlin 2001, 63–288.

Loftus, Elisabeth F./Ketcham, Katherine: *The Myth of Repressed Memory: False Memories and Allegations of Sexual Abuse.* New York 1994.

Lurija, Aleksandr R.: *Der Mann, dessen Welt in Scherben ging. Zwei neurologische Geschichten.* Reinbek 1991 (russ. 1968/1971).

Markowitsch, Hans J.: *Gedächtnisstörungen.* Stuttgart 1999.

Miller, George A.: The Magical Number Seven Plus or Minus Two: Some Limits on our Capacity for Processing Information. In: *Psychological Review* 63 (1956), 81–97.

Neisser, Ulric: John Dean's Memory. A Case Study. In: *Cognition* 9 (1981), 1–22.

– (Hg.): *Memory Observed. Remembering in Natural Contexts.* New York 1982.
Sperling, George: The Information Available in Brief Visual Presentations. In: *Psychological Monographs* 74 (1960), 1–29.
Straub, Jürgen: Gedächtnis. In: Ders./Wilhelm Kempf/Hans Werbik (Hg.): *Psychologie. Eine Einführung. Grundlagen, Methoden, Perspektiven.* München 1997, 249–279.

– (Hg.): *Erzählung, Identität und historisches Bewußtsein. Die psychologische Konstruktion von Zeit und Geschichte.* Frankfurt a. M. 1998.
Tulving, Endel/Donaldson, Wayne (Hg.): *Organisation of Memory.* New York 1972.
Welzer, Harald/Moller, Sabine/Tschuggnall, Karoline: »*Opa war kein Nazi.*« *Nationalsozialismus und Holocaust im Familiengedächtnis* [2002]. Frankfurt a. M. [6]2008.

Carlos Kölbl/Jürgen Straub

3. Die Entwicklung des autobiographischen Gedächtnisses

Wir alle erzählen immer wieder Geschichten aus unserem Leben. Wir tun dies mit Freunden und der Familie, nicht selten im Rahmen alltäglicher Tätigkeiten, etwa beim Essen oder auf Reisen. Erzählt wird gerade Geschehenes ebenso wie Geschichten, die schon länger zurückliegen. Über diese Geschichten konstruieren wir für uns und für andere, wer wir sind. Diese Fähigkeit bildet sich parallel zum körperlichen Heranwachsen aus. Erlernt wird sie im gemeinsamen familialen Erinnerungsgespräch. Es ist weiterhin so, dass die Art und Weise des gemeinsamen Erinnerns, die aufgrund verschiedener Faktoren variiert – Bildung, regionale Herkunft, Geschlecht –, die Form in der die je individuelle Vergangenheit erzählt wird und damit verbunden die jeweilige Selbstwahrnehmung der Erzählenden prägt. Diese kommunikativen und somit interaktiven Erinnerungsakte stellen selbst einen Entwicklungsprozess dar, durch den Kinder die Werte und Fertigkeiten erwerben, die zur Entwicklung einer individuellen Lebensgeschichte oder Autobiographie notwendig sind.

Gedächtnis, Erzählung und Sprache

Die in dieser Lebensgeschichte enthaltenen Erinnerungen unterscheiden sich von anderen Erinnerungen vor allem durch die Form: Innerhalb unseres Gedächtnisses werden Informationen auf verschiedenen Ebenen verarbeitet. Sie können episodisch einzelnen Ereignissen zugeordnet sein oder semantisch Sinn und Bedeutung eines spezifischen Begriffs oder einer Tätigkeit archivieren. Eine Lebensgeschichte geht nun darüber hinaus, insofern sie eine sozial und kulturell festgeschriebene und erlernte, sprachliche Form darstellt, die eine übergreifende kognitive Organisation von Inhalten, aber auch von Gedanken, Gefühlen und Motivationen erlaubt: eine Erzählung. Dabei werden die unterschiedlichsten Ereignisse und Erlebnisse in ihrem zeitlichen Ablauf geordnet, nach ihren Entstehungsbedingungen befragt und mögliche Erklärungen für ihr jeweiliges Auftreten entwickelt.

Während der Bezug auf vergangene Episoden und Ereignisse allgemein auch anhand von Objekten und Artefakten vollzogen werden kann, ist die Darstellung und Mitteilung eines übergreifenden Sinn- und Erklärungszusammenhangs wie ihn eine Erzählung darstellt allein und nur innerhalb des Mediums der Sprache möglich. Durch Sprache wird Vergangenes mitgeteilt, werden sozial vermittelte Interpretationen und Bewertungen dieser Vergangenheit konstruiert, wird kommuniziert, wie etwas in einen Handlungsablauf integriert war und welche Gefühle und Motivationen sich für uns selbst und andere damit verbanden.

Dabei besteht zwischen der Darstellung vergangener Ereignisse und ihrer Bewertung ein dialektischer Zusammenhang: Die Art und Weise, in der Vergangenes anderen mitgeteilt wird verändert die Art und Weise in der Vergangenes anschließend durch den Erzähler verstanden und erinnert wird. In diesem Sinne lässt sich sagen, dass auf Sprache basierende Erzählungen eine entscheidende Rolle in der Fortentwicklung der Erinnerungen spielen.

Dieses Faktum wiederum unterscheidet autobiographische Erinnerungen von episodischen Erinnerungen: Episodische Erinnerungen sind Erinnerungen an und Beschreibungen von konkreten Handlungen, während autobiographische Erinnerungen gerade dadurch definiert werden, dass im sozialen Austausch des Erzählens Ereignisse und Handlungsabfolgen mit subjektivem, aber intersubjektiv kommunizierbarem Sinn ausgestattet werden. Doch der Bezugspunkt autobiographischer Erinnerung ist nicht das Ereignis sondern das Ereignis im Selbstverständnis des Erzählenden. Für den Aufbau einer Lebensgeschichte als »Landschaft des Bewusstseins« (Jérôme Bruner) geht es nicht einfach darum, was passiert ist, sondern darum, was mir passiert ist und wie es mir passiert ist (vgl. insgesamt Bruner 1998; Vygotskij 1992; Fivush/Nelson 2004).

Autobiographische Erzählungen und Selbstverständnis

Auf diese Weise ist das autobiographische Gedächtnis eng mit dem Selbst und dem Selbstverständnis des Einzelnen verbunden. Zudem wird das Verhältnis zwischen den Ereignissen und dem, wie sie durch Erzählung und Bewertung zu eigenen Erfahrungen gemacht werden entlang der oben umrissenen Dialektik unter dem Einfluss des jeweiligen sozialen und kulturellen Sozialisationshintergrunds beständig weiterentwickelt.

Kultur und Autobiographie: Kulturen stellen dabei diejenigen Handlungsmuster zur Verfügung, die z.B. Kinder an die in der jeweiligen Kultur als wichtig und wertvoll erachteten Fähigkeiten heranführen und darüber hinaus allgemein die groben Leitlinien eines angemessenen Lebenslaufes definieren. Insofern beeinflusst der kulturelle Sozialisationshintergrund auch die Art der Erfahrungen und deren Wahrnehmung und Bewertung, die der Einzelne im Laufe seines Lebens wahrscheinlich machen wird.

Um ein Beispiel zu geben: In industriellen Kulturen wird etwa Bildung sehr hoch angesehen, und die Lebenswege von Kindern werden nicht unwesentlich entlang der Vorgaben von formaler Bildung und schulischer Leistung organisiert. In nahezu allen industriellen Kulturen (und hier insbesondere in der Mittelklasse) leben Kinder in Wohnstätten mit magnetischen Buchstaben und Zahlen auf dem Kühlschrank und mit im Haus verteilten Lesebüchern, und dies auch und gerade in einem Alter, in dem sie noch nicht fähig sind, die Bedeutung dieser Symbole zu erfassen. Da die Fähigkeit, Lesen und Schreiben zu können eine kulturell (und sozial) derart hoch angesehene Fertigkeit darstellt, werden Kinder buchstäblich von Geburt an mit dieser konfrontiert und der selbstverständliche Eigenwert der damit verbundenen Handlungsmuster entgeht nicht einmal dem jüngsten Mitglied dieser Kulturen.

Ebenso verhält es sich in europäisch-amerikanischen Kulturen mit dem Besitz und dem Erzählen einer Lebensgeschichte. Schon vor Erreichen des Kindergartenalters wird von Kindern erwartet, dass sie fähig sind, sich in Erzählzusammenhänge einzubringen, etwa zu beschreiben, wo und wie sie ein bestimmtes Objekt bekommen haben und was es bedeutet. Ab dem Kindergarten sollen sie erzählen können, was sie am Wochenende oder in den Ferien getan haben, und ab Mitte der Grundschulzeit wird von ihnen erwartet, dass sie die Grundrisse einer eigenen Lebensgeschichte erzählen können. Die Wichtigkeit einer solchen Erzählung in europäisch-amerikanischen Kulturen zeigt sich auch daran, dass annähernd alle Eltern in diesen Kulturen fast von Geburt an gemeinsam mit ihren Kindern erinnern und Geschichten über die familiäre Vergangenheit erzählen, auch und gerade bevor das Kind überhaupt fähig ist, diesen zu folgen oder sich zu beteiligen.

Diesen kulturellen Mustern wird auf der untersten Ebene in sozialen Interaktionen Handlungsmacht verliehen: Die Art und Weise, in der Erwachsene die Handlungen, Gedanken und Gefühle junger Kinder sinnstiftend erzählerisch rahmen, strukturiert deren Erfahrungshorizont und damit die Fähigkeit, die kulturell als notwendig erachteten Fertigkeiten auszubilden. Für das autobiographische Gedächtnis gilt dabei, dass das durch die Eltern strukturierte gemeinsame Erinnern die Bedeutung des Erinnerns (als einer geteilten sozialen Handlung) hervorhebt und dabei diejenigen Ereignisse markiert, die kulturell als selbstverständlich erinnernswert und bedeutsam betrachtet werden: Warum sonst werden etwa Geschichten vom Weihnachtsfest bei der Großmutter immer wieder erzählt, während andere Ereignisse niemals oder nur sehr selten zur Sprache kommen? (vgl. insgesamt Vygotskij 1992; Fivush 2007).

Autobiographie und Selbst: Autobiographische Erzählungen und das Selbst erscheinen auf dreierlei Weise verbunden: zunächst im Hinblick auf ein Selbstverständnis und eine Selbstdefinition, sodann unter dem Aspekt des Selbst in sozialen Beziehungen und schließlich im Sinne der eigenständigen Bewältigung von (emotionalen) Erfahrungen.

Dabei bestimmen die durch den soziokulturellen Sozialisationshintergrund des Einzelnen zu

Erfahrungen und sinnstiftenden Erzählungen verarbeiteten Ereignisse wesentlich die Art und Weise, in der sich dieser Einzelne selbst versteht und selbst definiert. Durch autobiographische Erzählungen, die jeweils im sozialen Austausch mit anderen durch das Mitteilen von Erfahrungen, Gefühlen und Gedanken entstehen, verortet sich der Einzelne weiter selbst in den sozialen Beziehungen, in die er eingebunden ist und schafft insbesondere im Erinnerungsgespräch mit anderen eine geteilte Geschichte, die emotionale Bindungen erzeugt und über die Zeit hinweg aufrechterhält. Hier wird zusätzlich deutlich, dass das Verhältnis des Einzelnen zur sozialen Gruppe nicht unwesentlich dadurch bestimmt ist, was jeweils erinnert wird, sondern auch dadurch, wie der Einzelne sich selbst darin verortet: ob als in sich geschlossenes, autonomes Selbst oder als Teil einer Gruppe. Und schließlich ermöglichen Erzählungen durch die Konstruktion eines schlüssigen, erklärenden und gefühlsbetonten Handlungsstrangs die selbständige Bewältigung belastender Ereignisse. Folglich existiert eine enge Beziehung zwischen dem physischen und dem psychischen Wohlbefinden und der individuellen aber kollektiv erlernten Fähigkeit, erzählerisch Sinn und Bedeutung zu erzeugen. – Im sozialen Austausch definieren wir, wer wir sind und wie wir uns selbst und unsere Erfahrungen verstehen (vgl. insgesamt dazu Fivush/Haden 2003; Wang/Ross 2007).

Erzählungen und Selbst im Kontext der Kindheitsentwicklung

Die eben beschriebenen Beziehungen zwischen der autobiographischen Erinnerung und dem Selbst entstehen während das Kind heranwächst. Zumindest in europäisch-amerikanischen Kulturen beginnen Eltern sehr früh, mit ihren Kindern über die Vergangenheit zu sprechen, und diese erzählerische Praxis setzt sich über das ganze weitere Leben hinweg fort. Allerdings verändert sich die Struktur dieses Erzählens in dem Maße, in dem Kinder zunehmend Erfahrungen in dieser Form des sozialen Austauschs sammeln. Zwei Phasen der Kindheitsentwicklung erscheinen dabei als besonders wichtig: die Zeit bis zum Erreichen des Schulalters, in der Grundrisse eines autobiographischen Gedächtnisses und eines Selbstverständnisses zuerst in Erscheinung treten, und die Pubertät, in der Individuen beginnen, eine übergreifende Lebensgeschichte und eine durch diese integrierte Identität auszubilden.

Die Entstehung des autobiographischen Gedächtnisses: Die Entstehung eigener Erzählungen setzt gewöhnlich ein, sobald Kinder zu sprechen beginnen, also etwa mit 18 bis 20 Monaten. Allerdings beziehen sich Kinder in diesem Alter vor allem auf die nahe Vergangenheit, also etwa auf das, was sie an einem Tag zum Mittagessen hatten oder mit welchem Spielzeug sie gespielt haben, und das auch nur mit wenigen Worten. Innerhalb der ersten 20 bis 36 Lebensmonate beginnen Kinder, an durch Erwachsene strukturierten Erinnerungsgesprächen über die Vergangenheit mit einigen wenigen Worten, durch Ja/Nein-Antworten oder durch Wiederholung des durch einen Erwachsenen Gesagten teilzunehmen. Der Erwachsene mag hier durchaus bereits Informationen aus einzelnen Teilen zusammentragen und diese zu einer Erzählung zusammensetzen, aber an diesem Punkt ihrer Entwicklung können Kinder aus eigenem Vermögen allein noch keine zusammenhängende verbale oder gar sinnstiftend verbundene Darstellung der Vergangenheit geben. Erst im Alter von drei bis sechs Jahren nehmen Kinder zunehmend an der gemeinsamen Konstruktion von Vergangenheit teil. Sie bringen nun Vergangenes selbst als Gesprächsthema ein und können auf Fragen jeweils schlüssige längere Antworten geben, wenn auch die Form der Erzählung immer noch deutlich durch Fragen und Hinweise von Erwachsenen geprägt ist. Mit Erreichen des Schulalters sind die meisten Kinder in der Lage, relativ zusammenhängende Erzählungen von selbsterlebten Ereignissen zu geben, obwohl die erzählerischen Fähigkeiten im Laufe der weiteren Kindheit (und vermutlich auch im Erwachsenenalter) noch ausgebaut werden. Dieser Fortschritt in der Entwicklung des Kindes von einer vollständigen Abhängigkeit von den erzählerischen Vorgaben Älterer bis zum eigenständigen Erzählen weist nochmals darauf hin, dass Kinder die Formen und Funktionen persönlicher Erzählungen durch die Teilnahme am durch Ältere strukturierten sozialen Austausch erlernen. Von daher ist gerade die Art und Weise, in der Eltern das gemeinsame Erinnern in den Jahren vor dem Schulbesuch strukturieren, entscheidend, und individuelle Unterschiede im Erinnerungsstil der Eltern müssen mit den individuellen Unterschieden in der Entwicklung autobiographischer Erzählfähigkeiten der Kinder in Beziehung gesetzt werden (vgl. insgesamt Fivush/Nelson 2004).

Mütterlicher Erinnerungsstil: In diesem Zusammenhang konnten die individuellen Unterschiede, wie Mütter gemeinsam mit ihren Kindern im Vorschulalter erinnern, durch eine große Anzahl an Studien belegt werden (vgl. dazu: Fivush 1998; 2007; Fivush/Haden 2003; Fivush/Nelson 2004). Obwohl die zu diesem Zweck verwendeten Methoden stark differieren, besagt die grundlegende Erkenntnis, dass Mütter vor allem im Hinblick auf die Elaboriertheit ihres Erinnerungsstils variieren. Dabei beziehen stark elaboriert erinnernde Mütter ihre Kinder sehr häufig in detaillierte Gespräche über die eigene Vergangenheit mit ein, während weniger elaboriert erinnernde Mütter Vergangenes nicht so häufig thematisieren. Zudem tendieren sie dazu, weniger und eher wiederholende Fragen zu stellen. Zur Verdeutlichung wurden Gespräche zwischen stark elaboriert und weniger stark elaboriert erinnernden Müttern mit ihren jeweils 40 Monate alten Kindern untersucht. Im Verlauf eines Gesprächs zwischen einer stark elaboriert erinnernden Mutter und ihrem Kind zeigte sich, dass, obwohl das Kind insgesamt sehr wenige und durchaus auch unzutreffende Informationen erinnerte, die Mutter mit jeder weiteren Frage mehr und zunehmend detailliertere Fakten zur Verfügung stellte, bis am Ende des Gesprächsausschnitts tatsächlich so etwas wie eine ›Geschichte‹ stand, eine ausgearbeitete und wertende Erzählung des Ereignisses. Im Unterschied dazu lieferte eine weniger elaboriert erinnernde Mutter über ihre Fragen kaum Informationen, sie beschränkte sich vielmehr auf ein repetitives Abfragen. Als Folge entsteht kein Erzählzusammenhang – es wurde keine Geschichte einer von Mutter und Kind geteilten Erfahrung hervorgebracht.

Weiterhin bleiben Mütter sowohl bei Geschwistern als auch insgesamt während der Vorschuljahre ihrer Kinder in ihrem Erinnerungsstil konsistent: Diejenigen Mütter, die mit jungen Kindern stark elaboriert erinnern, tun dies auch später. Allerdings bedeutet dies nicht, dass stark elaboriert erinnernde Mütter generell kommunikativer im Umgang mit ihren Kindern sind: Sie reden nicht notwendigerweise beim Vorlesen, Spielen oder anderen alltäglichen Beschäftigungen mehr. Gerade dieser Aspekt weist nochmals darauf hin, dass das gemeinsame Erinnern einen einzigartigen Gesprächszusammenhang darstellt, in dem die Mutter versucht, mit ihrem Kind ganz bestimmte Ziele zu erreichen.

Tatsächlich hat sich gezeigt, dass sich Kinder elaboriert erinnernder Mütter auf kürzere als auch auf längere Sicht lebhafter am gemeinsamen Erinnern beteiligen, wobei Kurzzeitstudien erkennen lassen, dass die Elaboriertheit des mütterlichen Erinnerungsstils die Beteiligungsfähigkeit steigert, während entsprechende Langzeitstudien belegen, dass die Kinder elaboriert erinnernder Mütter insgesamt aktiver am gemeinsamen Erinnerungsgespräch teilnehmen. Der mütterliche Erinnerungsstil legt dabei die späteren Beteiligungsmöglichkeiten des Kindes am gemeinsamen Erinnern frühzeitig fest. Und tatsächlich kreieren Kinder stärker elaboriert erinnernder Mütter später detailliertere, schlüssigere und stärker zusammenhängende Erzählungen ihrer persönlichen Vergangenheit, selbst gegenüber fremden Erwachsenen (vgl. insgesamt Nelson/Fivush 2004; Fivush 2007; Bohanek u. a. 2006).

Gefühlsausdruck im gemeinsamen Erinnern: Wie bereits angesprochen, umfassen autobiographische Erzählungen mehr als nur eine Chronologie vergangener Ereignisse: Autobiographische Erzählungen verflechten Gedanken und Gefühle zu einer schlüssig zusammenhängenden, durch Interpretationen und Bewertungen ergänzten Erklärung, ›wie‹ und ›warum‹ etwas geschehen ist, wie es geschah. Gerade stark elaboriert erinnernde Mütter beziehen eine große Anzahl Informationen über genau diese wertenden Aspekte von Erzählungen in die Gespräche mit ihren Kindern ein. Sie nehmen häufig Gefühle und Motivationen beschreibende Begriffe auf und sprechen generell eine Sprache, die eher auf Gefühle und emotionale Reaktionen abzielt.

Eine stark elaboriert erinnernde Mutter und ihr Kind erinnern sich zum Beispiel an einen Tag am See mit Freunden und diskutieren im Verlauf des Gesprächs, wie das Kind vom Floß ins Wasser fiel. Die Mutter spricht hierbei nicht nur die Gefühle des Kindes zu diesem Zeitpunkt an, sondern gibt ihm auch eine Hilfestellung bei der Erforschung und Erklärung seiner emotionalen Reaktion. Diese stark elaboriert erinnernde Mutter und ihr Kind besprechen und verhandeln die emotionale Reaktion und das Verhalten des Kindes als integralen Bestandteil der gemeinsam verfertigten Erzählung, während im Gegensatz dazu die weniger elaboriert erinnernde Mutter überhaupt kaum versucht, die emotionalen Aspekte des Geschehens in das Gespräch einfließen zu lassen. In ihrer Unterhaltung diskutieren sie und ihr Kind etwa dessen erste Reise mit einem Flugzeug. Dabei konzentrieren die beiden sich allein auf die reinen Tatsachen und lassen die Gefühle und Gedanken des Kindes unberücksichtigt. Obwohl dieses Kind einen sehr großen Teil der Fakten erinnert, integriert die Mutter diese Fakten nicht in eine Erzählung, die die emotionalen Reaktionen des Kindes berücksichtigt. Diese Unterschiede in frühen Erinnerungsgesprächen formen die Fähigkeiten der Kinder, über sich selbst zu sprechen. So hat sich gezeigt, dass Kinder von Müttern, die während des Erinnerns eine gefühlsbetontere Sprache verwendeten, später sowohl in gemeinsam verfertigten als auch in eigenständigen Erzählungen ebenfalls stärker Gedanken und Gefühle thematisieren.

Der Erinnerungsstil der Mutter beeinflusst also die Entwicklung autobiographischer Fähigkeiten des Kindes. Warum aber erinnern einige Mütter elaborierter als andere? Möglicherweise sind beispielsweise das Temperament des Kindes und seine Sprachbegabung für den Erinnerungsstil der Mutter von Bedeutung. Allerdings deutet viel darauf hin, dass diese Charakteristika nur einen kleinen Teil der Varianz erklären. Stattdessen scheint der jeweilige Erinnerungsstil von den Grundannahmen der Mutter über Bedeutung und Funktion des Erinnerns geprägt zu sein, wobei diese wiederum stark von Kultur und sozialem Geschlecht abzuhängen scheinen (vgl. insgesamt Fivush 2007; Fivush/Nelson 2004).

Kultur und soziales Geschlecht im gemeinsamen Erinnern: Unter Voraussetzung der hier vertretenen soziokulturellen Perspektive wäre zu erwarten, dass die zugrunde liegenden Annahmen über ein kulturell angemessenes Verständnis des Selbst und der Anderen sich in kulturell variierenden autobiographischen Erzählungen niederschlagen. Diese Frage wurde vor allem im Vergleich zwischen europäisch-amerikanischen und südostasiatischen (in diesem Text sind damit Zentral-, und Südasien gemeint) Kulturen erforscht, wobei europäisch-amerikanische Kulturen das Selbst tendenziell eher als autonom und unabhängig betrachten, während es in südostasiatischen Kulturen als relational und viel stärker in Abhängigkeit von Anderen erscheint (vgl. etwa Han/Leichtman/Wang 1998). Genauer gesagt, betrachten europäisch-amerikanische Kulturen das Selbst als den autonomen Hauptakteur einer Lebensgeschichte, wobei diese Lebensgeschichte wiederum das Selbst als den Ort voraussetzt, an dem über den Inhalt und die jeweiligen Resultate der Biographie Kontrolle ausgeübt wird. Südostasiatische Kulturen dagegen sehen das Selbst als mit anderen verbunden an, als Teil einer gemeinsamen Geschichte, die das Selbst mit dem Anderen durch ein Beziehungsgeflecht verbindet und so die Entwicklungsmöglichkeiten von Ereignissen stark eingrenzt. Diese Bewertungen schlagen sich in autobiographischen Erzählungen z. B. dergestalt nieder, dass Erwachsene aus asiatischen Kulturen insgesamt weniger und weniger detaillierte persönliche Lebensgeschichten erzählen. Zudem haben sie weniger stark ausgeprägte Kindheitserinnerungen und beziehen sich beim Erzählen von Vergangenem nicht so sehr auf sich selbst als einen aktiven Handlungsträger. Diese Verhaltensmuster deuten darauf hin, dass eine Autobiographie als eine verinnerlichte persönliche und subjektive Lebensgeschichte in asiatischen Kulturen nicht so hoch bewertet wird wie in europäisch-amerikanischen Kulturen.

Parallel dazu gibt es signifikante kulturell bedingte Unterschiede in der Struktur des gemeinsamen Erinnerns zwischen Mutter und Kind. Mütter in unterschiedlichen asiatischen Kulturen erinnern vor dem Erreichen des Schulalters sehr wenig gemeinsam mit ihren Kindern. Sie erinnern dabei auf weniger elaborierte Art und beziehen sich dabei nicht so sehr auf das Kind und mehr auf ihre jeweilige soziale Gruppe als Mütter aus europäisch-amerikanischen Kulturen. Dasselbe gilt für die Kinder: In ihrer Kindheit kreieren asiatische Kinder insgesamt weit weniger und weniger detaillierte Erzählungen einer persönlichen und subjektiven Vergangenheit als europäisch-amerikanische. Was nun den emotionalen Gehalt anbelangt, so konzentrieren sich europäisch-amerikanische Mütter im Vergleich zu asiatischen stärker auf die möglichen Ursachen emotionaler Erfahrungen und versuchen, in Erinnerung zu rufen, wie und warum das Kind ganz bestimmte Gefühle hatte. Sie versuchen darüber hinaus (wiederum mehr als asiatische Mütter dies tun), diese emotionalen Erfahrungen mit ihren Kindern gemeinsam zu bewältigen und sie in einen Austausch über ihre Gefühle einzubinden. Diese Verhaltensmuster deuten darauf hin, dass europäisch-amerikanische Mütter sich stärker mit dem emotionalen Erleben ihrer Kinder beschäftigen und Gefühle insgesamt stärker als eigene innere Erfahrung betrachten, zu der das Kind privilegierten Zugang hat, während asiatische Mütter im Gespräch den Fokus stärker auf Konfliktlösung und moralische Lektionen richten, wobei sie Gefühle eher als etwas Störendes thematisieren und ihren Kindern beizubringen versuchen, den reibungslosen Ablauf sozialer Interaktionen durch diese Emotionen nicht behindern zu lassen. Insofern entsprechen die kulturellen Muster des autobiographischen Erinnerns ebenso den kulturellen Differenzen in der Wahrnehmung des Selbst, wie die Struktur des frühen gemeinsamen Erinnerns zwischen Eltern und Kindern mit der Entwicklung autobiographischer Erzählungen und emotionalen Verständnisses durch das Kind verbunden ist.

Allerdings ist hervorzuheben, dass Kulturen keineswegs monolithisch strukturiert sind und dass in dem Maße wie Unterschiede im Verständnis des Selbst und in der Struktur autobiographischer Erinnerungen zwischen verschiedenen Kulturen bestehen, auch individuelle Differenzen innerhalb der Kulturen auftreten. Insbesondere das (soziale) Geschlecht ist eine Kategorie, an der sich buchstäblich in allen Kulturen das jeweilige Verständnis des Selbst exemplarisch abbildet. Im Gegensatz zu allen kulturellen Unterschieden in der Betrachtung des Selbst sehen die meisten Kulturen Frauen im Vergleich zu Männern als stärker beziehungsorientiert an, und auch in europäisch-amerikanischen Kulturen herrscht ein Geschlechtsideal vor, das Frauen größere Emotionalität und Sozialkompetenz zuschreibt. In Übereinstimmung mit diesen kulturellen Vorstellungen gibt es Hinweise darauf, dass erwachsene Frauen glauben, tiefere Emotionen zu erfahren und zu berichten als erwachsene Männer, dass sie weiter stärker beziehungsorientiert seien und dass sie ihre sozialen Beziehungen höher bewerten und intensiver pflegen. Aufgrund dieser Selbstbilder schaffen sich erwachsene Frauen tatsächlich nachweisbar detailliertere, lebendigere, emotionalere und beziehungsorientiertere autobiographische Erzählungen als erwachsene Männer. Und wie in der Frage der Kultur gibt es auch in der des Geschlechts verblüffende Parallelen zwischen dem jeweiligen elterlichen Erinnerungsstil und der Struktur späterer autobiographischer Erzählungen: Sowohl Mütter als auch Väter tendieren dazu, mit Töchtern anders zu erinnern als mit Söhnen, d. h. vor allem Emotionen. Insbesondere Traurigkeit thematisieren Eltern beiderlei Geschlechts eher mit Töchtern als mit Söhnen. Weiter konzentriert sich das gemeinsame Erinnern zwischen Vätern und Töchtern stärker auf Menschen und Beziehungen als das Vater-Sohn Erinnern. Und obwohl in den frühen Jahren der Kindheitsentwicklung, also vor dem Eintritt ins Schulalter, keine Geschlechtsunterschiede in der autobiographischen Erinnerung nachweisbar sind, schaffen Mädchen etwa ab dem Alter von sechs Jahren deutlich detailliertere, gefühlsbetontere und beziehungsorientiertere Erzählungen ihrer persönlichen und somit subjektiven Vergangenheit als gleichaltrige Jungen.

Diese Beziehungen im Hinblick auf Kultur und Geschlecht zwischen der Struktur des gemeinsamen Erinnerns von Eltern und Kindern, der Entwicklung autobiographischer Fähigkeiten und den Selbstbildern der Einzelnen belegen, dass Kinder jeweils dahingehend sozialisiert werden, ihre Erfahrungen und sich selbst innerhalb kulturell vermittelter, geschlechtsspezifischer Konzepte des Selbst zu begreifen, denen wiederum in alltäglichen Erinnerungsgesprächen Ausdruck verliehen wird. Die Forschungsergebnisse im Bereich von Kultur und Geschlecht heben nochmals ganz besonders hervor, dass die Unterschiede im gemeinsamen Erinnern und in den autobiographischen Erzählungen stark mit diesem jeweiligen Verständnis des Selbst zusammenhängen (vgl. insgesamt Fivush 1998; Fivush/Haden 2003; Fivush/Nelson 2004; Han/Leichtman/Wang 1998).

Autobiographische Erzählungen und die Entstehung des Selbstbildes: Wie gestalten sich die Beziehungen zwischen dem Erinnerungsstil der Eltern (durch den Kinder im gemeinsamen Erinnern lernen, ihre Wahrnehmung der Vergangenheit darzustellen und sie zu verstehen) und den oben bereits erwähnten Ebenen eines Selbstbildes (Selbstdefinition, Selbst im Verhältnis zu anderen, Selbstbewältigung)? Wie sieht der Zusammenhang aus zwischen einer detailliert und zusammenhängend verfassten, subjektiven Erzählung von Vergangenem und einem differenzierten und kohärenten Selbstbild? Einige Untersuchungen belegen, dass sich Kinder stärker elaboriert erinnernder Mütter leichter in Gruppenzusammenhänge integrieren und insgesamt ähnliche Aspekte als selbstdefinierend betrachten. Und es konnte weiterhin (und das ist entscheidend) durch verschiedene Forschungen nachgewiesen werden, dass diese Kinder ein deutlich ausgeprägteres Selbstbild aufweisen, insofern sie in der Lage sind, klare Entscheidungen darüber zu treffen, welche Charaktereigenschaften beschreiben oder eben nicht beschreiben, wer sie sind.

Im Hinblick auf die Auswirkungen von Kultur und Geschlecht auf die Struktur von Erzählungen kann festgestellt werden, dass Menschen aus asiatischen Kulturen ein anders strukturiertes Selbstbild aufweisen als Euro-Amerikaner: Während erstere ihr Selbstbild erzählerisch eher mit sozial definierten Rollen und moralischen Verpflichtungen verbinden, definieren Euro-Amerikaner sich selbst stärker unter dem Aspekt ihrer spezifischen persönlichen Erfahrungen. Und es existieren ungeachtet der sonstigen Unterschiede zwischen Kulturen (auch dies wurde oben bereits dargestellt) eindeutig geschlechtlich bestimmte Selbstbilder, insofern Frauen emotionale Erfahrungen deutlich fester in ihr Selbstverständnis einbinden als Männer und sich so ein stärker ausgeprägtes und kohärentes Selbstbild schaffen. Dies mag nicht zuletzt auch darin begründet liegen, dass Eltern allgemein mit Mädchen deutlich elaborierter erinnern (vgl. insgesamt Fivush/Haden 2003; Fivush 2007).

Die Entstehung der Lebensgeschichte

Nun entwickeln Kinder erst in der Pubertät die sozialen und kognitiven Fähigkeiten, die zur Konstruktion eines übergreifenden Selbstbildes und zum Verständnis individueller Erfahrungen notwendig sind. Denn erst zu diesem Zeitpunkt erwerben sie die Fähigkeit eines abstrakten und komplexen Verständnisses von Zeit und von Beziehungen innerhalb der Zeit, das ihnen weitergehend erlaubt, übergreifende Erzählungen zu schaffen, die immer größere Zeitabschnitte einbeziehen. Dasselbe gilt für das Verständnis komplexer logischer und kausaler Beziehungen zwischen einzelnen Ereignissen und deren möglicher Verbindungen untereinander. Ältere Kinder verwenden zudem in ihren Erzählungen mit psychologischem Erfahrungswissen angereicherte Erklärungsmuster, die sich in größerem Ausmaß als bei jüngeren Kindern auf menschliche Beweggründe und Absichten beziehen. Alle diese Bestandteile einer die komplexen Kausalitäten und zeitlichen Verhältnisse mit einbegreifenden Erzählung, die zudem Gefühle, Gedanken und Motivationen in sich aufnimmt, werden im Laufe des mittleren Kindheitsabschnitts erworben und integriert. Auf dieser Basis kann der Heranwachsende beginnen, eine übergreifende, individuelle und subjektive Lebensgeschichte oder Autobiographie zu entwickeln, die Vergangenheit, Gegenwart und Zukunft miteinander verbindet.

Ebenso wie zuvor die Bausteine autobiographischer Erzählungen aus dem durch die Eltern strukturierten gemeinsamen Erinnern hervorgingen, wird die nun entstehende Lebensgeschichte vom weiteren gemeinsamen Erinnern in der Familie sozial geprägt. Erst kürzlich wurde begonnen, die Beziehungen zwischen der Struktur der jeweiligen Erzählung in der Familie und dem Selbstbild von Erwachsenen in kleinen, ethnisch unterschiedlich besetzten Gruppen von Familien mit jeweils einem heranwachsenden Kind zu erforschen. Innerhalb dieser Untersuchung (Bohanek/Kelly/Fivush/Duke 2006) wurde die Familie als Ganzes gebeten, gemeinsam sehr positive und gleichermaßen negative Ereignisse, die zusammen erlebt wurden, zu erinnern. Erzählungen positiv bewerteter Ereignisse konzentrierten sich gewöhnlich auf Ausflüge und Ferienreisen, Erzählungen negativ bewerteter Ereignisse betrafen im Normalfall ernsthafte Erkrankungen oder Sterbefälle innerhalb der Familie (meist der Großeltern, gelegentlich auch eines geliebten Haustiers). Untersucht wurde dabei sowohl der Prozess der gemeinsamen Konstruktion einer Erzählung zwischen den Familienmitgliedern als auch der Inhalt des Gesagten, insbesondere der emotionale Gehalt.

Ähnlich der individuellen Unterschiede in der Struktur des zweipoligen Mutter-Kind Erinnerns zeigen auch ganze Familien unterschiedliche Erinnerungsstile: Einige Familien verfahren hochgradig kooperativ, wobei jedes Familienmitglied einen Teil der Geschichte erzählt und sich alle gleichermaßen an der Verfertigung einer geteilten Ereigniserzählung beteiligt; andere Familien verhalten sich demgegenüber deutlich individueller, indem jedes Familienmitglied jeweils nur seinen Teil der Geschichte erzählt und sich dabei vor allem auf seine eigene Perspektive bezieht. So ergibt sich nicht notwendigerweise eine gemeinsame Sichtweise mit den anderen Familienmitgliedern.

Zusätzlich versuchen einige Familien, ihre eigenen und die Emotionen anderer auszudrücken und zu erklären, während andere dies wiederum nicht tun. Um diesen Zusammenhang zu veranschaulichen wurden Gesprächsausschnitte zweier Familien einander gegenübergestellt, die jeweils den Tod eines Großelternteils diskutierten (Bohanek/Marin/Fivush/Duke 2006). Zum einen sehen wir eine hochgradig kooperativ verfahrende, Gefühle ausdrückende und erklärende Familie, zum anderen eine Familie, in der nicht in diesem Ausmaß versucht wird, eigene Gefühle oder die anderer auszudrücken oder gar zu erklären. Alle Mitglieder der hochgradig kooperativ verfahrenden Familie beteiligen sich aus einer gemeinsamen Perspektive an der Erzählung der Geschichte. Jeder Einzelne teilt den anderen seine Gefühle mit, diese erfahren gegenseitige Anerkennung und werden in das entstehende Ganze der gemeinsamen Erzählung integriert. Im Gegensatz dazu nehmen die Mitglieder der wenig kooperativ agierenden Familie keine gemeinsame Perspektive ein sondern verleihen jeweils ihren individuellen Einschätzungen Ausdruck, wobei emotionale Reaktionen eher hinterfragt als akzeptiert und anerkannt werden.

Untersucht wurden in diesem Zusammenhang auch die Beziehungen zwischen verschiedenen Aspekten des Familienerinnerns, den Identitäten von Heranwachsenden und deren Wohlbefinden. Heranwachsende Kinder aus stärker kooperativ erinnernden, Gefühle ausdrückenden und erklärenden Familien zeigen gewöhnlich ein stärkeres Selbstwertgefühl sowie höhere soziale und akademische Kompetenzen als Heranwachsende aus weniger kooperativ verfahrenden und kaum Emotionen ausdrückenden Familien. Diese Verhaltensmuster weisen eindeutig darauf hin, dass das gemeinsame familiäre Erinnern auch dann ein wichtiger Prozess bleibt, wenn Heranwachsende tatsächlich beginnen, ein kohärentes Selbstbild herauszubilden (vgl. insgesamt Bohanek u. a. 2006; Fivush/Haden 2003).

Schlussfolgerungen

Die Konstruktion einer Autobiographie ist ein soziokultureller Entwicklungsprozess. Dabei entstehen aus familialem Erinnern, in dem Eltern und Kinder gemeinsam Bedeutung und Bewertung der Vergangenheit im Bezug auf die Gegenwart verfertigen, individuelle Lebensberichte und subjektive Selbstdeutungen. Dieser Prozess beginnt bereits in einem sehr frühen Stadium der Kindheitsentwicklung und schafft die Voraussetzungen für die früheste Wahrnehmung der eigenen Vergangenheit und eines Selbstbildes. Insofern Heranwachsende im Übergang zur Identität des Erwachsenen die Deutung ihrer selbst und ihrer Vergangenheit nochmals rekonstruieren, setzt sich dieser Prozess der Bedeutungs- und Bewertungskonstruktion im gemeinsamen Erinnern über die gesamte Kindheit hinweg fort und findet auch im Erwachsenenalter keinen endgültigen Abschluss, da die Individuen ihre Vergangenheit und sich selbst in einer ständigen dialektischen Bewegung zwischen Autobiographie und Selbst immer wieder neu gestalten. Sprache und Erzählung sind hierbei entscheidende Faktoren: Durch die gemeinsame Verfertigung von auf Sprache beruhenden Erzählungen der Vergangenheit, die schlüssige, ausgereifte und erklärende Deutungsmuster zur Verfügung stellen, schaffen sich Individuen eine Lebensgeschichte. Dieser im gemeinsamen Erinnern erzeugte Deutungsrahmen ermöglicht ein individuelles Selbstbild in Form der Selbstdefinition, im Verhältnis zu anderen und in der Selbstbewältigung von Erfahrungen, wobei sich dies als Prozess innerhalb der kulturell jeweils näher bestimmten Vorstellungen von Geschlecht und Selbst bewegt. Individuelle und subjektive Autobiographien entstehen konstruktiv im sozialen Austausch und werden im Laufe eines Lebens ständig sozial und kulturell moduliert. Struktur und Stil des gemeinsamen Erinnerns bestimmen dabei, vor allem hinsichtlich seiner Elaboriertheit und der Thematisierung von Gefühlen, die Schaffung und Aufrechterhaltung einer eigenständigen erzählerischen Deutung von sich selbst und anderen, so dass die individuelle und subjektive Autobiographie letztlich paradoxerweise eine eindeutig soziokulturelle Konstruktion darstellt.

Literatur

Bohanek, Jennifer/Marin, Kelly/Fivush, Robyn/Duke, Marshall: Family Narrative Interaction and Adolescent Sense of Self. In: *Family Processes* 45. Jg., 1 (2006), 39–54.

Bruner, Jérôme: Vergangenheit und Gegenwart als narrative Konstruktionen [1987]. In: Jürgen Straub (Hg.): *Erzählung, Identität und historisches Bewusstsein. Zur psychologischen Konstruktion von Zeit und Geschichte*. Frankfurt a. M. 1998, 46–80.

Fivush, Robyn: Gendered Narratives. Elaboration, Structure and Emotion in Parent-Child Reminiscing across the Preschool Years. In: Charles P. Thompson/Douglas J. Herrmann u. a. (Hg.): *Autobiographical Memory. Theoretical and Applied Perspectives*. Mahwah 1998, 79–104.

–: Maternal Reminiscing Style and Children's Developing Understanding of Self and Emotion. In: *Clinical Social Work Journal* 35. Jg., 1 (2007), 37–46.

– /Haden, Catherine A. (Hg.): *Autobiographical Memory and the Construction of a Narrative Self. Developmental and Cultural Perspectives*. Mahwah 2003.

– /Nelson, Katherine: The Emergence of Autobiographical Memory. A Social Cultural Developmental Theory. In: *Psychological Review* 111. Jg., (2004), 486–511.

Han, Jessica/Leichtman, Michelle/Wang, Qi: Autobiographical Memory in Korean, Chinese, and American Children. In: *Developmental Psychology* 34. Jg., 4 (1998), 701–713.

Vygotskij, Lev S.: *Geschichte der höheren psychischen Funktionen*. Münster/Hamburg 1992.

Wang, Qi/Ross, Michael: Culture and Memory. In: Shinobu Kitayama/Dov Cohen (Hg.): *Handbook of Cultural Psychology*. New York 2007, 645–667.

Welzer, Harald/Markowitsch, Hans J. (Hg.): *Warum Menschen sich erinnern können. Fortschritte der interdisziplinären Gedächtnisforschung*. Stuttgart 2006.

Robyn Fivush/Übers. Florian Hessel

4. Das Gedächtnis im Alter

Die Analyse kognitiver Leistungen im Alter bzw. ihrer Entwicklung im Alterungsprozess stellt seit jeher einen Schwerpunkt in der angewandten Alternsforschung dar. Das mit psychodiagnostischen Methoden fassbare Bild gesunden kognitiven Alterns ist oft nur schwer von beginnenden pathologischen Prozessen – wie z. B. einer Alzheimer-Demenz – zu unterscheiden. Auch das Gehirn gesunder Menschen ist altersbedingten Veränderungen unterworfen, die zu Leistungsminderungen in unterschiedlichen neurokognitiven Domänen führen können. Einige neurokognitive Leistungsbereiche entwickeln sich auch im hohen Alter noch relativ stabil, in anderen nimmt die Leistungsfähigkeit kontinuierlich über die Lebensspanne hinweg ab, während dritte erst im höheren Lebensalter Veränderungen zeigen. Ein Ansatz zu einer solchen Differenzierung findet sich spätestens bei John L. Horn und Raymond B. Cattell (1967) in ihren klassischen Arbeiten zur Zweikomponententheorie der Intelligenz. Sie konnten zeigen, dass die Güte und Schnelligkeit der Informationsverarbeitung (»fluide Intelligenz«) im Alter abnimmt, während wissensabhängige Fähigkeiten (»kristalline Intelligenz«) größtenteils erhalten bleiben. In ihrer klassischen Untersuchung von 297 Probanden im Alter von 14 bis 61 Jahren beschrieben Horn und Cattell eine verminderte fluide Leistungsfähigkeit als mögliche wenn nicht wahrscheinliche Folge der unvermeidlichen und zwangsläufigen (Horn/Cattell 1967, 126) physiologischen Alterungsprozesse, in deren Verlauf diskrete zerebrale Veränderungen kumulierten.

Die in der Zweikomponententheorie der Intelligenz postulierten sekundären Faktoren lassen sich natürlich schon aus terminologischen Gründen nur eingeschränkt in die modernen Neurowissenschaften überführen. Der heuristische Wert dieser Dichotomie kann aber kaum überschätzt werden.

Als besonders anfällig gegenüber biologisch bedingten Alterungsprozessen gelten solche neurokognitiven Leistungsbereiche, die auf die funktionelle Integrität frontaler und medio-temporaler Hirnstrukturen angewiesen sind. Dies trifft in besonderer Weise auch auf die höheren mnestischen Leistungen zu. Gedächtnisdefizite sind in der Wahrnehmung von Betroffenen eine der frühesten Begleiterscheinungen normalen Alterns. Dieses Phänomen erscheint schon deshalb plausibel, weil Störungen des Gedächtnisses für die Betroffenen in der Alltagsbewältigung unmittelbar fassbar und somit auch beschreibbar sind, eine Feststellung, die für andere kognitive Bereiche – wie etwa die Handlungsplanung bzw. Handlungskontrolle (›Exekutivfunktionen‹) oder die Sprache – nicht oder nur bedingt gilt. Ältere Menschen neigen oft dazu, das Ausmaß altersassoziierter Veränderungen kognitiver bzw. intellektueller Fähigkeiten zu überschätzen. Dieser Umstand ist von besonderer Bedeutung, weil aktuelle Studien zeigen, dass sich insbesondere negative Altersstereotypien – im Sinne einer Selffulfilling Prophecy – wesentlich auf die kognitive Leistungsfähigkeit älterer Menschen auswirken können. Aufgrunddessen gilt es immer wieder darauf hinzuweisen, dass Altern nicht pauschal mit einer allgemein verminderten Gedächtnisleistung in Verbindung gebracht werden kann, dass nicht alle Gedächtnisbereiche gleichermaßen von Alterungsprozessen betroffen sind und dass sich mit zunehmendem Alter auch verstärkt individuelle Unterschiede zeigen können.

Zusätzliche Bedeutung gewinnen Gedächtnisdefizite dadurch, dass diese auch zu den Leitsymptomen der häufigsten Demenzsyndrome gehören. Besonders die Alzheimer-Demenz ist schon in frühen Stadien durch Beeinträchtigungen deklarativer Gedächtnisleistungen gekennzeichnet. Die Erfassung mnestischer Leistungen trägt deshalb Wesentliches zur Früherkennung demenzieller Erkrankungen bei. Als spezialisierte Ansprechpartner für Menschen mit Gedächtnisstörungen haben sich im deutschsprachigen Raum in den letzten beiden Jahrzehnten sogenannte ›Gedächtnisambulanzen‹ etabliert. Neben der Hauptaufgabe der Früherkennung demenzieller Prozesse haben solche interdisziplinär ausgerichteten Einrichtungen aber auch die Aufgabe, besorgte Betroffene in ihrem Alternsprozess zu be-

4. Das Gedächtnis im Alter

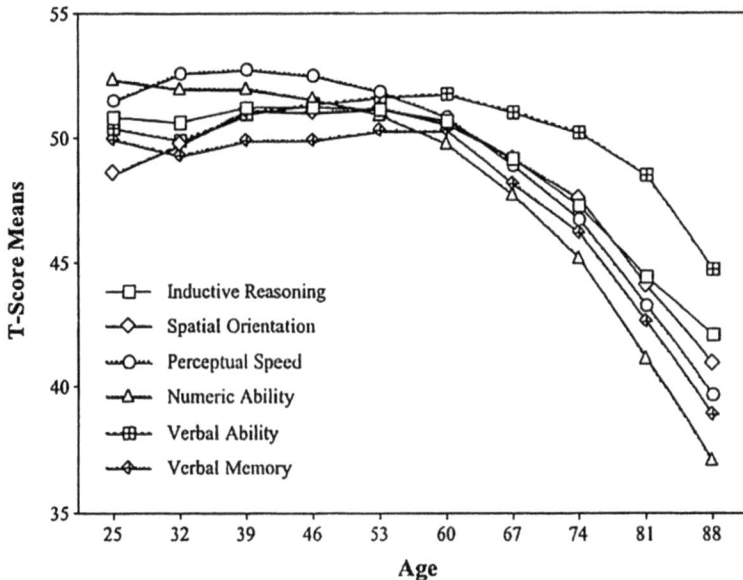

Abb. 1: Veränderungen in einzelnen kognitiven Leistungsbereichen über die Lebensspanne hinweg (Schaie u. a. 2004)

gleiten und über das Ausmaß normalen kognitiven Alterns zu informieren.

Viele Erkenntnisse zu altersassoziierten Veränderungen in der kognitiven Leistungsfähigkeit entstammen Querschnittstudien, die Personen unterschiedlichen Alters zu einem gegeben Zeitpunkt miteinander vergleichen. Bei einer solchen methodischen Vorgehensweise muss aber immer in Betracht gezogen werden, dass auch historische Veränderungen in leistungsrelevanten Umweltbedingungen – wie beispielsweise die Länge der Schulbildung – für die festgestellten Unterschiede mitverantwortlich sein können. Ein methodisch besser kontrollierbares Bild des Einflusses primär biologisch bedingter Alterungsprozesse auf die kognitive Leistungsfähigkeit liefern Längsschnittstudien, die große Bevölkerungsgruppen oder -kohorten über einen längeren Zeitraum beobachten und untersucht haben. Querschnittstudien zeigen für viele kognitive Leistungsbereiche eine mehr oder weniger lineare Verschlechterung ab dem frühen Erwachsenenalter. Längsschnittstudien hingegen beschreiben in der Regel ein stabiles Leistungsniveau bis zum Beginn des letzten Lebensdrittels mit einem deutlichen Leistungsabfall danach. In Abbildung 1 sind die Ergebnisse einer klassischen Längsschnittstudie dargestellt, nämlich die der bereits 1956 initiierten Seattle Longitudinal Study (SLS; Schaie 2004), welche den Verlauf der kognitiven Leistungsfähigkeit in unterschiedlichen Domänen an ihren Probanden seit nun schon über mehr als fünf Jahrzehnte hinweg verfolgt. Während sich der Entwicklungsverlauf der verschiedenen untersuchten Leistungsbereiche bis ca. zum 60. Lebensjahr noch sehr differenziert darstellt, kommt es im letzten Lebensdrittel zu einem raschen Abfall in allen kognitiven Domänen.

Gesundes Altern und Gedächtnis

Wie neurokognitive Leistungsbereiche im Allgemeinen sehr unterschiedlich vom Altern betroffen sein können, so gilt das auch für die Teilsysteme des Gedächtnisses. Nach Endel Tulving (2005) können mit dem prozeduralen Gedächtnis, dem Primingsystem, dem perzeptuellen Gedächtnis, dem semantischen Gedächtnis (›Wissenssystem‹) und dem episodischen Gedächtnis fünf sich inhaltlich grundlegend unterscheidende Gedächtnissysteme unterschieden werden (s. Kap. I.1).

Das prozedurale Gedächtnissystem dient dem Erlernen und der Bereitstellung psychomotorischer und kognitiver Fertigkeiten. Die Inhalte des prozeduralen Gedächtnisses sind uns in der Regel nicht bewusst zugänglich und somit sind sie auch nicht verbalisierbar. Die Befunde zu altersassoziierten Veränderungen im prozeduralen Gedächtnissystem zeigen ein sehr uneinheitliches Bild. Hier steht deshalb zur Diskussion, inwieweit es überhaupt möglich ist, prozedurale Gedächtnisleistungen zu erfassen, ohne das auch altersassoziierte Veränderungen in anderen kognitiven Leistungsbereichen in die Testleistungen mit einfließen. Viele gängige Testverfahren zum prozeduralen Gedächtnis stellen u. a. Anforderungen an das Arbeitsgedächtnis, das episodische Gedächtnis, an visuo-räumliche Funktionen und an das Problemlösen. Es hat sich auch gezeigt, dass die für das prozedurale Gedächtnissystem wesentlichen primären motorischen Hirnareale noch im Alter sehr gut erhalten sind und so altersassoziierte Einbußen im prozeduralen Gedächtnissystem aus hirnmorphologischer Sicht nur in einem beschränkten Ausmaß zu erwarten sind.

Während das Primingsystem einer erhöhten Erkennungsleistung von bereits Wahrgenommenem auf unbewusster Ebene dient, so ist das perzeptuelle Gedächtnis in erster Linie für das bewusste Erkennen von Reizen aufgrund ihrer Wahrnehmungsmerkmale verantwortlich, indem ein Gefühl von Vertrautheit und Bekanntheit erzeugt wird. Wie beim prozeduralen Gedächtnis stellen sich die Befunde zu altersassoziierten Veränderungen im Primingsystem und beim perzeptuellen Gedächtnis je nach methodischem Zugang unterschiedlich dar. Tendenziell kann aber aus der aktuellen Befundlage geschlossen werden, dass das Primingsystem und das perzeptuelle Gedächtnis im Vergleich zu anderen Gedächtnissystemen relativ moderat von altersbedingten Veränderungen betroffen sind.

Das semantische Gedächtnis dient dem Erwerb und der Speicherung von Faktenwissen und baut dabei auf einer streng hierarchischen, kategoriellen Ordnung auf. Seine Grundstruktur scheint trotz des lebenslangen Lernens über die Lebensspanne relativ stabil zu bleiben. Altersbedingte Veränderungen im semantischen Gedächtnis zeigen sich dort, wo eine bewusste Aktivierung semantischer Informationen gefordert ist. Ein typisches Beispiel ist hier das sogenannte *Tip-of-the-tongue-Phänomen*, welches von vielen Betroffenen in höherem Lebensalter beklagt wird. Dieses Phänomen ist durch die bewusste und – wie wir alle wissen dürften – frustrierende Erfahrung für den Betroffenen gekennzeichnet, etwas zu wissen, aber es in der aktuellen Situation nicht aus dem Gedächtnis reproduzieren zu können. Bei älteren Probanden konnte dieses Phänomen gehäuft besonders für den Abruf von Namen und Worten nachgewiesen werden.

Relativ eindeutige Befunde zu alterskorrelierten Veränderungen beim Gedächtnis liegen für das episodische Gedächtnis vor. Das episodische Gedächtnis stellt das phylogenetisch jüngste und funktionell auch höchst entwickelte Gedächtnissystem des Menschen dar und dient im Allgemeinen der Speicherung und dem Erinnern von erlebten Ereignissen. Es ist besonders vulnerabel gegenüber hirnmorphologischen Veränderungen und reagiert von allen Gedächtnissystemen auch am sensibelsten auf Alterserscheinungen des Gehirns.

Lars-Göran Nilsson und Kollegen (2003) erfassten in einer 1988 begonnen prospektiven Längsschnittstudie mit dem Schwerpunkt Gedächtnis und Gesundheit im Alter (»The Betula Study«) u. a. auch die altersabhängigen Veränderungen in unterschiedlichen Gedächtnisbereichen. Die Ergebnisse einer Querschnittsanalyse zum ersten Messzeitpunkt für die altersabhängigen Leistungen zum episodischen Gedächtnis, zum semantischen Gedächtnis, zum Kurzzeitgedächtnis und zum Priming verdeutlicht die Besonderheit des episodischen Gedächtnisses im Vergleich zu den anderen Gedächtnissystemen (s. Abb. 2). In die Analyse wurden 928 gesunde Probanden zwischen dem 35. und 80. Lebensjahr einbezogen, nachdem 72 Probanden aufgrund der Diagnose einer Demenz zu Messpunktzeitpunkt 3 (10 Jahre später) aus der ursprünglichen Stichprobe ausgeschlossen wurden. Die Ergebnisse zeigen, dass sich für das episodische Gedächtnis ein deutlicher Alterseffekt zeigt, während dieser für das semantische Gedächtnis, das Kurzzeitgedächtnis und das Priming nur in ge-

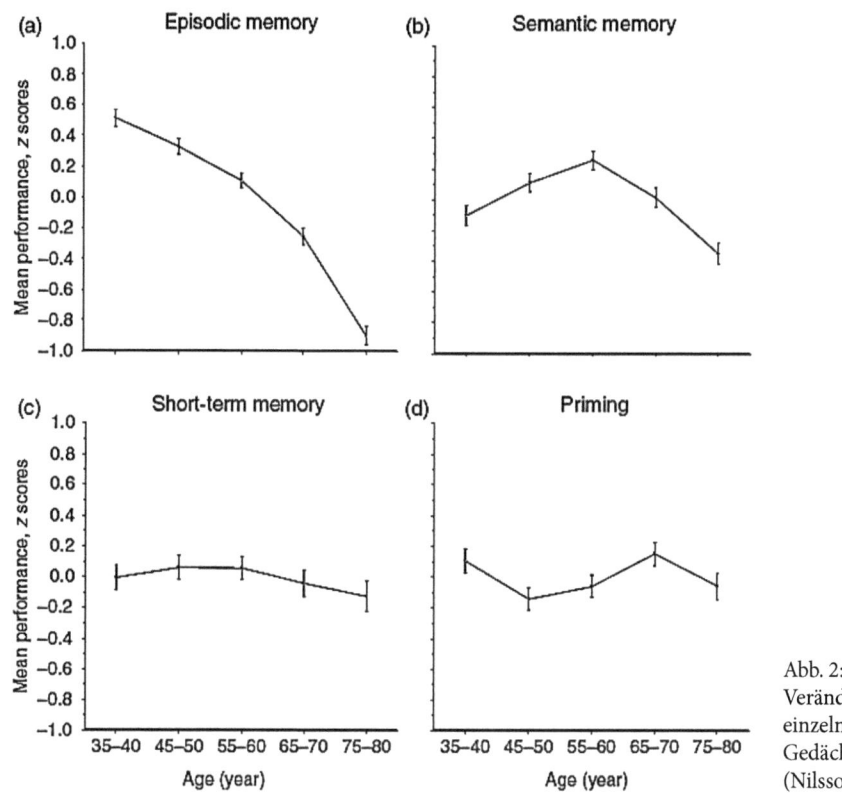

Abb. 2: Altersassoziierte Veränderungen in einzelnen Gedächtnisbereichen (Nilsson u. a. 2003)

ringem Ausmaß nachzuweisen ist. Wie in vielen anderen Querschnittstudien auch, zeigt sich hier für das episodische Gedächtnis eine mehr oder weniger lineare Verschlechterung ab dem frühen Erwachsenenalter.

Neben einer inhaltlichen Unterteilung lässt das menschliche Gedächtnis auch eine zeitliche Unterteilung zu: nämlich die zwischen Kurz- und Langzeitgedächtnis. Das für die kurzfristige Bereithaltung von Informationen verantwortliche Kurzzeitgedächtnis kann darüber hinaus auch noch vom sogenannten Arbeitsgedächtnis abgegrenzt werden. Während das Kurzzeitgedächtnis vom Alterungsprozess nur sehr gering betroffen zu sein scheint (s. Abb. 2), so können für das Arbeitsgedächtnis in den meisten Studien doch deutliche alterskorrelierte Leistungsminderungen nachgewiesen werden.

Eine Sonderstellung innerhalb der Gedächtnissysteme nimmt das autobiographische Gedächtnis ein (s. Kap. II.1). Aufgrund der persönlichen Relevanz der Gedächtnisinhalte stellen Beeinträchtigungen im autobiographischen Gedächtnis schwere Störungen des Selbstkonzeptes dar. Um der Individualität autobiographischer Erinnerungen methodisch gerecht zu werden, genügt es nicht, sich nur auf die Erfassung persönlicher semantischer Gedächtnisinhalte zu beschränken, sondern es ist auch notwendig, persönliche episodische Erlebnisschilderungen zu analysieren. Brian Levine und Kollegen (2002) verglichen die autobiographische Erinnerungsleistung älterer und jüngerer Probanden mit einem teilstandardisierten autobiographischen Gedächtnisinterview über fünf unterschiedliche Lebensabschnitte hinweg. Die jüngeren Erwachsenen produzierten dabei signifikant mehr episodische Details in ihren Erinnerungen als die älteren Erwachsenen und die älteren Erwachsenen tendierten in ihren Erzählungen zu mehr persönlichen semantischen Details als die jüngere Probandengruppe.

Die Abnahme bestimmter Gedächtnisleistungen im Alter steht in direktem Zusammenhang mit hirnmorphologischen Veränderungen, die auch wesentliches Merkmal neurodegenerativer und vieler psychiatrischer Erkrankungen darstellen. Bildgebende Verfahren ermöglichen es, strukturelle Veränderungen im Gehirn in vivo zu untersuchen und die Zusammenhänge zwischen morphologischen Veränderungen im Alter und neurokognitiven Einbußen besser zu verstehen. Wesentlich bei diesen Veränderungen im Alter ist, dass diese die verschiedenen Hirnregionen in unterschiedlichem Maße betreffen. So konnten Naftali Raz und Kollegen (2005) mittels struktureller Bildgebung stellvertretend zeigen, dass über die Lebensspanne hinweg der Nucleus Caudatus, das Cerebellum, der Hippocampus und präfrontale Hirnareale am stärksten von einer Volumenminderung betroffen sind. Für die größtenteils aus Nervenfasern bestehende weiße Substanz zeigen sich mit zunehmendem Alter Veränderungen schwerpunktmäßig in frontalen Hirnbereichen. Dies betrifft sowohl die Dichte, als auch die funktionelle Integrität dieser Strukturen. Als Marker für Altersveränderungen auf biochemischer Ebene wird oft die Anzahl von dopaminergen Rezeptoren herangezogen. Ein Zusammenhang zwischen einer verminderten Rezeptorenanzahl und kognitivem Altern gilt mittlerweile als wissenschaftlich gesichert.

Exkurs: Funktionelle Bildgebung und Gedächtnis im Alter

Funktionelle Bildgebungsstudien haben sich in den letzten Jahren u. a. mit der Frage beschäftigt, inwieweit das menschliche Gehirn durch funktionelle Umstrukturierung in der Lage ist, auf altersbedingte anatomische und physiologische Veränderungen zu reagieren. Ein Beispiel einer solchen möglichen funktionellen Umstrukturierung stellt die im HAROLD-Modell (Hemispheric Asymmetry Reduction in Older Adults; Cabeza 2002) beschriebene Asymmetriereduktion dar: Die Arbeitsgruppe um Roberto Cabeza konnte im Rahmen ihrer Forschungsarbeiten zeigen, dass ältere Probanden für den präfrontalen Cortex beim Abruf verbaler Gedächtnisinhalte ein weniger asymmetrisches Aktivierungsmuster zeigen als jüngere Vergleichspersonen. Cabeza und Kollegen (2002) verglichen in der Folge auch die Aktivierungsmuster im präfrontalen Cortex von jungen Probanden, älteren Probanden mit schlechteren Gedächtnisleistungen (*low-performing*) und älteren Probanden mit besseren Gedächtnisleistungen (*high-performing*) bei der Bearbeitung einer verbalen Gedächtnisaufgabe. Die älteren *low-performing*-Probanden zeigten dabei während der Abrufbedingung ein ähnliches unilaterales Aktivierungsmuster (rechter präfrontaler Cortex) wie die jüngeren Probanden, während bei älteren *high-performing*-Probanden die entsprechenden Strukturen bilateral aktiviert wurden. Eine solche Asymmetriereduktion konnte auch für einige andere kognitive Funktionsbereiche, wie z. B. das Arbeitsgedächtnis, den Abruf semantischer Gedächtnisinhalte und der Inhibitionskontrolle repliziert werden. Unser Gehirn ist demnach durch eine funktionelle Umstrukturierung grundsätzlich in der Lage auf sich durch das Altern verändernde physiologische Bedingungen zu reagieren. Wieso dies bei manchen Probandengruppen besser gelingt als bei anderen und inwiefern solche Umstrukturierungsprozesse durch therapeutische Maßnahmen angeregt werden können sind zentrale Themen der aktuellen neurokognitiven Alternsforschung.

Von der »benignen Vergesslichkeit« zur leichten kognitiven Beeinträchtigung

Normale durch das Altern bedingte Leistungsminderungen von einem möglichen beginnenden dementiellen Geschehen zu unterscheiden, stellt in der klinischen Praxis der Gerontopsychiatrie seit jeher eine der größten Herausforderungen dar. An diesem Übergang haben sich unter dem Sammelbegriff der leichten kognitiven Beeinträchtigung unterschiedliche konzeptuelle Ansätze entwickelt, um den Übergang zwischen normalem und pathologischem kognitiven Altern möglichst gut zu beschreiben. Viele ältere Studien zu altersassoziierten Veränderungen kognitiver Funktionen konnten auf ein solches

4. Das Gedächtnis im Alter

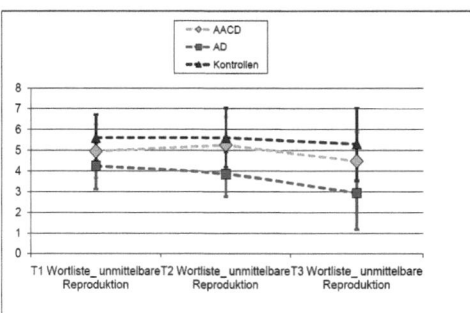 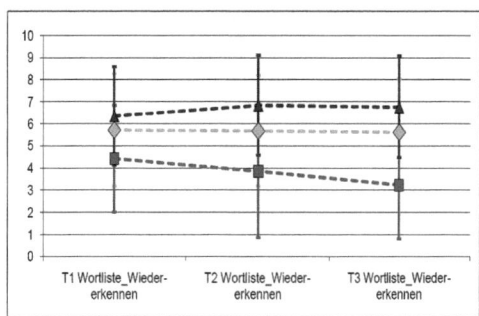

Abb. 3a und 3b: unmittelbare verbale Merkfähigkeit (3a) und verzögerte Wiedererkennensleistung (3b) von Gesunden (Kontrollen), Patienten mit einer leichten kognitiven Beeinträchtigung (AACD, »ageing-associated cognitive decline«) und Patienten mit einer Alzheimer-Demenz (AD) im Verlauf.

Konzept noch nicht zurückgreifen, und Patienten mit einer solchen Beeinträchtigung wurden somit auch nicht von gesunden Probanden unterschieden. Bei älteren Studien ist eine Überzeichnung der altersassoziierten Veränderungen wahrscheinlich. Die Notwendigkeit einer Differenzierung zwischen gesundem Altern und einer leichten kognitiven Beeinträchtigung soll mit den Abbildungen 3a und 3b (Pantel/Schröder, in Vorb.) anhand von Ergebnissen aus der in Deutschland durchgeführten Interdisziplinären Längsschnittstudie des Erwachsenenalters (ILSE) veranschaulicht werden. Die Abbildungen 3a bzw. 3b geben die unmittelbare verbale Merkfähigkeit und die verzögerte Wiedererkennungsleistung von Gesunden, von Probanden mit einer leichten kognitiven Beeinträchtigung und von Patienten mit einer Alzheimer-Demenz zu unterschiedlichen Messzeitpunkten mit einem 4-Jahres-Intervall wieder. Die Untersuchungsgruppen wurden nach den zum dritten Messzeitpunkt erhobenen Diagnosen definiert. Demnach bestanden zu Beginn der Studie bei den damals noch Anfang 60-Jährigen nur geringe Unterschiede zwischen den Diagnosegruppen. Vier Jahre später erreichten diese Unterschiede bereits Signifikanzniveau, ein Befund, der sich bis zum dritten Messzeitpunkt bei den dann Mitte 70-Jährigen deutlich verstärkt hatte. Ein ähnliches Bild lässt sich anhand der ILSE-Daten auch für andere neurokognitive Leistungsbereiche zeigen.

Die leichte kognitive Beeinträchtigung bezeichnet nach heutigem Verständnis neurokognitive Defizite, die zwar die innerhalb der Altersnorm zu erwartenden Leistungsminderungen übertreffen, aber in ihrem Ausmaß die Diagnosekriterien einer Demenz noch nicht erfüllen. Entsprechend werden betroffene Personen als eigenständige Diagnosegruppe geführt.

Einer der ersten phänomenologischen Beschreibungsversuche einer solchen Beeinträchtigung wurde bereits in den frühen 1960er Jahren von Viktor A. Kral unternommen. Aufgrund seiner wissenschaftlichen Beobachtungen versuchte er eine benigne (engl. *benign senescent forgetfulness*) von einer malignen Altersvergesslichkeit (engl. *malign senescent forgetfulness*) zu unterscheiden. Als »benigne Altersvergesslichkeit« bezeichnete Kral die sich im Alter oft zeigenden alltäglichen Schwierigkeiten, sich an relativ Unwichtiges zu erinnern, wobei das Gedächtnisdefizit bewusst wahrgenommen wird und eine Umschreibung der fehlenden Gedächtnisinhalte immer noch möglich ist. Das Entfallene kann dabei auch durchaus zu einem anderen Zeitpunkt wieder erinnert werden. Die Gutartigkeit dieser Altersvergesslichkeit bezog sich darüber hinaus auch auf eine sehr langsame Progression dieser Defizite. Die »maligne Altersvergesslichkeit« beschrieb er als einen fortschreitenden Gedächtnisverlust, der sich inhaltlich auf das Vergessen ganzer erlebter Ereignisse ausweitet und neben einem zunehmenden Verlust der zeitlichen und örtlichen Orientierung schlussendlich auch in einer persönlichen Orientierungslosigkeit mündet. Kral ging in seinen Analysen auch schon so weit, dass er den Gedächtnistypus als möglichen Marker für den generellen Gesundheitsstatus im Alter bezeichnete. Er sah dabei die »benigne Altersvergesslichkeit« als Ausdruck normalen Alterns (»senium naturale«) und die »maligne Altersvergesslichkeit« als Ausdruck krankhaften Alterns (»senium ex morbo«) an.

Zur operationalisierten Diagnose einer leichten kognitiven Beeinträchtigung sind inzwischen eine Vielfalt weiterer Konzepte, Skalen und diagnostischer Klassifikationssysteme entwickelt worden (vgl. Übersicht in Pantel/Schröder, in Vorb.). Wie auch bei den Diagnosekriterien der Demenz stellen bei diesen Konzepten zur leichten kognitiven Beeinträchtigung Gedächtnisdefizite eine der wesentlichen Leitsymptome dar. Während dabei aber einige »enge« Konzepte in ihrer Konzeptualisierung allein auf die Erfassung von Gedächtnisdefiziten ausgerichtet sind, sehen neuere »breite« Ansätze das Gedächtnis gleichberechtigt zwischen anderen neurokognitiven Leistungsbereichen. Enge Konzepte einer leichten kognitiven Beeinträchtigung sind mit der Vorstellung verbunden, die Alzheimer-Demenz vorwiegend als hippokampale Demenz anzusehen; die leichte kognitive Beeinträchtigung als mögliches vorklinisches Stadium einer Alzheimer-Demenz ist in diesem Sinne somit vordergründig durch Gedächtnisdefizite gekennzeichnet. Breite Konzepte dagegen gehen von einem Subgruppenmodell der Alzheimer-Demenz aus, in deren Sinne sich die Alzheimer-Demenz auch schon in frühen bzw. vorklinischen Stadien durch unterschiedliche kognitive Einbußen äußern kann.

Unabhängig vom zugrunde liegenden Konzept der leichten kognitiven Beeinträchtigung ist von einer großen Anzahl von Betroffenen auszugehen, die sich in diesem schwer definierbaren Überlappungsbereich vom normalen zum pathologischen Altern befinden. Im Rahmen der bereits oben genannten Interdisziplinären Längsschnittstudie des Erwachsenenalters (ILSE) konnte schon in der Gruppe der »jungen Alten« (Durchschnittsalter 62,4 Jahre) bei 13,4 % eine solche Beeinträchtigung nachgewiesen werden.

Im Verlauf nahm die Häufigkeit dieses Phänomens zu, um nach vier Jahren mit 23,6 % fast ein Viertel der untersuchten Stichprobe zu erfassen. Aufgrund dieser Verbreitung kann nicht davon ausgegangen werden, dass bei all diesen Betroffen eine Vorstufe eines beginnenden dementiellen Geschehens vorliegt. Im Vergleich zur gesunden Normalbevölkerung ist aber das Risiko an einer Demenz zu erkranken bei einer diagnostizierten leichten kognitiven Beeinträchtigung bis um das 10-fache erhöht. Im Vergleich zu gesunden Probanden lassen sich bei solchen Patienten darüber hinaus auch bereits Veränderungen auf hirnstruktureller Ebene nachweisen.

Neuropsychologische Testverfahren erlauben es heute über die Erstellung von differenzierten neuropsychologischen Leistungsprofilen sehr gut zwischen normwertigem kognitiven Leistungsniveau, einer leichten kognitiven Beeinträchtigung und einer Demenzerkrankung zu trennen. Die höchste Unterscheidungsfähigkeit zeigen hier, neben der kognitiven Umstellfähigkeit, insbesondere Leistungen zum episodischen Gedächtnis als Teil expliziter Gedächtnisfunktionen. Die Erfassung mnestischer Funktionen stellt also eine der wesentlichen Säulen in der Früherkennung dementieller Erkrankung dar.

Alzheimer-Demenz und Gedächtnis

Die Alzheimer-Demenz ist eine progressive, neurodegenerative Erkrankung mit einem kontinuierlichen Abbau kognitiver und mnestischer Funktionen. Sie ist mit einem Anteil von 60–70 % die häufigste aller Demenzformen. Das ihr entsprechende Krankheitsbild wurde erstmals von Alois Alzheimer zu Beginn des 20. Jahrhunderts beschrieben und später auch nach ihm benannt. Die Deutsche Alzheimer Gesellschaft schätzt die Anzahl der Demenzkranken gegenwärtig auf fast eine Million; zwei Drittel davon sind von einer Alzheimer-Demenz betroffen. Jährlich treten laut selbiger Quelle 200.000 Neuerkrankungen auf, und nach Vorausberechnung der Bevölkerungsentwicklung wird die Zahl der Demenzkranken Jahr für Jahr um etwa 20.000 zunehmen und sich bis zum Jahr 2050 auf mehr als zwei Millionen erhöhen, sofern kein Durchbruch in Prävention und Therapie gelingt.

Pathologisch ist die Alzheimer-Demenz durch einen Nervenzellverlust vorwiegend kortikaler Neurone, einer ebenfalls vorwiegend kortikalen extrazellularen Ablagerung von sogenannten neuritischen Plaques und den intrazellular lokalisierten Neurofibrillenbündeln gekennzeichnet. Der für das Gedächtnis besonders relevante mediale Temporallappen und seine Substrukturen (Hippocampus, Amygdala, entorhinaler Kortex) werden dabei von der Alzheimer-Erkrankung am frühesten erfasst.

Die ersten kognitiven Veränderungen bei einer Alzheimer-Demenz betreffen somit in der Regel das Gedächtnis und äußern sich meistens als leichte Merkschwäche für neue Informationen und in einer leichten Wortfindungsstörung. Oft werden diese ersten Anzeichen als altersassoziierte Leistungseinbußen interpretiert. Zu einer ersten demenzdiagnostischen Abklärung kommt es meist erst, wenn sich die Symptomatik deutlich verschlechtert, ein Umstand der bei einer Alzheimer-Demenz unausweichlich ist. Die Fähigkeit, neue Informationen zu lernen und sich wieder daran zu erinnern, ist daher ein hoch sensitiver Marker einer Alzheimer-Demenz. Von den einzelnen Gedächtnissystemen ist das episodische Gedächtnis in der Regel bei Alzheimer-Patienten als erstes betroffen. Der typische Patient mit einer Alzheimer-Demenz ist nur mehr schwer in der Lage neue Informationen zu enkodieren und zu speichern. Nach Amy Overman und James T. Becker (2004) zeigen sich die Defizite hierzu qualitativ ähnlich wie bei anderen neurodegenerativen Erkrankungen die den Temporallappen erfassen (z. B. Herpes simplex Encephalitis), unterscheiden sich aber grundlegend von amnestischen oder dementiellen Syndromen mit pathologischem Ursprung in subkortikalen Regionen (Chorea Huntington, Morbus Parkinson, Progressive supranukleäre Parese, Demenz mit Lewy-Körperchen). Bei den subkortikalen degenerativen Erkrankungen sind die Gedächtnisdefizite auch nicht primär auf Probleme bei der Enkodierung und Speicherung zurückzuführen, sondern haben ihren Ursprung mehr in Problemen im Abruf von bereits gespeicherter Information.

Zur Überprüfung der Leistungsfähigkeit zum episodischen Gedächtnis werden in der neuropsychologischen Diagnostik in der Regel Tests verwendet, bei denen der Patient in mehreren Durchgängen eine Liste von Wörtern (verbal) oder eine Reihe von Bildern (non-verbal) lernt, das Gelernte (je nach Test) kurz-, mittel- und/oder längerfristig behalten und dann abrufen soll. Die sich durch die einzelnen Durchgänge ableitbare Lernkurve zeigt sich bei Alzheimer-Patienten in der Regel sehr flach. Die wenigen erinnerten Informationen kommen dabei mehr aus dem Arbeitsgedächtnis und stellen weniger oft vollständig enkodierte Inhalte dar. Bis zu einem gewissen Grade spielen hier auch der Primacy- und der Recency-Effekt eine Rolle. Der Primacy-Effekt zeigt sich aber schon im frühen Krankheitsstadium dadurch minimiert, dass nur wenige Informationen in das Langzeitgedächtnis übernommen werden können und die Anfälligkeit für Interferenzeffekte damit steigt. Das heißt, dass sich Patienten mit einer Alzheimer-Demenz zwar oft an die zuletzt präsentierten Begriffe oder Bilder einer Liste erinnern können, sich die ersten Begriffe bzw. Wörter aber im Vergleich zu gesunden Patienten deutlich schlechter merken können. Mit weiterem Fortschritt der Erkrankung verschwindet der Primacy-Effekt dann ganz, und auch der Recency-Effekt vermindert sich deutlich. Die Defizite im episodischen Gedächtnis sind von Anfang an (d. h. schon im präklinischen Stadium) schon sehr umfassend. Entsprechend zeigen sich sowohl für verbale als auch für nonverbale Materialien unter verschiedenen Abrufbedingungen, wie dem freien Abruf, dem Abruf mit Hilfen und dem Wiedererkennen massive Defizite.

Auch in einem frühen Krankheitsstadium, aber in zeitlicher Folge meist nach dem episodischen Gedächtnis, wird dann auch das semantische Gedächtnis von der Alzheimer-Demenz erfasst. Erste Anzeichen im Alltag sind hierzu Wortfindungsstörungen, wie sie von vielen Patienten beklagt werden. Typisch ist hier auch das Vergessen von Namen von Angehörigen oder Bekannten. Diagnostisch nachweisen lassen sich solche Defizit mittels Benennaufgaben, Aufgaben zur Wortflüssigkeit, sowie Bild-Bild- oder Wort-Bild-Matching Aufgaben. Die semantischen Defizite im Krankheitsverlauf betrachtet scheinen Patienten mit einer Alzheimer-Demenz (aber auch Patienten mit einer semantischen Demenz) zuerst nur Probleme zu haben, individuelle Mitglieder einer Kategorie zu unterscheiden, wobei die allgemeinen Informationen zur Kategorie erhalten bleibt (z. B. ›Pferd‹ oder ›Tier‹ für ›Zebra‹); erst im weiteren Verlauf geht dann auch teilweise kategoriales Wissen verloren (z. B. ›Katze‹ für ›Hahn‹), wobei es dann aber in Folge nur selten zu noch elementareren Verwechslungen (z. B. zu Verwechslungen zwischen lebenden und nicht lebenden Kategorien) kommt (Gerrard u. a. 2004).

Im Gegensatz zum deklarativen Gedächtnis bleiben die nicht-deklarativen Gedächtnissysteme auch in fortgeschritteneren Stadien der Alzheimer-Demenz verschont. Auch die Kapazität des Primär- bzw. Arbeitsgedächtnisses bleibt bis zu einem moderaten Stadium der Erkrankung relativ stabil.

Recht eindeutig gestaltet sich die Befundlage zum autobiographischen Gedächtnis. Martin D. Kopelman (1989) verglich in einer der ersten Studien hierzu autobiographische Gedächtnisleistungen von älteren gesunden Probanden u. a. mit der von Patienten mit einer Alzheimer-Demenz. Neben allgemeinen und persönlichen semantischen Gedächtnisinhalten wurden auch lebensgeschichtliche Ereignisse abgefragt. Es zeigte sich, dass die Patienten mit einer Alzheimer-Demenz in allen untersuchten Leistungsbereichen deutlich beeinträchtigt waren. Die Defizite folgten dabei dem Ribotschen Gradienten, d. h. jüngere Gedächtnisinhalte gingen früher verloren als ältere, und betrafen sowohl den freien Abruf als auch das Wiedererkennen von autobiographischen Gedächtnisinhalten. Ulrich Seidl und Kollegen (2007) untersuchten in einer umfassenden Studie autobiographische Gedächtnisleistungen bei demenzkranken Heimbewohnern in verschiedenen Krankheitsstadien und bei Probanden mit leichten kognitiven Beeinträchtigungen. Sie konnten zeigen, dass sich nachhaltige autobiographische Gedächtnisdefizite schon in sehr frühen Krankheitsphasen der Alzheimer-Demenz einstellen. Bereits Patienten mit einer leichten kognitiven Beeinträchtigung wiesen ausgeprägte Defizite des autobiographischen Gedächtnisses auf, die bei mittelgradiger oder schwerer Alzheimer-Demenz fortbestanden. Demgegenüber gingen semantische autobiographische Gedächtnisinhalte graduell verloren, so dass weitreichende Defizite erst bei stark eingeschränkten Patienten entstanden.

Neben dem Gedächtnis werden von der Alzheimer-Demenz im Verlauf der Erkrankung auch andere neurokognitive Leistungsbereiche erfasst. Vor allem in exekutiven Leistungsbereichen und bei komplexeren Aufmerksamkeitsleistungen können sich schon sehr früh Beeinträchtigungen zeigen. Sprachfähigkeiten, visuell-räumliche Fähigkeiten und einfache Aufmerksamkeitsleistungen bleiben in der Regel relativ lange erhalten. Wie beim gesunden Altern und der leichten kognitiven Beeinträchtigung können sich in der klinischen Beobachtung aber auch hier sehr unterschiedliche Störungsmuster zeigen.

Zusammenfassung

Subjektiv wahrgenommene Gedächtnisdefizite gehören zu den ersten Anzeichen kognitiven Alterns. Nicht alle Gedächtnissysteme sind davon aber im gleichen Ausmaß betroffen. Entsprechend der sich durch Alterungsprozesse verändernden hirnmorphologischen Bedingungen vor allem in frontalen und medio-temporalen Gehirnstrukturen sind höhere mnestische Leistungen wie das episodische Gedächtnis und das Arbeitsgedächtnis in besonderer Weise vom gesunden Altern betroffen. Klinische Bedeutung erlangen Gedächtnisdefizite im Alter dadurch, dass diese auch zu den Leitsymptomen der häufigsten Demenzsyndrome gehören. Der Übergang vom gesunden zum pathologischen kognitiven Altern stellt sich dabei in der Regel als fließend dar. An diesem Übergang haben sich verschiedene Konzepte der leichten kognitiven Beeinträchtigung entwickelt, um auch neurokognitive Defizite erfassen zu können, welche zwar die innerhalb der Altersnorm zu erwartenden

Leistungsminderungen übertreffen, aber in ihrem Ausmaß die Diagnosekriterien einer Demenz noch nicht erfüllen. Eine leichte kognitive Beeinträchtigung erhöht das Risiko an einer Demenz zu erkranken. Die häufigste Demenzform stellt die Alzheimer-Demenz dar. Aufgrund ihrer initialen medio-temporalen Pathologie zeigen Patienten mit einer Alzheimer-Demenz schon in sehr frühen Krankheitsstadien Beeinträchtigungen bei deklarativen Gedächtnisleistungen. Die Erfassung mnestischer Leistungen stellt deshalb einer der wesentlichen Bausteine in der Früherkennung dementieller Erkrankungen dar.

Literatur

Baltes, Paul B. u. a.: Lifespan Psychology: Theory and Application to Intellectual Functioning. In: *Annual Review of Psychology* 50 (1999), 471–507.

Cabeza, Roberto: Hemispheric Asymmetry Reduction in Old Adults: The HAROLD Model. In: *Psychology and Aging* 17 (2002), 85–100.

– u. a.: Aging Gracefully: Compensatory Brain Activity in High-Performing Older Adults. In: *NeuroImage* 17 (2002), 1394–1402.

Gerrard, Peter u. a.: Semantic Processing in Alzheimer's Disease. In: Robin G. Morris/James T. Becker (Hg.): *Cognitive Neuropsychology of Alzheimer's Disease*. New York 2004, 179–196.

Horn, John L./Cattell, Raymond B.: Age Differences in Fluid and Crystallized Intelligence. In: *Acta Psychologica* 26 (1967), 107–129.

Kopelman, Martin D.: Remote and Autobiographical Memory, Temporal Context Memory and Frontal Atrophy in Korsakoff and Alzheimer Patients. In: *Neuropsychologia* 27 (1989), 437–460.

Kral, Viktor A.: Senescent Forgetfulness: Benign and Malignant. In: *The Canadian Medical Association* 86 (1962), 257–260.

Levine, Brian u. a.: Aging and Autobiographical Memory: Dissociating Episodic from Semantic Retrieval. In: *Psychology and Aging* 17 (2002), 677–689.

Nilsson, Lars-Göran: Memory Function in Normal Aging. In: *Acta Neurologica Scandinavica* 107 (2003), 7–13.

Overman, Amy/Becker, James T.: Information Processing Deficits in Episodic Memory in Alzheimer's Disease. In: Robin G. Morris/James T. Becker (Hg.): *Cognitive Neuropsychology of Alzheimer's Disease*. New York 2004, 121–140.

Pantel, Johannes/Schröder, Johannes: *Die leichte kognitive Beeinträchtigung – Risikosyndrom im Vorfeld der Alzheimer Demenz*. Stuttgart (in Vorb.).

Raz, Naftali u. a.: Regional Brain Changes in Aging Healthy Adults: General Trends, Individual Differences and Modifiers. In: *Cerebral Cortex* 15 (2005), 1676–1689.

Schaie, Warner K. u. a.: The Seattle Longitudinal Study: Relationship between Personality and Cognition. In: *Neuropsychology, Development, and Cognition. Section B, Aging, Neuropsychology and Cognition* 11 (2004), 304–324.

Seidl, Ulrich u. a.: Störungen des autobiographischen Gedächtnisses bei Alzheimer-Demenz. In: *Zeitschrift für Gerontopsychologie und -psychiatrie* 20 (2007), 47–52.

Tulving, Endel: Episodic Memory and Autonoesis: Uniquely Human? In: Herbert. S. Terrace/Janet Metcalfe (Hg.): *The Missing Link in Cognition*. New York 2005, 4–56.

Wilson, Robert S. u. a.: Primary Memory and Secondary Memory in Dementia of the Alzheimer Type. In: *Journal of Clinical and Experimental Neuropsychology* 5 (1983), 337–344.

Marc M. Lässer/Johannes Schröder

5. Psychoanalyse als Erinnerungsforschung

Verdrängte Erinnerungen drängen auf Wiederkehr

Für die Psychoanalyse ist das Gedächtnis von zentraler Bedeutung, da es einen dynamischen Begriff des Unbewussten erlauben muss. Es war die zentrale Idee Sigmund Freuds, dass psychische Symptome in einer motivierten Unkenntnis über uns selbst wurzeln. Symptome verstand Freud (1896) als Erinnerungssymbole, die verschlüsselt auf vergangene Erlebnisse verweisen so wie antike Ruinen auf historische Gebäude und Lebensweisen. Im Unterschied zum Archäologen, der allein die Schichten der Zeit abzutragen und Verstümmelungen des Verfalls zu entschlüsseln hat, sehe der Psychoanalytiker sich jedoch einer weiteren Kraft gegenüber, der der Verdrängung. Denn Symptome entstünden erst durch den aktiven und motivierten Ausschluss von Erlebnissen aus der Erinnerung, der nur mehr verzerrte Erinnerungssymbole zulasse. Motiviert werde die Verdrängung durch den seelischen Schmerz, den traumatische oder konflikthafte Erinnerungen hervorrufen. Diese Idee impliziert ein Modell des Gedächtnisses,
- das wichtige Erlebnisse nicht vergisst: »Alles Wesentliche ist erhalten, und selbst was vollkommen vergessen scheint, ist noch irgendwie und irgendwo vorhanden, nur verschüttet, der Verfügung des Individuums unzugänglich gemacht« (Freud 1937, 46); Verzerrungen und Verluste treten demnach weder bei der Aufnahme noch während des Behaltens von Informationen auf, sondern beim Erinnern;
- das eine Form der Speicherung erlaubt, die nicht intentional zugänglich ist – das dynamisch Unbewusste;
- in dem verdrängte Erinnerungen aktiv bleiben und auf Äußerung drängen, im Falle der Hysterie durch ein Symptom – die Wiederkehr des Verdrängten;
- in dem eine psychische Funktion über die Erträglichkeit von Erinnerungen wacht und sie gegebenenfalls verdrängt bzw. transformiert – Freuds Zensur bzw. Abwehr des Ichs.

Freuds Vorstellungen davon, was verdrängt wird, veränderten sich mit der Entwicklung seines Werkes. In dem anfänglichen Modell einer traumatischen Genese der Hysterie sind es Erinnerungen an sexuellen Missbrauch in der Kindheit, die verdrängt werden und als Symptom wiederkehren. Allerdings trifft Freud hier auf einige Schwierigkeiten, denn er musste erklären, weshalb nicht sofort nach dem Missbrauch Symptome entstanden, sondern erst im Erwachsenenalter. Dazu führte Freud (1896) den Begriff der *Nachträglichkeit* ein, der nachträglichen Wirksamkeit von erinnerten Erlebnissen, wenn sie durch rezentere Ereignisse eine neue Bedeutung erhalten. Im Falle der Hysterie, so Freuds frühes Modell, könne das Mädchen erst ab der Pubertät die sexuelle Bedeutung der Missbrauchshandlungen und deren Unzulässigkeit verstehen. Um die schlummernden Erinnerungen zu wecken, bedarf es allerdings eines daran erinnernden Erlebnisses im Erwachsenenalter. Erst dann setzen die Verdrängung und damit zugleich die Symptombildung ein.

Auch bei anderen Neurosen vermutet Freud als pathogenetische Kraft die Verdrängung von Erinnerungen an sexuelle Kindheitserlebnisse. Bei der Zwangsneurose beispielsweise handele es sich allerdings neben der Erinnerung an sexuellen Missbrauch auch um die Erinnerung an eigene sexuell getönte aggressive Handlungen. Bei der Zwangsneurose führt Freud ein weiteres mögliches Schicksal verdrängter Erinnerungen ein. Denn in der Pubertät beginne die Erinnerung Selbstvorwürfe auszulösen, die zu Verdrängung der Erinnerung führe und zur Entwicklung von Charaktereigenschaften, die ebenfalls der Abwehr dienten, wie Gewissenhaftigkeit, Schamhaftigkeit und Selbstmisstrauen. Erst bei einer Wiederkehr des Verdrängten im Erwachsenenalter, ausgelöst durch innere oder äußere Umstände, entstehe die Notwendigkeit einer zweiten Abwehraktion, die diesmal zu Zwangssymptomen führen könne.

Ein drittes Schicksal der verdrängten Erinnerungen führt Freud mit dem Begriff der Übertragung ein, nämlich das Schicksal, in sich wiederholende Handlungsmuster umgesetzt zu werden. Bei sich bietenden Gelegenheiten werden traumatische oder konflikthafte verdrängte Erlebnisse unbewusst reinszeniert. Auch hier wieder bietet die Hysterie das Modell, nämlich die Tendenz, Andere in Inszenierungen und in starke, aus der Entfernung als übertrieben oder unangemessen erlebte Gefühle zu verwickeln. Eigentlich in eine historische Situation gehörende Gefühle und Handlungen werden auf aktuelle signifikante Andere übertragen, ohne dass die Person dessen gewahr würde – sie hält ihre Gefühle und Handlungen für einzig und allein in der gegenwärtigen Situation begründet.

Wege zur Erinnerung

Es finden sich bei Freud fünf Wege zum Verdrängten, die zugleich ein Licht auf sein Verständnis des Erinnerns werfen.

1. Seine erste Methode war die Hypnose, mit der er die Verdrängung meinte zu umgehen und direkten Zugriff auf die Wissensbestände der Patientinnen zu erlangen. Da posthypnotisch die Verdrängung nicht nachhaltend aufgehoben werden konnte, sondern wieder in ihr Recht gesetzt wurde, entwickelt er die Methode der freien Assoziation. In dieser wird der Patient durch eine liegende Position und minimale Stimulierung in eine entspannte, meditative Stimmung versetzt, so dass er sich möglichst ungelenkten Einfällen überlassen kann. Denn erfahrungsgemäß wirkt die Zensur stärker bei gerichtetem Erinnern als beim ungelenkten Gedankenfluss. Nach Martin Conways Modell vom autobiographischen Gedächtnis (s. Kap. II.1) wird beim Bewusstseinsstrom oder freiem Assoziieren nicht top-down, schemageleitet erinnert, sondern reizgesteuert direkt auf konkrete Erinnerungen oder Teile davon zugegriffen. Die Reize des unwillkürlichen Erinnerns sind beim freien Assoziieren nicht Wahrnehmungen der Umwelt, sondern der Gedankenfluss, bei dem ein Einfall zum nächsten führt. Die so entstehenden Bruchstücke und Sequenzen scheinbar unverbundener Einfälle lassen sich dann neu zusammensetzen und zu Hinweisen auf aktuelle Konflikte und vergangene Episoden ergänzen. Dies geschieht durch Deutungen von Abwehrmechanismen, mittels derer die Zensur Erinnerungen und Wünsche verzerrt, und durch Deutungen von Ängsten und abgewehrten Wünschen. Deutungen können dann zu weiteren Erinnerungen führen.

2. Eine besondere Form, wenn man so möchte, des freien Assoziierens sah Freud im Traum. Diese ungelenkten Träume, ähnlich auch die etwas stärker gelenkten Tagträume und überhaupt Phantasie sind nach Freuds Vorstellung wenig zensiert, da der Realität und Umsetzung enthoben, und damit besonders wunschnah. Wilfred Bion sollte später den erstrebenswerten Zustand des Analytikers, den Freud gleichschwebende Aufmerksamkeit genannt hat, als *rêverie*, als Wachträumen bezeichnen, in dem er offen für die unbewusste Kommunikation des Patienten ist.

3. Ein dritter Weg, Erinnerungen wachzurufen, sind Konstruktionen oder Rekonstruktionen des Analytikers. Dieser konstruiert aufgrund verschiedener Hinweise ein Modell davon, wie er sich bestimmte Kindheitserfahrungen des Patienten so vorstellen kann, dass sie zu den neurotischen Symptomen, Handlungs- und Erlebnisweisen sowie den freien Einfällen passt. Konstruktionen erklären Symptome, insofern sie einen plausiblen kindlichen Erfahrungshintergrund und Konflikte darlegen, die die im erwachsenen Leben des Patienten unpassend erscheinenden Symptome motivieren könnten. Freud anerkannte 1937 den hypothetischen Charakter von Konstruktionen, die aber gleichwohl indirekte Bestätigung durch den Patienten erfahren können. In der Fallgeschichte des Wolfsmannes spielt die Konstruktion der sogenannten Urszene, also des kindlichen Erlebens des elterlichen Beischlafs, die zentrale Rolle. Gerade in dieser Fallgeschichte meinte Freud, eine tatsächliche Begebenheit rekonstruiert zu haben, auch wenn er konzidiert, dass man sich des Anteils an phantasierten Elementen nie sicher sein könne. Gerade die nach Meinung Freuds ubiquitären Szenen wie die Urszene, die Verführung durch ein Elternteil und die Kastrationsdrohung enthalten aber häu-

fig einen erheblichen Phantasieanteil, der sich meist nicht vom Erinnerungsanteil scheiden ließe. Aber an der Wirksamkeit dieser Urphantasien ändere deren lebensgeschichtlicher Realitätsgehalt wenig – sie strukturierten ohnehin das psychische Innenleben und könnten pathogen wirken. Hier zeigt sich in verschiedenen Schriften Freuds eine gewisse Bandbreite seiner Auffassungen davon, ob Konstruktionen die historische Realität in Form von Erinnerungen und Bestätigungen durch Dritte erreichen können.

4. Ein weiterer Weg zu verschütteten Erinnerungen führt für Freud (1899) über die bewussten Kindheitserinnerungen. Allerdings seien diese in der Regel entstellt und verdichtet. Freud entlarvt eine eigene Kindheitserinnerung aufgrund historischer Inkompatibilitäten als Fälschung und Verdichtung von entstellten Erinnerungen aus verschiedenen Lebensphasen. Freud beschreibt eine Kindheitsamnesie, also Unfähigkeit, sich an die ersten 2 bis 3 Lebensjahre zu erinnern, sowie eine verminderte Fähigkeit, sich an die folgenden Jahre bis ungefähr zum 6. bis 8. Lebensjahr zu erinnern. Er erklärt dies mit dem späten Wirksamwerden der Verdrängung (durch die Errichtung des Über-Ichs, wie er später sagen würde), weshalb die noch ungefilterten Triebäußerungen aus den ersten Lebensjahren der Verdrängung bzw. der systematischen Verzerrung anheim fielen. Daraus entstünden *Deckerinnerungen*, also harmlos wirkende Kindheitserinnerungen, die Erinnerungen an trieb- und damit konflikthaftere Erinnerungen sozusagen verdeckten. Damit sind zwar Kindheitserinnerungen in der Regel nicht als bare Münze zu nehmen, können aber Hinweise auf die verdrängten Erinnerungen an Kindheitserlebnisse geben.

Alfred Adler hat Kindheitserinnerungen noch deutlichere Aufschlüsse zugestanden, insofern sie zentrale Lebensthemen enthielten. In Ahnlichkeit an den Emotionspsychologen Sylvan Tomkins wurden früheste Kindheitserinnerungen später als Kernepisoden gedeutet, in denen sich zentrale, in der Kindheit verwurzelte Konflikte und Beziehungsmuster spiegeln. Ernst Kris (1956) beschreibt, wie Teile oder gar die gesamte Lebensgeschichte als ein *persönlicher Mythos* verwendet werden können. Wie einzelne Deckerinnerungen, aber wesentlich umfassender, dient er der Abwehr der Erinnerung an schmerzliche Erinnerungen. Der persönliche Mythos ist eine ausgearbeitete, aber starre und wesentlich verzerrte Version des eigenen Lebens, die wesentliche Dinge auslässt. Diese Patienten vermeiden es, ihre Lebensgeschichte anderen darzulegen. Sie halten mit aller Macht an ihrer Version ihres Lebens fest. Otto Kernberg erweitert die Definition des persönlichen Mythos als Lebenserzählung einer phantasierten vergangenen Beziehung zu einem geliebten Anderen, die eine wesentliche Abwehrfunktion für das Selbstbild beispielsweise als unschuldiges Opfer hat. Nach Kernberg tendieren insbesondere Patienten mit einer narzisstischen Persönlichkeitsstörung zu derart rigide verteidigten Auffassungen ihrer persönlichen Vergangenheit. Zur Verleugnung und Idealisierung neigende Menschen, also beispielsweise Menschen mit einer unsicher-vermeidenden Bindung oder sogenannte Repressor, die bedrohliche Wahrnehmung vermeiden, erinnern weniger und weniger frühe spezifische Kindheitserlebnisse, was insofern zu Kernbergs Beobachtung passt, als spezifische Erinnerungen glatte, einseitige Deutungen der Vergangenheit in der Regel erschweren.

5. Ein letzter, und aus heutiger Sicht der wesentliche Weg, um verdrängte Erinnerungen zu reaktivieren, ist die Übertragung konflikthafter Beziehungsmuster und dazugehöriger Wahrnehmungen, Gefühle und Handlungstendenzen durch den Patienten von einem historischen Liebesobjekt auf den Analytiker. Die durch die intime Behandlungssituation – hohe Behandlungsfrequenz, Liegeposition, relative Anonymität des Analytikers, Einseitigkeit der intimen Selbstoffenbarung, verständnisvolle und nicht urteilende Anteilnahme – begünstigte Entwicklung heftiger erotischer Gefühle von Patientinnen und auch Behandlern, die die Behandlung insgesamt gefährdeten, verwandelte Freud in ein Behandlungsmittel, ja in das zentrale Mittel, Patienten zu verstehen, indem er diese Gefühle als nicht auf die aktuelle, sondern eine historische Situation bezogen verstand. Damit verrät sich in den der

aktuellen Behandlungssituation nicht angemessenen Erlebnis- und Handlungsweisen des Patienten ein neurotisches Persistieren einer unbewältigten Vergangenheit. Die emotional abhängige Position des Patienten gegenüber dem Therapeuten erleichtert es, Erinnerungen an analoge Situationen hervorzurufen, also vorzugsweise an Situationen aus der eigenen Kindheit mit den Eltern. Denn über die aktuellen situativen und emotionalen Reize gelingt es am ehesten, verschüttete Erinnerungen zu reaktivieren, und zwar erst einmal als Einfärbung der Wahrnehmung der gegenwärtigen Situation, also als Übertragung.

Gelingt es, den Patienten davon zu überzeugen, dass sein Erleben und Handeln nicht ganz realitätsangemessen ist, kann mit ihm nach lebensgeschichtlichen Situationen gesucht werden, in die es besser passt: Aus einem Wiederholen in der Übertragung wird ein Erinnern. Die Vergangenheit verliert ihre Macht über die Gegenwart dadurch, dass sie erinnert und damit in der Vergangenheit platziert wird. Umgekehrt, so Freud, kann der Einfluss der Vergangenheit nur in der Gegenwart gelöst werden – historische Konflikte können nur soweit sie aktuell sind, im Kontext der Übertragung gelöst werden. Wenn Übertragungskonflikte verstanden und gelöst werden, erlaubt dies, zwischen Gegenwärtigem und Vergangenem zu unterscheiden – eine wesentliche Komponente des Erinnerns.

Die durch Sandor Ferenczi vorbereitete Entwicklung in den sogenannten Objektbeziehungstheorien der 1940er Jahren (Ronald Fairbairn, Melanie Klein, Michael und Alice Balint, Donald Winnicott, John Bowlby), die Behandlungsdauer von psychoanalytischen Behandlungen zu verlängern und die entscheidenden Entwicklungskonflikte vom Vorschulalter in das erste Lebensjahr zu verlegen, an das man sich in der Regel nicht mehr erinnert, erschwerte es wesentlich, Freuds Maxime vom Verwandeln des in der Übertragung Wiederholten in Erinnern zu realisieren. Der Begriff der Übertragung wurde insbesondere bei Balint und Winnicott durch den der therapeutischen Regression überlagert, in der der Patient sich so auf den Therapeuten und das therapeutische Setting verlassen kann, dass er in den Sitzungen emotional in eine starke Abhängigkeit vom Analytiker gerät. Das ermöglicht es, archaische Ängste der psychischen Desintegration und des Verrücktwerdens zu erleben, gegen die eine Charakterabwehr etabliert worden war. Diese Ängste gehören ursprünglich in das erste Lebensjahr und werden mithin wieder erlebt, können aber kaum bewusst erinnert werden. In der Variante der Objektbeziehungstheorie von Melanie Klein löst sich der historische Bezug neurotischer Muster ganz auf und wird ersetzt durch ein zwar aus dem ersten Lebensjahr stammendes, aber immer präsentes Innenleben unbewusster Phantasien.

Freuds Gedächtnismodelle

Bei Freud lassen sich zwei Modellvorstellungen vom Gedächtnis unterscheiden. Freuds erstes Gedächtnismodell war ein neuronales Netzwerkmodell mit zwei wesentlichen Ebenen, einer morphologischen Ebene der Nervenarchitektur und einer dynamischen Ebene der entlang der Nervenbahnen verschiebbaren Energie. In dem Modell vertreten die Nerven Vorstellungen. Die Verknüpfung von Nerven bildet Assoziationen von Vorstellungen ab. Assoziation bedeutet hier, dass beim freien Gedankenfluss ein Gedanke zum nächsten, eben assoziierten Gedanken führen kann. Die Energie oder Libido ist im Grunde sexueller und motivationaler Natur, bildet doch das Besetzen eines Nervs mit Libido ab, dass die entsprechende Vorstellung erwünscht wird. Entsprechend bedeutet die Besetzung einer Vorstellung mit Libido zugleich, dass eine vorbewusste, präreflektiv gegebene Erinnerung oder Wissen mit der Besetzung mit Energie bewusst wird, so dass der Wunsch bewusst verfolgt und realisiert werden kann. Vergessene Erlebnisse sind, sofern sie halbwegs wichtig waren, als Nerv gespeichert, jedoch nicht aktiviert. Normale, vorbewusste Erlebnisse können durch Suchen und gezielte Erinnerungsversuche gefunden und erinnert werden. Verdrängte Erlebnisse hingegen, die ihre Bedeutung und Bedrohlichkeit durch ihre Wunschkomponente erhalten, sind durch sogenannte Ge-

genbesetzungen gegen das Bewusstwerden geschützt.

Freuds Zugang zu verdrängten Erinnerungen mittels freier Assoziationen wird in dem Modell abgebildet als ein Gleitenlassen der Libido (Aufmerksamkeit, Bewusstsein) über die Nervenbahnen. Abbildbar sind in dem Modell Abwehrmechanismen wie das Verschieben eines Wunsches oder einer Emotion von einer Person auf eine andere als Verschieben der Libido von einem Nerv auf einen assoziierten, wobei hier die eigentlich qualitätslose Libido doch die Qualität bestimmter Wünsche oder Emotionen annimmt. Wenn eine Vorstellung nach Verschiebung durch eine assoziierte Vorstellung vertreten wird, handelt es sich um eine Metonymie, die mit der ursprünglichen Vorstellung durch raumzeitliche Kontiguität verknüpft ist, also durch ein gemeinsames Auftreten zum selben Zeitpunkt am selben Ort. Ein weiteres Kriterium für eine Assoziation kann Ähnlichkeit sein, so dass durch den Mechanismus der Verdichtung mehrere Vorstellungen durch eine einzige, je ähnliche Vorstellung vertreten werden können, also durch eine Metapher. Andere Abwehrmechanismen, die eine Vorstellung oder Erinnerung verzerren, können jedoch nicht in dem Modell abgebildet werden.

In seinen metapsychologischen Schriften von 1915 modifiziert Freud diese Vorstellung, indem er unbewusste von vorbewussten, also bewusstseinsfähigen und bewussten Erinnerungen und Vorstellungen dadurch unterscheidet, dass letztere sprachlich gefasst seien, jene aber lediglich Dingvorstellungen enthielten, also in einem Wahrnehmungsmodus, vor allem dem visuellen, gespeichert seien. In seinem späteren Vergleich des menschlichen Gedächtnisses mit dem Wunder- oder Zauberblock jedoch nutzt Freud die Metapher der Inschrift für das Gedächtnis, und unterscheidet ein bewusstes Kurzzeit- von einem unbewussten Langzeitgedächtnis, das ebenfalls eine Niederschrift aufbewahre. Das Unbewusste kenne weder Zeit noch Widerspruch oder logische Verknüpfungen, wie sie durch Konjunktionen ausgedrückt werden, weder Negation noch eine Prüfung auf Plausibilität und mithin keine abgestufte Sicherheit des Wissens, wie sie durch epistemische Modalworte ausgedrückt werden.

Motive für das Verdrängen oder Verzerren von Erinnerungen sind bei Freud primär die Peinlichkeit sexueller Wünsche, die sich in Erinnerungen offenbaren, aber auch aggressiver Wünsche und Handlungen, die beide gegen eigene Moralvorstellungen verstoßen. Ein weiteres Motiv sind Erinnerungen, die gegen die Idealvorstellungen von einem selbst verstoßen und eventuell Scham hervorrufen könnten. Man erinnert sich also als moralischer und idealer als man tatsächlich ist und war. Ein weiteres Motiv, das bei Freud weitgehend implizit bleibt, ist das Vermeiden negativer, schmerzlicher Emotionen.

Motive für Abwehr, die sich auf andere Personen beziehen, wie der Wunsch, andere beispielsweise als nur gut oder schlecht zu sehen, um Ambivalenzkonflikten zu entgehen, wurden erst von den Objektbeziehungstheoretikern formuliert. Diese formulierten auch weitere Formen der Abwehr und Verzerrung von Erinnerungen, die sich auf die Erinnerung von Personen beziehen, wie das Idealisieren und Entwerten oder das Spalten in Gut und Böse. Die Objektbeziehungstheorien postulieren auch ein neues Format der Speicherung von Erfahrungen im Gedächtnis, nämlich Beziehungsmuster, in denen sich wiederholte Erfahrungen, verzerrt durch Wünsche und Abwehrmechanismen, kondensieren.

Soweit Freuds Vorstellungen und die seiner unmittelbaren Nachfolger. In einem Sprung in die rezente Vergangenheit werden im Folgenden neuere psychoanalytische Vorstellungen vom Erinnern und Gedächtnis anhand dreier Kontroversen entfaltet, die die letzten beiden Jahrzehnte beherrscht haben: Die Frage, ob traumatische Erfahrungen historisch getreu zu rekonstruieren und erinnern seien, dann die Frage, ob überhaupt eine zumindest subjektiv plausible Lebensgeschichte in der Therapie zu rekonstruieren sei, oder ob es ausreicht, unformulierte Regungen in Einfälle und Geschichten zu übersetzen, ungeachtet ihrer Fiktionalität bzw. Veridikalität. Abschließend kommt der Trend zur Sprache, aus der Literatur zu bildgebenden Verfahren des Gehirns experimentalpsychologische

Gedächtniskonzepte unreflektiert zu übernehmen.

Müssen und können traumatische Vorfälle historisch zutreffend rekonstruiert werden?

Die Kontroverse begann in der akademischen Psychologie und der US-amerikanischen Öffentlichkeit in den späten 1980er Jahren. Sie spitzte zwei Positionen Freuds zu einander ausschließenden Thesen zu, nämlich ob sexueller Missbrauch in der Kindheit überhaupt verdrängt und dann erst im Erwachsenenalter wieder erinnert werden kann, oder ob Erinnerungen an sexuellen Missbrauch in der Kindheit, die im Erwachsenenalter in einer Psychotherapie erstmals auftauchen, ein Produkt suggestiven Nachforschens bzw. ödipaler Phantasien sei.

Die Kontroverse wurde heftig und im Einzelfall auch juristisch geführt. Die Dichotomie war schon etwas merkwürdig, da Freud zwar seine Traumatheorie der Entstehung der Hysterie durch sexuellen Missbrauch aufgegeben, nicht aber jeglicher traumatischen Ätiologie abgeschworen hatte, sondern sowohl die Färbung von Erinnerungen durch Wünsche, in diesem Fall inzestuöse Wünsche, wie aber auch tatsächlich traumatische Erinnerungen anerkannte.

Eine traumatische Verursachung neurotischer Symptome war einige Jahre nach dem Ersten Weltkrieg in Misskredit geraten, und in der Psychoanalyse überwog die Überzeugung, dass Neurosen durch intrapsychische Konflikte verursacht seien. Die Rolle der kindlichen Umwelt wurde dann durch Figuren wie Donald Winnicott und John Bowlby wieder in ihr Recht gesetzt. Der Bedeutung traumatischer Erlebnisse allerdings wurde erst durch die Veteranen des Vietnamkriegs und deren psychoanalytisches Sprachrohr, Mardi Horowitz, zu ihrem Recht verholfen. Innerhalb der Psychoanalyse bewirkte eher die Erforschung und Anerkennung der langfristigen psychischen Folgen der Shoah – z. B. in der Langzeitstudie von Keilson – sowie die in den 1980er Jahren zunehmende Bereitschaft der Opfer und ihrer Kinder, unter ihnen viele Psychoanalytiker, sich mit der Shoah und ihren Auswirkungen zu öffentlich beschäftigen, eine Neubewertung der Rolle traumatischer Erfahrungen für die Entstehung psychischer Symptome.

Das ist für die Gedächtniskonzeption der Psychoanalyse insofern von Belang, als es heute viele Psychoanalytiker für wesentlich erachten, die historischen Realitäten der Opfer- und Täterschaft anzuerkennen, und nicht Schuld zu verleugnen bzw. erlebte Ohnmacht, Lebensbedrohung und Traumatisierung zu einer Phantasie und Retrojektion zu verniedlichen, die, so etwa Keilson oder Grubrich-Simitis, zu einer Sekundärtraumatisierung führen können. Die Anerkennung der historischen Realität sei wesentlich, um nicht psychotische Verzerrungen in der Realitätswahrnehmung zu induzieren.

Neben der Debatte über die richtige Behandlungstechnik, also ob historische Begebenheiten richtig zu rekonstruieren seien, ob es sich nun um selbsterlebte oder von den Eltern erlebte und an die nächste Generation unbewusst weitergereichte traumatische Erlebnisse handelt, spielt die derart erfolgte Wiedereinführung traumatischer Verursachung in die Psychoanalyse eine Rolle für die Gedächtniskonzeption. Im Extrem wird vertreten, dass in der Übertragung sehr, sehr frühe Erlebnisse erinnerbar seien, sofern es sich um traumatische Erlebnisse handelt. Dies wird damit begründet, dass traumatische Erfahrungen, wie schon Freud bezüglich der traumatischen Kriegsneurosen meinte, sich durch einen Wiederholungszwang auszeichnen, also eine unkontrollierbare Wiederkehr traumatischer Szenen im Traum wie im Wachleben, wenn es erinnerungsauslösende Reize gibt. Traumatische Wiederholungen hatte Freud als den Versuch gedeutet, Unerledigtes später doch noch psychisch zu verarbeiten. Traumatische Flashbacks, wie sie der vormalige LSD-Forscher Mardi Horowitz 1976 nannte, zeichnen sich durch ihre Unkontrollierbarkeit und auffallende Unpassendheit aus. Sie können partiell sein, also lediglich isolierte Aspekte der traumatischen Situation wieder aufblitzen lassen. Doch soweit traumatische Erfahrungen im Erwachsenenalter erlebt wurden, werden sie in der Regel erinnert und unterliegen keiner vollständigen Amnesie. Leonore Terr, die mit traumatisierten Kindern arbeitete und über unabhängige Berichte über die Traumatisierungen durch sexuellen Missbrauch und Entführung verfügte, bestätigte 1990 auch für Kinder, dass sie sich an traumatische Erfahrungen erinnern. Nur Kinder, die jünger als 2 bis 3 Jahre zum Zeitpunkt der Traumatisierung gewesen waren konnten sich nicht bewusst erinnern. Dennoch verfügten auch sie über eine nichtverbale Erinnerung an das Traumageschehen, wie sich in repetitiven Handlungen, Zeichnungen und spezifischen körperlichen Sensibilitäten zeigte, die in Einzelfällen verständlich wurden, wenn sie aufgrund von Aktenunterlagen, Fotos oder Zeugenaussagen Dritter historisch kontextualisiert werden konnten. Bei anhaltenden Situationen der wiederholten Traumatisierung, wie sie bei häuslichem Missbrauch und bei Internierung typisch ist, können einzelne Erinnerungen verblassen. Das führt Terr auf das Erlernen dissoziativer Techniken zurück, mit denen Opfer sich davor schützen, die Traumatisierung jedes Mal hautnah miterleben zu müssen.

Die Nichtverarbeitung von traumatischen Erfahrungen wird seit Freud und Janet daran geknüpft, dass diese nicht vergehen wollen und somit nicht zur Vergangenheit werden. In einer gängigen Interpretation heißt das, dass sie nicht als auf die Vergangenheit verweisende Geschichte erzählbar, sondern nur wiedererlebbar sind. Janet hatte 1929 auf die nicht erfolgte Integration des Erlebnisses in die Lebensgeschichte verwiesen, also ein Nichtakzeptieren der Ursachen und Folgen des Ereignisses und der Implikationen bezüglich der eigenen Person. Das veranschaulichte er an einer Patientin, die Szenen vom Tag vor dem Tod ihrer Mutter immer wieder neu erleben musste, da sie den Tod verleugnete. In einer anderen Variante wird der traumatische Charakter eines Erlebnisses daran festgemacht, dass es nicht als integrale Geschichte, sondern nur fragmentiert erzählbar sei. Laub und Auerhahn stellten 1993 die These auf, dass das Ausmaß der traumatischen Wirkung von Erlebnissen an den Grad ihrer Darstellbarkeit und Erzählbarkeit gebunden sei, und erstellten eine Rangfolge von acht Graden der Symbolisierung traumatischer Erfahrungen. Diese gehen von der bedrohlichen Wirkung bestimmter Geräusche über persistierende Verleugnungen und eine distanzlose Erzählweise, in der der Erzähler sich wie in die Vergangenheit zurückversetzt erlebt, bis hin zu einer Erzählweise, in der der Erzähler zwischen damaligem Erleben und heutiger Erzählperspektive unterscheidet und sich zwischen beiden hin und her bewegen kann. Laub und Auerhahn verknüpfen die Schwierigkeiten des Versprachlichens und Erzählens insbesondere bei Holocaust-Überlebenden und ihren Kindern mit der zerstörerischen Erfahrung des Verlusts jeglichen menschlichen Gegenübers. Der innere Ansprechpartner, das innere Gegenüber, dem man beim Erinnern erzählt und das für das Erinnern notwendig ist, ist nicht mehr verfügbar bzw. zerstört, so dass Erinnern unmöglich geworden ist. Aufgabe des Analytikers sei es, einen sicheren, empathischen Anderen zu ermöglichen, der mit dem Patienten auch aufgrund eigener historischer Kenntnisse gemeinsam eine Vergangenheit konstruiert, die der Patient so noch nie repräsentiert hat. Hier wird nicht eine bereits versprachlichte und dann verdrängte Erfahrung erinnert, sondern eine Vergangenheit aufgrund von nichtsprachlichen Erinnerungen und Erinnerungsfragmenten sowie zusätzlichen Kenntnissen aus anderen Quellen erstmals sprachfähig gemacht.

In einem sehr unterschiedlichen historischen Kontext, nämlich dem Alltag einer weitgehend zivilisierten Gesellschaft bezweifeln viele analytische Autoren die Möglichkeit, sich plötzlich wieder an traumatische Erfahrungen aus der Kindheit zu erinnern, nämlich sexuellen Missbrauch, der zuvor jahrzehntelang vergessen war. Hierfür werden klinische Erfahrungen und systematische empirische Studien angeführt. Damit begründen sie ihre grundlegende Skepsis, ob das Aufdecken von historisch zutreffenden, völlig neuen Erinnerungen überhaupt möglich sei. Der Widerspruch zu Dori Laubs Position ist ein relativer, wenn man bedenkt, dass es Laub nicht um die völlige Rückkehr der Erinnerung geht, sondern die Rekonstruktion wahrscheinlicher traumatischer Kontexte für Erinnerungsfragmente in extrem traumatisierenden historischen Umständen.

An diesem Punkt wird der mögliche Einfluss

von Schuldgefühlen auf das Erinnern deutlich. Denn das tatsächliche oder auch nur imaginäre Erinnern von Situationen, in denen man Opfer einer Aggression war, kann auch dazu dienen, Schuldgefühle abzuwehren, um nicht eigene Anteile am Zustandekommen von Situationen anerkennen zu müssen. Andererseits kann das Ausblenden oder eigene bzw. fremde Nichtanerkennen von traumatischen Erfahrungen beispielsweise von Inzestopfern durch Schuldgefühle motiviert sein und seinerseits depressive Gefühle verstärken.

Eine Lebensgeschichte verantworten, oder nur passende Geschichten erzählen?

Gegenüber dem Unterfangen, in der Analyse ein Erlebnis historisch getreu zu rekonstruieren, lässt sich einmal einwenden, dass dies therapeutisch gar nicht nötig sei, da in der Regel nicht einmalige Ereignisse, sondern wiederholte Erlebnisse bzw. die Qualität der Beziehungen zu den Eltern und darin enthaltende Konflikte die strukturbildenden und pathogenetisch relevanten Faktoren sind. Weiterhin lässt sich einwenden, dass in der Regel Patient und Therapeut die Veridikalität von Erinnerungen nicht überprüfen können. Deshalb komme es vielmehr auf eine nicht allzu lückenhafte und plausible Rekonstruktion der Vergangenheit des Patienten an, die helfe, seine gegenwärtigen Konflikte und Probleme zu verstehen. Roy Schafer (1983) legt bei der Rekonstruktion der Vergangenheit weniger Wert auf die Veridikalität der Rekonstruktion denn darauf, dass sie die gegenwärtigen unflexiblen, erstarrten Erlebens- und Handlungsweisen des Patienten verständlich machen, indem sie sie in eine nachvollziehbare Geschichte einbetten. Sie muss auch die Motive dafür erklären können, dass die bisherige Geschichte unvollständig, verzerrt oder widersprüchlich war. Vor allem aber, so Schafer, zeichnen sich neurotisch verzerrte Lebensgeschichten dadurch aus, dass ihr Autor sein Leben nicht verantwortet, sondern sich als Opfer fremder Schicksalsmächte ausweist, da der Kern neurotischer Symptomatik ja die Verleugnung eigener Motive sei, die anzuerkennen zu schmerzlich sei. Ziel der Psychoanalyse sei es mithin, dem Patienten zu ermöglichen, sein Leben so zu erinnern und zu erzählen, dass er die eigenen Motive und Handlungen als eigene anerkennt, statt sie Umständen und traumatischen Erlebnissen zuzuschreiben. Das schließt nicht aus, omnipotente Verzerrungen der Erinnerung, in denen die eigene Ohnmacht verleugnet wird, um die Schmach und Demütigung nicht erleben zu müssen, ebenfalls zu korrigieren. Der insgesamt erweiterte Handlungsspielraum, den der Patient sich so retrospektiv zugesteht, lasse ihn zugleich eines auch prospektiv erweiterten Handlungsspielraums gewahr werden.

Die Arbeit in der psychoanalytischen Therapie erfordere mithin weniger das Erinnern neuer historischer Fakten oder Begebenheiten als vielmehr die erneute Bewertung, Verknüpfung und Deutung der persönlichen Vergangenheit, also weniger eine Revision dessen, *was* erinnert wird, als vielmehr, *wie* es erinnert wird. Dies erfordert eine deutende Tätigkeit des autobiographischen Urteilens in Auseinandersetzung mit den erinnerten Episoden.

Als weiteres Argument gegen den primären Anspruch auf historische Rekonstruktion zugunsten des moderateren Anspruchs auf die Konstruktion einer verantworteten Lebensgeschichte führt Schafer an, dass diese Lebenserzählung im Grund ko-konstruiert werde von Patient und Analytiker, und folglich bei jedem Patient-Analytiker-Paar etwas anders ausfallen würde. Das psychoanalytische Gedächtnismodell hat sich so unter der Hand gewandelt. Denn erinnert werden nach Schafer nicht mehr Sachvorstellungen, sondern interpretierte und bewertete Episoden und Sachverhalte. Erinnern erweitert sich hier zu einer situativ und in einer Beziehung verankerten Tätigkeit, die auf Kooperation angewiesen ist. Die Auswahl und Relevanzsetzungen der Erinnerungserzählungen werden durch die aktuellen Übertragungskonflikte und Reaktionen und Deutungen des Analytikers maßgeblich beeinflusst. Gleiches gilt für das Zulassen und Offenbaren von Erinnerungen und der durch sie ausgelösten Emotionen, deren Berichten wiederum den weiteren Verlauf des Erinnerns beeinflusst.

Die Deutungen des Analytikers und der Prozess des gemeinsamen Ringens um ein Verständnis gehen verdichtet in das zukünftig erinnerte Leben ein.

Noch weiter radikalisiert haben diese Position manche Analytiker, die den interpersonalen Charakter des analytischen Prozess zum Angelpunkt ihres Verständnisses erheben. Wenn erstens die Aufgabe der Analyse darin besteht, aktuelle nichtverbale Regungen in Worte zu fassen, und wenn zweitens diese Regungen von Patienten und, hoffentlich zu geringerem Anteil, vom Analytiker stammen, dann sind alle Einfälle und Deutungen, die das Feld beeinflussen und motivieren, nur innerhalb der aktuellen Beziehung zu verstehen und notwendig eine Koproduktion. Ferro fasst das mit der gelungenen Metapher vom bipersonalen Feld. In dieser überraschenden Aufnahme von Kurt Lewins Kritik an der historischen Orientierung der Psychoanalyse – dieser verlangte, dass alle beteiligten Kräfte im aktuellen Feld wirksame Kräfte zu sein hätten – radikalisiert Antonino Ferro (2009) Schafers Position, indem er darauf besteht, dass alle Einfälle und Erzählungen immer dem aktuellen bipersonalen Feld entspringen. Deshalb sei es letztlich unwichtig, ob die Einfälle und Erzählungen sich auf die persönliche Vergangenheit des Patienten beziehen, auf seinen Alltag, einen Nacht- oder Tagtraum, oder auf die therapeutische Beziehung. Für die therapeutische Wirksamkeit sei allein bedeutsam, dass die aktuellen nichtverbalen Regungen des bipersonalen Feldes zur Sprache finden, durch Einfälle und Bilder, die zu einer Geschichte zusammengefügt werden. Erinnerung spielt in dieser radikal interpersonalen Psychoanalyse keine Rolle mehr. Was in der Vergangenheit problematisch und konfliktreich war, ist nur von Bedeutung, sofern es sich in der therapeutischen Beziehung abbildet und im bipersonalen Feld einen Resonanzraum findet. Nicht mehr die lebensgeschichtliche Erklärung, sondern das Einbetten in jegliche Art von nachvollziehbarer und zum aktuellen Feld passenden Geschichte helfe, die Regungen, die auf eine an bewusster Entscheidung vorbei sich realisierende Handlung drängen, zu symbolisieren und kommunizieren und damit in die Intersubjektivität des Paares einzubinden. Erst dies erlaube auch, die Regungen dem Erleben des Patienten zugänglich zu machen. Vielleicht ist diese Art der Psychoanalyse ja die analytischste in dem Sinne, dass sie eine neue Erfahrung mit sich selbst und anderen ermöglicht, während die Arbeit an Erinnerungen und der Lebensgeschichte droht, kognitiv einseitig zu bleiben, wenn sie nicht in der Offenheit für neue Erfahrungen im Hier und Jetzt gründet. Doch selbst Patienten einer solchen Therapie werden, wenn auch nicht notwendigerweise in der Therapie, so doch in anderen Kontexten im Lichte ihres durch die Therapie veränderten Selbstverständnisses auch ihre Vergangenheit anders erinnern und ihr Leben anders erzählen.

Das Unbewusste als implizites Wissen?

Es gibt eine Reihe von Versuchen, am Anspruch der Psychoanalyse als allgemeine Psychologie festzuhalten, und dies mit einem Brückenschlag zur Experimentalpsychologie zu belegen. So übersetzte Erdelyi (2006) die klassische Verdrängungs- und Abwehrlehre in die Termini der klassischen Gedächtnispsychologie. Allerdings ist die klassische Gedächtnispsychologie so eng an experimentelle Paradigmata des Lernens geknüpft, dass dieser Versuch nur schwerlich einen substantiellen Brückenschlag schaffen kann. Abschließend gilt es, einen Versuch, die aktuelle therapeutische Psychoanalyse mit der moderneren Gedächtnispsychologie ins Gespräch zu bringen, kritisch zu erörtern. In einem einflussreichen Editorial schlägt Peter Fonagy (1999) vor, die Begriffe der Verdrängung und des dynamischen Unbewussten aufzugeben. Gearbeitet werde in der Psychoanalyse an der Modifikation von interpersonellen Wahrnehmungsmustern, die im ersten Lebensjahr erworben und deshalb gar nicht erst verdrängt sein könnten, sondern lediglich zum impliziten (versus bewusst-expliziten) Gedächtnis gehörten, oder auch zum prozeduralen (versus sprachlich-deklarativem) Gedächtnis. Fonagy sucht so den Anschluss an die Neuropsychologie, die diese gedächtnispsychologischen Begriffe aufgegriffen hat und Aktivitäten den verschiedenen Hirnarealen zuweist. Auch Fonagy hält im Grunde die psychoanalytische Gedächtnistheorie für obsolet.

Nun ist der Prototyp des impliziten Gedächtnisses in der Gedächtnispsychologie dasjenige implizite Wissen, das durch das Erlernen und wieder Vergessen von Material zustande kommt und ein erneutes Lernen des Materials erleichtert, obwohl es selbst nicht zugänglich ist. Deshalb ist implizites Gedächtnis nicht identisch mit dem noch nie Gewussten, auf das Fonagy abzielt. Der Vergleich mit dem prozeduralen Gedächtnis ist zutreffender, denn dieses umfasst habitualisierte Bewegungsabläufe wie Fahrradfahren, die nie zur Gänze in Worte gefasst werden können. Auch dem prozeduralen Gedächtnis mag das Sich-Einschwingen auf andere zuzuordnen sein, wie es der Säugling mit der Bezugsperson lernt, und wie es der Erwachsene weiter unbemerkt tut, nicht zuletzt in der Beziehung zum Analytiker. Colwyn Trevarthen spricht in einer geglückten Formulierung von der Choreographie der Beziehung. Auch Daniel Stern und Kollegen (Boston Change Process Group 2007) betonen nicht wie Fonagy Wahrnehmungsmuster, sondern eben jene Weisen des Miteinander-Seins als die grundlegende Matrix für Objektbeziehungen, die verinnerlicht dann spätere Weisen des Miteinander-Seins strukturieren.

Doch die Rede vom prozeduralen Wissen erlaubt es nicht, zwischen mehr und weniger neurotischen Weisen des Miteinander-Seins zu unterscheiden, obwohl dies auf der Ebene von vorsprachlichen Interaktionen durchaus möglich ist, wie die Arbeiten zur Bindungssicherheit zeigen. Defensive bzw. unsichere Bindungsmuster sind denn auch mit Beeinträchtigungen des autobiographischen Gedächtnisses insofern verbunden, als Menschen mit unsicher-vermeidenden Bindungsmustern sich überhaupt schlechter an die Kindheit erinnern, und beide unsicher gebundenen Typen mehr Schwierigkeiten haben, autobiographisches Wissen mit konkreten autobiographischen Erinnerungen zu verknüpfen.

Als das primäre Resultat von Konflikten sind heute nicht mehr Gedächtnisverzerrungen anzusehen, sondern vielmehr Abwehrphänomene in der Interaktion – darin ist sich die psychoanalytische Literatur heute weitgehend einig. Und wahrscheinlich ist sie sich ebenso darin einig, dass eine erfolgreiche Therapie primär neurotische Beziehungsmuster ändert. Doch das wird, würde Ferro einwenden, nicht ohne Beteiligung des In-Worte-Fassens und Erzählens von Beziehungsschicksalen erreicht. Und über Ferro hinausgehend lässt sich argumentieren, dass ein wichtiger, wenn nicht gar unerlässlicher Weg doch über das Verknüpfen von neu erzielten Einsichten in aktuelle Gefühle, Wünsche und Ängste mit Erinnerungen und der eigenen Lebensgeschichte geht. Denn oft geben erst der Vergleich von aktuellen Anmutungen, Gefühlen und Einfällen mit Informationen aus dem Leben des Patienten Aufschluss oder zumindest die Bestätigung für Vermutungen, was die im Moment noch nicht verstandenen Regungen bedeuten könnten. An der therapeutischen Beziehung gewonnenen Einsichten können erst dann eingefleischte Weisen des Miteinander-Seins erschüttern, wenn sie das Selbstverständnis in Frage stellen und weitere Teile des Lebens besser verstehen lassen.

Wenn man mit Freud an einem über die therapeutische Situation hinausreichenden Erkenntnisanspruch festhält, dann muss man psychoanalytische Einsichten zumindest mit Teilen der modernen Psychologie verträglich formulieren können. Dafür muss man an andere Begriffe der experimentellen Gedächtnispsychologie sowie stärker an die Säuglingsforschung, an die Entwicklungspsychologie des Erinnerns und der Emotionen sowie an Modellen spezifisch autobiographischen Erinnerns anknüpfen. So bietet es sich an, mit Stefan Granzow (1994) an Modellen anzuschließen, die zwischen einem wahrnehmungs- und handlungsnahen sowie einem reflexiv-sprachlichen Gedächtnissystem unterscheiden, um den Prozess des Bewusstwerdens von Handlungsimpulsen abzubilden. Es bietet sich in der soeben angedeuteten Weise an, auf der Handlungs- und Interaktionsebene Konflikte und Abwehrprozesse zu identifizieren, beginnend bei Säuglingen. In der weiteren Entwicklung sind dann deren Internalisierung und Reaktualisierung zu modellieren und studieren – dazu gibt es auch Anknüpfungspunkte in der Entwicklungspsychologie der Emotionen bspw. bei Manfred Holodynski. Robyn Fivush (s. Kap. I.3) hat vorgemacht, wie man die Internalisierung interpersoneller Praktiken am Beispiel des Erinnerns studieren kann. Wenn man sich die gemeinsamen Erinnerungserzählungen von Müttern und Kindern genauer anschaut, kann man entdecken, dass die nicht-elaborierten Erinnerungsgespräche sich häufig durch defensive Prozesse insbesondere der Mutter auszeichnen, die sich gegen ein kooperatives Erinnern zu richten scheinen. Deren Internalisierung erschwert es Kindern, dann später selbständig zu erinnern. In der Interaktion gründende defensive Prozesse verzerren dann ab der Adoleszenz systematisch die Lebenserzählungen, wie dies Otto Kernberg und Margaret Main gezeigt haben. Schließlich eignet sich Martin Conways Modell des Aufbaus autobiographischen Wissens als Anknüpfungspunkt, um den geringeren Einfluss von Abwehrprozessen bei nicht-intentionalem Erinnern zu modellieren.

Literatur

Boston Change Process Study Group: The Foundational Level of Psychodynamic Meaning: Implicit Processes in Relation to Conflict, Defense and the Dynamic Unconscious. In: *International Journal of Psychoanalysis* 88 (2007), 843–860.

Erdelyi, Mathew Hugh: The Unified Theory of Repression. In: *Behavioral and Brain Sciences* 29 (2006) 499–551.

Ferro, Antonino: *Psychoanalyse als Erzählkunst und Therapie.* Gießen 2009.

Fonagy, Peter: Memory and Therapeutic Action. In: *International Journal of Psychoanalysis* 80 (1999), 215–223.

Freud, Sigmund: Die Ätiologie der Hysterie. In: Ders. *Gesammelte Werke.* Bd. 1. Frankfurt a. M. 1896, 423–460.

–: Über Deckerinnerungen. In: Ders. *Gesammelte Werke.* Bd. 1. Frankfurt a. M. 1899, 529–554.

–: Konstruktionen in der Analyse. In: Ders. *Gesammelte Werke.* Bd. 16, 41–56. Frankfurt a. M. 1937.

Granzow, Stephan: *Das autobiographische Gedächtnis: Psychoanalytische und kognitionswissenschaftliche Aspekte.* München 1994.

Kris, Ernst: The Personal Myth – a Problem in Psychoanalytic Technique. In: *Journal of the American Psychoanalytic Association* 4 (1956), 653–681.

Schafer, Roy: *The Analytic Attitude.* New York 1983.

Tilmann Habermas

II. Was ist Gedächtnis/Erinnerung?

1. Das autobiographische Gedächtnis

Theoretische Abgrenzung

Das Gedächtnis ist der Aufbewahrungsort aller Erinnerungen. Seine wesentliche Funktion besteht darin, Erinnerungen so aufzuarbeiten und zu speichern, dass sie für zukünftige Situationen nutzbar sind. Alle Erfahrungen, die jemand macht, können zu einem Bestandteil des eigenen Gedächtnisses werden. Die einzelnen Erinnerungen können verschiedene Informationen beinhalten. Kognitive Psychologen unterscheiden einen prozeduralen Anteil des Gedächtnisses, der nicht-verbalisierbare Informationen enthält, wie z. B. automatisierte motorische Abläufe, und einen deklarativen (verbalisierbaren) Anteil. Das deklarative Gedächtnis wird weiter in einen semantischen und einen episodischen Teil unterteilt (s. Kap. I.1). Das semantische (bedeutungshaltige) Gedächtnis enthält Faktenwissen, wie beispielsweise, dass Paris die Hauptstadt von Frankreich ist, während das episodische (erfahrungshaltige) aus zeitlich datierbaren Erlebnissen besteht, wie beispielsweise, dass ich 1994 mit meiner Frau einen romantischen Urlaub in Paris verbracht habe. Manche Autoren setzen das episodische Gedächtnis der Einfachheit halber mit dem autobiographischen gleich, während andere nur diejenigen Teile des episodischen Gedächtnisses als autobiographisch ansehen, die einen deutlichen Selbstbezug aufweisen. Zusätzlich kann man auch Teile des semantischen Gedächtnisses (wie z. B. demographische Fakten über die eigene Person und Selbstkonzepte) als autobiographisch einstufen. Die Übergänge sind fließend zu denken. Alle Informationen und Erlebnisse werden zu einem bestimmten Zeitpunkt im Laufe der eigenen Entwicklung erstmalig in das Gedächtnis aufgenommen, bilden also episodische Inhalte. Mit wiederholten Erfahrungen können aus diesen Einzelerlebnissen zeitlich abstrahierte Wissensstrukturen im Gedächtnis gebildet werden (wie z. B. Einstellungen oder Persönlichkeitsmerkmale), die dann dem semantischen Gedächtnis zugerechnet werden können. Entsprechend enthält, metaphorisch gesprochen, das autobiographische Gedächtnis den größten Teil des episodischen Gedächtnisses, aber auch einen kleinen Teil des semantischen Gedächtnisses.

Inhalte und Struktur des autobiographischen Gedächtnisses

Auf inhaltlicher Ebene kann man sagen, dass alle Erfahrungen, die einen Selbstbezug aufweisen (d. h. alle Erfahrungen, die ich selbst erlebt habe), Teil des autobiographischen Gedächtnisses sind. Das bedeutet, dass diese Erfahrungen (wie z. B. der oben genannte Paris-Urlaub) für die betreffende Person von persönlicher Bedeutung sind. Für die episodischen autobiographischen Erinnerungen gilt zudem, dass sie zeitlich und räumlich zugeordnet werden können und dass sie in der Regel von Emotionen begleitet sind, die beim Abruf der Erinnerung wieder aktiv werden und so in gewisser Weise ein Wieder-Erleben (*re-experiencing*) des vergangenen Geschehens ermöglichen. Neben der Emotionalität ist die bildhafte Vorstellung das wichtigste Merkmal solcher Erinnerungen. Andere Sinnesmodalitäten – wie etwa olfaktorische oder taktile Merkmale – sind demgegenüber meist zweitrangig, aber nicht unwichtig. Den Erinnerungsprozess kann man sich am besten so vorstellen, dass ausgehend von aktivierten Hinweisreizen (wie Wörtern, Bildern, Gerüchen, Emotionen etc.), die von außen oder aus dem eigenen Gedächtnis stammen können, zunächst ein ›Suchset‹ im Arbeitsgedächtnis gebildet wird (Pohl 2007). Bei autobiographischen

Abrufprozessen sind der oben erwähnte Selbstbezug sowie die aktuellen Ziele der Person Teile dieses Suchsets (Conway/Pleydell-Pearce 2000). Mit diesen Informationen wird nach Entsprechungen im Gedächtnis gesucht, d. h. es werden analoge Aktivierungsmuster geprüft. In diesem Sinne kann die Gedächtnissuche als ein konstruktiver Prozess verstanden werden. Es ist unmittelbar einleuchtend, dass die Konstruktion des Suchsets Einfluss auf das Suchergebnis hat. Je nach Güte dieses Sets werden die gesuchten Erinnerungen mit höherer oder geringerer Wahrscheinlichkeit gefunden. Werden entsprechend Muster gefunden, gilt etwas als erinnert. Oft werden aber nur solche Muster gefunden, die dem Suchset zwar ähnlich sind, aber nicht vollständig entsprechen. In diesen Fällen bestimmt das Ausmaß der Übereinstimmung die subjektive Sicherheit, etwas zu erinnern. Lücken in den so aktivierten Gedächtnismustern werden dann anhand diverser Informationsquellen (wie Selbstkonzept, subjektive Wissensschemata, kanonische Lebensereignisse etc.) gefüllt. Diese Ergänzungen einer Erinnerung sind somit rekonstruktiv und können wahr oder falsch sein (s. u. Abschnitt zu »Verfälschungen«).

Episodische Erinnerungen können auf verschiedenen Abstraktionsebenen angesiedelt sein, wobei mit zunehmender Abstraktion die Visualität verlorengeht und aus den episodischen Erinnerungen semantische Fakten werden (Conway/Pleydell-Pearce 2000). Beispielsweise kann ich mich daran erinnern, bei einem Italien-Urlaub vor vielen Jahren in einen Seeigel getreten zu sein. Das sehe ich noch konkret vor mir und erinnere mich an die damit verbundenen Schmerzen. Diese Episode war ein spezifisches Erlebnis aus der Menge der Erlebnisse während des mehrwöchigen Italien-Urlaubs, der wiederum ein Teil meines damaligen Lebensabschnitts (Studium der Psychologie) war. Somit sind spezifische Erfahrungen in der Regel Teile von kürzer oder länger währenden Episoden, die wiederum Teil größerer Lebensabschnitte (*life-time periods*) sind. Je nach Kultur lassen sich verschiedene normative Lebensereignisse und -veränderungen benennen, die vorrangig zur Organisation der eigenen Lebensgeschichte verwendet werden. Diese Abschnitte oder Perioden sind in der westlichen Kultur vorrangig geprägt durch Beziehungsthemen (z. B. die Zeit mit X), Arbeitsthemen (z. B. die Arbeit in Firma Y) oder Ortsthemen (z. B. die Wohnung in Z). Auf diese Weise lassen sich autobiographische Erinnerungen zeitlich und hierarchisch in flexibler Weise ordnen.

Durch Abstraktion über mehrere ähnliche episodische Erfahrungen können auf übergeordneter Ebene prozedurale Skripte oder semantische Schemata entstehen. Prozedurale Skripte beinhalten die kanonischen Abläufe bestimmter Handlungen, wie beispielsweise der Besuch in einem Restaurant (Hineingehen, Hinsetzen, Essen Aussuchen und Bestellen, Essen, Bezahlen, Gehen). Semantische Schemata beinhalten abstrahierte Konzepte, wie beispielsweise persönliche Einstellungen oder Hobbys. Letztere können dann wiederum zu Teilen des Selbstkonzepts werden, das aus einer Sammlung von subjektiven Selbstbeschreibungen besteht (z. B. dass jemand sich als »italophil« sieht, wenn er häufig in Italien Urlaub macht). Diese autobiographischen Inhalte würde man dann dem semantischen Gedächtnis zurechnen. Mit der oben geschilderten hierarchischen Anordnung ist eine unterschiedliche Anfälligkeit für Vergessensprozesse verbunden. Während spezifische Ereignisse meist schnell wieder vergessen werden, trifft das weniger für die übergeordneten Episoden und in der Regel gar nicht für die eigenen, abstrahierten Lebensabschnitte zu. Spezifische Ereignisse werden meist nur dann gut erinnert, wenn sie überraschend oder erstmalig waren, wenn sie von starken Emotionen begleitet waren, wenn sie folgenreich waren, oder wenn sie oft abgerufen und anderen erzählt wurden.

Bei der Organisation des autobiographischen Gedächtnisses ist die Chronologie sicher ein hilfreiches Merkmal, gleichwohl sollte man sich das autobiographische Gedächtnis nicht als eine Art Tagebuch vorstellen, in dem alle Ereignisse wie Perlen auf einer Kette linear geordnet sind. Die oben genannten inhaltlichen Kategorien (wie Lebensabschnitte und Themen) können sich durchaus zeitlich überlappen. Neben der linearen Zeit

1. Das autobiographische Gedächtnis

spielen auch zyklische Muster, wie Wochentage, Monate oder Jahreszeiten, eine Rolle. Andere Orientierungspunkte im Gedächtnis sind die besonders bedeutsamen persönlichen Erfahrungen, die wie Leuchttürme aus dem Rest der Erinnerungen herausragen. Manche Autoren sprechen hier von den Meilensteinen oder Wendepunkten im Lebenslauf. Diese beinhalten zum einen die für die jeweilige Kultur kanonischen Ereignisse (wie Einschulung, Berufseintritt, Heirat etc.), können aber auch individuelle, nicht-vorhersehbare Ereignisse (wie Unfall, Verlust des Arbeitsplatzes, Lottogewinn etc.) beinhalten. Beide Ereignisklassen zusammen machen einen typischen Lebenslauf aus und stellen somit eine kulturell verankerte narrative Struktur dar *(life script)*, die zur Konstruktion der eigenen Lebensgeschichte *(life story)* benutzt werden kann. Die Erinnerung an diese Ereignisse spielt demzufolge auch eine wichtige Rolle für das Selbstverständnis der sich erinnernden Person.

Bei der subjektiven Datierung von Ereignissen treten typischerweise zwei Verzerrungen auf: Bei weiter zurück liegenden Ereignissen wird die seitdem vergangene Zeit im Mittel eher unterschätzt, d. h. das Ereignis wird weniger weit in der Vergangenheit datiert *(forward telescoping)*. Bei Ereignissen, die erst kürzlich stattgefunden haben, wird dagegen die seitdem vergangene Zeit eher überschätzt, d. h. das Ereignis wird weiter in der Vergangenheit datiert *(backward telescoping)*. Die oben genannten Orientierungspunkte erleichtern dabei die Datierung. Die Orientierungspunkte selber und Ereignisse in ihrer zeitlichen Nähe werden genauer datiert als Ereignisse, die weiter entfernt liegen. Ansonsten fällt bei der Untersuchung der Datierungsleistung auf, dass Frauen im Vergleich zu Männern die Zeitpunkte von persönlichen Ereignissen häufiger korrekt bzw. weniger verzerrt erinnern. Der eher von Männern vergessene Hochzeitstag ist demnach vermutlich kein falsches Stereotyp, sondern alltägliche Realität. Eine mögliche Erklärung für diesen Geschlechtsunterschied könnte sein, dass Frauen sozialen Ereignissen mehr Gewicht beimessen als Männer dies tun, so dass entsprechende Informationen besser enkodiert und häufiger abgerufen werden. Auf diese Weise können soziale Funktionen (wie z. B. die Beziehungsarbeit) besser bewältigt werden (s. u.).

Kognitive und klinische Untersuchungsmethoden

Bei der Untersuchung des autobiographischen Gedächtnisses werden, wie in der übrigen Gedächtnispsychologie auch, quantitative und qualitative Merkmale erhoben. Zu den quantitativen Merkmalen zählt die Menge der erinnerten Erlebnisse, zu den qualitativen deren Korrektheit (d. h. inwieweit die Erinnerung mit dem damaligen Ereignis übereinstimmt), Detailliertheit, Anschaulichkeit, Emotionalität, etc. Als Methoden werden offene Wiedergabe *(free recall)*, gezielte Wiedergabe *(targeted recall)* oder Wiedererkennen *(recognition)* benutzt. Bei der freien Wiedergabe werden Personen in einer relativ offenen Weise gebeten, Erinnerungen an spezifische Lebensabschnitte (z. B. die Schulzeit) zu nennen. Bei der gezielten Wiedergabe wird nach einem spezifischen Ereignis gefragt (z. B. den Tag der Einschulung), oder nach einem persönlichen Ereignis, das mit einem vorgegeben Stichwort assoziiert ist (s. u.). Beim Wiedererkennen werden (nacheinander oder gleichzeitig) verschiedene Antwortmöglichkeiten vorgegeben und die befragte Person soll jeweils entscheiden (bzw. auswählen), welche dieser Antworten korrekt ist (z. B. der Name meines ersten Klassenlehrers war Müller, Meier, Schmidt oder Schulze). Die Gedächtnisleistungen sind beim Wiedererkennen in der Regel besser als beim Wiedergeben. Ein Grund dafür ist, dass beim Wiedererkennen ja explizite Informationen vorgegeben sind, die direkt als Hinweisreize für die Gedächtnissuche benutzt werden können, so dass eine Entsprechung mit Gedächtnisinhalten leichter geprüft werden kann. Bei der Wiedergabe müssen diese Suchsets dagegen erst subjektiv gebildet werden. Sie sind deshalb in der Regel qualitativ schlechter und somit weniger geeignet, die gesuchten Inhalte im Gedächtnis zu finden. Im Umkehrschluss bedeutet das, dass Informationen, die bei der freien oder gezielten Wiedergabe nicht abgerufen werden konnten, deshalb nicht unbedingt vergessen sein müssen, denn oft werden solche Informationen beim Wiedererkennen dann doch noch korrekt erinnert. Beim Wiedererkennen kann auch die gemessene Reaktionszeit (d.h. die Zeit zwischen Darbietung der Frage und Abgabe der Antwort) Aufschluss über die zugrunde liegende Gedächtnisrepräsentation und deren Nutzung geben. Seit den 1990er Jahren werden hier auch Bild gebende Verfahren eingesetzt (Markowitsch/ Welzer 2005; Schacter 2001).

Ein grundlegendes Problem all dieser Verfahren besteht darin, dass oft nicht entschieden werden kann, ob die Erinnerung an ein Erlebnis korrekt ist, es sich also um eine Erinnerung handelt, die den damaligen Tatsachen entspricht, oder nicht. Deshalb werden häufig Materialien untersucht, zu denen unabhängige Aufzeichnungen vorliegen (wie z.B. Tagebücher, Zeugnisnoten, Krankenhausaufenthalte, Gerichtsprotokolle). Diese Fokussierung der kognitionspsychologischen Forschung auf objektive Fakten begründet sich in einer starken Orientierung an der anwendungspraktischen Frage nach der Güte von Zeugenaussagen. Hierbei stehen die objektive Wahrheit einer Erinnerung und damit deren forensische Verwertbarkeit im Vordergrund. Andere Forschungsrichtungen (wie z.B. die Psychoanalyse und die Sozialpsychologie) interessierten sich demgegenüber mehr für die subjektive Wahrheit, die einen Hinweis darauf erlaubt, wie die jeweilige Person ihr Leben und die Welt deutet und erinnert. Ob diese Erinnerungen der Wahrheit entsprechen, ist dabei sekundär.

Ein häufig verwendetes Verfahren zur Erhebung von autobiographischen Erinnerungen ist die Galton-Crovitz-Stichworttechnik (*cue-word method*). Dabei werden einige Wörter (wie Apfel, Buch, Flasche etc.) vorgegeben, zu denen die befragte Person spontan Erinnerungen aus ihrem Leben generieren soll, die sie dann in Stichworten notiert und später datiert. Als Ergebnis erhält man Häufigkeitsverteilungen von Erinnerungen über die Lebensspanne, die auch inhaltlich analysiert werden können. In Varianten dieses Verfahrens werden beispielsweise (positiv oder negativ besetzte) emotionale Wörter (z.B. glücklich, erfolgreich, traurig, einsam) vorgegeben, oder die Personen werden aufgefordert, nur die wichtigsten Ereignisse aus ihrem Leben zu nennen. Mit dieser Methode können auch geschlechts-, alters- und kulturspezifische Formen persönlicher Lebensskripte (*life scripts*) erfasst werden. Diese Skripte dienen dabei als Abruf- und Rekonstruktionshilfen für die eigene Lebensgeschichte (*life story*).

Für die klinische Diagnostik, etwa bei Hirnschäden, werden spezifische Verfahren eingesetzt, die Art und Umfang der betroffenen Gedächtnisstörung ermitteln. Eine häufig angewandte Methode ist das Autobiographische Gedächtnisinterview (*autobiographical memory interview*, AMI), bei dem in einer semi-strukturierten Befragung quantitative und qualitative Merkmale zu Erlebnissen aus verschiedenen zeitlichen und inhaltlichen Lebensabschnitten abgefragt werden. Das sind im europäischen Raum die frühe Kindheit, die Grundschuljahre, die weiteren Schuljahre, der berufliche Werdegang, die eigene Hochzeit (oder die einer anderen Person), die eigenen Kinder (oder die einer anderen Person), der gegenwärtige Zustand (im Krankenhaus), frühere Aufenthalte in Krankenhäusern, das letzte Weihnachtsfest, sowie ein Urlaub. Zu jedem dieser Themen werden sowohl semantische als auch episodische Fragen gestellt. Beispielsweise sollen im semantischen Teil Namen von Klassenkameraden oder Schullehrern erinnert werden, im episodischen Teil persönliche Erlebnisse aus der Schulzeit. Für die Menge und Güte der Antworten gibt es Punkte, deren Gesamtsumme dann mit Normwerten verglichen werden kann. Untersuchungen zur Güte des *autobiographical memory interview* haben ergeben, dass die Zuverlässigkeit der Messung (Reliabilität), die Übereinstimmung der Punktevergabe bei zwei Beurteilern (und damit die Auswertungsobjektivität) und auch die Gültigkeit der Ergebnisse (Validität) als zufriedenstellend anzusehen sind. Lediglich bei Patienten mit Schädigungen des Frontallappens (z.B. Korsakow- oder Alzheimer-Patienten) ist das *autobiographical memory interview* ungeeignet, da diese Patienten zu Konfabulationen neigen, d.h. sie produzieren spontan erfundene ›Erinnerungen‹, an die sie sich nach kurzer Zeit auch selber nicht mehr erinnern können.

Verteilung autobiographischer Erinnerungen über die Lebensspanne

Befragt man ältere Personen (ab etwa 50 Jahren) mit der erwähnten Stichworttechnik (oder auch mit der freien Wiedergabe) und trägt dann die Menge der Erinnerungen als Funktion des Lebensalters ab, erhält man eine spezifische Erinnerungsverteilung über die Lebensspanne. Dabei fällt zunächst auf, dass die meisten Erinnerungen kürzliche Erlebnisse betreffen, d.h. in der Regel aus den letzten zwölf Monaten stammen. Je weiter man in der Zeit zurückgeht, desto geringer wird die Zahl von Erinnerungen, wie dies auch nach der typischen Vergessenskurve zu erwarten ist. Allerdings gibt es davon zwei Abweichungen. Zum einen findet sich ein Zuviel an Erinnerungen für die Zeit von etwa 15 bis 30 Jahren, zum anderen finden sich überhaupt keine Erinnerungen für die ersten 3 bis 4 Lebensjahre. Das erste Phänomen wird Erinnerungshäufung (*reminiscence bump*) genannt, das zweite infantile oder Kindheitsamnesie (*childhood amnesia*). Für beide werden verschiedene Erklärungen diskutiert.

Die Erinnerungshäufung fällt in die Übergangszeit von der Adoleszenz zum Erwachsenenalter, mithin in die Zeit des Selbständigwerdens. Je nach kulturellen Gegebenheiten können der Zeitraum des Erwachsenwerdens und damit auch das Maximum der Erinnerungshäufung früher oder später liegen. In dieser Zeit finden viele erstmalige und auch folgenreiche Entscheidungen und Ereignisse statt, die den weiteren Lebensweg determinieren und somit in Erinnerung bleiben. Einige dieser Entscheidungen und Ereignisse können vermutlich erst im Rückblick die Bedeutung gewinnen, die sie zu einer wichtigen Erinnerung für die eigene Lebensgeschichte machen (z. B. das Kennenlernen der späteren Ehefrau und Mutter der Kinder). Zum anderen wird in dieser Zeit auch erstmals ein komplettes Selbstkonzept entwickelt. Dazu gehören verschiedene Selbst-Schemata, die die aktuellen (subjektiven) Eigenschaften und Fähigkeiten und deren Genese betreffen, aber auch solche, die als Lebensziele formuliert werden. Ein Resultat dieser Prozesse ist die erstmalige Formulierung einer kohärenten Lebensgeschichte (*life story*), die für viele Autoren als Meilenstein in der Entwicklung des autobiographischen Gedächtnisses gilt. Gleichzeitig wird auch die je eigene Identität geformt, die hier verstanden wird als die Herausbildung des eigenen sozialen Netzwerks und die Positionierung innerhalb der sozialen Gefüge. Selbstkonzept und Identität können dann als effiziente Abrufstrukturen für persönliche Erlebnisse aus dieser Zeit dienen.

Ein weiterer Grund für die Erinnerungshäufung könnte darin liegen, dass in diesem Lebensabschnitt besonders viele Ereignisse stattfinden, die als kanonisch für den Lebenslauf gelten (s. o.). Diese Ereignisse werden in der Regel häufiger abgerufen und erzählt als andere Ereignisse, die keine zentralen Bestandteile der Lebensgeschichte sind. Und schließlich könnte die beobachtete Erinnerungshäufung auch einfach darin begründet liegen, dass das Gedächtnis nachgewiesenermaßen in diesem Alter besser funktioniert als zu anderen Zeiten, so dass diese Erlebnisse besonders gut enkodiert worden sind.

Für die Kindheitsamnesie mag verantwortlich sein, dass das Gehirn in den ersten Lebensjahren noch starken Reifungsprozessen unterworfen ist, die eine dauerhafte Speicherung verhindern (Markowitsch/Welzer 2005). Ein anderer Grund mag sein, dass kleine Kinder erst die abstrahierten Invarianten der Welt in Form kognitiver Schemata kennenlernen müssen, bevor sie in Abgrenzung dazu spezifische Episoden speichern können. Die Idee dahinter ist, dass es für Säuglinge zunächst wichtiger ist, die Regelhaftigkeiten und Strukturen ihrer Umwelt zu erfassen (und damit entsprechende Gedächtnisstrukturen herauszubilden), anstatt einzelne Ereignisse zu speichern. Letzteres dürfte im Übrigen auch schwerfallen, solange keine adäquaten Gedächtnisstrukturen vorhanden sind. Eine andere, von vielen Autoren favorisierte Erklärung betrifft die zunehmende Sprach- und Kommunikationskompetenz der Kinder, die für eine Umorganisation des Gedächtnisses in einen dominanten verbalen Code sorgt, so dass frühere, anders kodierte Erinnerungen verloren gehen. Mit dem Erlernen von Erzählstrukturen (*narrative structures*) werden Gedächtnisinhalte anders und dauerhafter gespeichert. Der Erwerb dieser Fähigkeiten geschieht im sozialen Austausch, vor allem in sogenannten Erinnerungsgesprächen (*memory talks*). Die Art und Häufigkeit dieser elterlich-kindlichen Interaktionen hat direkten Einfluss auf die Entwicklung (und die Güte) des autobiographischen Gedächtnisses. Und schließlich dürfte auch die Entwicklung eines ersten kognitiven Selbstkonzepts in diesem Alter von Bedeutung sein. Dieses Selbst schafft den Anker, an den persönliche Erlebnisse angedockt und später auch wieder gefunden werden können. So werden aus unpersönlichen episodischen Erinnerungen autobiographische (Conway/Pleydell-Pearce 2000). In Reflexion dieser verschiedenen Einflussfaktoren schlugen Markowitsch und Welzer (2005) ein interaktives bio-sozial-kognitives Entwicklungsmodell des autobiographischen Gedächtnisses vor.

Funktionen autobiographischer Erinnerungen

In Untersuchungen zur alltäglichen Nutzung autobiographischer Erinnerungen haben sich drei funktionale Bereiche herauskristallisiert (Bluck 2003): selbstbezogene, sozial-kommunikative und direktive Funktionen.

Zu den selbstbezogenen (intrapersonalen) Funktionen zählen die Bildung und Aktualisierung des Selbstkonzepts, diverse psychodynamische Funktionen und die Möglichkeit der Stimmungsregulation. *Wir sind Erinnerung* heißt der ins deutsche übersetzte Titel des Buches von Daniel L. Schacter (2001). Man könnte auch sagen: »Wir sind, was wir erinnern.« Die Summe der individuellen Erlebnisse, Motive und Ziele determiniert das eigene Selbstkonzept. Das (kognitive, motivationale und affektive) Selbst kann dabei als eine Menge schematischer Selbstzuschreibungen verstanden werden, die aus einzelnen Erfahrungen abstrahiert wurden. Zum Selbst gehören aber auch Erinnerungen an typische oder bedeutungsvolle Erlebnisse. Somit basiert das aktuelle Selbst auf früheren Erlebnissen, stellt aber gleichzeitig auch eine bestimmte Sicht dar, unter der Erinnerungen ausgewählt oder umgedeutet werden. Dies gilt auch für die psychodynamischen Funktionen autobiographischer Erinnerungen (Kotre 1998). Hier ist es das Ziel, eine kohärente Lebensgeschichte (*life story*) zu schreiben, die uns das Gefühl von Identität (im Sinne persönlicher Konsistenz) und Wachstum vermittelt. Und auch die Lebensrückschau (*life review*; oft angesichts schwerer Krankheiten oder des nahen Todes) nutzt autobiographische Erinnerungen, um zu einer umfassenden Evaluation des eigenen Lebens zu gelangen. Bei der Stimmungsregulation geht es dagegen um profanere Situationen im Alltag, in denen wir emotionale (positive) Erinnerungen bewusst einsetzen, um die aktuelle Stimmungslage zu verändern.

Viele Autoren halten die sozial-kommunikativen (interpersonalen) Funktionen für die wichtigsten (Bluck 2003). Das betrifft die Herstellung und Aufrechterhaltung sozialer Bezüge, wie auch Akte der Selbstoffenbarung oder das Zeigen von Empathie. Manche sehen in dieser Verwendung autobiographischer Erinnerungen gar den größten evolutionären Sprung, der uns erst zu Menschen gemacht hat. Beim »Mit-teilen«, dem miteinander Teilen persönlicher Erlebnisse (*memory sharing*), geben wir etwas von uns preis und hoffen auf entsprechende Reaktionen. Beim Kennenlernen erzählen wir uns gewöhnlich, wer wir sind und was wir machen (z. B. demographische Fakten, berufliche Aktivitäten, private Umstände und Erlebnisse). Je nach kulturellen Wertungen und Gepflogenheiten können Inhalte und Zeitpunkt der kommunizierten Aspekte natürlich variieren. Für all das bedarf es des individuellen autobiographischen Gedächtnisses. Für eine bestehende Beziehung schließlich gilt, dass sich die Güte dieser Beziehung u. a. auch über die Menge und Qualität gemeinsam erworbener und gepflegter Erinnerungen bestimmt.

Unter den direktiven Funktionen versteht man die Bereitstellung von Wissen, Einstellungen und Meinungen, die Fähigkeit zur Enkulturation, die Hilfe beim Problemlösen und bei der Planung zukünftiger Handlungen sowie die Erfahrungsweitergabe an andere. Für all diese Aufgaben stellt das autobiographische Gedächtnis ein umfangreiches Reservoir an persönlichen Erfahrungen bereit, aus denen zielgerichtet spezifische Informationen abgerufen werden können. Diese Nutzung kann sowohl bewusst als auch unbewusst (z. B. in Form von Einstellungen oder Routinen) erfolgen. Die abgerufenen Erinnerungen können als Handlungsmodelle verstanden werden, deren Anwendbarkeit auf die aktuelle Situation geprüft werden muss. Damit ist auch klar, dass autobiographische Erinnerungen nicht immer hilfreich sein müssen. Gelegentlich verstellen sie auch den Blick auf neue und bessere Lösungen. Ein wichtiger Aspekt der persönlichen Handlungsmodelle ist aber, dass sie Erwartungen beinhalten und damit eine Antizipation zukünftiger Ereignisse erlauben. So kann zwischen verschiedenen Alternativen abgewogen und entschieden werden. Da sich Personen in der Menge der relevanten Erfahrungen und auch in der Güte des autobiographischen Gedächtnisses unterscheiden, ist zu erwarten, dass sie sich auch in ihrer Handlungskompetenz bzw. in ihren sozialen Fertigkeiten unterscheiden. Untersuchungen zu diesen Zusammenhängen sind bislang nur selten zu finden, unterstützen aber die angenommene direktive Funktion. Die Menge und adäquate Nutzbarmachung der persönlichen Erfahrungen trägt schließlich auch zur Entwicklung von Weisheit bei. Hier wird Weisheit als die Problemlösefähigkeit in sozialen Dilemmata verstanden und gemessen. Ein überraschender Befund aus diesen Studien ist, dass Weisheit nicht ans Alter gekoppelt ist, d. h. dass auch junge Menschen schon äußerst weise sein können.

Verfälschungen und Ergänzungen des autobiographischen Gedächtnisses

Erinnerungen an die eigene Vergangenheit sind nicht immer korrekt. Damit ist hier nicht gemeint, dass jemand lügt, sondern dass eine Erinnerung trotz bester Absichten nicht den objektiven Merkmalen des erinnerten Ereignisses entspricht. Um derartige Abweichungen zu untersuchen und zu bewerten, kann man prinzipiell – wie auch schon oben bei den Untersuchungsmethoden diskutiert – zwei Perspektiven einnehmen. Die eine fokussiert auf die objektiven Ereignisse, wertet jede Abweichung der Erinnerung als Verfälschung und sucht dann nach den kognitiven Ursachen dafür. Wie bei allen Erinnerungen können schon bei der Enkodierung, während der Speicherphase und erst recht beim späteren Abruf Fehler entstehen. Dafür verantwortlich sind in erster Linie grundlegende Prozesse menschlicher Informationsverarbeitung wie Selektion, Abstraktion, Interpretation, Integration und vor allem Rekonstruktion. Dabei werden Teile des Erlebnisses ausgewählt, verallgemeinert, gedeutet und in den eigenen Wissensstand eingepasst. Bei der Rekonstruktion werden dann fehlende Teile ersetzt oder Ungereimtheiten begradigt, so dass aus einer fragmentarischen Erinnerung am Ende eine kohärente Erzählung wird. Diese wird im Kern in der Regel mit dem Original übereinstimmen, kann in vielen Details aber auch falsch sein.

Dieser Ansatz wurde insbesondere im Rahmen der Verfälschung von Zeugenaussagen untersucht. So kann beispielsweise das Gedächtnis eines Zeugen durch suggestive Befragungen, in denen bewusst falsche Informationen (*misinformation*) eingeschleust werden, systematisch manipuliert werden. Besonders eindrucksvoll sind hier jüngste Experimente, bei denen Personen eine komplett falsche (erfundene) Erinnerung ›eingepflanzt‹ bekamen. Beispielsweise wurde Studierenden von ihren Angehörigen erzählt, dass sie als Kind in einer Einkaufshalle verlorengegangen waren. Diese (falsche) Geschichte wurde in den folgenden Tagen immer wieder angesprochen. Im Laufe der Zeit begannen immer mehr der Versuchspersonen sich zu erinnern und diese Erinnerung weiter zu elaborieren, bis sie schließlich selber an deren Echtheit glaubten. In anderen Experimenten wurde den Studierenden ein (manipuliertes) Foto gezeigt, in denen sie als Kind zusammen mit ihrem Vater in einem Heißluftballon zu sehen sind. Auch hier entwickelten die Versuchspersonen im Laufe der Zeit eine ›Erinnerung‹ an dieses nie stattgefundene Ereignis.

In Experimenten dieser Art fanden sich Schein-Erinnerungen (Kryptomnesie) im Mittel bei etwa 30 % der Versuchspersonen. Besonders anfällig für solche Suggestionen sind Personen, die unter Hypnose stehen und/oder die eine große Vorstellungskraft besitzen. Verantwortlich ist in diesen Fällen vermutlich eine herabgesetzte exekutive Kontrolle (im präfrontalen Kortex). Eine suggestionsfreie Hypnose kann im Übrigen auch dazu eingesetzt werden, mehr sogenannte korrekte Erinnerungen abzurufen. Gleichzeitig werden unter Hypnose aber auch mehr falsche Erinnerungen produziert (durch Konfabulation), so dass letztendlich nicht viel gewonnen ist.

Die zweite der oben angesprochenen Perspektiven bezüglich Erinnerungsverfälschungen fokussiert auf den funktionalen Prozessen, denen eine Erinnerung unterworfen ist. Die beschriebenen kognitiven Prozesse der Informationsverarbeitung können demzufolge auch als zweckmäßige und zielgerichtete Anpassungsleistungen des Individuums gesehen werden. Die beobachtete Abweichung einer Erinnerung von den objektiven Tatsachen ist dann nicht als Fehler zu werten, sondern es ist zu fragen, zu welchem Zweck diese Abweichung erfolgte. So können veränderte Erinnerungen unseren persönlichen und sozialen Zielen und damit unserem Wohlbefinden mitunter höchst dienlich sein, beispielsweise indem wir unser Verhalten in einer spezifischen Situation als positiver erinnern als es war oder indem wir Erinnerungen an unangenehme Erlebnisse vermeiden und sie somit eher vergessen (oder falsch erinnern). Ebenso können die oben beschriebenen ›eingepflanzten‹ Erinnerungen funktional gesehen werden: Wenn offensichtlich meine Angehörigen das fragliche Ereignis erinnern (nur ich nicht), dann wird es wohl schon wahr sein! Auch können Erinnerungen an jeweils geltende Konventionen angepasst werden, so dass die erzählten Erlebnisse für den jeweiligen Zuhörerkreis plausibler bzw. verständlicher erscheinen. Das hat schon Bartlett mit seinen klassischen Versuchen gezeigt, bei denen britische Studierende bei der Erinnerung an ein ihnen fremdes, indianisches Märchen systematisch Dinge wegließen, umdeuteten oder ergänzten, um so die Geschichte ihrem Kulturverständnis anzupassen. In diesem Sinne scheint ein gewisses Maß an ›funktionalisierten‹ Erinnerungen durchaus lebenspraktisch.

Bei der Einschätzung früherer persönlicher Merkmale und Zustände (Einstellungen, Persönlichkeitseigenschaften, etc.) gehen wir in der Regel vom aktuellen Zustand aus und rekonstruieren mit Hilfe einer subjektiven Entwicklungstheorie den damaligen Zustand. Hier können zwei Fehlerquellen die Rekonstruktion beeinflussen: Die aktuelle Einschätzung kann falsch sein (z. B. zu positiv oder auch zu negativ) und/oder die subjektive Entwicklungstheorie kann falsch sein. Wenn wir beispielsweise glauben, dass unsere Intelligenz im Laufe des Lebens angestiegen ist, sie in Wirklichkeit aber konstant geblieben ist, könnten wir unseren gegenwärtigen Intelligenzgrad überschätzen und/oder wir könnten unseren früheren als zu niedrig erinnern. Ein anderes Beispiel ist, dass Personen oft glauben, schon immer dieselbe politische Meinung gehabt zu haben (z. B. schon seit langem immer dieselbe Partei gewählt zu haben), sich bei näherer Untersuchung aber zeigt, dass sie früher doch eine andere politische Einstellung hatten.

Dass wir in der Erinnerung Ereignisse meist positiver ansehen, als sie waren, wir also typischerweise eine ›rosarote Brille‹ bei der Rekonstruktion autobiographischer Erinnerungen aufhaben, wird als Positivitätsbias bezeichnet. Neben der zu positiven Erinnerung findet auch eine Selektion statt, die dazu führt, dass positive Erlebnisse besser erinnert werden als negative (außer extrem negative). Fragt man beispielsweise nach den Schulnoten im Abschlusszeugnis, werden Fächer mit schlechten Noten eher vergessen und die übrigen Noten im Mittel zu gut erinnert (Pohl 2007). Der Positivitätsbias nimmt mit dem Alter zu, so dass beispielsweise der Prozentsatz von Personen, die ihre Kindheit als ›glücklich‹ bezeichnen, mit zunehmendem Alter der Personen anwächst. (Ein weiterer Grund mag hier natürlich sein, dass aus Perspektive eines älteren Menschen die Kindheit und ihre Freiheiten und Möglichkeiten gänzlich neu bewertet werden. Sie ist vielleicht damals nicht als so glücklich empfunden worden, stellt sich aber aus heutiger Sicht so dar.) Als Erklärung für den Positivitätsbias werden selbstwertdienliche Prozesse diskutiert. Uns geht es einfach besser, je positiver wir uns sehen bzw. unser Leben erinnern. Somit erfüllt diese Gedächtnisverzerrung offenbar eine wichtige psychodynamische Funktion.

Generell kann man das Selbstkonzept als eine mächtige Instanz im psychischen Geschehen ansehen, die sich nicht nur aus autobiographischen Erinnerungen speist, sondern auch determiniert, was wann wie erinnert wird. Manche Autoren sprechen hier von einem ›totalitären Ego‹, das unsere Erinnerungsprozesse in seinem Sinne steuert. Als wesentliche Leitmotive des Egos werden hier Konstanz und Wachstum genannt. Selbst angesichts der vielen normalen Veränderungen im Laufe eines Lebens bzw. sogar nach widrigen oder gar traumatischen Erlebnissen empfinden wir uns als eine konstante Einheit mit einer kontinuierlichen Entwicklung. Auch wenn wir mehr oder minder plötzlich pubertär, erwachsen, Ehefrau, Vater oder Witwer werden (um nur ein paar Beispiele zu nennen), verlieren wir in der Regel nicht das subjektive Gefühl der Identität.

Und wenn wir uns ändern, dann nur zum Besseren. Andere Autoren ordnen diese Funktionen einem ›Mythenmacher‹ in uns zu, dem allerdings ein akribischer und um historische Genauigkeit bemühter ›Archivar‹ gegenüberstehe, der auch dafür sorge, dass die Realität nicht völlig aus den Augen verlorengehe (Kotre 1998). Die Metapher des Mythenmachers entspricht somit der oben diskutierten funktionalen Perspektive auf veränderte Gedächtnisinhalte, während der Archivar für die Perspektive des wahrheitsgemäßen Gedächtnisses steht. Diese Metaphern scheinen gute und plausible Beschreibungen der für funktionale Veränderungen bzw. korrekte Erinnerungen verantwortlichen kognitiven Prozesse zu sein. Auch hier lassen sich natürlich kulturelle Spezifika denken, die den einen oder anderen Prozess stärker betonen.

Die dargestellten Mechanismen des Selbstkonzepts können auch als Coping-Strategien angesehen werden, die es ermöglichen, trotz fortlaufender Änderungen Kontinuität zu empfinden, und die zudem für ein insgesamt positives Gesamtbild sorgen. Bei Angriffen auf das Selbst und auch im Rahmen der Lebensrückschau dienen sie als Verteidigungslinien, die das Selbstkonzept gegen unliebsame Veränderungen immunisieren. Gleichzeitig ermöglichen sie aber auch ›Reparaturen‹ der eigenen Lebensgeschichte und stellen so psychotherapeutische Ansatzpunkte bereit.

Perspektiven zukünftiger Forschung

Zur Untersuchung der Abrufprozesse von Erinnerungen aus dem autobiographischen Gedächtnis wurden bislang hauptsächlich Wörter und Bilder verwendet. In neueren Studien werden dagegen auch die Effekte von Gerüchen und Musik auf die Erinnerungsleistung geprüft. Diese Stimuli stellen oft äußerst effektive Abrufhilfen dar. Insgesamt muss man aber kritisch anmerken, dass die bisherigen Methoden zur Erforschung des autobiographischen Gedächtnisses in der Regel keine experimentelle Kontrolle erlauben und viele Fragebögen nicht die üblichen Kriterien eines psychometrischen Testverfahrens erfüllen, so dass die Gültigkeit der Befunde oft eingeschränkt ist. Von daher zielen neuere Arbeiten u. a. auf die Entwicklung spezifischer Tests ab, deren Gütekriterien überprüft werden können, so dass die Befunde als objektiver, reliabler und valider gelten können. Außerdem wird eine Vielzahl von Testverfahren für die unterschiedlichsten Anwendungsbereiche entwickelt. Auch experimentelle Methoden werden zunehmend eingesetzt.

Bezüglich der Entwicklung und Veränderbarkeit des autobiographischen Gedächtnisses wird derzeit vor allem an drei Stellen geforscht. Zum einen geht es darum, die Ursachen der Kindheitsamnesie zu ergründen. Dazu werden insbesondere auch jüngere Kinder – mithilfe geeigneter Fragebögen und Testverfahren – zu ihren autobiographischen Erinnerungen befragt. Ein zweiter Schwerpunkt liegt in dem Zusammenhang zwischen autobiographischem Gedächtnis und der Entwicklung eines Selbstkonzeptes. Hier sind insbesondere die sogenannten selbst-definierenden Erinnerungen (*self-defining memories*) in den Blickpunkt gerückt. Diese Erinnerungen beinhalten besonders relevante Lebensereignisse, die für eine Person wegweisend und charakteristisch sind. Sie sind gewissermaßen Herzstücke der eigenen Lebensgeschichte (*life story*) und erfüllen somit zentrale Funktionen für die Organisation des autobiographischen Gedächtnisses und für das Selbstverständnis einer Person. Ein dritter Forschungsbereich beschäftigt sich mit der Beeinflussbarkeit und damit der Verfälschbarkeit persönlicher Erinnerungen. Die Frage lautet: Wer ist wann und unter welchen Bedingungen für welche Einflüsse empfänglich? Diese Frage hat Relevanz nicht nur im Rahmen der forensischen Psychologie, sondern beispielsweise auch in der psychotherapeutischen Anamnese. Inwieweit kann hier die Rekonstruktion der eigenen Lebensgeschichte durch äußere Suggestionen verfälscht werden? Umgekehrt kann man sich dann auch die Frage stellen, was denn die Mehrzahl der Probanden in den beschriebenen Experimenten kennzeichnet, die schließlich nicht beeinflusst wurden.

In zunehmendem Maße finden sich auch Arbeiten, die nach Verbindungen zwischen Merkmalen des autobiographischen Gedächtnisses und psychopathologischen Erscheinungen suchen. So werden beispielsweise emotionale Störungen, Depressionen und posttraumatische Belastungsstörungen (PTSD) auf ihre Wechselwirkungen mit persönlichen Erinnerungsleistungen untersucht (Hinkeldey/Fischer 2002). Als wichtiges Charakteristikum gilt in diesen Fällen z. B., dass Erinnerungen oft eher generell und wenig spezifisch sind. Auch die relativen Anteile an positiven und negativen Erinnerungen scheinen verändert zu sein. Im Rahmen klinischer Studien wird darüber hinaus nach neurophysiologischen Korrelaten der beobachteten Störungen des autobiographischen Gedächtnisses gesucht (vgl. Markowitsch/Welzer 2005; Schacter 2001), wobei derartige Untersuchungen natürlich auch bei gesunden Probanden durchgeführt werden, um mehr über die Prozesse zu erfahren, die an der Speicherung und dem Abruf autobiographischer Erinnerungen beteiligt sind.

Literatur

Bluck, Susan: Autobiographical Memory. Exploring its Functions in Everyday Life. In: *Memory* 11. Jg., 2 (2003), 113–124.

Conway, Martin A./Pleydell-Pearce, Christopher W.: The Construction of Autobiographical Memories in the Self-memory System. In: *Psychological Review* 107. Jg., 2 (2000), 261–288.

Hinkeldey, Sabine von/Fischer, Gottfried: *Psychotraumatologie der Gedächtnisleistung*. München 2002.

Kotre, John: *Der Strom der Erinnerung. Wie das Gedächtnis Lebensgeschichte schreibt*. München 1998.

Markowitsch, Hans J./Welzer, Harald: *Das autobiographische Gedächtnis. Hirnorganische Grundlagen und biosoziale Entwicklung*. Stuttgart 2005.

Pohl, Rüdiger: *Das autobiographische Gedächtnis. Die Psychologie unserer Lebensgeschichte*. Stuttgart 2007.

Rubin, David C. (Hg.): *Remembering our Past. Studies in Autobiographical Memory*. New York 1996.

Schacter, Daniel L.: *Wir sind Erinnerung*. Reinbek 2001.

Rüdiger Pohl

2. Das kollektive Gedächtnis

Die Beschäftigung mit Formen kollektiver Erinnerung bzw. kollektivem Gedächtnis hat zwei zentrale Ausgangspunkte: Sie geht der sozialen Geprägtheit von (individuellen) Erinnerungsprozessen nach und sie untersucht die Erinnerung von bzw. in Gruppen. Beiden Herangehensweisen liegt die Annahme zugrunde, dass Erinnerungen geteilt werden: Erinnerbar ist nur das, was im (persönlichen, medialen oder gedanklichen) Austausch mit anderen mitteilbar ist. Die Beschäftigung mit kollektiven Erinnerungen ist ein transdisziplinäres Forschungsfeld, das sich auf einen mehrdeutigen, leicht missverständlichen Begriff gründet. Für das kollektive Gedächtnis gibt es keine allgemeinverbindliche Definition. Dementsprechend ist auch seine Erforschung unklar und umstritten. Ein breiter Strom der Forschung konzentriert sich primär auf materielle Artefakte, auf das, was aus der Vergangenheit als objektivierte Kultur ›in der Welt‹ greifbar ist, während ein weiterer Zweig das Kollektive vorzugsweise in der individuellen Erinnerung bzw. in der Interaktion in Gruppen lokalisiert. Die Grenzen beider Forschungsansätze wurden bisher erst in wenigen Studien überschritten. Die Forderung nach integrativen Ansätzen, die das kollektive Gedächtnis so konzipieren und erforschen, dass seine jeweiligen empirischen Träger sichtbar bleiben oder die soziale Rezeption von Medien kollektiver Erinnerung offen gelegt wird, ist seit den späten 1990er Jahren zunehmend lauter geworden. Dennoch vereint die interdisziplinäre Gedächtnisforschung mehr als die Annahme, dass zur Erinnerung immer mindestens zwei gehören. In der Gesamtschau stellen die Arbeiten des französischen Soziologen Maurice Halbwachs (s. Kap. IV.3) einen zentralen theoretischen Bezugspunkt dar. Der Gegenstandsbereich soll hier daher zunächst ausgehend von Halbwachs' Theorie erschlossen werden. Danach werden Dimensionen kollektiver Erinnerung (vom Individuum bis zur Nation) an konkreten Beispielen vorgestellt sowie weitere Differenzierungen und schließlich Desiderate der Forschung diskutiert.

Das Gedächtnis und seine sozialen Bedingungen

Die Frage nach der sozialen Geprägtheit von Erinnerungsvorgängen wurde zu Beginn des letzten Jahrhunderts in mehreren Disziplinen gleichzeitig aufgeworfen. Während der Psychologe Frederic Bartlett (s. Kap. I.2) in experimentellen Untersuchungen die kulturelle Geprägtheit des Gedächtnisses bei der seriellen Reproduktion von kurzen Geschichten aufzeigen konnte, versuchte der Kunsthistoriker Aby Warburg, ein »soziales Gedächtnis« über die Erforschung der europäischen Kultur bzw. ihres »Bildgedächtnisses« zu konzeptionalisieren. Für Maurice Halbwachs bildete die soziologische Empirie den Ausgangspunkt seiner Überlegungen: Seine Grundidee fußt nicht zuletzt auf einer eingehenden Auseinandersetzung mit Statistiken zum Lebensstandard der Arbeiterklasse. Mit seinen nachfolgenden gedächtnistheoretischen Erwägungen verlagerte sich der Schwerpunkt seiner Arbeit. Indem er die Frage aufgreift, welche konkrete Rolle verschiedene Gruppen und Gemeinschaften für das individuelle Erinnerungsvermögen spielen, folgt er, wie er selber schreibt, den Psychologen auf ihr Gebiet (1985, 361). Es ist daher eine genuin sozialpsychologische Frage, die im Zentrum der Arbeiten von Halbwachs steht, der aus gegenwärtiger Perspektive als der Gründungsvater der sozial- und kulturwissenschaftlichen Gedächtnisforschung gelten kann.

Halbwachs unterscheidet nicht zwischen Gedächtnis und Erinnerung. Zentraler Ausgangspunkt für sein Konzept kollektiver Erinnerung sind die *cadres sociaux*: die durch die kommunikative Teilhabe in unterschiedlichen sozialen Gruppen erworbenen ›Rahmen‹ der Erinnerung. Nach Halbwachs sind individuelle Erinnerungen Rekonstruktionen, die sich auf diese sozialen Bezugsrahmen der Gegenwart stützen. Bezugsrahmen sind dabei als »Worte und Vorstellungen« zu verstehen, die der Einzelne »nicht erfunden«, sondern »seinem Milieu entliehen hat« (1991, 35) und mit deren Hilfe sein Gedächtnis ein Bild von der Vergangenheit erstellt, das vor dem aktuellen Erfahrungshintergrund zum Zeitpunkt der Erinnerung sozial bedeutsam ist. Die Annahme, dass Erinnerungen stärker von der Gegenwart als von der Vergangenheit bestimmt werden, unterscheidet Halbwachs von anderen zeitgenössischen Erinnerungstheorien (Freud, Warburg), und rückt ihn in die Nähe von Erkenntnissen der jüngeren neuropsychologischen Gedächtnisforschung (Schacter).

Nach Halbwachs vermitteln sich die Rahmen der Erinnerung im Umgang mit Anderen. Damit sind die Mitglieder jener Gruppen bzw. Milieus gemeint, in die jeder Mensch im Laufe seines Lebens eingebunden ist, wie z. B. Familien, Religionen oder gesellschaftliche Klassen. Über diese Wir-Gruppen bildet und festigt sich die Identität des Einzelnen. Halbwachs nennt das individuelle Gedächtnis einen »Ausblickspunkt« auf das Gedächtnis der Gruppe (1991, 31). Will man den einzelnen Menschen in seinem individuellen Denken und seiner individuellen Erinnerung verstehen, muss man ihn in Beziehung zu den verschiedenen Gruppen setzen, denen er gleichzeitig angehört, und seine Position innerhalb der jeweiligen Gruppe lokalisieren. Das *kollektive Gedächtnis* ist bei Halbwachs also weder als eine Metapher noch als eine Art von Kollektivpsyche zu verstehen. Subjekt von Gedächtnis und Erinnerung ist immer das Individuum, ebenso wie das individuelle Gedächtnis immer ein soziales Phänomen ist. Einzigartig ist jedes individuelle Gedächtnis schon aufgrund der Tatsache, dass es niemals zwei Menschen geben wird, die identische Positionen in den gleichen Gruppen einnehmen. Die Gruppen (Familien, religiöse Gemeinschaften, soziale Schichten, Berufsgruppen), die Halbwachs studiert, sind durch das gleiche soziale Umfeld und damit durch Formen von Alltagskommunikation miteinander verbunden. In diese Gruppen wird man hineingeboren (Familie), sie sind verpflichtend (Militär) oder man tritt ihnen bei (Parteien). Es sind auch flüchtige, temporäre Erinnerungsgemeinschaften, wie eine Zugbekanntschaft denkbar. Erinnerungsmilieus entstehen allerdings erst auf der Grundlage eines relativ konstanten sozialen Umfeldes. Rahmen der Erinnerung auf staatlicher bzw. nationaler Ebene werden erst dann für den Einzelnen bedeutsam, wenn sie auch im sozialen Nahbereich einen Anknüpfungspunkt finden bzw. über Familienangehörige, Arbeitskollegen oder andere Gruppenmitglieder vermittelt werden.

Halbwachs bezieht auch kulturelle Objektivationen in seine Überlegungen mit ein. In dem bekannten Beispiel eines imaginären Stadtspaziergangs durch London beschreibt er, wie er die Stadt niemals allein, sondern immer aus der Perspektive ganz unterschiedlicher Gruppenmitglieder wahrnimmt. Halbwachs spaziert durch London in der Gesellschaft von Romanciers, Architekten und Malern, die ihm nicht nur persönlich, sondern vor allem aus der Literatur vertraut sind und die ihm die Stadt nun als Interpreten ganz spezifischer Gruppenerinnerungen erschließen. Indem Halbwachs als Spaziergänger nachdenkt, kommuniziert er, und er tut dies vor dem Hintergrund von Erinnerungsgemeinschaften, deren soziale und kulturelle Schemata seine eigene Wahrnehmung und Erinnerung prägen: »Andere Menschen haben diese Erinnerungen mit mir gemeinsam gehabt« (1991, 3). Das kulturelle, mediengestützte Fundament von kollektivem Gedächtnis wird bei Halbwachs somit zwar mitgedacht. Der Vorgang der mediengestützten Tradierung bzw. die Frage, wie Medien kultureller Erinnerung durch Individuen und Gruppen konkret angeeignet werden, bleibt jedoch unerschlossen.

In Fortführungen von Halbwachs' Theorie ist daher auch die Gedächtnisfunktion der Kultur – als ein Ensemble von materiellen wie immateriellen Symbolen einer Gesellschaft – in der Interaktion zwischen Individuum und Gruppe stärker akzentuiert worden. So geht der Ägyptologe Jan Assmann von »zwei Modi« bzw. von »zwei Gedächtnis-Rahmen« kollektiver Erinnerung aus: jenes auf alltäglichen und informellen Formen der Erinnerung und Überlieferung basierende Gedächtnis, das bei Halbwachs im Vordergrund steht, bezeichnet er als kommunikatives Gedächtnis. Das Kollektive ist auf dem Wege der Kommunikation, d. h. durch kulturelle und soziale Teilhabe in das individuelle Bewusstsein bzw. Gedächtnis gelangt. Gedächtnis auf dieser Ebene meint das Organ leibhaftiger Menschen. Vom kommunikativen Gedächtnis unterscheidet Jan Assmann das kulturelle Gedächtnis als den Bereich der objektivierten Kultur und organisierten Kommunikation (Assmann 2007, 50f.). Hier wird der Gedächtnisbegriff metaphorisch, indem er auf die Gedächtnisfunktion von Kultur gerichtet ist. Für beide Gedächtnisbegriffe gilt dabei, dass sie sich nicht unabhängig voneinander denken lassen: Ebenso wenig wie man sich ohne Sprache und kommunikativen Austausch erinnern kann, so wenig lässt sich Kultur als Gedächtnis losgelöst von Individuen beschreiben. Diese Ausdifferenzierung des kollektiven Gedächtnisses in einen Bereich kommunikativer Erinnerung, der das Kollektive am Individuellen betont, sowie einen Bereich, der Gruppenerinnerungen auf der Ebene von Kultur fokussiert, hat sich im deutschsprachigen Raum weitgehend durchgesetzt. Die Literaturwissenschaftlerin Astrid Erll hat jüngst versucht, beide Bereiche – unter Berücksichtigung ihrer Interdependenz – unter dem Begriff der ›Cultural Memory Studies‹ zu vereinen. ›Cultural Memory Studies‹ umfasst dabei nach einer vorläufigen und bewusst auf ein breites Verständnis abzielenden Definition, »das Wechselspiel von Gegenwart und Vergangenheit in sozio-kulturellen Kontexten« (Erll/Nünning 2008, 2, Übers. S. M.).

Ein weiterer zentraler Kritikpunkt an Halbwachs' Theorie betrifft den Stellenwert der Historiographie. Bei Halbwachs gibt es zwar eine Vielzahl kollektiver Gedächtnisse, der aber nur die eine durch die Fachwissenschaft verbürgte Geschichte gegenübersteht. Halbwachs' Auffassung von der Geschichte ist vielfach als objektivistisch kritisiert worden. Der Historiker Peter Burke etwa bezeichnet Geschichte als ›soziales Gedächtnis‹, die den gleichen bewussten und unbewussten Auswahlmechanismen unterliege wie jedes andere Gruppengedächtnis. Andere Autoren hingegen übernehmen Halbwachs' Unterscheidung von Geschichte und Gedächtnis, sehen jedoch seine positivistische Auffassung von der Historie als korrekturbedürftig an. Jan Assmann (2007, 77) etwa betont, dass jede Geschichtsschreibung zeit- und interessenbedingten Abhängigkeiten unterworfen sei, wendet sich allerdings strikt gegen eine Gleichsetzung von Geschichte und Gedächtnis.

Darüber hinaus ist es insbesondere der von Halbwachs geprägte Begriff des ›kollektiven Gedächtnisses‹, der bis heute Kritik entfacht. Halbwachs selbst hat zwar wiederholt betont, dass es das Individuum ist, das sich erinnert, gleichwohl finden sich in seiner Phänomenologie immer wieder Ausführungen, die Assoziationen zu einer Kollektivpsyche zumindest nahelegen. Dieses Problem hat sich dadurch verstärkt, dass es infolge des publizistischen wie akademischen »Gedächtnis-Booms« der letzten drei Jahrzehnte (zu den Gründen Erll 2005, 2 ff.) zu einem enormen Anstieg von empirischen Studien gekommen ist, die sich dieses Konzepts bedient haben, eine weitere theoretische und methodologische Fundierung (mit Ausnahme der Assmannschen Erweiterung) allerdings erst in den letzten Jahren in Angriff genommen wurde. In diesem Zusammenhang hat der Historiker Alon Confino bereits 1997 angemerkt, dass es nicht ausreicht, die Bedeutsamkeit einer symbolischen Repräsentation im Bereich des Politischen herauszustellen, wenn nicht gleichzeitig die Weitergabe, Verbreitung und Bedeutungszuschreibung in anderen sozialen Kontexten in Erwägung gezogen und untersucht werden. Rezeptionsforschung ist in diesem Sinne keine interessante Zusatzerwägung, sondern eine notwendige Grundlage jeder Studie, die darauf abzielt, Aussagen über Formen kollektiver Erinnerung zu treffen.

»Es gibt keine kollektive Erinnerung, wohl aber kollektive Bedingungen möglicher Erinnerungen.« In dieser Formulierung des Historikers Reinhart Koselleck spiegeln sich Ablehnung und Akzeptanz von Halbwachs Überlegungen geradezu paradigmatisch wider (Koselleck 2001, 20). Halbwachs hat einen äußerst komplexen sozialen Sachverhalt wegweisend erfasst und auf eine eingängige Formel gebracht. Mit dieser Formel wird das eigentlich Gemeinte allerdings nur unzureichend erfasst. Ebenso wie die abstrakte Rede von kollektiver Identität verschleiert auch jene vom kollektiven Gedächtnis die Vielfalt von Zugehörigkeiten und suggeriert eine Homogenität, die jene soziale Sinnstiftung initiiert, die der Begriff eigentlich analytisch aufschließen soll. Eine kritische Analyse kollektiver Erinnerungsformen setzt daher eine differenzierte Konkretion voraus, die die tendenziell irreführende Funktion des Begriffs ebenso in Rechnung stellt wie seine potentielle politische Inanspruchnahme.

Oral History, Familien- und Generationengedächtnis

Oral History: Nicht selten wird kollektives Gedächtnis als Populärgeschichte gehandelt und mit Oral History gleichgesetzt (s. Kap. IV.5). Diese Gleichsetzung ist irreführend. Das Verhältnis von Oral History und kollektivem Gedächtnis ist jedoch aufschlussreich. Oral History, wie sie sich seit Ende der 1970er Jahre in der Bundesrepublik Deutschland zu etablieren begann, geht der mündlich erfragten Geschichte ganz spezifischer Erinnerungsmilieus nach. Eine der ersten deutschsprachigen Publikationen aus diesem Forschungsfeld trägt den Titel *Lebenserfahrung und kollektives Gedächtnis. Die Praxis der Oral History* (Niethammer 1985) und schließt nicht nur theoretisch an die Studien von Halbwachs (s. Kap. IV.3) an.

In Deutschland ist die Oral History eng mit dem Namen Lutz Niethammer und seinen mehrbändigen Studien zur Arbeiterkultur im 20. Jahrhundert verknüpft. Niethammers Studien gehen der lebensgeschichtlichen Verarbeitung historischer Erfahrung nach und reflektieren in ihren Beschreibungen insbesondere die Zugehörigkeit zu Gruppen (Schichten, Familien, politischen Milieus etc.), sofern diesen in der Selbstbeschreibung eine spezifische Relevanz zugewiesen wird. Die von Niethammer u. a. Ende der 1980er Jahre in der DDR durchgeführten Interviews sind dabei in mehrerer Hinsicht besonders aufschlussreich (Niethammer u. a. 1991). Sie zeugen von einer Kluft zwischen kommunikativem und kulturellem Gedächtnis innerhalb einer diktatorischen Gesellschaft. Viele der befragten DDR-Bürger waren von einer antifaschistischen Lesart der Geschichte weit entfernt, und dies obwohl die Staatsführung ihre Geschichtsvermittlung fast vier Jahrzehnte lang auf ein dicht gewebtes Netz von Institutionen, Denkmalen und Riten stützen konnte. Gerade hier zeigte sich, dass der gesamtgesellschaftliche wie erinnerungskulturelle Rahmen insofern präsent war, als man sich zustimmend oder ablehnend auf ihn bezog. Diese Allgegenwart führte aber nicht zwangsläufig zu einer Durchdringung von Alltagskontexten im Sinne der Staatsführung. Nach dem Ende der Diktatur ist es schwer, Aussagen über Formen kollektiver Erinnerung in der DDR zu treffen, die über das kulturelle Gedächtnis bzw. die staatsoffizielle Lesart der Geschichte hinausgehen. Der Umbau der öffentlichen Erinnerungskultur wie die Umgestaltung und Demontage von Denkmalen nach 1989 lässt sich in den meisten Fällen, etwa über Fotografien aus DDR-Zeiten, rekonstruieren. Für das subjektive Geschichtsbewusstsein ist dieser Vorgang ungleich schwerer nachzuvollziehen (vgl. Moller 2003). Dies liegt zum einen daran, dass Studien wie die hier zitierte in der DDR vor 1989 strikt reglementiert und zensiert wurden. Es hat hat aber auch etwas damit zu tun, dass der staatliche Rahmen der Erinnerung so umbruchartig verschwunden ist, dass die sozialistische Realität schon 1991 wie eine Fiktion erschien (Niethammer u. a. 1991, 68).

Der Umgang mit Zeugnissen lebensgeschichtlicher Erinnerung ist im Bereich der Oral History seit der Jahrtausendwende methodologisch eingehender erschlossen worden. Ein Beispiel hierfür stellt die Studie von Ulrike Jureit zu »kollektiven Erinnerungsmustern« (Jureit 1999) von Überlebenden der Konzentrations- und Vernichtungslager dar. Sie erschließt die über das Individuum hinausweisenden Phänomene, indem sie zunächst individuelle Sinnkonstruktionen herausarbeitet und typisiert, um diese dann durch ein diskursanalytisches Verfahren in ihrer historischen und gesellschaftlichen Kontextgebundenheit zu verorten. Jureit kann durch den Vergleich von zu unterschiedlichen Zeitpunkten entstandenen lebensgeschichtlichen Interviews und Aufzeichnungen zeigen, wie etwa Filmproduktionen zum Holocaust sich in autobiographischen Erzählungen niederschlagen können.

Familiengedächtnis: Die Analyse des Familiengedächtnisses gibt Aufschluss sowohl über die

2. Das kollektive Gedächtnis

Konstitution von Erinnerungsgemeinschaften als auch über die Interaktion verschiedener Gedächtnisformen. Die Soziologin Angela Keppler (1994) hat die kommunikative Vergemeinschaftung in Familien am Beispiel von Tischgesprächen empirisch erforscht. Sie kommt dabei zu dem Schluss, dass die Einheit einer Familiengeschichte nicht in einer einheitlichen bzw. in einer in einem Stück erzählten Familiengeschichte besteht, sondern in der Beständigkeit der Anlässe und Gelegenheiten, die ein gemeinsames Sich-Erinnern der Familienmitglieder möglich macht.

Das Zusammenspiel von kultureller und kommunikativer Erinnerung im Kontext intergenerationeller Tradierung in Familien zeigt die Studie des Sozialpsychologen Harald Welzer u.a., die der Erinnerung an den Nationalsozialismus nachgeht (Welzer u.a. 2008). Die Studie illustriert, dass Geschichten und Erlebnisse aus der Vergangenheit nicht in fixierter Form weitergegeben, sondern bereits beim Hören wie beim Kommentieren und Nacherzählen mit eigenem Sinn versehen und so verändert werden. In Hinblick auf die NS-Vergangenheit ist es dabei nicht selten ein generalisiertes Bild der Großeltern bzw. der eigenen Familie, über das etwa eine spezifische Geschichte von der eigenen ›Oma‹ in dieser Zeit konstruiert wird. In diesem Sinne ist dann z.B. die Vorstellung, »in unserer Familie hilft man anderen«, der soziale Rahmen, der die Erinnerung anleitet. Damit wird ein Bild von den eigenen Familienangehörigen gezeichnet, das diese von einer Beteiligung bzw. Mitschuld an den Verbrechen des NS-Regimes von vornherein ausnimmt. Dieses Phänomen verweist indes nicht auf eine ›Unwirksamkeit‹ des kulturellen Gedächtnisses. Erst dadurch, dass der primär auf der Ebene der öffentlichen Erinnerungskultur thematisierte verbrecherische Charakter des NS-Regimes anerkannt wird, entsteht die Notwendigkeit, Familienloyalität und historisches Wissen miteinander in Einklang zu bringen. In der Interaktion zwischen kommunikativem und kulturellem Gedächtnis wird allerdings nicht ein Narrativ von einer Ebene auf die nächste übersetzt bzw. gesendet, sondern die Resonanz des kulturellen Gedächtnisses zeigt sich hier in nicht-intendierten familienbiographischen Sinnkonstruktionen.

Welzer hat die Gedächtnisformen in diesem Zusammenhang weiter ausdifferenziert, da sich sowohl im kommunikativen wie im kulturellen Gedächtnis Interaktionen und Medien danach unterscheiden lassen, ob sie die Vergangenheit absichtsvoll oder en passant vermitteln. Den Bereich, in dem Vergangenheit nicht-intentional vermittelt wird, ordnet Welzer – in Anlehnung an die Begriffsprägung von Burke – dem ›sozialen Gedächtnis‹ zu (s. Kap. II.5). Dementsprechend sind etwa persönliche Erzählungen über die Vergangenheit auf Familienfeiern ebenso dem sozialen Gedächtnis zuzurechnen wie eine Komödie aus den 1930er Jahren, die absichtslos den entsprechenden historischen Assoziationsraum mittransportiert. Beiden Beispielen kann aber jederzeit eine Vermittlungsabsicht zugeordnet werden: So wie sich die Familienerzählung in einer kontroversen Diskussion in eine Aussage darüber verwandeln kann, »wie es wirklich gewesen ist«, so kann auch die Komödie zu einer Quelle im Geschichtsunterricht werden, durch die der historisch-politische Kontext zum Entstehungszeitpunkt des Filmes erschlossen wird.

Soziale Bezugsrahmen wie die kollektiven Bezugsrahmen der Familie müssen den einzelnen Familienangehörigen nicht bewusst sein, wenn diese versuchen, sich an bestimmte Episoden aus der gemeinsamen Geschichte zu erinnern. Vorstellungen wie jene von der »Wesensart« der Familie (Halbwachs) lassen sich auch als *implizite Erinnerungen* begreifen. Aus neurowissenschaftlicher Perspektive beschreibt das implizite Gedächtnis Formen nicht bewusster Erinnerung: Menschen werden von vergangenen Erfahrungen beeinflusst, ohne dass ihnen dabei bewusst ist, dass sie sich erinnern.

Generationengedächtnis: Auch Formen von Generationengedächtnis (s. Kap. IV.8) sind als ›implizites Gedächtnis‹ zu verstehen. Geht man von dem von Karl Mannheim in den 1920er Jahren geprägten Generationenbegriff aus, so bezieht sich das Generationengedächtnis nicht in erster Linie auf die Erfahrungen, die eine Gruppe von Menschen in einem bestimmten zeitlichen

Kontext gemacht hat, sondern vor allem auf die Form der Erfahrungsverarbeitung. Der Erfahrungshintergrund der Generation bestimmt in diesem Sinne die individuelle Wahrnehmung und Einordnung von Ereignissen – subjektive Erinnerungen werden durch ein implizites Generationengedächtnis gerahmt.

Diese Form von generationeller Erinnerung spiegelt sich in der Studie von Howard Schuman und Jacqueline Scott (1989) wider. In breit angelegten Repräsentativbefragungen konnten sie zeigen, wie zentralen Ereignissen der amerikanischen Zeitgeschichte unterschiedliche generationelle Bedeutsamkeit zugemessen wird. 1985 wurden Amerikaner gebeten, maximal zwei der wichtigsten Ereignisse in der amerikanischen Geschichte zu benennen. Dabei zeigte sich, dass die Befragten vor allem jene Ereignisse benannten, die in die Übergangszeit von der Adoleszenz zum Erwachsenenalter (hier 18. bis 30. Lebensjahr) fallen, die in der psychologischen Forschung auch als *reminiscence bump* bezeichnet wird (s. Kap. II.1).

Kollektive Erinnerung auf der Ebene von Nationen

Der Soziologe Jeffrey Olick (1999) hat die verschiedenen Auffassungen von Kultur, die den beiden Hauptströmungen der Forschung zum kollektiven Gedächtnis zugrunde liegen, aufgegriffen, und in eine weitere Differenzierung überführt. Kultur als Rahmen gesellschaftlicher Erinnerung, wie er in öffentlichen Praktiken, Symbolen und Objekten zum Ausdruck kommt, zählt Olick zum Kernbereich kollektiver Erinnerung (*collective memory*). Studien, die Kultur als Kategorie subjektiver Bedeutungszuschreibung fokussieren, deren Ausgangspunkt oder Analyseeinheit die individuelle Erinnerung ist, rechnet er dem Bereich *collected memory* zu (s. Kap. II.5). *Collected memory* meint individuelle Erinnerung, die gesammelt und aggregiert wurde – sei es im Rahmen einer Oral History-Befragung oder einer Repräsentativerhebung auf nationaler Ebene. Letztlich spiegelt diese Entgegensetzung von *collected* und *collective memory* die terminologische Unterscheidung in kommunikatives und kulturelles Gedächtnis wider, die sich allerdings mangels einer Übersetzung von Jan Assmanns zentralem Werk bisher nicht gleichermaßen im anglo-amerikanischen Sprachraum durchgesetzt hat.

Begibt man sich in Hinblick auf Fragen nach kollektiver Erinnerung und kollektivem Gedächtnis auf die Ebene der Nation, so lässt sich festhalten, dass dieses Feld vor allem von Studien bestellt wird, die die Gedächtnisfunktion von kulturellen Symbolen und Praktiken in den Blick nehmen. Das ist insofern sinnvoll, als für derart große Gruppen wie Nationen, Staaten oder Religionen die Frage, »was dürfen wir nicht vergessen?«, so zentral für Identität und Selbstverständnis ist, dass die kollektiven Vergangenheitsbezüge stärker kulturell geformt und damit gefestigt werden müssen, um die (politische) Handlungsfähigkeit der Gruppe sicherzustellen (Assmann 2007). Damit eine Gruppe ihre Erinnerungen auf der Ebene des kulturellen Gedächtnisses dauerhaft aufrechterhalten und weitergeben kann, muss sie sich auf Träger stützen können, die sowohl über die Kompetenz als auch über die Möglichkeit verfügen, den »flüssigen« Strom zerstreuter, ganz verschiedener Gruppenerinnerungen in eine »feste«, organisierte und gemeinsam geteilte Gruppenerinnerung zu transformieren (ebd., 59). Auf diesem Feld sind seit den 1990er Jahren beeindruckende Studien entstanden, die öffentliche Erinnerungskulturen als Wechselspiel von Gegenwart und Vergangenheit, Politik und Geschichte in ganz spezifischen sozio-kulturellen Kontexten dechiffrieren (s. Kap. II.6).

Nationale, öffentliche Erinnerungskulturen lassen sich in diesem Sinne als ein Kampf partikularer Erinnerungsgemeinschaften beschreiben. An der öffentlichen Erinnerungskultur ist ablesbar, welche Erinnerung auf dieser Ebene durchgesetzt wurde. Über die öffentliche Erinnerungskultur allein lässt sich aber im Umkehrschluss nicht das kollektive Gedächtnis einer Nation beschreiben. Es gibt inoffizielle, widerstreitende Erinnerungsgemeinschaften, die sich politisch nicht durchsetzen konnten oder denen aus kulturellen oder politischen Gründen der Zugang zu Archiven oder die Archivierung der eigenen Geschichte bis dato verwehrt geblieben ist. Auch die Reichweite der öffentlichen Erinnerungskultur ist unbestimmt. Es lassen sich zwar, wie Pierre Nora dies für Frankreich und Etienne François und Hagen Schulze für Deutschland getan haben, nationale Erinnerungsorte, sogenannte *lieux de mémoire,* bestimmen (s. Kap. III.9). Diese beschreiben jedoch primär die Gedächtnisförmigkeit der Kultur und lassen nur bedingt Rückschlüsse über die Kulturgeprägtheit des individuellen Gedächtnisses bzw. der lokalen Alltagskommunikation zu.

Auf nationaler Ebene sind Erinnerungsorte, wie etwa Denkmale, in der Regel dem Bereich der staatlichen Erinnerungs- bzw. Geschichtspolitik zuzurechnen. ›Geschichtspolitik‹ meint den öffentlichen Gebrauch der Geschichte durch Deutungseliten. Sie ist kein Signum autoritärer oder diktatorischer Systeme, sondern Geschichtspolitik wird auch in pluralistisch verfassten Gesellschaften als notwendige ›politisch-pädagogische‹ Aufgabe erachtet und wahrgenommen. Ein bevorzugtes Feld findet die staatliche Geschichtspolitik neben der Einrichtung und Gestaltung von Gedächtnisorten (wie Gedenktagen, Museen, Gedenkstätten, Denkmale etc.) beispielsweise im Bereich der schulischen Bildung als politische Bildung. Diese politisch-kulturelle Dimension staatlicher Erinnerung ist zu unterscheiden von der Vergangenheitspolitik, die sich stärker auf die politisch-rechtlicher Ebene im Umgang mit der Vergangenheit und deren legislative Voraussetzungen bezieht. In dieses Handlungsfeld fallen z. B. Akte der Bestrafung, Amnestierung und Entschädigung, die insofern gewichtige Bestandteile der Erinnerungskultur einer Gesellschaft darstellen, als durch diese immer bestimmte Deutungen der Vergangenheit sanktioniert bzw. negiert werden.

Desiderate und Ausblick

Dieses Handbuch selbst ist Ausdruck einer gegenwärtigen Bestandsaufnahme und Neuformierung des Forschungsfeldes kollektiver Erinnerung. Ob dieses Feld zukünftig den Oberbegriff ›Cultural Memory Studies‹ oder ›Social Memory Studies‹ tragen wird, oder ob beide Begriffe koexistieren werden, ist gegenwärtig nicht ausgemacht. Gewiss ist allerdings, dass der Begriff des ›Kollektiven Gedächtnisses‹ diese Funktion nicht übernehmen kann. So faszinierend Sprache und Konkretion der Halbwachsschen Phänomenologie auch sein mögen, Halbwachs' Konzept schärft zwar die Aufmerksamkeit für einen sozialen Problembereich, konkret anwendbar wird es aber erst über Fortentwicklungen, die zum Teil noch im Entstehen begriffen sind.

In Zukunft wird es dabei darauf ankommen, beide hier skizzierten Forschungsströmungen, die sich mit der Entgegensetzung von kulturwissenschaftlich versus psychologisch nur unzureichend beschreiben lassen, stärker zusammenzudenken. Hierfür gibt es wenige, aber dennoch aufschlussreiche Ansätze, die aufgegriffen und weiterentwickelt werden können. Ein Beispiel für eine solche Kooperation stellt der Beitrag von Barry Schwartz und Howard Schuman (2005) dar. Schwartz gilt als einer der einflussreichsten Adepten von Halbwachs im anglo-amerikanischen Sprachraum, der sich eingehend mit Formen nationaler Erinnerung auf der Ebene des kulturellen Gedächtnisses beschäftigt hat. Zentraler Untersuchungsgegenstand für Schwartz ist die Erinnerung an den amerikanischen Präsidenten Abraham Lincoln. Für seine diesbezügliche Analyse hält Schwartz fest, dass die Zahl der Ikonen, Denkmale, Plätze, die in Erinnerung an den Bürgerkriegspräsidenten geschaffen wurden, seit 1950 relativ konstant geblieben ist, während sich Vorstellungen und Überzeugungen von der Rolle Lincolns in der amerikanischen Geschichte dramatisch verändert haben. Schwartz und Schuman haben versucht, diese Erkenntnisse für Fragebogenerhebungen zu operationalisieren, um auf diesem Wege erinnerungskulturelle Objektivationen stärker an gegenwärtige, individuelle Aneignungsweisen anzukoppeln.

Es gilt aber nicht nur die Ergebnisse aus beiden Forschungsrichtungen zusammenzudenken, sondern auch kulturelle Praktiken und Medien in Hinblick auf ihre (sozial-)psychologische Wirksamkeit zu untersuchen. Dabei geht es nicht um die unzulässige Psychologisierung kollektiver Phänomene, sondern etwa um die psycholgische

Analyse von Emotionen im Film bzw. die emotionale Aneignung von Filmen. Dieses lange Zeit von psychoanalytischen Ansätzen dominierte Feld bietet gegenwärtig durch eine Neuausrichtung auf Erkenntnisse der neurowissenschaftlichen Gedächtnisforschung neue Perspektiven und Anknüpfungspunkte.

Für die Auseinandersetzung mit dem kommunikativen Gedächtnis ist sicherlich eine neue Ebene der Tradierungsforschung notwendig (s. Kap. IV.6). Bisherige Studien waren stark auf identitätskonkrete Kommunikationen ausgerichtet (wie lebensgeschichtliche Erzählungen oder Familiengespräche). Hier gilt es Verfahren zu entwickeln, die die Aneignung von Medien des alltagsweltlichen Gedächtnisses (Talkshows, Zeitungsberichte, Internet etc.) stärker transparent machen, ohne dabei gleichzeitig die kollektiven Bezugsrahmen wieder aus den Augen zu verlieren. Die interpersonale Ebene bezieht sich dabei nicht allein auf die imaginierten Gesprächspartner bzw. ›imagined communities‹, die die individuelle Aneignung und Rekonstruktion so nachhaltig prägen. Forscher und Forschungskontexte bilden einen bedeutsamen, in der Regel nicht explizierten Rahmen, der für die Analyse und das Verständnis der Rekonstruktionsprozesse erschlossen werden sollte.

Die für die interdisziplinäre Gedächtnisforschung zunehmend als Hauptherausforderung apostrophierte Wirkungs- und Rezeptionsforschung lässt sich vermutlich erst dann erfolgreich bewältigen, wenn nicht allein diejenigen zusammengebracht werden, die sich der Schlüsselkategorie der Gedächtnisforschung verpflichtet fühlen, sondern auch der Austausch mit jenen Disziplinen intensiviert wird, die sich traditionell mit Medien und Lernprozessen beschäftigen, die sich aber nicht als Erinnerungsforscher definieren. Die Frage etwa, wie Filme angeeignet und erinnert werden, ist so alt wie der Film selbst und wurde bereits zu Zeiten des Stummfilms in Hinblick auf dessen Nutzbarkeit für organisierte Lernprozesse empirisch erforscht. Diese Forschungsansätze werden nur dann nicht in Vergessenheit geraten und für die Erinnerungsforschung nutzbar sein, wenn interdisziplinäre Kommunikation nicht nur gefordert, sondern praktiziert wird: »Man kann sich nur unter der Bedingung erinnern, daß man den Platz der uns interessierenden Ereignisse in den Bezugsrahmen des Kollektivgedächtnisses findet« (Halbwachs 1985, 361).

Literatur

Assmann, Jan: *Das kulturelle Gedächtnis. Schrift, Erinnerung und politische Identität in frühen Hochkulturen* [1992]. München ⁶2007.

Erll, Astrid: *Kollektives Gedächtnis und Erinnerungskulturen. Eine Einführung.* Stuttgart/Weimar 2005.

– /Nünning, Ansgar (Hg.): *Cultural Memory Studies. An International and Interdisciplinary Handbook.* Berlin/New York 2008.

Halbwachs, Maurice: *Das Gedächtnis und seine sozialen Bedingungen.* Frankfurt a. M. 1985 (frz. 1925).

–: *Das kollektive Gedächtnis.* Frankfurt a. M. 1991 (frz. 1950).

Jureit, Ulrike: *Erinnerungsmuster. Zur Methodik lebensgeschichtlicher Interviews mit Überlebenden der Konzentrations- und Vernichtungslager.* Hamburg 1999.

Keppler, Angela: *Tischgespräche. Über Formen kommunikativer Vergemeinschaftung am Beispiel der Konversation in Familien.* Frankfurt a. M. 1994.

Koselleck, Reinhart: Gebrochene Erinnerung? Deutsche und polnische Vergangenheit. In: *Deutsche Akademie für Sprache und Dichtung, Jahrbuch 2000.* Göttingen 2001, 19–32.

Moller, Sabine: *Vielfache Vergangenheit. Öffentliche Erinnerungskulturen und Familienerinnerungen an die NS-Zeit in Ostdeutschland.* Tübingen 2003.

Niethammer, Lutz (Hg.). *Lebenserfahrung und kollektives Gedächtnis. Die Praxis der Oral History.* Frankfurt a. M. 1985.

– /von Plato, Alexander/Wierling, Dorothee: *Die volkseigene Erfahrung. Eine Archäologie des Lebens in der Industrieprovinz der DDR.* Berlin 1991.

Olick, Jeffrey K.: Collective Memory. The Two Cultures. In: *Sociological Theory* 17 (1999), 333–348.

Schuman, Howard/Scott, Jacqueline: Generations and Collective Memory. In: *American Sociological Review* 54. Jg. (1989), 359–381.

Schwartz, Barry/Schuman, Howard: History, Commemoration, and Belief: Abraham Lincoln in American Memory 1945–2001. In: *American Sociological Review* 70. Jg., 2 (2005), 183–203.

Welzer, Harald/Moller, Sabine/Tschuggnall, Karoline: »Opa war kein Nazi«. *Nationalsozialismus und Holocaust im Familiengedächtnis* [2002]. Frankfurt a. M. ⁶2002.

Sabine Moller

3. Das kulturelle Gedächtnis

Nur wenige Themen haben während der letzten zwei Jahrzehnte in Wissenschaft, Öffentlichkeit und den Medien gleichermaßen Aufmerksamkeit auf sich gezogen wie der Begriff des kulturellen Gedächtnisses. Bemerkenswert an der gegenwärtigen Popularisierung des Gedächtnisses ist, dass der Gedächtnis-Boom selbst zum Teil des kulturellen Gedächtnisses des späten 20. und frühen 21. Jahrhunderts wird. Ungeachtet der Popularität, oder vielleicht gerade deshalb, bleibt der Begriff des kulturellen Gedächtnisses eher ungenau. Wie aber der akademische Imperativ der Produktdifferenzierung verlangt, ist es genau diese Unbestimmtheit des Begriffes des kulturellen Gedächtnisses, die eine Vielzahl von Disziplinen aus Sozialwissenschaft, den Geisteswissenschaften und Neurowissenschaften angelockt hat. In einigen Fällen bezieht sich das kulturelle Gedächtnis auf einen spezifischen Aspekt des Gedächtnisses oder dient als eine übergreifende Kategorie, während er in den meisten anderen Fällen synonym mit dem gleichermaßen mehrdeutigen Begriff des kollektiven Gedächtnisses gebraucht wird (s. Kap. II.2). Ungeachtet der Unterschiede und Kontroversen ist den meisten dieser Definitionen die Neuordnung von Zeitlichkeiten gemeinsam. Diese drehen sich häufig um eine präsentische Bestimmung der Vergangenheit, die einem kollektiven Selbstverständnis dient. Dabei bevorzugen sie typischerweise die Nation, schenken ihre Aufmerksamkeit aber auch zunehmend subnationalen Analysekategorien wie beispielsweise ethnischen Minderheiten, dem Geschlecht oder anderen Gruppen mit entgegengesetzten Erinnerungsagenden. Trotz der fortdauernden kleinen Unterschiede (oder des Narzissmus hinsichtlich dieser Unterschiede) stimmen die meisten Studien den allgemeinen Merkmalen des kulturellen Gedächtnisses, wie sie in diesem Handbuch dargestellt werden, zu: Es wird üblicherweise als intentionale, äußerst organisierte und größtenteils institutionalisierte mnemonische Manifestation angesehen. Des weiteren dient es als eine Ressource bzw. Quelle für die Gruppenidentität, die auf Erinnerungen vertraut, die in unterschiedlichen archivarischen Medien, symbolischen Formen und Praktiken externalisiert sind und so selbst objektivierte Formen der Kultur werden.

Diese Arbeitsdefinition beruht weitgehend auf den Beiträgen von Jan und Aleida Assmann, die als Begründer des Begriffs des kulturellen Gedächtnisses angesehen werden können. Zu Beginn der frühen 1980er Jahre erweiterten sie die einflussreichen Beiträge von Maurice Halbwachs, indem sie das kulturelle Gedächtnis als eine Metakategorie bezeichneten, welche sowohl das kommunikative wie das kollektive Gedächtnis umfasst. In einem grundlegenden Beitrag von 1988 definierte Jan Assmann das kulturelle Gedächtnis als »Sammelbegriff für alles Wissen, das im spezifischen Interaktionsrahmen einer Gesellschaft Handeln und Erleben steuert und von Generation zu Generation zur wiederholten Einübung und Einweisung ansteht« (Assmann 1988, 9). Ein entscheidendes Merkmal des kulturellen Gedächtnisses ist, anders als bei anderen Formen des Gedächtnisses (wie das kommunikative Gedächtnis in Gruppen oder Familien), dass es dessen Träger überlebt, da es in externalisierten Erinnerungen verankert ist. Im Gegensatz zum ›kommunikativen Gedächtnis‹ (s. Kap. II.4), welches alltagsnah verfasst ist, zeichnet sich das kulturelle Gedächtnis durch seine Alltagsferne aus. Basierend auf Ritualen, materieller Kultur und wiederholten Bildern dient das kulturelle Gedächtnis als Grundlage für kollektives Selbstverständnis. Übertragen auf institutionalisierte Formen der Sozialisation ist das kulturelle Gedächtnis eng verbunden mit bestimmten Identitäten und bedarf ideologischer Arbeit, um die widersprüchliche und willkürliche Natur von Erinnerungen in eine stabile Form zu transformieren. Mit anderen Worten, das kulturelle Gedächtnis wird in der Kultur objektiviert. Als solches ist es verkörpert, teilnehmend und im Wesentlichen eine Realisierung von Zugehörigkeit.

Die Dauerhaftigkeit des kulturellen Gedächtnisses beruht auf externen Medien und Institutionen, in die Erinnerungen und Wissen eingeschrieben werden (z. B. Archive, Museen, Bibliotheken, s. Kap. III.6 und 7). Um diese Art der Erinnerung, welche einzelne Erfahrungen überschreitet, als generationsübergreifende langzeitige Erinnerung aufrecht zu erhalten, bedarf es äußerst institutionalisierter Aufbewahrungsorte. Nach Jan Assmann existiert das kulturelle Gedächtnis in zwei Modi: »einmal im Modus der Potentialität als Archiv, als Totalhorizont angesammelter Texte, Bilder, Handlungsmuster, und zum zweiten im Modus der Aktualität, als der von einer jeweiligen Gegenwart aus aktualisierte und perspektivierte Bestand an objektiviertem Sinn« (Assmann 1988, 13). Aleida Assmann (2009) hat die Modalitäten, mit denen das Speichergedächtnis operiert, adressiert, indem sie die eng verschlungene Beziehung zum Funktionsgedächtnis für den Gruppenzusammenhang ausgearbeitet hat. Das archivarische Gedächtnis verändert sich ständig, indem einige Objekte aktiv zirkuliert werden, so dass ein Kanon hergestellt wird, im Gegensatz zu denjenigen Erinnerungen, die im Archiv abgespeichert werden. Metaphern wie ›Spuren‹ und ›Mitteilungen‹ komplementieren diese Unterscheidung. Der wesentliche Punkt dieser Typologie ist, dass ihre sich ändernde Beziehung, abhängig vom Zusammenspiel historischer Zufälligkeiten und kommunikativen Mustern, die Konturen des kulturellen Gedächtnisses umschreibt.

Angesichts der Verbreitung von Gedächtnisspeichern und der begrenzten Kapazität des menschlichen Gedächtnisses beobachten wir eine zunehmende Externalisierung des Gedächtnisses und somit einen Trend hin zu der Notwendigkeit eines vergessenden und selektiven Gebrauchs von archivierten Erinnerungen. Infolgedessen ist es wichtig zu erkennen, ohne einem gewissen technologischen Determinismus zu unterliegen, dass das Medium selbst die Formen, die das kulturelle Gedächtnis annehmen kann, prägt. Die Entstehung mnemonischer Medien deutet auf eine grundsätzliche Veränderung von mündlicher zu schriftlicher Übertragung hin. Letztere bewegt sich schrittweise von einfachen Formen der Aufnahme zu komplexeren Indices, welche Skripte, Karteikarten und mechanische Graphen sowie elektronische Methoden der Übermittlung umfassen. Neuere Entwicklungen von Erinnerungstechniken finden ihren bisherigen Höhepunkt im größten Erinnerungsspeicher aller Zeiten, dem Internet. Wohl *ist* das Medium die Mitteilung selbst, aber mit der Verbreitung von Erinnerungstechniken und Websites gibt es nicht nur eine Pluralisierung der Mitteilungen, sondern auch eine allumfassende Beschleunigung der Erinnerung was eine Differenzierung des kulturellen Gedächtnisses nahelegt (s. Kap. III.15).

Mit anderen Worten, Veränderungen in der Kommunikation haben sowohl kognitive als auch politische Auswirkungen für die Fassungskraft des kulturellen Gedächtnisses. Schon Walter Benjamin beklagte, dass Erinnerungen, die durch die Kunst des Geschichtenerzählens übermittelt wurden, mit einer neuen Form der Kommunikation ersetzt wurden – nämlich der Information. Diese Entwicklung hallt auch in den jüngsten Beiträgen über den Einfluss des digitalen Zeitalters auf das kulturelle Gedächtnis wider, wenn nämlich die Erweiterung der externen Speicherkapazitäten, das heißt die Gedächtnisarchive, die menschlichen Kapazitäten des Erinnerns übersteigen. Es ist jedoch nicht nur die McLuhansche Qualität dieser formalen Veränderungen, die Aufschluss über die Wechselfälle des kulturellen Gedächtnisses gibt. Noch sind die Probleme, die entscheidenden Merkmale des kulturellen Gedächtnisses zu spezifizieren, lediglich eine Funktion der analytischen Trennung von anderen Formen des Gedächtnisses, insbesondere die veränderte Beziehung zum kommunikativen Gedächtnis.

Die Historisierung des kulturellen Gedächtnisses und seine charakteristischen Träger

Es ist eher so, dass Komplexität und Multivalenz des kulturellen Gedächtnisses mit unterschiedlichen epochalen Manifestationen (z. B. imperial, national, global) verbunden sind, welche durch verschiedene historische Erfahrungen (z. B. die Nähe einer Generation zu einem bestimmten Ereignis) vermittelt werden, durch uneinheitliche historische Entwicklungen (z. B. mehrfache, gleichzeitige Modernen) und gleichzeitig pfadabhängige Zweckmäßigkeiten (z. B. landesspezifische und kulturell bedingte Positionen gegenüber bestimmten Vergangenheiten). Um zu verstehen, wie die Balance dieser Faktoren die Transformation des kulturellen Gedächtnisses durchdringt, tritt ein methodologischer Gestaltwechsel ein. Sowohl die Salienz als auch die Geschmeidigkeit des kulturellen Gedächtnisses werden am besten mit dem mnemo-historischen Ansatz bemessen. In Übereinstimmung mit Jan Assmann (1998) geht es in der Erinnerungsforschung nicht um eine Erforschung der Vergangenheit per se, sondern eher darum, wie eine bestimmte Vergangenheit erinnert wird. Die Vergangenheit ist hier nicht nur abhängig von der Art der je gegenwärtigen Instrumentalisierung – Geschichte dient den Zweckmäßigkeiten der Tagespolitik –, sondern die Vergangenheit als solche wird durch die Gegenwart erfunden, geformt und rekonstruiert. Wie Geschichte erinnert wird (und infolgedessen mit der Zeit verzerrt wird) tritt als wichtigster Fokus unseres analytischen Vorhabens hervor. Jan Assmann betont, dass das Wichtige nicht so sehr die Faktizität der Erinnerung ist, sondern die Aktualität.

Indem die Manifestationen des kulturellen Gedächtnisses als ein zufälliges Phänomen historisiert werden, können wir gleichzeitig die Gründe für bestimmte Erinnerungskulturen verdeutlichen und die Spezifität des kulturellen Gedächtnisses begreifen. Dieser prozessorientierte Ansatz zum kulturellen Gedächtnis legt nahe, dass »Gedächtnis nicht einfach die Speicherung vergangener Fakten [ist], sondern die fortlaufende Arbeit rekonstruktiver Imagination. Die Vergangenheit, mit anderen Worten, lässt sich nicht speichern, sondern muss immerfort angeeignet und vermittelt werden. Diese Vermittlung hängt ab von den Sinnbedürfnissen und Sinnrahmen eines gegebenen Individuums oder einer Gruppe innerhalb einer gegebenen Gegenwart« (Assmann 1998, 34). Die Geschmeidigkeit und Zufälligkeit sind so zwei entscheidende Dimensionen des oben erwähnten Zusammenhangs von epochalen und technologischen Entwicklungen und den dazugehörigen kulturellen Pfadabhängigkeiten. Im Folgenden werden drei konzeptionelle Überlegungen, die ein mnemo-historischer Ansatz in Betracht ziehen muss, kurz vorgestellt.

Gruppenspezifisches Gedächtnis

Die erste betrifft die spezifischen Merkmale der mnemonischen Bezugsgruppe. »Religiöse, politische, wirtschaftliche Gesellschaften, Familien, Freundes- und Bekanntengruppen und selbst ephemere Versammlungen in einem Salon, in einem Zuschauerraum, auf der Straße lassen die Zeit auf ihre Weise stillstehen oder ihre Mitglieder der Illusion erliegen, dass zumindest während einer bestimmten Zeitspanne in einer Welt, die sich unaufhörlich wandelt, bestimmte Zonen eine relative Stabilität und ein relatives Gleichgewicht erworben haben, und dass sich in ihnen während einer mehr oder minder langen Periode nichts grundlegendes geändert hat« (Halbwachs 1991, 125). Ein offensichtlicher, jedoch manchmal vernachlässigter Aspekt ist, dass Erinnerungspraktiken durch spezielle Gruppenmerkmale und charakteristische Dispositionen gegenüber bestimmten Vergangenheiten und Vergangenem im Allgemeinen vermittelt wird. Die Aufmerksamkeit für diese Art der kulturellen Validierung, die bestimmte Gruppen temporären Phänomenen selbst zuschreiben, wie beispielsweise dem Fortschritt, Wandel, der Innovation oder Erinnerung ist demzufolge unverzichtbar.

Die Frage nach der Größe der mnemonischen Bezugsgruppe (z.B. generationell, familiär, ethnisch, religiös, national etc.) bleibt. Claude Lévi-Strauss beispielsweise unterscheidet zwischen heißen und kalten Gesellschaften. Kalte Gesellschaften sind durch ihr Verlangen gekennzeichnet »auf gleichsam automatische Weise die Wirkung zu annullieren, die die historischen Faktoren auf ihr Gleichgewicht und ihre Kontinuität haben könnten« (Lévi-Strauss 2008, 270). Im Gegensatz dazu interiorisieren heiße Gesellschaften »das historische Werden, um es zum Motor ihrer Entwicklung zu machen« (ebd.). Patrick Hutton (1993) schlägt eine ähnliche konzeptionelle Paarung vor, die sich darauf bezieht, wie sich die mnemonische Gemeinschaft etabliert, und argumentiert, dass die Geschichte selbst das Aufeinandertreffen von zwei Momenten der Erinnerung durch Wiederholung und Rückbesinnung vermittelt: Ersteres bezieht sich auf tiefe, kulturelle

Strukturen der Vergangenheit, welche unser gegenwärtiges Verständnis fortlaufend unreflektiert informieren, letzteres bezieht sich auf unsere bewussten Versuche, die Vergangenheit in Verbindung mit gegenwärtigen Bedürfnissen abzurufen. Mit dem Emporkommen des Nationalstaats und dessen globaler Diffusion werden heiße Gesellschaften, die Wiederholung und Rückbesinnung miteinander verschmelzen, zu einem weit verbreiteten Phänomen.

Die intensive Beschäftigung mit der Vergangenheit selbst zeigt jedoch nicht, wie sich Gesellschaften ihrer Geschichte annähern. Man könnte zum Beispiel argumentieren, dass Gesellschaften, die heiße Erinnerungen entfalten, nicht weniger geneigt sind, die Vergangenheit zu annullieren, um Ausgleiche und Kontinuitäten zu errichten, als diejenigen, die dazu neigen, den Bezug zum Vergangenen zu minimieren. Dieser Ansicht folgend dient das kulturelle Gedächtnis dem Zweck der Institutionalisierung von Erinnerungen einer bestimmten historischen Vergangenheit, um konkurrierende Erzählungen zusammenzufassen. Es geht hier nicht darum, diese Versuche der Nichtbeachtung als ein Gegenmittel für Erinnerung zu betrachten. Das kulturelle Gedächtnis beinhaltet eher das Vergessen, da seine Fähigkeit, Massenidentifikation zu mobilisieren und konstituieren, größtenteils auf einem Prozess der Entkontextualisierung basiert, was wiederum einen Wechsel von konkreten Erinnerungen hin zu abstrakter Erinnerung erfordert. Das heißt einen Schritt weg von der konkreten (und spezifischen) Erfahrung hin zu einer abstrakteren (und universellen) Mitteilung. Dementsprechend können wir einen Wandel beobachten, der aus der Institutionalisierung des Gedächtnisses auf Kosten der Erinnerung besteht. Diese Unterscheidung zwischen Gedächtnis und Erinnerung ist kein Zufall. Noch kann dies auf die sogenannte Instrumentalisierung von Erinnerungen reduziert werden. Das kulturelle Gedächtnis schwankt zwischen dem Konkreten und dem Abstrakten, und die angedeutete Entkontextualisierung wohnt dem Handlungsablauf inne, von dem Erinnerungen ihre ritualisierte Stärke ableiten. Die Ritualisierung hängt von der Vermittlung ab, welche der Definition nach ein gewisses Maß an Abstraktion benötigt. Man kann von vermitteltem Vergessen sprechen. Darüber hinaus ist die Immanenz dieser Dynamik und die Signifikanz, die die Vergangenheit für eine Gruppe hat, nicht nur das Produkt der historischen Relevanz und der geographischen Nähe, sondern auch das Ergebnis der temporären Distanz zu den Ereignissen, die erinnert werden. Dieser notwendige Übergang entspricht dem Argument des unvermeidlichen Wandels vom Konkreten zum Abstrakten. Das kulturelle Gedächtnis wandelt Geschichte in Narrative und verlagert die Aufmerksamkeit von empirischer (das heißt spezifischer) Geschichte hin zu erinnerter Geschichte (das heißt diejenige, die durch Ritualisierung und andere Formen der Repräsentation produziert wird).

Ungleichzeitigkeit

Von Bedeutung für die Gedächtnisforschung ist ein zweiter Aspekt, der sich mit der Frage beschäftigt, wie verschiedene Kulturen die Vergangenheit auf bestimmte Art und Weise verstehen, und bezieht sich auf Fragen der Ungleichzeitigkeit. In der akademischen Debatte ist zu beobachten, dass die zumeist westliche Konzeption des kulturellen Gedächtnisses bevorzugt wird. Wohl ist die Beschäftigung mit dem Gedächtnis ein europäisches Phänomen, welches in den 1980er Jahren expandiert, und weitgehend durch die verzögerte Reaktion auf die Gräueltaten des Zweiten Weltkrieges im Allgemeinen und des Holocausts im Besonderen angetrieben wurde (Levy/Sznaider 2001). Nichtsdestoweniger besteht die Notwendigkeit, den Begriff des kulturellen Gedächtnisses zu entprovinzialisieren, da dieser regelmäßig in einer idealisierten Sequenz der Moderne seinen Platz findet, welche unter anderem durch die Beziehung zur Vergangenheit und zur Tradition charakterisiert ist: sei es Ferdinand Tönnies' berühmte Unterscheidung von Gemeinschaft und Gesellschaft oder eher konstruktivistisch wie die »erfundene Tradition« von Eric Hobsbawm und Terrence Ranger. Ganz zu Schweigen von den linearen Annahmen, welche die sozialen und politischen Modernisierungs-

3. Das kulturelle Gedächtnis

theorien schon lange beeinflusst haben. Mit anderen Worten, der Großteil der Literatur zum Gedächtnis arbeitet mit einer Konzeption der Moderne, die eine bestimmte Universalität festschreibt und damit die partikularen Bedingungen, durch die Erinnerungskulturen geformt werden, aus den Augen verliert. Sie teilen eine Neigung hin zu einer Moderne, die wenig empirischen, geschweige denn, konzeptionellen Spielraum für die Existenz von Ungleichzeitigkeiten lässt. Statt eine Sicht des kulturellen Gedächtnisses abzubilden, welche eine bestimmte Sequenz von Zeitlichkeiten voraussetzt, müssen wir unsere Aufmerksamkeit auf die unterschiedlichen Beziehungen, in denen sich die zeitliche Triade von Vergangenheit, Gegenwart und Zukunft selbst manifestiert, lenken.

Sich der Aufmerksamkeit für asynchronische Merkmale der Ungleichzeitigkeit zu verpflichten, ist keine Frage von Kulturrelativismus sondern analytischer Pragmatismus. »What engenders noncontemporaneity is the advance of modernity itself, and the more rapidly the modern replaces the pre-modern, or the late modern replaces the early modern, the more sizable amounts of noncontemporaneity get produced« (Gross 2000, 142). Der enge Zusammenhang von verschiedenen historischen Erfahrungen und speziellen Gruppenorientierungen umschreibt Art und Weise des kulturellen Gedächtnisses. David Gross (ebd., 142 ff.) beschreibt drei Arten der zeitlichen Neuausrichtung: Zunächst die absolute Ungleichzeitigkeit, die sich auf eine Vergangenheit bezieht, die ausgelöscht worden ist. Diese stellt eine verlorene Vergangenheit dar, von der wir Fragmente besitzen, die in Museen aufbewahrt werden und archäologischen Spekulationen unterliegen, die jedoch keinen Einfluss auf die gegenwärtige Erfahrung hat. Dann gibt es die relative Ungleichzeitigkeit, welches eine Zeit ist, die ebenfalls vergangen ist, jedoch einige Spuren zurückgelassen hat, die noch immer hervorgerufen werden können (z. B. altmodische Benimmregeln oder Ehrvorstellungen). Zuletzt spricht er von der andauernden Ungleichzeitigkeit, die absolute Gedanken und Handlungsweisen aus der Vergangenheit adressiert, die eindeutig nicht mit den gegenwärtigen Verhaltenspraktiken vereinbar sind.

Zeitdiagnose und epochales Gedächtnis

Demgemäß betrifft die dritte konzeptionelle Überlegung eines mnemo-historischen Ansatzes die epochalen Merkmale des kulturellen Gedächtnisses, die sich zwischen lokalen Bedingungen und globalen Strömungen befinden. Welche mnemonischen Praktiken und die dazugehörigen kulturellen Gedächtnisse überwiegen und kennzeichnen eine bestimmte Epoche und/oder Kultur? Das kulturelle Gedächtnis ist kein zeitloses Phänomen, sondern eines, das eng mit den bestimmten kulturellen Merkmalen einer jeweiligen Periode verknüpft ist. Die Renaissance und insbesondere das 18. Jahrhundert werden weitgehend als der bewusste Anfangspunkt des kulturellen Gedächtnisses angesehen. Während des größten Teils des 20. Jahrhunderts wurde das kulturelle Gedächtnis als hegemoniales Streben des Nationalstaates nach dem Schmieden eines vereinigten und vereinigenden Narrativs von der und für die Vergangenheit angesehen. Was passiert mit der Zentralität des nationalen kulturellen Gedächtnisses, wenn ›periphere‹ oder ›marginale‹ Vergangenheiten das Zentrum durchdringen und legitime Aufmerksamkeit fordern? Während das nationalstaatliche Gedächtnis ein bewusstes top-down Bemühen darstellt, signalisieren das späte 20. und frühe 21. Jahrhundert einen selbst-reflexiven Wendepunkt für die Artikulation des kulturellen Gedächtnisses.

Nichtsdestoweniger bleibt die Literatur zum kulturellen Gedächtnis weitgehend dem Modell des Nationalstaats verschrieben. Die meisten soziologischen Ansätze sind beispielsweise weiterhin von einem festgelegten Verständnis des Nationalstaates durchdrungen, eine Konzeption, die auf die Geburtsstunde der Soziologie inmitten der Formierung der Nationalstaaten im 19. Jahrhundert zurückgeht. Die territoriale Konzeption einer nationalen Kultur – die Idee einer Kultur als ›verwurzelt‹ – war ironischerweise selbst eine Reaktion auf die enormen Veränderungen im Zuge der Jahrhundertwende. Es war der bewusste Versuch, eine Lösung für das ›Entwurzeln‹ der lokalen Kulturen zu finden, das die Formierung von Nationalstaaten notwendigerweise mit sich brachte. Die Soziologie verstand diese neuen Symbole und gemeinsamen Werte, die vor allem durch die Konsolidierung des kulturellen Gedächtnisses vermittelt wurden, indem Verbindungen zu grundlegenden Vergangenheiten etabliert wurden, als ein Mittel zur Integration in eine neue Einheit. Der Erfolg dieser Perspektive kann darin gesehen werden, dass man den Nationalstaat nicht länger als Projekt und Konstrukt ansieht, sondern als etwas Natürliches.

Bei genauerer Betrachtung zeigt sich jedoch, dass globale Interdependenzen mnemonische Praktiken transformieren, indem sie ›nationale Zeit/Vergangenheit‹ als affirmative und umstrittene Ressourcen umgestalten. Zu Beginn des 21. Jahrhunderts wird das flächendeckende Verständnis von Kultur durch die Entkopplung von Nation und Staat im Rahmen des entstehenden kosmopolitischen Gedächtnisses herausgefordert (Levy/Sznaider 2001). Kosmopolitische Gedächtnisse beziehen sich auf einen Prozess, der die Aufmerksamkeit vom Rahmenwerk des territorialen Nationalstaates, welches üblicherweise mit dem Begriff des kulturellen Gedächtnisses assoziiert wird, in eine andere Richtung lenkt. Statt eine Kongruenz von Nation, Territorium und Staatsorganisation vorauszusetzen, basieren kosmopolitische Gedächtnisse auf nationenübergreifenden Ausdrucksweisen, tragen auch zu diesen bei und überschreiten dabei territoriale und linguistische Grenzen. Der ›nationale Container‹ wird langsam geknackt, was nicht das Auslöschen von nationalen oder ethnischen Gedächtnissen impliziert, sondern eher deren Transformation. Sie existieren weiterhin, aber Globalisierungsprozesse bedeuten auch, dass unterschiedliche nationale Gedächtnisse einer gemeinsamen Strukturierung unterworfen sind. Das kulturelle Gedächtnis beginnt sich gemäß der gemeinsamen Rhythmen und Periodisierungen zu entwickeln und kombiniert dabei bereits vorhandene Elemente zu einer neuen Form. Das neue, globale Narrativ muss jeweils mit den alten, nationalen Narrativen zusammengeführt werden und das Ergebnis ist dabei immer unterschiedlich. Globale und lokale (das heißt spezifisch kulturelle) Werte konstituieren sich wechselseitig. Es kann nur durch historische Analysen gezeigt werden, wo genau wir die konzeptionellen und empirischen Grenzen des Lokalen (z. B. des Nationalen, Regionalen) ziehen können.

Fragmentierung und Pluralisierung des kulturellen Gedächtnisses

Die Formation des kosmopolitischen Gedächtnisses schließt die nationale Perspektive nicht aus, sondern übersetzt die nationale Identität in eine von mehreren Optionen einer kollektiven Identifikation. In diesem Sinne sollte eine verallgemeinernde Kritik eines methodologischen Nationalismus nicht als Widerspruch zu der oben genannten Verpflichtung, sich den kulturell-spezifischen Dimensionen der Praktiken des kulturellen Gedächtnisses zu widmen, verstanden werden. Die kosmopolitische Wende regt eher dazu an, bestimmte Orientierungen gegenüber der Vergangenheit vor dem Hintergrund der globalen Gedächtnislandschaft neu zu bewerten. Das bedeutet nicht, dass das kulturelle Gedächtnis nicht mehr innerhalb des Nationalstaates artikuliert werden kann, jedoch verfehlen die Fixpunkte, die die politisch-kulturellen Bestrebungen des europäischen Nationalstaates reflektieren, genau die Art der formenden und hegemonialen Macht, die diese während des 19. Jahrhunderts der Nationalstaatsformierung und ihrer Konsolidierung während der ersten Hälfte des 20. Jahrhunderts genossen haben. Stattdessen beobachten wir eine Pluralisierung des kulturellen Gedächtnisses, sowohl in empirischer Hinsicht als auch mit Blick auf dessen normative Validierung, was den Weg für eine Fragmentierung des kulturellen Gedächtnisses, welches nicht länger dem Nationalstaat exklusiv vorbehalten ist, geebnet hat. Die interpretative Schlüsselfrage ist hier die Transition vom heroischen Nationalstaat zu einer Form von Staatlichkeit, die interne und externe Legitimität durch die Unterstützung von skeptischen Narrativen etabliert und dabei die Art der grundlegenden, quasi-mythischen Vergangenheiten herausfordert, die zuvor als generationsübergreifende Fixpunkte gewirkt haben. Diese post-heroischen Manifestationen der Staatlichkeit basieren auf einem kritischen Umgang mit vergangenen Ungerechtigkeiten, die sich unter anderem in der Verbreitung von historischen Kommissionen und der aktiven Rolle, die Menschenrechtsorganisationen in der öffentlichen Debatte einnehmen, zeigt.

Diese Transformation des kulturellen Gedächtnisses bezieht sich auf die Fragmentierung von Erinnerungen und deren jeweilige Privatisierung, ein Prozess, der sich selbst in der wandelnden Beziehung von Gedächtnis und Geschichte manifestiert. Während der letzten zwei Dekaden konnten wir die Entstehung der Erinnerungsgeschichte beobachten (Diner 2003). Der Unterschied zu konventionellen historischen Narrativen ist durchaus aufschlussreich. Geschichte ist eine detaillierte Idee einer zeitlichen Sequenz, die eine gewisse Form der (nationalen) Entwicklung bildet. Erinnerung, auf der anderen Seite, stellt die Koexistenz der gleichzeitig zeitüberschreitenden Vielzahl von Vergangenheiten dar. (Nationale) Geschichte entspricht dem Telos der Modernität (als eine Art der säkularisierten bürgerlichen Religion). Die Erinnerung löst diese Sequenz auf, was einen konstitutiven Teil der Geschichte darstellt. ›Erinnerungsgeschichte‹ impliziert die Gleichzeitigkeit des Phänomens und einer Vielzahl von Vergangenheiten. ›Erinnerungsgeschichte‹ ist eine spezielle Form des kulturellen Gedächtnisses, welches sich von der durch den Staat unterstützten und den Staat unterstützenden nationalen Geschichte wegbewegt. Das zuvor angestrebte Monopol des Staates, kollektive Vergangenheit zu formen, ist der Fragmentierung der Erinnerung durch private, individuelle, wissenschaftliche, ethnische und religiöse Akteure gewichen. Der Staat spielt selbstverständlich weiterhin eine wichtige Rolle im Hinblick darauf, wie wir Geschichte erinnern, aber er teilt dieses Feld der Sinnbildung nun mit einer Menge anderer Spieler. Das zentrale Ergebnis, das von dieser kurzen Darstellung abgeleitet werden kann, ist der Wandel der Annahme homogener Zeiten und eines hegemonialen kulturellen Gedächtnisses hin zu einem ungleichzeitigen und fragmentierten kulturellen Gedächtnis.

Private und öffentliche Vermittlungsebenen

Die Analyse des kulturellen Gedächtnisses verbleibt in synchronen und diachronen Imperativen, die die wandelnden Vermittlungsebenen von privater und öffentlicher Erinnerung begrenzen, was größtenteils ein unzureichend analysiertes Verhältnis darstellt. Es muss an dieser Stelle wiederholt werden, dass die Trennung des öffentlich-kulturellen und privat-kommunikativen Gedächtnisses vor allem eine Trennung analytischer Natur ist. Während die analytische Trennung offensichtlich ein notwendiges Instrument ist, um zwischen spezifischen Erinnerungspraktiken unterscheiden zu können, werfen die Unterscheidungen selbst eine Reihe von kritischen Fragen auf. Statt einen spezifischen Verbindungsmodus zwischen dem kommunikativen und dem kulturellen Gedächtnis vorauszusetzen, müssen wir das Verhältnis selbst untersuchen. Welche Auswirkung auf die Vermittlungsebenen dieser zwei Modalitäten haben Veränderungen in Form und Inhalt von öffentlichen und privaten Erinnerungen? Und welche Implikationen haben diese veränderten Vermittlungsebenen für das Verstehen des kulturellen Gedächtnisses?

Harald Welzer und seine Mitarbeiterinnen (2002) bieten einige aufschlussreiche Beobachtungen zu diesem Verhältnis, indem sie das kulturelle Gedächtnis und dessen private Eignung als zwei voneinander abhängige Facetten begreifen. Sie bewerten diese Punkte der Vermittlungsebene als kommunikative Situationen, in denen politisch und kulturell auffällige Wahrnehmungen der Vergangenheit verhandelt werden. Das kulturelle Gedächtnis wird verstanden als einerseits ein wissensbasiertes öffentliches Lexikon (bestehend aus offizieller Geschichte, Archiven und habituell ritualisierten Erinnerungspraktiken) und andererseits der emotionalen Salienz des privaten Albums (bestehend aus emotionalen und identitätsbezogenen Dimensionen). Dementsprechend gibt es einen Unterschied zwischen dem kognitiven Wissen über Geschichte und der emotionalen Perzeption der Vergangenheit. Diese Unterscheidung unterliegt dem Anspruch, dass private Kommunikation (in Familien und kleinen, signifikanten Gruppen) sowohl ein Rahmenwerk dafür darstellt, wie ein bestimmtes öffentliches Lexikon angeeignet wird, als auch gleichzeitig dafür, wie ein privates Album zusammengesetzt und erzählt wird. Während das Lexikon einen Wissensfundus darstellt, ist das Album Quelle für Identität und Sicherheit. Familien als mnemonische Bezugsgruppe haben ein anderes historisches Bewusstsein, verschiedene Bilder der Vergangenheit und andere Interpretationsmuster, als wir von der vorherrschenden Symbolik des dominanten kulturellen Gedächtnisses erwarten würden. Sogar dort, wo das Inventar des Lexikons weitgehend bekannt ist, bleibt dessen Rezeption größtenteils eine Funktion dafür, wie es seinen Nachhall in den narrativen Anforderungen der Familiengeschichten und ihrer Notwendigkeit, kognitive Dissonanzen zu vermeiden, findet. Der Schlüsselmoment ist hier, dass sich nicht nur ›öffentlich‹ und ›privat‹ wechselseitig konstituieren, sondern dass die Punkte der Vermittlung selbst die Formation des kulturellen Gedächtnisses prägen. Kurz gesagt, die typologische Unterscheidung zwischen ›öffentlich‹ und ›privat‹ hat analytische Vorzüge, aber der Grad der Vermittlungsebene muss historisch korrekt sein: insbesondere angesichts der Transformation von Öffentlichkeit und des Entstehens von individualisierteren Identitätspolitiken. Genauer gesprochen können wir eine Pluralisierung beobachten, die unter anderem von der Medialisierung und Privatisierung angetrieben wird.

Ausblick und Desiderata

Eine wesentliche methodologische Lücke in der Analyse des kulturellen Gedächtnisses bezieht sich auf die implizite Idee, dass es eine Dominanz bestimmter Repräsentationen gibt, während es aber tatsächlich so ist, dass was, wie und von wem erinnert wird, eine Frage der Verhandlung ist. Im Gegensatz zu vielen Studien, die dazu neigen, die dominante Lesart des offiziellen kulturellen Gedächtnisses als gegeben anzusehen, sollten wir nicht nur berücksichtigen, dass es möglicherweise umstrittene und sogar oppositionelle Lesarten gibt, sondern dass eben dieser Kontext der Rezeption (z. B. Familie, Schule, Peergroup) sowohl für Inhalt und Modus der Aneignung entscheidend ist (vgl. Welzer u. a. 2008). Es gibt einen bemerkenswerten Hinweis darauf, dass oftmals das, von dem Eliten glauben, es sei Bestandteil der öffentlichen Konversation, in der Tat großen Teilen der Bevölkerung unbekannt ist. Dieser mnemonische ›Analphabetismus‹ setzt sich aus den bereits erwähnten unterschiedlichen Arten zusammen, wie Erinnerungen aufgenommen werden, vor allem hinsichtlich der Geschwindigkeit und Vergänglichkeit des kulturellen Gedächtnisses im digitalen Informationszeitalter.

Was größtenteils im Bereich der Memory Studies im Allgemeinen und in der Untersuchung des kulturellen Gedächtnisses im Besonderen fehlt, sind genaue methodologische Werkzeuge, die die Aspekte der Rezeption untersuchen. Angesichts der oben erwähnten semiotischen Überlegenheit gibt es eine Trennung zwischen der gesetzten Bedeutung des kulturellen Gedächtnisses und dem historischen Bewusstsein derzeitiger Kollektive. »This methodological problem is even enhanced by the metaphorical use of psychological and neurological terminology, which misrepresents the social dynamics of collective memory as an effect and extension of individual, autobiographical memory« (Kansteiner 2002, 179). Mit anderen Worten, die Strategien der Repräsentation sind nicht identisch mit den Fakten der Rezeption. Dies hat konzeptionelle und methodologische Konsequenzen für die empirische Erforschung des kulturellen Gedächtnisses. Kansteiner z. B. schlägt vor, die Repräsentation und Rezeption zu verbinden, indem der Komplexität der kulturellen Produktion und des Konsums mehr Aufmerksamkeit geschenkt wird, da diese von den pfadabhängigen Zufälligkeiten von Traditionen und eigennützigen Konsummustern umschrieben werden. Um dies zu erreichen, schlägt er die Übernahme von Methoden aus den Kommunikationswissenschaften vor, die die Medienrezeption schon lange untersuchen. Es handelt sich dabei nicht nur um eine Forschungslücke, sondern es ist auch aufgrund der oben erwähnten Transformationen im kulturellen Gedächtnis – und hier vor allem Fragmentierung und Pluralisierung, welche durch technologische Veränderungen aufrechterhalten werden – notwendig, diese Studien in den Vordergrund zu stellen.

Das kulturelle Gedächtnis mit einem mnemohistorischen Ansatz zu untersuchen, hat außerdem den Vorteil, diese Entwicklungen aufzugreifen und die konzeptionellen Instrumente für die epochalen und gruppenspezifischen Dynamiken des kulturellen Gedächtnisses anzupassen. Dies ist insbesondere für die Neubewertung von Fixpunkten zentral, die so essentiell für das kulturelle Gedächtnis und ihre schnelle Veränderung im Kontext von äußerst reflexiven und fragmentierten Erinnerungskulturen sind. Angesichts dieser Überlegungen ist es fraglich, ob moderne Gesellschaften die gleiche Art von Fixpunkten haben, an die Jan Assmann dachte, als er das antike Ägypten fokussierte. Dieser Ansicht nach hat das kulturelle Gedächtnis »seine Fixpunkte, sein Horizont wandert nicht mit dem fortschreitenden Gegenwartspunkt mit. Diese Fixpunkte sind schicksalhafte Ereignisse der Vergangenheit, deren Erinnerung durch kulturelle Formung (Texte, Riten, Denkmäler) und institutionalisierte Kommunikation (Rezitation, Begehung, Betrachtung) wachgehalten wird« (Assmann 1988, 12). Dennoch ist Assmann sich der Komplexität von unterschiedlichen Zeitlichkeiten und der interaktiven Dimensionen, denen sie untergeordnet sind, durchaus bewusst. »Ereignisse leben im kollektiven Gedächtnis fort, oder sie werden vergessen. [...] Der Grund für dieses ›Fortleben‹ in der Erinnerung liegt in der fortdauernden Relevanz dieser Ereignisse und Unterscheidungen. Diese Relevanz kommt ihnen jedoch nicht von ihrer historischen Vergangenheit zu, sondern von einer fortschreitenden und sich stetig wandelnden Gegenwart, die an der Erinnerung dieser Ereignisse und Unterscheidungen als wichtigen Fakten festhält« (Assmann 1998, 28).

Angesichts der bereits erwähnten unklaren Grenzen des privaten und öffentlichen Gedächtnisses und dem Niedergang eines vereinigenden heroischen Hauptnarrativs, ist das kulturelle Gedächtnis der zeitgenössischen west-europäischen Staaten durch die Auseinandersetzung um solche Fixpunkte gekennzeichnet. Was wäre der Fixpunkt des Gedächtnisses in Deutschland? Können wir von einem Fixpunkt des deutschen kulturellen Gedächtnisses sprechen? Gibt es so etwas wie ein deutsches kulturelles Gedächtnis, in dem Sinne, dass politische Kulturen bestimmte Wege haben, sich mit der Vergangenheit zu beschäftigen? Das kulturelle Gedächtnis kann so als analytisches Prisma dienen, wie Kollektive ihre Vergangenheit organisieren und erfahren. Darüber hinaus ist das kulturelle Gedächtnis eine Manifestation, wie Erinnerung nicht nur die Vergangenheit mit einbezieht, sondern gerade die Bedingungen für das Entstehen von Vergangenem produziert. Außerdem gibt es keinen einzelnen Referenzpunkt, da singuläre Erinnerungen und Erinnerungen an Singularität einer Erinnerungskultur unterworfen ist, in der das kulturelle Gedächtnis äußerst reflexiv ist.

Literatur

Assmann, Aleida: *Erinnerungsräume. Formen und Wandel des kulturellen Gedächtnisses*. München [4]2009.

Assmann, Jan: Kollektives Gedächtnis und kulturelle Identität. In: Ders./Tonio Hölscher (Hg.): *Kultur und Gedächtnis*. Frankfurt a. M. 1988, 9–19.

–: *Moses der Ägypter. Entzifferung einer Gedächtnisspur*. München 1998.

Diner, Dan: *Gedächtniszeiten. Über Jüdische und andere Geschichten*. München 2003.

Gross, David: *Lost Time: On Remembering and Forgetting in Late Modern Culture*. Amherst 2000.

Halbwachs, Maurice: *Das kollektive Gedächtnis*. Frankfurt a. M. 1991 (frz. 1950).

Hutton, Patrick H.: *History as an Art of Memory*. Hannover (USA) 1993.

Kansteiner, Wulf: Finding Meaning in Memory: A Methodological Critique of Collective Memory Studies. In: *History and Theory* 41,2 (2002), 179–197.

Lévi-Strauss, Claude: *Das wilde Denken*. Frankfurt a. M. 2008 (frz. 1962).

Levy, Daniel/Sznaider, Natan: *Erinnerung im Globalen Zeitalter: Der Holocaust*. Frankfurt a. M. 2001.

Welzer, Harald/Moller, Sabine/Tschuggnall, Karoline: *»Opa war kein Nazi«. Nationalsozialismus und Holocaust im Familiengedächtnis* [2002]. Frankfurt a. M. [6]2008.

Daniel Levy/Übers. Corinne Heaven

4. Das kommunikative Gedächtnis

Wenn sich Menschen erinnern, konstruieren sie ihre Erinnerungen aus mehr oder weniger fragmentarischen Eindrücken und Informationen. Wenn wir uns beispielsweise an den letzten Urlaub oder das erste Gespräch mit einer neuen Mitarbeiterin erinnern, so rufen wir nicht einfach zum Zeitpunkt der Ereignisse aufgezeichnete und unverändert aufbewahrte Informationen ab. Erinnerungen sind temporäre Konstruktionen, die erheblich vom Kontext ihres Abrufs geprägt sind. Sie entstehen aus der Interaktion zwischen einem konstruktiv erinnernden Individuum und dessen Umwelt. Erinnerungen können daher mehr oder weniger große Abweichungen von dem zu erinnernden Ereignis aufweisen. Neben Prozessen des Informationsverlusts (Vergessen) können verschiedene qualitative Abweichungen zwischen ursprünglicher Erfahrung und dem späteren Abruf auftreten, z.B. Vereinfachungen, Akzentuierungen oder gar Verzerrungen und Anreicherungen mit neuen Informationen (s. Kap. II.1).

Diese Eigenschaften von Erinnerungen tragen dazu bei, dass sie in Kommunikation ge- und verformt, geprägt und verändert werden können. Kommunikation ist in der Lebenswelt und Entwicklung von Menschen, einer oft als ›ultrasozial‹ bezeichneten Spezies, allgegenwärtig. So verbringen Menschen einen Großteil ihrer wachen Lebenszeit damit, aktiv oder passiv, als Sprecher oder Rezipienten, an Kommunikation beteiligt zu sein. Eine Tagebuchstudie, in denen die Teilnehmerinnen zeitnah bemerkenswerte Ereignisse notierten, zeigte beispielsweise, dass 62 % dieser Ereignisse bereits bis zum Ende desselben Tages in irgendeiner Form kommuniziert wurden (Pasupathi u.a. 2009). Der Anteil der Kommunikation steigt offenbar mit zunehmender Bedeutung vergangener Erfahrungen. Etwa 90 % der Erfahrungen, die Menschen (Frauen ebenso wie Männer) als besonders emotional erleben, vertrauen sie innerhalb weniger Tage anderen an – und das gleichermaßen in verschiedenen Kulturen (Rimé u.a. 1991).

Diese eminente Rolle von Kommunikation in der Erfahrungsbildung zeigt, dass Gedächtnis und Erinnerungen vielfältig und nachhaltig kommunikativ geprägt sind. So hängt die Entwicklung eines kohärenten autobiographischen Gedächtnisses bei Kindern wesentlich davon ab, in welcher Art und wie häufig Eltern mit ihren Kindern gemeinsam erinnern (s. Kap. I.3). Grundlegende menschliche Gedächtnisleistungen werden von Beginn an durch Kommunikation gefördert oder gar ermöglicht. Die Betonung des kommunikativen Charakters des menschlichen Gedächtnisses (z.B. Welzer 2002) ist vor dem Hintergrund dieser und weiterer Befunde zu verstehen, von denen einige im Folgenden skizziert werden.

Ansätze zur Analyse der kommunikativen Dimension von Gedächtnis und Erinnerung stammen aus verschiedenen Disziplinen, so etwa der Kultur- und Frühgeschichte (Assmann 2007), der Soziologie (s. Kap. IV.3), der Literaturwissenschaft (Neumann 2005; s. Kap. IV.4) – der Kulturpsychologie sowie der Sozial- und Kognitionspsychologie (s. Kap. I.2). Die Bildung und Veränderung von Erinnerungen in der Kommunikation stellt ein Untersuchungsfeld dar, das sich auf ausgezeichnete Weise für eine Integration von Ansätzen aus der Gedächtnis- und der Sozialpsychologie eignet. Die Gedächtnispsychologie beschäftigt sich mit kognitiven Prozessen, die der Veränderung und Verzerrung von Gedächtnis und Erinnerungen zugrunde liegen, z.B. der fehlerhaften Attribution (Zuordnung) von abgerufenen Informationen zu ihren Quellen (s. Kap. I.2). Einflüsse auf individuelles Erleben und Verhalten, die auf den Kontakt und Austausch mit anderen Menschen, auf interpersonelle Kommunikation zurückgehen, sind ein klassisches Thema der Sozialpsychologie. Nach Allports oft zitiertem Diktum ist der Einfluss der tatsächlichen oder imaginierten Anwesenheit Anderer auf Denken, Fühlen und Verhalten von Individuen *der* Gegenstand der Sozialpsychologie.

Der vorliegende Gegenstandsbereich stellt somit eine Schnittstelle par excellence zwischen der Gedächtnis- und der Sozialpsychologie dar. Eine Integration der Ansätze ist jedoch, zum Teil aufgrund spezifischer Forschungstraditionen und wissenschaftshistorischer Entwicklungen, lange Zeit nicht geleistet worden. Die vereinzelten Arbeiten aus den 1980er Jahren zu soziokommunikativen Aspekten von Gedächtnisverfälschung, z. B. zu Personenmerkmalen (v. a. Glaubwürdigkeit) von Falschinformationsquellen oder zum Einfluss von Gruppen auf die Erinnerungsqualität von Gruppenmitgliedern, fanden zunächst keine breitere Resonanz in der gedächtnispsychologischen Community. So konstatierten noch vor wenigen Jahren Henry Roediger und Kathleen McDermott (2000, 157) in ihrem Beitrag zu einem der neueren Standardwerke zur Gedächtnispsychologie: »Ein Forschungsbereich, dem bisher wenig Aufmerksamkeit gewidmet wurde, ist der Einfluss sozialer Faktoren auf das individuelle Gedächtnis« (Übers. G. E.).

Ausgehend von der gängigen Unterscheidung zwischen Produzenten- und Rezipientenrolle in vielen Kommunikationsmodellen setzt der Beitrag zwei Schwerpunkte. Im ersten Hauptteil geht es um Kommunikationseinflüsse auf das Gedächtnis von Rezipienten, d. h. Einflüsse, bei denen der Informationsfluss primär von der sozialen Umwelt hin zum beeinflussten Individuum verläuft. Im zweiten Hauptteil stehen Einflüsse des Kommunikationskontexts auf die Produzenten bzw. Sprecher im Mittelpunkt.

Klassische Kommunikationseffekte: Einflüsse auf das Gedächtnis von Rezipienten

Seit etwa Mitte der 1990er Jahre ist im Bereich der Gedächtnispsychologie eine nennenswerte Zunahme der Untersuchung sozialer und kommunikativer Faktoren von Gedächtnisbildung und -verfälschung zu verzeichnen (für einen Überblick vgl. Weldon 2001). Bei der in diesen Arbeiten untersuchten Form des Einflusses stammen die beeinflussenden Informationen aus der sozialen Umwelt, also – mehr oder weniger unmittelbar – von anderen Personen. Wie in der klassischen sozialpsychologischen Forschung zu Konformität oder Persuasion (Überredung) verläuft in diesen Untersuchungsansätzen der Informationsfluss primär von der sozialen Umwelt hin zum beeinflussten Individuum.

Wie so oft in der psychologischen Forschung spielte auch bei der Untersuchung dieser Einflüsse die Methodenentwicklung eine wichtige Rolle. Besonders einflussreich war das sogenannte Paradigma nachträglicher Falschinformation (Loftus 1979), das entwickelt wurde, um die Beeinflussbarkeit von Erinnerungen durch subtile Unterstellungen oder verbale Berichte unwahrer Begebenheiten zu untersuchen. In einer ersten Phase wird Versuchspersonen ein Ereignis, beispielsweise ein Autounfall oder ein Verbrechen, dargeboten (häufig per Videofilm oder einer Bildsequenz); in einer zweiten Phase erhalten die Versuchspersonen nachträgliche Informationen zu dem Ereignis (z. B. in Form eines Berichts), die einige fälschliche, also nicht im Zielereignis enthaltene, Details oder Objekte umfasst; schließlich erfolgt nach einem mehr oder weniger langen Behaltensintervall in der dritten Phase ein Test für Erinnerungen an das Zielereignis. Der Falschinformationseffekt zeigt sich darin, dass nachträgliche Informationen, die nicht im Zielereignis zu sehen waren, signifikant häufiger berichtet werden als Informationen in einer geeigneten Kontrollbedingung.

Daran zeigt sich, dass die Vertrauenswürdigkeit der Quellen nachträglicher Falschinformation eine wichtige Rolle bei der Beeinflussung von Erinnerungen spielt: Wenn die Quelle unglaubwürdig erscheint oder diskreditiert ist, sind Versuchspersonen in der Lage, sich in einem gewissen Ausmaß gegen eine Beeinflussung zu wehren. Ein kognitiver Prozess, der einen erfolgreichen Widerstand gegen Falschinformationseinflüsse erlaubt, ist offenbar strenges Source Monitoring (Johnson u. a. 1993), d. h. eine sorgfältige Prüfung möglicher Erinnerungen auf quellendiagnostische Merkmale (Zielereignis vs. nachträgliche Informationen) zum Zeitpunkt des Abrufs (Echterhoff u. a. 2005).

Aus vielfältigen Alltagserfahrungen wissen wir, dass gerade das Nichtgesagte besondere Bedeutung oder Einfluss haben kann. D.h. Erinnerungen von Rezipienten können nicht nur durch Informationen anderer beeinflusst werden, sondern auch durch deren Schweigen und Auslassungen. Dass nicht geübtes (vs. geübtes) Material unter sonst gleichen Bedingungen weniger gut abgerufen wird, ist wohlbekannt. William Hirst und Kollegen (Cuc u. a. 2007) gingen über diese wenig überraschende Einsicht hinaus, indem sie Belege für die folgende These fanden: Informationen zu einem Aspekt A innerhalb einer Episode, die ein Sprecher bei einer ersten Erinnerungsrunde selektiv ausgelassen hat, werden später von Zuhörern *noch weniger* erinnert als Informationen zu einem Aspekt B, über den sich der Sprecher gar nicht geäußert hat. Der Erinnerungsverlust (die Vergessensquote) der Zuhörer ist größer, wenn die zuvor vom Sprecher ausgesparten (nicht berichteten) Informationen mit den berichteten Informationen in Beziehung stehen bzw. assoziiert werden (z. B. durch Zugehörigkeit zum selben Thema oder zur selben Erfahrungsepisode) als wenn kein solcher Bezug bestand.

Für das skizzierte gemeinsame Vergessen von Sprechern und Zuhörern spielt es keine Rolle, ob die Sprecher Informationen absichtlich oder unabsichtlich (z. B. aufgrund mangelnden eigenen Erinnerungsvermögens) weglassen. Gleichwohl lassen sich Implikationen für eine gezielte Beeinflussung der Gedächtnisbestände von Rezipienten ableiten: Nehmen wir an, eine Gruppe von Freunden auf Urlaubsreise nimmt aufgrund einer fehlerhaften Routenplanung eines Gruppenmitglieds einen längeren Umweg, bei dem sie aufgrund der Verzögerung von einem Gewitterregen durchnässt wird; neben anderen unerfreulichen Details während dieser Episode zerreißt derjenige, der den Fehler gemacht hatte, nach Bekanntwerden des Umwegs verärgert die Straßenkarte. Um die Freunde seine peinliche Überreaktion vergessen zu lassen, ist es ratsam, bei späteren Gesprächen über den Urlaub nicht einfach die ganze Episode des unwetterbegleiteten Umwegs auszusparen, sondern diese Episode direkt anzusprechen, *ohne* jedoch seine Überreaktion zu erwähnen.

Einflüsse auf Erinnerungen von Sprechern während und nach der Kommunikation

Natürlich unterliegen nicht nur Erinnerungen von Rezipienten den gerade skizzierten »klassischen« Einflüssen von Kommunikation. Auch die Erinnerungen von Produzenten bzw. Sprechern können durch die Kommunikationssituation, in der sie auf vergangene Erfahrungen Bezug nehmen, geprägt und verändert werden. Einflüsse können während der Kommunikation auftreten, z. B. durch die Anpassung von Erinnerungen an die Merkmale eines bestimmten Gesprächspartners (z. B. Pasupathi u. a. 1998). Aber auch Nachwirkungen von Kommunikation auf Gedächtnis und Erinnerung sind möglich: So können kommunizierte Informationen nachfolgende sprecherseitige Erinnerungen und Gedächtnisrepräsentationen zum Kommunikationsgegenstand beeinflussen (z. B. Echterhoff u. a. 2009).

Diese letztere Form von kommunikativen Einflüssen, also die Nachwirkungen der Kommunikation von vergangenen Erfahrungen auf die Erinnerung an diese Erfahrungen, kann theoriegeschichtlich verortet werden. Die Beschäftigung mit solchen Einflüssen hat eine lange Tradition, die bis in die antike Philosophie zurückreicht (z. B. Platons *Phaidon*-Dialog, s. Kap. IV.2). Einen Meilenstein der neueren Forschung zu Spracheffekten auf Kognition bilden die populären Arbeiten von Edward Sapir und seinem Schüler Benjamin Whorf aus den 1950er Jahren, denen zufolge die Struktur einer Muttersprache (z. B. Englisch, Mandarin oder Navajo) die kognitiven Prozesse der Sprecher, z. B. die Farbdiskrimination in der visuellen Wahrnehmung, prägt. Doch Denken, Wissen und Gedächtnis können auch durch eine unterschiedliche Sprachbenutzung *innerhalb* ein- und derselben natürlichen Sprache beeinflusst werden. Dabei können die Einflüsse lexikalischer, semantischer Art sein, oder auf den pragmatischen Kontext sprachlicher Kommunikation zurückgeführt werden. Das heißt, dass einerseits verbale Beschreibungen von komplexen, schwer zu beschreibenden Stimuli (wie Gesichtern oder Geschmackseindrücken) die Erinnerungsleistung beeinträchtigen (Schooler u. a. 1997), andererseits Gedächtnis und Erinnerung durch sprachliche Kommunikation als zielorientierte, kontextabhängige (auch adressatenbezogene) und regelgeleitete Handlung beeinflusst werden. So kann schon die adressatenorientierte Anpassung der Beschreibung von Erfahrungen spätere Erinnerungen in Richtung der kommunizierten Sichtweise verändern. Nachdem sich beispielsweise eine Professorin gegenüber einer Kollegin mit vermutlich positiver Einstellung zu einem Studenten positiv über dessen Verhalten bei einer Studienreise geäußert hat, würden in diesem Fall ihre späteren Erinnerungen an das Verhalten des Studenten auch eher positive und weniger negative Aspekte beinhalten.

Erinnerungen werden beim Abruf durch die Kommunikationssituation, insbesondere durch eine Orientierung an pragmatischen Konversationsregeln und an dem Gesprächspartner, beeinflusst. Wenn etwa eine Person nach ihren Erinnerungen an ein Ereignis befragt wird, dann wird sie versuchen, solche Erinnerungen zu berichten, die für den Gesprächspartner vermutlich informativ, relevant und interessant sind, und sie in einer Weise zu berichten, die auf den Gesprächspartner abgestimmt ist. Zum einen wählen Sprecher aus, *was* sie einem Adressaten berichten, also Inhalte und Informationen, die sie im Hinblick auf die Kommunikationssituation für angemessen und sinnvoll halten. Zum anderen wählen sie aus, *wie* sie Inhalte kommunizieren, passen also die Form der Darstellung an die Kommunikationssituation an. Hierzu zählt beispielsweise die Bewertung (Valenzierung) von Ereignissen und Handlungen (vgl. Higgins 1981).

Für beide Aspekte, Anpassung der Inhalte und Anpassung der Form, gibt es einige Regeln und Maximen der Kommunikation. Was die Selektion der Inhalte und Themen angeht, spielen insbesondere die Maximen der Qualität, Relevanz und Quantität eine wichtige Rolle. Diesen Maximen zufolge sollen Sprecher nur solche Inhalte kommunizieren, die einen hinreichenden Wahrheitsgehalt (Qualität) aufweisen und im Hinblick auf das Gesprächsthema die Aufmerksamkeit des Adressaten verdienen (Relevanz), sowie keine Informationen mitteilen, die der Adressat bereits kennt, und keine auslassen, die der Adressat zum Verstehen benötigt (Quantität). Die Selektion der Form einer Mitteilung wird u. a. durch Regeln wie die der Modalität (z. B. Klarheit), Höflichkeit oder der Würdigung der Adressateneinstellung geprägt. In dieser Hinsicht bedingt die Kommunikationssituation, welche Form die Erinnerung an Inhalte, Themen oder Ereignisse annimmt, d. h. *wie* bestimmte Informationen erinnert werden (vgl. Grice 1975; Higgins 1981).

Zu einem der wichtigsten Faktoren, die sich auf die Form von kommunizierten Informationen auswirken, gehört die Anpassung von Mitteilungen an die Sichtweise, Einstellungen oder Präferenzen des Adressaten. Das Resultat dieses Anpassungsprozesses ist die sogenannte adressatenorientierte Kommunikation (engl. *audience tuning*). Wenn Menschen über vergangene Erfahrungen berichten, formulieren sie diese bis zu einem gewissen Grad adressatenorientiert. Wenn ein Sprecher beispielsweise annimmt, sein Dialogpartner habe eine positive Einstellung zu einer Person, dann sind ihre Erinnerungen an die Verhaltensweisen dieser Person oft auch positiv gefärbt. Die Adressatenorientierung prägt in diesem Fall die aktuell kommunizierten Erinnerungen. Sie kann aber auch entsprechend ihrem Dialogpartner Nachwirkungen haben: Wenn Sprecher die Erfahrungen, die sie zuvor entsprechend formuliert haben, noch einmal in der Abwesenheit des anderen abrufen, dann sind diese oft weiterhin von der Art der vorherigen Kommunikation geprägt. Der Informationsfluss verläuft also nicht, wie bei klassisch kommunikativen Einflüssen, primär von der sozialen Umwelt hin zum beeinflussten Individuum; vielmehr lassen sich diese Einflüsse als eine Art Rückwirkung der adressatenorientiert kommunizierten Informationen auf das kommunizierende Individuum auffassen.

Effekte der adressatenorientierten Kommunikation auf nachfolgende Erinnerungen (und auch Urteile) wurden vor allem im ›Saying-is-Believing-Paradigma‹ erforscht (Higgins/Rholes 1978). Der typische Versuchsablauf ist in Abbildung 1 (s. S. 106) schematisch dargestellt.

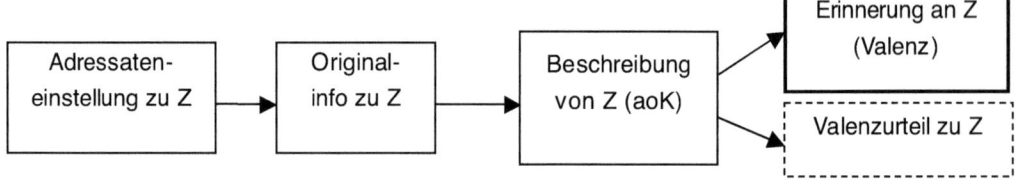

Abb. 1: Schematischer Ablauf einer Saying-is-Believing-Studie zum Nachweis des Effekts von adressatenorientierter Kommunikation (aoK) auf Erinnerungen und Urteile.

In diesem Paradigma werden die Versuchspersonen, die späteren Sender, dem Adressaten vorgestellt, der angeblich einer Gruppe von Studierenden angehört, deren Sozialverhalten seit längerem untersucht werde. Sie werden informiert, dass sie ein weiteres Mitglied der Gruppe (die Zielperson) aufgrund einer kurzen Verhaltensbeschreibung ohne Namensnennung ihrem Adressaten so schildern sollen, dass dieser die Zielperson identifizieren kann. In der Bedingung »positive Adressateneinstellung« erfahren die Versuchspersonen beiläufig, dass der Adressat der Zielperson gegenüber positiv eingestellt sei (*vice versa* in der Bedingung »negative Adressateneinstellung«). Die Versuchspersonen lesen nun die ambivalenten Originalinformationen über die Person (Z). Diese sind ambivalent, da sie mit etwa gleicher Wahrscheinlichkeit auf positive oder negative Eigenschaften schließen lassen (z. B. sparsam vs. geizig).

Adressatenorientierte Kommunikation zeigt sich darin, dass die Versuchspersonen die Zielperson für einen positiv eingestellten Adressaten eher positiv darstellen und für einen negativ eingestellten Adressaten eher negativ (Beschreibung von Z).

Dass es sich um einen Effekt der Kommunikation und nicht um Einflüsse allein durch die Adressateneinstellung handelt, zeigt der Befund, dass der Effekt ausbleibt, wenn die Senderinnen zwar die Adressateneinstellung kennen und sich auf die Kommunikation einer Mitteilung vorbereiten, aber kurzfristig – wegen eines angeblichen Fehlers in der Versuchsdurchführung – an der Verbalisierung einer Mitteilung gehindert werden (Higgins/Rholes 1978). Offensichtlich ist also allein eine adressatenorientiert verzerrte Interpretation bzw. Enkodierung der Informationen zur Zielperson nicht hinreichend für das Auftreten adressatenorientiert verzerrter Erinnerungen im Saying-is-Believing-Paradigma.

Diese kommunikative Prägung des Gedächtnisses lässt sich auf eine soziale Realitätsbildung (*shared reality*) der Kommunikationspartner zurückführen (Echterhoff u. a. 2009). Es ist ein Prozess, durch den Menschen sich gemeinsam mit anderen eine subjektiv zuverlässige und valide Repräsentation von der Welt verschaffen. Auf diese Weise werden Unsicherheiten hinsichtlich der Interpretation und Bewertung von Erfahrungen gemeinsam (sozial) kommunikativ überwunden. Eine wichtige Voraussetzung solcher Prozesse ist Vertrauen und damit verbunden die Einschätzung der Information als nützlich und zuverlässig. Entsprechend sind die gemeinsam verfertigten Gedächtnisrepräsentationen Versionen der Vergangenheit, die in anderen kommunikativen Settings zu anderen Formen und Inhalten zusammengesetzt werden. Das Ausmaß der sozialen Realitätsbildung wurde in bisherigen experimentellen Studien durch folgende Faktoren variiert (Echterhoff u. a. 2008; 2009):

a) das Motiv für die adressatenorientierte Kommunikation, z. B. Unsicherheitsreduktion bzw. Erkenntnisgewinnung (epistemisches Motiv der Realitätsbildung) und alternative Motive wie höfliche Anpassung an Fremdgruppenangehörige oder Erlangung einer Belohnung;

b) die Eignung der Adressaten als vertrauenswürdige Partner der sozialen Realitätsbildung aus Sprechersicht, operationalisiert z. B. durch die Zugehörigkeit des Adressaten zur Eigen- vs. Fremdgruppe der Sprecher;

c) den Erfolg einer angestrebten sozialen Realitätsbildung, operationalisiert durch das Adressatenfeedback (gelungene vs. misslungene Identifikation der Zielperson).

Diese Manipulationen hatten folgenden Effekt: Eine Beeinflussung in Richtung der adressatenorientierten Kommunikation war dann geringer, wenn die Versuchspersonen keine soziale Realitätsbildung anstrebten (entweder bei einem alternativen Kommunikationsmotiv oder bei Kommunikation mit einem Fremdgruppenadressaten) oder sie keinen Erfolg der sozialen Realitätsbildung erlebten (bei misslungener Identifikation der Zielperson durch den Adressaten). Unter Bedingungen, in denen eine soziale Realitätsbildung angestrebt wurde und erfolgreich verlief, wurde hingegen der bekannte Effekt auf die Valenz der Erinnerungen repliziert.

Fazit und Ausblick

Erinnerungen an vergangene Erfahrungen sind, so die neuere Gedächtnisforschung, konstruktiv und interaktiv. Sie sind zum einen Produkte individueller Prozesse der Konstruktion, Assoziation und Elaboration. Zum anderen resultieren sie aus der Interaktion des erinnernden Individuums mit seiner Umwelt; sie sind abhängig von dem Kommunikationskontext, in dem Individuen Erinnerungen produzieren. Interne kognitive Mechanismen spielen bei der Konstruktion von Erinnerungen natürlich eine wesentliche Rolle, denn sie schränken ein, welche Informationen eine Person potentiell abrufen kann. Jedoch bedingen Faktoren der Kommunikationssituation, darunter aktuell wirksame Konversationsmaximen, wie Personen dieses Potential nutzen. Nicht nur Erinnerungen und Gedächtnisbestände der Rezipienten werden durch interpersonelle Kommunikation geprägt und beeinflusst. Die Anpassung an Kommunikationssituationen kann auch Nachwirkungen auf die späteren Erinnerungen der Sprecher an die Kommunikationsinhalte haben.

Bei einem dialogischen Austausch über gemeinsame vergangene Erfahrungen in Dyaden und Kleingruppen nehmen die Beteiligten wechselnd die Rolle von Sprecher und Rezipient ein. Daher ist in dialogischen Gesprächssituationen, wie sie im Alltag die Regel sind, mit beiden Arten der kommunikativen Gedächtnisbeeinflussung zu rechnen. Je mehr eine Person die Rolle des Sprechers einnimmt und damit die gemeinsamen Erinnerungsversuche dominiert, desto eher kann sie die Erinnerungen anderer Gesprächsteilnehmer beeinflussen (Cuc u. a. 2006).

Ob die Erinnerungen eines dominanten Sprechers in einer Gruppensituation auch durch deren *eigene* Kommunikationsbeiträge geformt und beeinflusst werden, ergibt sich aus den oben dargelegten Bedingungen für Prägung sprecherseitiger Repräsentationen von Erfahrungen durch adressatenorientierte Kommunikation: Mit dieser »Selbstbeeinflussung« durch Gruppenkommunikation ist zu rechnen, wenn der/die Sprecher/in (a) über noch keine subjektiv hinreichend sicheren Erinnerungen verfügt und (b) dazu bereit und motiviert ist, mit den anderen Gruppenmitgliedern eine gemeinsame Realität zu bilden. Aus (a) folgt, dass es bei dieser Art einer kommunikativen Gedächtnisbildung weniger um eine Bestätigung der eigenen Erinnerung geht als vielmehr um die zuvor erforderliche Konstruktion der Erinnerung an und Interpretation von Vergangenheit. Da Menschen zu einer akkuraten Weltsicht motiviert sind und Täuschungen vermeiden wollen, ist sicherlich auszuschließen, dass diese Form der kommunikativen Selbstbeeinflussung absichtlich bzw. mit Vorsatz erfolgt. Aus (b) folgt, dass das Auftreten dieses Einflusses davon abhängt, inwieweit der/die Sprecher/in die anderen Gruppenmitglieder potentiell als vertrauenswürdige Ko-Konstrukteure ihrer Realitätssicht anerkennt.

In einem allgemeinen Sinn ist aus den gerade genannten Gründen auch zu vermuten, dass die Selbstbeeinflussung des Gedächtnisses der Sprecher subtiler und unmerklicher ist als die Kommunikationseinflüsse auf Erinnerungen von Rezipienten. Die Annahme, dass eine unerwünschte Beeinflussung von anderen Menschen ausgehen kann, ist eher ein Bestandteil von Alltagswissen oder naiven Theorien als die Vermutung, dass man selbst die Quelle einer Beeinflussung ist. Daher sollte ein gezielter Widerstand gegen mögliche Beeinflussung bei sozialen Einflüssen wahrscheinlicher sein als bei Effekten der eigenen Kommunikation. Eine Untersuchung dieser Fragen ist ein lohnenswertes Ziel zukünftiger Forschung – auch weil die Untersuchung dieser Einflüsse eine hohe praktische Relevanz besitzt, beispielsweise für die Beurteilung der Zuverlässigkeit von Augenzeugenaussagen oder therapeutische Erinnerungsarbeit.

Literatur

Assmann, Jan: *Das kulturelle Gedächtnis. Schrift, Erinnerung und politische Identität in frühen Hochkulturen* [1992]. München ⁶2007.
Cuc, Alexandru u. a.: On the Formation of Collective Memories: The Role of a Dominant Narrator. In: *Memory & Cognition* 34 (2006), 752–762.
Cuc, Alexandru/Koppel, Jonathan/Hirst, William: Silence is Not Golden: A Case for Socially-shared Retrieval-induced Forgetting. In: *Psychological Science* 18 (2007), 727–737.
Echterhoff, Gerald/Hirst, William/Hussy, Walter: How Eyewitnesses Resist Misinformation: Social Postwarnings and the Monitoring of Memory Characteristics. In: *Memory & Cognition* 33 (2005), 770–782.
Echterhoff, Gerald u. a.: How Communication Goals Determine when Audience Tuning Biases Memory. In: *Journal of Experimental Psychology: General* 137 (2008), 3–21.
Echterhoff, Gerald/Higgins, E. Tory/Levine, John M.: Shared Reality: Experiencing Commonality With Others' Inner States About the World. In: *Perspectives on Psychological Science* 4 (2009), 496–521.
Grice, H. Paul: Logic and Conversation. In: Peter Cole/Jerry L. Morgan (Hg.): *Syntax and semantics* Bd. 3: San Diego 1975, 41–58.
Higgins, E. Tory: The »Communication Game«: Implications for Social Cognition and Persuasion. In: E. T. Higgins/C. Peter Herman/Mark P. Zanna (Hg.): *Social Cognition: The Ontario Symposium* Bd. 1: Hillsdale, NJ 1981, 343–392.
– /Rholes, William S.: »Saying-is-Believing«: Effects of Message Modification on Memory and Liking for the Person Described. In: *Journal of Experimental Social Psychology* 14 (1978), 363–378.
Johnson, Marcia K./Hashtroudi, Shahin/Lindsay, D. Stephen: Source Monitoring. In: *Psychological Bulletin* 114 (1993), 3–28.
Loftus, Elizabeth F.: The Malleability of Human Memory. In: *American Scientist* 67 (1979), 312–320.
Neumann, Birgit: *Erinnerung – Identität – Narration: Gattungstypologie und Funktionen kanadischer Fictions of Memory*. Berlin 2005.
Pasupathi, Monisha/Stallworth, Lisa M./Murdoch, Kyle: How what We Tell Becomes what We Know: Listener Effects on Speaker's Long-term Memory for Events. In: *Discourse Processes* 26 (1998), 1–25.
Pasupathi, Monisha/McLean, Kate C./Weeks, Trisha: To Tell or not to Tell: Disclosure and the Narrative Self. In: *Journal of Personality* 77 (2009), 89–124.
Rimé, Bernard u. a.: Beyond the Emotional Event: Six Studies on the Social Sharing of Emotion. In: *Cognition & Emotion* 5 (1991), 435–465.
Roediger, Henry L./McDermott, Kathleen B.: Distortions of Memory. In: Endel Tulving/Fergus I. M. Craik (Hg.): *Oxford Handbook of Memory*. Oxford 2000, 149–162.
Schooler, Jonathan W./Fiore, Stephen M./Brandimonte, Maria A.: At a Loss *from* Words: Verbal Overshadowing of Perceptual Memories. In: *The Psychology of Learning and Motivation* 37 (1997), 291–340.
Weldon, Mary S.: Remembering as a Social Process. In: Douglas L. Medin (Hg.): *The Psychology of Learning and Motivation: Advances in Research and Theory*. Bd. 40. San Diego 2001, 67–120.
Welzer, Harald: *Das kommunikative Gedächtnis: Eine Theorie der Erinnerung*. München 2002.

Gerald Echterhoff

5. Das soziale Gedächtnis

Die Bedeutungsspanne des Begriffes ›soziales Gedächtnis‹ ist ebenso groß wie die des ›kollektiven Gedächtnisses‹ (s. Kap. II.2). Sie ist abhängig von der Perspektive des jeweiligen Autors. Der Begriff ›kollektives Gedächtnis‹ hat jedoch den Vorteil, auf eine, wenn auch unvollständige, Tradition zurückgeführt werden zu können. Hier ist insbesondere Maurice Halbwachs zu nennen, der in den 1920er bis 1940er Jahren Theorien zum kollektiven Gedächtnis entwarf und der sich dabei explizit auf den von ihm befürworteten theoretischen Ansatz seines berühmten Mentors Émile Durkheim bezog. In dessen Theorie der sozialen Solidarität stellten die Konzepte des ›kollektiven Bewusstseins‹ und der ›kollektiven Repräsentation‹ zentrale Merkmale dar (s. Kap. IV.3). Seit Halbwachs verwenden und elaborieren die Anhänger Durkheims und ihre intellektuelle Nachkommenschaft das Konzept des kollektiven Gedächtnisses, mit dessen Hilfe sich Darstellungen der Vergangenheit ebenso sehr als Eigentum von Gruppen wie von Individuen verstehen lassen und als Schlüsselstellen der Produktion von Gruppenidentitäten fungieren.

Halbwachs vertritt in seinen Theorien einen Ansatz, der, so einige Kritiker, die Frage vernachlässige, warum bestimmte Darstellungen den Wandel sozialer Umstände zu überdauern scheinen; anders formuliert werfen Kritiker Halbwachs – wie zuvor Durkheim – vor, er vertrete einen statischen Funktionalismus, der zwar die Funktion jedes Elements in einem Gesamtsystem von Bedeutungen erklären, aber nicht den Wandlungsprozessen innerhalb eines solchen Systems Rechnung tragen könne.

Überdies werden die konkreten Bedeutungen, die dem Begriff des kollektiven Gedächtnisses zugeschrieben werden können, selbst in Halbwachs' Schriften nur unzureichend präzisiert, auch wenn diese erheblich konsistenter sind, als das von den verschiedenartigen Verwendungen seines Namens und seiner Konzepte nach seinem Tod behauptet werden kann. Tatsächlich kann man in Halbwachs' Werk mindestens vier, wenn auch nicht theoretisch deutlich gegeneinander abgesetzte, so doch eigenständige Aspekte des kollektiven Gedächtnisses ausmachen: Erstens verweist er auf den sozialen Bezugsrahmen des individuellen Gedächtnisses und zeigt, dass wir uns als soziale Wesen immer im Kontext bestimmter, sozialer Umstände und Identitäten erinnern. Zweitens verweist er auf die kollektive Repräsentation und zeigt, dass die Mittel (Darstellungen, Konzepte, Prozeduren) mit deren Hilfe Individuen erinnern, grundsätzlich sozialer Natur sind und uns über die Gruppen, zu denen wir gehören, vermittelt werden. Drittens verweist er auf die mnemonischen Praktiken der Gruppen selbst und zeigt, dass weder nur Individuen alleine erinnern, noch lediglich Individuen gemeinsam, sondern dass Gruppen als solche oftmals, zum Beispiel anlässlich politischer Jahrestage oder im Rahmen öffentlicher Gedenkanlässe und Ereignisse, die Vergangenheit erinnern; und schließlich weist Halbwachs auf das kollektive Gedächtnis auch als eine Art körperlosen Besitztums der Gruppe hin und zeigt, dass bestimmte kulturelle Symbole und Verstehensweisen – in der Sprache seines Mentors Durkheim formuliert – ›gewachsen‹ sind, also auf einer Ebene existieren, die theoretisch unverbunden mit dem Geist einzelner Individuen ist (diese Version des kollektiven Gedächtnisses ähnelt den alltagssprachlichen Konzepten des Erbes oder Erbguts vielleicht noch am meisten).

Der wichtigste Beitrag, den Halbwachs – übrigens ganz im Einklang mit Durkheims Geringschätzung der Individualpsychologie – für die gegenwärtige Gedächtnisforschung leistet, besteht in dem schlagkräftigen und den modernen, gesunden Menschenverstand herausfordernden Argument, dass Erinnerung weder hauptsächlich, geschweige denn vollständig, ein individueller Prozess sei. In gewisser Weise können Wissenschaftler, die diesen grundsätzlichen Punkt akzeptieren, argumentieren, dass die bloßen Begriffe des kollektiven oder sozialen Gedächtnisses redundant sind, weil es nach Halbwachs schwierig sein dürfte, darzulegen, wie das Erinnern überhaupt nicht sozial oder kollektiv sein kann. So betrachtet sind es die Psychologen, die ihr Studienobjekt als ein der genaueren Bezeichnung bedürfendes, individuelles Gedächtnis auszeichnen müssten.

Halbwachs war natürlich weder der erste noch der einzige Wissenschaftler, der die Relevanz des Konzepts des geteilten Gedächtnisses einerseits hervorhob (vor Halbwachs wurde zum Beispiel von einem ›öffentlichen Gedächtnis‹ und einem ›Rassengedächtnis‹ gesprochen), bzw. der für eine radikal soziale Sicht des Gedächtnisses plädierte. So formulierte zum Beispiel der britische Psychologe Frederic C. Bartlett in den späten 1920er und frühen 30er Jahren eine soziale Theorie des Gedächtnisses (s. Kap. I.2). Gleiches tat der sowjetische Psychologe Lev Vygotsky. Um dieselbe Zeit entwickelte der deutsch-jüdische Kunsthistoriker Aby Warburg eine überzeugende Ikonologie, die den Symbolismus der Malerei als eine Art soziales Gedächtnis interpretiert und darin dem Ansatz des Literaturkritikers Walter Benjamin ähnelt, der zwischen verschiedenen Bedeutungsebenen urbaner Landschaften unterscheidet, obwohl Benjamin nicht explizit von einem sozialen oder kollektiven Gedächtnis spricht. In den Vereinigten Staaten entwarfen George Herbert Mead und Charles Horton Cooley soziologische Annäherungen an die Gedächtnisthematik, Mead in seiner Philosophie der Sozialität (1932/1981) und Cooley (1918) in seiner soziologischen Studie zum Ruhm.

Social Memory Studies

In der gegenwärtigen Debatte, d. h. etwa seit den 1980er Jahren, haben diese und weitere Quellen (und eine überraschend große Anzahl von Werken, die im Zeitraum zwischen Halbwachs und der Gegenwart in Vergessenheit geraten waren) zu der Etablierung dessen beigetragen, was Jeffrey Olick und Joyce Robbins in einem 1998 erschienenen Bericht ›Social Memory Studies‹ nennen (Olick/Robbins 1998). Der Zweck dieser Begriffsschöpfung besteht darin, eine Vielzahl wissenschaftlicher Beiträge, die für ein soziales Verständnis des Gedächtnisses relevant sind, unter einen Nenner zu bringen, unabhängig davon, ob diese Beiträge implizit oder explizit auf die soziologische Traditionslinie von Halbwachs/Durkheim Bezug nehmen, oder ob sie den belasteten Begriff des kollektiven Gedächtnisses verwenden. Die Social Memory Studies dienen somit als umfassende Bezeichnung für ein in der Entwicklung begriffenes Forschungsfeld und setzen dieses Feld gleichermaßen von den allgemeineren Gedächtnisstudien ab, gewährleisten aber außerdem, dass verschiedene Disziplinen und Ansätze ins Blickfeld gerückt werden können. Im Fall der Gedächtnisstudien besteht das Problem, dass sie diejenigen psychologischen und neurowissenschaftlichen Verstehensweisen des Gedächtnisses einbeziehen, die entweder noch nicht jene Ansätze akzeptiert haben, die von der Sozialität des Gedächtnisses ausgehen, oder die sich von diesen Ansätzen unterscheiden wollen. Anders als Untersuchungen zum kollektiven Gedächtnis, stiften die Social Memory Studies keine Verwirrung im Hinblick auf ihre Untersuchungsobjekte. Und anders als ein weiterer Kandidat, die ›sozialen Studien zum Gedächtnis‹, die von der Namensgebung her vermuten lassen, dass die soziale Komponente außerhalb des Gedächtnisses, also in seiner Untersuchung existiere, sind sie grundsätzlich offen für eine Vielzahl von Phänomenen, wie sie von Halbwachs skizziert wurden, während sie gleichzeitig darauf verweisen, dass jede Form des Erinnerns in gewisser Weise sozial bestimmt ist.

Das wichtigste Argument für die Bezeichnung ›Social Memory Studies‹ besteht jedoch einfach darin, dass das soziale oder kollektive Gedächtnis ein eher weit gefasster, für die Thematik sensibilisierender Begriff als ein rigoroses Konzept ist, das von einer homogenen wissenschaftlichen Gemeinschaft einvernehmlich verwendet und zum Zweck der präzisen Messung und Überprüfung operationalisiert werden könnte. Tatsächlich wurde das soziale Gedächtnis entweder in diesem Sinne, als – vielleicht sogar im Sinne der von Halbwachs implizierten Ansätze – sensibilisierend für die verschiedenen Prozesse der sozialen Erinnerung verwendet, oder es diente dazu, den vermeintlichen Makeln von Halbwachs' oder Durkheims Kollektivismus zu entgehen. In diesem Sinne figuriert der Begriff ›soziales Gedächtnis‹ auch als Titel des 1992 erschienenen, wegweisenden Buch von Fentress und Wickham, die den Titel wählten, um seinen Gegenstand von Arbeiten zur Erinnerung durch Individuen abzugrenzen (Fentress/Wickham 1992). Während sie einerseits argumentieren, dass es Individuen sind, die sich erinnern, folgen sie andererseits Halbwachs indem sie feststellen, dass die Erinnerung des Individuums nur existiert, insofern dieses das wahrscheinlich einzigartige Produkt eines bestimmten Schnittfelds von Gruppen ist.

Auf einer generativen theoretischen Ebene unterscheiden sie weiterhin zwischen zwei Aspekten des sozialen Gedächtnisses, einem objektiven Teil, der sich auf externe, überprüfbare Fakten bezieht und einem subjektiven, der unsere Emotionen und die Art unserer Beziehungen zu diesen Fakten umfasst. Am wichtigsten ist jedoch ihre Betrachtung der Ordnungs- und Übermittlungsmethoden des sozialen Gedächtnisses, die *oral poetry*, Erinnerung, das Geschichtenerzählen, Märchen und schließlich die schriftliche Überlieferung umfassen. Ähnlich wie Halbwachs nehmen sie auch eine Analyse der Klassen- und Gruppenerinnerung in westlichen Gesellschaften vor. Tatsächlich wird selten anerkannt, wie Halbwachs' Interesse am Gedächtnis der Arbeiterklasse Teil seiner Suche nach einem nicht-marxistischen Verständnis dessen darstellt, was Marxisten im Rahmen des Konzepts als ›Klassenbewusstsein‹ verstehen.

Jan Assmanns Theorie des kulturellen Gedächtnisses

In der einschlägigen Literatur lassen sich viele weitere solcher allgemeinen und sensibilisierenden Verwendungen des sozialen Gedächtnisses finden, die manchmal fast mit dem kollektiven Gedächtnis austauschbar sind und manchmal dazu dienen, die Tücken, die mit der Soziologie Durkheims assoziiert werden, zu meiden. Wichtiger und interessanter ist in diesem Kontext jedoch das gegenwärtige Bemühen der Forschung, den Begriff ›soziales Gedächtnis‹ genauer zu definieren und anzuwenden, ein Unternehmen, das insbesondere in den Schriften des deutschen Sozialpsychologen Harald Welzer verfolgt wird.

Will man nun Welzers konzeptuelle Innovationen verstehen, so muss man den Hintergrund seiner Argumentation berücksichtigen, d. h. die Schriften Jan Assmanns, dessen Theorie des kulturellen Gedächtnisses sicherlich eine der ertragreichsten Entwicklungen in der neueren Sozialtheorie darstellt (obwohl sie in der englischsprachigen Welt größtenteils unbekannt ist, da die Hauptwerke noch nicht in englischer Sprache erhältlich sind). Da Assmanns Œuvre an einer anderen Stelle dieses Bandes ausführlich erläutert wird (s. Kap. II.3), genügt hier eine knappe Zusammenfassung.

Wie Halbwachs und die meisten anderen Wissenschaftler, die sich mit dem sozialen Gedächtnis auseinandersetzen, beginnt auch Assmann mit dem Hinweis, dass die Erweiterung des Konzepts des Gedächtnisses vom Bereich der Psyche auf den Bereich der sozialen und kulturellen Traditionen nicht rein metaphorisch zu verstehen ist. Vielmehr geht es, so seine Argumentation, nicht um die Übertragung eines individualpsychologischen Konzepts auf soziale und kulturelle Phänomene, sondern darum, die Interaktion zwischen Psyche, Bewusstsein, Gesellschaft und Kultur zu untersuchen. Aus Assmanns Sicht beschäftigt sich aber Halbwachs' Theorie des kollektiven Gedächtnisses nur mit einem – und zwar dem weniger interessanten – Teil dieser Interaktion. Assmann zufolge dient Halbwachs' hauptsächliches Interesse an der Funktionsweise sozialer Bezugsrahmen des individuellen Gedächtnisses vornehmlich dazu, die Frage beantworten zu können, wie das Gedächtnis Gruppen zusammenhält. Eine solche, verbindliche Erinnerung, die Assmann in ›kommunikatives Gedächtnis‹ (s. Kap. II.4) umbenennt, meint die explizit mündliche, etwa drei Generationen umfassende, Überlieferung der Vergangenheit. Sie lasse sich deshalb, so Assmann, instrumentalisieren und sei hochgradig wandelbar.

Von diesem Grundgedanken ausgehend kommt Assmann zu dem Schluss, Halbwachs sei im Grunde ein Sozialpsychologe, der die wichtige Rolle der schriftlichen und anderer Formen der fixierten Überlieferung, die der ungehinderten Entwicklung des kommunikativen Gedächtnisses von Gruppen entgegenwirken, vernachlässige. Assmann setzt deshalb Halbwachs' kollektives Gedächtnis gegen die Schriften Warburgs ab, den er als Quelle seiner Theorie des kulturellen Gedächtnisses ausweist. Laut Assmann beschäftigte sich Warburg mehr als Halbwachs mit Geschichte und Überlieferung bzw. damit, wie das Alte im Neuen bestehen bleibt. Laut Assmann (2007, 201) war »die Präsenz des Alten im Neuen […] für Warburg nicht Sache schierer materialer Persistenz, sondern geistiger Aneignungen und Übertragungen. In der Kultur objektivieren sich menschheitliche Erfahrungen, die als Impulse auch nach Jahrtausenden wieder wirksam werden können.« Im Gegensatz dazu, so Assmann, zeigte Halbwachs »dass Vergangenheit niemals als solche zu überdauern vermag, sondern immer nur in den Rahmenbedingungen einer kulturellen Gegenwart rekonstruiert werden kann« (ebd.). Aus der Sicht Assmanns kommt Halbwachs folglich der Verdienst zu, den Schritt aus der »Innenwelt des Subjekts heraus in die sozialen und affektiven Rahmenbedingungen des Gedächtnisses« vollzogen zu haben. Aber Halbwachs »weigerte sich […] auch zu den symbolischen und kulturellen Gedächtnisrahmen vorzudringen. Für ihn war das eine unüberschreitbare Grenze« (ebd., 19). Folglich unterschied Assmann scharf zwischen kommunikativem Gedächtnis – dem Sachverhalt, den er auf Halbwachs und die mündliche Überlieferung zurückführt – und kulturellem Gedächtnis – dessen konzeptuelle Ursprünge er unter anderem auf Warburg zurückführte. Ein wesentlicher Anspruch seiner Theorie des kulturellen Gedächtnisses besteht in der Anerkennung des Uralten, Abgelegten und Verworfenen sowie der Einbeziehung des nicht-Instrumentalisierbaren, Häretischen, Subversiven und Verleugneten.

Harald Welzers Studien zum sozialen Gedächtnis

Im Rahmen dieses Diskurses trugen Welzers Beiträge viel zu der Entwicklung der Studien zum sozialen Gedächtnis bei. Zunächst sei hier Welzers empirische Arbeit zur Familienerinnerung im Deutschland der Nachkriegszeit zu nennen, mit ihrem Fokus auf den seltsamen Lücken und Missverständnissen, die in Gesprächen über die Nazivergangenheit zwischen den Generationen auftauchen. Wichtiger noch ist jedoch auf der Theorieebene sein Umgang mit Assmanns Unterscheidung zwischen dem kommunikativen Gedächtnis und dem kulturellen Gedächtnis bzw. die Unterscheidung zwischen diesen und dem individuellen Gedächtnis, die Welzer ganz richtig als ›etwas überpointiert‹ bezeichnet, sowie seine Wahl des sozialen Gedächtnisses als Alternative.

Für Welzer teilen jedoch beide, das kommunikative Gedächtnis und das kulturelle Gedächtnis, die Eigenschaft, dass es bei ihnen um die bewusste oder intentionale Überlieferung der Vergangenheit geht. Welzer stimmt hingegen mit dem britischen Sozialhistoriker Peter Burke darin überein, dass die Gesamtheit dessen, was aus der Vergangenheit überliefert wird, bei weitem sowohl die Grenzen des kulturellen als auch des sozialen Gedächtnisses, die explizit die Vergangenheit thematisieren, überschreitet. Im Gegensatz dazu betont Welzer, dass ein Großteil des aus der Vergangenheit Überlieferten, von dem vieles für das soziale Gedächtnis relevant sei, in keiner ausdrücklichen Weise mnemonischer Natur sei, oder offensichtlich die Vergangenheit betreffe. Die Haupteigenschaften des kulturellen Gedächtnisses in Assmanns Begrifflichkeit seien seine Geformtheit, z. B. in schriftlichen Zeugnissen, Bildnissen oder Riten, seine Organisiertheit, z. B. in der Ritualisierung und Ausgeformtheit, und seine Verbindlichkeit. Welzer hingegen spricht im Sinne Burkes von der »Gesamtheit der sozialen Erfahrungen der Mitglieder einer Wir-Gruppe« (Welzer 2001, 15).

Welzers Betrachtungsschwerpunkt des sozialen Gedächtnisses liegt auf den Medien, »die im Unterschied zu ihrem Auftreten im kulturellen und kommunikativen Gedächtnis *nicht* zu Zwecken der Traditionsbildung verfertigt wurden, gleichwohl aber Geschichte transportieren und im sozialen Gebrauch Vergangenheit bilden« (Welzer 2001, 16). Burke identifizierte besonders fünf Medien dieser Art von Überlieferung: die mündliche Überlieferung, die konventionelle historische Dokumentation – wie z. B. Memoiren und Tagebücher, gemalte oder fotografische Bilder, kollektive Gedenkfeiern/-rituale und geographische oder soziale Räume. Indem er die sich mit Assmanns Definition des kulturellen Gedächtnisses überschneidenden Elemente wegfallen lässt, rekombiniert Welzer diese fünf Medien zu vier: Interaktion, Dokumente, Bilder und Räume/Orte und hebt hervor, dass die Praktiken des kommunikativen Gedächtnisses nur eine – vielleicht sogar den geringsten Teil – der Praktiken des sozialen Gedächtnisses ausmachen. Welzer erkennt in diesen impliziten und nicht-intentionalen Praktiken des Gedächtnisses eher als in dem expliziten Verweis auf und die Erhaltung von Erinnerungssymbolen unsere tiefgründigste Historizität. Tatsächlich erlaubt die Schwerpunktsetzung auf nicht-intentionalen Praktiken des Gedächtnisses eine bessere Würdigung von Anachronismen, die Arten und Weisen in denen Restbestände verschiedener Epochen gleichzeitig wirken können. Darüber hinaus ermöglicht ein solcher Ansatz, auch wenn dies weder von Assmann noch Welzer explizit angesprochen wird, ein besseres Verständnis dessen, was als Problem des ›ring-around-the-rosie‹ (dt.: ›Ringelringelreihen‹), einem Kinderreim aus der Zeit der Pest, bezeichnet werden kann. Sehr viele Kinder in der englischsprachigen Welt können diesen Reim rezitieren, ohne dass ihnen sein historischer Bezug bewusst wäre. Solche Fälle sind jedoch nicht die Ausnahme sondern die Regel in einer Gesellschaft, in der, lange nachdem elektronische Signaltöne eingeführt wurden, immer noch das ›Telefon klingelt‹.

Indem er dieserart die nicht-intentionalen Gedächtnispraktiken als Kernstück menschlicher Historizität fasst, stellt Welzers Theorie des sozialen Gedächtnisses eine wichtige Bereicherung der Traditionslinie von Halbwachs bis Assmann bzw. der in ihr skizzierten Prozesse und Praktiken dar, womit freilich nicht gesagt sein soll, dass sie den Katalog der Methoden der Überlieferung und Historizität vervollständigen würden. Ein in diesen Interaktions- und Symboltheorien vernachlässigter Aspekt ist nicht nur das Ungesagte, Ungewollte und Ungesehene, sondern auch das Unbewusste, d. h. die verschiedenen körpergebundenen Praktiken, wie sie in den Schriften Paul Connertons untersucht werden, dessen Werk Theorien des Gedächtnisses mit den Arbeiten von Theoretikern wie Pierre Bourdieu verbindet, für den die ›körperliche Hexis‹ ein wesentlicher Bestandteil einer Theorie der Praxis darstellt (Connerton 1989). Insgesamt schaffen jedoch die Arbeiten von Assmann und Welzer, insbesondere die Theorien der Mündlichkeit und Schriftlichkeit sowie Langzeitstudien zum Entstehen neuer Formen des historischen Bewusstseins im Zeitalter der Massenmedien, einen stabilen Zusammenhang zwischen Studien des sozialen Gedächtnisses und den Media Studies. Darüber hinaus erschließen sie die Möglichkeit des Dialogs zwischen Theoretikern des sozialen Gedächtnisses und Theoretikern des Raums, eines der wichtigsten Konzepte der Sozialtheorie der letzten Jahre insgesamt.

Abschließend sei hier nochmals festgehalten, dass nicht jeder, der den Begriff ›soziales Gedächtnis‹ verwendet, ihn auch auf die hier beschriebenen Arten und Weisen, im Rückbezug auf die Theorietradition von Halbwachs bis Welzer, verwendet. Dies liegt zum Großteil daran, dass, wie es Olick und Robbins in ihrem nun schon recht weit zurückliegenden Überblick von 1998 formulierten, die Studien des sozialen Gedächtnisses ein »non-paradigmatic, transdisciplinary, centerless enterprise« (1998, 105) darstellen. Wie immer in solchen Fällen stehen die Offenheit des Untersuchungsansatzes und der Terminologie in enger Wechselwirkung mit dem auf konventionalisierten Begriffen und Konzepten beruhenden Aufbau von Wissen. In dieser Hinsicht haben die Studien des sozialen Gedächtnisses tatsächlich einen kritischen Punkt erreicht. Werden sie weiterhin mit einem Durcheinander der Begriffswahl und -verwendung ohne Konsens zum Quellenbezug existieren, oder werden sie zu einem kohärenten Paradigma zusammenfinden? Einige der Barrieren sind institutioneller Natur – z.B. die Unzugänglichkeit der Schriften von Jan und Aleida Assmann und Harald Welzer sowie ihren Nachfolgern, die nicht ins Englische übersetzt wurden – während andere auf die naturgegebene Erreichbarkeit und das Interesse am Gedächtnis in den verschiedenen Disziplinen zurückgeführt werden können. Diese augenscheinliche Anziehungskraft muss nicht notwendigerweise von Vorteil sein.

Literatur

Assmann, Jan: *Religion und kulturelles Gedächtnis. Zehn Studien*. München ³2007.

Connerton, Paul: *How Societies Remember*. Cambridge 1989.

Cooley, Charles Horton: *Social Process*. New York 1918.

Fentress, James/Wickham Chris: *Social Memory*. Oxford/Blackwell 1992.

Mead, George Herbert: *The Philosophy of the Present* [1932]. Chicago 1981.

Olick, Jeffrey K./Robbins, Joyce: Social Memory Studies: From »Collective Memory« to the Historical Sociology of Mnemonic Practices. In: *Annual Review of Sociology* 24 (1998), 105–140.

Welzer, Harald (Hg.): *Das Soziale Gedächtnis: Geschichte, Erinnerung, Tradierung*. Hamburg 2001.

Jeffrey K. Olick/Übers. Jessica Rodemann

6. Das Politische des Gedächtnisses

Gedächtnispolitik

Die Behauptung, dass das Gedächtnis in politischen Zusammenhängen von Bedeutung ist, beruht zunächst auf zwei Annahmen. Erstens auf der Annahme, dass die Errichtung einer bestimmten Erinnerungskultur zu den Möglichkeiten und Aufgaben des politischen Systems gehört, zweitens auf der Annahme, dass die Erinnerungskultur einer Gesellschaft politische Konsequenzen und Funktionen hat.

Mit diesen Angaben ist freilich das politische Gedächtnis noch nicht zureichend bestimmt. Worin genau bestehen die Qualitäten, die es erlauben, von einem spezifisch politischen Gedächtnis zu sprechen? Wie kann man das politische Gedächtnis vom sozialen, vom kommunikativen und kulturellen Gedächtnis abgrenzen, und wie verhält sich das politische Gedächtnis zum Familiengedächtnis, dem Gedächtnis der Religionen oder der Berufsverbände? (vgl. die Typologien und Unterscheidungen bei J. Assmann 1988; 2007, 56)

Die Eigenschaften des politischen Gedächtnisses, die es von allen anderen Gedächtnistypen abheben, ergeben sich aus den spezifischen Qualitäten des Politischen und der politischen Ordnungen. Generell gilt, dass sich politische Ordnungen durch zwei Elemente von anderen Teilsystemen der Gesellschaft unterscheiden. Zum einen sind die Entscheidungen, die das politische System trifft, kollektiv verbindliche Entscheidungen, sie gelten also auch für die anderen Teilsysteme der Gesellschaft, und sie können im Zweifelsfall mit den Mitteln des Zwangs, die nur dem Staat als dem Inhaber des Monopols der legitimen Gewalt zur Verfügung stehen, durchgesetzt werden. Zum anderen werden die Menschen in den allermeisten Fällen in eine politische Ordnung hineingeboren, der sie dann ihr Leben lang angehören. In den Zeiten der Globalisierung häufen sich zwar die Wechsel von einem Land in ein anderes, aber immer noch ist es weitaus aufwendiger und schwieriger, auszuwandern und Bürger eines anderen Staates zu werden als beispielsweise aus der Kirche auszutreten, den Sportverein oder eine Partei zu verlassen.

Die beiden Elemente zusammengenommen lassen es geraten erscheinen, die Entscheidungen, die das politische System trifft, besonderen Grundsätzen, Regeln und Bedingungen zu unterwerfen. Weil die Entscheidungen des politischen Systems für alle Bürger der jeweiligen Staaten verbindlich gelten und sie, wenn es sein muss, mit physischem Zwang gegen Widerstreben durchgesetzt werden und weil man sich den Entscheidungen nicht so leicht durch die ›exit‹-Option entziehen kann, sollten alle Bürger prinzipiell die Möglichkeit haben, an diesen Entscheidungen unter Beachtung der Grundsätze eines öffentlichen Vernunftgebrauchs mitzuwirken. Ferner sollten gewisse Grenzen gelten, die in politischen Entscheidungen nicht zur Disposition stehen, z. B. die Menschenrechte. Das jedenfalls sind die Grundprinzipien liberaler, demokratischer Verfassungsstaaten, die sich in jahrhundertelangen politischen Kämpfen und Konflikten herausgebildet haben.

Für die Bestimmung der spezifischen Qualität des politischen Gedächtnisses ist das Prinzip der Öffentlichkeit besonders wichtig. Im Unterschied zum Familiengedächtnis, zum Gedächtnis der Religionen und Kirchen, des Bildungssystems, der Berufsvereinigungen, der Sportclubs und der anderen Teilsysteme und Organisationen der Gesellschaft ist das politische Gedächtnis in einem nachdrücklichen Sinn der Gegenstand und das Ergebnis öffentlicher Aushandlungen. Der Ort des politischen Gedächtnisses ist in pluralistischen Gesellschaften grundsätzlich der öffentliche Raum. Weitere Unterscheidungen und Abgrenzungen kommen hinzu: Im Unterschied zum kommunikativen Gedächtnis ist das politische Gedächtnis mediengestützt. Das politische Gedächtnis manifestiert sich in Denkmalen, Jahrestagen, Feiern, Ritualen, Symbolen. Die Angewiesenheit auf Medien und Objektivationen verbindet das politische mit dem kulturellen Gedächtnis. Das politische Gedächtnis entsteht nicht aus den mehr oder weniger intentionslosen Alltagskommunikationen. Auch das verbindet das politische Gedächtnis mit dem kulturellen Gedächtnis. Im Unterschied zum kulturellen Gedächtnis aber, das auch die nicht-öffentlichen Gedächtnisformen der Religionen umfasst, ist die Topographie des politischen Gedächtnisses öffentlich, und es unterliegt, wie eingangs betont, der zielgerichteten politischen Steuerung. Das Ziel und die Funktion des politischen Gedächtnisses besteht nicht in der Verständigung über die allgemeinen Grundlagen der Zivilisation und darüber, wie wir leben wollen, was eine umfassende Wahrheit ist, worin das Glück und der Sinn des Lebens besteht, sondern im engeren Sinn in der Frage, wie die gegenwärtige politische Ordnung ihre Vorgänger bewertet, auf welche politischen Entscheidungen und Ereignisse der Vergangenheit sie sich positiv-zustimmend oder negativ-ablehnend bezieht. Das politische Gedächtnis drückt im Blick auf die Vergangenheit das Ideal einer Bürgerschaft aus, die sich selbst in einer Weise regiert, von der sie glaubt, dass sie aus guten Gründen von anderen akzeptiert werden kann und die durch die Erfahrungen der Vergangenheit zusätzliche Plausibilität erfährt.

Im politischen Gedächtnis nehmen die Grundlagen der politischen Ordnung erfahrbare Gestalt an: Welche Ereignisse der Vergangenheit erfüllen uns mit Schaudern und welche Ereignisse erkennen wir als Leitfiguren an, und aus welchen Gründen ist das so? In demokratisch-pluralistischen Staaten wird über diese Frage öffentlich und fair und mit Angabe von Gründen gestritten, und jede Antwort ist immer nur vorläufiger Natur. In autoritären Staaten dagegen versuchen die Inhaber des politisch-administrativen Apparats diese Frage auf dem Wege willkürlicher Setzung und Anordnung und unter Ausschaltung einer freien öffentlichen Diskussion mit den Mitteln des Zwangs zu entscheiden.

Man sollte freilich die Bedeutung von Typologien für die wissenschaftliche Arbeit nicht überbewerten. Wenn sie der groben Orientierung dienlich sind, haben sie ihren Zweck erfüllt. Wichtiger als Definitionen und Unterscheidungen von Typen sind materiale Analysen, in denen sich zeigt, zu welchen Erkenntnissen die Definitionen und Typologien beitragen.

Die realen Sachverhalte, um die es im politischen Gedächtnis geht, gehören zu den elementaren Bestandteilen der Logik politischen Handelns und politischer Ordnungen. Im Mainstream der Politikwissenschaft spielte das Gedächtnisthema allerdings über lange Zeit keine große Rolle. Das hat mit dem in ihr vorherrschenden Politikbegriff zu tun, der sich funktionalistisch auf die Herstellung kollektiv verbindlicher Entscheidungen bezieht und deswegen die sogenannten Politikfeld-Studien favorisiert. Das Gedächtnisthema fällt durch die Maschen des Policy-Netzes hindurch. Die Gedächtnislandschaft einer Gesellschaft und eines politischen Systems gehört zu den eher weichen Fragen, die sich den Koordinaten der Policy-Forschung nicht fügen und aus ihrer Perspektive betrachtet eher vor- bzw. subpolitischer Natur sind. Sie werden dem Bereich der traditionellen Staatsaufgaben zugeordnet, deren Behandlung in der Politikwissenschaft über lange Jahre hinweg eher vernachlässigt worden ist.

Das ändert sich nach der Verschiebung der weltpolitischen Koordinaten durch den Untergang des realen Sozialismus und die Anschläge des 11. September 2001. Beide Ereignisse haben intensive Debatten über die Grundlagen politischer Ordnungen in Gang gesetzt, über Nationalstaaten, Reiche, Imperien, über hegemoniale und multipolare Weltordnung, über die Grundlagen und den Status des Völkerrechts und der Vereinten Nationen, über die Prinzipien und die Rechtfertigung staatlicher und überstaatlicher Ordnungen zwischen Vertrag und Verfassung. Es wird deutlicher, dass Staatlichkeit nicht in der Funktionalität ihrer Teilbereiche aufgeht. Die sozialintegrativen Aufgaben der Aufrechterhaltung von Ordnung, der Umverteilung und sozialen Sicherung, der Konstruktion kollektiver Identitäten und gemeinsamer Überlieferungen, der Herstellung und Bewahrung von Gemeinsamkeiten und Verpflichtungen verstehen sich keineswegs von selbst und bedürfen auch in funktional hochdifferenzierten Gesellschaften eigener Aufmerksamkeit und Pflege. In diesem Zusammenhang werden Gedächtnisfragen relevant. Sie stehen im Hintergrund politischer Entscheidungsprozesse und nehmen indirekt Einfluss auf das politische System. Sie gehören in den Kontext von Handlungsorientierung und Identitätsstiftung, in den Kontext von Begriffen, Bildern und Mustern, die politische Ordnungen von sich selbst entwerfen.

Die erste der eingangs genannten Annahmen zieht die politische Folgerung aus der soziologischen Gedächtnisforschung von Maurice Halbwachs, nach der das, was die Menschen ins Gedächtnis aufnehmen, kein natürliches, biologisch gegebenes Faktum ist, sondern von sozialen und kulturellen Bedingungen abhängt.

Diese Behauptung ist bis heute plausibel und durch viele kulturwissenschaftliche und sozialpsychologische Untersuchungen bestätigt worden. Was in einer Gesellschaft an vergangenen Ereignissen erinnert und was vergessen wird, ist abhängig von dem Bezugsrahmen, den sie in ihrer jeweiligen Gegenwart bereitstellt, von den Bedürfnissen, Problemlagen und Wünschen, die sie ausbildet. Daraus folgt, dass Veränderungen des Bezugsrahmens unvermeidlich einen Wandel im Gedächtnishaushalt der Gesellschaften bewirken. Es ist deswegen alles andere als verwunderlich, dass zum Beispiel die Umbrüche des Jahres 1989 das kollektive Gedächtnis der betroffenen Länder in große Unruhe versetzt haben. Die geographischen und politischen Räume, die seitdem wieder frei zugänglich sind, öffnen auch die Türen zu neuen Gedächtnisräumen und führen zu heftigen Eruptionen. Der Streit um die Verlagerung des sowjetischen Kriegerdenkmals aus dem Zentrum Tallinns auf einen Friedhof im Frühjahr 2007 bewirkte Ausschreitungen in Estland, Agitation in Russland und diplomatische Spannungen zwischen den Nachbarn. Die Ukraine sucht nach einem Weg, ihre entsetzliche Vergangenheit totalitärer Vernichtungserfahrung zu verarbeiten. Und das ist keineswegs ein Elitenphänomen: Die überwiegende Mehrheit der Ukrainer war Opfer von Krieg und unterschiedlichen Besatzungsregimen. Schon vor dem Krieg wurde die Ukraine zum Opfer sowjetischen Terrors, besonders brutal in der Großen Hungersnot (›Holodomor‹) 1932/1933, und sie erlebte im Krieg aufeinanderfolgende, wechselnde und doppelte Besatzungen. Gleichzeitig war die Ukraine ein Hauptschauplatz der Vernichtung der europäischen Juden, und nationalistische Organisationen der Ukrainer und viele Bewohner kollaborierten mit den Deutschen oder waren in die Verbrechen der deutschen Besatzungsmacht verstrickt (vgl. *osteuropa* 6/2008). In Russland versucht die politische Klasse, die Erfahrung des Terror- und Lagersystems unter einer Decke des Schweigens zu begraben. Ob ihr das gelingen wird, ist fraglich. Die privaten Erinnerungen an den Archipel Gulag und den Terror sind in Russland allgegenwärtig. In der Zeit zwischen 1930 und 1953 waren ca. 20 Millionen Menschen Opfer der Repression, kaum eine Familie, die nicht davon betroffen war (vgl. *osteuropa* 6/2007).

Eine zentrale Frage der Gedächtnispolitik ist, ob die Tatsache der sozialen Abhängigkeit der Erinnerungskultur zugleich bedeutet, dass es eine gezielte Steuerung der Prozesse des Erinnerns und Vergessens in einer Gesellschaft geben kann. Gedächtnispolitik im strengen Sinn geht von dieser Möglichkeit der Steuerung tatsächlich aus. Das gilt von der Politik der *damnatio memoriae* (›Verurteilung des Andenkens‹), die im antiken Rom der Kaiserzeit praktiziert wurde, über die Formel *oblivio et amnestia* (›Vergessen und Vergeben‹), die über Jahrhunderte hinweg zum Kanon der Friedensschlüsse gehörte, bis zur Stockholmer Holocaust-Konferenz, die im Januar 2000 gleichsam per Dekret die Erinnerung an die Vernichtung der europäischen Juden ins Zentrum einer global ausgerichteten Gedächtnispolitik rücken wollte.

Extreme Formen der Gedächtnismanipulationen praktizierten die totalitären Regime des 20. Jahrhunderts. Den Absichten der stalinistischen und nationalsozialistischen Machthaber zufolge sollte weder von den ermordeten Juden noch von den der Vernichtung preisgegebenen angeblichen Feinden des Kommunismus eine Spur im Gedächtnis der Zeitgenossen und der nachfolgenden Generationen erhalten bleiben. Diese barbarischen Versuche einer vollkommenen Gedächtnisauslöschung und -manipulation sind misslungen: Immer überlebt einer, der von den

Untaten Zeugnis ablegt, sie im Gedächtnis bewahrt und seine Erinnerungen an die nachfolgenden Generationen weiterreicht.

In modernen Gesellschaften und demokratischen politischen Systemen ist die Gestalt der Erinnerungskultur normalerweise das Resultat bzw. das Nebenprodukt öffentlicher und für alle zugänglicher Debatten und Diskurse. Gleichwohl konnten und können auch hier nicht alle Staaten der Versuchung widerstehen, per Gesetz bestimmte Gedächtnisinhalte gleichsam zu kanonisieren und andere zu verbieten. In Frankreich gibt es die *loi Gayssot*, die die Leugnung der Gaskammern unter Strafe stellt, ferner wurde der Genozid an den Armeniern parlamentarisch bestätigt, und die ehemaligen Algerienfranzosen setzten ein Gesetz durch, in dem die »positive Rolle« des Kolonialismus festgehalten wurde. In der Bundesrepublik Deutschland wird nach § 130 StGB strafrechtlich verfolgt, wer »die nationalsozialistische Gewalt- und Willkürherrschaft billigt, verherrlicht oder rechtfertigt«. In Russland gibt es Pläne, diejenigen strafrechtlich zu verfolgen, die die Verdienste der Sowjetunion beim Sieg über Deutschland und die Verbrechen der Nazis leugnen; diese Strafandrohung soll auch gegenüber Ausländern gelten.

Wenn man Gedächtnispolitik prinzipiell zu den Möglichkeiten und Aufgaben politischen Handelns rechnet, dann gehört zur Analyse politischer Systeme und politischen Handelns die Gedächtnisdimension unverzichtbar hinzu. Die Analysen stellen dann die Frage, wer über die Auswahl der Gedächtnisinhalte entscheidet, welche Interessen dahinter stehen, mit welchen Mitteln die Verbreitung bestimmter Gedächtnisinhalte betrieben wird, welche Ressourcen in Anspruch genommen werden, welche Deutungsangebote gemacht und wie sie rezipiert werden. Kurz: Zu fragen ist nach spezifischen gedächtnispolitischen Interessen, Möglichkeiten und Strategien und nach den Bedingungen für ihren Erfolg und Misserfolg (vgl. Kohlstruck 2004, 176).

Erinnerungskultur und ihre politischen Funktionen

Die zweite der eingangs genannten Annahmen, also die Annahme, dass mit der Erinnerungskultur immer politische Funktionen und Konsequenzen verbunden sind, nimmt vor allem die Frage nach der Legitimität, Stabilität und Dauerhaftigkeit politischer Ordnungen in den Blick. Im Kern geht es darum, dass durch den positiven Bezug auf große Ereignisse und Epochen der Geschichte oder durch die Distanzierung von einer negativ bewerteten Vergangenheit die jeweils eigene politische Ordnung stabilisiert, aufgewertet und abgesichert wird.

Für die Frage nach den spezifisch politischen Funktionen und Konsequenzen der Erinnerungskultur lassen sich vier Ebenen unterscheiden: Auf der ersten, sehr grundsätzlichen Ebene geht es um die Rolle des Gedächtnisses für den Begriff des Politischen. Die zweite Ebene betrifft die Rolle der Erinnerungskultur bei der Konstitution und Legitimation konkreter politischer Ordnungen. Die dritte Ebene zielt auf einzelne individuelle oder kollektive Akteure in den politischen Auseinandersetzungen, die sich durch den Rekurs auf gedächtnispolitische Optionen die Hegemonie im politischen Diskurs sichern wollen. Die vierte Ebene schließlich fragt nach der Rolle der Erinnerungskultur in politischen Brüchen und Umbrüchen, vor allem im Prozess der Neugründung von Demokratien (vgl. Kohlstruck 2004; König 2008).

1. Begriff des Politischen: Die Bürger einer politischen Ordnung schulden einander besondere Loyalität und Verlässlichkeit. Politische Ordnungen beruhen gleichsam auf einem Versprechen, das die Bürger einander geben und dessen Einhaltung sie sich wechselseitig schuldig sind. Dadurch entstehen besondere Bindungen, die die Mitglieder eines politischen Gemeinwesens miteinander eingehen. Die Einhaltung der Versprechen ist an ein gutes Gedächtnis gebunden, also daran, dass sich jeder morgen noch an das erinnert und gebunden fühlt, was er gestern versprochen hat.

Wer so argumentiert und damit die Rolle von

Versprechen, Vertrag und Gedächtnis im Kern des Politischen ansiedelt, gehört zur kontraktualistischen und republikanischen Fraktion des politischen Denkens, die nicht die Ordnung der Institutionen und des Systems ins Zentrum des Politikbegriffs stellt, sondern das politische Handeln freier und gleicher Bürger, die immer wieder vor der Aufgabe stehen, geregelte, gerechte und zustimmungsfähige Formen einer gemeinsamen Ordnung zu entwickeln und auf Dauer zu stellen.

Die Bedeutung des guten Gedächtnisses für die Herstellung von sozialer Verbindlichkeit ist von Friedrich Nietzsche in seiner Schrift *Zur Genealogie der Moral* aus dem Jahre 1887 mit großem Nachdruck herausgestellt worden. Nietzsche betont zugleich das Unwahrscheinliche, Unnatürliche und Mühselige dieses Versuchs, über die Ausbildung des Gedächtnisses einen zuverlässigen Menschen zu erzeugen. »»Wie macht man dem Menschen-Tiere ein Gedächtnis? Wie prägt man diesem teils stumpfen, teils faseligen Augenblicks-Verstande, dieser leibhaften Vergeßlichkeit etwas so ein, daß es gegenwärtig bleibt?«« Die »ungeheure Arbeit«, die hier gefordert ist, geht nach Nietzsche mit viel Grausamkeit und Leid einher: »»Man brennt etwas ein, damit es im Gedächtnis bleibt: nur was nicht aufhört wehzutun, bleibt im Gedächtnis‹ – das ist ein Hauptsatz aus der allerältesten (leider auch allerlängsten) Psychologie auf Erden« (Nietzsche 1972, 800 ff.).

Die zivilisatorischen Leistungen, die Nietzsche beschreibt, werden von der Gedächtnisforschung der Gegenwart für die Bestimmung des kulturellen Gedächtnisses in Anspruch genommen. »Das Gedächtnis braucht, wer sich verpflichten muß, wer sich bindet. Kultur heißt Bindung und daher Gedächtnis« (J. Assmann 1995, 112). Allerdings ist das zentrale Medium dafür nach Jan Assmann nicht, wie bei Nietzsche, die körperliche Gewalt, sondern die Sprache bzw. die Schrift.

Die spezifisch politische Dimension der Gesellschaft ist mit diesen Bestimmungen des kulturellen Gedächtnisses aber noch gar nicht erreicht, weder bei Nietzsche noch bei Assmann. Die politische Dimension kommt erst dann in den Blick, wenn man sieht, dass der Zusammenhalt von Gesellschaften allein durch ihre Kultur und durch das kulturelle Gedächtnis nicht zureichend gestiftet werden kann. Möglicherweise ist die kulturelle Einheit eine notwendige und unverzichtbare Voraussetzung für die gesellschaftliche Integration und Stabilität, aber sie ist nicht hinreichend. Andernfalls wäre nicht zu erklären, dass es im Laufe der historischen Entwicklung zur Ausdifferenzierung und Ausbildung einer eigenen politischen Handlungssphäre gekommen ist, auf die die Gesellschaften offenbar bis heute nicht verzichten können. Die politische Sphäre hat die Funktion, jene Aufgabe zu erledigen, für die alle Gesellschaften zu einem bestimmten Zeitpunkt ihrer Entwicklung dringend eine Lösung brauchen: die Notwendigkeit, einen Bereich kollektiver Verbindlichkeiten festzulegen, in dem die Betroffenen auch angesichts von Meinungsdifferenzen oder Meinungsschwankungen zu akzeptierten Entscheidungen kommen, die eingegangenen Verpflichtungen durchgehalten und, wenn es sein muss, mit dem Einsatz von physischem Zwang durchgesetzt werden. Diese Leistungen und Merkmale der politischen Ordnung sind an Institutionen und an die Ausbildung eines administrativen Apparats gebunden. Deren Funktion besteht dann darin, diejenigen, die ein schlechtes Gedächtnis haben, an die eingegangenen Verpflichtungen zu erinnern und für deren Einhaltung zu sorgen.

2. Konstitution und Legitimation politischer Ordnungen: Für die Konstitution und Legitimation konkreter politischer Ordnungen kommt dem Bezug auf die Vergangenheit ein großes Gewicht zu. Die kollektive Identität eines Gemeinwesens, die auf Zugehörigkeitsbewusstsein, Zustimmungsbereitschaft und Loyalität ihrer Bürger beruht, kann durch die Erinnerung an die großen Ereignisse der Vergangenheit gefördert, gestärkt und stabilisiert werden. Das gilt für untergeordnete politische Bezugsgrößen, aber vor allem für die übergeordneten politischen Ordnungen, z.B. für Reiche oder Nationen. Allgemein gesagt: Politische Ordnungen sind nie nur Willensgemeinschaften, sondern stets auch Erinnerungsgemeinschaften.

Das zentrale Beispiel für diese Ebene der Gedächtnispolitik in der jüngeren Geschichte ist der

Nationalstaat. Die nationale Legitimation, die in Europa seit dem Ende des 18. Jahrhunderts die dynastische Legitimation politischer Ordnungen ablöste, hat einen besonders großen Bedarf an Gemeinsamkeitsglauben, der wiederum durch die Erinnerung an eine gemeinsame Vergangenheit eine starke Unterstützung erfährt. Deswegen sind Nationen von Max Weber als »Erinnerungsgemeinschaften« bezeichnet worden (Weber 1985, 515). Der französische Religionsphilosoph Ernest Renan formulierte im gleichen Sinn: »Eine Nation ist eine Seele, ein geistiges Prinzip. [...] Wie der einzelne, so ist die Nation der Endpunkt einer langen Vergangenheit von Anstrengungen, Opfern und Hingabe. [...] Eine heroische Vergangenheit, große Männer, Ruhm [...] das ist das soziale Kapital, auf dem man eine nationale Idee gründet« (Renan 1995, 56).

Es ist in der jüngeren historischen Forschung vielfach gezeigt worden, wie die nationalen Bewegungen es verstanden haben, mit den Mitteln der »invention of tradition« die Einheit der Nation herzustellen. Die Herstellung der Erinnerungskultur dient hier dem Bemühen, die Gegenwart durch die Bindung an eine große Vergangenheit aufzuwerten und damit die Zukunft zu gewinnen. Das gilt im Kern für alle politischen Ordnungen, die auf der Idee der Nation aufbauen, gleichermaßen.

Die drei großen Pioniere der Idee der Nation und des nationalen preußisch-deutschen Staates zu Beginn des 19. Jahrhunderts, der Publizist Ernst Moritz Arndt, der Turnvater Friedrich Ludwig Jahn und der Philosoph Johann Gottlieb Fichte, waren in diesem Sinne entschiedene Gedächtnispolitiker (vgl. König 2008, 364 ff.). Sie haben zu Beginn des 19. Jahrhunderts den Weg vorgegeben, der dann vom nationalen Denken und von der nationalen Geschichtsschreibung in Deutschland mit großem Erfolg und großer Resonanz beschritten worden ist. Sie waren eifrig damit beschäftigt, eine große nationale Vergangenheit zu etablieren und die politische Ordnung des deutschen Vaterlands mit dem Aufbau einer nationalen Gedächtnislandschaft, die bis zur Schlacht von Hermann dem Cherusker gegen die römischen Truppen unter Varus im Jahre 9 n. Chr. zurückreicht, zu untermauern und zu legitimieren.

Zur Logik des auf der Einheit der Nation aufbauenden Staates gehört, dass die kulturelle und die politische Dimension deckungsgleich sind, weil nur auf dieser Basis die angestrebte vollkommene Identifikation des Einzelnen mit der Nation für möglich und glaubwürdig gehalten wird. Die Einheit von Territorium, Staatsgewalt und Bevölkerung, die den modernen Staat charakterisiert, bedarf zu ihrer Vollendung gleichsam der Beseelung durch das nationale Gedächtnis. Die Zugehörigkeit zur Nation hat über allem anderen zu stehen, nationale Loyalitätsanforderungen schließen andere Loyalitäten strikt aus. Das ist der Grund für den Hass der nationalen Protagonisten auf alle Kosmopoliten und Partikularisten, die eine Erinnerungskultur oberhalb oder unterhalb der Nation für sich reklamieren und ihnen mindestens den gleichen, wenn nicht einen höheren Rang einräumen als dem nationalen Gedächtnis. Da Juden und Sozialisten im 19. Jahrhundert sowohl als Kosmopoliten wie als partikulare Gruppe, als Staat im Staat galten, traf sie der Hass der nationalen Protagonisten immer mit besonderer Intensität.

Nicht nur im Innern der Nationalstaaten, bei der Stellung der Minderheiten, führt die Forderung der Deckungsgleichheit zwischen nationaler Kultur und politischer Ordnung zu gewaltreichen Konsequenzen, sondern auch in den Konflikten zwischen den Staaten. Der Streit um Territorien wird im nationalen Zeitalter regelmäßig zum Streit um die Nationalität dieser Gebiete. Es genügt nicht mehr, ein Territorium zu erobern und dem siegreichen Staat zu unterwerfen, vielmehr muss nun die Bevölkerung der eroberten Gebiete in den Körper und das Gedächtnis der Siegernation eingegliedert, d. h. zum Bestandteil ihrer ›Seele‹ werden. Das geschieht auf zwei Wegen: Zum einen auf dem Weg der nationalpolitischen Umziehung – in Elsass und Lothringen z. B. versuchten dies 1871 zunächst die Deutschen und ab 1919 wieder die Franzosen. Zum anderen, in den Fällen, wo Assimilation von vornherein für aussichtslos oder zu mühsam erachtet wird, durch ethnische Säuberungen, also durch Vertreibung und Umsiedlung. Ethnische Säuberungen begleiten das nationale Zeitalter wie ein Schatten und offenbaren das riesige Gewaltpotential, das in der nationalen Legitimation politischer Ordnungen von Anfang an enthalten ist.

Aber Erinnerungskultur ist nicht nur für die Nationalstaaten von Bedeutung, sondern auch für politische Ordnungen, die auf anderen Konzepten der Legitimation aufbauen. Es wäre eine notwendige Aufgabe, systematisch zu untersuchen, ob man unterschiedlichen politischen Ordnungen, also z. B. Imperien, Reichen, Nationalstaaten und heute den postnationalen Ordnungen jeweils ein anderes »Gedächtnisregime« zuordnen kann. Die Aufgabe einer historischen Erforschung von Gedächtnisregimes ist noch nicht in Angriff genommen worden. Unter »Regime« sollen hier, in Anlehnung an die Terminologie in der politikwissenschaftlichen Lehre von den Internationalen Beziehungen, politik-, norm- und regelgeleitete Formen der kollektiven Erinnerung verstanden werden, die zwar nicht rechtlich fixiert, aber doch für längere Zeit stabil und maßgeblich sind.

3. *Diskurshegemonie*: Die Erinnerung ist eines der Felder, auf dem die politischen Akteure ihre Konkurrenzen und Rivalitäten austragen. Politische Akteure konkurrieren um politische Ämter und Positionen. Sie stehen immer vor der Aufgabe, Aufmerksamkeit, Zustimmung, Reputation für die eigene Person oder Partei zu erringen und den Einfluss der Konkurrenten zu verringern. Es geht auf dieser Ebene der Gedächtnispolitik um die Erringung bzw. Erhaltung politischer Dominanz, um den Versuch, Diskurshegemonie zu erreichen und auf Dauer zu stellen.

Bemühungen um die Erringung und Stabilisierung von Diskurshegemonie mit den Mitteln der Gedächtnispolitik spielen überall dort eine Rolle, wo die gemeinsamen Dinge als öffentliche verstanden und verhandelt werden – und das heißt, solange es überhaupt Politik gibt. Von einem spektakulären Fall der Gedächtnispolitik berichtet bereits das Alte Testament: In der Reformpolitik des Königs Josia im letzten Drittel des 7. Jahrhunderts v. Chr. spielte das angebliche Wiederauffinden eines alten Buches eine große, legitimierende Rolle. Nach allgemeiner Auffassung handelt es sich bei dem aufgefundenen Buch um das *Deuteronomium*, das fünfte Buch Mose, das detaillierte Erinnerungsanweisungen für das Volk der Juden enthält (vgl. J. Assmann 2007, 212 ff.; König 2008, 240 ff.).

Auch in der römischen Republik erinnern die politischen Akteure immer wieder an den Ruhm und den Auftrag der Vorfahren und leiten von ihnen die Legitimität ihrer Rolle her. Cicero beispielsweise ist darin ein wahrer Meister (vgl. König 2007). Generell gilt, dass überall dort, wo wir es mit traditionaler Herrschaft zu tun haben, d. h. mit der Legitimation der Herrschaftsausübung über die Herkunft, die Inhaber der entsprechenden Herrschaftspositionen vor der gedächtnispolitischen Daueraufgabe stehen, dafür zu sorgen, dass ihr Status anerkannt und nicht vergessen wird.

4. *Umbruch und Neubeginn*: Gedächtnispolitik und die Errichtung von Erinnerungskulturen spielen eine große Rolle bei Umbrüchen und politischem Neubeginn, vor allem nach Revolutionen, Kriegen, Bürgerkriegen, Aufständen und Regime- bzw. Systemwechseln. Die jeweilige neue politische Ordnung steht vor der Notwendigkeit, ihre Existenz zu legitimieren, und ein wesentliches Mittel dafür ist, sich von ihrem Vorgänger-Regime abzugrenzen, also das vergangene, abgelöste System und seine Anhänger zu delegitimieren. Das kann gedächtnispolitisch durch ganz entgegengesetzte Strategien bewirkt werden: entweder durch Vergessen und Vergeben oder durch Erinnern und Bestrafen.

In der Geschichte der Friedensschlüsse bestimmt über Jahrhunderte hinweg das Vergeben und Vergessen das politische Handeln. Erst mit dem Versailler Vertrag und dann vor allem seit dem Ende des Zweiten Weltkriegs haben sich die Auffassungen über die ›Kunst‹, einen Krieg zu beenden und einen politischen Neubeginn zu unternehmen, fundamental geändert. Von nun an setzte sich die Forderung nach Erinnern, Aufarbeiten und Bestrafen durch. Das sogenannte Londoner Statut mit seinen drei Straftatbeständen des Kriegsverbrechens, des Verbrechens gegen die Menschheit und der Vorbereitung eines Angriffskriegs, die den Nürnberger Prozessen zugrunde lagen, schuf die entsprechenden völkerrechtlichen Voraussetzungen, und mit der Gründung des International Criminal Court haben die Vereinten Nationen diesen Weg fortgesetzt. Nun gilt der Krieg nicht mehr nur als das Übel, unter dem die Menschheit leidet und das man beim Ende der Kämpfe schnell vergessen soll, sondern als Unrecht, das man erinnern und bestrafen muss.

Die Alternative, um die es hier geht, ist aber mit Erinnern oder Vergessen nur unzureichend benannt. Ein gutes Gedächtnis kann nachtragend sein, bestehende Unversöhnlichkeiten und Feindschaften verlängern und neue entstehen lassen. Deswegen wurde über die Jahrhunderte hinweg die Beendigung von Bürgerkriegen und zwischenstaatlichen Kriegen fast immer an *oblivio et amnestia* gebunden, an Vergessen und Vergeben. Das verordnete Vergessen und Vergeben, so zeigt die Erfahrung, führte dann aber doch immer nur zu einem mehr oder weniger schnell wieder aufgekündigten Stillhalteabkommen. Im Versailler Vertrag am Ende des Ersten Weltkriegs wurde dann zum ersten Mal in einem bedeutenden Friedensschluss nicht das Vergeben und Vergessen angekündigt und verlangt, sondern das Gegenteil. Dem Deutschen Reich wurde die Schuld am Ausbruch des Krieges zugeschrieben, die Deutschen wurden moralisch geächtet, und statt Amnestie wurde die Durchführung von Strafprozessen wegen Kriegsverbrechen angekündigt. Dieses erzwungene Gedächtnis traf die Weimarer Republik ganz unvorbereitet. Es führte nicht zum Abbau der Feindschaften, sondern trug zu ihrer Eskalation bei und gehört deswegen zur Vorgeschichte des Zweiten Weltkriegs.

Seit der zweiten Hälfte des 20. Jahrhunderts setzte sich dann aber mehr und mehr das postnationale Gedächtnisregime durch. Ihm liegt die Auffassung zugrunde, dass der fortwirkende Bann der Vergangenheit am besten aufgelöst werden kann, indem die belastenden Vergangenheiten erinnert, ungeschönt wahrgenommen und damit der Bearbeitung zugänglich gemacht werden. Im Hintergrund dieses Erinnerungsmodells stehen Überlegungen aus der Psychoanalyse Freuds, die im Dreischritt von Erinnern, Wiederholen und Durcharbeiten die Möglichkeit erkennt, die belastende, krankmachende und überwältigende Last vergangener Ereignisse zu überwinden.

Ein zentrales Beispiel für diese vierte Ebene der Gedächtnispolitik ist die Geschichte der Bundesrepublik und ihr Verhältnis zur NS-Vergangenheit. Aber auch in den jüngeren Demokratisierungswellen, etwa in Südamerika oder in den postsozialistischen Ländern in der Mitte und im Osten Europas, überall dort also, wo der Wechsel von der Diktatur zur Demokratie vollzogen wurde, spielte und spielt das Thema eine große Rolle. Eine wichtige Besonderheit an diesem Punkt besteht darin, dass sich die Erinnerungskultur nicht in symbolischem und kulturellem Handeln erschöpft, sondern mit darüber hinausgehenden Konsequenzen verbunden ist, vor allem mit der Frage, ob es Strafverfahren gegen belastete Personen und Amtsinhaber des abgelösten Regimes oder eine Amnestie geben soll.

Dass die schreckliche Vergangenheit nicht vergehen will, wird heute von den maßgeblichen politischen Kräften Europas nicht mehr für eine beklagenswerte Tatsache gehalten. In den ersten Jahren nach dem Ende des Zweiten Weltkriegs war das zunächst noch völlig anders. Es herrschte damals das unausgesprochene Einverständnis, dass das Ziel der europäischen Integration, nämlich die Überwindung der wirtschaftlichen und politischen Ursachen der beiden Weltkriege, am besten zu erreichen ist, wenn man – jedenfalls auf der politischen Ebene – von den Gewaltexzessen und von der Vernichtung der europäischen Juden durch die Nationalsozialisten nicht allzu viel Aufhebens macht, weder in den drei Nachfolgestaaten des Dritten Reiches, also in der Bundesrepublik, der DDR und Österreich, noch in den Beziehungen zwischen den Staaten. Churchill forderte in seiner berühmten Rede von 1946 über die Notwendigkeit eines vereinten Europa, Gladstone zitierend, einen »segensreichen Akt des Vergessens«, und er fügte hinzu: »Wenn Europa vor endlosem Elend und schließlich vor seinem Untergang bewahrt werden soll, dann muß die europäische Völkerfamilie diesen Akt des Vertrauens und diesen Akt des Vergessens gegenüber den Verbrechen und Wahnsinnstaten der Vergangenheit vollziehen« (Churchill 1989, 312). Dieser Haltung korrespondiert, dass im Existentialismus Sartres und im Vitalismus von Ortega y Gasset, zwei wichtigen intellektuellen Strömungen nach 1945, das Vergessen zum Modell erhoben und im strikten Blick nach vorn die einzige Möglichkeit des Neuanfangs gesehen wurde.

Allgemein gesagt: Für *nationale* Gedächtnisregimes ist typisch, dass sie die eigene Gegenwart und Vergangenheit für sakrosankt erklären und nur das aufnehmen, was die Wunschphantasie eigener Stärke, Größe und Reinheit bestätigt. Niederlagen, Enttäuschungen und Erniedrigungen, die man eingestehen muss, dienen hier nur als Anlauf und Treibstoff für die Stunde der Rache und die Fortsetzung des Kampfes. Das Gedächtnisregime, das der *postnationalen Konstellation* korrespondiert, ist dagegen zu einem komplexeren Blick in der Lage. Es akzeptiert auch die belastenden Seiten der eigenen Geschichte und wendet sich ihnen sogar mit größerer Intensität zu, weil daraus für die Zukunft besonders viel gelernt werden kann. Ihre Thematisierung dient nicht der Vorbereitung auf den nächsten Waffengang, sondern umgekehrt dem Ausstieg aus der törichten und todbringenden Eskalation von Aggression, Niederlage und Revanche.

Postkommunistische Gedächtnisregime

Dass das postnationale Gedächtnisregime noch keineswegs überall die Vorherrschaft angetreten hat, zeigt der Blick auf die mittel- und osteuropäischen Länder. Der Zusammenbruch des realen Sozialismus seit 1989 hat eine Umwälzung der europäischen Gedächtnislandschaft bewirkt, die vorerst nur in Ansätzen sichtbar geworden und noch längst nicht an ihr Ende gekommen ist. Erinnerungen, die lange auf Eis gelegt waren, sind in Aufruhr geraten, wurden freigesetzt, und eine neue Dynamik des Erinnerns und Vergessens ist in Gang gekommen. Das Auftauchen der unter autoritärem Verschluss gehaltenen Erinnerungen ging oft mit der Neuauflage vergessener Abgrenzungen einher, mit mörderischen Feindbildern und dem Auffrischen von Rechnungen, von deren Existenz kaum noch jemand überhaupt eine Ahnung hatte. Aggressive und autistische nationale Mythen erfuhren eine Wiederauferstehung, und das nationale Gedächtnisregime gewann, als sei es das natürlichste der Welt, die Oberhand. Das ist der vorherrschende Trend in so gut wie allen osteuropäischen Ländern, in Polen nicht anders als in Ungarn oder in Tschechien, zu schweigen von Russland. Überall dominiert die Neigung, nationale Mythen wieder hervorzuholen, belastende Geschehnisse auszublenden, weit in der Geschichte zurückliegende heroische oder kränkende Ereignisse zu Bezugspunkten der Gegenwart zu machen und alte Helden zu revitalisieren.

Aber der Zusammenbruch der sozialistischen Staaten tangiert nicht nur die Gedächtnislandschaften der mittel- und osteuropäischen Länder, das Ende der europäischen Spaltung ist in seinen Wirkungen nicht auf das Territorium, die Institutionen, das Bewusstsein und die Erinnerungen dieser Gebiete eingrenzbar. Mit der Öffnung von Grenzen und Räumen und dem Ziehen neuer Grenzen kommt ganz unvermeidlich und auf allen Seiten eine neue Bewegung in die Selbstbilder und die Erinnerungslandschaften, es entstehen neue Beschreibungen und Zuordnungen, die in die Erinnerung an die Gewaltgeschichte des 20. Jahrhunderts neue Koordinaten einzeichnen. Auch die Erinnerung an die Geschichte der zweiten Hälfte des 20. Jahrhunderts beginnt sich zu verschieben. Sie erscheint nun nicht mehr nur als eine einzigartige Erfolgsgeschichte friedlicher Beziehungen und stabiler demokratischer politischer Systeme, sondern zugleich als eine Geschichte, in der der Gesamtzusammenhang Europas zerstört worden ist.

Gedächtnisreligion

Angesichts der vielfältigen weltpolitischen Verwerfungen zu Beginn des 21. Jahrhunderts ist der Versuch gemacht worden, über die Erinnerung an die Shoah eine vereinheitlichende und die Konflikte überwölbende Erinnerungskultur zu etablieren. Das »International Forum on the Holocaust« in Stockholm im Januar 2000, an dem viele Staaten mit offiziellen Delegationen beteiligt waren, verabschiedete eine Erklärung, in der es im letzten Artikel heißt: »Es ist durchaus angemessen, daß diese erste große internationale Konferenz des neuen Jahrtausends sich dazu bekennt, die Saat einer besseren Zukunft in den Boden einer bitteren Vergangenheit zu streuen. Wir fühlen mit den Opfern, und ihr Kampf ist uns Ansporn. Wir wollen uns verpflichten, der Opfer zu gedenken, die ihr Leben gelassen haben, die noch unter uns weilenden Überlebenden zu achten und das gemeinsame menschliche Streben nach gegenseitigem Verstehen und nach Gerechtigkeit zu bekräftigen« (www.holocausttaskforce.org). Auf Initiative des schwedischen Premierministers Göran Persson war schon 1998 die »Task Force for International Cooperation on Holocaust Education, Remembrance, and Research« eingerichtet worden, an der nunmehr 24 Staaten beteiligt sind. Ihr Ziel ist es, die Erinnerung an die Shoah zu einer universalen Angelegenheit zu machen. Dem gleichen Ziel verpflichteten sich die Vereinten Nationen, die am 24. Januar 2005 zum ersten Mal in ihrer Geschichte in einer Sondersitzung des Holocaust gedacht haben. UN-Generalsekretär Kofi Annan sagte in seiner Ansprache: »Das Böse, das sechs Millionen Juden und andere in diesen Lagern vernichtet hat, bedroht uns alle auch heute noch.« Die Verbrechen Deutschlands seien »nichts, das wir einer fernen Vergangenheit zuschreiben dürfen, um es zu vergessen.«

Gedenktage, Arbeitsgruppen und Konferenzen sollen die Erinnerung an das Verbrechen der Shoah zum Ausgangspunkt und Rückhalt einer an den Menschenrechten orientierten Weltpolitik machen. Der Preis für diese Universalisierung der Erinnerung an die Shoah ist jedoch hoch (vgl. A. Assmann 2006, 255 ff.). Sie geht auf Kosten von Präzision und Konkretion. Die verschiedenen Gedächtnisebenen mit ihren unterschiedlichen Perspektiven, Inhalten und Akzenten werden zugunsten eines einheitlichen Fixpunktes der Erinnerung nivelliert. In den Ländern Europas knüpft die Erinnerung an die Shoah an konkrete Erfahrungen an. Sie ist, bei Tätern wie Opfern, zentraler Bestandteil so gut wie jeder Familiengeschichte, sie ist verbunden mit Orten, die man aufsuchen kann, mit Räumen, die die Nazis für ihr Vernichtungswerk aussuchten und herrichteten, mit Spuren, die zwar zum Teil durch die Zeit verwischt wurden, aber immer noch sichtbar geblieben sind. Es ist nicht schwer, eine Karte des Terrors anzufertigen, mit dem die Deutschen und ihre Verbündeten die Länder Europas überzogen haben. Es sind immer ganz spezifische, unverwechselbare Erinnerungen, die sich in den europäischen Ländern, den Orten des Krieges und der Vernichtungspolitik, mit der Zeit des Nationalsozialismus verbinden. Sie sind in Deutschland natürlich ganz anders als bei den Kriegsgegnern und den von den Deutschen okkupierten Ländern. Aber auch innerhalb dieser Gruppe sind sie wiederum sehr unterschiedlich, in Frankreich anders als in den Niederlanden oder in Italien oder in den skandinavischen Ländern oder in Österreich. Und noch einmal ganz anderer Natur sind sie in den osteuropäischen Ländern, bei denen zur Erinnerung an die Leiden unter den Deutschen die Erinnerungen an die zweite Terrorherrschaft unter dem Diktat der Sowjetunion hinzukommen, die man im Westen nur aus der Beobachterposition kennt.

Die Unterschiedlichkeit und Mannigfaltigkeit der Erinnerungen, ihre Kollisionen und ihr Antagonismus, ihre Radikalität und Unversöhnlichkeit, ihre Gegenwärtigkeit und Macht – all das wird im Versuch der Europäisierung und Universalisierung der Holocaust-Erinnerung mit einer großen pathetischen Geste übersprungen und nivelliert. Der Versuch, den Kosmos der je spezifischen Erinnerungen auf ein vereinheitlichendes Zentrum hin auszurichten, führt zu Moralisierung, Entwicklung und Mythisierung des Vernichtungsterrors der Deutschen. Am Ende wird die Shoah zum Teil des ewigen Kampfes, in dem die Kräfte des Bösen und des Guten miteinander ringen. Das hat mehr mit religiösem Bewusstsein als mit politischer Urteilskraft zu tun. Die Erinnerung an die Shoah verwandelt sich damit in ›Gedächtnisreligion‹. Rituale treten an die Stelle von Erinnerungen an konkrete, benennbare, in Raum und Zeit lokalisierbare Geschehnisse. Zum Wesen religiöser Rituale und Zeremonien gehört, dass sie Zeit und Geschichte ausschalten und vergangene Ereignisse in die Gegenwart hineinziehen. Dadurch aber wird die Erinnerung abstrakt, sie löst sich von den realen Koordinaten der vergangenen Ereignisse, von lokalen Gegebenheiten und der Beziehung zu Personen, Situationen, Umständen, Räumen und Orten. Zurück bleibt ein entleertes, inhaltsloses Konstrukt, auf das sich vielleicht alle als gemeinsamem Bezugspunkt beziehen und verständigen können, das aber alles Herausfordernde verloren hat, weil es der Härte der realen Erfahrungen und antagonistischen Erinnerungen gar nicht mehr angemessen ist. Ritualisierungen dienen der Bändigung der Erinnerungen, sie wissen immer schon und viel zu gut, wohin die Erinnerungen führen sollen. Es ist besser und auch realistischer, vom Gegenteil auszugehen. Was eine lebendige Erinnerungskultur braucht, ist nicht die Integration der Erinnerungen in eine Gedächtnisreligion, in der sie rituell gezähmt werden, sondern umgekehrt die Bewahrung und Öffnung von Räumen und Foren für konkrete Erzählungen und Erfahrungen. Und es ist die wichtigste Aufgabe der Gedächtnispolitik in der Ära des postnationalen Gedächtnisregimes, diese Räume und Foren bereitzustellen und zu sichern.

Literatur

Assmann, Aleida: *Der lange Schatten der Vergangenheit. Erinnerungskultur und Geschichtspolitik.* München 2006.
Assmann, Jan: Kollektives Gedächtnis und kulturelle Identität. In: Jan Assmann/Tonio Hölscher (Hg): *Kultur und Gedächtnis.* Frankfurt a. M. 1988, 9–19.
–: *Das kulturelle Gedächtnis. Schrift, Erinnerung und politische Identität in frühen Hochkulturen* [1992]. München ⁶2007.
–: Kulturelles Gedächtnis als normative Erinnerung. Das Prinzip ›Kanon‹ in der Erinnerungskultur Ägyptens und Israels. In: Otto Gerhard Oexle (Hg): *Memoria als Kultur.* Göttingen 1995, 95–115.
Churchill, Winston: European Unity. ›Something That Will Astonish You‹. In: David Cannadine (Hg): *Blood, Toil, Tears and Sweat: Winston Churchill's Famous Speeches.* London 1989, 309–319.
Habermas, Jürgen: *Faktizität und Geltung. Beiträge zur Diskurstheorie des Rechts und des demokratischen Rechtsstaats* [1992]. Frankfurt a. M. 2006.
Kohlstruck, Michael: Erinnerungspolitik: Kollektive Identität, Neue Ordnung, Diskurshegemonie. In: Birgit Schwelling (Hg): *Politikwissenschaft als Kulturwissenschaft. Theorien, Methoden, Problemstellungen.* Wiesbaden 2004, 173–193.
König, Helmut: Cicero – Politik und Gedächtnis. In: Emanuel Richter/Rüdiger Voigt/Ders. (Hg): *Res Publica und Demokratie. Die Bedeutung von Cicero für das heutige Staatsverständnis.* Baden-Baden 2007, 35–61.
–: *Politik und Gedächtnis.* Weilerswist 2008.
Nietzsche, Friedrich: Zur Genealogie der Moral [1887]. In: Ders.: *Werke Bd. II.* Hg. von Karl Schlechta. Frankfurt a. M./Berlin/Wien 1972, 761–900.
osteuropa: Das Lager schreiben. Varlam Salamov und die Aufarbeitung des Gulag 6 (2007).
osteuropa: Geschichtspolitik und Gegenerinnerung. Krieg, Gewalt und Trauma im Osten Europas 6 (2008).
Rawls, John: *Eine Theorie der Gerechtigkeit.* Frankfurt a. M. 1998 (engl. 1971).
–: *Politischer Liberalismus.* Frankfurt a. M. 2003 (engl. 1993).
Renan, Ernest: Was ist eine Nation? [1882]. In: Ders.: *Was ist eine Nation? Und andere politische Schriften.* Mit einem einleitenden Essay von Walter Euchner und einem Nachwort von Silvio Lanaro. Wien/Bozen 1995, 41–58.
Weber, Max: *Wirtschaft und Gesellschaft* [1922]. 5., revidierte Auflage, besorgt von Johannes Winckelmann. Tübingen 1985.

Helmut König

III. Medien des Erinnerns

Einleitung

Wie in den vorangehenden Kapiteln gezeigt, vollzieht sich Gedächtnisbildung immer in der Interaktion und Kommunikation mit der Umwelt – im sogenannten ›memory talk‹ zwischen Eltern und Kind strukturieren sich die neuronalen Verbindungen; die unterschiedlichen Gedächtnissysteme werden aktiviert und entsprechend geformt. Sprache, Gestik, Mimik sind die natürlichen Ausdrucksformen, die ersten und ursprünglichen Medien, die die Entwicklung von Gedächtnis und Erinnerung vorantreiben und bestimmen.

Medien sind Vermittlungssysteme zwischen Innen- und Außenwelt, zwischen der individuellen und kollektiven Dimension von Gedächtnis und Erinnerung. Sie sind ihre Schnittstelle. Ohne Medien kann das Individuum nicht teilhaben an kulturell-gesellschaftlichen Erfahrungen und Wissensordnungen, wie umgekehrt persönliche Erfahrungen und Ereignisse nur durch ihre mediale Repräsentation in die gesellschaftlichen Ordnungen eingespeist und für die entsprechende Gemeinschaft Bedeutung erlangen können. Allein auf Grundlage bestimmter Medien – seien es Riten und Rituale, mythische Erzählungen, Schriften oder Gesetzestexte – können sich Stämme, Gruppen, Gemeinschaften und Nationen ihrer Selbst vergewissern.

Medien sind allerdings nicht nur als reine Vermittlungssysteme zu betrachten, sondern auch als Transformatoren. Sie bilden und prägen den Inhalt, den sie transportieren, entscheidend mit. Sie sind nicht Abbild der Wirklichkeit, sondern sie strukturieren durch ihre spezifischen und unterschiedlichen Repräsentations- und Narrationsverfahren unser Denken, Fühlen und Handeln und damit das Erinnern. So schreibt das jeweilige Gedächtnismedium sich durch seine Form den Gedächtnisinhalten ein.

Überblicken wir die menschliche Kulturgeschichte, so lassen sich verschiedene Stufen medialer Repräsentationen feststellen, die zu unterschiedlichen Zeiten dominierten. Das Handbuch versucht durch Auswahl einschlägiger Medien, die menschliche Gedächtniskultur möglichst umfassend darzustellen. In schriftlosen Kulturen übernehmen neben der Sprache und ihren mythischen Ursprungserzählungen vor allem *Rituale und Bräuche* die Funktion, die Vergangenheit zu vergegenwärtigen, die Identität der Gemeinschaft zu stiften und Orientierung für die Zukunft zu geben. Gleichzeitig treten hier in einigen Kulturen schon die *Bilder* in Form von ersten Skulpturen bzw. Felszeichnungen als Erinnerungsträger auf. Während Rituale und Bräuche in immer weniger Kulturen als alleiniges Medium des Gedächtnisses fungieren, nimmt das Bild bis heute eine zentrale Stellung ein. Auch die Gedächtnismedien *Denkmale* und *Gedenkstätten* ließen sich in dieser Frühzeit verorten, sind aber zugleich von entscheidender Bedeutung für die Identität einer Gesellschaft, wie man an den Debatten um das Mahnmal für die ermordeten Juden in Berlin sehen kann. Sie haben eine retrospektive und prospektive Funktion, indem sie relevant erachtete Vergangenheit im öffentlichen Raum einer Gesellschaft installieren. Ein weiterer Schritt in der kulturellen Entwicklung ergibt sich durch die *Architektur* und ihre Bauten. Hier wird Gedächtnis bis in das Äußere manifest. Die Architektur lässt Zeit gleichsam sichtbar werden, indem sie in einem Stadtbild, in Sakralbauten Gleichzeitigkeiten von ungleichzeitigen Vergangenheiten vor Augen zu stellen vermag. Mit der Entwicklung der *Schrift* kann Gedächtnis erstmals ausgelagert werden, die enormen Speichermöglichkeiten dieses Mediums werden entdeckt. *Literatur* als eines der zentralen Gedächtnismedien entwickelt sich und trägt bis heute zur Identität von Gesellschaften bei. In der Antike kommen noch die *Gedächtniskünste* als besondere

Form des Erinnerns hinzu. Zwar werden diese mit der Entwicklung des Buchdrucks immer mehr zurückgedrängt, doch gibt es selbst heute noch Gedächtniskünstler, die sich dieser antiken Techniken auf geradezu legendäre Weise bedienen. Der Buchdruck zeitigt dann noch eine für die Gedächtnismedien weitere wichtige Entwicklung. *Archive*, *Bibliotheken* und dann ab dem 18. Jahrhundert *Museen* entstehen, um die Flut der Schriften und Gegenstände zu archivieren, konservieren und auch zu kanonisieren. Mit der *Fotografie* kommt dann im 19. Jahrhundert ein weiteres Medium hinzu, das lange Zeit die Wirklichkeit abzubilden schien und erst im letzten Jahrhundert seines Beweis- und Authentizitätscharakters beraubt wurde. Weitere neue Medien entstehen in rascher Folge: *Radio*, *Film* und *Fernsehen* und schließlich mit der Erfindung des Computers das *Internet*. Gerade letzteres kann ob seiner bald nahezu unendlichen Speicherkapazität, sowie seiner potenziell partizipativen Struktur massive Auswirkungen auf Erinnerungsfähigkeit und Gedächtnisbildung haben. Noch wenig beachtet ist die Rolle von *Produkten*, die in diesen und anderen Medien beworben werden als Träger und Projektionsflächen von Erinnerungen. Das Kapitel schließt mit dem Blick auf den *Körper*, der zwar schon in den ältesten Kulturen als Medium des Erinnerns benutzt, aber erst im 20. Jahrhundert als Erinnerungsträger literarisch und wissenschaftlich entdeckt wurde.

Besonders zu erwähnen sind noch die *Erinnerungsorte*, da sie gewissermaßen aus der Reihe der Gedächtnismedien herausfallen: Nach Pierre Nora sollen diese zwar als Medien des Gedächtnisses fungieren, bei genauerer Untersuchung zeigt sich allerdings, dass sie, vor allem zu normativen Identitätsstiftung genutzt, zu einer Metapher werden. Erinnerungsorte fungieren als Oberbegriff für verschiedene, schon länger in der kulturwissenschaftlichen Gedächtnisforschung diskutierte Medien des Gedächtnisses wie etwa Archive, Literatur, Denkmale, Museen oder Rituale.

In allen Beiträgen wird ein Überblick über die geschichtliche Entwicklung des jeweiligen Mediums gegeben, seine besonderen Leistungen in Bezug auf Erinnerung und Gedächtnis hervorgehoben sowie die besonderen und spezifischen Techniken erläutert.

1. Schrift

›Wenn sich diese neue Technik durchsetzt, wird das für unser Gedächtnis und unsere geistige Entwicklung sehr schädlich sein.‹ Solche Kritik am Medienwandel, wie sie in diesem fiktiven Zitat anklingt, ist nicht erst ein Phänomen unserer Zeit, sondern war bereits in der griechischen und römischen Antike eine weit verbreitete Haltung. Dort galt sie allerdings nicht der Etablierung des Buchdrucks, des Fernsehens oder des Internets, sondern bezog sich auf die Schrift und das Schreiben selbst. Denn auch das Aufkommen und die zunehmende Verbreitung dieser Kulturtechnik im Laufe der Antike ging mit Veränderungen des Umgangs mit Wissen und der Art seiner Memorierung einher, die von den Zeitgenossen beobachtet und teils ausgenommen kritisch, teils aber auch sehr positiv bewertet wurde. Diese Debatte wurde mit umso größerer Intensität geführt, als sich die Schriftlichkeit im antiken Kontext nie vollständig durchgesetzt hat, sondern konkurrierende Formen der Mündlichkeit stets eine wichtige, in vielen gesellschaftlichen Bereichen sogar die dominierende Rolle gespielt haben (Thomas 1992; Benz 2001). Sinnfälliger Ausdruck hierfür ist die in der Antike weit verbreitete – wenn auch nicht ausschließlich praktizierte – Form der lauten und häufig nicht allein, sondern in verschiedenen sozialen Kontexten stattfindenden Lektüre, die daher immer das Potenzial zur Re-Oralisierung des geschriebenen Wortes beinhaltet (Johnson 2000). Im Zuge der Überwindung der traditionellen Vorurteile gegenüber oralen Strukturen als Ausweis gesellschaftlicher Primitivität (Stein 2006, 9–28) wurde das Nebeneinander von Mündlichkeit und Schriftlichkeit in den antiken Gesellschaften in den letzten Jahrzehnten intensiv diskutiert und differenziert erfasst (u. a. im von 1985–1996 in Freiburg angesiedelten SFB 321 »Übergänge und Spannungsfelder zwischen Mündlichkeit und Schriftlichkeit«). Eine allgemeine Schwierigkeit besteht allerdings darin, dass sich der Alphabetisierungsgrad für die einzelnen Epochen nur schätzungsweise bestimmen lässt. In Teilen der neueren Forschung werden daher eher niedrige Zahlen angesetzt (von Harris 1989, der etwa für Griechenland im 5. Jh. v. Chr. von einem 10–15 %igen Anteil von Lese- und Schreibkundigen ausgeht).

Bei dem Versuch, im Folgenden einen Überblick über die unterschiedlichen Wahrnehmungen und Bewertungen dieses Medienwandels in der Antike zu vermitteln, werden, abhängig von der jeweiligen Kultur, nur diejenigen Epochen ausführlicher behandelt, in denen sich dieser Übergang vor allem vollzogen hat. Dies ist deswegen möglich und notwendig, weil der Fokus im Weiteren nicht auf der eigentlichen Erfindung der Schrift liegen wird, sondern auf der Übernahme in den jeweiligen Kulturen und um die Frage ihrer gesellschaftlichen Relevanz und Reichweite sowie ihrem Bezug zum Gedächtnis.

Die Schrift wurde wahrscheinlich ab 3500 v. Chr. gleichzeitig in Mesopotamien und Ägypten erfunden. Eventuell sogar schon um 5300 v. Chr. im Donauraum, wenn man die sogenannten Vinca-Symbole als früheste Form der Schrift versteht (Haarmann 2007, 16–29). Ziel war vor allem die dauerhafte Tradierung von religiösem, politischem und wirtschaftlichem Wissen.

Griechenland

In Griechenland ist die Schrift offenkundig zweimal übernommen worden, ohne dass zwischen der im Kontext der minoischen Kultur entwickelten Linear B-Schrift (15. Jh.–12. Jh. v. Chr.) und den späteren, vor allem am phönizischen Alphabet orientierten Formen der Schriftlichkeit (nachweisbar ab dem 8. Jh. v. Chr.) eine Kontinuität bestanden zu haben scheint. Für unsere Fragestellung ist jedoch nur die zweite Phase von Bedeutung, da erst mit dem Ende des 6. Jahrhunderts v. Chr. davon ausgegangen werden kann, dass die Schrift als Kulturtechnik im griechischen Sprachraum für einen größeren Teil der Bevölkerung verfügbar war, wie sich vor allem an der Verwendung von Inschriften zu vielfältigen Zwecken ablesen lässt. Dies dürfte unter anderem im Zusammenhang damit stehen, dass mit der Entwicklung des strikt am Einzellaut orientierten Alphabetes im Vergleich zu den älteren Systemen der logographischen und silbenbasierten Schriften eine erhebliche Reduzierung der zu erlernenden Zeichen einhergegangen ist.

Auffällig ist dabei, dass die Verwendung der Schrift schon in dieser frühen Phase nicht auf eine enge politische oder religiöse Führungsschicht beschränkt ist, sondern sich mit Hilfe des öffentlichen Schulunterrichts auf weite Teile der – insbesondere der freien und männlichen – Bevölkerung erstreckte. In der Partizipation vergleichsweise breiter Teile der Gesellschaft liegt eine charakteristische Besonderheit der griechischen (wie später auch der römischen) Schriftkultur, insbesondere im Vergleich mit den stärker autokratisch geprägten Verhältnissen in Ägypten, Mesopotamien oder Israel (Assmann 2007, 264–272).

Ob die Gründe für die Übernahme und rasche Verbreitung dieser neuen Technik eher in der Nützlichkeit der Schrift zur Speicherung wirtschaftlicher und administrativer Daten oder zur Tradierung kultureller Hervorbringungen zu suchen sind, lässt sich heute nicht mehr mit letzter Sicherheit rekonstruieren, jedenfalls trat das neue Medium nun auf all diesen Gebieten neben die Memorierung von Daten und Worten mithilfe des menschlichen Gedächtnisses. Ebenso umstritten wie die genauen Gründe sind in der Forschung die Auswirkungen dieses Vorganges: Insbesondere Eric A. Havelock hat der ›kulturellen Revolution‹ des griechischen Alphabetes weitreichende Folgen für die Entwicklung der europäischen Mentalität und Geistesgeschichte zugeschrieben (Havelock 1990, v. a. 71–75) und damit eine lebhafte Debatte ausgelöst, deren Ergebnisse zu einer starken Relativierung dieser in ihrer Absolutheit überzogenen Position geführt hat. Jedenfalls wiederholt sich durch die Übernahme der Schrift in Griechenland der Wandel von einer primär an inhaltlicher und ritueller Kohärenz interessierten Erinnerungskultur zu einer stärkeren Betonung der textuellen Wiedergabe, wie er von Jan Assmann für die frühen Hochkulturen beschrieben wurde (Assmann 2007, 163–258). Ein wichtiger Unterschied besteht allerdings darin, dass sich in Griechenland – und später in Rom – aufgrund des weitgehenden Fehlens gesellschaftlicher Reglementierungen des Zugangs zu dem

neuen Medium keine vergleichbare inhaltliche Kanonisierung des Gedächtnisses stattgefunden hat (z. B. Assmann 2007, 259–292).

Die kritische Reflexion des Medienwandels von der Mündlichkeit zur Schriftlichkeit hat ihren *locus classicus* in einer berühmten Stelle des platonischen Dialogs Phaidros gefunden (1. Hälfte 4. Jh. v. Chr.; s. Kap. IV.2). Dort lässt Platon Sokrates gegenüber Phaidros die Frage aufwerfen, welche Vorteile und welche Nachteile mit der Verwendung der Schrift verbunden sind. Zur Beantwortung seiner eigenen Frage erzählt Sokrates zunächst die Geschichte vom ägyptischen Gott Theuth, der neben anderen Dingen auch die Schrift erfunden und sie mit diesen Worten dem König Thamus zur Prüfung vorlegt haben soll:

»›Diese Kunst, o König, wird die Ägypter weise machen und gedächtnisreicher, denn als ein Mittel für den Verstand und das Gedächtnis ist sie erfunden.‹ Jener aber habe erwidert: ›O kunstreichster Theuth, einer versteht, was zu den Künsten gehört, an Licht zu gebären; ein anderer zu beurteilen, wieviel Schaden und Vorteil sie denen bringen, die sie gebrauchen werden. So hast du jetzt als Vater der Buchstaben aus Liebe das Gegenteil dessen gesagt, was sie bewirken. Denn diese Erfindung wird der Lernenden Seelen vielmehr Vergessenheit einflößen aus Vernachlässigung des Gedächtnisses, weil sie im Vertrauen auf die Schrift sich nur von außen vermittels fremder Zeichen, nicht aber innerlich sich selbst und unmittelbar erinnern werden. Nicht also für das Gedächtnis, sondern nur für die Erinnerung hast du ein Mittel erfunden‹« (Platon, Phaidros, 274b-277a, v. a. 274e-275b, Übers. Friedrich Schleiermacher und Dietrich Kurz).

Im Anschluss an diese Erzählung werden von den beiden Dialogpartnern weitere Nachteile der schriftlichen Kommunikation gegenüber der mündlichen Wissensvermittlung diskutiert, vor allem die Inflexibilität in Hinblick auf die Interessen des Rezipienten, die stete Gefahr von Missverständnissen und die fehlende Kontrolle über den tatsächlichen Adressatenkreis (zur Rolle der Schrift bei Platons Vermittlung seiner Philosophie und der Annahme einer ungeschriebenen Lehre vgl. z. B. Erler 1987, 21–37). Entscheidend für unsere Fragestellung ist vor allem die Differenzierung zwischen dem nur im mündlichen Dialog zu stiftenden Gedächtnis (mnémē) und der Hilfe zur Erinnerung (*hypómnemis/hypómnema*), zu der die Schrift durchaus einen Beitrag leisten kann (zum zeitgenössischen Kontext dieser Unterscheidung vgl. Erler 1987, 38–59).

Da davon ausgegangen werden kann, dass diese Geschichte in der hier erzählten Form trotz ihrer Lokalisierung in Ägypten eine ad hoc-Erfindung Platons darstellt, kann wohl auch die in ihr artikulierte Beobachtung, dass die Gedächtnisleistung durch die Verwendung von Schrift verändert wird und in gewisser Weise abnimmt, auf ihn als Zeitzeugen dieses Medienwandels zurückgeführt werden. Gleichwohl ist damit noch nichts darüber ausgesagt, inwieweit diese Beurteilung aus unserer Perspektive zutreffend ist, da sich die modernen Vorstellungen vom Auswendiglernen gerade eines literarischen Werkes von denen der Antike erheblich unterscheiden dürften: Schließt man von der für unsere Vorstellungen häufig erstaunlich freien Zitierpraxis in anderen antiken Texten auf die mündliche Wiedergabe zurück, dann liegt die Vermutung nahe, dass wörtliche Genauigkeit hier eine vergleichsweise geringe Rolle gespielt hat (Harris 1989, 30–33). Dennoch dürfte in der Zunahme der Bedeutung der wortgenauen gegenüber der inhaltsorientierten Wiedergabe eine wichtige Veränderung in der Arbeitsweise des Gedächtnisses durch die Etablierung der Schriftlichkeit liegen, zumindest ist eine derartige qualitative Veränderung erheblich wahrscheinlicher als eine rein quantitative Verringerung (Small 1997, 3–10).

Was sich hingegen auch heute noch gut nachvollziehen lässt, sind die mit der Möglichkeit zur schriftlichen Fixierung einhergehenden Veränderungen in der Struktur literarischer Texte. Insbesondere in der epischen Dichtung, der bereits vor der Etablierung der Schrift eine zentrale Rolle im kulturellen Gedächtnis zukam, hat die Kombination der Elemente, die auf die weiterhin primär mündliche Vortragspraxis einerseits und auf die nun in der Regel schriftliche Abfassung andererseits zurückgehen, deutliche Spuren hinterlassen (z. B. sogenannte *epitheta constantia*, Formelverse und typische Szenen). Das auf diese Weise entstandene Nebeneinander von mündlichen und schriftlichen Charakteristika prägt bereits die homerischen Epen und ist in der Folgezeit zu einem wichtigen Merkmal antiker Dichtung geworden (vgl. z. B. Thomas 1992, 29–51 und 101–127).

Als in höherem Maße von der Schriftlichkeit geprägt erweist sich demgegenüber die Prosa, die als sprachliches Speichermedium erst mit der Möglichkeit zur materiellen Fixierung eine größere Rolle spielt. Hier ist es vor allem die philosophische, rhetorische, medizinische und naturwissenschaftliche Fachliteratur, die die Möglichkeiten der Tradierung von Wissen in Form des Prosabuchs rasch und entschieden für sich zu nutzen verstanden hat (Rösler 1994, 514). Besonders prononciert wird der mit dem neuen Medium verbundene Anspruch jedoch in der Historiographie formuliert: Bereits im 5. Jahrhundert v. Chr. betonen Herodot und Thukydides, dass die Geschichtsschreibung dank der schriftlichen Fixierung die Zeiten überdauern und auch noch zukünftigen Generationen als immerwährendes Besitztum (*ktêma es aeí*: Thukydides 1,22,4) zur Verfügung stehen wird. Damit wird die wortgenaue Fixierung einer individuellen – und in den Augen des Verfassers richtigen – Darstellung der Vergangenheit gegen die Störanfälligkeit der oralen Tradierung ausgespielt.

Der Antike war auch die hiermit einhergehende Erfahrung geläufig, dass ein schriftlich fixierter Text, der nicht mehr bei jedem Vortrag den Aktualisierungen der mündlichen Erinnerungskultur unterliegt, im Laufe der Zeit unvermeidlich veraltet und daher in der jeweiligen Gegenwart interpretations- und auslegungsbedürftig wird. Dies zeigt sich etwa an der Reflexion über die angesichts des ständigen Sprachwandels notwendigerweise partiell als altmodisch empfundene sprachliche Form der tradierten Texte, die beim Leser eine Erfahrung von Fremdheit und ein ›historistisches‹ Gefühl auslösten und nicht zuletzt dazu führten, dass schon früh unter anderem für die homerischen Epen entsprechende Kommentare als Lesehilfe angefertigt wurden.

Darüber hinaus beinhaltet die schriftliche Tradierung immer auch die Möglichkeit, dass mehrere und sich widersprechende Versionen eines

Ereignisses überliefert werden, da der Zwang zum direkten Vergleich und damit zur Synthetisierung in der jeweiligen Kommunikationssituation entfällt. Dieses Nebeneinander von aus verschiedenen Zeiten stammenden und von keiner übergreifenden Instanz vereinheitlichten schriftlichen Darlegungen derselben Sachverhalte oder Anschauungen wird von einigen Forschern als entscheidender Faktor für das geschärfte Bewusstsein für die Verwendung und die Akzeptanz fiktionaler Elemente in der späteren antiken Literatur angesehen (Rösler 1983, v. a. 112–120).

Die rasante Zunahme der literarischen Produktion im Laufe des 4. Jahrhundert v. Chr. (beispielsweise durch den von Aristoteles und seiner Schule initiierten Wissenschaftsbetrieb) führte zu einem frühen Höhepunkt der Speicherung, Verarbeitung und Weiterentwicklung der schriftlichen Hervorbringungen in hellenistischer Zeit, vor allem im Kontext der berühmten Bibliothek von Alexandria (ab 284 v. Chr.), die mit dem Ziel gegründet wurde, die gesamte griechische Literatur zu sammeln, und rund eine halbe Million Buchrollen umfasst haben soll.

Rom

In Rom wurde die griechische Adaptation des phönizischen Alphabets über den Umweg der etruskischen Schrift zwar bereits im 7. Jahrhundert v. Chr. übernommen, ihre Verwendung beschränkte sich aber lange Zeit auf den engen Personenkreis im Umfeld der Aristokratie und auf vorwiegend vergleichsweise kurze Inschriften. Erst ab der Mitte des 3. Jahrhundert v. Chr. im Zusammenhang mit dem Ausgreifen Roms über das Gebiet des heutigen Italiens hinaus und den verstärkten Kontakten zur hellenistischen Staatenwelt lässt sich eine nun allerdings sehr rasch erfolgende Verbreitung der Schrift in der römischen Gesellschaft beobachten, die mit der Entwicklung vielfältiger, häufig an griechischen Vorbildern orientierten literarischen Aktivitäten einhergeht (Vogt-Spira 1994, 517 f.).

Und doch bleiben vom Siegeszug der Verschriftlichung auch in Rom – wie bereits in Griechenland – einige Bereiche weitgehend unberührt. Am deutlichsten wird das auf dem Gebiet der im antiken Alltag breiten Raum einnehmenden Rhetorik. Zwar gibt es auch in Rom seit dem 1. Jahrhundert v. Chr. Rhetoriklehrbücher, doch in der Praxis ist der Redner für seinen Vortrag allein auf sein Gedächtnis angewiesen, da die Zuhilfenahme schriftlicher Notizen in der Regel nicht toleriert wurde. Dementsprechend gilt die *memoria* als eine der zentralen Aufgaben des Redners, dem hierfür elaborierte Methoden der Mnemotechnik zur Verfügung standen (Small 1997, 79–137). Auch wenn diese ihrerseits wiederum in schriftlicher Form gelehrt werden und deren Funktionsweise in der rhetorischen Fachliteratur sogar explizit mit derjenigen eines schriftlichen Speichermediums verglichen wird (z. B. Anonymus, *Rhetorica ad Herennium*, 3,30 und Cicero, *De partitione oratoria* 26), bleibt die mündliche Präsentation das eigentliche Ziel – die schriftlichen Erinnerungshilfen waren diesen klar untergeordnet.

Wie schon in Griechenland bleibt auch in Rom für weite Teile der poetischen Produktion eine mündliche Rezeptionssituation (z. B. Symposion, Theater, Rezitation) nicht nur eine reale Möglichkeit, sondern auch eine imaginäre Norm, die das Fortleben mündlicher Strukturen in den Dichtungstexten zur Folge hatte (Vogt-Spira 1994, 519–522).

Gleichwohl bezieht sich der von einigen Dichtern mit großem Selbstbewusstsein formulierte Anspruch auf literarische Unsterblichkeit schon früh gerade auch auf die schriftliche Fixierung ihrer Werke, die in ihrer gedächtnisstiftenden und die Zeiten überdauernden Wirkung als der mündlichen Tradierung überlegen empfunden wurde (z. B. Horaz, *Carmina* 3,30). Mit der Etablierung eines florierenden Buchmarktes ab der Mitte des 1. Jahrhunderts v. Chr. und vor allem während des 1. und 2. Jahrhunderts n. Chr. nimmt die Bedeutung der schriftlichen Form in der Dichtung noch einmal stark zu, zudem wird dieser Prozess nun auch in den Texten vielfach reflektiert.

Entschiedener als die Dichtung hat sich aber auch in Rom die Prosa der schriftlichen Form als geeignetes Medium zur Speicherung unterschiedlicher Wissensbestände zugewandt und eine umfangreiche Tradition der Fachschriftstellerei hervorgebracht (z. B. Ackerbau, Militärwesen, Geographie, Architektur, Medizin). Diese schriftliche Form der Tradierung trat dabei in ein nicht immer spannungsfreies Verhältnis zu der mündlichen Weitergabe von Erfahrungswissen in den einzelnen Tätigkeitsbereichen. Insbesondere im Falle der militärischen Ausbildung wird diese Dichotomie bereits von den Zeitgenossen dadurch mit einer sozialen Dimension verbunden, dass ein der etablierten Führungsschicht zur Verfügung stehendes Buchwissen gegen die praktische Erfahrung der gesellschaftlichen Aufsteiger ausgespielt wird (vgl. z. B. die – freilich fiktive – Rede des Marius bei Sallust, *Bellum Iugurthinum* 85).

Erneut spielt in diesem Zusammenhang die schriftliche Fixierung historischer Informationen in Form der Geschichtsschreibung eine zentrale Rolle, die sich unter dem Einfluss griechischer Vorbilder bereits seit dem späten 3. Jahrhundert v. Chr. gerade von den Angehörigen der politischen Führungsschicht als literarische Betätigung aufgegriffen wurde. Dass in Rom einerseits mehrere Personen aus miteinander um den politischen Einfluss konkurrierenden Adelsfamilien als Historiker tätig geworden sind, es jedoch andererseits nur sehr schwach ausgeprägte Formen einer übergeordneten ›staatlichen‹ Speicherung von Daten gab, stellt eine wichtige Besonderheit der römischen (und griechischen) Erinnerungskultur dar (Walter 2004), gerade gegenüber den stärker von der Monarchie geprägten Gesellschaften in Ägypten, Mesopotamien oder Israel (Assmann 2007, 264–272).

Diese ›Sonderentwicklung‹ des geschichtlichen Gedächtnisses in Rom wurde bereits von den Zeitgenossen am Ende des 1. Jahrhunderts v. Chr. erkannt, wobei man einerseits die vergleichsweise große Zuverlässigkeit der einzelnen Überlieferung zu schätzen gewusst, andererseits aber die Uneinheitlichkeit des Geschichtsbildes in seiner Gesamtheit beklagt hat. Dieses Spannungsverhältnis wird beispielsweise von Titus Livius thematisiert, wenn er im Proömium zum 6. Buch seines Geschichtswerkes (ca. 20 v. Chr.) die Schrift als »die einzig zuverlässige Art, die Erinnerung an das historische Geschehen zu bewahren« (*una custodia fidelis memoriae rerum gestarum*) preist und sie scharf von der oralen Überlieferung abgrenzt.

Über die Risiken der Speicherung von Wissen in dem neuen Medium ist allerdings auch in Rom reflektiert worden. Dabei spielt neben der bereits von Platon thematisierten Gefahr für die Leistungsfähigkeit des Gedächtnisses vor allem die fehlende Möglichkeit der Kontrolle des Adressatenkreises eine zentrale Rolle. Den klassischen Fall des Verzichts auf schriftliche Fixierung von Wissensbeständen aus Furcht vor unerwünschten Lesern beschreibt Caesar in seinen *Commentarii de bello Gallico* (ca. 50 v. Chr.). Die Kelten seien zwar mit der Schrift prinzipiell vertraut, verzichteten aber beispielsweise bei der Ausbildung der Druiden auf ihre Verwendung: »Dies scheinen sie mir aus zwei Gründen so zu halten: Sie wollen ihre Lehre nicht in der Masse verbreitet sehen und zudem verhindern, dass die Zöglinge im Vertrauen auf die Schrift ihr Gedächtnis zu wenig üben. Es kommt ja häufig vor, dass man sich auf Geschriebenes verlässt, nicht mehr so gründlich auswendig lernt und die Übung des Gedächtnisses nachlässt« (Buch 6,14,3–4, Übers. Otto Schönberger).

Ein weiteres Problemfeld rückt verstärkt ab dem 1. Jahrhundert n. Chr. in das Blickfeld des antiken Diskurses zur Speicherung von Wissen im Medium der Schrift: Die prosperierende Wirtschaft im Imperium Romanum führt zu einem rasanten Anstieg der im Buchhandel oder öffentlichen Bibliotheken verfügbaren Werke, mit deren großer Zahl die Aufnahmefähigkeit des einzelnen Lesers nun so deutlich überfordert war, dass dieser Umstand in der zeitgenössischen Literatur vielfach thematisiert wird. Die Klage, dass mehr Wissen in schriftlicher Form gespeichert ist, als von dem einzelnen Menschen selbst im Laufe eines Lebens gelesen werden kann, führt einerseits zur Etablierung eines strikten Literaturkanons und andererseits zur Blüte einer Ratgeber- und Dienstleistungsliteratur, die dem Leser eine schnellere Aneignung der relevanten Wissensbestände verspricht. Aber auch in dieser Phase einer intensiven und vergleichsweise weite gesellschaftliche Kreise einschließenden Schriftkultur bleibt das für die antike Gesellschaften charakteristische Nebeneinander von Mündlichkeit und Schriftlichkeit erhalten, wie sich etwa an der nach wie vor großen Bedeutung der Rhetorik verdeutlichen lässt: Der Reiz des Auftritts dieser gefeierten ›Virtuosen‹ bestand gerade in der performativen Präsentation und Aktualisierung der ansonsten in Büchern tradierten Bildung.

Ausblick: Von der Spätantike bis zum Buchdruck

Das 2. Jahrhundert n. Chr. markiert mit seiner Buch- und Bildungskultur einen deutlichen Höhepunkt in der Verwendung der Schrift in den antiken Gesellschaften. Mit den politischen und wirtschaftlichen Schwierigkeiten des römischen Reiches in den folgenden Jahrhunderten nahm auch die Verbreitung von Schriftlichkeit aufs Ganze gesehen wieder ab, konzentrierte sich zugleich aber auch auf bestimmte Bereiche (z. B. Kodifizierung von Gesetzestexten, Sammlung der literarischen Überlieferung). Ein anderer folgenreicher Unterschied besteht in der spezifischen Verwendung der Schrift durch das Christentum, das sich im Gegensatz zu den paganen Religionen der Antike als Buchreligion versteht und zu diesem Zweck auf einen Kanon ›heiliger Schriften‹ rekurriert, der ältere jüdische Formen der schriftlichen Erinnerung ebenso umfasst wie vergleichsweise junge Texte aus dem 1. und 2. Jahrhundert n. Chr. Indem diese Schriften als autoritativ und emphatisch zum Zwecke der Stiftung von Gedächtnis verstanden werden, ergibt sich hier ein wichtiger Unterschied zur Rolle von Literatur im Kontext der paganen Religionen. Während in den antiken Gesellschaften die Selektion der Literatur im Laufe der Überlieferung vorwiegend durch die Bekanntheit des Autors und das Interesse der Leser gesteuert wurde, gibt es innerhalb der Führungsschicht der neuen Religionsgemeinschaft schon früh Bestrebungen, auf den Prozess der Kanonbildung direkt einzuwirken. Die daraus resultierende Unterteilung des frühchristlichen Schrifttums in kanonische und apokryphe Werke ist bis heute wirksam. Gleichwohl lässt sich auch in der christlichen Kultur der Antike wie des Mittelalters ein ausgeprägtes Nebeneinander von mündlichen und schriftlichen Formen der Stiftung von Gedächtnis sowie der Diskussion differierender Auslegungen von im Medium der Schrift tradierten Erinnerungen (z. B. in der Lesung oder der Predigt) beobachten (Sellin/Vouga 1997).

Das Mittelalter übernahm die Schrift einerseits aus der heidnischen Antike als Medium zur Tradierung von administrativen, technischen und literarischen Wissensbeständen, andererseits aus der christlichen Kultur. Da in diesem Kontext die Bibel als heilige Schrift und damit als idealer Ausgangspunkt aller Schriftlichkeit verstanden wird (so beispielsweise von Isidor von Sevilla, der auch die Erfindung der Schrift auf die Hebräer zurückführt: *Etymologiae* 1,3,4–5 u. 5,39,9), lässt sich hier auch keine explizite Form der Schriftkritik beobachten. Gleichwohl bleibt die Verwendung der Schrift für lange Zeit auf wenige Personen vor allem im klerikalen Umfeld beschränkt. Erst ab dem 11. Jahrhundert kommt es zunächst im Umfeld des Adels und in den aufblühenden Städten, dann auch an den neu entstehenden Universitäten wieder zu einer breiteren Verwendung der Schrift, die nun zudem nicht mehr ausschließlich auf die lateinische Sprache beschränkt bleibt, sondern verstärkt auch für die Aufzeichnung und Tradierung der Volkssprachen verwendet wird. Dennoch bleibt das Mittelalter insgesamt von dem Nebeneinander von schriftlicher und mündlicher *memoria* geprägt, wenn sich auch ab dem 14. Jahrhundert eine zunehmende Tendenz zur Schriftkultur beobachten lässt, die schließlich mit der Erfindung und raschen Verbreitung des Buchdrucks ab dem 15. Jahrhundert deutlich die Oberhand gewinnt (Stein 2006, 159–184).

Die mit dem Buchdruck einhergehende enorme Vervielfältigung der Schrifterzeugnisse sowie ihre sich auf immer weitere gesellschaftliche Kreise erstreckende Verfügbarkeit und ihre durch die Standarisierung gegenüber den individuellen Handschriften deutlich erleichterte Rezeption haben dazu geführt, dass es im Laufe der frühen Neuzeit zu einer kontinuierlich fortschreitenden Marginalisierung der mündlichen Kommunikations- und Erinnerungsformen kam. Diese Entwicklung wird durch den Siegeszug der elektronischen, aber gleichwohl in großen Teilen weiterhin schriftbasierten Speichermedien seit dem späten 20. Jahrhundert weiter vorangetrieben.

Literatur

Assmann, Jan: *Das kulturelle Gedächtnis. Schrift, Erinnerung und politische Identität in frühen Hochkulturen* [1992]. München ⁶2007.

Benz, Lore (Hg.): Scriptoralia Romana: *Die römische Literatur zwischen Mündlichkeit und Schriftlichkeit.* Tübingen 2001.

Blanck, Horst: *Das Buch in der Antike.* München 1992.

Erler, Michael: *Der Sinn der Aporien in den Dialogen Platons.* Berlin 1987.

Haarmann, Harald: *Die Geschichte der Schrift.* München 2007.

Harris, William V.: *Ancient Literacy.* Cambridge, Mass. 1989.

Havelock, Eric A.: *The Literate Revolution in Greece and Its Cultural Consequences.* Princeton 1982 (dt. Teilübers.: *Schriftlichkeit. Das griechische Alphabet als kulturelle Revolution.* Weinheim 1990).

Johnson, William A.: Toward a Sociology of Reading in Classical Antiquity. In: *American Journal of Philology* 121 (2000), 593–627.

Rösler, Wolfgang: Schriftkultur und Fiktionalität. Zum Funktionswandel der griechischen Literatur von Homer bis Aristoteles. In: Aleida Assmann/Jan Assmann/Christof Hardmeier (Hg.): *Schrift und Gedächtnis. Beiträge zur Archäologie der literarischen Kommunikation* [1983]. München ²1993, 109–122.

–: Die griechische Schriftkultur der Antike. In: Hartmut Günther/Otto Ludwig (Hg.): *Schrift und Schriftlichkeit: ein interdisziplinäres Handbuch internationaler Forschung.* Bd. 1. Berlin 1994, 511–517.

Small, Jocelyn Penny: *Wax Tablets of the Mind: Cognitive Studies of Memory and Literacy in Classical Antiquity.* New York 1997.

Sellin, Gerhard/Vouga, François (Hg.): *Logos und Buchstabe. Mündlichkeit und Schriftlichkeit im Judentum und Christentum der Antike.* Tübingen 1997.

Stein, Peter: *Schriftkultur. Eine Geschichte des Schreibens und Lesens.* Darmstadt 2006.

Thomas, Rosalind: *Literacy and Orality in Ancient Greece.* Cambridge 1992.

Vogt-Spira, Gregor: Die lateinische Schriftkultur der Antike. In: Hartmut Günther/Otto Ludwig (Hg.): *Schrift und Schriftlichkeit: ein interdisziplinäres Handbuch internationaler Forschung.* Bd. 1. Berlin 1994, 517–524.

Uwe Walter: *Memoria und res publica. Zur Geschichtskultur im republikanischen Rom.* Frankfurt a. M. 2004.

Dennis Pausch

2. Gedächtniskünste

Klassische Antike

Die Gedächtniskunst, die *ars memoriae* oder *memoria artificialis*, die als erlernbare Fertigkeit mit dem Begriff ›Mnemotechnik‹ bezeichnet wird, steht dem Gedächtnis, der *memoria naturalis*, zur Seite, um das Vergessen des Vergangenen und dessen abzuwenden, was für eine Kultur als erinnerungswürdig gilt. Während die Gedächtniskunst, entweder als Teil der Rhetorik oder als eigene Disziplin, in unterschiedlichen Medien und mit variierenden Funktionen seit der Antike Instruktionen für das Merken liefert, ist das Gedächtnis ein prominenter Gegenstand der Philosophie, insbesondere der philosophischen Anthropologie: Platons Anamnesis-Theorie (vgl. *Phaidon*) und Aristoteles' *De memoria et reminiscentia*, das *memoria*-Kapitel in Augustinus' *Confessiones* ebenso wie die scholastischen Interpretationen der mnemonischen Schriften des Aristoteles von Albertus Magnus und Thomas von Aquin sind zentrale Punkte der Reflexion, die bis in die Gegenwart theorieproduktiv geblieben sind (s. Kap. IV. 2).

Vor allem die Bildbezogenheit verbindet die Mnemotechnik mit der *memoria*-Philosophie der Antike. Bei Aristoteles ist das *phantasma*, ein aufgrund von Wahrnehmung (*aisthesis*) erfahrenes Bild, Grundlage jeden Denkens (*De memoria et reminiscentia*, 449 b–451a) und gehört mit dem Gedächtnis (*mneme*) in dasselbe Seelenvermögen. Die Wahrnehmung erscheint mithin als sinnliche und als intellektuelle Tätigkeit, die Spuren hinterlässt. Nicht nur der Vorgang des sich Einprägens mithilfe von bildlichen Vorstellungen, sondern auch das Vergessen des Wahrgenommenen werden in den *memoria*-relevanten Schriften diskutiert: *Memoria* erscheint als Thesaurus, als Ort, an dem das Wahrgenommene deponiert ist, während Erinnerung (*reminiscentia*) als Wiederfinden (*recollectio*) dem Vergessen entgegenarbeitet.

Die auf dem Marmor von Paros neben anderen Ereignissen als besondere Errungenschaft der Griechen verzeichnete Gedächtniskunst ist in einer Gründungslegende überliefert (Blum 1969). Simonides von Keos, der Erfinder dieser Kunst, stellt nach einer Erdbebenkatastrophe, die einen Bankettsaal zerstört und die darin Speisenden zur Unkenntlichkeit verstümmelt hat, durch die Erinnerung des vorherigen Zustandes die alte Ordnung wieder her. Er, der Augenzeuge, erinnert den Ort, an dem jeder Teilnehmer gelagert hat, gibt den Unkenntlichgewordenen ihre Namen zurück, womit sie wieder zu Personen werden, deren Bilder nun im Gedächtnis der Angehörigen erstehen können. Die Katastrophe des Vergessens ist damit abgewendet. Die Legende verdeckt einen archaischen Mythos, der von der Entstehung der Gedächtniskunst aus dem Ahnen- und Trauerkult erzählt (Goldmann 1989, 43–66) und aus dem auch deren fundamentale Konzepte, Ort (*locus*) und Bild (*imago*), herzuleiten sind. Die ›Ur-Szene‹ des Gedächtnisses umschließt sowohl den indexikalischen Akt des Zeigens auf die Toten (Ahnen) wie den ikonischen, auf Ähnlichkeit beruhenden Akt, der die Toten in eine Vorstellung von ihnen zu transformieren vermag. Aus der Rekonstruktion der zerstörten Ordnung, so könnte man schließen, ist die Gedächtniskunst mit ihren beiden Funktionen entstanden: Gedenken als Vergegenwärtigung des Vergangenen und Merken von Wissen. Der Gegenstand dieser Legende, die Mnemotechnik, tritt allerdings erst in nachmythischer Gestalt auf: einmal in ihrer rhetorisierten, für pragmatische Zwecke dienlichen Form als einzuübende Erinnerungsrezeptur, zum anderen als ein Instrument zur Strukturierung und (offenen oder verschlüsselten) Darstellung von Wissen. Die fundamentale Operation des Findens von Orten, an denen Bilder für zu Erinnerndes niedergelegt werden, die Verfahren der Transposition des Erinnerungsgegenstandes in seinen Bildvertreter, der die Sequenzbildung im Raum, dessen erneutes imaginiertes Abschreiten das zu Erinnernde abrufbar macht, sind durch Regeln präzisiert. Diese regulieren die semantischen Relationen zwischen dem zu Erinnernden und dem Bild, geben Modi ihrer Eindrücklichmachung an (z.B. durch sogenannte *imagines agentes*, ›bewegte Bilder‹, d.h. Bilder von hoher Intensität, wie eine grell bemalte

2. Gedächtniskünste

Statue), und lenken die Wahl des Gedächtnisraums selbst, der eine imaginierte Architektur mit Räumen und Nischen (ein Haus, ein Tempel, ein Palast, später eine Kirche) oder ein gegliederter Garten, ein Labyrinth sein kann. Als spezielle Technik und als traditionsbildende Disziplin, die einen didaktisch verwertbaren Modus des Merkens herausgebildet hat, wird die Gedächtniskunst zum Kernstück kultureller Arbeit, eine Art Universalschlüssel zum Weltwissen (P. Rossi 1983).

Drei prominente antike Texte, *Rhetorica ad Herennium* (Lib III), Ciceros *De oratore* (II, 351–358) und Quintilians *De institutione oratoria* (XI, II), erzählen die Legende und stellen die zentralen, die Merkkunst konstituierenden Aspekte heraus. In der *Rhetorica ad Herennium* heißt es, das künstliche Gedächtnis operiere mit *loci* und *imagines*; letztere seien *notae* (Zeichen) und *simulacra* (Abbilder) der zu erinnernden Sache. Die Analogie zwischen Gedächtnisorten und der Wachstafel (*cera*) einerseits und zwischen Bildern und Buchstaben (*litterae*) andererseits, die auch in Ciceros *De oratore* und *Partitiones oratoriae*, und bei Quintilian auftaucht, wird hier vorformuliert und damit auch das Medium Schrift herausgestellt: »Denn die Orte sind einer Wachstafel und einem Blatt Papier sehr ähnlich, die Bilder den Buchstaben, die Einteilung und Anordnung der Bilder der Schrift, der Vortrag dem Lesen« (*Rhetorica ad Herennium*, Lib III, 17, 30).

Bei Cicero tritt die Mnemotechnik in den Dienst der praktischen Rhetorik: Es geht um das Memorieren von Redeinhalten und deren Anordnung. Die von den antiken Rhetoren ausgeübte Merkkunst wendet Vergessen durch Imagination ab, indem Bilder für die Gegenstände (*res*) und Worte (*verba*) der Rede an markierten Stellen eines gegliederten und betretbaren Raums deponiert werden. Das von der Imagination in Gang gesetzte Wechselspiel von Innen und Außen wird durch die ›Äußerung‹ der Rede, abgelöst. Dieser Vorgang lässt sich als Weg vom ›Ein-Bilden‹ zum ›Aus-Drücken‹, von einer Merktechnik zu einer rhetorischen Praxis bestimmen. In der Umsetzung des eigentlichen Ausdrucks in einen mnemonischen tritt die Orientierung an der Tropenlehre der Rhetorik hervor. Man bedient sich Bildern, die durch Ähnlichkeit (Metaphern), Verwandtschaft mit den zu erinnernden Redeelementen (Metonymien) in Beziehung stehen oder wählt Bilder, die ein Teil des zu Erinnernden darstellen (Synekdoche, oder *pars pro toto*), wie in dem von Quintilian genannten Beispiel: Um sich an die Schiffskunst zu erinnern, stellt man sich ein Ruder vor, oder um sich den Begriff ›Krieg‹ zu merken, stellt man sich eine Waffe vor (Quintilian, XI,II, 17–22) etc.

Die Pragmatisierung der mnemonischen Prozedur verbindet die Mnemotechnik auch mit der Argumententopik der Rhetorik. ›Topos‹ ist der Begriff, in dem diese beiden Bereiche zusammentreffen, der Topos bezeichnet den Gedächtnisort und die *sedes argumentorum* (den Sitz der Argumente). Er ist ein als ›sichtbar‹ imaginierter Ort: ein Gesichtspunkt also. Er funktioniert als mnemotechnisches Hilfsmittel und gleichzeitig als allgemeine Formel zum Auffinden geeigneter Gedanken. In der diskursiven Verknüpfung der Topoi vollzieht sich das Erinnern wie eine Art Schlussfolgern. Die Analogie zwischen Memorieren und Argumentieren besteht darin, dass die Reden, als öffentliche, mit dem Gemeinwissen (den *endoxa*) des Publikums operieren. Eine öffentliche Rede kann durch kurze Hinweise, Anspielungen oder die Nennung von Namen dem Publikum bekannte Umstände und Personen in Erinnerung rufen und damit den Kontext herstellen, der für die Entfaltung eines Arguments für den Redner von Bedeutung ist.

Spätes Mittelalter

Die in den spätmittelalterlichen Universitäten reaktivierte Mnemotechnik verband sich mit einer monastischen Tradition, in der das Lesen (*lectio*), das durch Wiederkäuen (*ruminatio*) das Gelesene memoriert, und Meditation aufeinander bezogen sind. Die Mnemonik entwickelte sich im Mittelalter aus der Rhetorik heraus und gewann Nähe zur *ars praedicandi* (Predigtkunst) und *ars dictaminis* (Schreibkunst). Bildungsunterschiede führten dabei zu Unterschieden in der Mnemonik. Nunmehr wurden in Abwandlung der antiken Mnemotechnik für didaktische Zwecke präparierte Datenträger eingesetzt, die als allgemein zugängliche Speicher auch für des Lesens Unkundige verfügbar sind. Die inneren Bilder werden damit nach außen verlagert. Allegorisch zu lesenden Figuren oder bereits als Embleme oder Symbole etablierten Bildern werden Informationen eingeprägt, die der Merktätigkeit zugute kommen. Die Fünffingrigkeit der Hand eignet sich als gegliederte Fläche für Einzeichnungen, ebenso wie das Gehirn, das man sich als in Kammern aufgeteilten Raum vorstellte; der menschliche Körper bietet Platz für die Eintragung verschiedener Disziplinen, Räder können auf ihren Speichen Wissenswertes aufnehmen; Bäume stellen ihre Äste für Einzeldaten zur Verfügung (der Baum der Tugenden, der Laster). Im Dienst der Glaubenslehre können solche Schemabilder Glaubensartikel einprägsam machen oder Kapitel der Evangelien erinnern, die, in Bilder verkürzt, den ›Figuren‹ der Evangelisten (Adler, Engel, Löwe, Stier) eingezeichnet werden (M. Rossi 1991, 178 ff.).

Frühe Neuzeit

Das Kirchenbild trat dann als mnemonisches Medium in Erscheinung, in dem das öffentlich gewordene Bild das innere abgelöst hat. Der vorgestellte Raum ist nunmehr zur gemalten Bildfläche geworden, auf der Christus oder ein Heiliger wie eine *imago agens*, ein bewegtes Bild, auf den Gläubigen wirkt. Diese Bildfunktion entspricht nicht der ikonoklastischen (bilderstürmenden) Orientierung der Reformation. Die Reformatoren, Zwingli, Bucer, Calvin, Luther, nahmen unterschiedlich rigorose Positionen dazu ein. Luther, der das Andachtsbild neben Predigt und *scriptura* (Schrift) duldet, empfiehlt die Reinigung der inneren Bilder, um der falschen Wirkung der äußeren Bilder zu entgehen (vgl. Berns 1993, 35–72). Die aus der Imagination in die öffentliche Sichtbarkeit verkehrte Mnemotechnik erfährt hier ihre stärkste Kritik, gibt zugleich aber zu der Idee Anlass, zentrale Glaubensinhalte (die Passionsgeschichte) dennoch durch das Bild verkörpern zu lassen. Das Bild darf jedoch kein Artefakt, sondern soll Zeichen des Natürlichen sein. Paracelsus, von der reformatorischen Bildkritik berührt, gelangt in *Buch über die Bildnisse* (ca. 1530) zu einer Interpretation der mnemonischen Bilder, in der Gott als ihr Schöpfer erscheint, der sie den Menschen, als »Signaturen« zu dechiffrieren aufgibt (Berns 1993, 58 ff.).

Während die Andachtsbilder (in der katholischen Tradition) Beherzigung (*recordatio*) bewirken sollten, waren die Datenträger des Wissenswerten auf Einprägen und Erinnern ausgerichtet: Für alle Wissensbereiche (die freien Künste, die Jurisprudenz, das Bibelwissen) wurden Merkverse, Merkhilfen für die Daten der Heiligenfeste und kalendarische Memorialverse in Umlauf gebracht. So wurde z. B. das Alphabet im Genre des *Abecedariums* (Merkenswertes wird durch Begriffe in alphabetischer Reihenfolge vorgestellt) mnemonisch eingesetzt, ebenso wie durch ein Buchstabenspiel geprägte Verse oder Bild und Text verbindende Figurengedichte (Zeilenanordnung in Form eines Flügels, eines Herzens u. Ä.) als mnemonische Medien fungierten (vgl. Ernst 1993, 79). In diesen Formen, bei denen die *ars memorativa* auf Tropen und Figuren als Verfahren des Einprägens zurückgreift und poetische Techniken der Permutation (Vertauschung der Buchstaben) anwendet, berührt sie sich mit der *ars poetica* (ebd., 77). Bei Merkstrukturen der genannten Art dominiert die Schrift als Medium, einzelne Buchstaben und ihre jeweilige Anordnung werden zu Datenträgern.

Die Ordnung des Alphabets ist auch für die Kabbala wesentlich, die nach ihrer ›christlichen Entdeckung‹ durch Pico della Mirandola die Mnemotechnik durch eine Merklehre stark beeinflusst hat, in der Buchstaben und Gottesnamen in einem mystischen ›Kalkül‹ kombinatorisch aufeinander bezogen werden (vgl. Kilcher 2000, 199–248). Die Rezeption der Kabbala spielt auch für die Mnemonik der Wissenstheologie eine wesentliche Rolle: Raimundus Lullus entwickelte im 13. Jahrhundert in seinem Opus *Ars Magna* ein mnemonisches System, das die *ars memorativa* mit der *ars combinatoria* verbindet (vgl. Yates 1991, 173–198). Alle *artes*, im Sinne von Wissensbranchen, basieren auf den Namen Gottes. Ein neunstelliges Alphabet von B bis K stellt eine universale Formel dar, die auf gegeneinander verschiebbare Scheiben aufgetragen wird und durch Rotierung nicht nur eine *memoria artificialis* darstellt, sondern mithilfe eines kombinatorischen Verfahrens unerwartete, wenn auch kalkulierbare Wissenselemente generieren kann, die das Wirken der universalen göttlichen Logik offenbaren.

Mit Lullus beginnt eine Tradition, in der die Generierung von Wissen und dessen Speicherung einander ergänzen. Der Konzeptualismus der *ars combinatoria* zeigt den Übergang von den Bilddeponien zu den Systematiken an, die auf Korrespondenz- und Hierarchievorstellungen basieren. Von Vorstellungen dieser Art werden insbesondere schon bestehende, Wissen (und Geheimwissen) transportierende Disziplinen berührt, deren Begriffskonstellationen in komplexe Beziehungsnetze gestellt werden. Vorformulierte Systematiken wie die der aristotelischen Kategorienlehre, des astrologisch interpretierten Planetensystems werden mit kombinatorischen Techniken bearbeitet. Das akkumulierte Wissen wird damit nicht nur bewahrt, sondern als Matrix für die Generierung neuen Wissens eingesetzt. Freilich bedarf auch das kombinatorisch gewonnene Wissen der Abbildung (Darstellung). Es ist das Diagramm, das dieses leistet, indem es sich nicht ikonischer, d. h. auf Ähnlichkeit beruhender, sondern symbolischer Zeichen bedient: Geometrische Figuren, Buchstaben-, Zahlenkombinationen oder Schemabilder werden zum Gedächtnisträger und Merkort.

Der Weg zur Abstraktion wird möglich durch die Intensivierung der Repräsentationsleistung der konzeptuellen Chiffren, d. h. die Darstellung von Begriffen und begrifflichen Zusammenhängen erfolgt durch Abkürzung und Verdichtung in einem Zeichen. Das Konzept der Wissenssummen, die sich einem kombinatorischen Kalkül verdanken, vertraut auf die Zählbarkeit der die Welt konstituierenden Dinge, der sichtbaren und unsichtbaren. Über Zahlenmagie und deren Manipulierbarkeit können alle Korrespondenzen zwischen Mikro- und Makrokosmos, zwischen der Konstitution des Menschen und jener der Welt für den Eingeweihten aufgedeckt werden. Neben dem Aufdecken gibt es das planvolle Verdecken des Wissens: die kryptographische Mnemonik, die eine Verrätselung des Wissens mit Geheimschrift, Bildern und Zeichen, die anderes bedeuten, als sie zeigen, betreibt und deren Dechiffrierung als (pädagogisches) Ziel der Merktätigkeit ausgegeben wird (Samsonow 2001, 73–90). In Giordano Brunos an der Lullistik orientiertem *memoria*-System, *De umbris idearum* von 1582, ist das Weltwissen als eine von magischen Techniken beförderte, kreativ-generative Kombinatorik eingetragen. Als Leitmedium fungiert auch hier die Schrift, die eine doppelte mnemonische Auslegung erfährt: als äußere Schrift ist sie Speichermedium des Wissens, als innere Schrift (*scriptura interna*) ist sie der Abdruck dessen, was durch den Lesevorgang aufgenommen worden ist.

Barock

Neben der Verinnerlichung steht das Nach-Außen-Tragen von gesammelten Wissensdaten. Ein Beispiel dafür ist das Gedächtnistheater: Giulio Camillos betretbares (nicht erhaltenes) *Theatro della memoria*, über dessen Funktionieren sein Traktat *L'Idea del Theatro* von 1550 Auskunft gibt, handelt von der Lesbarkeit der Tierkreiszeichen, der Planetensymbole, der mythologischen Namen, der Sefirot (Namen der Manifestationen Gottes) und des Aufbaus eines siebenstufigen, in Sektionen eingeteilten Amphitheaters, in dessen schubfächerartigen beschrifteten Stufen die wichtigsten Texte archiviert sind. Der das *Theatro* betretende Besucher wird von einer magischen Strahlung erfasst, wodurch ihm das versammelte Wissen vermittelt wird (Bolzoni 1991, 9–34).

Bei Systembildung, Klassifikation und Wiederholbarkeit des Wissens überwiegt die Raumkonzeption die der Bilder; die rein räumliche Re-

Abb. 1: Comenius, *Orbis pictus*

präsentation im Diagramm löst die imaginative ab. Der Gedächtnisraum (gleich, ob er *actualiter* beschreibbar oder vorgestellt ist) entwickelt sich zum ›Schema‹ und das Bild von der Repräsentation zum ›Konzept‹. Aus der Verknüpfung von einer auf Schema und Diagramm basierenden Mnemotechnik mit einem radikalisierten enzyklopädischen Anspruch entstehen im 17. Jahrhundert die gigantischen Wissenskompendien der in der Tradition des Lullismus stehenden Gelehrten: Johann Heinrich Alsteds *Systema mnemonicum duplex* von 1610 und seine *Encyclopaedia*, Robert Fludds *Utriusque Cosmi Historia* von 1617 (vgl. Schmidt-Biggemann 1993, 154–169), die *Pansophia* von 1643 des Johannes Amos Comenius, die alles Wissen für alle bereithält, Athanasius Kirchers *Ars Magna Sciendi et Combinatoria* von 1669 (vgl. Leinkauf 1993). Kirchers Diagramme beruhen auf numerischen und alphabetischen Verfahren. Tafeln, Schemata und Taxonomien werden als konstitutive Bestandteile der Wissensrepräsentation aufgenommen, den neun Prinzipien des Lullschen Systems wird ein Komplex analoger Begriffe zugeordnet und ein neues Alphabet konstruiert, das ein Netzwerk von Entsprechungen zu etablieren ermöglicht, das auf jede Ordnung des Wissens anwendbar ist.

Bei Comenius werden die Bilder zu didaktischen Zwecken rehabilitiert: In *Orbis pictus* von 1658 über die 150 Wissensdinge dieser Welt (eine noch für den jungen Goethe verbindliche Bilderfibel) setzt er die darzustellende Sache (*res*) deren bildliche Darstellung (*pictura*) und Bezeichnung (*nomenclatura*) in Beziehung und listet Sätze in Latein (und in einer Volkssprache) auf, die über die Sache gebildet werden können (s. Abb. 1).

Das Vorstellungsvermögen überschreitet dagegen Johann Bunos *Bilder-Bibel* von 1680, in der die Kombinatorik unterschiedlicher Datenträger (Bilder, Merkwörter, Anweisungen) eine mnemonische Aufgabenvielfalt fordert, die pädagogisch kaum einlösbar ist (Rieger 1997, 235 ff.).

Mnemonik in anderen Genres und Medien

Obgleich einige literarische Genres lediglich die Rolle von Merkhilfen spielen (wie das oben schon erwähnte Figurengedicht), ist die Literatur als solche ein mnemonisches Medium: Sie ist Datenträgerin für Wissen aus unterschiedlichen Disziplinen und ist von mnemonischen Bildern geprägt. Ein mnemonischer Bezug besteht auch zwischen literarischen Texten der Vergangenheit und der jeweiligen Gegenwart: Ein aktueller, neuer Text kann einen vorangegangenen Text (oder Texte) durch Zitat, Anspielung, Parodie, Travestie und Nachahmung in Erinnerung rufen oder einen bereits erprobten Stil oder eine Gattung aufgreifen. Für jeden literarischen Text ist die literarische Tradition Voraussetzung, auch dann, wenn sie durch innovative Verfahren verneint wird (Lachmann 1990). Das den Text bestimmende Gedächtnis des Autors umschließt seine emotionale, natürliche und intellektuelle Biographie, insbesondere sein Formwissen, überschreitet aber in seiner mnemonischen Dimension das Individuelle.

Von jeher ist auch das Erzählen in seiner oralen Phase eine Kulturtechnik des Memorierens. Die mnemonischen Verfahren bestehen dabei in der Wiederholung metrischer Schemata, bestimmter *epitheta ornantia* (schmückender Beiwörter) und einprägsamer syntaktischer Parallelismen, d. h. sie sind in der Organisation der mündlichen ›Texte‹ selbst gegeben. Erzählt werden Handlungen, Ereignisse und Erfahrungen, die das kollektive Gedächtnis (s. Kap. II.2) einer Kultur ausmachen. Mnemonisch funktionieren auch schriftliche, filmische und piktorale Genres wie Epos, Memorabile, Memoiren, Hagiographie, der historische Roman, der historische Film, Historienmalerei, die Geschichtsschreibung. Diese Genres greifen auf ein für die Kultur geltendes Gedächtniskonzept zurück oder kritisieren und verwerfen es. In den Gedächtnisritualen (Denkmalkult, Gedenktage, Jahrhundertfeiern), die an Orte gebunden sind (Friedhöfe, Nationalmuseen, Kirchen, Universitätsaulen) tritt eine der anfangs genannten Funktionen der Mnemotechnik, das Gedenken, hervor, womit die ins Räumliche verlagerte Technik das zeitliche Moment zurückgewinnt.

Die Dimension der Zeit ist seit der Antike konstitutives Element anthropologisch orientierter Gedächtnisphilosophie, in der die jeweils kulturell relevanten Zeitkonzepte reflektiert werden. Im zeitbezogenen psychologisch orientierten Gedächtniskonzept von Henri Bergson (1906) wird die Mnemotechnik durch ein sich automatisch vollziehendes Geschehen abgelöst, das die ständig fortschreitende Vergangenheit als Dauer konserviert und das für den Augenblick Unnötige ins Unbewusste verschiebt, ohne es zu löschen, und die das Erfinden von Neuem als kreative Evolution bestimmt (*évolution créatrice*). Im kultursemiotischen Gedächtnismodell von Jurij Lotman (1985) wird zwischen dem informativen Gedächtnis, das linear funktioniert und über eine Zeitdimension verfügt, und dem kreativen Gedächtnis, das zeitresistent ist, unterschieden. Es wird von einem Mechanismus von Aufbewahren und Vergessen ausgegangen, für den jede Kultur einen spezifischen Mechanismus herausbildet. Das kreative Gedächtnis speichert auch das Vergessene, das kulturell reaktiviert werden kann.

In Konzepten der Psychologie und Gehirnforschung, die den Vorgängen des Merkens und Speicherns gelten, tauchen Begriffe auf, die die Raum- und Bildvorstellungen der Simonides-Legende keineswegs als obsolet erscheinen lassen. In der kulturellen Praxis hat die Mnemotechnik eine gewisse Beharrlichkeit bewiesen. Die Methode, sich Elemente (z. B. Begriffe), an die man sich erinnern will, durch deren Verwandlung in ein (ausgedachtes) Bild und dessen Niederlegung an einer (markierten) Stelle in einem (ebenfalls ausgedachten) Raum zu merken, wird bei Gedächtnistrainings der Gegenwart angewandt, wobei die antike Tradition mitreflektiert wird. Es gibt spektakuläre Fälle mnemotechnischer Begabung, wie sie die sogenannten Gedächtniskünstler aufweisen, die keineswegs wissentlich an die antike Tradition anknüpfen, aber exakt ihre Methoden anwenden. Ein solcher, psychologisch untersuchter Fall ist z. B. der des Solomon Shereshevskij, dessen Gedächtniskunst darin bestand, dass er auf einem imaginären Spaziergang auf der Hauptstraße Moskaus an Toreinfahrten und Schaufenstern seine Bilder für das zu Merkende niederlegte, um sie bei Befragung wieder aufzusammeln und zusammenzustellen. Das Bildermachen beschrieb er so: »Wenn man mir das Wort ›Reiter‹ aufgab, reichte es, wenn ich mir einen Fuß mit Sporen vorstellte« (Lurija 1987, 42). Zahlenreihen merkte er sich, indem er die Zahlen und ihre Kombination in Bilder von Personen und Gegenständen übersetzte und die Reihen als bebilderte Erzählung in seiner Vorstellung bewahrte, um sie bei Bedarf zu reproduzieren (s. Kap. I. 2).

Auch die äußeren, in anderen Medien sich realisierenden Datenträger und die Methoden des Merkens und Wiederaufrufens haben ihre Traditionen bewahrt. Mit Zahlen- und Schriftsystemen, Bildprogrammen, Merkwörtern, ›Eselsbrücken‹, Aufzeichnungen, Fotoalben, mit vorgefertigten Speichern wie Enzyklopädien, Wikipedia u. Ä. bestreiten wir unseren mnemonischen Alltag, wobei es um gerade Vergangenes ebenso gehen kann wie um Zurückliegendes, um privates Wissen ebenso wie um allgemeines (z. B. historisches, wissenschaftliches, technisches). Und nicht zuletzt haben Schreiben und Lesen eine mnemonische Funktion.

Literatur

Assmann, Jan: Kollektives Gedächtnis und kulturelle Identität. In: Ders./Tonio Hölscher (Hg.): *Kultur und Gedächtnis*. Frankfurt a. M. 1988, 9–19.

Bergson, Henri: *Evolution créatrice*. Paris 1906.

Berns, Jörg Jochen: Umrüstung der Mnemotechnik im Kontext von Reformation und Gutenbergs Erfindung. In: Ders./Wolfgang Neuber (Hg.): *Ars memorativa*. Tübingen 1993, 35–72.

Blum, Hartwig: *Die antike Mnemotechnik*. Hildesheim 1969.

Bolzoni, Lina: *Lo spettacolo della memoria*. Vorwort zu Giulio Camillo, L'idea del teatro. Palermo 1991, 9–34.

Carruthers, Mary: *The Book of Memory. A Study of Memory in Medieval Culture*. Cambridge 1990.

Comenius, Johannes, Amos: Orbis sensualium pictus. In: Jaromir Červenka (Hg.): *Johannis Amos Comenii opera omnia*. T. 17. Prag 1970.

Ernst, Ulrich: Ars memorativa und Ars poetica in Mittelalter und Früher Neuzeit. Prolegomena zu einer mnemonistischen Dichtungstheorie. In: Jörg Jochen Berns/Wolfgang Neuber (Hg.): *Ars memorativa*. Tübingen 1993, 73–100.

Goldmann, Stefan: Statt Totenklage Gedächtnis. Zur Erfindung der Mnemotechnik durch Simonides von Keos. In: *Poetica* 21, 1–2 (1989), 43–66.

Kilcher, Andreas: Ars memorativa und ars cabalistica. Die Kabbala in der Mnemotechnik der Frühen Neuzeit. In: Jörg Jochen Berns/Wolfgang Neubert (Hg.): *Seelenmenschen. Gattungstraditionen, Funktionen und Leistungsgrenzen der Mnemotechniken vom späten Mittelalter bis zum Beginn der Moderne*. Wien/Köln/Weimar 2000, 199–248.

Kircher, Athanasius: *Ars magna et combinatoria*. Amstelodami 1669.

Lachmann, Renate: *Gedächtnis und Literatur. Intertextualität in der russischen Moderne*. Frankfurt a. M. 1990.

–: Die Unlöschbarkeit der Zeichen. Das semiotische Unglück des Mnemonisten. In: Anselm Haverkamp/Dies. (Hg.): *Gedächtniskunst. Raum-Bild Schrift. Studien zur Mnemotechnik*. Frankfurt a. M. 1991, 111–141.

Leinkauf, Thomas: *Mundus combinatus. Studien zur Struktur der barocken Universalwissenschaft am Beispiel Athanasius Kirchers S.J.* Berlin 1993.

Lotman, Jurij: Pamjat' v kulturologičeskom osveščenii (Das Gedächtnis unter kulturologischem Gesichtspunkt). In: *Wiener Slawistischer Almanach* 16 (1985), 5–9.

Lurija, Aleksandr: *The Mind of a Mnemonist*. New York 1987 (russ. 1968).

Rhetorica ad Herennium. Lateinisch-deutsch. Hg. von Theodor Nüßlein. Zürich 1994.

Rieger, Stefan: *Merken/Speichern. Die künstlichen Intelligenzen des Barock*. München 1997.

Rossi, Massimiliano: Gedächtnis und Andacht. Über die Mnemonik biblischer Texte im 15. Jahrhundert. In: Aleida Assmann/Dietrich Harth (Hg.): *Mnemosyne. Formen und Funktionen der kulturellen Erinnerung*. Frankfurt a. M. 1991, 177–199.

Rossi, Paolo: *Clavis universalis. Arti della memoria e logica combinatoria da Lullo a Leibniz*. Bologna 1983.

Samsonow, Elisabeth v.: *Fenster im Papier. Die imaginäre Kollision der Architektur mit der Schrift oder die Gedächtnisrevolution der Renaissance*. München 2001.

Schmidt-Biggemann, Wilhelm: Robert Fludds Theatrum memoriae. In: Jörg Jochen Berns/Wolfgang Neuber (Hg.): *Ars memorativa*. Tübingen 1993, 154–169.

Yates, Frances A.: *Gedächtnis und Erinnern*. Weinheim 1991 (engl. 1966).

Renate Lachmann

3. Rituale

Wir stellen uns Erinnerungen einerseits als vollständig interne ›gedankliche Repräsentationen‹ – als Inhalte – vor, die dem Gedächtnis neuronal eingeschrieben sind. Andererseits begreifen wir Erinnerungen als externe Objekte – etwa als Bilder – die für vergangene Ereignisse oder Beziehungen stehen. Rituale als Medien der Erinnerung entstehen und erhalten Bedeutung in der Verbindung von Innen und Außen. Einige Rituale, die persönlichen beispielsweise, entstehen aus uns selbst und werden als wiederholte Akte in die Welt hinausgetragen. So besteht etwa der Ablauf eines Morgens bei vielen Menschen aus einer regelrechten Kette von Ritualen, die von Anderen wahrgenommen wird und wiederum deren Verhalten beeinflusst. Andere Rituale werden uns dagegen von außen, über Institutionen unterschiedlichster Ordnung wie der Religion oder der Arbeitswelt, zugetragen. Solche sozialen Rituale können als kollektive Gewohnheiten internalisiert und möglicherweise auf eine Art und Weise erfahren werden, als wären sie schon immer Bestandteil unserer selbst gewesen. Diese Dualität macht sie zu überaus wirksamen Gedächtnismedien, da Rituale es den menschlichen Erinnerungen erlauben, zutiefst persönlich und zugleich sozial geteilt zu sein.

Zum Ritual

Das Ritual ist eine spezielle Form des formalisierten oder eingeschriebenen Verhaltens. Seine Kraft gründet sich auf die Fähigkeit des Menschen, Verhalten durch Wiederholung in Gewohnheiten und Routinen zu transformieren. Menschliche Rituale umfassen sowohl biologische als auch sozio-kulturelle Faktoren (D'Aquili u. a. 1979). Rituale sind eine gezielte Einschränkung der Freiheit menschlichen Handelns. Menschen können das Gleiche auf unterschiedliche Art und Weise sagen oder tun – Ritualisierung jedoch, der Prozess des Standardisierens des Verhaltens durch Wiederholung, ist eine starke Einschränkung der Freiheit, Verhaltensmuster zu variieren. Durch Ritualisierung wird dasjenige, was gesagt oder getan wird, eng verbunden mit der Art und Weise, wie es ausgeführt wird.

Die Formalisierung des Verhaltens verbindet Gewohnheiten und Routinen zu Ritualen. Gewohnheiten sind erlerntes Verhalten, das wiederholt wird und relativ automatische (d. h. nicht bewusste) Reaktionen auslöst. Sie haben oftmals einen modularen Charakter und fallen in zunehmend komplexere Verhaltenseinheiten zusammen. Routinen sind dagegen Reihen von Gewohnheiten, die sich in wiederholbaren Sequenzen mit pragmatischen Funktionen aneinanderreihen (z. B. die Fahrt zur Arbeit, das Anziehen, das Spielen eines bekannten Videospiels oder das Kochen). Wenn sie sich zu einem hohen Grad an symbolischer Bedeutung verfestigen, werden Routinen zu Ritualen.

Soziale Rituale

Die einfachen sozialen Rituale wie gegenseitiger Augenkontakt oder Gesten der Verteidigung oder das Begrüßungsverhalten werden recht früh im Leben erlernt. Ausgehend von der Annahme einer erfolgreichen Sozialisation, werden sie schnell zu automatischen Antwortmustern. Wenn sie als komplex gelten und eine bewusste Aufmerksamkeit erfordern, nennen wir sie ›Manieren‹. Die Ritualisierung solcher Manieren ist für die Verhaltensintegration des Individuums in ein gesellschaftliches System entscheidend. In seinem Beitrag zur Sozialisation und Scham bei Tahitianern schlägt der Anthropologe Robert Levy vor, dass Verletzungen des Verhaltens auf dieser sehr fundamentalen Ebene der Sozialisierung die »Level-0-Integration« verletzen (nämlich die wesentliche Akzeptanz des eigenen Verhaltens in einer Gruppe). Daher rufen derartige Verhaltensverstöße oftmals eine starke Schamreaktion seitens der Individuen hervor (Levy 1974, 296 ff.).

Soziale Rituale sind hierarchisch geordnet, je nachdem wie grundlegend das Verhalten für die soziale Integration ist. Im Vergleich zum Level-0-Verhalten gibt es wenige Rituale, die Menschen viel später im Leben erlernen. Diejenigen, die relativ sporadisch auftreten (beispielsweise eine Hochzeit oder eine Krönung) sind selten völlig automatisch und unbewusst und sind in diesem Sinne weniger ritualisiert. Obwohl wir dazu neigen, diese ›big-R‹-Rituale als solche zu erkennen, sind sie aus der Perspektive der primären Sozialisation tatsächlich weniger stark ritualisiert als die relativ unbewussten ›small-r‹-Rituale, die wir allgemein nicht als Rituale begreifen.

Universale und persönliche Rituale

Eine andere Dimension entlang derer menschliche Rituale variieren, ist der Grad der sozialen Konventionalität. Nicht alle Rituale fußen auf lokalen sozialen Konventionen. Einige sind nahezu universal. Am äußeren Ende finden wir rein persönliche Rituale, die dem Individuum heilig sind und nicht notwendigerweise mit jemandem geteilt werden. Sportler, wie beispielsweise der Pitcher beim Baseball, sind bekannt dafür, dass sie eigentümliche persönliche Rituale entwickeln (z. B. das Tragen eines bestimmten Sockenpaars oder das Berühren der Baseballkappe auf eine bestimmte, eben ritualisierte Weise).

Am anderen Ende des Spektrums befinden sich die universellen rituellen Formen, die von den meisten Menschen geteilt und erkannt werden, unabhängig von ihrem kulturellen oder historischen Kontext. Solche universellen rituellen Formen sind ein wichtiger Aspekt der menschlichen Natur. Einige Mimiken und Gesten sind Teil eines universellen Repertoires an Ritualen. Unter ihnen lassen sich auch die Gesten finden, die grundlegende Emotionen ausdrücken, die, wie von Paul Ekman gezeigt worden ist, von Individuen universell produziert und erkannt werden, unabhängig von ihrer jeweiligen Kultur. Ekman weist jedoch darauf hin, dass sogar diese grundlegenden emotionalen Ausdrucksformen (wie Hunger oder Freude) bestimmten Regeln unterliegen, welche die Ausdrucksweise dieser Emotionen bis zu einem gewissen Grad durch Kultur einschränken (Ekman/Davidson 1994).

Lokale Rituale

Zwischen den vollständig idiosynkratischen persönlichen Ritualen und den vollständig geteilten Ritualen befinden sich viele, die spezifisch für lokale Gemeinschaften sind. Lokale Rituale können von einer kleinen Gruppe geteilt werden (z. B. der geheime Handschlag einer Studentenvereinigung oder die regelmäßige Essensverabredung einer Gruppe von Freunden), sie können regional geteilt werden, wie beispielsweise das schnelle Kopfnicken als Zeichen der gegenseitigen Begrüßung und Anerkennung wie es bei Japanern üblich ist, oder sie können das funktional äquivalente Heben der Augenbrauen sein, das von vielen Gruppen der pazifischen Inselbewohner geteilt wird. Trotz der großen Unterschiede hinsichtlich der demographischen und geographischen Bandbreite dieser Rituale, gleichen sie sich im Hinblick auf ihre Struktur. Sie sind an lokale Konventionen gebunden, die sozial überliefert und von einer Gruppe geteilt werden, für die sie oftmals die gemeinsame Mitgliedschaft symbolisieren bzw. deren Identität sie stiften.

Die Herstellung von Ordnung

Die Anerkennung eines routinierten Ereignisses als ›Ritual‹ unterliegt erheblicher Variation. Freuds frühem Gebrauch folgend, benutzen Psychiater den Begriff des Rituals, um zwanghaftes Verhalten zu beschreiben, ein Verhalten, das in Extremfällen als ein Symptom einer Zwangsstörung gelten kann. Soziologen und Anthropologen gebrauchen den Begriff, um vorhersehbare, jedoch selbstverständliche Verhaltenssequenzen zu beschreiben, welche die tägliche soziale Interaktion sorgfältig organisieren. Der Soziologe Erving Goffman zeigte, dass das Alltagsleben selbst eine ›rituelle Ordnung‹ darstellt. Nach Goffmans Ansicht ist die soziale Kompetenz ein bedeutender Teil der Fähigkeit, ein großes Repertoire an sozialen Ritualen zu gebrauchen, von denen viele mehr oder weniger automatisch sind und nicht bewusst ausgeführt werden (1996).

Die meisten Menschen empfinden die alltäglichen Rituale nicht auf eine Art und Weise, als hätten sie herausragende symbolische und bedeutende Tiefe. Auf der anderen Seite haben weithin anerkannte soziale und religiöse Zeremonien (›big-R‹-Rituale) oftmals einen sehr symbolischen Charakter und weisen über sich selbst hinaus auf transzendente Orte der Bedeutung: Tradition, Nation, Gesellschaft, das Heilige. Dieses offensichtliche symbolische Gewicht gibt diesen Ereignissen eine Bedeutung mit explizit rituellem Charakter. Aber auch privatere oder alltäglichere Aktivitäten, also die ›small-r‹-Rituale, können einen unerkannten symbolischen Wert besitzen.

Gerade an ihnen lässt sich erkennen, dass Menschen selbst in ihren gewöhnlichsten Begegnungen damit beschäftigt sind, eine transzendente soziale Ordnung herzustellen oder wiederherzustellen und mittels der sozialen Ordnung ein sozial konstituiertes Ich zu erschaffen.

Rituale und die verschiedenen Gedächtnissysteme

Die Erforschung des individuellen Gedächtnisses liegt im Kompetenzbereich der kognitiven Psychologie. Psychologen bilden das individuelle Gedächtnis ab, indem sie eine Reihe von Unterscheidungen zwischen verschiedenen Arten des Gedächtnisses machen. Der Begriff des deklarativen Gedächtnisses steht für eine explizite Erinnerung an Fakten, die verbalisiert oder ›deklariert‹ werden können (s. Kap. I.1 und I.2). Das deklarative Gedächtnis ist die am häufigsten hervorgerufene Form der Erinnerung im Bereich des schulischen Lernens. Es unterstreicht bereits vorhandenes Wissen, das mit ›wissen, dass‹ im Gegensatz zu ›kennen, wie‹ bezeichnet werden kann.

Das deklarative Gedächtnis wird durch Wiederholung und auch durch assoziative Ketten verstärkt, die auf dessen Erhaltung abzielen. Das Auswendiglernen in der Schule beispielsweise kann solche kollektiven Routinen, die die Erinnerung verstärken, beinhalten. Musikalische Elemente wie Rhythmus, Verse und Melodie scheinen dabei die Erinnerungsfähigkeit deklarativer Information erheblich zu verstärken. Kinder, die etwa Multiplikationstafeln erlernen, tun dies oft durch rituelles Singen in der Gruppe.

Erwachsene sprechen durchaus relevante Teile dieses Multiplikations-Gesangs, den sie als Kinder gelernt haben, immer noch leise vor sich hin. Ein Großteil unseres numerischen Wissens basiert auf sprachspezifischen mnemotechnischen Routinen, die wir während der frühen Schulzeit erlernt haben. Wenn diese mathematischen Berechnungen durchgeführt werden, gebrauchen multilinguale Personen oftmals ihre erste Muttersprache, in der sie Zahlen und Berechnungen als erstes erlernt haben, was darauf hinweist, dass dieses Wissen, das in Ritualen wurzelt, nicht einfach zu paraphrasieren ist. Mnemotechnische Routinen werden für das Lernen und den Abruf grundlegender Information, wie die Zahl der Tage im Monat, gebraucht.

Im Gegensatz zu ›wissen, dass‹ bezieht sich das ›kennen, wie‹ auf das, was von Psychologen als prozessuales Gedächtnis bezeichnet wird. Das prozessuale Gedächtnis unterscheidet sich vom deklarativen Gedächtnis, da es eher auf eine qualifizierte physische Leistung abzielt als auf verbale Formulierungen. Prozessuales Wissen entwickelt sich über die Zeit durch die zunehmend effektivere Koordination von bestimmten motorischen Fähigkeiten. Das gilt sowohl für die Entwicklung von feinmotorischen Fähigkeiten, wie beispielsweise das Schreiben oder das Essen mit Stäbchen, aber auch grobmotorischen Fähigkeiten, wie das kindliche Lernen des Stehens oder Gehens, oder das spätere Erlernen richtigen Gehens auf einem Laufsteg.

Das prozessuale Gedächtnis entwickelt sich durch die Wiederholung von Handlungen. Psychologen konzeptualisieren den Lernprozess für prozessuale Fähigkeiten allgemein als eine Hierarchie von Stadien unterschiedlicher Kompetenz. Hinsichtlich des Wissens entwickelt sich das prozessuale Gedächtnis von einem anfänglichen Unbewussten, d. h. wenn die Fähigkeit einfach noch nicht gekannt wird, über zunehmendes Bewusstsein, bei der die Fähigkeit einer internen Beherrschung unterliegt, bis hin zu einer Rückkehr in das Unbewusste, bei der die Fähigkeit derart perfektioniert ist, dass sie automatisch ausgeübt wird.

Die Entwicklung von Fähigkeiten ist daher eine deutliche und zugleich extreme Form der Ritualisierung. Wir alle bewegen uns durch das Leben während wir Tausende von rituellen Akten durch unsere Tätigkeiten produzieren. Diese alltäglichen Rituale entstehen an unterschiedlichen Punkten der formalen Ausarbeitung und des Bewusstseins. Routinen und Rituale haben immer einen modularen Charakter, insofern Sub-Routinen in unterschiedlicher Art und Weise miteinander kombiniert werden können, um aus ihnen scheinbar neue Rituale zu machen. Sie sind ferner auch hierarchisch, da die relativ bewussten und effektiven Darbietungen auf einem Fundament basieren, das aus primitiveren und weniger bewussten Fähigkeiten besteht, deren Beherrschung jedoch Improvisation ermöglicht.

Das deklarative Gedächtnis besteht aus zwei verschiedenen Gedächtnissystemen: dem episodischen und dem semantischen Gedächtnis. Das episodische Gedächtnis basiert auf Ereignissen (Tulving 1986). Das semantische Gedächtnis speichert unseren Bestand an generellen Konzepten, die unser Gedächtnis von Ereignissen bevölkern. Obwohl unser elementares Wissen der Dinge (Objekte, Wesen, Arten der Erfahrung) im semantischen Gedächtnis verschlüsselt ist, neigt das abstrakte Wissen dazu, Dinge über den Zugang des ereignisbasierten Wissens zu verstehen. Generelle semantische Einheiten werden also erfahrungsbasiert und situativ, also in relevanten Handlungskontexten erinnert. Das episodische Gedächtnis gründet zentral auf Erfahrung und nimmt starken Einfluss auf semantisch konstituierte Erinnerungen.

Im Übergang vom prozessualen, semantischen und episodischem Gedächtnis finden wir komplexe und konventionelle Rituale des Lebenswandels, wie Hochzeiten, Beerdigungen oder Initiationen. Diese komplizierten Rituale bestehen aus Ketten kleinerer Ritual-Einheiten. Diese Einheiten (z. B. das Auspusten der Geburtstagskerzen als Teil eines Geburtstagsrituals oder der Kuss des frisch verheirateten Paares) werden von Anthropologen manchmal als ›Bräuche‹ bezeichnet, um sie von anderen, höher gestellten Ritualen zu unterscheiden. Durch den Zuwachs an neuen Ritualen sowie durch die Wiederholung und Variation ihrer konstituierenden Teile, sind Rituale einem nahezu endlosen Prozess der Ausarbeitung unterworfen.

Rituale des Lebensübergangs sind üblicherweise als ›Reisen‹ strukturiert, Ereignisse, die für Bewegung, Wachstum und Transformation stehen (Turner 1969). Die kognitive Effektivität dieser Lebensübergangsrituale hängt von der Art und Weise ab, wie sie prozessuales, semantisches und episodisches Wissen ausschöpfen. Bestimmte Bräuche sind Teil ausgefeilter Rituale, Ereignisse wie das Beten, das Zungenreden oder Tanzen werden als tief verkörperte Darbietungen verstanden, die zwar die Sprache benutzen, aber deren Bedeutung und Erfahrung, wie jede internalisierte Fähigkeit, über Sprache und sogar über das volle Bewusstsein hinausgeht.

Die Nutzung des prozessualen Gedächtnisses lässt Menschen eine Art *agency reversal* erfahren, bei der das Ritual, jenseits der bewussten Kontrolle, sie selbst zu bewegen scheint. *Agency reversal* ist eine Form, bei der Menschen spirituelle Transzendenz erfahren. Auf der anderen Seite formen die rituellen Sequenzen das wiederkehrende Ereignisschema der transformativen Reise. Auf dieser Ebene bezieht sich die Kraft des Rituals auf das episodische Gedächtnis und liefert einen wortgewandten Geschichtsrahmen, der für die Transformation selbst sinnstiftend ist. Das episodische Gedächtnis ist die grundlegende Antriebskraft des autobiographischen Wissens, es stellt die Muster bereit, mit deren Hilfe wir unserem Leben einen Sinn geben (s. Kap. II.1).

Zusammengefasst vereinigen Rituale des Lebensübergangs in einem einzigen Rahmen (1) implizites, verkörpertes Wissen, das experimentell sehr wirkungsvoll, aber nahezu unmöglich, über Sprache zu vermitteln ist, und (2) konventionelle Muster der Reise, die das geschichtsbasierte Medium darstellen, um die rein persönliche Transformation von Individuen mit den geteilten Geschichtsformaten der Gemeinschaft zu verbinden. Nur durch diese Anordnung der verschiedenen Gedächtnissysteme ist die rituelle Vermittlung von persönlichen und sozialen Erfahrungen möglich.

Obwohl die Erinnerung im wörtlichen Sinne immer individuell ist, führt die Analyse von Ritualen unausweichlich zu der Überlegung, wie das Gedächtnis ein gemeinsames Eigentum von Gemeinschaften werden kann. Das Konzept des sozialen Gedächtnisses (s. Kap. II.5) war eine natürliche Erweiterung des Durkheimschen Projekts einer Vision von sozialen Fakten, die nicht einfach auf die individuelle Psychologie zu reduzieren sind.

Ritual und kollektives Gedächtnis

In seiner klassischen Abhandlung *Remembering* argumentiert Frederic C. Bartlett, dass Erinnern auf konventionellen Mustern basiert und daher vor allem sozialer Natur ist (1932). Obwohl das Ritual also als ein interner mentaler Zustand erfahren wird, mithin als etwas zutiefst individuelles, ist es über intersubjektiv und somit kommunikativ hergestellte Bedeutungen, aber auch sozialisierte Wahrnehmungs- und Deutungsweisen gerahmt. Genau in dieser Verbindung wird das individuelle Erinnern kollektiv. Möglich, allerdings im Sinn geteilter Erinnerung, wird es erst durch ebensolche ›geteilten‹ Erinnerungsobjekte. Signifikante Erinnerungsgegenstände, die das kollektive Gedächtnis formen, umfassen vielfältige Phänomene. Einige, wie beispielsweise Monumente, Werbung, Museumssammlungen, Familienerbstücke oder Fotografien werden bewusst hergestellt, um das kollektive Gedächtnis zu formen. Andere, wie zum Beispiel ›Blitzlichterinnerungen‹, die von den Medien als traumatische öffentliche Ereignisse produziert werden (z. B. der Tod von John F. Kennedy, die Zerstörung des World Trade Centers, die Tsunami-Katastrophe im Jahr 2004) sind stark an individuelle Erinnerungen gebunden – die aber zugleich medial geteilte Erinnerungen sind (s. auch Kap. II.2).

Zur Vermittlung von individueller und kollektiver Erinnerung

Obwohl das soziale Erinnern und Vergessen Merkmale tragen, die sie vom rein persönlichen Gedächtnis unterscheiden, ist es wichtig, auf die komplexen Beziehungen zwischen dem kollektiven und dem individuellen Gedächtnis hinzuweisen. Der duale Charakter von Ritualen, die wechselseitige Perspektive von innen nach außen und außen nach innen, ist für die menschliche Erfahrung schwer zu unterscheiden. Wenn jede Erinnerung bis zu einem gewissen Grad individuell ist, dann ist es schlicht nicht möglich, zwischen dem sozialen und individuellen Gedächtnis zu unterscheiden. Es ist vielmehr von einer Art der dialektischen Beziehung zwischen individuellem und kollektivem Erinnern auszugehen. Verstanden als Erinnerungsmedium sind soziale Rituale geteilte Ereignisse, die individuelle Erfahrung in einer Weise verdichten, dass es zu einer Überschneidung vieler individueller Erinnerungen an die jeweilige rituelle Erfahrung und somit zu kollektiver Erinnerung kommt.

Mächtige religiöse und soziale Rituale können ferner geteilte Muster herstellen, mit deren Hilfe Mitglieder einer Gemeinschaft ihre Erinnerungen filtern und dabei auch die Art und Weise verzerren, in der zukünftige Ereignisse gedeutet werden. – Menschliche Sinngebung verläuft immer gleichzeitig individuell und kollektiv, entsprechend ist auch Erinnerung nie rein kollektiver Natur. Ungeachtet Durkheims Thesen ist das soziale Gedächtnis nicht einfach eine andere Form des individuellen Gedächtnisses. Erinnerungen sind immer ein zufälliges, gemeinsames Produkt der Interaktion individueller und kollektiver Faktoren.

Es gibt Hinweise darauf, dass sich viele Rituale entwickelt haben, um eine Art des Erinnerungsprozesses zu ermöglichen, der gleichzeitig individuell und kollektiv ist. Frances Yates' Buch *The Art of Memory* (1966) stellt im Detail die Wege dar, wie Schriftsteller der Renaissance ihre Kunst mit dem Ziel geformt haben, Erinnerung zu kultivieren. Dabei war insbesondere die Ausnutzung des Orts der Erinnerung, die Verbindung zwischen Gedächtnis und der mentalen Vorstellung eines räumlichen Ortes, von Bedeutung. Solch rhetorische Symbolik wurde zur Kultivierung der Erinnerung, die sowohl geteilter als auch persönlicher Natur war, entworfen, in dem die Rhetorik den Leser durch ›Erinnerungsräume‹ leitete, die gleichzeitig allgemein und persönlich waren.

Der Historiker Michael Baxandall, ein Student Yates', übertrug diesen kognitiven Ansatz auf die Untersuchung der Kunst im Italien des 15. Jahrhunderts (Baxandall 1972). Die Ästhetik, die die religiöse Kunst dieser Zeit formte könne nicht vollständig interpretiert werden, wenn nicht beachtet wird, wie Künstler lokale Theorien der menschlichen Wahrnehmung und des Erinnerns für kirchliche Zwecke nutzten (ebd., 40).

Baxandall zitiert den *Catholicon*, ein einflussreiches Wörterbuch kirchlicher Konzepte von John of Genoa des späten 13. Jahrhunderts, um das kirchliche Verständnis der Rolle von Religion für Symbolik zu verstehen: »Es gab drei Gründe für die Einführung von Bildern in der Kirche: Erstens, für einfache Leute, da diese durch sie instruiert werden wie durch Bücher. Zweitens, um das Geheimnis der Inkarnation und der Heiligen in unserer Erinnerung lebendig zu erhalten. Und drittens, um Gefühle der Hingebung hervorzurufen, da diese effektiver durch Dinge, die man sieht als durch Dinge, die man hört, ausgelöst werden« (ebd., Übers. C.H.).

Es scheint, dass das Verstehen der Rolle der Bildsprache in der Förderung religiöser Hingabe während des 15. Jahrhunderts recht verbreitet war. So lässt sich auch die Unterstützung der Kirche für religiöse Kunst erklären.

Interessant sind in Bezug auf das Ritual die Beiträge zur Beziehung von konventionellen Repräsentationen wichtiger Szenen des Lebens Christi und des privaten religiösen Lebens. Im 15. Jahrhundert bevorzugte die Kirche insbesondere Bilder, die biblische Szenen in einem höchst alltäglichen Format umsetzten. Sowohl die Szenerie als auch die Gesichter der Figuren waren eher »allgemein, unspezifisch, austauschbare Typen« (Baxandall 1972, 47, Übers. C.H.), als dass sie bestimmte Personen und Orte wachriefen. »Sie stellten eine Basis bereit«, so Baxandall, »eine, die konkret und sehr evokativ in ihrem Muster ist [...] [eine], der der fromme Betrachter seine persönlichen Vorstellungen auferlegen konnte« (ebd., Übers. C.H.).

Die von Yates und Baxandall diskutierte Literatur und Kunst schien den Zweck zu haben, die Betrachtenden zu imaginierten rituellen Reisen zu veranlassen. Konventionelle kulturelle Formen werden somit eingesetzt, um die idiosynkratische Re-Imagination der Landschaft zu verstärken. So wird diese Landschaft zugleich Objekt persönlicher und kollektiver Erfahrung. Alle elaborierten Rituale zeichnen sich durch diesen dualen Charakter aus, sie beziehen sich gleichzeitig auf die *kognitiven Ressourcen* des individuellen Gedächtnisses und auf diejenigen *sozialen Ressourcen*, die gemeinsame Erfahrung ermöglichen. Entsprechend ist für ein umfassendes Verständnis der Beziehung von Ritualen und Erinnerung eine Perspektive vonnöten, die psychologische (auf das Individuum gerichtete) und soziologische (auf die Gemeinschaft gerichtete) Konzepte vereint.

Literatur

Bartlett, Frederic C.: *Remembering*. Cambridge 1932.
Baxandall, Michael: *Painting and Experience in Fifteenth Century Italy*. New York/Oxford 1972.
D'Aquili, Eugene G./Laughlin, Charles D./McManus, John: *The Spectrum of Ritual: A Biogenetic Structural Analysis*. New York 1979.
Ekman, Paul/Davidson, Richard J. (Hg.): *The Nature of Emotions: Basic Questions*. New York 1994.
Dücker, Burkhard: *Rituale. Formen – Funktionen – Geschichte*. Stuttgart 2007.
Goffman, Erving: *Interaktionsrituale. Über Verhalten in direkter Kommunikation*. Frankfurt a.M. 1996.
Levy, Robert: Personality and Socio-Cultural Integration: Tahiti and Sin. In: Robert A. LeVine (Hg.): *Readings in Culture and Personality*. New Brunswick, N.J. 1974, 297–307.
Tulving, Endel: Episodic and Semantic Memory: Where Should We Go from Here? In: *Behavioral and Brain Sciences* 9 (1986), 573–577.
Turner, Victor: *The Ritual Process*. Ithaca 1969.
Yates, Frances A.: *The Art of Memory*. Chicago 1966.

Bradd Shore/Übers. Corinne Heaven

4. Produkte

Im Jahr 1949 feierte die *Nivea*-Creme ihre Wiedergeburt nach dem Zweiten Weltkrieg. Doch nicht nur die 1911 geborene blau-weiße Universalcreme verkündete ihr Comeback. Die meisten deutschen Markenprodukte waren während des Krieges und während der unmittelbaren Nachkriegszeit für viele Jahre nicht käuflich zu erwerben gewesen. *Nivea* hatte seit 1943 namenlos und damit seelenlos bloß als »Hautcreme, fetthaltig« firmiert. Sechs Jahre lang mussten ihre Verwender die Creme entbehren. Erst im Jahr der Gründung der beiden deutschen Staaten erlebte das Gros der Markenprodukte in Westdeutschland seine Wiederkehr am Markt. Allenthalben warben altbekannte Erzeugnisse nun mit der frohen Botschaft: »Wieder da!«

Produkte markieren Zeiten und Zäsuren

»Endlich wieder Nivea Zahnpasta – und dazu in Friedensqualität: stark aromatisch, mikrofein, nachhaltig erfrischend«. Die »Wieder da!«-Produkte markierten in ihren Anzeigen, durch ihre physische Präsenz und durch ihren Gebrauch das Zeitgefühl und das Geschichtsverständnis der späten 1940er Jahre. Sie offerierten und sie offenbarten die Hoffnung, dass der Krieg und seine Folgen bald überwunden sein mögen, dass so schnell wie möglich das Gefühl eines Lebens in Frieden und Normalität aufkomme. Mit den Kriegsverhältnissen, repräsentiert durch Ersatzstoffe und Kriegsprodukte, wollte das entschlossene »Wieder da!« aufräumen. – Zukunft, Gegenwart und Vergangenheit – Produkte vermögen alle drei Zeitdimensionen präzise zu markieren und zu thematisieren.

In den Trümmerruinen der Städte und in der politisch wie wirtschaftlich zersplitterten Rationen-Gesellschaft sehnten sich die Menschen nach den ›guten Zeiten‹ vor dem Krieg zurück. Die »Wieder da!«-Werbung kam diesem Bedürfnis entgegen. Die Markenartikel annoncierten nämlich mit ihrer Wiederkunft nicht nur das Ende des Produktmangels und das Ende der Produktprovisorien, sondern sie reklamierten für sich darüber hinaus in jeder Hinsicht unveränderte Güte und unverminderte Bonität: Das beliebte Attribut »in Friedensqualität« rief Erinnerungen an die ›gute Vergangenheit‹, eben an die Zeit vor dem Krieg, wach. Die wieder gewonnenen Marken vermeldeten ihrem Publikum, dass die altbekannte und altbewährte Produktlandschaft abermals hergestellt sei. Damit boten diese zeitgenössischen Werbungen eine sozial erwünschte Interpretation der Gegenwart an: Die Jahre des Nationalsozialismus avancierten so schon bald zu einer ›vergangenen‹ und ›bewältigten‹ Vergangenheit. Das ›Dritte Reich‹ und der Zweite Weltkrieg schienen Ende der 1940er Jahre abgelegt und abgeschlossen, denn die neuen alten Waren versprachen die Wiederkunft der Produktverfassung des Friedens und der Normalität.

In einer Flut von Briefen an die »liebe Nivea« wurden seit 1949 Erinnerungen und Erfahrungen erzählt und Erwartungen formuliert. Die Kund/innen verknüpften die aktuellen Empfindungen einer wieder gewonnenen Sinnlichkeit mit einem prägnanten Geschichtsverständnis. Das Ende der Zeit ohne die Creme avancierte für sie zum Ende einer Zeit, in der die Zeiten ungeregelt waren. Das Ende der Zeit ohne *Nivea* wurde als das Ende einer Zeitspanne ohne Raum für Rituale erzählt, die Behaglichkeit, Geborgenheit und Sicherheit schenkten (vgl. Gries 2008, 216–222).

Auf diese Weise, mit diesen Bildern und Narrativen und mit der blauen Cremedose in ihren Händen, erzählten die Frauen in feinsinniger Weise vom Krieg, von ihren weiblichen Erfahrungen und von ihren psychischen Kompensationen: Während des ›totalen Krieges‹ hatten die Frauen ihre historisch angestammten Rollen verloren und Räume verlassen. Sie hatten an Stelle der Männer öffentliche Aufgaben und Funktionen wahrgenommen. Der ›totale Krieg‹ hatte Frauen zu Objekten *und* zu Subjekten des militärischen Großkonfliktes gemacht, er hatte die Frauen vom ›Drinnen‹, dem tradierten Innenraum des Privaten, ins ›Draußen‹, auf das öffentliche Schlachtfeld und in die Trümmerwüsten der Städte, katapultiert (vgl. Maubach/Satjukow

2009). Dabei war den Frauen keine Zeit für sich, keine Zeit für Sinnlichkeit geblieben. Überdies hatten sich auch die Frauen ›schmutzig‹ gemacht – real wie im übertragenen, moralischen Sinne. Auch die Frauen waren von den Verbrechen des Nationalsozialismus und des Krieges betroffen – als Opfer wie als Täter. Auch sie waren befleckt. Die schneeweiße *Nivea* und die mit ihr verbundenen Narrative vermochten die Erfahrungen der Vergangenheit zu glätten und diese realen und moralischen Befleckheiten symbolisch auszugleichen. *Nivea* versprach ihren Nutzern, die Lebensfreude zurückzugeben – und ein altes Gefühl für das Draußen neu zu beleben.

Anzeigen unterstützten dieses psychophysische wie temporale Hygieneversprechen: »Ist das nicht schöner als vor fünfzig Jahren? Man freut sich unbekümmert an Luft und Sonne, man liebt gesunde, natürliche Schönheit, man legt Wert darauf, immer gepflegt und frisch zu sein.« All das war seit einigen Jahren nicht mehr möglich gewesen. *Nivea* zu benutzen, bedeutete, ›die Mitte‹, ›Norm‹ und ›Normalität‹ wiederzugewinnen. Wirtschaftsminister Ludwig Erhard kommentierte die spektakuläre Wiedergeburt all dieser Artikel denn auch mit den Worten: »Wir haben es erlebt, als Persil […] sowie die Namen anderer berühmter Marken wieder in den Verkehr gelangten, daß im Volke das Vertrauen erwuchs, daß nun wieder Friede eingekehrt sei.«

Produkte vermögen historische Einschnitte zu postulieren, sie können soziale Zeiten begrenzen und Zäsuren begründen. Das gilt keineswegs nur für die bekannte Crememarke oder für die Waren der unmittelbaren Nachkriegsjahre. Marken und Produkte sind vielmehr im Lauf des 20. Jahrhunderts zu integralen und integrierenden Organen des kommunikativen wie des kulturellen Gedächtnisses avanciert. Die damit verbundenen Kommunikationsprozesse greifen weit über die Sphäre der Werbung hinaus; sie sind daher keineswegs monologisch zu fassen: Die produktkommunikativen Ausgestaltungen und Ausformulierungen von sozialen Gedächtnisinhalten werden sowohl von der kommerziellen Wirtschaftswerbung als auch von den Produktverwendern selbst generiert – explizit und implizit, verbal und visuell. Solch produktkommunikative Austauschprozesse finden über lange Zeiträume hinweg statt, was bestimmte Marken und Produkte sogar als besonders nachhaltige und wirkungsvolle Medien des sozialen Gedächtnisses ausweist.

Produkte sind Medien

Menschen kommunizieren über Produkte. Insbesondere Markenprodukte entwickelten sich seit dem 19. Jahrhundert zu regelrechten Medien – zu Medien des sozialen Austausches und damit auch zu Medien des sozialen Gedächtnisses (s. Kap. II.5). Unter dem Begriff ›Produktkommunikation‹ seien hier all diejenigen Kommunikationsakte verstanden, die über Waren laufen und über Marken und Produkte vermittelt werden.

Solche Interaktionen sind nicht mit Wirtschaftswerbung zu verwechseln oder gar gleichzusetzen. Kommerzielle Werbung repräsentiert nur jenen prominenten Teil des über Erzeugnisse laufenden Austausches, dem große mediale Aufmerksamkeit zuteil wird. Werbung konstruiert soziale Wirklichkeit, indem sie den Versuch unternimmt, das beworbene Produkt oder die Marke zu idealisieren. Werbung verfolgt das Ziel, positive Images anzubieten, um eine günstige Disposition zum Kauf eines Produktes zu schaffen. Werbung offeriert Botschaften, von denen der Hersteller annimmt oder annehmen darf, dass sie den Abverkauf eines Erzeugnisses befördern.

Mit dem Paradigma ›Produktkommunikation‹ wird ein ausgedehnter Kommunikationsraum erschlossen. Zu den Botschaften gesellen sich nämlich Bedeutungen, die von weiteren Akteuren eingebracht werden, vor allem von potentiellen Käufern und von Verbrauchern und Verwendern. Damit nicht genug. Ein produktkommunikativ orientiertes Modell bezieht darüber hinaus auch die Kommunikationsleistungen von anderen Akteursgruppen ein und setzt sie miteinander in Beziehung. Über Produkte kommunizieren deren Produzenten wie deren Hersteller, deren Käufer und professionelle Dritte wie Marktforscher und Journalisten. Vor allem aber sind die potentiellen

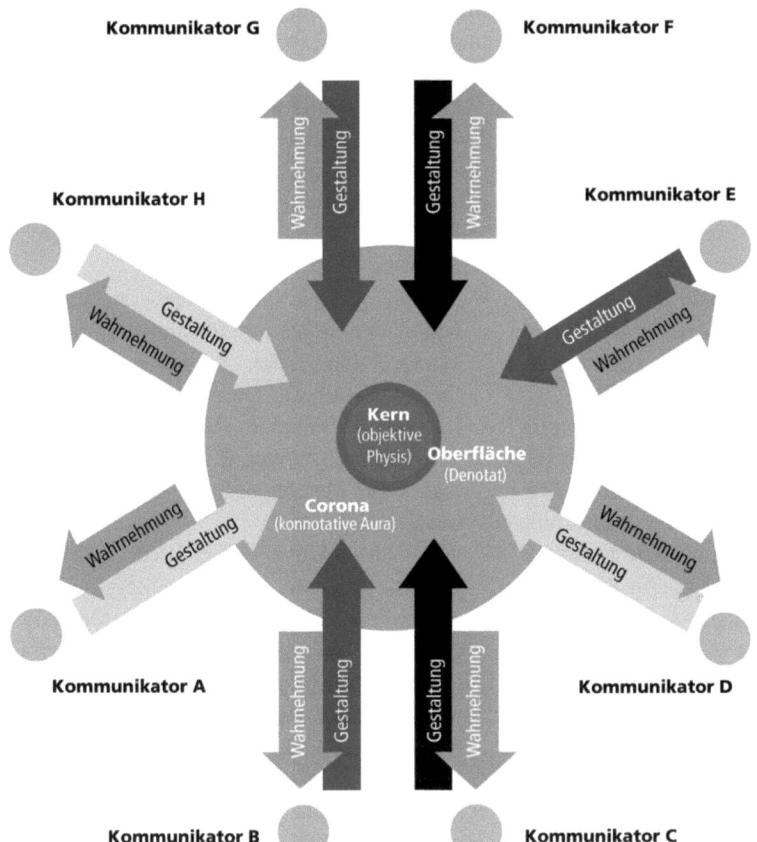

Abb. 1: Das dreidimensionale Kommunikationsmodell

und tatsächlichen Kunden, die stolzen oder enttäuschten Zeitgenossen des Produktes, Akteure der Produktkommunikation.

Die Prozesse dieser Form sozialen Austausches lassen sich am Beispiel eines dreidimensionalen Modells veranschaulichen (s. Abb. 1). In der Mitte des produktkommunikativen Geschehens steht das Produkt selbst, das sich durch eine mehrschichtige Kugel veranschaulichen lässt. Satellitengleich gruppieren sich in deren Umfeld alle denkbaren Gruppen von Partnern, deren Intentionen unterschiedlich sind und deren reale Anzahl unüberschaubar ist. Ein solches Modell lässt Kommunikationen nicht eindimensional bleiben, sondern sie werden reflexiv denkbar. Wobei reflexive Informationen nicht notwendig auf derselben Achse zurückfließen müssen: Ein dreidimensionales Modell der Produktkommunikation lässt viele Wege, auch Umwege, für einen Rückfluss zu. ›Getragen‹ werden die zahlreichen kommunikativen Vorgänge von der Anziehungs- und Bündelungskraft des ›Produktkerns‹ in der Mitte. Um diesen Kern herum und von ihm geradezu physisch gestützt, legen sich die zeichenhaften Produktzuschreibungen. Zunächst der dünne Ring der eher beständigen und unspektakulären denotativen Anteile. Darauf folgt eine breite konnotative Aura, die Gegenstand und Ergebnis der Austauschprozesse zwischen den Akteursgruppen und Akteuren ist. Hier verdichten sich die einzelnen Zuschreibungen zu kohärenten Produkt- und Markenimages. Aus Zuschreibungspartikeln kristallisieren sich komplexe Produktbilder.

Das Image eines Produktes beschränkt sich also keinesfalls auf die Bildofferten, die von der

Werbung verbreitet werden. Am Aufbau und an der Modifikation solcher Images waren und sind zahlreiche Akteursgruppen beteiligt – Tag für Tag, Jahr um Jahr. Die zu inneren oder Gedächtnisbildern komprimierten Zuschreibungen haben sich über lange Zeit aus Botschaften der Werbung einerseits und aus Bedeutungszuschreibungen der Konsumenten andererseits heraus entwickelt. Solche Produktimages sind somit Botschafts- *und* Bedeutungskomplexe, über die sich die verschiedenen Akteure der Produktkommunikation über lange Zeiträume hinweg verständigt haben.

Marken stellen im Rahmen dieses Konzeptes prägnante Images dar, die durch ihren universellen Anspruch und durch ihre umfassende Präsenz gekennzeichnet sind. Diese Produkt-Profile sind in definierbaren Kulturkreisen territorial wie temporal ubiquitär. Nicht nur in Bezug auf die Performanz des Produktes am Markt – sondern auch in Bezug auf die Genese des Produktbildes. Solche Images sind nämlich vor allem ein Gemeinschaftswerk. Für die Erforschung der Medien des kollektiven und des sozialen Gedächtnisses einer Gesellschaft scheint unter den Auspizien der Produktkommunikation zweierlei von besonderer Relevanz:

Erstens sind die Käufer und die Verwender an der Produktion des Markenprofils beteiligt. Schon die Entscheidung zum Kauf eines Produktes stellt ein ›Ja‹ zum Image dieses Produktes dar. Akzeptierte Bilder von Produkten verweisen daher auf nachhaltige Aneignungsprozesse durch die genannten Akteursgruppen. Für die historiographische Forschung stellen Produktimages daher Quellen dar, die gewisse Rückschlüsse auf die Produzenten und auf die Werbeleute, vor allem aber auf die potenziellen Käufer und Konsumenten von Produkten zulassen.

Zweitens: Marken verfügen über Geschichte. Markenprofile weisen über lange Zeiträume hinweg überraschende Konstanzen auf. Images von Marken werden von Generation zu Generation weitergegeben; sie können sich daher als sehr langlebig erweisen. Genaugenommen stellen sie ein Gemeinschaftswerk von Vielen über Jahrzehnte, zuweilen sogar über Jahrhunderte, dar.

Markenprofile sind Ergebnisse von fortgesetzten und nachhaltigen Verständigungs- und Aushandlungsprozessen.

Produkte repräsentieren spätestens seit den 1960er Jahren zugleich Formate des Konsums und Formate sozialer Kommunikation. Seither erbringen Markenprodukte all die kulturellen und sozialen Leistungen, die Medien beigemessen werden:

- Medienangebote werden eingesetzt, um unterschiedliche Systeme miteinander zu koppeln. Medien, heißt das, verbinden Menschen ebenso wie soziale Systeme.
- Der Begriff Kopplung bezeichnet hier nicht jede beliebige Art von Kopplung, sondern besagt, dass Medienangebote genutzt werden, um Sinn zu machen.
- Diese Sinnbildung erfolgt nicht willkürlich, sondern orientiert sich an den Regeln des Gebrauchs spezifischer Medien und Medienangebote, die die meisten Menschen im Verlauf ihrer Mediensozialisation erlernt und verinnerlicht haben (Siegfried J. Schmidt, zit. n. Zurstiege 2007, 12).

Wenn wir davon ausgehen, dass Produkte in modernen Gesellschaften als Medien funktionieren, dann hebt ein solches Verständnis darauf ab, dass sie als reale, gelebte oder gedachte »Plattformen der sozialen Praxis« modelliert werden können, als »Zeichen- und Bezeichnungszusammenhänge« […], »die in der Lage sind, Deutungen aufzunehmen und auch solche wieder abrufbar zu machen. Medien sind in diesem Verständnis Referenzrahmen für die allgemeine Unterstellung der Wichtigkeit, Gültigkeit und Relevanz von Themen. Sie maximieren daher mögliche individuelle Bedeutungen zu kollektiven Deutungsangeboten – nicht selten in direkter Verbindung mit der Minimierung eines differenzierten Verständnisses des Inhalts selbst« (Bauer 2006, 35). Markenprodukte entwickelten sich im Laufe des 20. Jahrhunderts zu ›neuen‹ Medien einer so verstandenen Kommunikationskultur: Via Produktkommunikation verständigen sich spätestens seit Mitte des 20. Jahrhunderts ganze Gesellschaften, Gruppen und Generationen. Die Reflexivität wird allerdings gewöhnlich nicht über massenmediale Vermittlung hergestellt, sondern durch andere Formen sozialen Austauschs, zum Beispiel durch interpersonale Kommunikation. Auf diesem Wege vermochte und vermag ein ›aktives Publikum‹ zum Akteur in Regelkreisen zu avancieren, die über Jahre, über Jahrzehnte oder gar Jahrhunderte ›laufen‹ können!

Mehr noch: Auch die Produktmedien können Vergemeinschaftungen bewirken, auch Produktmedien inkludieren und exkludieren, sie segregieren, segmentieren und fragmentieren zugleich. Medien in diesem Sinne sind es, die Wir-Gruppen Bedeutungs- und Sinn-Angebote machen, Identifikationserwartungen befördern sowie Distinktionsverlangen und Gefühlslagen vermitteln können. Kollektive können zu ›sich selbst finden‹, indem sich ihre potentiellen Angehörigen und ›Mitglieder‹ über eine lange Zeitspanne hinweg auf gemeingültige Narrative, Selbst- und Fremdbilder sowie Symbole ›einigen‹: Waren und Produkte werden so zu Medien und Markern, die Gruppen, Generationen und Gesellschaften binden. Markenprodukte sind in der Lage, solche kommunikativen und zugleich sozialen Kopplungen herzustellen.

Produktkommunikationen laden dann zum Abgleich von Erinnerungen und damit zur Genese von Wir-Gefühlen ein. Die »Generation Golf« ist dafür ein sinnfälliges Beispiel. Florian Illies erzählt in seinem gleichnamigen Buch, einer »Inspektion« der um 1970 in Westdeutschland Geborenen, die ersten dreißig Lebensjahre »seiner Generation« – und zwar anhand von unzähligen Produkten und Marken, entlang von Anzeigen, Werbesprüchen und Produkterfahrungen (Illies 2001). Im Laufe dieser knapp 200-seitigen Darstellung werden fast 150 Markennamen in ihrer Bedeutung als Wegmarkierungen für diese Generation vorgeführt. Im Mittelpunkt dieser Selbstnarration stand ein Auto, »der Golf«, der 1974 bei Volkswagen erstmals vom Band lief und der, folgt man der Darstellung des Autors, weit mehr als »den kleinsten gemeinsamen Nenner« dieser Generation repräsentierte. Durchaus ironisierend und distanzierend postuliert der Autor mit großem und nachhaltigem publizistischen Erfolg das produktkommunikative Credo seiner Altersgenossen.

Produkte verkörpern Konstanz und Kontinuität

Wenn also bestimmte Produkte zu Plattformen gesellschaftlichen Austauschs und zu Kristallisationskernen gemeinschaftlicher Selbstverständigung geworden sind, stellt sich die Frage, auf welche Weise Marken und Produkte als Medien des sozialen und kollektiven Gedächtnisses wirken. Einerseits vermitteln sie explizit Gedächtnisinhalte, indem Akteure der Produktkommunikation sich über Produkte erinnern und sich über gemeinschaftliche Zuschreibungen zu ›Vergangenheiten‹ vergewissern. Andererseits vermitteln sie implizite Gedächtnisgehalte, insofern als die Produktimages lang am Markt befindlicher Produkte als Archiv von vergangenen Aushandlungsprozessen der Bedeutungs- und Sinnzuschreibung betrachtet werden können.

Zahlreiche Marken operieren seit dem 19. Jahrhundert bis auf den heutigen Tag; ihre Lebenszyklen können sich über lange Zeitspannen ausdehnen. Die *Nivea*-Creme wird im Jahr 2011 ein Jahrhundert lang am Markt und im Gedächtnis der Menschen präsent sein. Eine grundlegende Voraussetzung produktkommunikativer Gedächtniskultur ist daher die Tatsache, dass sich bereits vorherige Generationen desselben Produktes bedienten, dass sich schon die Eltern, Großeltern und Urgroßeltern auf Markenerzeugnisse verlassen haben, mit denen auch wir uns heutzutage ausstatten und umgeben.

Der überzeitliche und intergenerationelle Austausch und Transfer von Gedächtnisinhalten ist daher ein zentrales Strukturelement langfristig erfolgreicher Produktkommunikation. Die Produktmeinungen, mithin die Erfahrungen und die mutmaßlichen Erfahrungen der Vorfahren, strukturieren die Erwartungen nachfolgender Käufer- und Verwendergenerationen. Solche Kontinuitäten ›über alle Zeiten‹ und über Generationen hinweg machen langlebige Markenprodukte zu wichtigen Generatoren des kollektiven Gedächtnisses in modernen Gesellschaften. In

Abb. 2: Anzeige von 1981 – 70 Jahre Nivea (1911–1981)

die Markenbilder von heute sind die Gedächtnisgehalte vergangener Generationen aufgeschichtet und kumuliert eingeschrieben. Daher dürfen die Produktimages von heute auch als Archive von in Vergangenheit und Gegenwart laufenden Prozessen des kollektiven Aushandelns von Zuschreibungen gelten.

Mehr noch: Diese in die Produkte und ihre Performanz eingeschriebene Gedächtniskultur repräsentiert eine geschichtlich begründete und geradezu akkumulierte ›soziale Bewährtheit‹: Ein Produkt wie *Nivea*, das nicht nur die Elterngeneration, sondern bereits die Generationen der Groß- und Urgroßeltern zufrieden gekauft und verwendet hat, kann im Sinne einer diachron beziehungsweise historisch aufgefassten sozialen Bewährtheit nur gut für heutige Konsumenten sein! Produzenten solcher Artikel verbalisieren und visualisieren diese Ausprägung von Gedächtniskultur zuweilen in ihren werblichen Äußerungen und erheben sie zugleich zu einem zusätzlichen Verkaufsargument. Insbesondere die Inszenierung von Jubiläen von Unternehmen und Erzeugnissen sind Ausdruck dieser Gedächtniskultur.

Das aus der Sozialpsychologie bekannte »Prinzip der sozialen Bewährtheit« modelliert die Tatsache, dass sich Menschen, die vor Entscheidungsalternativen gestellt sind, vergewissern, wie andere in derselben Situation handeln oder eben handelten. Diese Vorbilder ahmen sie dann nach. Man entscheidet sich demnach gewöhnlich für ein Produkt respektive für eine Produktmeinung, für die sich andere bereits mit Erfolg entschieden haben. So werden die Produkt*erfahrungen* der Vorgänger im Interesse einer sozialen Bewährtheit im kollektiven Gedächtnis aufgehoben und tradiert – und sie gerinnen auf diese Weise zu Produkt*erwartungen* der Nachfahren.

Das Produktgedächtnis, mithin solch komplexe Aufschichtungen von Erwartungen und von Erfahrungen, wird medial und manifest sowie latent und subkutan von Generation zu Generation weitergegeben. Eine explizite und öffentliche Darstellung dieses Modus von Historizität der Markenprodukte in werblichen Äußerungen bildet aber die Ausnahme. Die massenhafte Übertragung von Erfahrungen mit Produkten findet im Verborgenen und individuell statt: Aufschichtungen vergangener Produktzuschreibungen werden vor allem frühzeitig, im Kindes- und Jugendalter, in die Horizonte nachwachsender Generationen eingeschrieben. Erfolgreiche Produkt- und Markenimages repräsentieren Konstanten des sozialen Gedächtnisses, denn ihre Wandlungsgeschwindigkeit und -intensität ist vergleichsweise gering. Sie stellen Erwartungs- und Erfahrungsaufschichtungen dar, auf deren Grundzuschreibungen sich unterschiedliche Wir-Gruppen im Laufe der Zeit ›einigen‹. Um diese kollektiven Aufschichtungen zu modellieren, bietet sich die Theorie der »präsentativen Symbole« an (vgl. Langer 1965). Unter »präsentativer Symbolik« lässt sich eine »Ganzheit der Erlebens- und Gefühlsvielfalt« verstehen, die ein bestimmtes Objekt abbildet und bei seinen Rezipienten aufzurufen in der Lage ist. Jedweder Gegenstand vermag ein solches Symbol von historisch gewachsenen Aufschichtungen auszubilden, »wobei es gilt, Nicht-Verbalisierbares sinnlich zugänglich zu gestalten« (Jüngst 1995, 11). Marken- und Produktbilder können nicht nur aufgrund ihrer rationalen und verbalen, sondern vor allem aufgrund ihrer nonverbalen, emotionalen und sinnlich vermittelten Muster mit Erfolg langfristig als memoriale Medien wirken. Und sie entfalten ihre Wirkung weniger aufgrund der Wahrnehmung einzelner Zuschreibungselemente, sondern aufgrund der Ganzheitlichkeit ihrer Anmutung, in die in erheblichem Maße erinnerungskulturelle Elemente eingegangen, ja eingeschmolzen sind: »Jene ›präsentative‹ Abbildung von Situationen in der sinnlichen Unmittelbarkeit ihrer unzerlegten Ganzheit führt an emotionale ›Tiefenschichten‹ heran […]. Präsentative Symbole sind demnach Ausdruck von grundlegenden Beziehungen gleichwohl wie sie auch auf unsere Beziehungen in ihrer Bedeutung wirken, als solche in unser existentielles Sein eingreifen« (ebd.). Mit der Aufklärung von solchen über Jahrzehnte und zuweilen über Jahrhunderte gewachsenen Produktimages vermögen wir aufgeschichtete und verdichtete Erwartungen und Erfahrungen zu entdecken, Selbst- und Fremdzuschreibungen durch Gruppen, durch Generationen und ganze Gesellschaften.

Produkte und Marken als Medien des sozialen Gedächtnisses verfügen unter methodischen Vorzeichen über einen großen Vorteil. Für die Akzeptanz und damit auch für die Relevanz historischer beziehungsweise historisierender Produktbilder gibt es *à la longue* ein untrügliches Indiz: Ihre explizit-akzidentiellen wie ihre implizit-strukturellen Gedächtnisangebote unterliegen letztlich immer der Evaluierung am Markt. Produkte mit ›falschen‹ Offerten werden nicht mehr gekauft – und bleiben doch noch lange im Gedächtnis der Menschen. Auch das musste unser Protagonist, die *Nivea*, schmerzlich erfahren. In den 1970er Jahren entstand ihr eine harte Konkurrenz: ›Creme 21‹ – die freche Lotion der Zukunft, namentlich des 21. Jahrhunderts, in orangefarbener Aufmachung!

Literatur

Bauer, Thomas A.: Geschichte verstehen. Eine kommunikationstheoretische Intervention. In: *medien & zeit* 21 Jg., 1 (2006), 26–39.
Gries, Rainer: *Produkte als Medien. Kulturgeschichte der Produktkommunikation in der Bundesrepublik und der DDR*. Leipzig 2003.
–: Waren und Produkte als Generationenmarker. Die Generationen der DDR im Spiegel ihrer Konsumhorizonte. In: Thomas Ahbe/Ders./Annegret Schüle (Hg.): *Die DDR aus generationengeschichtlicher Perspektive. Eine Inventur*. Leipzig 2006, 271–300.
–: Produktimages und Gesellschaftsgeschichte im 20. Jahrhundert. In: Daniela Münkel/Lu Seegers (Hg.): *Medien und Imagepolitik im 20. Jahrhundert. Deutschland, Europa, USA*. Frankfurt a. M. 2008, 117–139.
–: *Produktkommunikation. Geschichte und Theorie*. Wien 2008.
Illies, Florian: *Generation Golf. Eine Inspektion*. Frankfurt a. M. 2001.
Jüngst, Peter: *Psychodynamik und Stadtgestaltung. Zum Wandel präsentativer Symbolik und Territorialität. Von der Moderne zur Postmoderne*. Stuttgart 1995.
Langer, Susanne K.: *Philosophie auf neuem Wege. Das Symbol im Denken, im Ritus und in der Kunst*. Frankfurt a. M. 1965.
Maubach, Franka/Satjukow, Silke: Zwischen Emanzipation und Trauma: Soldatinnen im Zweiten Weltkrieg (Deutschland, Sowjetunion, USA). Ein Vergleich. In: *Historische Zeitschrift* 288, 2 (2009), 347–384.
Zurstiege, Guido: *Werbeforschung*. Konstanz 2007.

Rainer Gries

5. Architektur

Architektur ist für die Frage nach dem Gedächtnis schon deswegen wichtig, weil sie Gleichzeitigkeiten von ungleichzeitigen Vergangenheiten vor Augen zu stellen vermag. Sie lässt Zeit gleichsam sichtbar werden. Dieser Eigenschaft kommt in historischer Hinsicht jedoch unterschiedliche Bedeutung zu, je nachdem, welches Zeitverständnis und welche Raumvorstellungen dominieren.

In seinem Roman *Die Mauer schwankt* (1935) hat Wolfgang Koeppen den Palast des Diokletian in Split als einen Bau bezeichnet, der romanische, griechische, ägyptische und Renaissanceelemente nebeneinander treten lasse. Freilich konfrontiert Koeppen das Beruhigende, das im Allgemeinen von den hier auf übersichtliche Weise verräumlichten Zeitschichten auf den Betrachter ausgeht, sogleich mit der besonderen Unruhe des modernen Baumeisters Johannes von Süde, dem dieses Bauwerk assoziativ in den Sinn kommt, als er unmittelbar nach dem Erwachen sichtbar aus der Fassung und innerlich zutiefst irritiert aus einer politisch motivierten Inhaftnahme entlassen wird. In dieser Konfrontation kommen zwei abweichende, doch miteinander in Verbindung stehende Auffassungen des Bezugs von Architektur und Gedächtnis auf mustergültige Weise zur Sprache. – In einer Sammlung seiner einflussreichen Studien zur Historik namens *Zeitschichten* (2000) hat Reinhart Koselleck den Gedanken entwickelt, dass Zeit schon aufgrund anthropologischer Grundgegebenheiten stets nur als Raum denk- und metaphorisierbar sei. Architektonische Schichtungen, wie die des Diokletianspalastes, veranschaulichen diese Auffassung paradigmatisch. Architektur ist so gesehen selbst eine Schriftform des Gedächtnisses, deren Anschaulichkeit unter den modernen Bedingungen einer Beschleunigung der Erfahrung von Zeit nur umso dringlicher als Kompensationsmittel benötigt wird. Architektur ist demzufolge jedoch immer auch Diskurs, da sie sich erst in der Vorstellung des Betrachters zu einem ästhetischen Ganzen zusammensetzt und in den Begriffen des Betrachters historisch fassbar wird – so sehr ihre Materialität auch dazu verführt, sie als etwas zu beschreiben, das sich der Historizität des Wandels der Ordnungssysteme des menschlichen Wissens entzieht. – Koeppens Roman, der von derselben Grundeinsicht der Betrachterbezogenheit und Historizität aller Architektur ausgeht, führt hingegen vor, wie das als Raum aus sich überlagernden Sedimentierungen vorstellbare Gedächtnis und die weitaus stärker auf die Imagination verwiesene, Beziehungen zwischen Diskontinuierlichem herstellende und schnell kombinierende Assoziation eines aus politischen Gründen Verfolgten, der sich im immer schon von sozialen Beziehungen besetzten Raum der Stadt ebenso wie in seinen Erinnerungen zu orientieren sucht, notgedrungen divergieren. Koeppens Bild hierfür ist der Basar um den Diokletianspalast, in dessen Straßen er den Architekten von Süde sich verlieren und sich wieder finden lässt: Ein Basar, der sich sowohl innerhalb als auch außerhalb der Grenzen des antiken, immer wieder an die Bedürfnisse der Gegenwart angepassten Bauwerks niedergelassen hat. Sowohl für das Gedächtnis, das mit Blick auf das Älteste räumlich aufbewahrend verfährt, als auch für eine von ihm zu unterscheidende Erinnerung, die mit Blick auf eine im Zeichen der Krise stehende Gegenwart assoziativ zwischen Diskontinuierlichem springt, indem sie das scheinbare Starre des Bauwerks zum Leben erweckt, kann Architektur mithin Paradigma sein.

Architektur und Memoria

Schon in der Antike gab es enge Beziehungen zwischen dem, was man über das Gedächtnis, und dem, was man über Architektur wusste. Ein Teilbereich der antiken Rhetoriklehren galt der Mnemotechnik, also dem Einprägen einer Rede. Für dieses Einprägen empfahl z. B. die anonyme *Rhetorica ad Herennium* dem sich auf die Rede vorbereitenden Redner, die vorzubringenden Argumente mit affektiv wirksamen Bildern – sogenannten *imagines agentes* – assoziativ zu koppeln und diese in einem vertrauten, möglichst klar gegliederten Raum imaginär zu deponieren, so dass sie im Vollzug der Rede leicht wieder in der vorgesehenen Reihenfolge aufgerufen werden konnten (s. Kap. III.2). Besonders die Architektur eignete sich für dieses künstliche Training des Gedächtnisses als Rahmen. Quintilian empfiehlt z. B., solche Bild-Argument-Verknüpfungen imaginär in den um einen Innenhof gelegenen Räumen und dem Atrium eines vorgestellten römischen Hauses zu verteilen (*Institutionis oratoriae libri XII*, 11 2,20).

Das von mehreren antiken Autoren überlieferte Beispiel des griechischen Lyrikers Simonides von Keos, der sich angesichts einer verschütteten, von ihm kurz zuvor verlassenen Festgesellschaft zu erinnern vermochte, an welcher Stelle sich welcher Gast befand, ergänzt diesen präskriptiven Architekturbezug der rhetorischen Mnemotechnik um die Nachträglichkeit eines Totengedächtnisses, das an die Stelle der rituellen Totenklage zu treten begann, verweist jedoch grundsätzlich ebenfalls auf ein geregeltes, wenngleich bereits nicht mehr unproblematisches Zusammenspiel von architektonisch gegliedertem Raum und Memoria. In diesem Sinn verstand der Rhetor Quintilian dieses bereits von Cicero überlieferte Beispiel, nämlich, »daß das Gedächtnis dadurch gestützt wird, daß man feste Plätze bezeichnet, an denen die Vorstellungen haften« (*Inst. orat.*, 11 2,17).

Schwieriger stellt dieses Zusammenspiel sich dann dar, wenn die gebauten Architekturen der Antike – z. B. das Pantheon oder die Villa des Hadrian – einbezogen und in das Spannungsfeld von Erinnerungspolitik und Architekturrezeption gestellt werden. Eine Grenze bezeichnet das bei C. Plinius Secundus nachweisliche Wissen von der Unentwirrbarkeit eines Labyrinths, nämlich demjenigen in der Basis des Grabmals des Etruskers Porsina. Diese möglicherweise nie ausgeführte Architektur wurde den von Plinius angeführten Schriftquellen zufolge ersonnen, selbst ein künstlich geschultes Gedächtnis zu überfordern, sie war nämlich »inextricabile« (unentwirrbar) (*Naturalis historiae* lib. 36,19).

Es sind eher die ersteren, schriftlich kodifizierten Aspekte der Memoria und der *ars memorativa*, die in die lateinische Gelehrsamkeit des Mittelalters hineinwirkten, wiewohl eine Beunruhigung über das Nicht-Wissen, wie jene antiken Labyrinthe und andere topische Orte der Antike beschaffen waren, ansatzweise begriffsgeschichtlich nachgewiesen werden kann. Memoria wurde als Totengedächtnis fortgesetzt und nach christlichen Vorstellungen ausgestaltet, der Benediktinerorden und die auf ihn folgende Kultur der späteren Orden und Klöster – bis hin zu Cluny – nahmen sich ihrer an, z. B., indem der Kreuzgang zu einem Ort verinnerlichender Meditation durch *ruminatio*, eine Technik der wiederkäuenden Wiederholung des Worts, wurde. Aber auch an die präskriptive Mnemotechnik suchte man anzuknüpfen. Bezeichnend ist allerdings, dass es nicht mehr die Architektur eines Wohnhauses, sondern fast ausschließlich der Aufbau der Buchseite war, der als mnemotechnischer Behelf einzuspringen hatte. Ihm zur Seite trat die Erzählung der figürlich gestalteten Bibelfenster. Erst gegen Ende des Mittelalters verselbständigten sich christlich umgedeutete *imagines agentes* gleichsam gegen die rahmende Architektur der Kirche. Das handelnde Bildwerk der Gotik – z. B. auffahrende Kruzifixe mit beweglichen Armen – verlebendigte die einzuprägende Heilsgeschichte in simulatorischen Praktiken, die den Rahmen des architektonisch Absicherbaren beinahe schon überschritten. In der beginnenden volkssprachlichen Erzählliteratur fanden sich mit gegenläufiger Tendenz einerseits noch immer Architekturallegorien, die an das Himmlische Jerusalem erinnerten, andererseits erstmals abweichende Erzählmodelle und Textwege, die sich reflexiv auf das Einprägen von Topiken beziehen.

Dynamisierung des Architektur-Bild-Bezugs in der Frühen Neuzeit

In Spätmittelalter und Früher Neuzeit konfligierten Architektur und Bild zunehmend. Spannungen im konfessionellen, politischen und sozialen Bereich ließen das modellhafte Miteinander einer sozialen Rahmung kollektiver *imagines agentes* durch wahrnehmungsleitende Architekturen zunehmend als problematisch erscheinen. Sowohl dort, wo man sich um die Harmonie und Lesbarkeit der Architektur-Bild-Bezüge sorgte und diese zu kodifizieren suchte (z. B. Fassade und Bildprogramm der 1597 eingeweihten Jesuitenkirche St. Michael in München, die bestimmte Vorgaben des unmittelbar auf Beschlüssen des Konzils von Trient beruhenden Bildtraktats *Über heilige und profane Bilder*, ital. 1582 nur Bd. 1 und 2; lat. *De Imaginibus sacris et profanis*, 1594, des Bischofs von Bologna Gabriele Paleotti umzusetzen suchte), als auch dort, wo man eine wissensorientierte Dynamisierung dieser Bezüge anstrebte, kann von einem schlichten Fortbestand des rhetorischen Modells keine Rede sein (z. B. in Emblemen alchemistischer Traktate, wie Michael Maiers *Atalanta Fugiens* von 1617, in denen die Architektur für den Versuchsaufbau im alchemistischen Labor, die überlieferten mythologischen Bilder für die Elemente, die Embleme als Ganzes hingegen für die von dem eingeweihten Adepten in Gang zu setzenden, auf eine dynamisierende Verschmelzung der gegebenen Elemente abzielenden Naturprozesse stehen).

Die konfessionell motivierte Bilderstürmerei der Frühen Neuzeit war eine der spektakulären Ausdrucksformen einer neuen Aufmerksamkeit auf die Medialität der Bilder und ihrer materiellen Träger – die Suche nach einer zunächst nur den Eingeweihten verständlichen, ›kleinen‹ Bildsprache der Architekturemblematik jedoch auf ihre Weise nicht minder. Architektur wurde einer These Aleida Assmanns zufolge in dieser Zeit von einem Medium des Gedächtnisses zu dessen alsbald pluralisierten Symbol. Entsprechende Erinnerungskonkurrenzen zeichneten sich auch in der gebauten Architektur ab – wiewohl das, was gebaut wurde, an Kühnheit oft hinter dem, was gedacht und entworfen wurde, zurückzustehen hatte.

Für die Konflikte der Frühen Neuzeit gibt der sowohl Francesco Colonna als auch dem bedeutenden Architekturtheoretiker Leon Battista Alberti als Autor zugeschriebene Architekturroman *Hypnerotomachia Poliphili* (1499) ein gutes Beispiel ab. Auf den ersten Blick ein Text, der hauptsächlich durch seine einprägsamen Bilder eine Vorstellung von der Pracht und der Hinfälligkeit antiker Bauwerke im Sinne der Gelehrsamkeit der Renaissance geben möchte, also das seit der Wiederentdeckung von Vitruvs kanonisch werdendem Architekturtraktat sich empirisch erweiternde Wissen über die als überlegen betrachtete antike Architektur in die Memoria eines aufwendig illustrierten Buches einspeist, um es dem Leser in Wort und Bild einzuprägen, beinhaltet der Text doch eine Fülle von schwer entschlüsselbaren, teils in Akrostichen verborgenen (Verschlüsselungstechnik, bei der die Anfangsbuchstaben aufeinanderfolgender Verse, Strophen oder Zeilen ein Wort, einen Namen oder einen Satz ergeben), teils auf die pseudoägyptische Überlieferung einer eher frei erfundenen Hieroglyphensprache rekurrierenden Hinweisen auf esoterische Gehalte. Einerseits galt dieses Buch noch den maßgeblichen Theoretikern unter Ludwig XIV. als dasjenige, das in Frankreich erstmals ein begrifflich gesichertes Wissen über Architektur eingeführt hätte, so z. B. 1685 für François Blondel. Andererseits finden sich in ihm Rätsel, die den Leser des Buches wie die Bilder von den Rängen eines Gedächtnistheaters deutungsheischend ›ansehen‹. Diese gerieten alsbald in das Einflussfeld sowohl der gebauten als auch der literarisch ersonnenen Architektur: Ein gleichsam fernab der Welt gebauter Renaissancegarten wie das Bomarzo des Vicino Orsini bediente sich dieses Buches als Ideenfundus für eine gegen die Bildpolitik des päpstlichen Rom gerichtete, epikureisch ausgerichtete Gegenerinnerung. Der Alchemist Béroalde de Verville deutete die von den Gedächtnisarchitekturen der *Hypnerotomachia Poliphili* aufgegebenen Rätsel in seiner Übertragung ins Französische (1600) auf dynamisierende Weise als bildliche Darstellungen alchemischer, tendenziell ergebnisoffener Prozesse aus und eröffnete damit eine subversive Lesart, der noch Jean de La Fontaine und der Kreis in Vaux-le-Vicomte verpflichtet war.

Es ist also nur bedingt richtig, wenn die ältere metapherngeschichtliche Forschung meinte, klar trennen zu können zwischen einem Primat des Räumlichen und des Architekturalen in der Frühen Neuzeit und einer Dynamisierung der Erinnerung im Übergang zur Moderne. Blickt man nur auf die Leitmetaphern der Epochen, dann stellt es sich zwar nach wie vor so dar, dass in der Frühen Neuzeit räumlich klar begrenzte Räume

Bildspender für das Gedächtnis waren, man in ihm also auch alle hier deponierten Bilder wieder aufzurufen hoffen konnte. Der »Thesaurus« (die Schatzkammer oder -truhe) ist neben dem »Hortus« (dem umgrenzten Garten) das zentrale und dominante Paradigma bis in die Buchtitel hinein – eine Vorstellung, die noch lange in der Vorstellung vom Gedächtnis als einem Speicher, aus dem man Inhalte beliebig wieder hervorholen kann, nachwirken sollte. Noch John Locke sollte sich mit der aus seiner Sicht veralteten Annahme auseinandersetzen, das Gedächtnis sei ein »Store-House«. Doch wie bereits die Beispiele des gebauten Gartens von Bomarzo und der erdichteten Kythera-Gärten der *Hypnerotomachia Poliphili* nahelegen, droht die scheinbare Stabilität dieser Containerräume von Anfang an durch Gegenerinnerungen widerrufen zu werden, die an die Assoziation appellieren, auf heterodoxe oder sogar häretische Wissens- und Bildwelten zugreifen und insgesamt die Identitätsgarantien destabilisieren, die die als ›stabil‹ geltende Architektur auf den ersten Blick zu liefern scheint.

Dieses Ineinander stabilisierender und destabilisierender Aspekte – man könnte auch von einem Gegeneinander von einem vorrangig raumbezogenen Gedächtnis und einer vorrangig zeitbezogenen Erinnerung sprechen – lässt sich vielleicht nirgends so klar studieren, wie in dem von Frances Yates in die kulturwissenschaftliche Diskussion eingebrachten Modell des Gedächtnistheaters, das Yates und andere an demjenigen des Giulio Camillo untersuchten. Denn das Theater als Raum scheint nur zu ordnen; zugleich jedoch führt es den Perspektivismus fast schon als solchen in die beginnende Diskussion um das ein, was Öffentlichkeit sein könnte, da das Theater nicht nur darstellt, sondern idealerweise auch die in ihm sich versammelnden Rezipienten in einen Streit über ihre mitgebrachten Perspektiven und die über dem Sehen sich einstellenden Korrekturen an diesen Perspektiven verstrickt.

Zentralperspektive, Erinnerungskonkurrenz und Gegenerinnerung im 17. und 18. Jahrhundert

Das Verhältnis von Architektur und Erinnerungsbild sollte gleichwohl im 17. Jahrhundert auf neuartige Weise reglementiert werden. Überhaupt lässt sich in der Architekturzeichnung des späteren 17. Jahrhunderts verfolgen, wie die Architektur ihrerseits hier erstmals als Bild aufgefasst wurde. Es ist der von den Akademien des Absolutismus unterstützte Versuch, dem zentralperspektivischen Weltbild zur alleinigen Gültigkeit zu verhelfen, der hier insbesondere in der gebauten Architektur zum Tragen kommt: Die Triumpharchitekturen, die unter Ludwig XIV. errichtet wurden, sehen von der mehrdimensionalen Räumlichkeit der Architektur ab bzw. interpretieren diese im Hinblick auf einen zentralperspektivisch auf den Betrachter hin berechneten Blickpunkt, wodurch das beim Betrachter zu evozierende Gedächtnisbild genau kalkuliert wird.

In dem ehemaligen städtischen Zentrum des südfranzösischen Protestantismus Montpellier beispielsweise – das zwar bereits 1622 von Richelieu für die katholische Partei erobert worden war, in dessen gebirgiger fernerer Umgebung hingegen der illegitime Versuch der sogenannten Camisarden (so nach ihrer hemdartigen Bekleidung benannte, protestantische Bewohner der Cevennen), noch nach der Aufhebung des Ediktes von Nantes im Jahre 1685 eine selbstbestimmte und auf der Erinnerung an das neue Testament basierende Religiosität im Alltag zu leben, erst zwischen 1702 und 1706 blutig niedergeschlagen werden konnte – wurde gleichsam im kritischen historischen Augenblick ein als Stadttor dienender Triumphbogen nach römischen Vorbildern errichtet, der sich mit seinem bauplastischen, an Richelieus Sieg über den Protestantismus erinnernden Schmuck drohend nach innen an die Stadtbewohner wendete, die diesen auf dem Weg nach draußen passieren mussten. Weitere wahrnehmungsschulende Machtarchitekturen folgten räumlich und zeitlich an diesen Triumphbogen anschließend – und zwar noch nach 1706 – im Parc Peyrou außerhalb der Stadtmauer Montpelliers, der sich perspektivisch an die aus der Stadt kommenden Betrachter wendete, indem er einen bildhaft gerahmten Blick in die umgebende Landschaft erst nach dem Passieren eines monumentalen, abermals drohend gegen die Stadt gerichteten Reiterstandbildes freigab und noch heute freigibt. Der Parc Peyrou verhilft der zentralperspektivischen Wahrnehmungsschulung paradoxerweise sogar dadurch zur Geltung, dass er die Nähe zu seinem besiegten Konkurrenten sucht: Er ist auf dem triumphal erhöhten Niveau einer erhabenen Aussichtsterrasse unmittelbar neben jenem alten, sich gleichsam nach unten wegduckenden botanischen Garten errichtet, der seinerseits nach seiner Einrichtung 1593 in vielfältigen Beziehungen zur Universität, zu dem Wissen der hier gepflegten Wissenschaften und zu den heterodoxen Kreisen Montpelliers gestanden hatte.

Im England des frühen 18. Jahrhunderts hingegen versammelten sich hoffeerne oppositionelle Kreise in Landschaftsgärten wie Stowe, die ein neues Naturverständnis unter Einbezug der Architektur erprobten. Die Gegenerinnerung konnte hier z.B. die Gestalt einer Porträtgalerie ›tugendhafter‹ Männer annehmen, in gezielt selektiver Erinnerung an bestimmte antike Vorbilder in die nach dem Muster von Gemälden verschönernd umgestaltete Landschaft eingefügt. Doch auch hier wurde Architektur als bildhafter Träger für eine Erinnerung aufgefasst, die nur – anders als beim vorgenannten Beispiel Montpellier – nicht perspektivisch festgelegt war, sondern eine ganze Reihe von Blickpunkten gleichsam in ergebnisoffenerer Konkurrenz vorführen wollte. Die künstliche Ruine z.B. mutierte in solchen Kontexten von einem retrospektiv gedachten Bild der Vergänglichkeit zu einer prospektiv gedachten Mahnung, das in ihr Angelegte, doch noch Unausgeführte zu vollenden.

Überhaupt ist der Garten ein zentraler Ort, an dem Gedächtnis und Erinnerung in der Frühen Neuzeit konfligierten. Ein Grund, warum dem Garten auch in der zeitgenössischen Architekturtheorie seit der Renaissance große Aufmerksamkeit zuteil wird, mag darin liegen, dass sich in ihm spielerisch Kleinarchitekturen entwerfen, in Beziehung zueinander setzen und mit einer Bedeutung befrachten lassen, deren Erschließbarkeit durch das System der Wege individuell zwar je verschieden, doch hinsichtlich der erwünschten Wirkung gleichwohl recht genau kalkulierbar war. Schon seit der Renaissance sind es insbesondere Grotten und Labyrinthe in den von den vitruvianischen Prinzipien der Festigkeit und Stabilität entlasteten Gärten, die als geheimnisumwitterte Orte der Inszenierung von Gegenerinnerungen dienen konnten. Neben sie traten später künstliche Ruinen, Porträtgalerien, Denksteine, Einsiedeleien, Gräber und dergleichen denkmalartige Gartenarchitekturen mehr, deren alleiniger Daseinsgrund im Erinnern an etwas liegt. Sozietäten und Geheimbünde, die zu aufklärerischen oder gegenaufklärerischen Zwecken sowohl die zeichensetzende Kraft der Architektur als auch ihre schutzbietende Funktion benötigten, bedienten sich solcher dezentrierten Kleinarchitekturen sowohl in der Baupraxis als auch in andeutenden Darstellungen in Wort und Bild. Nach bestimmten Sprachgesellschaften des Barockzeitalters ist hier insbesondere die Freimaurerei als Trägersozietät zu nennen, die ab 1717 einen esoterischen Kanon von Symbolen für die ephemeren Architekturen der Logen ersann, die als Logen meist nicht kenntlich sein durften.

Einer gängigen Deutung zufolge wurde Architektur im Kontext des englischen Landschaftsgartens Assoziationsträger, indem die fürstlich dominierte Zentralperspektive ihrer Macht entkleidet, Erinnerung also individualisiert wurde. Der Diskurs der frühen Assoziationsästhetik, die die Funktionsweise raumzeitlich zufällig synchroner Perzeptionen untersuchte, begleitete diese scheinbare Individualisierung von Erinnerung, die sich zunehmend auf die Sinne des Menschen bis hin zu den ›niederen‹, z.B. den Geruchssinn, stützte. Gleichwohl kann die Verräumlichung einer abschreitbaren Folge von Orten, an denen Inschriften nach wie vor eine teils nur verdeckte Rolle spielten, auch als kollektive Schulung in einem neuartigen und erweiterten Identitätsverständnis begriffen werden, das sich nicht mehr nur auf das Überkommene, klar

Einsichtige und Repetierbare stützen wollte. Die Aufklärung verhielt sich daher ambivalent gegenüber den Experimenten, die im 18. Jahrhundert von verschiedener Seite mit identitätsrelevanten Architekturen wie dem Labyrinth betrieben wurden. Identitätsrelevant ist das Labyrinth an sich schon seit unvordenklichen Zeiten; als Denkbild diente es nunmehr der Verständigung über Fragen der Anthropologie, die sich gerade auch auf die Erinnerung und auf ihre Grenzen erstrecken: Was, wenn ich nur bin, was ich erinnere – was, wenn ich mich nicht erinnere? Die konfligierenden Formen von Labyrinth und Irrgarten – letzterer die historisch jüngere Architektur, die in den Überlegungen der frühneuzeitlichen Architekturtraktatistik eine große Rolle spielte – konnten hierfür sowie für den Imperativ, sich bei der Suche nach den in den Überlieferungen verstreuten, nicht mehr schlicht vorgegebenen Wahrheiten des eigenen Verstandes zu bedienen, Verständigungsmodelle abgeben. Die Aufklärung überantwortete die Frage nach möglichen Zusammenhängen zwischen Architektur und Erinnerung daher einer erzählenden Literatur, die als Experimentallabor für anthropologische Fragestellungen dienen konnte.

Sprechende Architektur und Sattelzeit der Moderne

Bereits im Vorfeld der Französischen Revolution erprobten Architekten eine neuartige Architektursprache, die als *Architecture parlante* bekannt wurde: Architektur sollte sich gleichsam ohne Vorverständnis selbst aussprechen, charakteristisch sein für das, was ihr als Gedanke zugrunde liegt, sinnlich unmittelbar einleuchtend. Im Zusammenhang mit dieser Abkehr von der traditionsorientierten Memoria entstand schon vor 1789 nicht nur eine ›Revolutionsarchitektur‹, die das ästhetische Prinzip des Erhabenen integrieren wollte, sondern auch die Gartenstadtidee, die auf eine harmonische Durchdringung von Stadt und Garten setzte. Die Architektur des Erhabenen setzte hierbei tendenziell auf der Seite des kollektiven Gedächtnisses, die Gartenstadtidee hingegen tendenziell auf der Seite der Erinnerung an. Denn während sich die erstere Architektur gleichsam als eine Sprache der Macht verstand, die hier nur nicht mehr primär von einem einzigen Auftraggeber her zu begründen war, gehen in zweitere weitaus stärker naturrechtliche Vorstellungen eines integrativen Ausgleichs von Natur und Kultur ein: ein Ausgleich, an den z. B. bestimmte Gartenarchitekturen erinnern wollen, die neu zu definieren suchen, was ›Natur‹ sei. Als paradigmatisches Bauwerk sei der Entwurf von Claude Nicolas Ledoux für einen »Temple de mémoire« genannt, in dem begraben zu werden der Architekt sich erträumte – geplant angeblich bereits vor der Revolution für die königlichen Salinen von Arc-et-Senans, veröffentlicht erst nach der Revolution im Rahmen seines Architekturwerks *L'Architecture considérée sous le rapport de l'art, des mœurs et da la législation* (1804), das zumindest auf dem Papier an die ursprünglichen, utopischen, Natur und Architektur versöhnenden Intentionen für die bei ihm auf den Namen »Chaux« hörende Salinenstadt erinnern sollte, die sich in Ledoux' Erinnerung fast wie ein Freilichtmuseum für Architekturmodelle ausnimmt. Als ein solches begehbares Museum hat man auch Ledoux' in wenigen Exemplaren bis heute überlieferten Gürtel von Zollhäusern für Paris – die Barrières – verstanden, die freilich auf den ambivalenten, Ein- und Ausschlussmechanismen durchaus neuer Art ersinnenden Charakter dieser frühen Spielart der modernen Architektur hinweisen.

Aus der älteren Architekturtraktatistik heraus entstand im späteren 18. Jahrhundert durch die Öffnung auf Fragestellungen wie der soeben skizzierten eine neuartige Architekturästhetik, die in die verschiedensten Diskursfelder hinein ausstrahlte. Naturrechtliche, pädagogische und psychomedizinische Reformansätze bezogen das Wissen der Architekturästhetik ein, um im Bezug auf die neuen Vorstellungen von personaler Identität erinnerungsrelevante, -schulende und -heilende Architekturen zu schaffen. Die neuen Bauaufgaben des 19. Jahrhunderts kündigten sich auf diese Weise an.

Nach 1800 entstanden dann gedächtnisstabilisierende und wahrnehmungsleitende Architekturen wie das Panorama, der Aussichtsturm in der Landschaft und das Geschichtsdenkmal (z. B. die bereits um 1810 von Entwürfen Carl Haller von Hallersteins angeregte, 1815 zum Wettbewerb ausgeschriebene, 1830 bis 43 von Leo von Klenze errichtete Walhalla oberhalb der Donau unweit Regensburgs). Der im 18. Jahrhundert vorbereitete Gedanke der Denkmalpflege begann nunmehr, sich flächendeckend auf die Schaffung einer von Erinnerungszeichen besetzten Landschaft auszuwirken. Die zunächst in Frankreich polytechnisch-wissenschaftlich ausgebildeten Architekten griffen den Gedanken der *Architecture parlante* auf, bezogen diesen nunmehr jedoch vorrangig auf soziale Architektur wie Schulen, Krankenhäuser und Gefängnisse. Für Gedächtnis und Erinnerung hatte all dies unmittelbar Konsequenzen, wie das Beispiel der Auflassung und Umgestaltung alter Friedhöfe zeigt, für deren kühnste Entwürfe die Architektursprache der *Architecture parlante* adaptiert wurde (z. B. Gustav Vorherrs Entwurf für den Südfriedhof in München von 1818, dessen Grundriss in der Form eines antiken Sarkophags gehalten war). Über dieser von der Sache her erzwungenen, politisch zudem immer umstrittenen Öffnung auf neue Bauaufgaben hin löste sich der Klassizismus, den man auch als monostiligen Historismus beschrieben hat, diskursiv betrachtet allmählich in den pluralistischer ›erinnernden‹ Historismus des 19. Jahrhunderts auf, wie die sich vielfältig auffächernde, disziplinär ausdifferenzierende und modernisierende Architekturtheorie zeigt, die von der älteren Architekturtraktatistik zu unterscheiden ist. Zugleich kann die erzählende Literatur seit dem späten 18. Jahrhundert als Wissensspeicher für die Rezeption dieser Prozesse gelten, da hier gerade auch die Schattenseiten dieses Wegs in die Moderne am Einzelfall beobachtet und reflektiert werden.

Historismus und öffentliche Architekturdebatte im 19. und 20. Jahrhundert

Der Historismus der Architekturtheoretiker hat sich selbst nie als Relativismus verstanden. Gleichwohl dürfte unbestreitbar sein, dass das historische Prinzip des Zugriffs auf Stilvorbilder, die gleichwertig nebeneinander stehen, die fundamentale Verzeitlichung aller epistemischen Ordnungen im mittleren und späten 18. Jahrhundert zur Voraussetzung hatte. Während die Aufklärung dieses ›erinnernde‹ Zugreifen jedoch eklektisch begründete – nämlich in der Überzeugung von der Berechtigung einer selbstbewussten Auswahl des Zweckdienlichsten und Besten in einer bestimmten historischen Situation –, wehrte der Historismus sich gerade gegen dieses eklektische Erinnern. Die historistische Architektur ordnete vielmehr bestimmte Stilvorbilder bestimmten Bauaufgaben zu – oder versuchte dies –, geriet jedoch im Interessenkonflikt der neuartigen Öffentlichkeitsdebatten des national denkenden 19. Jahrhunderts in unauflösliche Streitigkeiten darüber, welche Vorbilder für welche Bauaufgabe zu wählen seien. Die Frage, ob die Reform- und Revivalbewegungen des späten 19. Jahrhunderts aus dem Historismus hervorgingen oder mit ihm gerade brachen, ist daher nicht eindeutig zu beantworten. Die Notwendigkeit des erinnernden Rückgangs auf je unterschiedliche Vorbilder liegt hierfür auf der Hand – klar ist aber auch, dass der Stellenwert des Rückgriffs als solcher mit unterschiedlichen Wertigkeiten für die jeweiligen Projekte versehen war, die von der ›Oberfläche‹ der Fassade her nur bedingt verstanden werden können. Von einer pauschalen *invention of tradition* kann daher mit Blick auf das 19. Jahrhundert nicht gesprochen werden, wiewohl vielerorts und manchergestalt ›Traditionen‹ neu ersonnen wurden, die so mit Sicherheit nie bestanden (wenn man zugibt, dass Traditionen im Sinne des Diktums von Leopold von Ranke ›eigentlich‹ so oder so beschaffen gewesen sein können).

Der im Bereich der Architektur besonders ›sichtbare‹, mehr als in Malerei oder Bildhauerkunst Probleme aufgebende Historismus stellte zugleich wesentliche Voraussetzungen für die wissenschaftliche Erforschung der Frage nach Gedächtnis und Erinnerung bereit. Für Maurice Halbwachs' Theorie der sozialen Rahmungen eines von ihm angenommenen kollektiven Gedächtnisses einer Gesellschaft spielte die Vorstellung, was Architektur sei, eine zentrale Rolle (s. Kap. IV.3). Nur verkürzt kann hier darauf hingewiesen werden, dass diese Vorannahme in der an Halbwachs anschließenden Forschung weiterwirkt. Noch das monumentale, vielbändige Projekt von Pierre Nora, *Les lieux de mémoire*, sich dem von ihm diagnostizierten Schwund des Geschichtsbewusstseins durch eine Sammlung der Erinnerungsorte des nationalen Gedächtnisses Frankreichs entgegenzustellen, ist dem historistischen Verständnis der Architektur als Überrest verpflichtet (s. Kap. III.9.).

Anders, doch nicht minder bedeutend, fiel die Rolle der Architektur im Denken Walter Benjamins, Siegfried Kracauers und Frances A. Yates' aus. Benjamins im Pariser Exil vor 1940 entstandenes Passagenwerk widmet sich einer Archäologie des 19. Jahrhunderts, die den Orten des Übergangs, der Schwellen, des Dazwischen – wie den Passagen des 19. Jahrhunderts – eine Aufmerksamkeit schenkt, die auch seine gleichfalls erst posthum veröffentlichte *Berliner Kindheit um neunzehnhundert* kennzeichnet, wobei letztere die paradoxe Erinnerungsform des Déjà-vu zu einem zentrierenden Textprinzip erhebt. Yates verschiebt den zunächst auf das Nachleben der Antike konzentrierten Forschungsansatz der Warburg-Schule zunehmend auf nachantike historische Zusammenhänge zwischen Architektur, Gedächtnis und Erinnerung.

Gegenwärtig findet eine lebhafte Diskussion über die Zusammenhänge zwischen Architektur und Gedächtnis statt, die auch, aber nicht nur im Interesse zahlreicher akademischer Disziplinen an der Architektur begründet ist. Wie der in jüngerer Zeit stark rezipierte Essay von Marc Augé *Non-lieux* (1992; dt.: Orte und Nicht-Orte, 1994) zeigt, rührt das Interesse an diesen Zusammenhängen nicht nur von den omnipräsenten Diskussionen über Denkmalsetzungen mittels ›großer Architektur‹, sondern auch von der Verunsicherung, die von jenen hybriden Zwischenorten im öffentlichen Raum ausgeht, die architektonisch gestaltbar scheinen, jedoch immer schon gestaltet sind und gerade dadurch zu Fehlaneignungen im Sinne Michel de Certeaus herausfordern. Neben jenen spektakulären Orten, die als gebaute Architektur ausdrücklich an das Gedächtnis appellieren (wie z. B. das israelische Holocaust-Mahnmal Yad Vashem oder das von Peter Eisenman für Berlin entworfene Holocaust-Mahnmal in Berlin bzw. Peter Zumthors Projekt »Topographie des Terrors« für das sogenannte ›Gestapo-Gelände‹, also das Prinz-Albrecht-Gelände in Berlin), beachtet die neuere kulturwissenschaftliche Forschung daher die Vielzahl eher unscheinbarer Heterotopien, die als Hybridisierungen zwischen einem eher raumorientierten Gedächtnis und einer eher zeitverwiesenen Erinnerung vermitteln. Das zwischen Sichtbarkeit und Unsichtbarkeit vermittelnde Werk z. B. von Jochen Gerz, das Anlass und Anreiz für offenere Formen der Erinnerung bieten will, steht diesem Gedanken konzeptionell nahe (beispielsweise das Projekt »2146 Steine«, 1990–1993, durch das der Schlossplatz von Saarbrücken zu einem »Platz des unsichtbaren Mahnmals« wurde, indem auf den unsichtbaren Kehrseiten von 2146 Pflastersteinen dieses öffentlich begehbaren Platzes die Namen jüdischer Friedhöfe in Deutschland eingraviert wurden). Michel Foucaults Begriff der Heterotopien – der sein weitgespanntes wissenschaftshistorisches Werk zu sozialdisziplinierenden Architekturen wie dem Gefängnis, der Klinik, den Irrenanstalten begrifflich bündelt und zugleich auf stärker hybridisierende Orte wie den Garten hin öffnet – stellt für die in der Sache begründete Interdisziplinarität der neueren kulturwissenschaftlichen Forschung einen wichtigen Ausgangspunkt dar.

Literatur

Arburg, Hans-Georg von: *Alles Fassade. ›Oberfläche‹ in der deutschsprachigen Architektur- und Literaturästhetik 1770–1870*. München 2008.

Assmann, Aleida: *Erinnerungsräume. Formen und Wandlungen des kulturellen Gedächtnisses* [1999]. München ⁴2009.

Geiger, Annette/Hennecke, Stefanie/Kempf, Christin (Hg.): *Imaginäre Architekturen. Raum und Stadt als Vorstellung*. Berlin 2006.

Harth, Dietrich: *Das Gedächtnis der Kulturwissenschaften*. Dresden 1998.

Martini, Wolfram (Hg.): *Architektur und Erinnerung*. Göttingen 2000.

Meier, Hans-Rudolf/Wohlleben, Marion (Hg.): *Bauten und Orte als Träger von Erinnerung. Die Erinnerungsdebatte und die Denkmalpflege*. Zürich 2000.

Mosser, Monique/Nys, Philippe (Hg.): *Le jardin, art et lieu de mémoire*. Besançon 1995.

Oesterle, Günter/Tausch, Harald (Hg.): *Der imaginierte Garten*. Göttingen 2001.

Reinink, Wessel/Stumpel, Jeroen (Hg.): *Memory & Oblivion. Proceedings of the XXIXth International Congress of the History of Art held in Amsterdam, 1–7 September 1996*. Dordrecht 1999.

Tausch, Harald (Hg.): *Gehäuse der Mnemosyne. Architektur als Schriftform der Erinnerung*. Göttingen 2003.

–: *»Die Architektur ist die Nachtseite der Kunst«. Erdichtete Architekturen und Gärten in der deutschsprachigen Literatur zwischen Frühaufklärung und Romantik*. Würzburg 2006.

Yates, Frances A.: Architecture and the Art of Memory. In: *Architectural Association Quarterly* 12. Jg., H. 4 (1980), 4–13.

Young, James E.: *Formen des Erinnerns. Gedenkstätten des Holocaust*. Wien 1997.

Harald Tausch

6. Archive und Bibliotheken

Wenn wir über das Gedächtnis sprechen, müssen wir mit dem Vergessen beginnen. Der kontinuierliche Prozess des Vergessens ist Teil der gesellschaftlichen Normalität. Wie im Kopf des Einzelnen muss auch in der Gesellschaft ständig vergessen werden, um Neuem Platz zu machen und um sich auf die Aufgaben der Gegenwart einstellen zu können. Die individuellen lebendigen Erinnerungen gehen mit dem Tod derer, denen sie gehörten, ständig unwiederbringlich verloren, ihre materielle Hinterlassenschaft in Form von Möbeln und Kleidern, Fotoalben, Briefen, Büchern, CDs und Geschirr wird entsorgt oder verstreut und geht ein in den Kreislauf neuer Nutzung ohne das Andenken der Person zu stützen. Mit dem Ableben einer Generation ist ein fortwährendes und unaufhaltsames Löschen von Erinnerungen verbunden.

Eine große Ausnahme hiervon bilden die Institutionen des kulturellen Speichergedächtnisses wie Museen, Bibliotheken und Archive, in denen materielle Überreste wie Bücher, Bilder, Briefe, Fotografien und andere Dokumente die Chance eines zweiten Lebens jenseits des ursprünglichen Gebrauchskontextes erhalten. Was seinen Platz in den Institutionen des kulturellen Speichergedächtnisses gefunden hat und dort gesammelt, konserviert, katalogisiert und erschlossen wird, kann seine Existenz verlängern. Die Objekte, die aus ihren Gebrauchskontexten herausgefallen sind, büßen ihren primären Mitteilungscharakter ein; sie werden zu stummen Zeugen einer Vergangenheit, die von Spezialisten neu gedeutet werden müssen.

Durch materielle Konservierung, Katalogisierung und Speicherung, wie sie in Bibliotheken und Archiven betrieben wird, wächst der Gesellschaft ein zeitüberdauernder Bestand an Texten, Dokumenten und Objekten zu, die unabhängig von ihrer Aussage oder Gestalt gemeinsam haben, dass sie Vergangenheit repräsentieren. Die Vergangenheit wird in diesen Objekten auf zwei sehr unterschiedliche Arten repräsentiert, zum einen als eine ›vergangene Vergangenheit‹ und zum anderen als eine ›präsent gehaltene Vergangenheit‹. Dieses Spannungsverhältnis von präsent gehaltener und vergangener Vergangenheit ist in der spezifischen Dynamik des kulturellen Gedächtnisses begründet. Es besteht zum einen aus einer engen Auswahl von Bildern, Texten, Erzählungen und Daten, die aktiv im Bewusstsein und Gedächtnis der Bürgerinnen und Bürger einer Gesellschaft verankert werden, und zum anderen in einem großen, unüberschaubaren Vorrat an Kunst- und Kulturzeugnissen, der allenfalls für Spezialisten von einer Bedeutung ist, die diese aber erst selber produzieren müssen. Beides sind wichtige Funktionen des kulturellen Gedächtnisses: die Auswahl und wiederholte öffentliche Präsentation eines werthaften, überzeitlichen, geschmacksorientierten und geschmacksorientierenden Kanons einerseits und das Archiv, d. h. die Sammlung bzw. Ansammlung von Materialien ohne unmittelbaren Relevanzbezug, die gleichwohl interessant und wichtig sind als Schlüssel für das Verständnis historischer Epochen andererseits. Das kulturelle Gedächtnis existiert also nicht nur in der Spannung zwischen Erinnern und Vergessen, sondern obendrein in der Spannung zwischen lebendiger Aneignung und bloßer Speicherung, zwischen Identität und Alterität, zwischen einem engen, ausgeleuchteten Bereich und unübersehbaren Datendepots, zwischen einer Kontraktion des Gedächtnisses und seiner Dehnung. Was in den Kanon bzw. das Funktionsgedächtnis gelangt, ist von emphatischer Wertschätzung getragen, was sich im Archiv bzw. Speichergedächtnis befindet, ist Gegenstand historischer Neugier. Emphatische Wertschätzung und historische Neugier sind die beiden Pole, zwischen denen sich die Dynamik des kulturellen Gedächtnisses vollzieht.

Bibliotheken

Büchersammlungen größeren Umfangs sind in den alten Schriftkulturen, Ägypten und Mesopotamien, in drei Funktionskontexten entstanden, die man ›Vorrat‹, ›Archiv‹ und ›Repräsentation‹ nennen kann. Im Büchervorrat ist alles Schrifttum bereitgestellt, das für spezielle Aktivitäten gebraucht wird: Rituale und Rezitationen für den

Kult, Rezepte und Beschwörungen für die Medizin, Erzählungen und Lieder für die Unterhaltung, Lehrbücher und kulturelle Texte aller Art für die Schreiberausbildung. Von solchen ›Hand‹-, oder ›Arbeitsbibliotheken‹ haben sich einige aus Ägypten erhalten, in Tempelinschriften gibt es Kataloge von Tempelbibliotheken und Clemens Alexandrinus überliefert die Zusammensetzung einer solchen Tempelbibliothek von 42 hochverbindlichen Büchern, die einem Kanon gleichkommt. Auf eine derartige Kernbibliothek gehen auch die 36 Schriften zurück, die in der hebräischen Bibel zusammengefasst sind. In Archiven wird das Schrifttum abgelegt, das zu Zwecken der Beurkundung, Referenz und Beglaubigung von Bedeutung ist. Solche Archive, die es auch in Ägypten gegeben hat, sind vor allem aus Mesopotamien überliefert, weil sich der Beschreibstoff ›Tontafel‹ im feuchten Siedlungskontext besser erhielt als der ägyptische Beschreibstoff ›Papyrus‹. Der Typus der Palastbibliothek, der die repräsentative Funktion des Schatzhauses auf das Büchersammeln ausdehnte, stammt aus Assyrien. In der Palastbibliothek von Ninive wurde nicht mehr im Hinblick auf bestimmte Gebrauchskontexte, sondern schlechthin alles gesammelt, was die assyrische, babylonische und sumerische Schriftkultur an Bedeutsamen hervorgebracht hat. Auf diesen Bibliothekstyp, der sich dann auch den Wissensvorrat anderer Sprachen und Kulturen einverleibt hat, geht die berühmte hellenistische Bibliothek von Alexandria zurück. Sie ist das Urbild aller Sammelbibliotheken der Moderne. Im Musaion von Alexandria verbanden sich mit dem Sammeln von Büchern auch das Studium der Texte und ihre philologische Bearbeitung.

Die Bibliothek ist immer wieder als ›Gedächtnis einer Kultur‹, wo nicht gar ›Gedächtnis der Menschheit‹ bezeichnet worden. Die wenigsten, die diesen Topos im Munde führen, haben dabei eine Unterscheidung gemacht, auf die es Schopenhauer besonders ankam. Er wies nämlich auf die wachsende Diskrepanz hin von gespeichertem Wissen einerseits und dem, was in menschlichen Gedächtnissen tatsächlich verfügbar ist: »Wie schlecht würde es also um das menschliche Wissen stehen, wenn Schrift und Druck nicht wären. Daher sind die Bibliotheken allein das sichere und bleibende Gedächtnis des menschlichen Geschlechts, dessen einzelne Mitglieder alle nur ein sehr beschränktes und unvollkommenes haben« (Schopenhauer 1965, 570). Man kann den Topos vom Gedächtnis der Menschheit aber auch anders verstehen, dann bezieht man sich dabei auf einen externen Wissensspeicher, um nicht zu sagen: eine Datenbank, die von individuellen menschlichen Gehirnen angezapft werden kann und diesen jeweils zu einer überwältigenden Ausdehnung (nicht ihres Gedächtnisses, aber) ihres Wissens- und Denkhorizonts verhilft.

Die Bibliothek zeigt mit aller Deutlichkeit, dass kein Buch für sich allein existieren kann, weil jedes von ihnen aus anderen hervorgegangen ist und in andere übergeht. Bücher stützen sich gegenseitig auf den Regalen von Einband zu Einband; sie sind keine Monaden, sondern öffnen auf jeder Seite ihre Fenster in Richtung anderer Bücher. Die Bibliothek zeigt Bücher als Elemente von Diskurszusammenhängen und bildet selbst die äußerste Grenze um die vielen verschiedenen Diskursuniversen, die sie sich einverleibt.

Ihre Funktion eines Wissensspeichers kann die Bibliothek aber nur erfüllen, weil sie die Bestände nicht einfach sammelt und bewahrt, sondern darüber hinaus auswählt, sortiert, ordnet und nicht zuletzt: zugänglich macht. Die elitären Zugangsbeschränkungen zu Büchern wurden erst im Laufe des 19. Jahrhunderts gelockert. Das Bild von der Bibliothek als eines universalen Wissens- oder Gedächtnisspeichers verstellt die wichtige Einsicht, dass die in ihr gesammelten Bücher lediglich Buchstaben festhalten, aber keine Bedeutungen. Da ausschließlich Sprache und niemals der Sinn durch Schrift fixiert werden kann, muss dieser in Akten des Lesens und Verstehens immer wieder neu rekonstruiert und in Kommunikation übersetzt werden. In diesen Akten der Lektüre und Aneignung ergeben sich unweigerlich Verschiebungen und Verzerrungen, aber eben diese sind es, die dieses Gedächtnis lebendig erhalten.

Wenn wir von ›Gedächtnis‹ sprechen, muss der Begriff der Speicherung deshalb aus seinen technischen Bezügen gelöst und ganz neu gefasst werden. Speicherung im Gedächtniskontext stellt eine hoch spezifische Seinsform zwischen einem ›Nicht mehr‹ und einem ›Noch nicht‹ dar. Sie hält etwas fest, was nur im Stand der reinen Latenz und Potentialität besteht. In diesem Sinne sind Bibliotheken und Archive keine reinen Vergangenheitsinstitutionen, sondern Wartesäle, die die Samen neuen Verstehens und Wissens für die Zukunft bergen. Hier wartet etwas auf uns, bis wir bereit sind, es abzuholen und zu reaktivieren.

Innerhalb der Institution der Bibliothek spiegelt sich noch einmal das Spannungsverhältnis zwischen Funktionsgedächtnis (oder ›Kanon‹) und dem Speichergedächtnis (oder dem ›Archiv‹) wider. Sie enthält als ihren ältesten Kern den Kanon normativer und formativer kultureller Texte von der Bibel bis zum Kanon der literarischen oder philosophischen Klassiker und damit Bestände, die durch rigorose Verfahren der Auswahl hindurchgegangen sind. Dieses Verfahren, das wir ›Kanonisierung‹ nennen, sichert ihnen einen Platz im aktiven und nicht nur passiven kulturellen Gedächtnis einer Gesellschaft. Was in den religiösen oder literarischen Kanon gelangt, ist durch drei Merkmale ausgezeichnet: Auswahl, Wert und Dauer. Auswahl setzt Entscheidungen voraus, die immer auch mit Machtkämpfen verbunden sind. Das zweite Merkmal ist die Wertzuschreibung: Kanonisierung bedeutet ›Heiligung‹, ob es dabei um religiöse Texte, Personen oder Kunstwerke geht. Kanon bedeutet drittens: dauerhafter Bestand, denn die Persistenz des Kanonisierten ist das angestrebte Ziel des Prozesses. Der Kanon ist keine Hitliste, die sich von heute auf morgen mit den Konjunkturen des Geschmackswandels ändert. Man baut ihn nicht in jeder Generation nach den herrschenden Geschmackskriterien auf, sondern findet ihn immer schon in Form einer (Vor-)Auswahl verbindlicher Texte vor und arbeitet sich an ihm ab. In der hierarchischen Architektur einer Bibliothek bildet sich Kanonizität in der Struktur von Kernen aus, um die sich immer weitere Ringe ablagern. Kanonische Texte manifestieren sich nicht zuletzt dadurch, dass sie ein Schrifttum kommentierender Meta-Texte hervorbringen. Erst am Kommentar zeigt sich überhaupt der kanonische Status des heiligen normativen Textes, erst durch die Produktion von Sekundärliteratur bildet sich ein produktiver Bestand von ›Klassikern‹ im Sinne von ›Primärliteratur‹ heraus. Es ist genau dieser Rekurs auf bereits Bestehendes, die Geste der Wiederaufnahme selbst, die die emphatische Arbeit am kulturellen Gedächtnis ausmacht und auszeichnet. Solche beständige Pflege und Auseinandersetzung führt dazu, dass bestimmte Texte, Bilder und andere Kunstwerke nicht fremd werden und gänzlich verstummen, sondern über Generationen hinweg revitalisiert werden durch immer neuen Austausch mit der Gegenwart.

Von diesen Kernen und seinen Ringen aus verzweigt sich das Schrifttum in die labyrinthischen Fluchten seiner Länge. Gleichzeitig mit der Druckerpresse wurde die Gattung des Fachschrifttums erfunden, die neue Sachbereiche thematisierte und damit in die Bibliothek neue Teil-Universen einführte. Die Einheit des Wissens ist in der Bibliothek freilich von Anfang an gebrochen. Vervielfältigung, Verzweigung, Verzettelung, Spezialisierung sind die Vektoren ihres zentripetalen Systems. Ebenso lebt die Bibliothek von ihrem stetigen Wachstum. Eine Bibliothek, die sich nicht ständig selbst erneut und überholt, erstarrt zu einem Museum.

Als Wissensspeicher kann die Bibliothek nur dienen durch ihre ausgeklügelten Ordnungsverfahren. Über das Titelblatt wurde dem Verfasser seit dem Druckzeitalter ein prominenter Ort zugeschrieben, und er konnte über die leicht zu handhabende alphabetische Sortierung erfasst werden. Rationalisierung und Reduktion auf die ›Rückruf‹-Funktion ist der Schlüssel der Bibliotheksordnung, die sich von der anschaulichen Wissenspräsentation im barocken ›Gedächtnistheater‹ maximal entfernt hat.

Archive

Wir können uns keine Kulturen ohne Funktionsgedächtnis, wohl aber solche ohne Speichergedächtnis vorstellen. In mündlich tradierenden Gesellschaften zum Beispiel, wo sich keine schriftlichen Relikte ansammeln, wo der Umfang des Wissens dem entspricht, was Individuen im Gedächtnis zu speichern vermögen, gibt es kein Speichergedächtnis. Dort muss das für die Identität und Reproduktion der Gruppe und Kultur relevante Wissen von Mal zu Mal in wiederholten Anlässen festlich aufgeführt und dabei neu bekräftigt und versichert werden. Auch in totalitären Staaten, die die Deutungshoheit über die Vergangenheit mit den Mitteln der staatlichen Manipulation und Zensur ausüben, gibt es, wie Orwell anschaulich vorgeführt hat, kein Speichergedächtnis.

Seit wann gibt es diese Institution des historischen Speichergedächtnisses überhaupt, warum leisten sich Gesellschaften den Luxus eines historischen Wissensvorrats, der nicht unmittelbar zur Legitimierung und Deutung der Gegenwart beiträgt? Wir müssen hier unterscheiden zwischen ›politischen‹ und ›historischen‹ Archiven. Das Wort ›Archiv‹ ist von dem griechischen Verb für ›herrschen‹ abgeleitet. Dazu passt, dass Archive ursprünglich als ein bürokratisches Gedächtnis für die Ausübung von Herrschaft angelegt wurden. Das gilt ebenso für die altägyptische Verteilungswirtschaft wie für die Akten der Inquisition oder der Stasibehörde. Wenn diese Arbeitsspeicher der Macht ihre Aktualität und Funktion verlieren, besteht in der Regel kein Bedürfnis, sie für die Nachwelt aufzuheben; im Gegenteil wird nach politischen Systemwechseln oft eine gezielte Aktenvernichtung betrieben, um die Spuren eigener Schuld zusammen mit den Dokumenten auszulöschen.

Das Interesse an Daten, die keinen Gebrauchs- oder Legitimationswert mehr haben, ist eine späte und ebenso unwahrscheinliche wie zentrale Errungenschaft moderner Gesellschaften, die mit dem Prinzip der Gewaltenteilung zusammenhängt. Historische Archive, die Dokumente aufheben, die ihre Aktualität und Relevanz verloren haben, gibt es in institutioneller Form überhaupt erst seit der Französischen Revolution. Traditionskritik und Traditionsbruch ist die eine Seite der Modernisierung, deren andere Seite der Historismus ist. Seither gibt es Institutionen eines kulturellen Speichergedächtnisses, die materielle Überreste wie Akten, Bilder, Briefe, Fotografien und andere Dokumente einsammeln, konservieren, ordnen, erschließen, katalogisieren und ihnen damit zu einer außergewöhnlichen Existenzverlängerung verhelfen.

Nach einer berühmten Formulierung von Foucault ist das Archiv »das Gesetz dessen, was gesagt werden kann« (Foucault 1990, 186 f.). Mit Blick auf die real existierende Institution des Archivs kann man diesen Satz folgendermaßen umformulieren: ›das Archiv ist die Basis dessen, was in der Zukunft über die Gegenwart gesagt werden kann, wenn sie zur Vergangenheit geworden sein wird‹. Da mindestens 95 Prozent dessen, was unser Leben und unsere Kultur ausmachen, unwiederbringlich verlorengeht, kommt es natürlich auf die Qualität dieses Restes an. Die Fragen, die die Historiker der Zukunft stellen werden, werden heute bereits durch Art und Umfang des Archivierten vorgeschrieben. Genau das ist der kanadischen Autorin Margaret Atwood zu Bewusstsein gekommen, als sie einen historischen Roman schrieb, für den sie in Archiven recherchierte. Die Vergangenheit, so schreibt sie, »ist aus Papier gemacht. Heutzutage ist sie auch aus Mikrofilmen und CD-ROMs gemacht, aber auch die münden schließlich ins Papier. Daneben gibt es auch noch Gebäude, Bilder oder Gräber, aber im großen Ganzen ist es Papier. Papier muß sorgfältig bewahrt werden; Archivare und Bibliothekare sind die Schutzengel des Papiers; ohne sie gäbe es sehr viel weniger Vergangenheit, und ich wie viele andere Schriftsteller auch sind ihnen zu großem Dank verpflichtet« (Atwood 1997, 31–32).

Genauer besehen sind nicht nur die Künstler, sondern die gesamte Zunft der Geisteswissenschaftler die Nutznießer dieser ungeheuren und uneigennützigen Dienstleistung. Archivare und Geisteswissenschaftler entstammen demselben Spross des historischen Bewusstseins. Ihre Tätigkeiten setzen einander voraus und greifen ineinander; mithilfe der Archivare können Geisteswissenschaftler in den Beständen des kulturellen Speichergedächtnisses graben, Entdeckungen machen, Verlorenes rekonstruieren, Getrenntes zusammenfügen. Durch Akte des Deutens und Interpretierens beleben sie tote Materie und verwandeln latente d. h. im Verborgenen wartende Information in aktuelles Wissen.

Historische Archive bewahren das Vergessene und bilden dadurch ein Gedächtnis zweiter Ordnung: Sie sind eine Art Fundbüro für Vieles von dem, wovon sich die Gesellschaft laufend trennt. Sie bewahren das Fremdgewordene, das Beziehungslose, das Überholte, das Abgelegte auf und halten es für neue Verwendungen vor. Sie leisten einen zentralen Beitrag zum Verständnis der Gegenwart, indem sie uns helfen, die Distanz zur Vergangenheit immer wieder neu zu vermessen. Ohne dieses historische Gedächtnis hätten wir keine Vergleichs- und Reflexionsmöglichkeiten, die im Zentrum des historischen Bewusstseins stehen. Archive sichern das historische Gedächtnis einer Gesellschaft.

Bibliothek und Archiv als literarisches Motiv und künstlerisches Format

Die Bibliothek ist nicht nur eine tragende *Institution* des kulturellen Gedächtnisses, sie ist auch immer wieder als die zentrale *Metapher* des kulturellen Gedächtnisses angesprochen worden. Sehr oft wird sie als ein stabiler Wissensspeicher konzipiert, in dem – analog zu einer Erfolgsgeschichte des wissenschaftlichen Fortschritts – nichts verlorengeht und ein dauerhafter Kumulationsprozess stattfindet. Dass das in den Bibliotheken bereitgestellte Wissen in sich weitgehend beziehungslos oder widersprüchlich ist, gerät dabei aus dem Blick. Virginia Woolf hat den runden Leseesaal der Bibliothek des Britischen Museums aus einer Gender-Perspektive betrachtet und als ein großes, umfassendes, männliches Gehirn imaginiert. Für E.M. Forster, ihren Zeitgenossen und Kollegen aus dem Bloomsbury Künstler-Zirkel, ist derselbe Bibliotheks-Lesesaal zum Inbegriff eines synchronen Resonanz-Raumes geworden, in dem das historische Nacheinander literarischer Werke in ein synchrones Geistergespräch der Texte überführt wird. Eine ähnliche Vision hatte auch Osip Mandelstam, der von einer ›Sehnsucht nach Weltkultur‹ beseelt war und sich die Literaturgeschichte als ein intertextuelles Gesamtgefüge vorstellte, in dem Wissen nicht einfach gespeichert ist, sondern gerade im Zwischenraum der Texte entsteht. Jorge Luis Borges, der ebenfalls von der Dynamik des intertextuellen Spiels ausging, hob an der Bibliothek vor allem ihren Labyrinthcharakter hervor und destruierte die Utopie eines übermenschlichen Wissensgebäudes ironisch durch Hervorhebung der Erfahrung von Schwindel, Abgründen und Einbrüchen.

Bibliotheken und Archive als Speicher des kulturellen Gedächtnisses sind seit den 1980er Jahren verstärkt zum Thema der Literatur und Bildenden Kunst geworden, die sich sowohl mit den materialen Grundlagen von Kultur als auch mit den an sie gehefteten Aspirationen und Mythen kritisch auseinandersetzt. Das kann hier nur anhand weniger Beispiele angedeutet werden. Anselm Kiefer hat die ›Bibliothek von Babel‹ als Ursprung und Fundament der Kultur in Form eines Regals mit schweren verschlossenen Bleibänden visualisiert; Christian Boltanski hat mit seinen massenhaften Fotoinstallationen und Archivkonstruktionen den individuellen menschlichen Wunsch nach Unsterblichkeit und zugleich das universale Schicksal des Vergessens und Vergessen-Werdens vor Augen gestellt. Boltanski und Horst Hoheisel haben ferner gerade auch die Außenseite des Sammelns und Archivierens, nämlich den Müll thematisiert, der in ihren Werken paradoxerweise in die Domäne der Kunst und damit des kulturellen Gedächtnisses zurückgeholt wird. Sigrid Sigurdsson hat in verschiedenen polnischen und deutschen Städten sogenannte ›offene Archive‹ eingerichtet, in denen Bürgerinnen und Bürger verschiedener Generationen ihr eigenes dezentrales Erfahrungsgedächtnis in die Obhut von Museen legen.

Normativer Kanon und historisches Archiv sind zwei Pole des kulturellen Gedächtnisses, die in den Institutionen der Museen und Archive zusammengefasst werden. Grundsätzlich sind diese Pole nicht gegeneinander abgeschlossen, sondern stehen in einem ständigen Austausch-Verhältnis miteinander, weshalb die Bestände des kulturellen Gedächtnisses *wandelbar* und auch immer wieder neu *verhandelbar* sind. Bibliotheken und Archive als Institutionen des Speichergedächtnisses vertiefen den historischen Sinn und verbreitern damit das Imaginationspotential einer Gesellschaft. Durch Dehnung des Zeithorizonts steuern sie gegen die permanente Tendenz zur Reduktion auf die Gegenwart an und leisten einen unverzichtbaren Beitrag zur Orientierung in der Zeit. Sie sind Anwälte der Alterität und Fremdheit der Vergangenheit ebenso wie Animatoren einer tot geglaubten Vergangenheit. Die Arbeit am Archiv schließt Wiederbelebungen, die Arbeit am Kanon schließt Historisierung und kritische Distanz ein; Vertrautes kann auf diese Weise immer wieder fremd gemacht und Fremdes kann angeeignet und ins historische Bewusstsein aufgenommen werden.

Literatur

Atwood, Margaret: *In Search of Alias Grace. On Writing Canadian Historical Fiction*. Ottawa 1997.

Canfora, Luciano: *Die verschwundene Bibliothek. Das Wissen der Welt und der Brand von Alexandria*. Berlin 1990 (ital. 1986).

Foucault, Michel: *Archäologie des Wissens*. Frankfurt a. M. [4]1990.

Garber, Klaus: *Das alte Buch im alten Europa. Auf Spurensuche in den Schatzhäusern des alten Kontinents*. München 2006.

Jochum, Uwe: *Kleine Bibliotheksgeschichte*. Stuttgart [2]1999.

Schopenhauer, Arthur: *Parerga und Paralipomena* [1851]. In: *Sämtliche Werke*. Bd. V. Hg. von Wolfgang Freiherr von Löhneysen. Stuttgart/Frankfurt a. M. 1965.

Stocker, Günther: *Schrift, Wissen und Gedächtnis. Das Motiv der Bibliothek als Spiegel des Medienwandels im 20. Jahrhundert*. Würzburg 1997.

Aleida Assmann

7. Museen

Das Museum, wenn man der Kürze halber diesen generalisierenden, der Komplexität der Museumslandschaft eigentlich nicht adäquaten Begriff verwenden will, ist neben dem Archiv und neben der Bibliothek (s. Kap. III.6) der Ort par excellence, in dem sich das Gedächtnis einer Gesellschaft materialisiert. Zur Abgrenzung von den beiden anderen, primär schriftlichen Zeugnissen gewidmeten ›Speicherstätten‹ kann man das Museum auch als ›Archiv des Gegenständlichen‹ bezeichnen. Allerdings wird dies der vielfältigen Aufgabenzuschreibung an Museen nicht vollkommen gerecht. Entsprechend der weltweit akzeptierten Definition des »International Commission of Museums« ICOM (niedergelegt u. a. in den 1986 verabschiedeten »Ethischen Richtlinien für Museen«) sind Sammeln, Bewahren, Forschen und Präsentieren die vier ›Säulen‹ oder Grundlagen jeder Museumsarbeit. Die Definition dieser vier ›Säulen‹ grenzt die Institution des Publikumsmuseums in öffentlicher Trägerschaft deutlich ab von privaten, mitunter museumsähnlichen Sammlungen, von Galerien und von Kunstvereinen.

Grundlagen der Museumsarbeit

Die vier ›Säulen‹ als theoretische Fundierung der Museumsarbeit sind zwar unumstritten, doch gab es in den letzten Jahren – über zahlreiche verdienstvolle Einzelstudien hinaus – kaum Grundlagenforschung und Theoriebildung zur Rolle des Museums – und somit auch nicht zu seiner Funktion als Ort des Gedächtnisses. Die meisten grundlegenden museumskundlichen Forschungen im deutschsprachigen Raum stammen aus den 1970er und 1980er Jahren und befassen sich vor allem mit der Musealisierung unserer Gesellschaft, also mit der damaligen Tendenz, immer mehr Lebensbereiche für ›museumswürdig‹ zu erachten und in neu eingerichteten Spezialmuseen (z. B. Industrie-, Technik-, ländliche Freiluftmuseen) zu bewahren; die gesellschaftlichen und politischen Veränderungen seit 1989 und ihre Auswirkungen auf das Museum konnten darin noch nicht reflektiert werden. Die breite Theorie- und Methodendiskussion in zahlreichen geisteswissenschaftlichen Fächern steht im Museumsbereich noch aus. Gerade zu den fundamentalen Wechselbeziehungen zwischen Sammeln, Bewahren, Forschen und Präsentieren sowie – um zwei weitere wichtige Kategorien einzuführen – Systematisieren und Interpretieren fehlen im deutschsprachigen Raum systematische Untersuchungen. Dies ist jedoch nicht zu verallgemeinern: in Frankreich, den USA und Kanada gab und gibt es (unter Stichworten wie »New Museology« oder »Nouvelle Muséologie«) durchaus Debatten über Gegenwart und Zukunft des Museums.

Das öffentliche Museum ist, gemäß obiger Definition, also eine hybride Einrichtung: Es ist ein Ort des Sammelns und Bewahrens, ein Archiv der Gegenstände. Es beschränkt sich aber nicht darauf, sondern ist auch und darüber hinaus ein Ort des Erforschens und Vermittelns der Vergangenheit und der Gegenwart – wobei Forschung und Vermittlung im Unterschied zur universitären Forschung oder zur schulischen Bildung immer von den Exponaten ausgeht und sie zum Gegenstand hat.

Historische Entwicklung der Museen

Die ersten Vorläufer der heutigen Museen sind die meist fürstlichen Kunst- und Wunderkammern des 16. bis 18. Jahrhunderts mit ihrem breiten, Artificialia, Naturalia und Exotica umfassenden Sammlungsspektrum; die Kunstkammer-Sammlungen von Schloss Ambras bei Innsbruck, Dresden und Prag stehen exemplarisch dafür. Man kann diese Traditionslinie nicht nur bis zu heutigen kunst- und kulturgeschichtlichen Museen, sondern ebenso zu ethnologischen Sammlungen, Technik- und Wissenschaftsmuseen verfolgen.

Während die fürstlichen Kunstkammern vielerorts bis ins 19. Jahrhundert weiter existierten, entwickelte sich seit der zweiten Hälfte des 18. Jahrhunderts ein neuer Museumstyp: die politisch begründete und genutzte Universalsammlung, die nicht zuletzt dazu diente, Artefakte fremder Völker, die kriegerische wie friedliche Expeditionen erbeutet hatten, triumphal zu präsentieren. Das British Museum in London (gegründet 1753) und der Louvre in Paris (seit 1793 Musée français, 1804–15 Musée Napoléon) sind herausragende Beispiele. Im Laufe des 19. Jahrhunderts bekam das Museum im Prozess der Formierung moderner Nationalstaaten eine tragende identitätsstiftende Rolle zugeschrieben; für die nicht mehr nur obrigkeitlichen, sondern zunehmend auch bürgerlichen Initiativen zur Museumsgründung kann beispielhaft das 1854 eingerichtete Germanische Nationalmuseum in Nürnberg stehen. Gegen Ende des 19. Jahrhunderts konnte sich das Museum dann aus der Fixierung auf die nationalstaatliche Erziehung der Untertanen lösen und sich (wie es der Direktor der Hamburger Kunsthalle, Alfred Lichtwark, exemplarisch betrieb) als Bildungsstätte profilieren: Das Museum wurde nun von bürgerlichen wie von Arbeiterparteien (und später auch von nationalistischen Parteien) als Erziehungsinstrument erkannt.

In Deutschland – West wie Ost – kam den Museen dann später zumindest potenziell (und im tatsächlichen Ausmaß noch nicht ausreichend erforscht) eine wichtige Rolle in der nationalen Selbstfindung und dem Aufbau einer neuen Identität nach dem Zweiten Weltkrieg zu, kulminierend im ›Geschichtsboom‹ der 1970er und 1980er Jahre (der sich z. B. in der Bundesrepublik im Erfolg von Ausstellungen wie »Die Staufer«, 1975 in Stuttgart, manifestierte), als Museen und Ausstellungen als zentrale Medien der Aneignung der Vergangenheit entdeckt wurden.

Sammlungs- und Erinnerungskonzepte

Das Museum als Ort des Erforschens und Begreifens hat einen größeren Anspruch als nur den, die Zeugnisse der Vergangenheit zu archivieren und zu verwahren. Die meisten Museen sind – aufgrund ihrer institutionellen Geschichte und der daraus hervorgegangenen Sammlungs-, Ausstellungs- und Vermittlungskonzepte – auch Orte der mehr oder weniger aktiven Geschichtsdeutung. Dabei ist jedoch zu differenzieren: Das Kunstmuseum hat heute wohl den geringsten Anspruch, Geschichte zu deuten – im Unterschied zum 19. Jahrhundert, als mit der Systematisierung und der Präsentation von Kunstwerken nach nationalen Schulen nicht nur wissenschaftlich, sondern auch national-politisch Position bezogen wurde. Die Qualität des Kunstmuseums als Ort des Gedächtnisses erwächst heute vor allem aus der materiellen Präsenz der originalen Kunstwerke und der ihnen – aufgrund eben dieser Präsenz – zugesprochenen, oftmals als zeitlos überhöhten ›Aura‹, weniger aus kunsthistorisch untermauerten Interpretationen. Heimatmuseen, regionale und nationale Geschichtsmuseen hingegen versuchen, einen bestimmten Ausschnitt der Geschichte zu dokumentieren, zu illustrieren und zu interpretieren. Geschichtsmuseen ohne diesen Deutungsanspruch wären nur schwer vorstellbar. Auch diese Museen setzen in der Regel auf die ›Aura‹ des Original-Exponats, die aber nicht ästhetisch, sondern aus der Zeitzeugenschaft abgeleitet wird.

Das Museum der Gegenwart hat, im Unterschied zum Museum des 19. und frühen 20. Jahrhunderts, in der Regel keinen universalen Anspruch mehr, es kann sich nicht mehr anmaßen, das gesamte Wissen der Welt oder auch nur eines definierten Teilbereiches (wie z. B. der Kunst oder auch nur der Malerei) zu repräsentieren. Sammeln ist also eine – entweder wissenschaftlich, ästhetisch oder ideologisch – begründete Auswahl. Dies unterscheidet das Museum, selbst wenn es sich als Archiv des Gegenständlichen versteht, in der Regel vom Archiv im eigentlichen Sinne. Das Sammlungskonzept ist einer der Schlüssel zum Verständnis eines Museums und zur Rezeption seiner Dauer- und Wechselausstellungen. Dazu sei ein markantes Beispiel angeführt: Die Diskussion um Sinn und Funktion eines Deutschen Historischen Museums in West-Berlin hatte in den 1980er Jahren, in Verbindung mit dem etwa gleichzeitigen Historikerstreit, eine heftige Debatte darüber ausgelöst, ob im späten 20. Jahrhundert überhaupt der Neuaufbau einer Sammlung für ein deutsches Nationalmuseum möglich und angemessen wäre. Besonders intensiv wurde die Frage diskutiert, ob sich das Sammlungskonzept nach den wenigen bereits zur Verfügung stehenden Exponaten richten müsse, oder ob man auf Originale verzichten und stattdessen extra angefertigte Replikate und Inszenierungen zur Verdeutlichung der historischen Umstände heranziehen solle. Die Frage von Original oder Replik ist bis heute eine der zentralen Fragen in der Museumsdiskussion und wird hinsichtlich der virtuellen Präsenz von Museen im Internet zunehmend auch auf anderer Ebene gestellt. Ist die Repräsentation der Vergangenheit und damit letztendlich die Erinnerung, so der Kern dieser Frage, an die materielle Existenz eines Exponats und an dessen – wissenschaftlich-rational kaum fassbare – ›Aura‹ gebunden oder ist seine Funktion als Erinnerungsstück von dieser materiellen Authentizität ablösbar? Die meisten Museen geben darauf (noch) eine eindeutige Antwort, die keine Substitute, keine Replikate zulässt; doch ist von Fall zu Fall auch eine Tendenz erkennbar, Lücken eben dadurch zu schließen. Im Falle des geplanten (west-)deutschen Historischen Museums wurden Beweisführung und Realisierung bezeichnenderweise obsolet, weil die deutsche Wiedervereinigung 1990 dem neu gegründeten Deutschen Historischen Museum, das seinen Ort nun nicht mehr im Westen, sondern in der Mitte Berlins fand, die reichen Bestände des Museums für Deutsche Geschichte im Zeughaus Unter den Linden zur Auswertung zuführte – um den Preis, dass dieses Museum nun die Erinnerung an die deutsche Geschichte primär aus westdeutscher Sicht hütet.

Kunstmuseen

In welche Richtung die von einem Museum ausgehenden Erinnerungswege führen können, hängt maßgeblich vom Sammlungsprofil ab. Dass dieses Sammlungsprofil zeit- und geschmacksbedingt ist, von politischen und gesellschaftlichen Umständen, von Moden und sogar von persönlichen Konstellationen abhängt, ist bestimmend für seine Ausgestaltung. So ist im Kunstmuseum, vor allem wenn dort auch Gegenwartskunst gesammelt wird, nicht nur die wissenschaftliche Expertise, sondern auch das Wert- und Geschmacksurteil des Direktors/der Direktorin und der Konservatoren/Kuratoren essentiell – und zwangsläufig höchst subjektiv. Dagegen ist beispielsweise für die Malerei der Renaissance die kunsthistorische Kanonbildung schon so weit fortgeschritten, dass für persönliche Präferenzen weniger Raum bleibt. Ein objektiver kollektiver Erinnerungsspeicher war und ist das Kunstmuseum jedoch nicht. Im Kunstmuseum fand, parallel zur Entstehung und Entwicklung der Kunstgeschichte als eigenständiger wissenschaftlicher Disziplin im Laufe des 19. Jahrhunderts, die immer stärker differenzierte Zuordnung zu Meistern, Schulen, Stilen und Epochen statt; bisweilen wurde sie für politische und ideologische Zwecke instrumentalisiert. Museumstätigkeit im Allgemeinen und Sammlungskonzeptionen im Besonderen wurden verwissenschaftlicht und systematisiert. Diese Ordnung des Kunstmuseums als Versuch der Ordnung der Welt im kleinen Maßstab ist seither – trotz mancher gattungs- oder epochenübergreifender Ausbruchsversuche (z. B. Hängungen, bei denen Gemälde Alter Meister mit zeitgenössischer Kunst konfrontiert werden) – bestimmend: bis heute sind beispielsweise die Werke in einer Gemäldegalerie nach nationalen Schulen (Italienische Abteilung, Niederländische Abteilung etc.) und innerhalb dieser wiederum nach Epochen (Renaissance, Barock etc.) gegliedert.

Die Frage der Kanonbildung spielt in der aktuellen kunsthistorischen Fachdiskussion eine wesentliche Rolle, allerdings nur unter wissenschaftlich-fachimmanenten Aspekten. Noch weitgehend unreflektiert ist die Frage, inwiefern diese Kanonisierung prägend nicht nur für Sammlungs- und Präsentationskonzepte ist, sondern auch für die dadurch geleiteten Erinnerungskonzepte der Besucher. Durch die Auswahl seiner Exponate betreibt das Museum nolens volens auch eine Steuerung der Vergangenheitsvorstellung der Rezipienten; so wird beispielsweise das Bild der italienischen Renaissance wesentlich durch die in den Gemäldegalerien ausgestellten Bilder geprägt.

Museum und Besucher – Probleme und Perspektiven

Das Museum ist konservativ. Eine grundsätzliche Veränderung ist kaum vorstellbar, sie würde dem Charakter und der Aufgabenstellung widersprechen. Doch das reine Beharren auf der überkommenen Ordnung bringt die Gefahr mit sich, veränderten Erwartungen, Bedürfnissen und Rezeptionsgewohnheiten der Museumsbesucher nicht mehr gerecht zu werden. Zunehmend dürfte es wichtig für Museen werden, die ›Aura‹ der Objekte, sei sie ästhetisch oder aus ihrer Zeitzeugenschaft begründet, mit der persönlichen Geschichte und dem persönlichen Horizont des Besuchers zu verknüpfen, ihm differenzierte, auch emotionale Anknüpfungspunkte zu bieten, um die traditionelle Distanz zwischen Exponat und Betrachter graduell zu verringern. Als Beispiel kann Raffaels *Sixtinische Madonna* (gemalt um 1513) dienen, die – für verschiedene Besuchergruppen aus verschiedenen Gründen – den Hauptanziehungspunkt der Dresdner Gemäldegalerie Alte Meister darstellt: Weil sie ein Hauptwerk Raffaels, eines der hervorragenden Künstler der italienischen Renaissance ist; weil sie durch die unzähligen, omnipräsenten Reproduktionen der beiden Engelchen am Fuß der Madonna ungemein populär ist; weil sie zum festen Bildungskanon des Bildungsbürgertums zählt – und weil sie für russische Galeriebesucher zu dem auch in der Sowjetunion tradierten humanistischen Bildungskanon gehört und zudem durch die Reisen russischer Künstler und Intellektueller des 19. Jahrhunderts unlösbar mit dem russischen Deutschland-Bild verbunden ist. Der Besuch der *Sixtinischen Madonna* bekräftigt also in erster Linie bereits vorhandene Vorstellungen und Klischees, er knüpft an vorhandene Erinnerungen an – und nicht zuletzt deshalb ist dieses Gemälde so beliebt und erfolgreich.

Es stellt eine Herausforderung für das Museum dar, sich nicht nur als wissenschaftliches Archiv des Gegenständlichen und als Forschungsanstalt zu verstehen, die für eine kleine Zahl von Experten arbeitet – und die Laien-Besucher mehr oder weniger nur als notwendiges Übel versteht. Dieses elitär wissenschaftliche Verständnis hat die Museumsarbeit, oft uneingestanden, seit dem 19. Jahrhundert geprägt; seit den 1970er Jahren ist allerdings eine stärkere Orientierung am Laien-Besucher erkennbar. Der Ausgleich zwischen Wissenschaftlichkeit und Publikumsfreundlichkeit ist seither eine wichtige Museumsaufgabe. Dabei ist zu berücksichtigen, dass die Besucherstruktur sich verändert, und zwar mit direkten Auswirkungen auf den Erinnerungs- und Erfahrungshorizont der Besucher: Dies betrifft den demographischen Wandel; dies betrifft Bürger mit ›Migrationshintergrund‹, deren Wissen und Erinnerung sich nicht mit der ›christlich-abendländischen Tradition‹ deckt; dies betrifft potentielle Besuchergruppen ohne den Bildungshintergrund, der zum Verständnis eines Großteils der musealen Exponate unverzichtbar erscheint. Die ersten Museen haben dies in Angriff genommen: Das British Museum in London lädt Immigranten und Asylanten ein, um gemeinsam an Konzeptionen für jene Abteilungen zu arbeiten, deren Bestände aus kolonialistischer Zeit als kulturelle Beute nach London gekommen sind und die bei Europäern andere Assoziationen auslösen als bei denjenigen, aus deren Heimat sie stammen.

Dass Objekte im Museum ohne das Wissen um ihren einstmaligen Gebrauch und ihre Geschichte(n) gleichsam sprachlos sein können, haben wohl als erste ethnologisch-anthropologische Museen in Kanada, insbesondere in Vancouver, konstatiert. Schon in den 1980er Jahren begann man dort, Exponate nicht isoliert vom Ritus und den Zeremonien der indigenen Völker, an die sie vor ihrer Musealisierung gebunden gewesen waren, zu behandeln. Erst die Erinnerung der Stammesältesten an diese Riten und Zeremonien sowie die daraus erworbenen Kenntnisse der Museumskonservatoren ermöglichten in der Synthese einen anderen, möglicherweise adäquateren Umgang mit den musealisierten Objekten. Heute ist dieser Umgang einem genauen Regelwerk unterworfen, das eine Verbindung zwischen musealer Präsentation und den Gesetzen der ›Stämme‹ (*first nations*) regelt (und damit auch Tendenzen der Political Correctness reflektiert). Die Exponate werden also an ihre ursprüngliche

Funktion rückgebunden, ihrer ästhetischen musealen ›Aura‹ zugunsten der Authentizität ein Stück weit entkleidet. Dieses Beispiel wirft die für die Idee des Museums generell, wie für seine Erinnerung bewahrende Rolle im Besonderen zentrale Frage auf, ob die ›Aura‹ eines Exponats von dessen ursprünglichem Kontext isoliert und alleine ästhetisch begründet werden kann. Die traditionelle Antwort des (Kunst-)Museums, die auf dieser Trennung bestand, steht jedenfalls zur Diskussion.

Diese Form der Vergangenheitsvergegenwärtigung ist nicht auf alle Museen übertragbar, doch sie kann ein Ansatz sein. Möglicherweise wird in absehbarer Zukunft auch das Exponatspektrum der ›klassischen‹ kunst- und kulturhistorischen Museen von Traditionen, Erinnerungen und Erfahrungen ihres Publikums abgeschnitten sein. Das auf persönlicher Erfahrung und Erinnerung beruhende Wissen über christliche Ikonographie beispielsweise ist in rapidem Rückgang begriffen. Es wird sich bald und vehement die Frage stellen, wie eine Rückkoppelung an Erfahrungen, Wissen und Interessen der Besucher hergestellt werden kann und welche Bedeutung ein rein ästhetischer Zugang haben wird. Es gibt darauf mehrere mögliche, z. T. bereits erwähnte Antworten (die allerdings in der Museumspraxis kaum in Reinform vorkommen): Eine Antwort ist es, die Exponate ›zum Sprechen zu bringen‹, sie als Bühnenstücke oder als ›Event‹ zu inszenieren, um das nicht direkt aus dem persönlichen Erinnerungsschatz des Besuchers Evozierbare doch zu erreichen. Eine andere Antwort setzt ganz auf die Ausstrahlung des frei gestellten, auf seinen ästhetischen Gehalt reduzierten Exponats. Eine dritte Antwort wiederum zielt auf das Gegenteil, nämlich auf Kontextualisierung, Erklärung, Pädagogik.

Diese ›Antworten‹ versuchen, mit der Gefährdung des Museums durch den veränderten Bildungs- und Erfahrungshorizont umzugehen. Auch unter anderen Aspekten wird die Stellung des Museums als exklusiver Gedächtnis- und Erinnerungsort grundlegend und möglicherweise endgültig in Frage gestellt. Die wachsenden Möglichkeiten digitaler Datenspeicherung, virtueller Präsenz und Vergegenwärtigung stellen drängende Fragen, beispielsweise nach der Bedeutung des originalen Exponats, nach Zugangsmöglichkeiten zu den im Depot verwahrten Stücken, nach der Rechenschaft über den Bestand und dessen Provenienzen, nach der Notwendigkeit interaktiver Angebote. Das Museum wird dabei einerseits Aufgeschlossenheit gegenüber den neuen Medien zeigen müssen. Richtig verstanden und eingesetzt können diese Medien ihren Beitrag zum Museum der Zukunft leisten, dessen Bedeutung über die Rolle eines Speichers hinaus gehen muss, denn die Speicherrolle wird – die Frage der Authentizität außer Acht gelassen – zunehmend von elektronischen Medien übernommen, sie kann nicht einzige Funktion des Museums sein bzw. bleiben. Das Museum der Zukunft muss bzw. kann auch als Wissenschaftszentrum, als diplomatischer Akteur und als gesellschaftliches Labor agieren. Andererseits muss das Museum aber auf seinen spezifischen, durch kein elektronisches Medium ersetzbaren Qualitäten beharren: Das Museum ist der Ort, in dem eine direkte Begegnung mit den Zeugnissen der Vergangenheit möglich ist, in Räumen, die in der Regel exklusiv für diesen Zweck erbaut wurden, in einer Atmosphäre, die zwar heute nicht mehr als ›heilig‹ bezeichnet werden kann, die aber doch deutlich aus der alltäglichen Sphäre herausgehoben ist.

Literatur

Bredekamp, Horst: *Antikensehnsucht und Maschinenglaube. Die Geschichte der Kunstkammer und die Zukunft der Kunstgeschichte.* Berlin 1993.
Fliedl, Gottfried (Hg.): *Museum als soziales Gedächtnis?* Klagenfurt 1985.
Grasskamp, Walter: *Museumsgründer und Museumsstürmer. Zur Sozialgeschichte des Kunstmuseums.* München 1981.
Groys, Boris: *Logik der Sammlung.* München 1992.
Historisches Museum der Stadt Frankfurt a. M. (Hg.): *Die Zukunft beginnt in der Vergangenheit. Museumsgeschichte und Geschichtsmuseum.* Gießen/Frankfurt a. M. 1983.
Korff, Gottfried: *Museumsdinge. Deponieren – Exponieren.* Köln/Weimar/Wien 2002.
– /Roth, Martin: *Das historische Museum. Labor, Schaubühne, Identitätsfabrik.* Frankfurt a. M./New York 1990.

Lübbe, Hermann: *Geschichtsbegriff und Geschichtsinteresse*. Basel 1977.

Nora, Pierre: *Zwischen Geschichte und Gedächtnis*. Berlin 1990.

Plagemann, Volker: *Das deutsche Kunstmuseum 1790–1870*. München 1967.

Pomian, Krzystof: *Der Ursprung des Museums: Vom Sammeln*. Berlin 1993.

Roth, Martin: *Heimatmuseum. Zur Geschichte einer deutschen Institution*. Berlin 1990.

Savoy, Bénédicte (Hg.): *Tempel der Kunst. Die Entstehung des öffentlichen Museums in Deutschland 1701–1815*. Mainz 2006.

Waidacher, Friedrich: *Handbuch der allgemeinen Museologie*. Wien u. a. ³1999.

Martin Roth/Gilbert Lupfer

8. Denkmale und Gedenkstätten

Denkmale und Gedenkstätten haben eine retrospektive und eine prospektive Funktion. Sie manifestieren eine von ihren Initiatoren als relevant erachtete Vergangenheit im öffentlichen Raum einer Gesellschaft. Damit soll die repräsentierte Vergangenheit in Gegenwart und Zukunft identitätsstiftend und handlungsleitend sein: Die angesprochene Gesellschaft soll auf diese Weise zu einer ›Erinnerungsgemeinschaft‹ werden. Zugleich soll mithilfe solcher öffentlicher Vergegenständlichungen von Vergangenheit ein charakteristisches Bild über diese ›Erinnerungsgemeinschaft‹ nach außen kommuniziert werden.

Denkmale und Gedenkstätten können sich unterschiedlichsten Themen widmen: einer vorbildhaften Person, einem denkwürdigen Ereignis, einem historisch bedeutsamen Ort, einer Gruppe von Helden oder Opfern, einem historischen Zusammenhang oder auch einem von konkreten historischen Umständen abstrahierten Ideal wie etwa ›Freiheit‹. Die normative Interpretation des gewählten Themas und dessen ästhetische Gestaltung in einem Denkmal oder einer Gedenkstätte resultieren dabei nicht aus der intrinsischen Bedeutung der jeweiligen Vergangenheit, sondern aus einer gedächtnispolitischen Absicht jeweiliger Denkmalsetzer in ihrer Gegenwart. Denkmale und Gedenkstätten dienen also dem öffentlichen gedächtnispolitischen *agenda setting*: Partikulare Lesarten von Vergangenheit werden nicht nur vergegenständlicht, sondern auch verräumlicht, wodurch sie nicht nur allgemein sichtbar, sondern auch physisch erfahrbar gemacht werden. Die gewählte Perspektive auf Vergangenheit und Zukunft soll auf diese Weise gleichsam nach ›innen‹ und ›außen‹ universalisiert, die entsprechenden normativen Botschaften als allgemein gültig präsentiert werden.

Eine eindeutige begriffliche Trennung zwischen Denkmalen und Gedenkstätten gestaltet sich schwierig: Umgangssprachlich versteht man unter einem Denkmal eine intentional gesetzte und ästhetisch gestaltete Repräsentation von Vergangenheit. Denkmale befinden sich zumeist inmitten der Alltagswelt und suggerieren Betrachtern und Passanten eine gewisse ›Selbstverständlichkeit‹. Während Denkmale durch ihre Eingebundenheit in den alltäglichen Raum oft einen eher ephemeren Charakter haben, sucht man Gedenkstätten zumeist bewusst auf, um sich mit der dort repräsentierten Vergangenheit auseinanderzusetzen. Unter einer Gedenkstätte stellt man sich dabei üblicherweise eine Institution am ›authentischen‹ Ort eines vergangenen Geschehens vor. Mithilfe arrangierter historischer Relikte sollen Besucher einen möglichst ›unmittelbaren‹ Zugang zu einer Vergangenheit finden, häufig gibt es kontextualisierende Informationsmöglichkeiten wie Ausstellungen oder pädagogische Angebote (Führungen, Seminare etc.).

Aus denkmalpflegerischer Perspektive wiederum wird über die beschriebenen Denkmale und Gedenkstätten hinaus all das als ›Denkmal‹ bezeichnet, was im Sinne eines ›kulturellen Erbes‹ einer Gesellschaft in einer jeweiligen Gegenwart Denkmalwert besitzt: Baudenkmale, Bodendenkmale, Gartendenkmale oder auch Naturdenkmale wie beispielsweise ein alter Baum. So umfasst allein die Berliner Denkmalliste knapp 1000 Seiten.

Profanes und Sakrales

Die neuzeitliche Denkmalkultur ist stark von der ideellen und ästhetischen Rezeption der europäischen Antike seit der Renaissance geprägt. Bereits im klassischen Athen hatte man beispielsweise um 500 v. Chr. – etwa zehn Jahre nach der gewaltsamen Beendigung der *tyrannis* – den Tyrannenmördern ein figürliches Denkmal gesetzt. Deren Tat wurde damit offiziell als Ursprung einer besseren Gesellschaftsordnung versinnbildlicht, die Bevölkerung sollte auch zukünftig zum Widerstand gegen jedwede Gewaltherrschaft angehalten werden. Im republikanischen Rom bildete sich im Zuge auch der Rezeption griechischer Kultur ab dem vierten Jahrhundert v. Chr. eine regelrechte Denkmallandschaft heraus: Statuen erinnerten Passanten nicht nur an Götter, sondern auch an Tugenden und Ideale, Herrscher und Feldherren. Zeitweise kam es zu einem

»wahren Denkmälerkrieg« (Hölscher 2001, 208) zwischen konkurrierenden Institutionen und Personen; dabei wurden immer wieder auch Denkmale gestürzt. Neben Statuen und Reliefdarstellungen konnte im damaligen Rom jedoch auch eine Art früher Gedenkstätten an ›authentischen‹ Orten besichtigt werden: So etwa die Höhle, in der eine Wölfin der Legende nach den Stadtgründer Romulus gesäugt hatte, außerdem eine ärmliche Hütte inmitten von Villen, in der Romulus angeblich gelebt hatte.

Nicht nur im antiken Rom und Griechenland waren Denkmale und ›Mnemotope‹ (J. Assmann) immer auch eng an sakrale Vorstellungen, Symboliken und Orte gebunden. Öffentliche Gedächtniszeichen zur Wertorientierung einer Gesellschaft sind ein historisch und kulturell verbreitetes Phänomen: Ideelle Orientierung lässt sich dabei in einer Religion finden, alternativ in einem normativen Geschichtsverständnis bzw. in der Kombination von Religion und Geschichte. Je nach Gesellschaftsformation sind sakrale und profane Bedeutungen der entsprechenden Repräsentationen unterschiedlich gewichtet, dabei jedoch sehr häufig miteinander verknüpft. Sakrales und Profanes mischt sich auch in Traditionen der Grabbaukunst und Totenehrung, die ebenfalls in moderne Denkmalkulturen eingeflossen sind. Vor diesem Hintergrund ist es wenig überraschend, dass bei der Gestaltung von Denkmalen und Gedenkstätten bis in die Gegenwart häufig auf sakrale Formen zurückgegriffen wird. Auch die über solche Orte geführten Diskurse (Auschwitz) oder bestimmte Rezeptionspraktiken (z. B. Pilgerfahrten) weisen nicht selten sakrale bzw. sakralisierende Elemente auf. Dabei kommt es bis in den akademischen Diskurs hinein häufig zu einer »Entnennung des Politischen«: »Das Prinzipielle und fast Zeitlose kann deshalb Gültigkeit beanspruchen, weil es von Gegenwartsinteressen scheinbar nicht tangiert ist« (Eschebach 2005, 59).

Säkulares Geschichtsbewusstsein und *nation building*

Die zeitgenössische Denkmalkultur greift zwar in vieler Hinsicht auf vormoderne Gedächtnispraktiken zurück, ist aber als genuin modernes Phänomen zu verstehen: Historisch ist sie eng mit der Entstehung bürgerlicher Gesellschaften und einem damit einhergehenden intensiven säkularen Geschichtsbewusstsein verwoben, vor allem aber mit der Herausbildung von Nationalismen und Nationalstaaten. Das politische Konzept des Nationalstaats, das sich im Europa des 19. Jahrhundert durchsetzte und schließlich in alle Welt exportiert wurde, ist zunächst einmal eine abstrakte Idee und somit für die Bewohner eines Territoriums nicht konkret greifbar. Zudem ist der innere Zusammenhalt moderner Gesellschaften stets durch divergierende Interessenlagen und soziale Konflikte gefährdet. Zum *nation building* gehört daher – ebenso wie etwa eine gemeinsame Hochsprache oder ein alle Bürger erfassendes Bildungssystem – auch die Produktion eines institutionalisierten ›kulturellen Erbes‹, das kulturelle Homogenisierung und identitäre Vergemeinschaftung unterstützt (vgl. Graham u. a. 2000, 11 ff.). Analog können sich Denkmale und Gedenkstätten auch an regionale oder transnationale Öffentlichkeiten richten – etwa im Zuge der Schaffung eines ›europäischen Gedächtnisses‹, das ein politisches ›Zusammenwachsen‹ der EU-Staaten befördern soll.

Zeitgenössische Denkmale und Gedenkstätten sind also in aller Regel Bestandteil eines institutionalisierten oder zu institutionalisierenden ›kollektiven Gedächtnisses‹. Sie appellieren an eine soziale Einheit, die auf diese Weise entweder erst produziert oder aber reproduziert werden soll. Ob es sich nun um eindeutig identitätsstiftend gemeinte ›Heldendenkmale‹ oder um sogenannte reflexiv-kritische ›Gegendenkmale‹ handelt: Institutionell etablierte Denkmale und Gedenkstätten vermitteln qua Existenz eine positive Botschaft bezüglich der Gesellschaft, in der sie sich befinden. So sind z. B. deutsche KZ-Gedenkstätten nicht nur als Zeichen eines gebrochenen oder ›negativen Gedenkens‹ (Volkhard Knigge) der deutschen Nation zu verstehen, sondern auch als positiv-identitätsstiftendes Symbol gemeint: Ein gegenwärtiges Deutschland bekennt sich zu seiner negativen Vergangenheit – und ist schon von daher ein *anderes* als das überwundene Deutschland, an dessen Verbrechen gedacht wird.

Gedächtnispolitik und kulturelle Hegemonie

Denkmale und Gedenkstätten interagieren mit ihrer sozialen Umgebung, indem sie sie symbolisch definieren und strukturieren: Durch ihre Präsenz behaupten sie, von allgemeiner kultureller und normativer Bedeutung zu sein und machen dadurch jedes auf sie bezogene Verhalten zu einem symbolträchtigen (und potentiell medienwirksamen) Akt. Auch in der Außenrepräsentation einer Gesellschaft fungieren Denkmale und Gedenkstätten als signifikante *landmarks*. So spielt die erwartete oder tatsächliche Außenwirkung eines Denkmals oft schon bei dessen Konzeption, spätestens aber bei dessen ›Evaluierung‹ eine Rolle: So lobte die Berlin Tourismus Marketing GmbH das Denkmal für die ermordeten Juden Europas als »neuen Besuchermagnet«: »Ganz besonders freuen wir uns über die umfassende und positive Medienresonanz, die der Destination Berlin durch dieses neue Mahnmal zuteil wird.« Denkmale und Gedenkstätten sollen also nicht etwa nur ideelle Werte versinnbildlichen, sondern stellen im Zuge von Tourismus- und Standortmarketing zweifellos auch eine Form kulturellen und ökonomischen Kapitals dar (vgl. Graham u. a. 2000, 129 ff.).

Mittels eines gedächtnispolitisch markierten Ortes im öffentlichen Raum soll eine bestimmte Aussage über Vergangenheit nach innen und außen als verbindlich für eine Gesellschaft präsentiert werden. Gedächtnispolitisches Handeln zielt in diesem Sinne auf kulturelle Hegemonie: Auf die Objektivierung, Materialisierung und kommunikative Verbreitung ideologischer ›Selbstverständlichkeiten‹ innerhalb des *Alltags*bewusstseins einer Bevölkerung (vgl. Gramsci 2000, 194 ff., 380 f.). Will man sich analytisch mit Diskursen über Denkmale und Gedenkstätten auseinandersetzen, empfiehlt sich daher stets eine ideologiekritische Perspektive: Welche Aussagen werden von welchen gedächtnispolitischen Akteuren bezüglich einer Vergangenheit und der gegenwärtigen Gesellschaft gemacht? Oder kontrafaktisch gefragt: Was soll nicht oder – im Fall von Denkmalstürzen – nicht mehr ausgesagt werden?

Wie alle anderen Institutionen sollen Denkmale und Gedenkstätten ihre Rezipienten letztendlich auf eine bestimmte Art subjektivieren, sie also zu Subjekten machen, die eine bestimmte Sichtweise von Vergangenheit, Gegenwart und Zukunft teilen und sich entsprechend konform verhalten. Für bedeutsam erachtete Denkmale und Gedenkstätten werden daher oft noch zusätzlich institutionell verankert, etwa in Form wiederkehrender offizieller Gedenkrituale oder obligatorischer Besuche z. B. von Schulklassen. Insofern dienen Denkmale und Gedenkstätten der (Re-)Produktion von Gesellschaft und können daher mit einem Begriff Louis Althussers als ›ideologische Staatsapparate‹ gedacht werden (vgl. Althusser 1994). Damit ist jedoch gerade nicht die manipulative Verbreitung ›falschen Bewusstseins‹ über eine von ›den Herrschenden‹ verschleierte Realität gemeint, sondern ein – innerhalb jeweiliger politischer Rahmenbedingungen – durchaus pluralistischer und häufig kontroverser Kommunikations- und Interaktionsprozess, mittels dessen sich Gesellschaft ideologisch (re-)produziert.

Konfliktpotential und *culture wars*

Aus einer solchen Perspektive erscheinen Denkmale und Gedenkstätten als ein Bestandteil des permanenten diskursiven und praktischen Aushandlungsprozesses über kulturelle und politische Leitmotive einer jeweiligen Gesellschaft. Dieser Prozess findet allerdings nicht in einem herrschaftsfreien Raum statt, sondern wird von objektiven Machtverhältnissen und Konfliktkonstellationen bestimmt. Je nach politischer Verfasstheit einer Gesellschaft können Denkmalprojekte mehr oder weniger öffentlich diskutiert werden, kann sich ein mehr oder weniger vielstimmiges oder widersprüchliches Spektrum gedächtnispolitischer Themen im öffentlichen Raum etablieren.

Im Vergleich zu anderen Gedächtnismedien ist für Denkmale und Gedenkstätten ihre unhintergehbare Präsenz im öffentlichen Raum einer Gesellschaft charakteristisch. Gerade diese Sichtbarkeit birgt jedoch auch ein besonderes Konfliktpotential: Als alltagsweltlich wahrnehmbare Objektivationen von Vergangenheit sollen Denkmale und Gedenkstätten wie gesagt vermitteln, dass hinsichtlich der Bewertung und Relevanz dieser Vergangenheit Konsens herrscht (oder herrschen sollte). Da das jedoch meist nicht der Fall ist, werden Denkmale häufig zum Gegenstand von Auseinandersetzungen, nicht selten werden sie ›geschändet‹ oder gestürzt. Der Geograph Don Mitchell bezeichnet solche symbolischen Kämpfe als *culture wars*, die darüber geführt werden, »was in einer Gesellschaft als legitim definiert wird, wer dazu gehört und wer nicht. [...] Debatten über ›Kultur‹ sind Debatten über tatsächliche Räume, über Landschaften, über die sozialen Beziehungen, die die Orte definieren, an denen wir und andere leben« (Mitchell 2000, 5 f., Übers. C. S.).

Mitchells bellizistisches Vokabular ist durchaus angemessen, wie einige Denkmal-Konflikte der letzten Jahre zeigen: Ein Denkmal für in der NS-Zeit verfolgte Homosexuelle in Berlin wird schon kurz nach seiner Einweihung mehrfach massiv beschädigt; einem Che-Guevara-Kopf in Wien wird wenige Monate nach seiner Errichtung die Nase abgesägt; in Israel werden Informationstafeln zerstört, die an die im Krieg von 1948 zerstörten palästinensischen Dörfer erinnern sollen; eine Genozid-Gedenkstätte in Ruanda wird mit Handgranaten angegriffen; in einem spanischen Dorf wird ein Denkmal für die Opfer des faschistischen Franco-Regimes beschossen; bei Krawallen anlässlich der Entfernung eines sowjetischen Weltkriegsdenkmals in der estnischen Hauptstadt Tallinn kommt ein Jugendlicher ums Leben.

Anhand dieser schlaglichtartigen Aufzählung wird offensichtlich, dass sich in derartigen Auseinandersetzungen Konflikte und Machtverhältnisse innerhalb der jeweiligen Gesellschaften (und oft auch darüber hinaus) widerspiegeln. Hinter den umstrittenen Repräsentationen verbergen sich grundlegende Fragestellungen bezüglich Inklusion und Exklusion, Macht und Ohnmacht, antagonistischer politischer Überzeugungen, und immer wieder geht es auch um Anerkennung oder Leugnung von historischem Unrecht und erlittenem Leid.

Intention und Rezeption

Beim Nachdenken über Denkmale und Gedenkstätten muss man deutlich zwischen den Intentionen jeweiliger Denkmalsetzer und der Rezeption dieser Orte unterscheiden: Real existierende Denkmale und Gedenkstätten lassen zunächst einmal ausschließlich Rückschlüsse auf die Intentionen derjenigen zu, die an ihrer Entstehung bzw. einer damit einhergehenden öffentlichen Diskussion konkret beteiligt waren. Keinesfalls jedoch kann man – zumal angesichts der skizzierten Denkmalkonflikte – von hegemonialen (oder nach Hegemonie strebenden) Diskursen bzw. deren Resultaten auf ein ›kulturelles Gedächtnis‹ ganzer Gesellschaften schließen – schon gar nicht im Sinne von ›Identitätskonkretheit‹ oder ›Verbindlichkeit‹ (Assmann 1988). Vielmehr liefe man so Gefahr, genau diejenigen ideologischen Diskurse zu reproduzieren, die eigentlich kritisch zu analysieren wären.

Ebenso wenig sollte man allerdings ins andere Extrem verfallen und Denkmale ausschließlich im Sinne gezielter Manipulation ›von oben‹ betrachten. Selbst wenn eine herrschende Elite einer unterdrückten Bevölkerung Denkmale und Gedenkstätten mehr oder weniger aufzwingt, ist damit nichts über den vermutlich eher geringen Erfolg solcher Maßnahmen gesagt. In den meisten Gesellschaften müssen gedächtnispolitische Diskurse und deren Ergebnisse zudem weitaus komplexer gedacht werden (vgl. Graham u. a. 2000, 24). Während es aber für den Forscher relativ einfach ist, (öffentlich geäußerte) Motivlagen gedächtnispolitischer Akteure und deren Umsetzung zu rekonstruieren, sollte man sich darüber im Klaren sein, dass die tatsächliche Wirkung und Nutzung eines Denkmals im gesellschaftlichen Alltag zunächst einmal eine *black box* darstellt: »Die Anwesenheit und Zirkulation einer Repräsentation [...] verrät uns nichts darüber, was sie für ihre Nutzer bedeutet« (Certeau 1984, xiii, Übers. C.S.).

Denkmale und Gedenkstätten werden subjektiv äußerst unterschiedlich wahrgenommen, wie etwa die Künstlerin Sophie Calle feststellte, als sie in den 1990er Jahren Ost-Berliner nach ihren Erinnerungen an die verschwundenen Denkmale der Hauptstadt der DDR befragte: Mit Blick auf ein entferntes Lenindenkmal erinnerten sich die einen an Lenin als freundlichen Großvatertyp, während die anderen eine autoritär-repressive Ausstrahlung des Denkmals beschrieben (vgl. Calle 1996). Die Rezipienten solcher materiell und ideologisch bereits vorstrukturierten Orte sollten also zunächst einmal als ›eigensinnig‹ gedacht werden: Sie begegnen solchen Orten mit eigenen ideologischen Dispositionen, Erfahrungs- und Erwartungshorizonten und verhalten sich gegenüber der hegemonialen Botschaft eines Denkmals oder einer Gedenkstätte entsprechend affirmativ, indifferent, ambivalent, kritisch oder auch subversiv. Entsprechend verwehrt sich auch der Judaist James E. Young in seiner wegweisenden Studie zu Formen der Holocaust-Erinnerung in verschiedenen Ländern dagegen, Denkmale und Gedenkstätten als Repräsentationen eines bereits vorhandenen »kollektiven Gedächtnisses« zu interpretieren: Sie seien als Orte »gesammelter Erinnerung« zu begreifen, die in Abhängigkeit von aktuellen gedächtnispolitischen Diskursen, aber auch von Perspektiven jeweiliger Betrachter ständig in Veränderung begriffen seien. Dabei entwickelten sie ein von den ursprünglich intendierten Botschaften weitgehend unabhängiges »Eigenleben« (vgl. Young 1997, 16 ff.).

Kommunikation und Interaktion

Anstatt jedoch Denkmale und Gedenkstätten zu Subjekten mit einem ›Eigenleben‹ zu metaphorisieren, sollte man sie als (symbol-)politisch gestaltete Orte denken, an denen es zu einer über den Ort vermittelten und damit indirekten Auseinandersetzung zwischen Denkmalsetzern und Rezipienten kommt. Dabei sollte nicht vernachlässigt werden, dass die Agenda für diese Interaktion bereits vorgegeben ist: »Wir alle *lesen* die Landschaft, aber wir sind nicht alle gleichberechtigt im Prozess ihrer ›Erschaffung‹ – und auch nicht in der Kontrolle ihrer Bedeutungen« (Mitchell 2000, 139 f., Übers. C.S.). Insgesamt muss es also darum gehen, Denkmale und Gedenkstätten einerseits als hegemoniale Strukturen zu verstehen, sie aber andererseits als Kommunikations- und Interaktionsplattformen zu denken, die trotz ihrer hegemonialen Strukturierung vielfältige diskursive und praktische Bezugnahmen ermöglichen. Nur in einer solchen Perspektive kann die tatsächliche gesellschaftliche Dynamik solcher Orte erfasst werden: Zwar sind ihnen bestimmte Aussagen eingeschrieben, diese werden dann aber konstant neu verhandelt und (re-)produziert (vgl. Cresswell 2004, 33 ff.).

Das heißt auch, dass Denkmale und Gedenkstätten hinsichtlich ihrer (potentiellen) sozialen Bedeutungsgehalte in hohem Maße überdeterminiert sind: Gerade dadurch, dass sie als hegemonial objektivierte Deutungen von Vergangenheit allgemein sichtbar sind, provozieren sie möglicherweise Dissens oder Widerspruch, der sich sonst vielleicht gar nicht artikuliert hätte. Für Andersdenkende ist beispielsweise durchaus erkennbar, dass in einem Denkmal oder einer Gedenkstätte keine konsensuale, sondern eine spezifische Sichtweise auf eine Vergangenheit kommuniziert wird. Daher verweisen Denkmale und Gedenkstätten beispielsweise auch auf alternative, opponierende oder unterdrückte Interpretationen von Vergangenheit und Gegenwart. Diese symbolische Überdeterminiertheit macht Denkmale und Gedenkstätten zu gesellschaftlich außerordentlich dichten Orten: Denn Gesellschaft kann an diesen Orten nicht nur besichtigt und zustimmend internalisiert werden, sondern eben genauso gut auch hinterfragt, kritisiert und kontrovers verhandelt werden.

Diskursanalyse und empirische Forschung

Die wohl am weitesten verbreitete Forschungsstrategie in Bezug auf Denkmale und Gedenkstätten ist die Diskursanalyse: Was sagen oder schreiben gedächtnispolitische Akteure über ihre Motivationen und Ziele? Wie wird zu welchem Zeitpunkt im öffentlichen Diskurs über Denkmale und Gedenkstätten gesprochen und warum? Eine Untersuchung der Motivlagen gedächtnispolitischer Akteure sowie analytische Rekonstruktionen öffentlicher Debatten sind tatsächlich unabdingbar, wenn man die jeweiligen gedächtnispolitischen Rahmenbedingungen erfassen will, innerhalb derer ein Denkmal oder eine Gedenkstätte verhandelt und schließlich positioniert wird. Nur so können außerdem historische Veränderungen nachvollzogen werden: Wie und warum verändert sich ein öffentlicher Diskurs über jeweilige gedächtnispolitische Themen? Wie schlägt sich das auf die Gestaltung oder Umgestaltung von Denkmalen, Gedenkstätten und Gedenklandschaften nieder? Ein Beispiel hierfür wäre etwa die sogenannte ›Preußen-Renaissance‹ in der DDR, in deren Zuge ein 1950 ostentativ gestürztes Reiterstandbild Friedrichs II. neu gedeutet und 1980 mitten in Ostberlin wieder aufgestellt wurde.

Beim Nachdenken und Forschen über Denkmale und Gedenkstätten sollte man sich aber darüber bewusst bleiben, dass es sich nicht nur um Objektivierungen hegemonialer Botschaften handelt, sondern dass an diesen Orten ungleich vielfältigere gesellschaftliche Diskurse und soziale Praktiken stattfinden – die jedoch bisher kaum erforscht werden. Denkmale und Gedenkstätten sind vor allem und nicht umsonst real existierende Orte. ›Vor Ort‹ aber machen Menschen nicht nur kognitive, sondern auch emotionale und physische Erfahrungen (vgl. Tuan 1977), was von Denkmalsetzern auch durchaus beabsichtigt, jedoch bisher kaum untersucht wird. Einer 19 Meter hohen Leninstatue aus massivem Granit gegenüber zu stehen ist jedoch eine wesentlich andere Erfahrung als eine Foto des gleichen Denkmals zu betrachten. An Grabungsarbeiten am Ort eines ehemaligen Konzentrationslagers teilzunehmen erzeugt andere Eindrücke und Gedanken als eine Radiosendung über Gedenkstättenarchäologie zu hören. Ein bayerischer Schüler auf Klassenreise sieht, empfindet und evaluiert das Berliner Holocaust-Mahnmal anders als der Inhaber eines dort angesiedelten Souvenirladens.

Mit Blick auf die Erforschung von Orten regt der Kulturgeograph Tim Cresswell daher zur empirischen Beobachtung an: »Die Realität an sich ist die beste Ressource, um über einen Ort nachzudenken« (Cresswell 2004, 125). Leider gibt es nur wenige Studien, die sich in diesem Sinne empirisch mit Denkmalen und Gedenkstätten bzw. den darauf bezogenen Rezeptionsweisen und sozialen Praktiken auseinandersetzen. Wertvolle Anregungen für eine solche Forschung bietet eine Studie über organisierte Reisen israelischer Schülergruppen zu den Gedenkstätten an ehemalige Vernichtungslager in Polen, die methodisch auf ethnographischer Feldforschung gründet (vgl. Feldman 2008). Um bezüglich Denkmalen und Gedenkstätten jenseits herkömmlicher Diskursanalysen auch empirische Fragestellungen zu generieren, empfiehlt sich jedenfalls zweifellos eine Erkundung vor Ort – ohne allzu konkrete Fragen und Erwartungen, dafür aber mit offenen Augen und Ohren: Wie sieht eigentlich der Alltag an diesem Ort aus? Wie wird er organisiert und reguliert? Was machen Menschen an diesem Orten und warum? Was denken sie angesichts von Denkmalen und Gedenkstätten?

Literatur

Althusser, Louis: Ideology and Ideological State Apparatuses (Notes towards an Investigation) [1970]. In: Slavoj Žižek (Hg.): *Mapping Ideology*. London/New York 1994, 100–140.

Assmann, Jan: Kollektives Gedächtnis und kulturelle Identität. In: Ders./Tonio Hölscher (Hg.): *Kultur und Gedächtnis*. Frankfurt a. M. 1988, 9–19.

Calle, Sophie (Hg.): *The Detachment – Die Entfernung*. Dresden 1996.

Certeau, Michel de: *The Practice of Everyday Life*. Berkeley u. a. 1984.

Cresswell, Tim: *Place – a Short Introduction*. Malden u. a. 2004.

Eschebach, Insa: *Öffentliches Gedenken. Deutsche Erinnerungskulturen seit der Weimarer Republik*. Frankfurt a. M./New York 2005.

Feldman, Jackie: *Above the Death Pits, beneath the Flag. Youth Voyages to Poland and the Performance of Israeli Identity*. New York/Oxford 2008.

Graham, Brian u.a.: *A Geography of Heritage. Power, Culture and Economy*. London/New York 2000.

The Gramsci Reader. Selected Writings 1916–1935. Hg. von David Forgacs. New York 2000.

Hölscher, Tonio: Die Alten vor Augen. Politische Denkmäler und öffentliches Gedächtnis im republikanischen Rom. In: Gert Melville (Hg.): *Institutionalität und Symbolisierung. Verstetigungen kultureller Ordnungsmuster in Vergangenheit und Gegenwart*. Köln u.a. 2001, 183–211.

Mitchell, Don: *Cultural Geography. A Critical Introduction*. Malden u.a. 2000.

Tuan, Yi-Fu: *Space and Place. The Perspective of Experience*. Minneapolis/London 1977.

Young, James E.: *Formen des Erinnerns. Gedenkstätten des Holocaust*. Wien 1997.

Cornelia Siebeck

9. Erinnerungsorte

Den Beginn der steilen Karriere des Begriffs ›Erinnerungsort‹ in Wissenschaft und Publizistik markiert die Veröffentlichung des ersten von insgesamt sieben Sammelbänden mit dem Titel *Les lieux de mémoire* durch den französischen Historiker Pierre Nora im Jahr 1984. Das 1992 abgeschlossene editorische Großprojekt gilt nicht nur als wichtige Etappe auf dem Weg zur Begründung einer kulturwissenschaftlichen Gedächtnisforschung, sondern auch als einer der entscheidenden Impulse zur Verankerung eines neuen Paradigmas innerhalb der Geschichtswissenschaft: das des kollektiven Gedächtnisses (s. Kap. II.2). Während das ursprüngliche Ziel des mehrheitlich aus Historikern und Historikerinnen zusammengestellten Autorenkollektivs um Nora noch darin bestand, die Kristallisationspunkte der öffentlichen französischen Erinnerungskultur zu inventarisieren, erkannten zahlreiche Wissenschaftlerinnen und Wissenschaftler aus unterschiedlichen Disziplinen und Nationen schon bald die prinzipielle Anschlussfähigkeit seines Ansatzes. Die Konsequenz daraus ist eine kaum mehr überschaubare Zahl an Folgeprojekten und Veröffentlichungen, denen die Vorstellung immanent ist, dass Erinnerungsorte als Medien des kollektiven Gedächtnisses begriffen werden können. Zugleich aber erschweren die darin formulierten begrifflichen Modifikationen und konzeptionellen Erweiterungen das Verständnis, was einen Erinnerungsort als solchen ausmacht.

Diese Unschärfe resultiert auch aus Noras eigener Definition, die einen sehr breiten, auf den ersten Blick ungewöhnlichen Katalog an Erinnerungsorten erlaubt. Das Spektrum umfasst neben vertrauten ›Orten‹ wie Gedenkstätten, Museen und Bauwerken auch Ereignisse, Gedenkfeiern, Persönlichkeiten und Organisationen. Außerdem sind Rituale und Embleme sowie wissenschaftliche, literarische und Gesetzestexte potenzielle ›Gedächtnisorte‹ – wie die anfängliche Übersetzung von *lieux de mémoire* noch lautete. In Noras programmatischer Einführung *Zwischen Geschichte und Gedächtnis*, die er seiner 133 Beiträge und 5700 Seiten umfassenden Sammlung voranstellt, werden drei Voraussetzungen aufgeführt, denen die genannten Orte zu genügen haben, um tatsächlich einen Erinnerungsort zu verkörpern. Demnach müssen sie zugleich einen materiellen, einen symbolischen und einen funktionalen Sinn besitzen: »[E]ine Schweigeminute, die das extremste Beispiel einer symbolischen Bedeutung zu sein scheint, ist materieller Ausschnitt einer Zeiteinheit und dient gleichzeitig dazu, periodisch eine Erinnerung wachzurufen. Stets existieren die drei Aspekte neben- und miteinander« (Nora 1990, 26). Erinnerungsorte sind daher selten konkret-dinglich, ihre Bedeutung liegt vor allem in ihrem referentiellen Charakter.

Ergänzt wird die geforderte Simultanität von Materialität, Symbolkraft und Funktionalität um das ›Prinzip der Vorgängigkeit‹. Laut Nora muss bei der Schaffung eines ›Ortes‹ der Wille vorgelegen haben, diesen im kollektiven Gedächtnis zu verankern. Seiner Forschungsagenda zufolge interessieren ihn dabei weniger die Bedeutungen, die dem Erinnerungsort zum Zeitpunkt seines Ursprungs zugeschrieben wurden, als vielmehr dessen Metamorphosen und Adaptionen im Laufe der Zeit. Die Wandlungsfähigkeit ergibt sich aus dem Doppelcharakter der Erinnerungsorte. Sie sind »einfach und vieldeutig, natürlich und künstlich, der sinnlichsten Erfahrung unmittelbar gegeben und gleichzeitig Produkt eines höchst abstrakten Gedankenwerks« (ebd., 26). Verständlicher wird diese Janusköpfigkeit bei eingehender Auseinandersetzung mit Noras Einleitungstext.

Zivilisationskritisch beklagt er darin die Folgen der »Beschleunigung der Geschichte«. Seinem viel zitierten Diktum nach habe erst die Zerstörung der ›milieux de mémoire‹ zur Entstehung der ›lieux de mémoire‹ geführt. Nora führt zur Begründung dieser These exemplarisch den Niedergang des Agrarsektors als verlorenes Erinnerungsmilieu an: Der »Untergang der bäuerlichen Welt« bedeute eine »unwiderrufliche Verstümmelung des Gedächtnisses« (ebd., 11). Das Ende dieser Gedächtnisgemeinschaft interpretiert er als Konsequenz von Demokratisierungs- und Modernisierungsprozessen, die gleichzeitig auch für die Erosion weiterer Instanzen mit Tradierungsfunktion (z. B. Familie, Schule, Kirche, Nationalstaat) verantwortlich zu machen seien. Anders als es Maurice Halbwachs (s. Kap. IV.3) rund 50 Jahre zuvor für seine Zeit formulierte, bestreitet Nora daher, dass Ende des 20. Jahrhunderts noch ein lebendiges und authentisches kollektives Gedächtnis existiert. Auf Grundlage einer radikalen Differenzierung zwischen Geschichte und Gedächtnis charakterisiert er seine Erinnerungsorte vielmehr als Hybride, die beiden Sphären angehören: Sie sind Substitute des kollektiven Gedächtnisses.

Der nostalgische Akzent in Noras programmatischer Auseinandersetzung *Zwischen Geschichte und Gedächtnis* deutet an, dass hier die Grundlage für ein normatives Gesamtwerk entwickelt wird. Gleichzeitig enthält seine Einleitung bereits den Kern für die konzeptuelle Weiterentwicklung der Erinnerungsorte in Richtung einer neuen Form von Geschichtsschreibung, die er in zwei weiteren Aufsätzen im fünften und siebten Band für die *lieux de mémoire* reklamiert. Im Gegensatz zu konventionellen Geschichtsdarstellungen wird bei dieser Form der Erinnerungsgeschichte das kollektive Gedächtnis als mosaikartiges Gebilde dargestellt, in dem sich Inhalte und Elemente von Vergangenheitsbezügen in vielfältiger Weise überlagern. Demnach haben die Erinnerungsorte Modellcharakter für eine »Geschichte [...] zweiten Grades« (Nora 2005, 16). Ziel dieser selbstreflexiven Geschichtswissenschaft sei es, die Erinnerungsorte über ihre bloße Rekonstruktion hinaus zu dekonstruieren und damit eine am Leitbild der Demystifizierung orientierte Gedächtnis- und Symbolgeschichte zu begründen. So erläutert etwa Gérard de Puymège im vierten Band von *Les lieux de mémoire*, dass der Soldat Nicolas Chauvin, der im kollektiven Gedächtnis Frankreichs lange als Inbegriff des Nationalismus galt und dem »Chauvinismus« seinen Namen gab, aller Wahrscheinlichkeit nach nur eine fiktive Figur gewesen ist.

Kritik

Die konzeptionellen Überlegungen, die Nora in seiner Einleitung *Zwischen Geschichte und Gedächtnis* anstellt, erscheinen auf den ersten Blick evident. Der definitorische Rahmen wird aber im Verlauf des Projektes immer konturloser. Dies hat zur Folge, dass letztlich »alle kulturellen Phänomene (ob material, sozial oder mental), die auf kollektiver Ebene bewusst oder unbewusst in Zusammenhang mit Vergangenheit oder nationaler Identität gebracht werden« (Erll 2005, 25) zu einem Erinnerungsort avancieren können. Gerade die mangelnde konzeptionelle Präzision scheint unterdessen den häufigen Rekurs auf Nora ausgelöst zu haben. Einerseits legt diese internationale Konjunktur die entscheidende Rolle des französischen Historikers bei der Etablierung der kollektiven Erinnerung als wichtigem interdisziplinärem Forschungsgegenstand nahe, andererseits ist sie durch eine Trivialisierung und Verselbständigung des Begriffs ›Erinnerungsort‹ gekennzeichnet.

Obwohl der Niedergang der Erinnerungsmilieus und die Folgen der Demokratisierung den Ausgangspunkt für sein gesamtes Projekt bilden, verzichtet Nora in seinen einleitenden kulturpessimistischen Überlegungen weitgehend auf theoretische Referenzen. Daraus resultiert eine gewisse Beliebigkeit bei der Auswahl der Erinnerungsorte und Erinnerungsträger. Vor dem Hintergrund des *postcolonial turn* und angesichts der von Nora formulierten Zielsetzung, Orte zu benennen, die »Gewicht für die Herausbildung der politischen Identität Frankreichs« (Nora 1990, 7) haben, wirkt die Ausblendung von Erinnerungen beispielsweise der Migrantinnen und Migranten aus den französischen Kolonien aus heutiger Perspektive unzeitgemäß. Wenngleich es ein vorgebliches Anliegen von ihm ist, auch vergessene und bislang eher unbeachtete Erinnerungsorte sichtbar zu machen, schreibt der Herausgeber Nora mit seiner Auswahl bestehende Differenzen in der Gesellschaft fort.

Insgesamt drängt sich der Eindruck auf, dass es Nora vorrangig um die Entwicklung eines normativen, identitätsstiftenden Bildungskanons geht. Sein Vorhaben, eine Gedächtnisgeschichte zu verfassen, die für alle Französinnen und Franzosen anschlussfähig ist, kann er nur partiell einlösen.

Folgeprojekte

Deutsche Erinnerungsorte: Dessen ungeachtet haben zahlreiche Wissenschaftlerinnen und Wissenschaftler Noras *Les lieux de mémoire* zum Vorbild genommen und seinen Ansatz auf weitere Länder und Regionen übertragen. So sind noch in den 1990er Jahren ähnlich angelegte Untersuchungen zum kollektiven Gedächtnis in Italien, Dänemark und den Niederlanden erschienen. In Deutschland wurde erst zu Beginn des 21. Jahrhunderts ein umfassendes analoges Projekt realisiert. Die zeitliche Verzögerung resultierte auch aus den besonderen Merkmalen der deutschen Geschichte: Die späte Entwicklung zum Nationalstaat, die katastrophale Bilanz der nationalsozialistischen Vergangenheit und die deutsch-deutsche Nachkriegsgeschichte mit der Ausformung zweier unterschiedlicher Erinnerungskulturen in Ost und West machte aus geschichtswissenschaftlicher Sicht einen ›deutschen Sonderweg‹ bei der Auswahl der für die Deutschen maßgeblichen Erinnerungsorte erforderlich. Im Jahr 2001 gaben Etienne François und Hagen Schulze schließlich in drei Bänden und rund 120 Essays eine umfassende Sammlung mit dem Titel *Deutsche Erinnerungsorte* heraus, die durch die Beteiligung internationaler Autorinnen und Autoren sowie europäischer Perspektiven, auch den transnationalen Einflüssen auf Vergangenheit und Erinnerung gerecht zu werden versucht. Allerdings hat die Abwesenheit emanzipatorischer Vermächtnisse (wie etwa des Grundgesetzes), von Erinnerungsorten der Arbeiterbewegung oder von sogenannten ›Frauenthemen‹ (z. B. § 218) zu einer mit dem historischen Bewusstsein der deutschen Bürgerinnen und Bürger nur teilweise übereinstimmenden Sammlung geführt. Dies mag François und Schulze ebenso wie Nora und weitere Herausgeberinnen und Herausgeber dazu bewogen haben, die Verbindlichkeit ihrer Sammlung zu marginalisieren: Geben sie daher vor, dass jeder Einzelne seine Auswahl aus dem Angebot an Erinnerungsorten selbst treffen könne?

Österreichische Erinnerungsorte: Vor dem Hintergrund dieser auf viele Publikationen zu nationalen Erinnerungsorten zutreffenden Tendenz haben sich Forscherinnen und Forscher in Österreich zum Ziel gesetzt, die öffentliche Meinung in der Alpenrepublik für ihre Auswahl heranzuziehen. Auf Grundlage einer repräsentativen Umfrage mit offenen Fragen versuchten sie in Kooperation mit einem Markt- und Meinungsforschungsinstitut zu identifizieren, was nach Ansicht der Befragten typisch für Österreich ist und für erinnerungswürdig gehalten wird. Die daraus hervorgegangene dreibändige Publikation *Memoria Austriae* (Brix/Bruckmüller/Stekl 2004) zeigt, dass sich das Geschichtsbewusstsein von Österreicherinnen und Österreichern vorrangig auf die Zeit nach 1945 konzentriert. Verdeutlicht dieses empirische Ergebnis nochmals eine Schwäche vieler Publikationen – ihre Fokussierung auf zeitlich weit entfernte ›Orte‹ –, so hat auch diese Vorgehensweise entscheidende Nachteile: Sie suggeriert, dass sich das kollektive Gedächtnis allein durch die Erhebung von Inhalten ermitteln lässt, die im individuellen Gedächtnis präsent sind. Weitestgehend ignoriert wird im Zuge dieser Akkumulationsvorstellung jedoch die Differenz zwischen Individual- und Kollektivgedächtnis, ihre unterschiedlichen Grundlagen, Eigenschaften und Dynamiken. Darüber hinaus werden solche Bestandsaufnahmen stark von augenblicklichen medialen Konjunkturen und dem zum Zeitpunkt der Umfrage unmittelbar gegebenen gesellschaftspolitischen Kontext beeinflusst. Diese Herangehensweise bildet das kollektive Gedächtnis Österreichs eher situativ und mit geringer Halbwertszeit ab.

Europäische Erinnerungsorte: Während sich nationale Erinnerungsorte weitgehend auf eine (zumindest territorial) geschlossene Erinnerungsgemeinschaft in Form der Nationalstaaten beziehen können, zeichnet sich die Suche nach europäischen Erinnerungsorten durch die Schwierigkeit aus, Europa in seinen Grenzen zu bestimmen. Lediglich mit der Europäischen Union läge ein spezifisches und geographisch eindeutig – obgleich noch nicht abschließend – definiertes Objekt vor. Entgegen der wachsenden politischen Zusammenarbeit auf europäischer Ebene, erfolgt das kollektive Erinnern jedoch immer noch weitgehend in nationalhistorischen Rahmen, die sich überdies – insbesondere nach der Erweiterung um die ost- und mitteleuropäischen Staaten – erheblich voneinander unterscheiden. Wie sich Konflikte um verschiedene Vergangenheitsdeutungen im europäischen Kontext potenzieren, zeigt unter anderem das Beispiel des 8./9. Mai 1945. Symbolisiert das Datum in Westeuropa überwiegend das Ende von NS-Regime und Faschismus, so steht es in Mittel- und Osteuropa für eine neuerliche Okkupation durch die Sowjetunion. Im offiziellen Russland wiederum sind mit dem 9. Mai uneingeschränkt positive Heldennarrative verknüpft. Auch der Holocaust wird einerseits spezifisch in den Nationalstaaten interpretiert und aufgearbeitet, anderseits aber universell und transnational erinnert – so dass auch dieser kaum als genuin *europäischer* Erinnerungsort dienen kann (vgl. dazu auch kritisch Kap. II.6).

Allein das Spektrum diskrepanter Vergangenheitsbezüge, die der Zweite Weltkrieg eröffnet, deutet die Schwierigkeiten bei der Bestimmung kollektiv geteilter Erinnerungsorte für Europa an. In eine vergleichbare Sackgasse münden auch Versuche, europäische Erinnerungsorte durch den Rückgriff auf weitere historische Ereignisse und Epochen zu identifizieren; Antike, Christentum oder Aufklärung stellen beispielsweise für manche europäische Gesellschaften keinen konstitutiven Erfahrungsraum dar. In solchen Betrachtungsweisen werden vielmehr Streitfragen berührt, die in der seit Jahren andauernden Debatte um eine kulturelle Identität Europas sowie die Bestimmung eines Kerns europäischer Werte und Geschichte (u. a. im Zusammenhang mit der Erweiterung der Europäischen Union) eine Rolle spielen. Folglich kann sich die Suche nach europäischen Erinnerungsorten weder in einer Aneinanderreihung der europäischen Nationalgeschichten erschöpfen noch in der Abbildung einer universalen Weltgeschichte ausdrücken. Überdies ist ungewiss, ob Konzepte zum nationalen Gedächtnis überhaupt auf die europäische Ebene übertragen werden können, da es sich bei Europa beziehungsweise der Europäischen Union um ein Gebilde sui generis handelt, dem möglicherweise nur durch ein neuartiges Konzept der Erinnerungsorte begegnet werden kann.

Lokale Erinnerungsorte: Angesichts der Schwächen der nationalen Adaptionen und der bisherigen Erfolglosigkeit, europäische Erinnerungsorte zu identifizieren, scheint sich die Umsetzung des Ansatzes von Pierre Nora auf der lokalen Ebene anzubieten: Der Faktor ›räumliche Nähe‹ ermöglicht Bürgerinnen und Bürgern eine im Vergleich zu Nation und Europa häufigere und intensivere Erfahrbarkeit von Erinnerungsorten. Einerseits erhöht dies die Wahrscheinlichkeit für ihre Verankerung im kommunikativen Gedächtnis, doch andererseits befinden sich auch örtliche, städtische und regionale Erinnerungsgemeinschaften durch geographische Mobilität und Arbeitsmigration in einem Zustand permanenter Fragilität.

Erinnerungsorte als Medien des Gedächtnisses?

Wenngleich die ›Erinnerungsorte‹ als wissenschaftliches Konzept aufgrund der skizzierten Mängel nur eingeschränkt überzeugen können, sind sie sowohl an Universitäten und Forschungsinstituten als auch von einem breiten Publikum rezipiert worden. Ihre Popularität illustrieren neben 100.000 verkauften Exemplaren von Noras *Les lieux de mémoire* auch Projekte aus Politik und Zivilgesellschaft. Beispiele in Deutschland sind dafür u. a. die 2007 vom Integrationsbeauftragten der nordrhein-westfälischen Landesregierung initiierte Webseite *Route der Migration Nordrhein-Westfalen*, worin Erinnerungsorte an Ein- und Auswanderung erfasst werden, oder die im gleichen Jahr aus einem Symposium der Saarländischen Gesellschaft für Kulturpolitik hervorgegangene Textsammlung *Erinnerungsorte – Ankerpunkte saarländischer Identität*.

An dieser Erfolgsgeschichte wird ein gesellschaftlich bedeutsames Phänomen deutlich: Der Versuch, Gemeinschaftsgefühle und kollektive Identität qua Erinnerung an eine gemeinsame Vergangenheit zu stiften. Obgleich Erinnerungsorte, wie Nora sie definiert hat, niemals vollständig das Gedächtnis eines Kollektivs repräsentieren können, stehen sie stellvertretend für das Bedürfnis von Gemeinschaften, sich durch die Vergegenwärtigung historischer Ereignisse ihrer selbst zu vergewissern. Dementsprechend beschreiben Pierre Noras *Les lieux de mémoire* weder eine bis dato unbekannte Erscheinung noch handelt es sich bei ihnen um eine neue Technik des Erinnerns. ›Erinnerungsorte‹ sind eher als alternative Begrifflichkeit zur Benennung von verschiedenen, in der kulturwissenschaftlichen Gedächtnisforschung diskutierten Medien des Gedächtnisses wie etwa Archive, Literatur, Denkmale Museen oder Rituale zu verstehen (s. Kap. III.6, 10, 8, 7 und 3) – von letzteren heben sie sich vor allem durch die ihnen zugeschriebene Relevanz für die Identität eines Kollektivs ab.

Literatur

Brix, Emil/Bruckmüller, Ernst/Stekl, Hannes (Hg.): *Memoria Austriae*. 3 Bde. Wien 2004–2005.

Erll, Astrid: *Kollektives Gedächtnis und Erinnerungskulturen. Eine Einführung*. Stuttgart/Weimar 2005.

François, Etienne/Schulze, Hagen (Hg.): *Deutsche Erinnerungsorte*. 3 Bde. München 2001.

Große-Kracht, Klaus: Gedächtnis und Geschichte: Maurice Halbwachs – Pierre Nora. In: *Geschichte in Wissenschaft und Unterricht* 47. Jg., 1 (1996), 21–31.

Nora, Pierre (Hg.): *Les lieux de mémoire*. 7 Bde. Paris 1984–1992.

–: *Zwischen Geschichte und Gedächtnis*. Berlin 1990.

–: *Erinnerungsorte Frankreichs*. München 2005.

Robbe, Tilmann: *Historische Forschung und Geschichtsvermittlung: Erinnerungsorte in der deutschsprachigen Geschichtswissenschaft*. Göttingen 2009.

Jens Kroh/Anne-Katrin Lang

10. Literatur

Man könnte denken, dass das menschliche Erinnern an und für sich immer gleich bleibt und höchstens durch historisch wandelbare Techniken und Medien äußerlich modifiziert werde. Dass man eine solche ›strukturelle‹ Stabilität des Erinnerns nicht voraussetzen kann, wird deutlich bei der Betrachtung der Rolle, die dem Erinnern bzw. dem Gedächtnis in verschiedenen Epochen der abendländischen Literatur zugeschrieben worden ist.

Mnemosyne – Mnemotechnik – Anamnesis – Mimesis

Schon in ihrer Frühzeit stand die abendländische Literatur – zumindest die erzählende – ganz im Zeichen des Gedächtnisses, wenngleich damals eines göttlichen. Dies zeigt sich besonders deutlich, wenn der Erzähler im 2. Gesang von Homers *Ilias* noch einmal wie zu Beginn die Muse(n) anruft und seine eigene Unfähigkeit zur Schilderung des Geschehens beteuert. Die Musen aber, Töchter von Zeus und Mnemosyne, der Göttin der Erinnerung, seien zugegen bei allem und wüssten alles; nur wenn sie es ihm ins Gedächtnis riefen, könne er von den unüberschaubaren Ereignissen vor Troja berichten. Die dahinter stehende Vorstellung, wie sie etwa der frühe Platon im Dichter-Dialog *Ion* ausformuliert, ist, dass der Rhapsode gar keinen eigenen Anteil am Vorgetragenen hat, sondern für dessen Dauer von den Musen besessen wird. So gelangt qua (epischer) Dichtung göttliches Wissen zu den Menschen.

Das antike Epos stand aber noch in einem anderen, eher ›handwerklichen‹ Zusammenhang mit dem Gedächtnis. Seine besondere Struktur (Hexameter, das stete Wiederholen von formelhaften Umschreibungen sowie das je sich entsprechende Erzählen von Standardsituationen wie Ankunft, Abreise, Zweikampf etc.) diente nach Erkenntnissen der *oral poetry*-Forschung der Entlastung der Gedächtnisfähigkeiten der Rhapsoden, die ja ungeheuer große Textmengen so vortragen mussten, dass die Zuhörer keine Differenz zu früheren Vorträgen des gleichen Epos erinnerten. Dies korrespondiert mit den in den späteren Rhetoriken ausformulierten Regeln zum Auswendiglernen einer Rede. So wird u. a. in *Ad Herennium* vorgeschlagen, die Inhalte einer Rede in Bilder (*imagines*) zu übersetzen, diese an besonderen Stellen (*loci*) eines imaginierten Raumes zu platzieren und beim Vortrag der Rede in der Vorstellung durch diesen Raum zu gehen und sich von den ›aufgelesenen‹ Bildern an den Fortgang der Rede erinnern zu lassen (s. Kap. III.2). Im Boom der Gedächtnisforschung des ausgehenden 20. Jahrhunderts war es vor allem dieses Modell, mittels dessen die ›Gedächtnishaftigkeit‹ der Literatur erklärt wurde – angeleitet von Frances Yates' grundlegendem Buch *Gedächtnis und Erinnern. Mnemonik von Aristoteles bis Shakespeare*.

Während der frühe Platon die Wahrheitsfähigkeit der epischen (als göttlicher) Rede noch unterstrich, erklärte er später solches Sich-Gesagt-Sein-Lassen der Wahrheit durch die Götter für inadäquat und setzte an eben diese Stelle die Philosophie (als rein menschliche Liebe zur Weisheit). Gleichwohl bleibt ihm alles Erkennen ein Erinnern, denn er setzt in seiner Ideenlehre voraus, dass die Seele in einem vorgeburtlichen Flug in göttlichen Gefilden die Ideen als ›Inbegriffe‹ des zu Erkennenden gesehen habe, zugleich aber, dass sie diese bei ihrer ›Einkerkerung‹ in den Körper vergesse. Doch vermag sie sich später anlässlich ihrer hiesigen Abbilder daran zu erinnern (*anamnesis*) (s. Kap. IV.2). Dies rückt allerdings die Dichter, genauer: alle Künstler, in ein denkbar schlechtes Licht; ihre Darstellungen können ja nur ›Bilder‹ der materiellen Gegenstände sein, die ihrerseits bloße Abbilder der Ideen vorstellen. Eine solche Abbildlichkeit zweiter Ordnung aber kann zur Erkenntnis nichts beitragen, weshalb der späte Platon alle Künstler aus seinem Staat verbannen will.

Sein Schüler Aristoteles wird demgegenüber eine Ehrenrettung der Dichtung betreiben. Zu Beginn seiner *Poetik* schreibt er aller Dichtung zu, Mimesis und zwar Nachahmung von Handlungen zu sein. Und da der Mensch ein durch und durch nachahmendes Wesen sei, liege ihm die Dichtung in besonderer Weise nahe. Allerdings ist das noch nicht der entscheidende Grund der von Aristoteles (wenngleich zu rein menschlichen Bedingungen) reetablierten Erkenntniskraft der Dichtung. Vielmehr: Anders als die Geschichtsschreibung, die ja nur berichte, was tatsächlich stattgefunden habe, bringe die Dichtung mögliche Welten hervor (die gleichwohl auf die Wirklichkeit bezogen sind, denn schließlich bildet die Wirklichkeit das Kriterium zur Bestimmung der [Un-]Möglichkeit eines Geschehens). In der Lockerung des Wirklichkeitsbezugs aber wird die Dichtung für Aristoteles ›allgemeiner‹ und ›philosophischer‹ als die Geschichtsschreibung, insofern sie, statt pure Faktographie zu betreiben, das Wesentliche in Erinnerung zu rufen vermag. Für die Fortführung dieser Traditionslinie ist Horaz' Diktum, dass die Literatur wie ein Gemälde sein soll (»ut pictura poiesis«), von besonderer Bedeutung, wobei auffallend ist, dass an der entsprechenden Stelle seiner *Ars poetica* eigentlich von ganz Anderem als von einer angeratenen ›Bildlichkeit‹ der Dichtung die Rede ist. Wenn die Formel jedoch in der ganzen Geschichte des Abendlandes als eben solche Anweisung tradiert wurde, dann liegt der Grund wohl darin, dass die Dichtung auf eine an der Wirklichkeit orientierte Nachahmung verpflichtet werden sollte, wie sie die Malerei auf der Grundlage ihrer motivierten Zeichen notwendig betrieb. Die weit größeren Möglichkeiten, die der Dichtung als Sprach-Kunst in der Verwendung arbiträrer Zeichen grundsätzlich zur Verfügung stehen (und wie sie etwa die avantgardistische Literatur des frühen 20. Jahrhunderts auch in jeder Hinsicht ausreizen wird), sollten minimiert werden. Horaz fasst dies u. a. in die Lehre vom *decorum* (dem ›Angemessenen‹). Poetische Erfindungen, die die Realitätsprüfung der Vernunft nicht bestehen, werden als willkürliche und unsinnige Phantasien aus dem Reich wahrer Dichtkunst ausgeschieden. Es gilt, dichtend eben und gerade die Ordnung der menschlichen Welt in Erinnerung zu rufen.

Das Postulat einer nur als ›Er-Innerung‹ möglichen Erkenntnis wendet Platon im *Phaidros* auch in eine Kritik an der Schrift, genauer aber an allem bloß ›Auswendigen‹ (also auch der nur belehrenden Rede). Kommunikativ gelange man höchstens im Gespräch zur Wahrheit, weil nur dieses zu den im Inneren verwahrten Ideen zu führen vermöge. Auch damit verlor die Dichtung (und in besonderer Weise die schriftlich aufgezeichnete) ihre ursprüngliche Erkenntniskraft qua Erinnerung. Gleichwohl lässt sich – anders als es Jacques Derridas Diagnose eines umfassenden Phonozentrismus nahe legt – keine durchgängige Hochschätzung der Mündlichkeit und Abwertung der Schriftlichkeit im abendländischen Denken voraussetzen. Schon Seneca setzt in seiner *Trostschrift für Polybius* gegen die verfallenden steinernen Denkmale solche des Geistes, etwa der Dichtung, die die anderen überdauern würden. Francis Bacon führt in *The Adavancement of Learning* in diesem Sinne gerade die Verse Homers als Beispiel an – diese hätten schließlich überlebt, während ganze Städte untergegangen seien.

Allegorese und vierfacher Schriftsinn

Dennoch lässt sich Platons Schriftkritik (dass diese sich selbst eben nicht zu erklären vermöge, vielmehr auf Nachfrage immer nur das Gleiche ›sage‹ und man, um ihre Aussage zu verstehen, den Verfasser befragen müsse) an der Rezeption der homerischen Epen ›verifizieren‹. Schon gegen Ende des 6. vorchristlichen Jahrhunderts kam den Griechen das darin geschilderte Verhalten der Götter nämlich moralisch höchst anstößig vor. Dem Dilemma zwischen solchem Unverständnis und der Rettung der homerischen Epen als Grundbestand der griechischen Kultur begegnete Theagenes von Rhegion mit einer allegorischen Leseanweisung: Immer wenn von den Göttern die Rede sei, seien eigentlich Naturphänomene gemeint (deren Handeln moralisch ja nicht anstößig sein kann). Solche ›Umkodierung‹ des bei einem Wort oder einer Handlungssequenz in der Rezeption zu Erinnernden wird dann im Mittelalter weiter ausgebaut – zu einem gleich vierfachen Schriftsinn. Augustinus etwa erläutert die Bedeutung einer Erwähnung Jerusalems in der Heiligen Schrift. Zunächst sei Jerusalem dabei historisch zu nehmen: Der Name meint dann eine Stadt im Heiligen Land (*sensus historicus*); der *sensus allegoricus* versteht dagegen Jerusalem heilsgeschichtlich als Vor-Bild der Gesamtheit der Kirche. Nach dem *sensus moralis* verweist Jerusalem auf die Seele des Christen und nach dem *sensus propheticus* oder *anagogicus* auf das himmlische Jerusalem. Hier wird offensichtlich das angesichts der Heiligen Schrift zu Erinnernde streng reglementiert, was auch deshalb möglich ist, weil deren Auslegung das Privileg von Experten (Mönche, Priester etc.) war. Insofern niemand sonst sich im Besitz einer Bibel befand, wurde deren Sinn rein mündlich kommuniziert (etwa in Predigten, die den Kirchgängern nicht nur Bibelstellen erst zur Kenntnis brachten, sondern diese eben gleich auch auslegten und somit keinen Raum für ein individuelles Verständnis ließen). Dies änderte sich allerdings durch den Buchdruck. Potentiell konnte sich jetzt jeder in den Besitz einer eigenen Bibel bringen – und zu ganz eigenen Bedingungen lesen. Solche Lektüre aber kennt keine festen Erinnerungsregeln mehr – jeder Leser kann die Worte nun nach seinem Dafürhalten verstehen. Für Luther war damit jedoch noch kein Verständnisproblem verbunden; als Wort Gottes legte sich die Bibel den Lesenden seinen Vorstellungen nach von allein aus, d. h. sie ließ sich immer nur richtig im Sinn der von Gott intendierten Weltordnung verstehen. Dies gilt jedoch offensichtlich nicht für die weltliche Literatur.

Kanonisierung und Rhetorik

Die weltliche Literatur steht zusätzlich vor einem weiteren, durch den Buchdruck hervorgerufenen Problem: dem steten Zuwachs an Büchern, deren Zahl bald unüberschaubar wurde. Die Veränderungen lassen sich anhand zweier Buchprojekte resümieren. 1545 erschien in Zürich die *Bibliotheca universalis* des Zürcher Polyhistors Konrad Gesner; sie stellte den ersten Versuch dar, ein Gesamtverzeichnis aller Schriften anzulegen – und das einzige Ordnungsprinzip dieses Gesamtverzeichnisses war deren alphabetische Aufreihung nach dem ersten Namen des Verfassers. Ein Gegenprojekt stammt vom Jesuiten Antonio Possevino, dessen *Bibliotheca selecta*, wie es der Name verspricht, aus der schieren Unendlichkeit der Bücher jene auswählt, die einem katholischen Christen ›frommen‹. Jan Assmann verallgemeinert: »Ein Kanon antwortet auf die Frage: ›Wonach sollen wir uns richten?‹ Diese Frage wird immer dann dringend, wenn die Antwort nicht mehr situativ vorgegeben ist und fallweise gefunden werden kann, d. h. wenn die Wirklichkeit die in der traditionellen und selbstverständlichen Realitätskonstruktionen angelegte Typik der Situationen übersteigt und die überkommenen ›Maßstäbe‹ nicht mehr greifen« (Assmann 2007, 123). Anders gesagt: Ein Kanon listet auf, was erinnernswert ist.

Zurück aber zum unter den Bedingungen des Buchdrucks ›freigestellten‹ Verstehen literarischer Texte, das sich im Barock gleichwohl noch kaum problematisiert findet. Das hat auch damit zu tun, dass sich die Barockliteratur ganz im Horizont der Rhetorik (sowie der höfischen Konventionen) abspielte. Ein Gedicht wie Georg Rodolf Weckherlins »Ueber den frühen tod Fräulein Anna Augusta Marggräfin zu Baden« ist alles andere als ›Betroffenheitslyrik‹, vielmehr bietet das Motiv des frühen Todes nur Anlass zu 26 meist aus der Natur genommenen, höchst kunstvoll ausgeführten Vergleichen; in der Schlussstrophe werden dann alle 26 Bilder auf ein Wort gebracht und so angeordnet, dass sie sich der Metrik des Gedichtes fügen. Auch dies lässt sich als ›gedächtnishaft‹ (nämlich als Erfüllung respektive Überbietung einer rhetorischen Tradition) beschreiben, wie auch an einem anderen Beispiel deutlich wird, wenn etwa Daniel Casper von Lohenstein seinem Trauerspiel *Agrippina* eine Unzahl von Fußnoten anfügt, in denen er minutiös daran erinnert, wo er welches Versatzstück (immer wieder verweist er etwa auf die *Annalen* des Tacitus oder auf Sueton, wo er das von ihm erneut Dargestellte beschrieben gefunden habe), oder gar, wo er welche übernommene Formulierung seines Dramas gefunden hat (der Apparat zur historisch-kritischen Ausgabe von Lohensteins Dramen *Agrippina* und *Epicharis* zählt insgesamt Verweise auf rund 300 Autoren). Die Selbstverständlichkeit solcher Quellenangabe ist damit zu begründen, dass die Barockautoren keinesfalls originell sein wollten, sondern die Qualität ihrer Texte daran maßen, inwiefern ihnen darin etwa eine Versammlung der rhetorisch glänzendsten Stellen der bisherigen Literatur gelang. Barock-Literatur war immer auch ausgestellte Erinnerung an die bisherige Dichtung.

Individuelles Erinnern – Hermeneutik – Dekonstruktion

Originalität wird erst in der Aufklärung, somit im ›Ausgang aus der selbstverschuldeten Unmündigkeit‹ auch einer bloßen Regelpoetik, zum Ideal, das der Geniekult der Stürmer und Dränger ins Einzigartige übersteigert. Damit aber sind wir endgültig an einem Punkt, an dem die Leserin den Sinn des Geschriebenen einzig und allein vor dem Hintergrund ihrer individuellen Erfahrungen (und somit Erinnerungen) zu entschlüsseln vermag. Es verwundert kaum, dass dies die Neuauflage der Hermeneutik als Auslegungskunst bewirkte, wie sie sich in Deutschland etwa mit den Schriften Friedrich Schleiermachers etablierte. Wilhelm Dilthey wird solche Hermeneutik später in sein Modell der Literatur als Erlebnisdichtung integrieren. Der Autor überhöht danach in seinen Texten erinnernd seine Erfahrungen; der Leser vermag die Bedeutung des so zur Wesentlichkeit stilisierten Erinnerns aufgrund seiner eigenen Erinnerungen respektive ›als Mensch‹ zu dekodieren.

So einfach aber war die Hermeneutik Schleiermachers nicht angelegt. Bei diesem findet sich vielmehr die dezidierte Aussage, es gelte, den Autor besser zu verstehen als dieser sich selbst. Schleiermacher hat dabei zunächst jede sprachliche Äußerung auf die Gesamtheit der Sprache bezogen (dem sollte eine grammatische Auslegung des Textes gerecht werden), zugleich aber auch auf das Denken ihres Urhebers (darauf ist die psychologische Auslegung gerichtet). Den Vollzug dieser Auslegungen aber beschreibt Schleiermacher als »Konstruktion eines endlichen Bestimmten aus dem unendlichen Unbestimmten« (Schleiermacher 1993, 80). Vollenden ließen sich beide Auslegungen also nur bei einer vollkommenen Kenntnis der Sprache bzw. einer vollständigen Kenntnis des Menschen. Da beides niemals gegeben ist, »muß man von einem zum anderen übergehen, und wie dies geschehen soll, darüber lassen sich keine Regeln geben« (ebd., 81). Thomas Wirtz hat daher Schleiermachers Hermeneutik zu Recht einen »›spektakulären Fall‹ von Dekonstruktion« genannt: »Die unverzichtbare Zusammenarbeit von Gedächtnis und Verstehen ist zugleich eine ihres gegenseitigen Widerrufs« (Wirtz 2001, 75).

Hermeneutik wie Dekonstruktion lassen sich so als Formen des Erinnerns beschreiben (vgl. etwa Derridas Diktum: »Deconstruction is a way of remembering what our culture is made of, a way of re-analysing, for instance, what philosophy is«, in: *The Times*, 13. Juni 1992). Während allerdings etwa die Hermeneutik Diltheys wie die Gadamers zuletzt auf Einheit und Ganzheit zielen, rufen Schleiermacher und Derrida die Unendlichkeit als ›Abgrund‹ jeden Gedächtnisakts in Erinnerung. Allgemein gesprochen: Jede Erinnerung behauptet von sich, die bloße Wiederholung eines Geschehens zu sein. Tatsächlich ist sie aber erstens nur deren Abbild und zweitens notwendig die Verendlichung eines schier unendlichen Kontextes des erinnerten Ereignisses. Nicht nur in dieser Hinsicht, sondern auch im Versuch, das (nicht bloß dichterische) Erinnern zu ›fassen‹, zeigen sich Erinnerung und Gedächtnis als ›unendliches Thema‹ (dies allerdings eine Formel Gadamers): Jede Rede über das Gedächtnis ist ihrerseits unhintergehbar gedächtnishaft, womit das Gedächtnis nur auf sich selbst angewandt wird, was zwangsläufig zu einem *regressus ad infinitum* führt. Wie das zu Erinnernde (das nur durch seine vereindeutigten ›Abbilder‹ ersetzt werden kann), ist auch das Erinnern ›an sich‹ nicht zu fassen.

Intertextualität – Neue Medien

In diese Unfassbarkeit allen Erinnerns ist die Dichtung aber in besonderer Weise involviert. Dies zeigt sich in eklatanter Deutlichkeit nach dem sogenannten ›Tod des Autors‹. Allenfalls als ›scripteur‹, der aus einer Fülle von schon existenten Texten Schreibweisen übernimmt und vermischt, spielt der Autor bei Roland Barthes noch eine Rolle. Bei Julia Kristeva heißt es: »Jeder Text baut sich als Mosaik von Zitaten auf, jeder Text ist Absorption und Transformation eines anderen Textes. An die Stelle des Begriffs der Intersubjektivität tritt der Begriff der Intertextualität, und die poetische Sprache lässt sich zumindest als eine doppelte lesen« (Kristeva 1972, 348). Renate Lachmann hat darauf hingewiesen, dass sich, wenn auf diese Weise »die Sinnherstellung nicht durch den Zeichenvorrat des gegebenen Textes programmiert ist, sondern auf den eines anderen verweist« (Lachmann 1990, 59), eine »semantische Explosion« (ebd., 58) ereignet; kein (eindeutiger) Sinn mehr, nirgends. Dagegen beharrt etwa Karlheinz Stierle darauf, nur von Intertextualität zu sprechen, wenn eine eindeutig diagnostizierbare und von daher in ihrer Funktion (näherungsweise) beschreibbare Erinnerungsspur als Verweis auf andere Texte vorliegt. Renate Lachmann versucht ihrerseits, beide Dimensionen in der Balance zu halten, wenn sie u. a. formuliert: »Der Raum zwischen den Texten und der Raum in den Texten, der aus der Erfahrung desjenigen zwischen den Texten entsteht, ergibt jene Spannung zwischen extratextuell-intertextuell, die der Leser ›auszuhalten‹ hat. Der Gedächtnisraum ist auf dieselbe Weise in den Text eingeschrieben, wie sich dieser in den Gedächtnisraum einschreibt. Das Gedächtnis des Textes ist seine Intertextualität« (ebd., 35).

Diesen Befund hat Gerhart von Graevenitz unter medialen und dezidiert ›memorialen‹ Vorzeichen dahingehend ausbuchstabiert, dass im »Zirkulieren der kulturellen Zeichen« das Schreiben zu einer Spiegelung des Lesens wird. »Der Dichter liest die Bilder und Buchstaben der allgemeinen *memoria*. In seinem privaten Schreiben hält er diese Zirkulation an, um seinen individuellen Text entstehen zu lassen. Über seine Leser aber wird der individuelle Text zurückfinden in den Kreislauf der *memoria*«. Ein verstehendes Lesen übersetzt somit den individuellen Text des Dichters zurück in die Sinnbeziehungen der allgemeinen *memoria*, aus denen sie entstanden sind. Deuten heißt dann nicht, das im Text schon Gesagte in seiner Individualität zu verdoppeln, sondern eben das Verhältnis »zwischen der verbergenden Geste des individuellen Textes und der zirkulierenden *memoria*, aus der seine Zeichen stammen und auf die sie zurücklenken« (Graevenitz 1994, 137), zu rekonstruieren.

Medial kann dies aber heute durchaus auf unterschiedlichen Wegen geschehen. Stimmt die Diagnose vom »Ende der Gutenberg-Galaxis« (Bolz im Rückbezug auf McLuhan), dann wird das Buch als entscheidendes Medium der Literatur bald ausgedient haben. Schon steigen etwa die Absatzzahlen von Hörbüchern sprunghaft an. Es wäre dabei der Untersuchung wert, wie sich das Erinnerungsgeschehen der Rezeption im Horizont einer sekundären Oralität verändert. Doch schon das Supermedium des Computers bringt – auf der Grundlage der stets gleichen 0–1-Codierung – Schrift, Bild und Gesprochenes in einen engeren Zusammenhang denn je. Die technischen Bedingungen der Möglichkeit stärken so vor allem eine dichterische »Geschichte des Augenblicks«, wie Rainald Goetz die Intention seines zunächst in täglichen Portionen im Internet, später als dickleibiger »Roman« veröffentlichten Textes *Abfall für alle* beschreibt. Im Klappentext heißt es: »Ein Tagebuch also, so erzählt Abfall für alle vom Leben eines Schreiber-Ichs in Berlin. Er sitzt an dieser Arbeit, schreibt und probiert zu schreiben, er geht einkaufen, schaut Fernsehen und liest die Zeitungen. Er geht ins Kino, ins Theater, schaut Ausstellungen an. Und er verreist und trifft Freunde, fast schon fiktiv, und redet ganz echt mit allen Mitbewohnern und Sprechern im Raum des Medialen.« Unter den neuen medialen Bedingungen werden die aristotelischen Zuschreibungen vorsätzlich durcheinandergebracht: Die realen Reisen sind fast schon fiktiv und das virtuelle Chatten erscheint als »ganz echt[es]« Reden. Damit lösen sich aber nicht nur jahrtausendealte Grenzziehungen (etwa zwischen Möglichkeits- und Wirklichkeitsschreibung) auf, sondern auch der Vergangenheitsbezug allen Erzählens. Vom raunenden »Beschwörer des Imperfekts« (Thomas Mann) wird der Erzähler zum Stenographen seiner gegenwärtigen Erfahrungen. Goetz' Interesse gilt der Formulierbarkeit eines JETZT, das aber – dahinter gibt es auch mit dem Computer kein Zurück – nur als erinnertes erzählt werden kann.

Erinnern als Thema der Literatur

Auf den offensichtlichsten Zusammenhang von Literatur und Gedächtnis wurde im Vorstehenden kaum eingegangen: der Darstellung von Erinnern in der Dichtung. Denn diese Thematisierungen sind unendlich und können nicht vereinheitlichend erinnert werden. Allerdings finden sich besonders prägnante Beispiele. Ein solches ist Theodor Storms *Der Schimmelreiter* – bekanntlich ein realistischer Text, wenngleich zu einem wenig realistischen Thema, einem Gespenst (seinerseits als Wiedergänger eine veritable Gedächtnismetapher). Die Programmatik des Realismus lässt sich dem Anspruch allen Erinnerns parallelisieren: das Selbe (Wirkliche, Vorhandene) noch einmal. Im Verzicht auf eine 1 : 1-Wiedergabe auch des Schmutzigen, Ekelhaften, kurz Negativen, um mit Fontane zu reden: in der beabsichtigten ›Verklärung‹, lässt sich dabei ein Reflex auch der notwendigen Vereindeutigungen allen Erinnerns erkennen. Storm aber beginnt seinen *Schimmelreiter* mit einer vorderhand durch und durch unrealistischen Erinnerung. Ein ›Ich‹ meldet sich zu Wort und gibt an, dass ihm das, was es »zu berichten beabsichtige« vor »einem halben Jahrhundert im Hause [s]einer Urgroßmutter [...] kundgeworden« sei, als er es in einer der damals höchst erfolgreichen Familienzeitschriften gelesen habe. Anlässlich der Erinnerung an die über seinen Kopf streichende Hand der Urgroßmutter wird der Gegenwartsindex der Erinnerungen beschworen: »Noch fühl ich es gleich einem Schauer« – ein Schauer, der sich in jenem Gefühl widerspiegelt, das den zweiten Erzähler (wenngleich dieser mit der Stimme des ersten spricht: »so begann der damalige Erzähler«) beim Vorüberreiten des gespenstischen Schimmelreiters befällt. Dann aber heißt es: »Sie selbst und jene Zeit sind längst begraben; vergebens auch habe ich seitdem jenen Blättern nachgeforscht, und ich kann daher um so weniger weder die Wahrheit der Tatsachen verbürgen, als, wenn jemand sie bestreiten wollte, dafür aufstehen; nur so viel kann ich versichern, daß ich sie seit jener Zeit, obgleich sie durch keinen äußeren Anlaß in mir aufs neue belebt wurden, niemals aus dem Gedächtnis verloren habe.« Die letzte Formulierung behauptet, dass ihm alles immerzu präsent sein muss. Denn ein Erinnern von etwas ohne Anlass hat dessen jederzeitige Zur- und Vorhandenheit zur Voraussetzung – von der sich wiederum kein Ereignis ausnehmen lassen wird. Der Erzähler behauptet somit ein Gedächtnis zu haben, wie es später Jorge Luis Borges seinem »Funes el memorioso« zuschreibt. Doch während Borges' Erzählung zuletzt gerade die Unmöglichkeit eines solch unerbittlichen Gedächtnisses aufweist, lässt es der Realist Storm als Behauptung stehen.

Dass dies möglich ist, hat mit der Erinnerungshaftigkeit aller Literatur zu tun, dem, um mit Renate Lachmann zu reden, »Gedächtnis des Textes« (*genitivus subiectivus* und *obiectivus*). Literatur erinnert nicht nur je etwas (was sich mit dem alten Anspruch der Mimesis verbinden lässt), sondern versucht dabei auch, an die Abgründe allen Erinnerns zu erinnern. Weil Literatur Erinnern *in actu* wie Reflexion der Bedingungen der Möglichkeit des Erinnerns ist, ist sie auch die angemessenste Gedächtnistheorie. Wenn man in der Thematisierung von Gedächtnis nur gedächtnishaft sprechen kann, dann ist jede Theorie als ›Rede über‹ (auch jede philosophische) unangemessen, zumindest unterkomplex; angemessen, wenngleich nie eindeutig, ist einzig eine Rede, die mit ausstellt, dass das, wovon sie redet, weil sie es zugleich betreiben muss, unfassbar bleibt. Die besondere Leistung der Literatur ist daher, dem unfassbaren Gedächtnis eine Fassung zu geben, die immer präsent hält, dass es diese nicht geben kann.

Literatur

Assmann, Aleida/Weinberg, Manfred/Windisch, Martin (Hg.): *Medien des Gedächtnisses. Sonderheft der Deutschen Vierteljahrsschrift für Literaturwissenschaft und Geistesgeschichte*. Stuttgart/Weimar 1998.
Assmann, Jan: *Das kulturelle Gedächtnis. Schrift, Erinnerung und politische Identität in frühen Hochkulturen* [1992]. München ⁶2007.

Graevenitz, Gerhart von: *Das Ornament des Blicks. Über die Grundlagen neuzeitlichen Sehens, die Poetik der Arabeske und Goethes »West-östlichen Divan«.* Stuttgart/Weimar 1994.

Kristeva, Julia: Bachtin, das Wort, der Dialog und der Roman. In: Jens Ihwe (Hg.): *Literaturwissenschaft und Linguistik. Ergebnisse und Perspektiven. Bd. 3: Zur linguistischen Basis der Literaturwissenschaft, 2.* Frankfurt a. M. 1972, 345–375.

Lachmann, Renate: *Gedächtnis und Literatur. Intertextualität in der russischen Moderne.* Frankfurt a. M. 1990.

Schleiermacher, Friedrich Daniel Ernst: *Hermeneutik und Kritik.* Hg. und eingeleitet von Manfred Frank. Frankfurt a. M. 1993.

Weinberg, Manfred: *Das »unendliche Thema«. Erinnerung und Gedächtnis in der Literatur/Theorie.* Tübingen 2006.

Wirtz, Thomas: Schleiermacher zum Gedächtnis. Über geglückte Aporien der romantischen Hermeneutik. In: Günter Oesterle (Hg.): *Erinnern und Gedächtnis in der europäischen Romantik.* Würzburg 2001, 67–96.

Yates, Frances A.: *Gedächtnis und Erinnern. Mnemonik von Aristoteles bis Shakespeare.* Weinheim 1990 (engl. 1966).

Manfred Weinberg

11. Printmedien und Radio

Sowohl die Presse (im Sinne von gedruckten Zeitungen, Zeitschriften, Magazinen usw.) als auch der Hörfunk sind in vielfältiger Weise relevante Medien gesellschaftlichen wie individuellen Erinnerns, deren erinnerungskulturelle Funktionen und Verwendungsweisen in der Ausdifferenzierung des modernen Mediensystems einem kontinuierlichen Wandel unterworfen sind. Wie für alle Medien gilt auch für Presse und Hörfunk, dass Medienangebote im Kontext von Erinnerungsprozessen eine komplexe Doppelrolle zukommt, da sie Ergebnis von Erinnerungsprozessen auf der Produzentenseite sein können und zugleich für Mediennutzer einen Erinnerungsanlass darstellen können, an den sich ggf. neue individuelle oder soziale Erinnerungsprozesse anschließen. Es ist also zu unterscheiden zwischen der erinnernden Verwendung historischer Medienangebote als ›Quellen‹ und als Erinnerungsanlässe – sei es in individuellen, journalistischen, geschichtswissenschaftlichen, künstlerischen oder anderen Kontexten – und der explizit erinnernden Thematisierung von Vergangenheit in Medienangeboten der Gegenwart. Letzteres wird in diesem Artikel behandelt.

Mediengeschichte

Insbesondere in ihrer Funktion als ›Quellen‹ und Anlässe für Erinnerungsprozesse in der Gegenwart kommt sowohl der Presse als auch dem Hörfunk mediengeschichtlich eine besondere Bedeutung zu, weil beide in spezifischen Formen auf eine neue Art Ereignisse ihrer jeweiligen Gegenwart dokumentieren und archivieren konnten. Die Geschichte der Presse reicht zurück bis mindestens ins 15. Jahrhundert. Mit der Erfindung und Verbreitung des Buchdrucks entwickelten sich zunächst vor allem Flugblätter und Flugschriften als Vorläufer von späteren periodischen Druckmedien (s. Kap. III.1). Im 17. Jahrhundert entstanden europaweit zahlreiche Zeitungen, ab Mitte des Jahrhunderts teilweise auch als Tageszeitungen. Im 19. Jahrhundert schließlich führten vor allem technische Innovationen im Druckverfahren zu erheblich steigenden Verbreitungsmöglichkeiten für aktuelle, periodische Druckmedien und zur Etablierung und weiteren Ausdifferenzierung des modernen Pressesystems einschließlich der Etablierung des Berufsbildes eines professionellen Journalismus. Als ältestes der modernen Massenmedien sind historische Zeitungen – soweit sie archiviert vorhanden sind – eine wichtige Quelle für Erinnerungsprozesse in der Gegenwart.

Während Presseprodukte stets retrospektiv und ausschließlich in schriftlicher Form, oft illustriert durch Fotografien, Karikaturen, Skizzen und zunehmend Grafiken etc., von Ereignissen berichten, bietet der Hörfunk als erste elektronische Massenmedientechnologie die Möglichkeit, gesprochene Sprache und Klänge live oder aufgezeichnet über weite Distanzen an ein disperses Publikum zu verbreiten. Die technische Entwicklung des Hörfunks reicht zurück bis ins ausgehende 19. Jahrhundert, erste kontinuierlich betriebene Radiosender nahmen in verschiedenen Ländern zu Beginn der 1920er Jahre den Betrieb auf. In den 1930er Jahren wurde der Hörfunk in Deutschland zu einem der wichtigsten Propagandamittel der Nationalsozialisten, mit dem ›Volksempfänger‹ als Symbol für die massenhafte Verbreitung der neuen Medientechnologie. In der Nachkriegszeit wurde in Westdeutschland der öffentlich-rechtliche Hörfunk zunächst durch unterschiedliche Modelle in den Besatzungszonen etabliert, der Mitte der 1980er Jahre durch private, kommerzielle Sender im sogenannten ›dualen System‹ ergänzt wurde. In der DDR hingegen war der Hörfunk staatlich kontrolliert.

Ebenso wie die Presse kann der Hörfunk eine wichtige und sehr aufschlussreiche historische Quelle darstellen und vielfältige Erinnerungsanlässe für die Gegenwart bereitstellen. Dies reicht von aufgezeichneten politischen Reden über politische Nachrichten und Berichte bis hin zu Einblicken in die historische Alltagskultur etwa durch Hörfunkwerbung, Musikbeiträge usw. Auch wenn die Bedeutung des Hörfunks als erinnerungskulturelle Quelle mit der zunehmenden Verbreitung des Fernsehens seit den 1950er Jahren nachlässt, kommt ihm für seine Zeit als elektronisches Leitmedium und darüber hinaus eine wichtige Rolle als Fundus für Erinnerungsanlässe zu.

Die Möglichkeiten, historische Medienangebote für Erinnerungsprozesse in der Gegenwart zu nutzen, sind vor allem durch Probleme der Archivierung begrenzt. Sowohl in der Zeitungsgeschichte als auch beim wesentlich jüngeren Hörfunk sind keineswegs sämtliche Medienangebote zuverlässig archiviert, eine Vielzahl der Livesendungen des frühen Hörfunks beispielsweise wurde nicht aufgezeichnet. Auch die Dauerhaftigkeit der Trägermaterialien, sei es das Papier der Zeitungen oder die vielfältigen Aufzeichnungsmittel für Hörfunkangebote von Schallplatten über Tonbänder bis zu digitalen Speichermechanismen, ist begrenzt. Um diese Medientechnologien als zuverlässige ›Speichermedien‹ für künftige Erinnerungen nutzbar zu erhalten ist somit eine kontinuierliche Archivpflege notwendig, die in der Vergangenheit nicht immer hinreichend geleistet worden ist und auch insbesondere beim Hörfunk bis heute nicht systematisch und über einzelne Rundfunkanstalten hinaus sichergestellt ist.

Gegenwärtig ist die Medienentwicklung sowohl im Bereich der Presse als auch des Hörfunks durch die Möglichkeiten der Digitalisierung allgemein und des Internets insbesondere einem grundlegenden Wandel ausgesetzt. Während die Presse aufbauend auf der physisch-haptischen Besonderheit gedruckter Medien zumeist auf eine grundsätzliche Abgrenzung vom Internet setzt und Online-Angebote in der Regel dem Hauptmedium untergeordnet bleiben, ist beim Hörfunk eine deutlichere Tendenz einer Konvergenz von klassischem Hörfunk und digitalen Hörfunkangeboten im Internet zu erkennen. Dies ermöglicht eine massive weitere Ausdifferenzierung und Pluralisierung von Hörfunkangeboten, die sowohl neue Nutzungsformen bestehender Angebote (durch Podcasts etc.) wie auch die Etablierung neuer Angebote (reine Internet-Sender für spezielle Zielgruppen usw.) ermöglicht, darunter auch spezifische Angebote zu historischen Themen. Fragen der Archivierung und somit der Bereitstellung gegenwärtiger Medienangebote für künftige Erinnerungsprozesse sind im Kontext des Internets und hier insbesondere der auditiven und visuellen Bereiche weitgehend ungeklärt, so dass für künftige historische Erinnerungsprozesse unserer Gegenwart mit gravierenden Leerstellen zu rechnen ist.

Systematisierung erinnernder Medienangebote der Gegenwart

Im Folgenden soll der Fokus von der Funktion von Presse- und Hörfunkangeboten als Quellen bzw. Erinnerungsanlässen auf die erinnernde Thematisierung von Vergangenheit in diesen Medien in der Gegenwart verschoben werden. Hierbei handelt es sich also bereits auf der Produzentenseite um erinnernde Medienangebote. Darüber hinaus können alle Formen von Medienangeboten auf der Rezipientenseite als Erinnerungsanlässe genutzt werden, etwa wenn ein Bericht über ein aktuelles Ereignis bei Lesern oder Hörern persönliche oder auch auf sozialer Ebene relevante Erinnerungen motiviert.

Explizit ›erinnernde‹ Medienangebote, die historische Themen (oft mit einem Bezug zur jeweiligen Gegenwart) behandeln, sind in zahlreichen unterschiedlichen Formen Bestandteile des Angebots von Presse und Hörfunk:

1. Vor allem im Bereich der Presse gibt es auf der Ebene von Magazinen und Zeitschriften Produkte, die sich ausschließlich oder hauptsächlich dem Themenbereich der ›Geschichte‹ bzw. der ›Vergangenheit‹ widmen.

2. Darüber hinaus können einzelne Medienschwerpunkte (Ressorts einer Zeitung oder Zeitschrift, Sendungen eines Radiosenders usw.) dauerhaft der Produktion und Distribution von erinnernden Beiträgen gewidmet sein.

3. Schließlich können einzelne Beiträge (einzelne Artikel, Radiobeiträge usw.) historisch-erinnernde Funktionen übernehmen.

Dabei sind zusätzlich verschiedene Anlässe für die Thematisierung historischer Ereignisse, Prozesse oder Personen zu unterscheiden:

1. Diese können aktuell sein, etwa bei Todesfällen berühmter Personen, bei dem Vergleich gegenwärtiger außergewöhnlicher Ereignisse mit

ähnlichen Vorfällen in der Vergangenheit oder auch wenn neue Quellen, wissenschaftliche Erkenntnisse o. Ä. die Bewertung eines relevanten historischen Themas verändern und dieses so an Aktualität gewinnt.

2. Ebenso sind ritualisierte Anlässe wie Jahrestage oder Jubiläen regelmäßig Anstoß für ausführliche historische Berichterstattung in Presse und Hörfunk.

3. Schließlich sind Presseprodukte und Radiosendungen mit einem wiederkehrenden Schwerpunkt für historische Themen auf eine kontinuierliche Generierung erinnernder Medienangebote ausgerichtet und produzieren historische Beiträge auch ohne aktuelle Bezüge, sofern darauf gehofft werden kann, dass sie ein hinreichendes Publikumsinteresse erreichen werden.

Im Folgenden soll ein Überblick über klassische erinnernde Medienformate vor allem im Bereich der deutschen Presse und des deutschen Hörfunks der Gegenwart gegeben werden.

Erinnernde Medienformate in der Presse

Erinnernde Medienformate waren wohl von Beginn an Bestandteil der Presse. Eines der wohl prominentesten und historisch ältesten Formate sind Nachrufe, die an das Leben jüngst Verstorbener erinnern. Sie sind mindestens seit dem späten 19. Jahrhundert fester Bestandteil von Tageszeitungen, es finden sich aber auch zahlreiche wesentlich ältere Vorläufer in Form von gedruckten Leichenreden, Nekrologen usw. Heute sind erinnernde Medienformate so vielfältig wie die sehr weit ausdifferenzierte Presselandschaft selbst. Angesichts der Vielzahl von Printprodukten allein auf dem deutschen Pressemarkt und dessen großer Dynamik mit zahlreichen Neugründungen wie auch Einstellungen von Zeitungen, Zeitschriften und Magazinen, ist eine vollständige Übersicht dabei nicht möglich. Vielmehr soll das Spektrum der vorhandenen Angebote exemplarisch verdeutlicht werden.

Schon auf der Ebene ganzer Presseprodukte findet sich eine Vielzahl an Magazinen und Zeitschriften, die sich dezidiert historischen Themen widmen und eine beachtliche Leserschaft finden:

So melden im Jahr 2008 das monatlich erscheinende populärwissenschaftliche Magazin *P.M. History* eine Druckauflage von über 140.000 Exemplaren, das zweimonatliche, jeweils Schwerpunktthemen gewidmete *Geo Epoche* eine verkaufte Auflage von über 185.000 und das anlassbezogen erscheinende Magazin *ZEIT Geschichte* eine Druckauflage von 75.000 Exemplaren. Auffallend ist bei sämtlichen dieser Titel, dass sie jeweils Schwesterprodukte einer etablierten Hauptmarke darstellen, die im weitesten Sinne für Wissen bzw. hochwertige Informationen steht. In dieser Tradition stehen auch die jüngst gegründeten Magazine des SPIEGEL Verlags: Anfang 2009 wurde erstmals »SPIEGEL Geschichte« veröffentlicht, das eine direkte Konkurrenz zu *Geo Epoche* darstellt (vgl. Tieschky 2009); bereits 2008 startete testweise das Magazin *einestages*, das auf der gleichnamigen Onlineplattform von *SPIEGEL Online* aufbaut, und auf zeitgeschichtlichen Beiträgen der Leser basiert. Dabei gibt *einestages* ausdrücklich als Ziel an, »ein kollektives Gedächtnis unserer Gesellschaft aufbauen« zu wollen (*einestages*, 2008, o.S.).

Ein besonderes Format stellt das umstrittene Projekt *Zeitungszeugen* des britischen Verlegers Peter McGee dar, das im Herbst 2008 startete und über 50 Ausgaben Nachdrucke deutscher Presseerzeugnisse aus den Jahren 1933 bis 1945 veröffentlichen sollte, die in einem durch Historiker betreuten Mantelteil kommentiert und eingeordnet werden. Das Projekt wurde zwischenzeitlich juristisch gestoppt und hat eine breite journalistische Debatte ausgelöst (vgl. Güntner 2009).

Neben solchen *special interest* Magazinen sind historische Themen auf der Ebene von festen Ressorts oder regelmäßigen Rubriken Element einiger Pressepublikationen. Die Wochenzeitung *DIE ZEIT* enthält in jeder Ausgabe ein eigens historischen Themen gewidmeten zusammenhängenden Zeitungsteil (neben z. B. Feuilleton, Dossier usw.) mit dem Titel »Zeitläufte«, der sich jeweils einem geschichtlichen Thema widmet. Ähnlich umfangreich berichten nur wenige aktuelle Presseerzeugnisse auf regelmäßiger Basis außerhalb von Jahrestagen oder Jubiläen. Diese sind jedoch in vielen Fällen Anlässe für Sonderbeilagen, Artikelserien o. Ä. Schließlich finden sich nahezu täglich in einer Vielzahl von aktuellen Publikationen historische Themen – angefangen von den erwähnten Nachrufen über Beiträge zur geschichtlichen Einordnung aktueller Entwicklungen bis hin zu Einzelbeiträgen anlässlich von Jahrestagen, denen eine marginale Bedeutung zugemessen wird.

Eine spezielle Form erinnernder Medienangebote stellen Jahresrückblicke dar, die von zahlreichen Tages-, Wochenzeitungen und Magazinen erstellt und vielfach durch Beilagen oder Sonderpublikationen, die es teilweise auch separat zu kaufen gibt, flankiert werden. Manche Tageszeitungen, darunter z. B. die *Süddeutsche Zeitung*, enthalten auch einen knappen regelmäßigen Wochenrückblick, in dem an die aus Sicht der Redaktion wichtigsten Ereignisse der jeweiligen Kalenderwoche erinnert wird, über die in der Zeitung an den vorherigen Tagen im Detail berichtet worden ist.

Wenn auch prinzipiell das Thema ›Geschichte‹ in Printprodukten sehr populär ist, ist zugleich die Art der Thematisierung sehr vielfältig und notwendig abhängig von den jeweiligen redaktionellen Bedingungen. Es ist festzuhalten, dass erinnernde Beiträge keineswegs auf sogenannte ›Qualitätsmedien‹ beschränkt sind, sondern eine durchaus signifikante Rolle beispielsweise auch in Boulevardzeitungen spielen, wobei hier entsprechend der grundsätzlichen Ausrichtung der Publikation die Berichterstattung erwartbar plakativer und weniger vielstimmig ist. Insbesondere bei der Gestaltung von Magazinen, die sich ausschließlich historischen Themen widmen, ist zu beobachten, dass die Darstellungsformen spezifisch auf die jeweiligen marketingrelevanten Zielgruppen zugeschnitten sind. Marktforschungsergebnisse zeigen, dass sowohl die Leser von *P. M. History* wie von *Geo Epoche* zu zwei Dritteln männlich sind. Dabei richtet sich das multithematisch aufgebaute *P. M. History* an eine vergleichsweise jüngere Zielgruppe, für die die Lektüre nicht nur Informations- oder Bildungs-, sondern auch Unterhaltungsfunktionen erfüllen soll. Das monothematisch aufgebaute *Geo Epoche* richtet sich dagegen an eine ältere Zielgruppe, und legt in seiner Darstellung neben längeren, erzählenden Texten, die sich um eine detaillierte Rekonstruktion historischer Ereignisse bemühen, auch Wert auf die hochwertige Visualisierung von Geschichte durch fotografische ›Bildessays‹.

Erinnernde Medienformate im Hörfunk

Anders als im Pressebereich spielen erinnernde Themen im Hörfunk eine vergleichsweise geringere Rolle. Während populäre Printprodukte wie die *BILD*-Zeitung oder auch *special interest* Magazine wie das an ein breites Publikum gerichtete *P.M. History* historische Themen insbesondere im Hinblick auf aktuelle Bezüge behandeln, fehlt in den meisten populären Radiosendern ein vergleichbarer redaktioneller Raum für geschichtliche Themen: Das heute auch in Deutschland dominante Konzept des ›Formatradios‹ verpflichtet Radiosender zu einem über den ganzen Tag durchgängig einheitlichen Auftritt in Musik- und Wortbeitragsstil. Die meisten Sender verfolgen hierbei Konzepte, die das Radioprogramm im Sinne eines ›Begleitmediums‹ dominant durch Musik und wenige, kurze, meist unterhaltsame und ›gut verdauliche‹ Wortbeiträge gestalten. Im Programm solcher Sender ist zumeist kein Platz für historische, erinnernde Themen, es sei denn diese sind gesellschaftlich aktuell breit diskutiert. Eine spezielle Form ›erinnernder‹ Beiträge stellen in diesem Kontext jedoch regelmäßig die Musikprogramme dar, die sich vielfach ›der besten Musik‹ spezieller Jahrzehnte widmen und somit je nach Sender auf der Ebene der musikalischen Gestaltung populärkulturelle ›Erinnerungsfunktionen‹ übernehmen.

Neben diesen meist auf große Hörerzahlen und kommerziellen Erfolg zielenden Sendern, gibt es eine Reihe von Wort- und hier insbesondere von Informationsbeiträgen geprägter Sender, die in der Regel von öffentlich-rechtlichen Sendeanstalten unterhalten werden. Deutschlandweit sind dies in erster Linie die Sender *Deutsche Welle*, *Deutschlandfunk* und *Deutschlandradio Kultur*. Diese Sender strahlen gemeinsam eine tägliche, knapp fünf bis maximal sechsminütige

Sendung »Kalenderblatt« aus, die sich anlässlich von Jubiläen oder Jahrestagen einem historischen Thema des Tages widmet. Darüber hinaus bietet der *Deutschlandfunk* einmal monatlich die Sendung »Zeitzeugen im Gespräch«, die in Interviewform Zeitzeugen wichtiger jüngerer geschichtlicher Ereignisse portraitiert und diese zu ihrer Rolle in und ihrer Einschätzung von der Geschichte befragt.

Vergleichbare Formate finden sich auch in den informationsorientierten Sendern zahlreicher regionaler öffentlich-rechtlicher Sender: Der Westdeutsche Rundfunk (WDR) bietet beispielsweise auf seinem ›Kultursender‹ WDR 3 und seinem ›Informationssender‹ WDR 5 die Sendung »Zeitzeichen«, die in 15 Minuten jahrestagsbezogene historische Themen vorstellt. Der populärer gestaltete Informations- und Musiksender WDR 2 bietet mit dem täglichen »Stichtag« wiederum ein vergleichbares Konzept von ca. vier Minuten Dauer – beide Sendungen werden innerhalb des WDR von der gleichen Redaktion produziert.

Während die Themenauswahl bei allen Formaten breit angelegt und neben politischer Geschichte auch in einem weiten Sinn soziale und kulturelle einschließlich popkultureller Themen umfasst, unterscheiden sich zwischen den verschiedenen Formaten die Darstellungsformen erheblich: Das »Kalenderblatt« ist betont nüchtern gestaltet und besteht in der Regel ausschließlich aus einer abwechselnden Folge von Sprechertext und eingebetteten O-Tönen aus Archiven. So wird vergleichsweise linear ein historisches Ereignis nacherzählt, durch Originaltondokumente illustriert und durch beteiligte Zeitzeugen rückblickend kommentiert. Beide erinnernde Angebote des WDR sind dagegen deutlich abwechslungsreicher gestaltet, binden regelmäßig Musik (auch unter gesprochene Texte unterlegt) ein, arbeiten mit atmosphärischen O-Tönen und einer größeren Zahl an Archivmaterial, sprechen historische Texte durch Schauspieler nach oder binden auch kabarettistische Kommentare ein, so dass insgesamt das Format zwischen journalistischem Feature und Hörspielelementen changiert.

Neben diesen öffentlich-rechtlichen Sendern finden sich vor allem im Internet eine Reihe von weiteren Angeboten, die zum Teil explizit als ›Radiosender‹ firmieren oder im Zuge von ›Podcasts‹, also nach Bedarf downloadbaren Audiobeiträgen, radioähnliche Formate anbieten. In diesem Kontext bietet beispielsweise der kommerzielle amerikanische Sender *Discovery Channel Radio* eine Sendung »Unsolved History«, die mit naturwissenschaftlichen Mitteln historische ›Rätsel‹ zu lösen sucht, ferner findet sich eine kaum überschaubare Vielzahl an Amateurangeboten wie einem »History Podcast« der Website *historyonair.com*, der in unregelmäßigen Abständen eine Einführung in historische Themen gibt und von Amateuren erstellt wird.

Thematische Entwicklungstendenzen: Pluralisierung und Demokratisierung

Angesichts der großen Pluralität von Erinnerungsangeboten im Bereich von Presse und Hörfunk lassen sich keine linearen oder homogenen Entwicklungstendenzen beschreiben. Während jedoch im Bereich der Qualitätspresse nach wie vor das Thema ›Geschichte‹ stark durch ein traditionelles Geschichtsverständnis geprägt ist, das sich an Jahrestagen bekannter historischer Ereignisse orientiert und unter dem Label ›Geschichte‹ eher an ›klassische‹ Geschichtsthemen wie den Fall der Mauer, den RAF-Terror, die Weltkriege usw. erinnern würde, scheint es im Bereich der populären Presse wie auch im Hörfunk eine größere Tendenz zur ›Enthierarchisierung‹ der Vergangenheit zu geben. Formate wie die Hörfunksendungen »Zeitzeichen« oder »Stichtag« sind darauf angelegt, eine täglich aufs Neue abwechslungsreiche Auswahl historischer Themen zu präsentieren und widmen sich regelmäßig auch Themen der Alltagskultur, der Kultur-, Kunst-, Technik- oder Wissenschaftsgeschichte und bemühen sich vielfach gerade darum, unerwartete Themen zu präsentieren.

Formate wie das Magazin *einestages* sind ebenso Indikatoren für eine Pluralisierung des Geschichtsverständnisses, auch im Kontext von Printmedien, die hier freilich auf Basis einer florierenden Internetseite betrieben wird. Doch auch umgekehrt können begleitende Internetangebote zu Print- oder Hörfunkangeboten eine stärkere Einbeziehung der Rezipienten ermöglichen, die die Gelegenheit erhalten, historische Berichte zu kommentieren oder durch eigene Erlebnisse zu ergänzen – eine Entwicklung, die sich optimistisch als ›Demokratisierung‹ der Erinnerungskultur klassischer Medien bezeichnen ließe, jedoch zugleich insbesondere für die zuständigen Redaktionen erhebliche Anforderungen in Bezug auf die Einhaltung qualitativer Standards stellt.

Strukturelle Entwicklungstendenzen: Crossmediale Konvergenzen

Während thematische Tendenzen im Bereich von erinnernden Medienangeboten in Presse und Hörfunk nicht einheitlich zu benennen sind, hat sich auf der strukturell-medialen Ebene bereits mehrfach eine deutliche Tendenz abgezeichnet: Sowohl im Kontext von Printangeboten wie im Bereich des Hörfunks sind crossmediale Bezugnahmen und Medienkonvergenzen offenkundig ein dominanter Trend. Dabei können crossmediale Bezüge sowohl innerhalb von ›Medienfamilien‹ stattfinden, etwa wenn Hörfunkbeiträge auf die Internetseiten des Senders verweisen oder aus Internetangeboten Printprodukte ausgekoppelt werden. Zugleich sind aber auch crossmediale Bezüge zu externen Angeboten häufig zu beobachten: Populäre Filmproduktionen zu historischen Themen etwa werden regelmäßig durch eine aufwendige Berichterstattung sowohl in Presse und Hörfunk als auch in anderen Medien begleitet – jüngere Beispiele sind die Verfilmung des Hitler-Attentats *Operation Walküre* (*Valkyrie*) mit Tom Cruise in der Rolle des Graf von Stauffenberg (2008/2009) oder *Der Baader-Meinhof-Komplex* (2008). Dabei ist in vielen Fällen nur schwerlich zwischen strategisch eingesetzter PR auch innerhalb von wirtschaftlich beteiligten Medienunternehmen und redaktioneller Berichterstattung zu unterscheiden. Mediale Konvergenzen sind ebenfalls sowohl im Bereich von Hörfunk als auch Print zu beobachten, die neben begleitenden Internetangeboten vielfach ihre Berichte auch online verfügbar machen. Insbesondere im Bereich Hörfunk, in dem viele der vorgestellten historischen Beiträge auch als abonnierbare Podcasts verfügbar sind, ist mit einer zunehmenden Nutzung der Medienangebote über Internet und somit außerhalb des ›klassischen‹ Hörfunks zu rechnen.

Die Digitalisierung der Medienangebote sowohl im Print- als auch im Hörfunkbereich führt dabei aktuell zu zahllosen noch ungeklärten Fragen beispielsweise des Urheberrechts und der mittel- und langfristigen Archivierung, die die Nutzungsmöglichkeiten heutiger Medienprodukte als Erinnerungsanlässe für künftige Generationen zu einem wichtigen, jedoch noch nicht hinreichend systematisch diskutierten ›Zukunftsthema‹ der Gegenwart machen.

Literatur

einestages – »Willkommen bei *einestages*!« (ohne Autor). In: http://einestages.spiegel.de/page/home.html (3.11.2008).
Erll, Astrid: *Kollektives Gedächtnis und Erinnerungskulturen. Eine Einführung*. Stuttgart/Weimar 2005.
Ernst, Wolfgang: *Das Gesetz des Gedächtnisses. Medien und Archive am Ende (des 20. Jahrhunderts)*. Berlin 2007.
Güntner, Joachim: Nazideutschland im Reprint. In: *Neue Zürcher Zeitung*, 30. Januar 2009, Nr. 24, 42.
Johnson, Marilyn: *The Dead Beat: Lost Souls, Lucky Stiffs, and the Perverse Pleasures of Obituaries*. New York 2006.
Reinhardt, Jan D./Jäckel, Michael: Massenmedien als Gedächtnis- und Erinnerungs›generatoren‹ – Mythos und Realität einer ›Mediengesellschaft. In: Patrick Rössler/Friedrich Krotz (Hg.): *Mythen der Mediengesellschaft. – The Media Society and its Myths*. Konstanz 2005, 93–112.
Tieschky, Claudia: Sex, Drogen und Stahl. Historikerstreit: ›Geo Epoch‹ und ›Spiegel Geschichte‹. In: *Süddeutsche Zeitung*, 12. Februar 2009, Nr. 35, 17.
Zierold, Martin: *Gesellschaftliche Erinnerung. Eine medienkulturwissenschaftliche Perspektive*. Berlin u. a. 2006.

Martin Zierold

12. Bilder

Die Vergangenheit erscheint in der Erinnerung als Bild. Sich zu erinnern heißt, bereits gewesene Wirklichkeit in der Gegenwart anzuschauen. Darin liegt die Gemeinsamkeit mit dem unsere Existenz fast durchgehend begleitenden ›materiellen‹ Bild – ob Gemälde, Buchillustration, Fernsehnachricht oder Urlaubsfoto: Es ist unmittelbare Wahrnehmung. Das materielle Bild zeichnet sich aus durch seine sinnliche Präsenz: Indem es der Sinneswahrnehmung zugänglich ist, erregt es Erlebnisse, die dem Wissen, den Vorstellungen fehlen. Da es sich noch vor die begriffliche Einordnung und Verarbeitung stellt, ist es zunächst ›Material‹ und kann so zum Träger des Unbewussten, des Affektes usw. werden. Es hat die Ursprünglichkeit, die wir uns von Wirklichkeitserfahrung erwarten und kann insofern als ein »harter Kern des Gedächtnisses« aufgefasst werden (Niethammer, in: A. Assmann 2009, 219). Gerade diese Merkmale des Bildes sind aber auch sein Problem: Visuelle Wahrnehmung erfasst den gegenwärtigen Moment und nicht Vergangenheit, durch ihre sinnliche Qualität ist sie geradezu das Gegenteil von Erinnerung. Bei der Erinnerung geht es um Zeitprozesse, nicht um Zustände, sie bedarf also der Narration, die das Bild für sich gar nicht leisten kann, da es nur ›Momentaufnahme‹ ist, kein Vorher und Nachher kennt, insofern »gefrorene Vergangenheit« und »an sich unhistorisch« ist (Bergmann/Schneider 1999, 211). Damit ist die ganze Paradoxie bezeichnet, die dem Bild als Erinnerungsmedium eignet.

Es ist erstaunlich, wie spät die historische Bildforschung auf diese Chancen und zugleich Problemstellungen reagiert hat. Angeregt durch die Kunstwissenschaft, die psychologische Gedächtnisforschung, zuletzt durch die Neurobiologie, zugleich aber auch durch die sprunghafte Ausbreitung allgegenwärtiger Bebilderung hat sich in der Geschichtswissenschaft seit den 1980er Jahren, verstärkt dann aber Mitte der 1990er Jahre, eine Hinwendung zum Bild als ernstzunehmende Forschungsgrundlage vollzogen. Bilder werden kaum mehr naiv als Mittel zur Illustration verwendet, sondern sind Gegenstand differenzierter, interdisziplinärer Reflexionen über Kommunikation, Medienwirkung, Sinnerfahrung und Generierung von Wirklichkeit geworden. Auf dem Historikertag von 1982 wurde zum ersten Mal die Frage gestellt: »Wo bleibt die Bildquelle?«, und kennzeichnend für die dann einsetzende Wende ist die Tatsache, dass 24 Jahre später das Gesamtthema des Historikertages in Konstanz »GeschichtsBilder« lautete. Wer die Schulgeschichtsbücher von den *Menschen in ihrer Zeit* (Klett, 1972) über *ANNO* (Westermann, 1995) bis hin zu *Expedition Geschichte* (Diesterweg, 2003) vergleicht, wird sofort die deutliche Verlagerung vom Text zum Bild erkennen. Die technischen Möglichkeiten des Computers haben außerdem zu einer starken Tendenz zur Visualisierung historischer Erinnerung in Ausstellungen, Animationen in Museen oder in den Film- und Printmedien geführt (exemplarisch hierfür *GEO-Epoche*, z. B. das mit seinen Computeranimationen und überscharfen Fotos sehr charakteristische Heft Nr. 34 über die Germanen, 2009). Letztlich ist es aber nicht nur die wissenschaftliche Entwicklung, sondern vor allem der epochale gesamtgesellschaftliche *iconic turn* (auch *visual, visualistic* oder *pictorial turn*) zu einer alle Lebensbereiche erfassenden ›Bilderflut‹, der eine grundsätzliche, moderne Reflexion auf Wesen und Wirksamkeit des Bildes in seiner Bedeutung für die Erinnerung herausfordert.

Von der Verinnerlichung zum Erinnerungsbild

Die Erscheinungsformen, in denen Bilder Erinnerung initiieren, reichen von altsteinzeitlichen Statuetten, ägyptischen Wandmalereien über Kaisermünzen, Totenporträts, Ikonen bis zu Historien- und Genregemälden, Karikaturen oder Kriegsfotografie. Die ersten erhaltenen Bildwerke der Menschheit sind vor ca. 40.000 Jahren entstandene geschnitzte Frauen- und Tierdarstellungen. Die letzteren weisen auf einen Zusammenhang, der sich durch die nur etwas später (vor ca. 35.000 Jahren) einsetzenden Höhlenmalereien bestätigt. Auf den ersten Blick scheinen diese angesichts ihrer ›naturalistischen‹ Darstellung äußerer Natur (einer bestimmten Gruppe von Tieren, die neben verfremdeten Menschendarstellungen und abstrakter Zeichen der häufigste Inhalt der Bilder war) das Gegenteil von Erinnerungsvorgängen zu bedeuten. Nach ersten sehr naiven Erklärungsmustern hat sich in der Erforschung der Malereien aber eine Wende vollzogen, die ganz neue Interpretationshorizonte eröffnet hat. Hatte man diese Bilder im 19. Jahrhundert noch als schmückende Dekoration gedeutet, erkannte man zunehmend, dass die Fundorte eben keine Wohnhöhlen, sondern zum Teil sehr unzugänglich tief im Berg verborgen waren, also nur in Sondersituationen aufgesucht wurden. Man erklärte sie nun als Bestandteil einer rituellen Jagdmagie, bis man später anhand von Jagdbeuteresten feststellte, dass es keinen Zusammenhang zwischen der Jagd und den Bildern gab. Eine Reihe von Indizien deutet daraufhin, dass sich mit den Malereien vielmehr innere, bewusstseinsbildende Akte verbanden: Die Bilder wurden nicht an zufällige, sich gerade als freie Fläche anbietende Stellen gemalt, sondern diese Orte wurden regelrecht ausgewählt. Die Intensität und Qualität der Bilder widersprechen einer rein abbildhaften Wiedergabe äußerer Wahrnehmungsinhalte, sie entstammen genauesten Beobachtungen des charakteristischen ›Ausdrucks‹ eines Tieres, die dann verinnerlicht und abrufbar waren; manche Bilder haben Bewegungsabläufe von Tieren zur Darstellung gebracht, wie sie auch in den technisch komplizierten Analysen des 19. Jahrhunderts nicht besser festgehalten werden konnten (Bosinski 2009, 36–40 u. 65 f.).

Die Höhlenmalereien vollziehen also den Schritt zu einer anschaulichen Vergegenwärtigung vergangener und verinnerlichter Wahrnehmungen des sonst in unmittelbarer sinnlicher Nähe erlebten Tieres. Was flüchtige, bewusstlose Gegenwart war, wurde zu einem dauerhaften Bewusstseinsinhalt. Dies bedeutet letztlich eine Emanzipation von der Sinneswahrnehmung und die Herstellung eines Zeitkontinuums des eigenen Inneren – also Identität.

Eine wesentliche Zäsur in der Geschichte der gedächtnisbezogenen Verbildlichung brachten die ersten Hochkulturen, die über das Bild zum

Abb. 1: Pferdedarstellung aus der Grotte Chauvet (ca. 31.000 v. Chr.)

Schriftgedächtnis vorgedrungen sind. Sowohl in Ägypten als auch in Mesopotamien entwickelten sich die Schriftzeichen, die der Erinnerung eine völlig neue Grundlage gaben, aus Bildern, die verdeutlichen, dass deren anschauliche, emotionsstiftende Qualitäten die Voraussetzung für alle späteren Schritte kultureller Gedächtnisbildung darstellen. In Ägypten war diese Sinngebung des Bildes mit einem wesentlichen Vorgang verbunden. Jan Assmann hat darauf hingewiesen, wie insbesondere die ägyptische Kultur veranschaulicht, dass das Entstehen von Bildern einen maßgeblichen Ursprung in der Mumifizierung des menschlichen Leichnams hatte. Er knüpft an den Kunsthistoriker Hans Belting an, der herausgearbeitet hat, dass der Ägypter am Leichnam die Anwesenheit des Verstorbenen erinnerte. Damit wird die Ursituation der bildenden Kunst gegeben: Im Sinnlichen wird etwas abgebildet, was eigentlich darin nicht anwesend sein kann. Bezeichnender Weise bezog sich das ägyptische Wort »djet« sowohl auf das Bild als auch auf den Körper. Der Begriff des Bildes entstand, indem ein Körper zum Träger der Erinnerung an den Verstorbenen wurde. Damit ging allerdings einher, dass dieses Bild nicht als bloßes Zeichen, sondern selber als realer Körper angesehen wurde, so dass man in ihm das Vergangene als faktisch und existent erlebte – ein Zustand, der in der Ägyptologie als »Einwohnung« bezeichnet wird. Die Götter und die Verstorbenen existieren für den Ägypter also in der Statue, und so heißt es in einer Inschrift: »Statue, du bist vor den Herren des Heiligen Landes! Stell dich als Erinnerung an meinen Namen ins Haus der Herren von Ta-wer« (J. Assmann 2009, 89).

Die Antike und die Entwicklung der christlichen Ikone

In der Antike hat sich in der Plastik, den Vasenmalereien oder Wandgemälden ein deutlicher Wandel vollzogen, indem die Götter Menschengestalt angenommen haben. Damit hat sich die Erinnerung an die geistige Ursprungswelt stärker als bisher aus den Inhalten der sinnlichen Gegenwart abgeleitet. Trotzdem blieb der Gestus des auf Erinnerung ausgerichteten Bildes im Prinzip erhalten. Platon fasst das antike Bildverständnis in seiner Ideenlehre begrifflich zusammen (s. Kap. IV.2), und noch im 2. oder 3. Jahrhundert n. Chr. antwortet im griechischen Traktat *teleios logos* Hermes dem Asklepios: »Ich meine Standbilder, die beseelt sind, voller Geist und Pneuma, die große und gewaltige Taten vollbringen« (J. Assmann 2009, 83). Verschiedene Indizien weisen aber gleichzeitig darauf hin (Belting 2004, 49), dass sich mit dem Ende der Antike eine zunehmende Veräußerlichung der Bildwahrnehmung vollzog, bei der schon die Zeitgenossen den Eindruck hatten, dass die Bilder nicht mehr zu einer realen Erinnerung der geistigen Urbilder bzw. Götter führten, sondern nur noch (im Sinne des Aberglaubens) illusionäre Vorstellungsbilder evozierten. Paulus' Ermahnung an die das Artemis-Bildnis und den Tempel fetisch-

Abb. 2: Mandylion Christus aus Nowgorod (12. Jh. n. Chr.)

artig und fast schon wallfahrtstouristisch vermarktenden Epheser (*Apostelgeschichte* 19, 19–40) deutet auf einen solchen Vorgang genauso hin wie die Kritik Tertullians an den Heiden, im Bildkult der Götter eigentlich die Toten zu verehren und die angeblichen Statuenwunder nur dazu zu benutzen, »Steine für Götter zu halten« (Belting 2004, 49).

Eine Wendung brachte erst das Christentum, das mit seinen Ikonen, Fresken, dem Kreuz als Skulptur etc. wieder zu einer auratischen Qualität religiöser Erinnerung fand. Ein zentrales Gestaltungsmittel war der Goldhintergrund, der in seiner spirituellen Dimension bis nach Ägypten zurückweist, wo das Gold als »Fleisch der Götter« aufgefasst wurde. Der malerische Abstand von der sinnlichen Welt (die hauptsächlichen Bildinhalte waren Christus bzw. die göttliche Dreifaltigkeit, Maria und das biblische Geschehen mit dem ganzen Universum der geistigen Wesen von den Engelhierarchien bis zu den verstorbenen Heiligen), der kultische Umgang mit den Bildnissen im Gottesdienst und die Positionen des Neuplatonismus belegen den nun über ein ganzes Jahrtausend sich erstreckenden Habitus platonischer

Weltanschauung, in deren Zentrum die Erinnerung steht.

Es ist bemerkenswert, wie sich trotz der epochalen religiösen Wende die christliche Ikone – die hier exemplarisch für die vielfältige Bilderwelt des Mittelalters behandelt werden soll – aus einem antiken Vorbild, den römischen Totenporträts, entwickelt hat (Belting 2004, 92–116). Das Totenporträt stützte das Gedächtnis an den geliebten oder verehrten Verstorbenen und gewann insofern eine starke emotionale Bedeutung. Mit dem Christentum richtete sich die Verehrung des Toten nun vermehrt auf neue Inhalte: auf die Heiligen, vor allem aber natürlich auf Christus und Maria. Eintausend Jahre lang – vom 5. bis ins 15. Jahrhundert hinein – dauerte die Hochzeit der Ikone, und schon daraus wird ersichtlich, wie stark sie von der Tradition lebte. Die kultisch gepflegte, erinnernde *religio* bedarf der Wiederholung, und so war die Ikonenmalerei immer geprägt von einem »konservativen Dogmatismus« (Belting), und zwar nicht nur in den bildnerischen Formmerkmalen, sondern auch in den die Ikone einbeziehenden rhythmisch wiederkehrenden Festen, den Prozessionen und Wallfahrten, den regelmäßig repetierten Texten: All dies waren wirksame Mittel strenger Gedächtnisübung. Auch das reine Alter der Ikone bewies die Tradition und stützte ihre Autorität im Vorgang der Erinnerung.

Im byzantinischen Bilderstreit des 8. Jahrhunderts brach angesichts des Verbotes der Verehrung von Heiligenbildern unter Kaiser Leo III. eine grundsätzliche Problematik auf, die den religiösen Umgang mit dem Bild über lange Zeit prägte: Vermittelt das Bild die Existenz des Göttlichen (kann dieses im Bild *präsent* sein?) oder lenkt es von diesem illusionär ab (weil im Sinnlichen das Geistige gar nicht anwesend sein kann)? Die ganze weitere Entwicklung des Verhältnisses des Menschen zum Bild ist ohne die zunehmende Auseinanderentwicklung östlicher und westlicher Weltanschauung nicht mehr zu beschreiben. Im Osten wird die erinnerungsbetonte, konservative Verehrung eines der sinnlichen Welt in ferner Distanz herrschenden Göttlichen kulturbildend (so dass man hier auch bis mindestens ins 17. Jahrhundert hinein sehr wertvolle, authentische Ikonenmalerei antrifft), im Westen dynamisiert sich die Bildauffassung rasant und entwickelt zuletzt einen völlig neuen visuellen Zugang zur Welt.

Die Revolution des Sehens und der Wandel der Erinnerung

Seit dem 11. Jahrhundert verändern sich im westlichen Europa die Ikonen. Es entsteht eine ›beseelte Malerei‹, die vermehrt erzählerische Elemente bis hin zu ganzen Handlungen beinhaltet und nun auch die inneren Regungen der betreffenden Figuren darstellt. Die Malereien erhalten einen natürlicheren (nicht naturalistischen) Ausdruck. Es wird eher beschrieben als symbolisiert, und damit wird die bildnerische Aura der Zeitlosigkeit allmählich abgelöst von der Gegenwart des augenblicklichen, zeitbedingten Ereignisses in der äußeren Erscheinungswelt – das Erinnern wird allmählich zum Anschauen. Dies entspricht den geistesgeschichtlichen Vorgängen dieser Zeit überhaupt. Der Gelehrte Alanus ab Insulis formulierte in der platonisch geprägten Schule von Chartres am Ende des 12. Jahrhunderts die fast prophetische Zukunftsperspektive: »Es ist überliefert, daß der Glaube in Zukunft überflüssig sein und seine Nachfolge die Wissenschaft sein wird, also die sichere Erkenntnis. So wird das Verständnis ein anderes sein als das heutige rätselhafte« (*Summa Quoniam homines*. Hg. von P. Glorieux. AHMA 28, 1953, 137). In der großen Wende vom Platonismus zum Aristotelismus (v. a. Thomas von Aquin) erhält auch das Bild eine neue Ausrichtung: Es bindet – trotz aller noch lange nachwirkenden traditionellen bildnerischen Mittel und Motive – das Bewusstsein nicht mehr ausschließlich erinnernd zurück an die Urbilder, sondern schaut zumindest anfänglich beobachtend nach vorne auf die Tatsachen der sinnlichen Welt. Durch den Sieg des Nominalismus im Universalienstreit erhielt diese Entwicklung eine folgenschwere Vereinseitigung: Die Gedanken wurden nicht mehr als in den Dingen wirkende Ideen, sondern als vom Subjekt hervorgebrachte Vorstellungen aufgefasst, die der

Welt quasi von außen hinzugefügt werden und damit Abstraktionen sind. Das Wissen konstituierte sich seitdem aus der Anschauung der Außenwelt und den sich daran anknüpfenden Reflexionen, und dies hatte weitreichende Konsequenzen für den Umgang mit dem Bild. Einerseits richtete sich das bildnerische Interesse nun radikal von den religiösen Inhalten auf die sinnliche Welt. Das Bild war den Gesetzen der natürlichen Welt verpflichtet. Es entwickelte sich mit der Zentralperspektive eine rationalisierte Malerei, in der sich ein mathematisch-logisches Sehen durchsetzte, das sich dem physischen Raum anverwandelte und die erinnernde Dimension aufgab: Das »Wissen des toten Raumes reduziert die Zeit zu einer einzigen Dimension, zu einem Anhang, der eine leere Jetzt-Punktfolge zum Zwecke der Berechenbarkeit darstellt« (Wettig 2009, 139). Der »kalte Blick« der das Subjekt ausklammernden räumlichen Beobachtung wurde zuletzt Ausdruck eines zweckgeleiteten Überwachungsinteresses. Andererseits erfährt der bildhafte Bezug zu den ideellen Inhalten der Religion eine beispiellose Abstraktion. Durch die Erfindung des Buchdrucks wird der vorher immer noch bildhafte Vorgang des Schreibens mit der Hand, in dem erinnerte Worte und vorgestellte Bilder eine Gesamtwahrnehmung schufen und Partizipation statt Distanz erzeugten, abgelöst durch die extrem beschleunigte und technisierte serielle Produktion von Schrifterzeugnissen. Zeichen und visueller Eindruck trennten und verselbständigten sich (Wettig 2009, 78–81). Hierzu gehört dann auch, dass mit der Reformation – bei allen Unterschieden, die zwischen Luther und vielen radikaleren Mitstreitern auftraten – die Bilder gestürmt wurden und nur noch das Wort als Zeugnis des Christus anerkannt war. Bezeichnenderweise erschienen auf den Altarbildern an einigen Orten zugleich die in der jeweiligen Gemeinde lehrenden Reformatoren – ›gegenwärtiger‹ und damit ›erinnerungsferner‹ konnte im Unterschied zur Ikone ein Bild nicht mehr sein. Wenn von der einen Seite her also die sinnliche Anschauung die Erinnerung verdrängte, so geschah dies von der anderen durch den rationalen Gedanken.

Die Abschaffung des Bildkultes, die Entfernung der Bilder aus den Kirchen, die Hinwendung zu antiken Bildinhalten in der Renaissance waren Mittel zur Befreiung von der kirchlich-traditionellen Institution. Mit der Infragestellung des mittelalterlichen kosmologischen Welt- und Menschenbildes hat sich eine Emanzipation des individuellen Menschen vollzogen, und dazu gehört auch, dass das Sehen und die aus ihm entstehenden Bilder diesseitig wurden. Die Kunst ist damit kein eigentlich religiöses Phänomen mehr: »Das religiöse Thema ließ sich vom Künstler nur noch erfinden. Man konnte es ja nicht wirklich sehen wie die Gegenstände von Stillleben und Landschaft. Die Präsenz des Werks ist etwas anderes als die einstige Präsenz des Heiligen *im* Werk« (Belting 2004, 511). Die Kunst tritt damit an die Stelle des Kultes. Die ›Krise des Bildes‹ ist insofern zugleich die Geburtsstunde einer neuen Bestimmung der Kunst, in der durch den schöpferischen Akt des individuellen Künstlers die Anschauung der Welt gestiftet wurde.

Wenn das Bild erinnernde Funktion erhalten sollte, so waren die Gegenstände der Erinnerung nun irdischer Natur: die Historie, Reise- und Eroberungserfahrungen (z. B. Cortez' Unterwerfung des Aztekenreiches), geographische Vermessung, Natur und individuelles Porträt bzw. Familienchronik u. a. Es gilt hierbei zu berücksichtigen, dass diese Hinwendung zur visuell-gegenständlichen Wirklichkeit sich über einen langen Zeitraum sukzessive entwickelte. Die großen Renaissancekünstler haben neben ihren neuen Themen immer christliche Motive verfolgt und damit einige der bedeutendsten Kunstwerke der Neuzeit geschaffen (man denke an das *Abendmahl* von Leonardo da Vinci oder an Michelangelos *Jüngstes Gericht* in der Sixtinischen Kapelle). Oft wurden in diese Bilder Darstellungen von Landschaften, Stillleben u. a. integriert, die einen Gegenwartsbezug schufen und indirekt die traditionellen Inhalte kommentierten. Die sinnliche Welt wiederum erschien in vielen Bildern noch äußerst schematisch, unsicher und reduziert. Selbst den perfekten Raumstudien merkt man immer die Konstruktion an, Personen waren noch lange Zeit eingebunden in typisierte, starre Formstrukturen, und nur die herausragenden, ganz großen Künstlerpersönlichkeiten drangen schon sehr weit zu der von Leonardo geforderten Darstellung der ›Wirklichkeit‹ vor.

Von Lukas Cranachs Luther-Porträts über Rembrandts *Nachtwache* bis hin zur russischen Genremalerei eines Grigori Grigorjewitsch und den realistischen Industriegemälden Menzels oder Robert Köhlers vollzog sich ein elementarer Lernprozess der Aneignung des sinnlich-realen Raumes, so dass im strengeren Sinne eigentlich erst seit dem 19. Jahrhundert gesamtgesellschaftlich von einer Malerei gesprochen werden kann, die reale Bilder von der sinnlich-individuellen Erscheinung von Menschen, Geschichte oder landschaftlichem Charakter schuf. Dies entspricht dem gesellschaftlichen Wandel der Rezeptionsbedingungen von Kunst und der technischen Entwicklung der Bildvervielfältigung. Eine wesentliche Zäsur markierte zu Beginn der Neuzeit die Tatsache, dass das Bild aus der Kirche zunehmend in die Kunstsammlung überging und damit immer mehr dem Rezipienten zur persönlichen Betrachtung zur Verfügung stand (s. Kap. III.7). Die sich kontinuierlich verbessernde Technik des Buchdrucks ermöglichte zugleich die Reproduzierbarkeit sowie die verstärkte und schließlich massenhafte Verteilung des Bildes. Dies alles brauchte aber Zeit – die Kunstsammlung war anfänglich nur einer kleinen gesellschaftlichen Elite möglich, die Menge der Druckerzeugnisse ist nicht mit unseren modernen Verhältnissen vergleichbar und beschränkte sich auf einen immer noch überschaubaren Umfang. Das neuzeitliche, gegenständliche Bild als Träger einer visuellen, jedem Menschen zur Verfügung stehenden Erinnerungsgrundlage ist also eine historische Erscheinung, die erst sehr spät zu einem Bestandteil des gesellschaftlichen Alltags geworden ist.

Exkurs: Die Intentionalität des Bildes

Diese Prozesse machen deutlich, dass die Erinnerungsfunktion der Bilder nicht ahistorisch behandelt werden darf, sondern nur aus der geschichtlichen Verfasstheit der jeweiligen Situation verstanden werden kann. So erschöpft sich die Bedeutung des Bildes für die gesellschaftlichen Erinnerungsprozesse nicht immer in der Konstituierung von Macht, die durch die Schaffung eines bildgestützten kulturellen Gedächtnisses kollektiv gesichert wird. Natürlich sind Bilder schon sehr früh zu diesem Zweck eingesetzt worden: Wenn auf römischen Münzen der Kaiser abgebildet war und der Bürger somit auch in alltäglichsten Lebensvorgängen an den Herrscher erinnert wurde, wenn Otto III. und Heinrich II. in zahlreichen Herrscherminiaturen ihr Kaisertum sakral begründeten (Weinfurter 1995, 47–103), das Bild des Kreuzes als Kriegsbanner in Palästina an die ursprüngliche religiöse und politische Identität des kämpfenden Heeres erinnerte, oder wenn in modernerer Zeit Morel und David im Kupferstich *Der Schwur der Horatier* auf römische Inhalte zurückgreifen, um zum aktuellen politischen Kampf im vorrevolutionären Frankreich aufrufen zu können, durch Kriegsdenkmale des 19. und 20. Jahrhunderts die Einheit der Nation suggeriert wurde oder das ›Führerbild‹ im Klassenraum die Identifizierung des Schülers mit dem Herrscher im emotionalen Gedächtnis unauslöschlich verankert werden sollte, so durchziehen immer wieder Bilder die Geschichte, die ein machtgeleitetes Erinnern beförderten. Unter diesem Aspekt spielen auch die Historiengemälde eine entscheidende Rolle, die nach dem Zurücktreten der religiösen Erinnerung zu einem zentralen Medium des kulturellen Gedächtnisses wurden (s. Kap. II.3). John Trumbulls Gemälde von der Übergabe des Entwurfes der amerikanischen Unabhängigkeitserklärung an das Plenum des Kontinentalkongresses in Philadelphia, der *Ballhausschwur* von Jacques-Louis David oder die Darstellung der Proklamation des Deutschen Reiches 1871 im Spiegelsaal von Versailles von Anton von Werner geben auf den ersten Blick historische Vorgänge wieder, sind aber kompositorisch so inszeniert, dass sie maßgeblich zur Bildung der jeweiligen erstrebten kollektiven Identität beitrugen.

Dennoch unterscheidet sich ein Herrscherbild Ottos III. von der propagandistischen Selbstinszenierung eines Wilhelm II. maßgeblich: Das

›Wie‹ der Darstellung, die regelrecht kindlich-naiven Gesichtszüge, Haltungen und überhaupt Linien- und Farbgestaltungen bei Otto müssen genauso berücksichtigt werden wie der bloße ikonographische Inhalt und zeigen durch eine solche formimmanente Betrachtung eine mentale Verfassung, die nicht mit neuzeitlicher Ratio und Machtkalkül den sakralen Hintergrund der eigenen Herrschaft suggeriert, sondern diesen sehr sicher genauso empfunden hat, wie er im Bilde dargestellt war: als eine lenkende, verpflichtende Instanz, die noch höher stand als die eigene Person.

Es gilt zu differenzieren: Ist die erinnernde Darstellung eines Bildes instrumentell zweckgeleitet (dann sollte man streng genommen nicht von Erinnerung, sondern von Konstruktion sprechen) oder ist ihr Interesse auf die gewissermaßen selbstlose Anschauung einer Sache gerichtet? Es gibt einen ganzen historischen Strang bedeutender künstlerischer Arbeiten, die nicht darauf abzielen, (im weitesten Sinne) politische Intentionen umzusetzen, sondern – um mit Paul Klee zu reden – Charakteristisches ›sichtbar zu machen‹. Wenn viele Historiengemälde mehr über ihren Schöpfer und seinen Schaffenskontext aussagen als über den dargestellten Gegenstand, so gibt es zugleich Bilder, die tatsächlich Erinnerung an die geschichtliche Realität ermöglichen: An die Landschaften der Brueghels, die sehr dichte Bilder einer noch unverletzten, vorindustriellen Kulturlandschaft aufrufen, ist da genauso zu denken wie an Repins *Wolgatreidler*, die durchaus eine dezidierte politisch-symbolische Aussage enthalten und dennoch nicht manipulativ intendiert sind, sondern atmosphärisch sehr konzentriert und charakteristisch einen historischen Zustand beschreiben.

Der *iconic turn*

Die Frage nach den Qualitäten, die ein Bild zu einer Grundlage des Erinnerns werden lassen, erfährt mit dem 19. Jahrhundert eine völlig neue Dimension. Einerseits ist die bildnerische Darstellung nun ganz bei der gegenständlichen Abbildung der sinnlichen Welt angelangt, andererseits ist mit der revolutionären technischen Entwicklung nicht nur eine Reproduzierbarkeit und Verfügbarkeit des Bildes entstanden, sondern vor allem eine Erfindung, die einen tiefen Einschnitt in die zivilisatorische Entwicklung markiert: die Fotografie (s. Kap. III.14). Gerade auch für das Erinnern hat diese Erfindung entscheidende Konsequenzen: »Das photographische Bild als Momentaufnahme und unbezweifelbarer Beweis einer objektiven Welt hat durch das Festhalten von sichtbar gemachten Vergangenheiten dem Gedächtnis eine andere Funktion zugewiesen. Der Trennung zwischen ›subjektiver‹ und ›objektiver‹ Betrachtung, individuellem und ›Welt‹-Gedächtnis, wurde ein weiterer Meilenstein gesetzt« (Wettig 2009, 109). Durch die technische Ermöglichung des Festhaltens eines Momentes ereignete sich eine beispiellose Ausweitung und Zementierung des kulturellen Gedächtnisses. Die mit der naturwissenschaftlichen Beobachtung der beginnenden Neuzeit sowie ihren Konsequenzen wie z. B. der Zentralperspektive eingeleitete Visualisierung der Kultur hat in der Moderne ihren Höhepunkt erreicht und zeigt in den veränderten Wahrnehmungsprozessen des heutigen Menschen ihre anthropologischen Folgen. Wir leben von der visuellen Wahrnehmung wie nie zuvor und verfügen über ein fast grenzloses Archiv von Gedächtnisbildern.

Führen diese optischen Bilder aber zu Erinnerungen? Hier wurden oft schon Zweifel angemeldet. Von Georges Duhamel stammt der auf den Film bezogene Ausspruch: »Ich kann schon nicht mehr denken, was ich denken will. Die beweglichen Bilder haben sich an den Platz meiner Gedanken gesetzt« (Wettig 2009, 123). Direkt auf den Erinnerungsvorgang bezogen kritisiert Imre Kertész in seinem Essay »Wem gehört Auschwitz?« Steven Spielbergs Film *Schindlers Liste*: Er suggeriere mit seinen Bildern eine Authentizität, die es so gar nicht geben könne und insofern in Wirklichkeit ›verfälsche‹ – und damit tatsächliche Erinnerung verstelle. Offensichtlich tritt mit dem *iconic turn* und der mit ihm verbundenen »Ikonomanie« (Günther Anders in seiner *Antiquiertheit des Menschen*) eine folgenreiche Problematik auf: Der Erinnerungs*inhalt* gewinnt die

Herrschaft über die Erinnerungs*tätigkeit*. Je stärker sich das Bewusstsein auf die – uns massenhaft bedrängenden – Bildinhalte fixiert, desto passiver wird seine Kraft, die die eigentliche Anstrengung des Heraufrufens des mentalen, inneren Bildes der Vergangenheit unternimmt.

Gegenwartskunst

Wie als eine Antwort darauf bringt die kunstgeschichtliche Entwicklung seit den 1960er Jahren Bilder hervor, die den Erinnerungsvorgang selbst thematisieren – sie wurden deshalb auch bereits als »Gedächtnis-Kunst« bezeichnet (A. Assmann 2009, 359) – und dabei bezeichnender Weise den Erinnerungsinhalt bewusst reduzieren oder sogar verbergen. Sehr charakteristisch sind in dieser Hinsicht die Gemälde von Gerhard Richter, der z. B. in einer 1988 entstandenen Gruppe von 15 Bildwerken mit dem Titel *18. Oktober 1977* die berühmten Fotos von der Gefangennahme der Baader-Meinhof-Gruppe und dem Selbstmord, einem Begräbnis, aber auch ein Jugendbildnis von Ulrike Meinhof aufgreift, malerisch durch extreme Unschärfe, Dunkelheit oder den Verzicht auf ›realistische‹ Farben so in die Ferne rückt, dass der Betrachter anfängt, mit größter Aktivität sich innerlich auf die Suche zu machen nach den Spuren dieser Vorgänge und Persönlichkeiten und dabei in diesem Suchen eine Zeitlichkeit erlebt, die dem Prozess des Erinnerns entspricht. Hanne Darboven stellte 1978 ihren Zyklus *Bismarckzeit* fertig, in dem sie auf über 800 beschriebenen Blättern völlig disparate Inhalte wie biographische Daten, Ereignisse, Briefe, Bildnisse von Personen oder Gebrauchsgegenständen dieser Zeit zusammenstellt. Der Betrachter beginnt dadurch, jene historische Epoche aktiv zu rekonstruieren und beobachtet damit schließlich seine eigene Gedächtnisarbeit. Sigrid Sigurdsson hat 1988 mit ihrer Installation *Vor der Stille* ein offenes Archiv konstruiert: In einigen raumhohen Schränken sind Bücher und Vitrinen aufbewahrt, die verschiedenste, mit der Zeit des Nationalsozialismus verbundene Gegenstände aufbewahren, die der Rezipient herausnehmen darf, um sie sich auf einem eigens aufgestellten Tisch genauer zu betrachten, Reaktionen in dafür bereitgestellten Folianten zu notieren oder mit Zeitungsausschnitten zu bekleben, um sie schließlich neu zu ordnen. Dem Rezipienten kann hier also bewusst werden, wie sein eigener »Beitrag das kollektive Gedächtnis beständig verändert, Aufschluss über die Prozesshaftigkeit des Erinnerns und die Formation von ›Gedächtnis‹ selbst gibt« (Grohé 1996, 162).

Immer wieder gibt es künstlerische Versuche, die Zeit selber und mit ihr die erinnernde Tätigkeit, aus der die Zeiterfahrung erwächst, zum Anschauungsinhalt zu machen. Anne und Patrick Poirier führen das fiktive ›Spiel‹ einer Ausgrabung der Gedächtnisstadt »Mnemosyne« durch, in dem sie metallene, hindeutende Pfeile in arrangierte Ruinen setzen oder in eine Gehirnschale ein Ruinenmodell implantieren. Naomi Tereza Salmon fotografierte Relikte aus der Habe von Opfern und Tätern aus NS-Konzentrationslagern, vergrößerte sie und zwingt den Betrachter, sie wahrzunehmen. Sie reißt diese Relikte damit aus der Vergessenheit, macht zugleich aber die ihnen anhaftende bedrückende »Leere des Schweigens« erfahrbar (A. Assmann 2009, 367–371 u. 378–382). Der Dresdner Maler Olaf Auer legt Farbschichten und Metalle über- oder nebeneinander und führt z. B. in seinem Bild *Aion (9)* (2003) mit violetten Farbtönen auf Blei in ein Dunkel und in eine Stille hinein, die zusammen mit den narbenartigen Spuren des Metalls den Bildtitel realisierend wie eine ferne und verborgene Vergangenheit aufschließt, und weckt in einer anderen Bildgruppe mit Titeln wie *Shadow of Nefertiti* (1999), *Ahknaten* (1999), *Seth?* (2000–07) oder *Part Of Osiris* (1999–2007) zusammen mit der jeweiligen Bildform Assoziationen altägyptischer Kultur, die dann mit der gegenwärtigen Erfahrung an der Farbe und am Metall verbunden werden. Hatten die mittelalterlichen Ikonen den Betrachter angeschlossen an eine überindividuelle Erinnerung der göttlichen Welt, und richtete die neuzeitliche Bildlichkeit das Gedächtnis auf die sinnliche Erscheinungswelt und damit auf den individuellen Menschen in seiner geschichtlichen Existenz – womit das Geistige gewissermaßen historisch wird und eine Biographie erhält –, so erfährt sich nun der Betrachter als Erinnernder selbst, die Erinnerungstätigkeit wird sich als konstitutionelle Grundlage des Ich ihrer selbst bewusst.

Es gibt wohl kaum einen Künstler, für den diese Motive ein so existenzielles Lebensthema sind wie Anselm Kiefer. Sein ganzes Werk durchzieht die Auseinandersetzung mit der Geschichte, entscheidend ist dabei aber, dass dies nicht rein inhaltlich geschieht, sondern – insbesondere durch die Materialien seiner Kunst – die Tätigkeit des Erinnerns selbst wird zu einer sinnlichen Erfahrung gebracht. Daniel Arasse schreibt über den Künstler: »Kiefer gibt sich weniger dem hin, was man gemeinhin als Gedächtnisarbeit bezeichnet, als vielmehr einer Arbeit *am* Gedächtnis«, das *Wie* des Erinnerns sei für ihn eine Schlüsselfrage (Arasse 2001, 70 u. 77). Er bricht mit dieser Suchbewegung die Idee des kollektiven Gedächtnisses geradezu auf, weil er einerseits permanent durch Bildtitel, in das Bild hineingeschriebene Sätze bzw. Namen oder durch bestimmte inhaltliche Signale (Hitlergruß, Eisenbahnschienen, Kriegsschiffe, Nazi-Architektur u.v.m.) die gruppenspezifischen (deutschen) Vorstellungsmuster aufruft, in der Mehrdeutigkeit der Bezüge, dem Verzicht auf tatsächliche inhaltliche Ausführung des Themas und den thematisch zunächst ganz fernliegenden darstellerischen Mitteln zugleich aber ins Unsichere, Rätselhafte, also in die Irritation und nicht Bekräftigung der gewohnten Begriffe hineinführt. Man gewinnt den Eindruck, dass Kiefer vielmehr einen Weg sucht, die von ihm selbst nicht miterlebten Inhalte des kulturellen Gedächtnisses zu seinen eigenen biographischen Erinnerungen werden zu lassen, das autobiographische Gedächtnis also in die frühere, historische Zeit auszudehnen und damit gedankliche Konstruktion von Geschichte zugunsten einer realen Erinnerung zu überwinden. Die zum oder im Bild angebrachte Schrift stellt den begrifflichen Bezug zu einer bestimmten Zeit her – ob Nationalsozialismus, Bilderstreit oder Mesopotamien. Damit wird eine spannungsvolle Erwartung bestimmter Bedeutungshintergründe provoziert, die nach Antworten verlangt. Über die angesprochenen historischen Ereignisse erfährt man dann aber nichts, sondern wird auf die rein künstlerisch-sinnliche Gegenwart und Realität des Bildes geworfen. Die Folge davon ist, dass die Qualitäten der Farbe, des Materials, das Format, seine Proportionen usw. innerlich beobachtet und die daraus entstehenden Wahrnehmungen auf den Umgang mit der historischen Vergangenheit bezogen werden können – und damit unter Umständen viel mehr über diese Vergangenheit aussagen als eine begriffliche Analyse, denn der durch Sinne, Affekte, Leibwahrnehmungen psychisch und körperlich realisierte Weg zu dieser Vergangenheit ist mit beobachtet worden und gehört zu ihr konstitutiv dazu. Das Gemälde *The World Ash* (1982) z. B. führt in seiner Dunkelheit, Leere und Kälte in eine Stimmung hinein, die unendlich viel von Einsamkeit, Zerstörung, Tod beinhaltet. Der auf dem Bild angebrachte tote, angebrannte, schwarze Ast verdichtet diesen Eindruck wie zu einem zeichenhaften Resultat und stellt die begriffliche Verbindung zum Titel her, der bewusst mit zwei Bedeutungsinhalten spielt: die Asche als Produkt der Zerstörung und Ausdruck des Todes, die Weltenesche als Bild aus der germanischen Mythologie, der Baum, der die ganze Welt hält, die Wurzel allen Lebens also. Damit verbinden sich schlagartig Gegenwart und ferne Vergangenheit zu der existenziellen Erfahrung eines weltgeschichtlichen Zusammenhanges, eines Weges (das Bild stellt auch inhaltlich einen sich zum Horizont verlierenden Weg vor), der Verlust und Auftrag zugleich beinhaltet: Der Moment des Todes kann auch die Freiheit und den Impuls des Neuanfangs, des ersten Schrittes aus der Verlorenheit zum Leben, von der Asche zur Esche beinhalten.

Bildqualität und Erinnerung

Mit den Fragestellungen Anselm Kiefers ist der Ausgangspunkt der Darstellung wieder eingeholt. Welche Bedeutung kommt dem Bild für die Erinnerung zu? Wie wird eine Zeiterfahrung an einem Gegenstand möglich, der zunächst reine Gegenwart ist? Es gilt hierbei zwei Themenstellungen zu unterscheiden. Die eine fragt nach der auf den Erinnerungsvorgang bezogenen Wirkung des Bildes im Entstehungsmoment, also seine Bedeutung für den Künstler und seine Zeit. Dieser Aspekt wurde anhand der historischen Entwicklung des Bildes dargestellt. Eine andere Frage ist, welche Rolle für uns heute aus dem zeitlichen Abstand die Betrachtung eines Bildes spielt, also inwieweit unser eigenes Erinnern durch ein Bild aus viel älteren Zeiten angeregt wird. Die große Chance des Bildes ist seine vorbegriffliche Unmittelbarkeit, seine Eigenschaft als unbearbeitetes Rohmaterial zu einem intensiven Wahrnehmungseindruck zu führen, der auch die unbewussten Schichten des Menschen vermittelt und damit zum Teil viel tiefer in eine Zeit hineinführen kann als manche rationale Erklärung. Es ist bemerkenswert, dass die Verarbeitung von Bildern auch nicht in der Gehirnhälfte geleistet wird, die für die Sprache zuständig ist – Bilder tauchen im Gedächtnis v. a. dort auf, wohin keine sprachliche Verarbeitung reicht (A. Assmann 2009, 220). Zugleich besteht die Schwierigkeit, dass das Bild durch seine sinnliche Präsenz zunächst keine Zeitlichkeit besitzt. Es bleibt zudem in seiner Zweidimensionalität und Ausschnitthaftigkeit ein ›Abbild‹ von der Realität, womit ein scheinbar unüberbrückbarer Abgrund, eine Ferne zwischen Bild und Vergangenheit bestehen muss. Wie kann eine Bildwahrnehmung beschaffen sein, die auf die Vergangenheit gerichtet ist, die der individuellen Biographie vorangegangen ist und nicht nur im metaphorischen Sinne Erinnerung auslöst?

Im Laufe des 20. Jahrhunderts gab es mehrfach Versuche, Eigenschaften von Bildern zu beschreiben, von denen ein solcher realer Erinnerungsvorgang faktisch ausgeht. Eine zentrale Rolle spielen hierbei die Arbeiten des Kunstwissenschaftlers Aby Warburg. Er hatte zwischen 1924 und 1929 ein gewaltiges Bildmaterial zur Kunst der Antike und der Renaissance gesammelt, die ihn besonders interessierte, darüber hinaus aber auch völlig andere Materialien wie zeitgenössische Briefmarken, Werbegrafik oder Zeitungsbilder. Er arrangierte über 1000 Abbildungen auf 63 »Gestellen« – Tafeln, auf denen die Bilder unter bestimmten Ordnungsgesichtspunkten zusammengestellt waren, geplant waren mindestens 70 – zu einer von ihm »Mnemosyne-Atlas« genannten Gesamtüberschau. Diese sollte durch die ungewöhnlichen Zusammenführungen zu einer vergleichenden Betrachtung führen, aus der sich grundsätzliche, archetypische Ausdrucksformen des menschlichen Wesens ablesen ließen. Warburg war schon vor der Jahrhundertwende zu der Vorstellung eines europäischen Bildgedächtnisses gelangt (Zumbusch 2005, 78–88). Er hatte an den Bildwerken der Antike bestimmte Körperumrissformen erkannt, die er in der Renaissance, aber auch in späteren Bildformen wiederentdeckte und als »Pathosformeln« bezeichnete, die wie in einem kollektiven Gedächtnis gespeichert schienen (s. Kap. III.16). Auf Friedrich Theodor und Robert Vischers Symbolbegriff sowie die biologistische Mnemo-Theorie des Zoologen Richard W. Semon zurückgreifend, versuchte er zu zeigen, dass das zum Charakteristischen ›verdichtete‹ Bild physiologische Prozesse im Organismus des Menschen auslöst, die ihn in ihrer aktiven bildschaffenden Tätigkeit mit den urbildhaften Gesetzmäßigkeiten der Lebenswelt verbinden. Im Unterschied zum Distanz erzeugenden, rein kognitiven »Denkbild« ermögliche das »Kunstbild« also »mit Körper und Willen« vorzustellen (Zumbusch 2005, 90).

Dieses Merkmal gewährleistet dann auch, dass sich die Erinnerung vergangener Zustände an einem Bild vollziehen kann – ein Motiv, mit dem Warburg voraussetzt, dass der heutige Mensch die Spuren früherer Kulturen anthropologisch in sich trage. Im 19. Jahrhundert war diese Verbindung von innerer, biographischer Konstitution und Geschichte noch ideell aufgefasst worden. Der englische Romantiker Charles Lamb hatte – angeregt durch seine Erinnerungen an eine illustrierte Kinder-Bibel – das Bild mit dem Traum verglichen und an beiden die Sprache des Unbewussten wahrgenommen. In diesen tieferen, verborgenen Schichten des menschlichen Wesens wirke eine Kraft, welche die Bilder hervorbringe und die er »Archetypen« nennt. »Sie reichen weiter zurück als unser Körper und wurzeln – als Teil der Ausstattung unserer Seele – in der Welt außermundaner Präexistenz« (A. Assmann 2009, 228).

Verschiedene Aspekte des Ansatzes von Aby Warburg fanden vertieft und erweitert ihre Neuformulierung. Christoph Hamann arbeitet in seinen Untersuchungen zur »Visual History« heraus, wie bestimmte Fotos (z. B. der Landeanflug auf den Flugplatz Berlin-Tempelhof 1948 von Henry Ries oder S. Muchas Foto vom Torhaus Auschwitz-Birkenau) durch ihre bildhaften Qualitäten zu kulturellen Gedächtnisträgern wurden, denen offensichtlich durch ihre Struktur eine – in der Formulierung von Jan Assmann – »mnemische Energie« innewohne (Hamann 2007, 49). Hamann betont, dass nicht nur der Bekanntheitsgrad eines Bildes zu einer solchen Wirkung führe, sondern vor allem auch seine »auffällige Komposition«. Fotografien – und man kann dies durchaus auch auf die Malerei übertragen –, die die Qualität haben, zum signifikanten Ausdruck einer ganzen Zeitsituation und damit Gedächtnisträger zu werden, nennt er »Schlüsselbilder«. Nicht die bloße visuelle Abbildhaftigkeit ist verantwortlich für diese Qualität – in dieser Wendung liegt die Überwindung der unreflektierten Überschätzung des Bildes als Anschauung von Vergangenheit –, sondern die Formung des visuellen, sinnlichen Inhaltes, die erst das ›Bild‹ ausmacht und dieses zum historischen Schlüsselbild werden lässt.

Sehr bedeutend und in unserer Fragestellung vielleicht die innovativste Formulierung ist der Abschlussvortrag zu dem eingangs erwähnten Historikerkongress »GeschichtsBilder« (2006) von Horst Bredekamp mit dem Titel »Bild-Akt-Geschichte«. Bredekamp spricht hier ganz am Ende von der »Triebkraft der Form«. Er schildert, wie der Architekt Frank Gehry auf einem Friedhof in Dijon spätmittelalterliche Skulpturen sieht, die eine Reihe von Trauernden darstellen. An diesen Figuren entdeckt er eine plastische Form, die ihn innerlich derartig im Kern seiner eigenen künstlerischen Suche trifft, dass spätere Bauten (u. a. die DG-Bank in Berlin) davon inspiriert wurden. Für Bredekamp ist dieser Vorgang Ausdruck eines »bildaktiven Vermögens«, »das aus dem Eigentrieb der Bilder eine historische Physis gewinnt. [...] Das für die Geschichtswissenschaft relevante Material ist dort zu lokalisieren, wo die Kunstgeschichte scheinbar allein zuständig ist: in jener formbezogenen Eigenaktivität von Bildern, die Geschichte nicht etwa illustriert oder dokumentiert, sondern hervorbringt« (Bredekamp 2007, 309).

In der Antike wurden Bilder bereits systematisch eingesetzt, um Gedächtnis zu schulen. Die frühe Mnemotechnik hatte offensichtlich ein Wissen davon, was durch die moderne Lernpsychologie und die Neurobiologie heute aktuell belegt ist, dass nämlich Bilder affektiv und kognitiv gedächtnisbildend wirken (Bernhardt 2006, 55; Hamann 2007) Die Römer wussten auch, welcher Art die Bilder sein mussten, um in Erinnerung zu bleiben: Sie durften nicht gewöhnlich oder blass sein, vielmehr waren es schöne oder hässliche, markante und ins Dramatisierte gehende, letztlich also plastische Bilder, die wirkten. Sie mussten »aktiv wirksam« sein: »imagines agentes« (A. Assmann 2009, 222; s. Kap. III.2). Nun waren diese *imagines* natürlich Bilder, die aktuell vorgelegt wurden, um sie sich bewusst einzuprägen. Die Bilder, von denen wir hier sprechen, sind nie aus einem solchen Grund entstanden und werden ja erst im Nachhinein zur Grundlage einer Erinnerung nicht an Lerninhalte, sondern an historische Wirklichkeiten. Trotzdem bestätigt die Mnemotechnik die Beobachtung, dass die Möglichkeit sich anhand eines Bildes an Vergangenes zu erinnern, etwas zu tun hat mit der Aktivierung des Gefühlslebens sowie des »Körpers und Willens« (Warburg) und den Bedingungen einer solchen Aktivierung: kompositorisch hervorgerufener »Triebkraft der Form« – also durch ästhetisch geleitete Anthropologie.

Von der Bildrezeption zur Erinnerungsproduktion

So sehr die zitierten Ansätze auch die Bedeutung der Eigenaktivität des Bildes hervorheben, so einig sind sie sich in einer für ihre Ergebnisse entscheidenden Tatsache: die Beteiligung des produktiven Subjekts an der Erinnerung generierenden Bildwirkung. Die Frage nach der Bedeutung der Bilder als Medium der Erinnerung ist ohne einen Begriff des Rezeptionsvorganges nicht zu bearbeiten. Wenn man wissen will, inwieweit ein Bild Erinnerung auslösen kann, kommt man nicht umhin, die konkreten geistigen, psychischen und leiblichen Vorgänge im Prozess der Bildbetrachtung zu untersuchen. Insofern sind Warburgs Interesse an Wahrnehmungspsychologie und physiologischen Prozessen im menschlichen Organismus oder Hamanns aktuelle Kritik an einem »zu wenig am Subjekt orientierten« Geschichtslernen nur konsequent, und es ist symptomatisch, dass verschiedenste Ansätze der letzten Jahrzehnte sich immer wieder mit der Ikonographie Erwin Panofskys auseinandergesetzt und sich von ihr programmatisch abgesetzt haben: Panofsky hatte in seinem dreistufigen Interpretationsmodell explizit auf »Inhaltsdeutung« abgezielt und damit Kunstrezeption als einen Akt rein begrifflich-semantischer Analyse definiert, die den Rezipienten und die Ganzheit seiner Gefühls- und Willensregungen unberücksichtigt lässt. Rein begrifflich analysierend und argumentierend bleibt der Rezipient immer in der Gegenwart, er schließt im besten Falle auf andere Zeiten, erlebt sie aber nicht. Es ist insofern heute Konsens, dass der ›Gehalt‹ eines Bildes nicht durch dieses hindurch ohne wirkungsästhetische Beobachtung als etwas »hinter ihm Liegendes« aufgesucht werden kann, sondern dass die Materialität und Form des Bildes und die sich daran entzündende Tätigkeit des Betrachters die Wirklichkeit des Bildes ausmachen und diese erst den Ausgangspunkt für alle pädagogischen, gesellschaftlichen, politischen Konsequenzen bildet (Hamann 2007, 78–81; Bernhardt 2006). Das Bild selbst kann nicht Vergangenheit und Kraft sein, seine Struktur kann aber den Betrachter zu der produktiven inneren Gebärde anleiten, die identisch ist mit der vergangenen Realität.

Wie jeweils die kompositorische Form beschaffen ist, von der eine ›Triebkraft‹ ausgeht, die Erinnerung generiert, kann nicht theoretisch beschrieben werden, sondern muss am einzelnen Bild beobachtet werden. Das für den Erinnerungsvorgang so wesentliche Moment der Zeitlichkeit wird in verschiedenen Kunstwerken auf je ganz eigene Weise realisiert. Raffaels *Sixtinische Madonna* erneuert die an den Ikonen beschriebene Rückbindung an die göttliche Welt durch eine subtile Staffelung der Bildebenen, die ihr Zentrum und Höhepunkt in Maria und Christus sowie ihren unmittelbaren Umkreis finden, zum Betrachter hin aber – durch einen Vorhang wie abgetrennt – mit historischen Figuren und einer architektonischen Verräumlichung immer ›diesseitiger‹ und damit gegenwärtiger werden (die Putten im Vordergrund sind dann nur noch ironisches Zitat), so dass der Betrachter im Anschauungsprozess einen zeitlichen Vorgang durchläuft. Nicht selten entsteht Zeitlichkeit durch Verbergen: Horst Bredekamp weist auf die starke Wirkung der von Häftlingen aufgenommen Fotografien aus Auschwitz-Birkenau hin, die gerade durch ihre Unschärfe entsteht (Bredekamp 2007, 304f.), auf Richters RAF-Zyklus wurde bereits hingewiesen. Der so geschichtsschwere Berliner Reichstag wurde durch Christos Verhüllung von 1995 vor allem in jenem dem Künstler sehr wichtigen Moment der *Ent*hüllung in einer vorher wohl kaum gekannten Intensität erinnert. Auch die Materialität spielt unter Umständen eine große Rolle: Stroh, Holz, Erde oder Blei bei Kiefer, die Qualität des Goldauftrages und das rissige Holz als Untergrund der wirklich alten Ikonen (s. Abb. 2, S. 204), der Marmor einer griechischen Plastik im Unterschied zum Gips der Kopie – es gibt einen Zustand oder eine Qualität von Substanz, die Prozessualität ›atmet‹ und damit Zeit erleben lässt – viel mehr, als dies durch die oft illusionären Versuche narrativer Inhalte, Parallelstellungen von Handlung auf einem einzigen Bild etc. möglich wird (auch bei den vervollständigenden Rekonstruktionszeichnungen – so hilfreich sie für die historische Vorstellungsbildung auch sein mögen – blicken uns doch oft unverkennbar aus den Augen ihrer altsteinzeitlichen, griechischen oder germanischen Protagonisten unsere eigenen Zeitgenossen an, die reale Materialität der Quelle und ihre Lückenhaftigkeit regen meist eine wesentlich intensivere Erinnerungsleistung und Anschauung an).

Über die symbolische Verdichtung des Charakteristischen einer Zeit, die im Betrachter selbst eine mit dieser historischen Atmosphäre verwandte seelische Disposition aufruft, durch die

Abb. 3: Ausschnitt aus Hans Grundig: *Wetterleuchten über der Vorstadt* (1933)

die Erinnerungsaktivität ausgelöst wird, wurde bereits gesprochen. Hierzu als Beispiel ein Gemälde des Grafikers und Malers Hans Grundig.

Die sterile, anonyme Architektur und die im Hintergrund angedeuteten Schornsteine vermitteln viel von der Einsamkeit und Kälte der modernen, industrialisierten Großstadt, die Menschenleere der Straße und die Verlorenheit der beiden Mädchen steigern diesen Eindruck noch zu einer Atmosphäre existenzieller Trostlosigkeit und Bedrohung (unterstrichen durch die gewittrigen Blitze), die den damaligen Jahren essentiell zugrunde lag und die kommenden Ereignisse wetterleuchtend vorweg nahm. Das Bild ist fast expressionistisch überzeichnet: Es ist künstlerische Komposition, aber nicht instrumentell. Wenn man die an ihm beobachteten Erlebnisse vergleicht mit einem ebenfalls aus dieser Zeit stammenden und im Schulgeschichtsbuch (*Geschichte und Geschehen*, Bd. 4, Stuttgart 1997) mit gleicher illustrativer Intention eingesetzten Foto (s. Abb. 4), dann kann in diesem Moment sehr evident werden, wie verschieden Bildwirkung sein kann und welche Bedeutung die angesprochenen Bildmerkmale für den Vorgang der Erinnerung haben können.

Ausblick

Mit dem Versuch, das Bild in seiner Bedeutung für das Gedächtnis so ernst zu nehmen, dass Erinnerung hier nicht wie sehr oft ein metaphorischer Begriff bleibt, sondern dass konkret angeschaut wird, ob und wie das Betrachten eines Bildes zu einer Wahrnehmung von Vergangenheit führen kann, betritt die Forschung sehr schwieriges Terrain, auf dem vieles noch Frage und Rätsel ist – die Erkenntnisprozesse, auf die es hier ankommt, sind wissenschaftlich so schwer zu beobachten, dass sie sich einer schnellen Begriffsbildung entziehen.

Sehr wesentlich ist die mittlerweile konsensfähige Einsicht in die Notwendigkeit, vor jeder Spekulation über historische Gedächtnisarbeit, didaktische Zielsetzungen, gesellschaftliche Konsequenzen des Umgangs mit dem Bild und dessen Identität unter Berücksichtigung der Tätigkeit des Betrachters wahrzunehmen. Die Wirkung eines Bildes auf die menschliche Erinnerungstätigkeit kann nur thematisiert werden, wenn die in der Bildwahrnehmung sich abspielenden inneren Prozesse des Betrachters angeschaut werden. Es ist in den letzten Jahrzehnten zunehmend die sinnlich-formale Wirklichkeit des Bildes und damit seine spezifische Wirkung in den Blick gerückt. Ästhetik wird immer mehr zu einer anthropologischen Wissenschaft, die Sinnesprozesse im Zusammenhang mit dem menschlichen Gesamtorganismus untersucht. Von einer solchen Bildwissenschaft aus ließe sich nun noch stärker eine Verbindung herstellen zur aktuellen Erinnerungsforschung. Befragt werden müsste dabei auch, ob die strikte Trennung von Biographie und (vorbiographischer) Geschichte aufrechtzuerhalten ist, wenn eine solche Bilderkenntnis im autobiographischen Gedächtnis un-

Abb. 4: Berlin, Linkstraße 1928

bewusste psychische Schichten auffinden könnte, die (im Sinne hier vereinzelt angeklungener Beispiele) mit vergangenen geschichtlichen Zuständen verwandt sind und insofern eine Grundlage für historische Erinnerung bilden – so dass hier die Perspektive einer Erweiterung des kulturellen zu einem historischen Gedächtnis entstünde.

Die Beantwortung der Ausgangsfrage, die Christoph Hamann in seinen Studien zur »Visual History« angeregt hat – »wie die materiellen Bilder aus der Vergangenheit die mentalen Bilder von der Vergangenheit beeinflussen oder gar generieren« (Hamann 2007, 170) – steht noch ganz am Anfang und bedarf intensiver interdisziplinärer ästhetischer, psychologischer, physiologischer und historischer Forschung. Deutlich ist aber, dass die Vorstellungen von Erinnerung großen Missverständnissen unterworfen sind. Es ist in letzter Zeit eine zunehmende Aufmerksamkeit dafür entstanden, wie bewusst es tatsächliche und scheinbare ›Anschaulichkeit‹ des Bildes zu unterscheiden gilt. TV-, Kino-, Computerbilder und Fotografien haben mit der Vergangenheit oft gar nichts zu tun, sondern sind Verlängerungen alltäglicher Gegenwart in künstlich erzeugte Vorstellungswelten hinein. Bilder werden hier geradezu von Bildern verdrängt. Die Gleichzeitigkeit der wissenschaftlichen und künstlerischen Entdeckung des bildschaffenden produktiven Subjekts und der computererzeugten Bildkonstruktion ist eine eigentümliche Signatur unserer Zeit und macht aufmerksam auf die gesellschaftliche Aufgabe, die mit einer Beschäftigung mit dem Bild verbunden ist. Den Missverständnissen hinsichtlich bildhafter Vergegenwärtigung sowie bildgesteuerten politischen oder ökonomischen Manipulationen gegenüber kritikfähig zu werden ist das eine, das andere ist es, tatsächliche Wege zu einer persönlichen und gesellschaftlichen Erinnerungsfähigkeit aufzuzeigen bzw. auszubilden.

Literatur

Altrichter, Helmut (Hg.): *Bilder erzählen Geschichte*. Freiburg i. Br. 1995.
Arasse, Daniel: *Anselm Kiefer*. München 2001.
Assmann, Aleida: *Erinnerungsräume. Formen und Wandlungen des kulturellen Gedächtnisses* [1999]. München ⁴2009.

Assmann, Jan: Altägyptische Bildpraxen und ihre impliziten Theorien. In: Sachs-Hombach 2009, 74–103.
Belting, Hans: *Bild und Kult. Eine Geschichte des Bildes vor dem Zeitalter der Kunst.* München 2004.
Bergmann, Klaus/Schneider, Gerhard: Das Bild. In: Hans-Jürgen Pandel/Gerhard Schneider (Hg.): *Handbuch Medien im Geschichtsunterricht.* Schwalbach, Ts. 1999, 211–254.
Bernhardt, Markus: Verführung durch Anschaulichkeit. Chancen und Risiken bei der Arbeit mit Bildern zur mittelalterlichen Geschichte. In: Markus Bernhardt/Gerhard Henke-Bockschatz/Michael Sauer (Hg.): *Bilder – Wahrnehmungen – Konstruktionen. Reflexionen über Geschichte und historisches Lernen. Festschrift für Ulrich Meyer zum 65. Geburtstag.* Schwalbach, Ts. 2006, 47–61.
Bosinski, Gerhard: *Das Bild in der Altsteinzeit.* In: Sachs-Hombach 2009, 31–73.
Bredekamp, Horst: Bild-Akt-Geschichte. In: Clemens Wischermann/Armin Müller/Rudolf Schlögl/Jürgen Leipold: *GeschichtsBilder. 46. Deutscher Historikertag vom 19. bis 22. September in Konstanz. Berichtsband.* Konstanz 2007, 289–309.
Grohé, Stefan: *Erinnern als Handlung. Zu einigen Aspekten von Sigrid Sigurdssons »Vor der Stille« und Siah Armajanis »Sacco-und-Vanzetti-Leseraum«.* In: Hemken 1996, 156–168.
Hamann, Christoph: *Visual History und Geschichtsdidaktik. Bildkompetenz in der historisch-politischen Bildung.* Herbolzheim 2007.
Hemken, Kai-Uwe (Hg.): *Gedächtnisbilder. Vergessen und Erinnern in der Gegenwartskunst.* Leipzig 1996.
–: Von »Engeln der Geschichte« und ästhetischer Melancholie. Zur Geschichtserfahrung in der Gegenwartskunst. In: Hemken 1996, 143–155.
Sachs-Hombach, Klaus (Hg.): *Bildtheorien. Anthropologie und kulturelle Grundlagen des Visualistic Turn.* Frankfurt a. M. 2009.
Thürlemann, Felix: *Ikonographie, Ikonolgie, Ikonik. Max Imdahl liest Erwin Panofsky.* In: Sachs-Hombach 2009, 214–234.
Wagner, Monika: *Sigrid Sigurdsson und Anselm Kiefer – Das Gedächtnis des Materials.* In: Hemken 1996, 126–134.
Warnke, Martin (Hg.): *Aby Warburg. Der Bilderatlas Mnemosyne.* Unter Mitarbeit von Claudia Brink. Berlin 2003.
Weinfurter, Stefan: Sakralkönigtum und Herrschaftsbegründung um die Jahrtausendwende. Die Kaiser Otto III. und Heinrich II. in ihren Bildern. In: Helmut Altichter (Hg.): *Bilder erzählen Geschichte.* Freiburg i. Br. 1995, 47–103.
Wettig, Sabine: *Imagination im Erkenntnisprozess. Chancen und Herausforderungen im Zeitalter der Bildmedien. Eine anthropologische Perspektive.* Bielefeld 2009.
Zumbusch, Cornelia: Der *Mnemosyne*-Atlas. Aby Warburgs symbolische Wissenschaft. In: Frauke Berndt/Christoph Brecht (Hg.): *Aktualität des Symbols.* Freiburg i. Br. 2005, 77–98.

Andre Bartoniczek

13. Film und Fernsehen

Als die ersten Kurzfilme 1896 auf Großbildleinwänden in Vaudeville Theatern in amerikanischen Großstädten gezeigt wurden, fand dieses epochale Ereignis unter Ausschluss der US-amerikanischen Eliten statt. Während sich die neuen Medien unter Arbeitern und Einwanderern sofort großer Beliebtheit erfreuten, erregten die *nickelodeons* und *penny arcades* erst das Interesse der Obrigkeit, als sich herausstellte, dass die sich blitzartig ausbreitenden, dunklen und schlecht durchlüfteten Filmtheater der armen urbanen Bevölkerung eine weitere Möglichkeit boten, sich staatlicher Kontrolle zu entziehen. Die Kombination von Ignoranz und Reformeifer hat dazu geführt, dass fast nichts über die Gefühle und Gedanken der ersten Filmbesucher bekannt ist und diese Wissenslücke ist auch in den folgenden Jahrzehnten nie ganz geschlossen worden (Paech/Paech 2000).

Klar ist allerdings, dass sich die ersten Zuschauer bald aus einer breiten Angebotspalette bedienen konnten. Zuerst bevölkerten Akrobaten, Zauberer und Dompteure die Leinwände, d. h. Künstler, die auch zuvor schon in den Vaudeville-Theatern aufgetreten waren. Dann aber brachten die Kurzfilme Natur- und Technikwunder aus der ganzen Welt in die amerikanischen Großstädte. Dazu gesellten sich bald geschichtliche Themen, erotische Unterhaltung und eine Vielzahl von mehr oder weniger amüsanten Alltagsszenen. Da die Filme anfänglich von schlechter Qualität waren und sich schnell abnutzten, verfielen die Kinobesitzer auf einen Trick, der beim Publikum sehr gut ankam und die Essenz des neuen Medienzeitalters verdeutlicht. Sie beschleunigten oder verlangsamten die Abspielgeschwindigkeit und ließen den Film auch schon mal in Gegenrichtung laufen, so dass Lokomotiven rückwärts über die Leinwand rasten und Schwimmer mit den Füssen zuerst aus den Fluten tauchten. So boten schon die ersten 90-Sekunden Filme die Illusion unbegrenzter menschlicher Macht über Zeit und Bewegung. Die mit dieser Illusion verknüpften Gefühle erklären den Erfolg des neuen Mediums und verdeutlichen den wichtigen kultur- und gedächtnisgeschichtlichen Einschnitt, den die harmlos erscheinenden Streifen repräsentieren (Sklar 1994).

Dieser kurze Blick auf die Anfänge der Filmkultur verdeutlicht, dass die Gedächtnisgeschichte des Films (und des Fernsehens) viele verschiedene Aspekte und Perspektiven miteinander verknüpft. Das Gedächtnis an Film, von Film und im Film betrifft Technikgeschichte, Wirtschaftsgeschichte, Sozial- und Kulturgeschichte und Mediengeschichte und Medienpsychologie. Auch über hundert Jahre nach der Erfindung des Films ist unser Wissen in vielerlei Hinsicht allerdings unbefriedigend. Außerdem gibt es besonders in den Arbeiten zur kollektiven Erinnerung einigen Theoriebedarf, denn viele Geistes- und Sozialwissenschaftler, auch jene, die sich mit der Erforschung sozialer Gedächtnisprozesse beschäftigen, haben sich nur zögerlich den bewegten Bildern zugewendet, die uns überall umgeben.

Mit der schnellen Ausbreitung der Filmkultur endete ein jahrhundertelanger Trend der zunehmenden Verschriftlichung von kulturellen Gedächtnissen, die für die Neuzeit prägend gewesen war (Carruthers 1990). Film und später Fernsehen führten zu einem Grad der Verbildlichung sozialer Gedächtnisprozesse, wie es zuletzt im europäischen Mittelalter zu beobachten war. Aber die Re-visualisierung fand natürlich unter ganz anderen Vorzeichen statt. Die neuen Leitmedien sind viel dynamischer und viel demokratischer verfasst als ihre mittelalterlichen Vorläufer. Film und Fernsehen erfüllen so einen alten Menschheitstraum der unbegrenzten Ausdehnung menschlicher Wahrnehmungsfähigkeit und im Falle des Fernsehens ist diese mediale, quasi-koloniale Besitzergreifung der Welt auch noch mit einer kurzschlussartigen Verschränkung von Öffentlichkeit und Privatsphäre verbunden, die den Zuschauern vor dem heimischen Bildschirm die Möglichkeit geben, auf virtuellen Pfaden die Welt zu erobern, ohne sich um gesellschaftlichen Regeln außerhalb der Familie scheren zu müssen. Alison Landsberg spricht in diesem Zusammenhang von prothetischem Gedächtnis und betont die Fähigkeit von Film und Fernsehen, Empathiegefühle und Identifikationsprozesse in Gang zu setzen, die kulturelle und geschichtliche Grenzen überschreiten (Landsberg 2004).

Das Konzept des prothetischen Gedächtnisses ist besonders deshalb eine wichtige Ergänzung für die Begriffswelt der Gedächtnisforschung, weil der noch recht neue Forschungszweig zwar in der zweiten Hälfte des 20. Jahrhunderts zu Hochzeiten zentral organisierter visueller Distributionsmedien wie Film und Fernsehen entwickelt worden ist, aber den besonderen Eigenschaften und der Dynamik dieser Medien nur bedingt Rechnung trägt. Konzepte wie Erinnerungsort (s. Kap. III.9) oder kulturelles (s. Kap. II.3) und kommunikatives Gedächtnis (s. Kap. II.4) sind bei der Analyse von film- und fernsehgestützen Erinnerungsprozessen hilfreich, aber diese Konzepte sind nicht in der Auseinandersetzung mit diesen Medien entstanden und eignen sich nur bedingt dazu, die besondere Wirkungsmacht der bewegten und bewegenden Bilder zu erfassen.

Die Konstruktion von Zeit oder das Ende der Moderne

Im Prinzip ist der Einfluss von Film und Fernsehen auf Gedächtnis- und Identitätsbildung mit den Funktionen anderer Medien, wie z. B. von Literatur, vergleichbar (s. Kap. III.10, IV.4). Allerdings haben visuelle Medien insbesondere in der ersten Phase ihrer Verbreitung einen stark immersiven Charakter und ein besonderes emotionalisierendes Potential, das den Gedächtnishaushalt von Menschen in ganz verschiedener Weise prägt. So erinnern sich die Benutzer von visuellen Medien z. B. besonders gut an die sozialen Rituale, die mit neuen Technologien verbunden waren: die mehrstündigen Familienausflüge in die Lichtspielhäuser, die in den 1940er Jahren den Höhepunkt vieler Arbeiter- und Mittelschichtswochenenden darstellten; die mit wichtigen Freiräumen verbundene Zweisamkeit in den Kinos der Nachkriegsjahre; und der in streng patriachalischem Rahmen organisierte familiäre und nachbarschaftliche Fernsehkonsum der 1960er Jahre. Diese Rituale prägten verschiedene sich mehr oder weniger überschneidende Mediengenerationen, die wichtige Medienereignisse wie z. B. das Ende des Zweiten Weltkriegs oder die Krönung von Elizabeth II. in der Erinnerung immer mit bestimmten Gruppenerfahrungen verbinden. Die Bedeutung der neuen Medienrituale für moderne, sich rasch säkularisierende europäische Gesellschaften wurde auch gerade von zeitgenössischen Kritikern der neuen Medien herausgestrichen, die den quasi-religiösen Charakter der Pilgergänge in die Lichtspielhäuser und des Fernsehaltars im Wohnzimmer bedauerten.

Aus der heutigen Perspektive wird dabei deutlich, dass die Popularität vieler ganz spezifisch moderner Erfahrungskonzepte erst als Resultat eines historisch einmaligen Zusammenwirkens von zentral kontrollierten, sehr attraktiven visuellen Medienangeboten einerseits und stabilen gesellschaftlichen Rezeptionsmustern andrerseits entstehen konnten. So ist z. B. die emotionale und intellektuelle Plausibilität der Idee von gesellschaftlichem Fortschritt ein medial produzierter Gedächtniseffekt, denn die klare Abfolge von unterschiedlichen, aber kompatiblen und aufeinander aufbauenden Medientechnologien und Benutzungsritualen, die sich im Laufe eines Menschenlebens entfalten, ist eine essentielle Voraussetzung für die Wahrnehmung eindeutiger chronologischer Erfahrungsparameter, an denen ein Konzept wie ›Fortschritt‹ überhaupt erst gemessen werden kann.

Die Gedächtnisgeschichte von Film und Fernsehen unterscheidet sich zudem prinzipiell von der Benutzungsgeschichte anderer moderner Verbreitungsmedien, weil die Konsumenten der bewegten Bilder sich auch noch nach vielen Jahren an die Medienapparatur selbst erinnern. Ritual, Apparat und Inhalte gehen in der nachträglichen Betrachtung eine enge Verbindung ein. Während aurale Medientechnologien wie z. B. das Radio in der Medienkonkurrenz in der Erinnerung in den Hintergrund treten, ist Film und Fernsehen, zumindest in der Form, in der sie im 20. Jahrhundert benutzt wurden, eine Erinnerung an die eigene Medialität eingeschrieben. So waren für viele Zeitgenossen das Ende des Zweiten Weltkriegs und der Abwurf der Atombomben über Hiroshima und Nagasaki Wochenschauereignisse, über die sie im Kino besonders eindrucksvoll unterrichtet wurden und die sie im Nachhinein immer mit dieser Kinoerfahrung in Zusammenhang brachten.

Die enge und relativ stabile Verschränkung von Ritual, Technik und Erinnerung scheint sich allerdings in heutigen multimedialen Medienkulturen schnell aufzulösen. Das liegt sicherlich nicht daran, dass digitale visuelle Medien ihren Benutzern nicht genügend immersiven Zeitvertreib bieten. Das Gegenteil ist der Fall. Computerspiele und andere interaktive digitale Erlebniswelten sind konventionellen analogen visuellen Medien in Bezug auf die überzeugende Simulation alternativer narrativer Welten weit überlegen und diese Tendenz wird sich im Kontext technischer Entwicklungen auf absehbare Zeit noch verstärken. Die Auflösung stabiler Technik-Ritual-Erinnerungskonstellationen ist vielmehr ein Resultat zunehmend flexibler und dezen-traler kultureller Produktions- und Rezeptionskreisläufe. Die Internet-Generation, die sich mit großer Selbstverständlichkeit in multimedialen Kulturen bewegt, ist sich der Medialität ihrer Erinnerungen sehr bewusst, aber kann diese Erinnerungen nicht auf bestimmte Verbreitungstechniken und konkrete soziale und historische Kontexte zurückführen, weil Medienkonsum zeitgleich auf vielen verschiedenen Kanälen abläuft und die alltäglichen gesellschaftlichen Formen der Aneignung von Medieninhalten schnellen Veränderungen unterworfen ist (s. Kap. III.15).

Durch die Benutzung globaler, digitalisierter, plurimedialer Informations- und Unterhaltungsnetzwerke scheinen also die Zeit- und Raumkoordinaten an Bedeutung zu verlieren, die die kollektive Erinnerung in der Moderne strukturiert haben. Das wird z. B. dadurch deutlich, dass die Mitglieder der Internetgeneration eine sehr lebendige Erinnerung an die Medienereignisse besitzen, die sie konsumiert haben, dass sie aber im Gegensatz zu ihren durch Film und Fernsehen geprägten Eltern und Großeltern diese Medienereignisse schon nach kurzer Zeit nicht mehr in eine klare chronologische Struktur überführen können. Die heutigen medialen Erfahrungswelten scheinen demnach einem Geschichtsbewusstsein zu entsprechen, das eher durch Gleichzeitigkeit als durch Sequenzialität geprägt ist und für das Vorstellungen wie ›Fortschritt‹ wenig aussagekräftig sind (Volkmer 2006).

Dabei ist die Auflösung chronologisch eindeutiger Zeit- und Gedächtnisstrukturen, die sich im multi-medialen Spiel aufzeigen lässt, gerade nicht das Resultat einer deutlich empfundenen Medienrevolution, die analoge von digitalen Medientechnologien trennt, sondern einer medialen Unübersichtlichkeit, die sich durch vielfältige Überlagerungs- und Remedialisierungseffekte auszeichnet. Klare Kontinuitäten zwischen alten und neuen Medien lassen sich dabei z. B. für die Darstellung von Zeit in den Medien feststellen. Die Zeitkonstruktionen in vielen digitalen interaktiven Medien orientieren sich sehr stark an den Vorbildern Film und Fernsehen. In beiden Fällen überwiegen konventionell ausgerichtete symbolische Zeitregime und finden sich nur selten Experimente, die die systematische Erzeugung chronologischer Ambivalenz verfolgen. Die effektive Verständigung zwischen Medium und Zuschauer erfolgt über die konfliktfreie Darstellung von Zeit und Gedächtnis, die über *flashbacks* und andere eindeutige visuelle Zeichen in sehr homogene Bahnen gelenkt wird. Visuelle Texte, die die Kontrolle über Zeit aufgeben, sind offensichtlich für viele Medienkonsumenten unattraktiv, weil sie gerade dieses Gefühl der Kontrolle schätzen. Trotz dieser Kontinuitäten hat sich die Konstruktion von Zeit über die Jahrzehnte erheblich verändert. Das gilt z. B. für den zunehmend komplexen Zeitbegriff im Kino der Nachkriegszeit und für experimentelle Traditionen in Film und Fernsehen (Rüffert 2004). Außerdem hat der kumulative Konsum konventioneller Erzählungen auf vielen Medienkanälen offensichtlich einen radikalisierenden Effekt, der dann auch wieder Gegenstand filmischer Reflektion werden kann, wie die Filmbeispiele *Momento* (Christopher Nolan, USA 2000) oder *Matrix* (Andy und Larry Wachowski, USA/Australien 1999) verdeutlichen.

Auf der Suche nach Zeitkonzepten, die dieser Unübersichtlichkeit gerecht werden können, stößt man schnell auf Vorbilder, die aus moralischen Gründen erhebliche Probleme bereiten, die aber einige phänomenologische Parallelen aufzeigen. Das Bemühen um alternative, nicht-moderne Konzepte sozialer Zeitparameter ist in der Erforschung von kollektiven Gedächtnissen an Genozid und Menschrechtsverletzungen besonders weit entwickelt, weil Überlebende- und Hinterbliebenengemeinschaften oft auf einer Art Traumazeit beharren, die sich gegen chronologische Beschwichtigungen sperrt und erhebliches politisches Widerstandspotential freisetzen kann (Bevernage 2009). Die politischen Widerstandshandlungen von Überlebenden und die multimediale Spielfreude der Internet-Generation, die durch Welten getrennt sind, scheinen darin übereinzustimmen, dass sie mit klassischen modernen Zeitvorstellungen schwer zu fassen sind.

Die Konstruktion von Raum oder das Ende der Nation

Die Erinnerung an Rezeptionsrituale und Medienapparaturen in Film und Fernsehen wird ermöglicht durch und überschneidet sich mit einer Reihe mehr oder weniger kommerziell ausgerichteter Verwertungskreisläufe, die oft auch institutionell verankerte Gedächtnisstrukturen bedienen. Das gilt zum Beispiel für die sehr selektiven Wiederholungen von etablierten Filmen, die durch die Kategorie des Filmklassikers vermarktet werden und das sorgfältige Recycling von Genreversatzstücken, die sich an den visuellen Codes und narrativen Konventionen des jeweils letzten Blockbusters orientieren (Grainge 2003). Gerade in Zeiten semiotischen Überflusses bieten solche verschiedenen Formen der Retrospektive den Zuschauern und den Medienmachern eine visuelle Heimat, die sich explizit z. B. durch erfolgreiche Kommunikation über die Genialität bestimmter Filmautoren und die Zitatenflut etwa des letzten Tarantino-Streifens generiert. Dabei sind Medienmacher und ihre mehr oder weniger gut organisierten und integrierten Fangemeinschaften sicherlich in gleichem Maße von der Filmgeschichte fasziniert und es ist deshalb nicht verwunderlich, dass die Aspekte der Filmgeschichte, die für diese Netzwerke von besonderem Interesse sind, auch in der akademischen Forschung besondere Beachtung erfahren haben (de Valck/Hagener 2005).

Cinophile Netzwerke können sowohl konsequent privatwirtschaftlich organisiert und ästhetisch populär ausgerichtet sein wie z. B. Hollywood oder alternative Finanzierungsstrategien und ästhetische Prinzipien verfolgen. Man denke in diesem Zusammenhang z. B. an die anti-Hollywood und anti-Ufa/Goebbels Ästhetik des Neuen Deutschen Films, der sich kommerziellem Druck weitgehend entziehen konnte, aber dadurch nur für eine kleine, transnational ausgerichtete Konsumentengruppe von Interesse war. Gerade das Beispiel des Neuen Deutschen Films verdeutlicht, dass sich das Gedächtnis von Film, das auf der Produktionsseite besonders gepflegt wird und selektiv Sponsoren und Konsumenten mit einschließt, im Laufe des 20. Jahrhunderts sehr stark internationalisiert hat. Dabei fällt auf, dass das transnationale Potenzial des Mediums ›Film‹ sich erst langsam entwickelt hat. Am Anfang des 20. Jahrhunderts waren Symbolsprache und Produktionsgemeinschaften noch stark auf nationale Traditionen und Kommunikationsräume ausgerichtet. Am Ende des Jahrhunderts können Produktionsteams oft nicht mehr eindeutig national verortet werden und Filmfestspiele und Preisverleihungen in Cannes, Los Angeles und anderswo sind nicht mehr die internationalen Treffpunkte nationaler Filmgrößen sondern die emotionalen Fixpunkte und Gedächtnisorte einer transnationalen Medienelite.

Viele Konsumenten mögen ihren Stars bei deren transnationalen Gemeinschaftserlebnissen medial Gesellschaft leisten, obwohl sich ihre eigenen Alltagsidentitäten und -gedächtnisse stärker an nationalen und regionalen Orientierungspunkten ausrichten. Aber gerade auch für diese Konsumentengruppe bieten Film und Fernsehen eine kulturelle Dienstleistung, die jeden nationalen Rahmen sprengt. Gerade die Verschränkung von kommerziellen Verwertungskreisläufen mit Gruppenritualen und -identitäten übersetzt mediale Überproduktion in ein erstaunlich stabiles und sich sehr schnell reproduzierendes transnationales Inventar von Standarderzählungen und ikonographischen Bildern. Für viele Medienbenutzer steht zum Beispiel das Foto vom weinenden, nackten Mädchen, das einen Napalmangriff überlebt hat, für den Vietnamkrieg. Zudem ist auch die Masse der Nicht-Experten so gut über Filmsprache informiert, dass sie kurzfristig und kurzweilig in den Bilderstrom eintauchen können, der ihnen über Äther, Kabel und Internet ins Haus geliefert wird. Die visuellen und narrativen Grammatiken von verschiedenen Film- und Fernsehgenres sind so unterschiedlich und in der Erinnerung so fest verankert, dass Zuschauer oft schon nach wenigen Sekunden erkennen, ob sie sich einem Krimi, einer Liebesgeschichte oder einem Stück ernster Unterhaltung zugeschaltet haben.

Neben vielen anderen kulturellen Entwicklungsprozessen, die durch Film reflektiert werden, repräsentieren die verschiedenen Kommunikationskreisläufe über Film und auch die Filme selbst also ein wichtiges kulturelles Gedächtnis über die diskursive Konstruktion von Nation und deren schrittweise Auflösung. All diese kulturellen Wechselbeziehungen machen Film und Fernsehen zu idealen Schaltstellen zwischen individueller und kollektiver Erinnerung. Im Extremfall geht das soweit, dass sich die ganze Biographie eines Menschen auf offensichtlich sehr befriedigende Art und Weise über einen einzigen Film in gesamtgesellschaftliche Interpretationsprozesse einschreiben lässt, wie Marc Augé (2009) das im Hinblick auf den Klassiker *Casablanca* (Michael Curtiz, USA 1942) demonstriert hat.

Fernsehgedächtnisse oder das Ende der Kleinfamilie

Die Erinnerung an Medieninhalte, insbesondere Fernsehinhalte, spielt sich in einem dialektischen Spektrum vermeintlich gegensätzlich konstruierter Geschichten ab. Zum einen erinnern sich Fernsehkonsumenten an die narrativen Welten ihrer Lieblingsserien, die sie in gewissen Phasen ihres Lebens zum Teil mit großer emotionaler Anteilnahme in wöchentlichen oder sogar täglichen Abständen verfolgt haben. Die Attraktivität der Serien und Soaps von *Bonanza* (NBC 1959–1973) über *Dallas* (CBS 1978–1991) bis zu *Gute Zeiten, Schlechte Zeiten* (RTL 1992–) besteht in der verlässlichen Wiederkehr des Immergleichen, das in endlosen Variationen auf dem Bildschirm erscheint und dem Alltag einen stabilen Rahmen gibt, aber gleichzeitig auch phantasiebehaftete Freiräume schafft (Spence 2005). Zum anderen erinnern sich Zuschauer an große, scheinbar einmalige Medienereignisse, die sie vielleicht sogar live am Bildschirm miterlebten und die ganze Generationen in ihren Bann geschlagen haben. Aber diese vermeintlich so einzigartigen Vorkommnisse wie z. B. die Mondlandung, die Ermordung von Präsident Kennedy, der Fall der Berliner Mauer, der tödliche Unfall von Prinzessin Diana, oder 9/11 folgen sowohl auf der Produktions- wie auf der Rezeptionsseite klaren Gesetzmäßigkeiten, die auch das größte Medienereignis letztendlich als positives und negatives Abbild einer dominanten Nachrichtenstruktur kennzeichnen. Fernsehnachrichten konzentrieren sich auf unerwartete, negative Ereignisse, die Mitglieder sozialer Eliten betreffen und für privilegierte Gesellschaften, die intensiv Medien konsumieren, von großem Interesse sind. Nachrichten sind eindeutige, stark personalisierte Geschichten, die wie eine TV-Soap über einen langen Zeitraum ausgestrahlt und eingeübt werden. Die Bedeutung und das Erinnerungspotential eines Medienereignisses werden in endlosen Schleifen von Wiederholungen und Zitaten konstruiert, die sich schrittweise auf einige spektakuläre ikonographische Bilder beschränken: 9/11 verdichtet sich im Filmclip, der zeigt, wie das zweite Flugzeug in den zweiten Turm des World Trade Centers einschlägt (Volkmer 2006).

Die Strukturen der Fernsehnachrichten reflektieren sicherlich zum Teil Konsumentenwünsche. Trotzdem wird über die Relevanz und insbesondere die Erinnerungswürdigkeit von Fernsehprogrammen in erster Linie nicht in den Sendeanstalten entschieden, sondern auf der Fernsehcouch. Die Bedeutung von Medienereignissen wird kommunikativ im sozialen Umfeld der Zuschauer bestimmt und unterliegt je nach aktueller Bezugsgruppe nachträglichen Um- und Überschreibungen. Im klassischen Fernsehzeitalter waren Eltern und besonders Väter privilegierte Sinnspender, da sie das Programm auswählten und oft auch die Rolle des Kommentators übernahmen. In Zeiten individualisierten Fernsehkonsums und multimedialer, digitaler Kommunikation, die neue Bezugsgruppen schafft und Generationsschranken errichtet, sind Sozialisations- und Politisierungsprozesse in noch größerem Maße medial bestimmt, aber gleichzeitig dem Kommunikationsraum ›Familie‹ entzogen. Die Krise der Kleinfamilie ist also eine Erinnerungskrise, denn die familiäre Kommunikation, die von Facebook und Twitter verdrängt wird und nicht durch das attraktive oder zumindest unvermeidbare Zentralmedium ›Fernsehen‹ reflektiert und verstärkt wird, gerät schnell in Vergessenheit. Der traditionellen Kleinfamilie, die von und durch das Fernsehen besonders zelebriert wurde, kann bald wohl nur noch in Fernseharchiven gedacht werden. Während in den 1970er Jahren auch die schärfsten medialen Angriffe auf kleinbürgerliches Spießertum (*Ein Herz und eine Seele*, WDR 1973–1974) dem ideologischen Konstrukt ›Kleinfamilie‹ in letzter Konsequenz nicht entkommen konnten, belegt auch ein oberflächlicher Ausflug in die gegenwärtige narrative Welt von *Lindenstraße* (WDR 1985–) und *Rote Rosen* (ARD Degeto 2007–), dass aktuelle Fernsehprogramme sich in Anlehnung an tatsächliche Rezeptionsmodelle schon längst von der Enge herkömmlicher Vater-Mutter-Kind-Geschichten befreit haben.

Mimetische Lust oder das Ende der Kindheit

Die Konzipierung von medialer Gedächtnisgeschichte als Kommunikationsgeschichte, die sich über viele Kollektive und Netzwerke erstreckt, lässt sich gut mit dem Instrumentarium der Gedächtnisforschung vereinbaren, die die Konstruktion von Identität durch zwischenmenschliche und medialisierte Kommunikation betont. Allerdings besteht die Gefahr, dass man bei der Analyse der Kommunikation über Film die Kommunikation mit dem Film aus dem Auge verliert. Filmrezeption findet sicherlich nie in einem gesellschaftsfreien Raum statt, aber die besonderen mimetischen Qualitäten des Mediums lösen auch in unterschiedlichen Kontexten sehr vergleichbare Reaktionen und intensive Affekte aus, die in einer stark psychoanalytisch und materialistisch ausgerichteten Filmforschung bisher erstaunlich wenig Beachtung erfahren haben. Jede Generation setzt sich z. B. bewusst oder unbewusst aufs Neue der panikerzeugenden Filmsprache von Horrorklassikern wie *Psycho* (Alfred Hitchcock, USA 1960), *Rosemarie's Baby* (Roman Polanski, USA 1968) oder *Halloween* (John Carpenter, USA 1978) aus. Die individuelle Erfahrung oft schon im Kindesalter medial induzierter Angst wird zu einem späteren Entwicklungsstadium in pubertäre und postpubertäre Mutproben und Balzrituale überführt. Ganze Produktionszweige der Filmindustrie scheinen keine andere Aufgabe zu haben, als die philogenetisch angelegte Suche nach geschlechtlicher Identität medial zu unterstützen. Filmen ist also auch eine Art physiologisches, menschheitsgeschichtliches Gedächtnis eingeschrieben, das sich über viele Generationen erstreckt und nachhaltige und z. T. völlig unbewusste Denk- und Verhaltensmuster transportiert (Plantinga 2009).

Die besonders enge Beziehung zwischen dem Horrorgenre und der Reproduktion von Geschlechterrollen ist in dieser Hinsicht nur die Spitze des Eisberges, denn ähnliche, wenn auch in vielerlei Hinsicht flexiblere Kommunikationsschleifen prägen natürlich auch die gesellschaftliche Antwort auf andere biologisch vorgegebene Herausforderungen. Visuelle Medien werden auch dazu eingesetzt, Menschen mit Erkrankungen wie Alzheimer therapeutisch zu behandeln. Durch den freien Umgang mit Zeit und Raum können Film und Fernsehen außerdem die Freude an mimetischer Nachahmung besonders effektiv für die Herstellung gruppenkonformen Verhaltens einsetzen. Film ist auch in dieser Hinsicht ein Gedächtnis (menschheits)geschichtlicher Normalität sowie von Normalisierungsbewegungen.

Rezeptionsforschung oder das Ende der Spekulation?

Wie die bisherigen, theoretisch angelegten Ausführungen verdeutlichen, ist es oft einfacher festzustellen, was Kollektivgedächtnisse nicht sind, als treffsicher zu formulieren, was ein Erinnerungsereignis im Kern eigentlich ausmacht. Das gilt besonders für den Themenkomplex ›visuelle Medien und Erinnerung‹. So sollte sich die Erforschung von Kollektivgedächtnissen z. B. in erster Linie nicht auf Medieninhalte beziehen, sondern sich mit der Frage beschäftigen, wie Medienbenutzung bewusste und unbewusste kollektive Erinnerungsprozesse beeinflusst. Es geht uns nicht darum, eine Kulturgeschichte der Mediengesellschaft zu schreiben, sondern festzustellen, wie sich Menschen in der Kommunikation mit und über Medien ihrer eigenen Identität versichern. Die knappe Formel ›Darstellung und Gebrauch‹ scheint die Forschung aber vor große Herausforderungen zu stellen, und das wird bei der Auseinandersetzung mit visuellen Medien besonders deutlich. Das 20. Jahrhundert hat zu einer explosionsartigen Vermehrung visueller Datenträger geführt, und schon deshalb ist zu vermuten, dass Film, Fernsehen und digitale Medien eine entscheidende Rolle in der Reproduktion sozialer Erinnerung spielen. Nichtsdestoweniger wissen wir herzlich wenig über die Verfertigung von Kollektivgedächtnissen beim Kinobesuch, Fernsehgucken und Videospielen. Das liegt sicherlich daran, dass dieses Wissen objektiv schwer zu beschaffen ist, aber unsere Wissenslücke hat auch viel damit zu tun, dass genau zwischen Darstellung und Gebrauch eine wissenschaftliche Grenzlinie verläuft, die im Forschungsalltag offensichtlich nur schwer zu überwinden ist.

Viele Medieninhalte werden mittlerweile mit großem Eifer von Kulturhistorikern und anderen Geisteswissenschaftlern erforscht, während die Analyse von Medienrezeptionsprozessen hauptsächlich in sozialwissenschaftlichen Laboruntersuchungen stattfindet. Aus geisteswissenschaftlicher Perspektive betrachtet, sind diese Laboruntersuchungen suspekt, weil sie der visuellen und diskursiven Komplexität von Kulturprodukten nicht gerecht werden, die Sprachwissenschaftler und Historiker heute mit der gleichen Liebe zum Detail rekonstruieren, mit der sie in der Vergangenheit klassische Bildungsromane und diplomatische Depeschen analysiert haben. Außerdem befürchten Kulturhistoriker, dass die kleinschrittige Arbeitsweise der empirischen Rezeptionsforschung nur bedingt Aussagen über reale Rezeptionsprozesse zulässt. Die qualitativen Kulturforscher sind z. B. von den sehr widersprüchlichen Ergebnissen der scheinbar endlosen Forschungsreihen über die Auswirkungen von Gewaltdarstellungen in den Medien eher verwirrt und finden nur schwer Anknüpfungspunkte für ihre eigene Forschung (Trend 2007). Medienpsychologen und Kommunikationswissenschaftler andererseits erscheinen die einschlägigen Medienkulturgeschichten ähnlich nutzlos, weil sie die Rezeptionsfrage weitgehend ausklammern und sich überhaupt nicht um objektive, sprich quantifizierbare Daten zu bemühen scheinen. Das führt dann zu der merkwürdigen Situation, dass alle Welt von der Bedeutung visueller Medien für die Evolution von Kollektivgedächtnissen redet, aber ein konstruktives interdisziplinäres Gespräch, geschweige denn eine interdisziplinäre Zusammenarbeit, bisher nur selten stattgefunden hat und die Konstruktion von Kollektivgedächtnissen im gesellschaftlichen Medienalltag ein weitgehend unerforschtes Terrain geblieben ist.

Geschichte in Film und Fernsehen oder das Ende des Holocaust

Die Sprachlosigkeit in Sachen Rezeptionsforschung lässt sich gut an Veröffentlichungen über die Darstellung von Geschichte in den Medien verdeutlichen. Die einschlägigen Forschungsprojekte haben mittlerweile einen beeindruckenden Umfang erreicht und bieten bedeutende Einsichten in die Inhalte von Mediendiskursen, auch gerade bezüglich der deutschen Erinnerungskultur. Aber diese Forschungstradition wird wichtigen Fragestellungen der Gedächtnisforschung trotzdem in zweierlei Hinsicht nicht gerecht. Film und Fernsehen sind für viele Menschen die wichtigsten Medienquellen, aus denen sie ihr Wissen über die Welt beziehen, aber das Genre ›Zeitgeschichte‹ spielt in diesem Zusammenhang nur eine untergeordnete Rolle. Das gilt auch für die Jahre des NS-Geschichtsbooms, dessen Bedeutung von Gedächtnisforschern gerne betont wird. Außerdem begnügen sich viele Studien mit einer Analyse der Inhalte von Geschichtssendungen und geben wenig Auskunft über die Frage, welche Rolle diese Darstellungen im Gedächtnishaushalt ihrer Benutzer spielen.

Insgesamt existieren vier wissenschaftliche Traditionen, die sich für die Erforschung des Gebrauchs von visuellen Geschichtsdarstellungen einsetzen lassen, obwohl dieses Ziel bisher nicht im Mittelpunkt dieser Forschungszweige gestanden hat. Das gilt zuerst einmal für die geisteswissenschaftlichen Gedächtnisforscher selber, unter denen sich nach mehreren Jahrzehnten angestrengten Nachdenkens über kommunikative und kulturelle Gedächtnisse die Einsicht verbreitet hat, dass die Auswirkungen von Medienbenutzung auf die Inhalte und Formen von Kollektivgedächtnissen mehr Aufmerksamkeit verdienen als das bisher der Fall war (vorbildlich in dieser Hinsicht Erll/Wodianka 2008). Ein anderer Forschungszweig, der sich schon lange, z. T. in relativer Isolation mit Geschichtsvermittlung im Alltag beschäftigt, ist die Geschichtsdidaktik. Didaktiker konzentrieren sich auf die Frage, wie sich Geschichtsunterricht in der Mediengesellschaft behaupten kann, und zu diesem Zweck werden auch konkrete empirische Projekte verfolgt, z.B bezüglich der Frage, wie sich der Konsum populärer Geschichtsfilme auf das Geschichtsbewusstsein von Schülern auswirkt und ob sich solche Filme produktiv im Unterricht einsetzen lassen (Baumgärtner/Fenn 2004). Außerdem hat die verspätet eingesetzte akademischen Diskussion über Geschichtsfernsehen auch einige quantitative Rezeptionsforscher an das Thema herangeführt, die wichtige Analysen zur Rezeption einzelner Filme vorgelegt haben (Hofmann u. a. 2005).

Die quantitativ umfangreichsten Vorarbeiten zum Themenkomplex Geschichte in den Medien sind aber im Rahmen des noch relativ jungen Forschungsgebietes der Fernsehprogrammgeschichte und in den Filmwissenschaften entstanden, wobei hier Medieninhalte im Mittelpunkt standen, die von besonderer politischer Relevanz sind. Deshalb ist z. B. die Darstellung von Nationalsozialismus und Holocaust in Film und Fernsehen schon relativ gut erfasst. Während die ersten Forschungsentwürfe gerade im Fernsehbereich eine relativ grobe Rasterung inhaltlicher Strukturen boten (Classen 1999), ist in den letzten Jahren die Analyse der Bildsprache in den Vordergrund gerückt, z. B. in Hinsicht auf die ästhetische Ausgestaltung von Zeitzeugenschaft (Keilbach 2008). Auf der Basis solcher in erster Linie an Medieninhalten orientierten Forschungsprojekte sind erste Spekulationen angestellt worden über die vermeintlich problematischen politisch-psychologischen Folgen von populärem Dokutainment (Kansteiner 2006) und, ein sehr viel wichtigeres Thema, über die potentiell aufklärerische Wirkung transnationalen, globalisierten Geschichtskonsums (Levy/Sznaider 2001; Landsberg 2004).

Filmwissenschaftler hatten natürlich mehr Zeit und Gelegenheit, sich mit Geschichtsfilmen zu beschäftigen, und einschlägige Untersuchungen decken ein weites Themenspektrum ab, das vom Römischen Reich übers Mittelalter bis in die Gegenwart reicht (z. B. Burgoyne 2008). Der zeitliche Vorsprung der Filmwissenschaften erwies sich allerdings nicht immer auch als ein konzeptioneller Vorsprung. Die Fernsehprogrammgeschichtsschreibung hat von Anfang an den seriellen Charakter des Mediums betont und war deshalb immer anschlussfähig an Forschungsprojekte, die sich mit den inhaltlichen Strukturen von Kollektivgedächtnissen beschäftigen (Hickethier 1998). In den Filmwissenschaften spielen dagegen traditionelle Kategorien wie ›Regisseur/Autor‹, ›Genre‹, ›Kanon‹ und ›Werk‹ eine wichtige Rolle, so dass die Forschung hier insbesondere durch Einzelfilmanalysen vorangetrieben worden ist, und diese Forschungsstrategie hat auch einen erheblichen Einfluss auf die Gestaltung von Überblicksdarstellungen (Reichel 2004). Andererseits ist die Filmgeschichtsschreibung schon lange um transnationale Verknüpfungen bemüht, beschäftigt sich zudem intensiv mit der Historisierung ästhetischer Gestaltungskategorien und hat sich zumindest theoretisch, z. B. über die Kategorie des »Spectators« mit Fragen der Rezeption auseinandergesetzt. In diesem Kontext sind die wenigen materialistisch-empirisch ausgerichteten Studien über Zuschauererfahrungen und Zuschauerverhalten besonders erwähnenswert (Staiger 2000).

Die Ausstrahlung von *Holocaust* 1978/79 stand am Anfang des Memory-Booms. In gewisser Weise kann man die Fernsehserie sogar als eine Art Initialzündung für die akademische Gedächtnisforschung bezeichnen, weil die Forschung zu diesem Zeitpunkt zum ersten Mal wirklich begriff, wie stark kollektive Identitäten und Geschichtsbewusstsein von visuellen Medien geprägt werden. Deshalb ist es enttäuschend und erstaunlich, dass der Forschungsumfang zu visuellen Geschichtsdiskursen in der Zwischenzeit zwar gewaltige Ausmaße angenommen hat, dass aber die interdisziplinäre Zusammenarbeit auf dem Stand der 1970er Jahre stehengeblieben ist. Das Medienereignis ›Holocaust‹ wurde von einer bunt zusammengesetzten Schar von Fachleuten bestaunt, analysiert und konstruiert, die ungefähr dem Profil der Wissenschaftler entsprechen, die sich auch heute wieder an Probleme der Wirkungsforschung herantasten. Allerdings sind die parallelen Bemühungen von Historikern, Didaktikern und Kultur- und Kommunikationswissenschaftlern damals wie heute nur selten auf eine interdisziplinäre Kooperation angelegt, die die Grenze zwischen qualitativer und quantitativer Forschung konsequent überschreitet. Es drängt sich geradezu der Verdacht auf, dass der Blick über die verschiedenen disziplinären Grenzmarkierungen, der 1978/79 fast unvermeidbar war, schnell zu Rückzugsbewegungen in die jeweils angestammten Forschungsfelder geführt hat. Dieses defensive Verhalten scheint erst in den ersten Jahren des 21. Jahrhunderts langsam überwunden zu werden und zwar zu einem Zeitpunkt, in dem sich die Medienlandschaft durch die Entwicklung digitaler Medien entscheidend gewandelt hat (z. B. Gudehus/Anderson 2010; Hofmann u. a. 2005). Folglich werden wir die langfristigen sozialen und psychologischen Folgen der beispiellosen Externalisierung und Visualisierung von Kollektivgedächtnissen, die die Medienrevolutionen des 20. Jahrhundert ausgelöst haben, wohl erst besser verstehen, nachdem diese Medienwelt im Strudel der digitalen Revolution untergegangen ist. Im Rückblick wird dann vielleicht auch deutlich werden, dass sich Produzenten und Rezipienten der relativ homogenen Fernsehwelt über die Darstellung des Holocaust ein Geschichtsbewusstsein geschaffen haben, das für die meisten an diesen Diskursen Beteiligten zu mehr oder weniger angenehmen Rezeptionserfahrungen und positiven Identitätseffekten geführt hat. Dieser kreative, aber auch erschreckende Umgang mit Mediengewalt wird sicherlich nicht einmalig bleiben, aber wahrscheinlich nie wieder so stark auf ein einziges historisches Ereignis fokussiert sein.

Literatur

Augé, Marc: *Casablanca: Movies and Memory*. Minneapolis 2009.
Baumgärtner, Ulrich/Fenn, Monika: *Geschichte und Film. Erkundungen zu Spiel-, Dokumentar- und Unterrichtsfilm*. München 2004.
Bevernage, Berber: *»We Victims and Survivors declare the past to be in the present«. Time, Historical (In)justice and the Irrevocable*. Gent 2009.
Burgoyne, Robert: *The Hollywood Historical Film*. Malden, Mass. 2008.
Carruthers, Mary: *»The Book of Memory.« A Study of Memory in Medieval Culture*. Cambridge 1990.
Classen, Christoph: *Bilder der Vergangenheit. Nationalsozialismus im Fernsehen der Bundesrepublik Deutschland*. Köln 1999.
De Valck, Marijke/Hagener, Malte (Hg.): *Cinephilia: Movies, Love and Memory*. Amsterdam 2005.
Erll, Astrid/Wodianka, Stephanie (Hg.): *Film und kulturelle Erinnerung: Plurimediale Konstellationen*. Berlin/New York 2008.
Grainge, Paul (Hg.): *Memory and Popular Film*. Manchester 2003.
Gudehus, Christian/Anderson, Stewart: Lesarten eines Films über Geschichte. In: *WerkstattGeschichte* 53 (2010, im Erscheinen).
Hickethier, Knut: *Geschichte des Deutschen Fernsehens*. Stuttgart 1998.
Hofmann, Wilhelm/Baumert, Anne/Schmitt, Manfred: »Heute haben wir Hitler im Kino gesehen.« Evaluation der Wirkung des Films *Der Untergang* auf Schü-

ler und Schülerinnen der neunten und zehnten Klasse. *Zeitschrift für Medienpsychologie* 17,4 (2005), 132–146.

Kansteiner, Wulf: *In Pursuit of German Memory. History, Television and Politics after Auschwitz.* Athens, Ohio 2006.

Keilbach, Judith: *Geschichtsbilder und Zeitzeugen. Zur Darstellung des Nationalsozialismus im bundesdeutschen Fernsehen.* Münster 2008.

Landsberg, Alison: *Prosthetic Memory. The Transformation of American Remembrance in the Age of Mass Culture.* New York 2004.

Levy, Daniel/Sznaider, Natan: *Erinnerung im globalen Zeitalter: Der Holocaust.* Frankfurt a. M. 2001.

Paech, Anne/Paech, Joachim: *Menschen im Kino: Film und Literatur erzählen.* Stuttgart 2000.

Plantinga, Carl: *Moving Viewers. American Film and the Spectator's Experience.* Berkeley/Los Angeles 2009.

Reichel, Peter: *Erfundene Erinnerung. Weltkrieg und Judenmord in Film und Theater.* München/Wien 2004.

Rüffert, Christine (Hg.): *ZeitSprünge. Wie Filme Geschichte(n) erzählen.* Berlin 2004.

Sklar, Robert: *Movie-Made America: A Cultural History of American Movies.* New York 1994.

Spence, Louise: *Watching Daytime Soap Operas. The Power of Pleasure.* Middletown 2005.

Staiger, Janet: *Perverse Spectators. The Practices of Film Reception.* New York/London 2000.

Trend, David: *The Myth of Media Violence.* Malden, Mass. 2007

Volkmer, Ingrid (Hg.): *News in Public Memory: An International Study of Media Memories across Generations.* New York 2006.

Wulf Kansteiner

14. Fotografie

Durch Fotografien ist das kulturelle Bildgedächtnis immens erweitert worden, und die Kulturtechnik des Fotografierens wirkt bis heute strukturbildend in kollektive und individuelle Erinnerungspraktiken hinein. Zudem formte die Fotografie die Vorstellung von den psychischen Vorgängen der Erinnerung und wurde zur Gedächtnismetapher ausgebaut.

Innerhalb der bildlichen Gedächtnismedien markiert die Fotografie insofern einen Paradigmenwechsel, als sich durch sie die Gegenstände selbst abzubilden scheinen. Dieses *sine manu factu* im Herstellungsprozess, das das Foto zum indexikalischen Zeichen erhebt, dessen Beziehung zum Referenten physisch, genauer: physikalisch-chemisch hergestellt wird, steht im Zentrum der kulturellen Rahmungen, in denen Fotos produziert und rezipiert werden.

Mediengeschichtliche Voraussetzungen der Gedächtnis- und Erinnerungsfunktion

Die Fotografie entwickelte sich aus dem schon bei Aristoteles bezeugten Verfahren der *Camera obscura*, in dem eine konkrete räumliche Situation physikalisch, mit Hilfe der Lichtführung, in die Zweidimensionalität übersetzt wird. Als es um 1800 gelang, diese Bilder chemisch zu fixieren, entstand ein neuartiges Gedächtnismedium, das von Anbeginn über die im Herstellungsverfahren gründende Zeitstruktur diskursiviert wurde. Während der anfangs noch stundenlangen Belichtungszeiten sah man den »pencil of nature« am Werk, der das Bild sukzessive in die Platte zeichnete (Talbot in: Kemp 2006, I, 60 ff.). Die technische Weiterentwicklung zielte zunächst auf die Verkürzung der Belichtungszeiten und die Verkleinerung der Apparatur, um das Verfahren über die Laborsituation hinaus nutzbar zu machen. Als früher Anwendungsbereich mit Erinnerungsfunktion konnte sich in den 1830ern eine Frühform der Porträtfotografie auf versilberten Kupferplatten, die Daguerreotopie, etablieren. Die immer noch mehrere Minuten umfassende Belichtungszeit wurde mit der Stillstellung der Modelle durch statuarische Disziplin und Hilfsmittel wie Kopfhalter ausgeglichen. Damit gingen nicht nur der neue Typus des naturalistischen Schwarz-weiß-Porträts, sondern mit ihm auch bestimmte Posen in die Muster des Personengedenkens ein. Konsequenterweise entwickelte sich aus dieser technikgeschichtlichen Voraussetzung des Stillhaltens das fotografische Totenbildnis. Ist die Fotografie im Totengedenken in der europäischen Kultur heute weitgehend verschwunden, so zeigen solche Bilder nur in extremer Zuspitzung, was jedes Foto auszeichnet: eine medienspezifische ›Thanatologie‹, die jedes Foto prinzipiell zum Trauerfall und zum *memento mori* macht (Schulz 2002). Denn Fotos erzeugen eben nicht das »Bewusstsein des *Daseins* des Gegenstandes […], sondern des *Dagewesenseins*« und somit eine »neue Kategorie des Raum-Zeit-Verhältnisses: räumliche Präsenz bei zeitlicher Vergangenheit« (Barthes in: Kemp 2006, III, 144). Der Zeitindex des Fotos, der Zeitpunkt der Aufnahme, ist auch – und gerade – dann konstitutiver Bestandteil der Rezeption des Bildgegenstandes, wenn er gar nicht genau zu bestimmen ist.

Sobald die technische Optimierung die Nutzung außerhalb des Ateliers zuließ, wurde die Fotografie 1855/56 im Krimkrieg eingesetzt, um den Lauf der Geschichte in einer neuen Qualität von Zeitnähe zu dokumentieren. Schließlich ermöglichte das ›Fotografische Gewehr‹ mit seiner Belichtung im Sekundentakt, ganze Bewegungsabläufe in eine Serie von Einzelbildern, in Chronofotografien, abzubilden und damit die Wahrnehmungsgrenzen zu unterschreiten. Der Durchbruch der Handkameras Ende des 19. Jahrhunderts brachte nicht nur den Beruf des Bildreporters, sondern auch den Amateurfotografen sowie den sogenannten Knipser hervor, die je auf ihre Weise kollektive und individuelle Geschichte dokumentierten. Durch die Arbeitsteilung von dem Akt der Aufnahme und deren chemischer Entwicklung wurde – so der berühmt gewordene Werbespruch der Firma Kodak »You press the button, we do the rest« (Starl 1995, 95) – der Knopfdruck auch mentalitätsgeschichtlich zum Zentralmoment des Fotografischen. Mit der Fokussierung auf den Moment entstand die Bildgattung des Schnappschusses, der programmatisch auf die Pose verzichtet und den Zufall bild- und somit erinnerungswürdig macht. Diese technische Ausgangssituation bildet die Grundlage einer neuen Ikonographie der Reportage, die gerade das schnelle und zumeist unter Gefahr geschossene Bild zum Maßstab macht. Während des Spanischen Bürgerkrieges rückten nicht mehr die toten, sondern die sterbenden Soldaten in den Vordergrund, der Reporter musste schon vor den entscheidenden Momenten am Geschehen teilhaben: »Wenn deine Bilder nicht gut genug sind, warst du nicht nah genug dran« (vgl. Sontag 2003, 41 ff.). Zugleich entwickelte sich ein Bewusstsein davon, innerhalb des erinnerungsrelevanten Geschehens solche ›fruchtbaren Augenblicke‹ auszumachen, wie sie bereits Lessing ein Jahrhundert zuvor in seinem *Laokoon* als Kriterium des gelungenen Bildes formuliert hatte. Dieses Verfahren wird später mit der Etablierung der Fotoproduktion im Privatbereich auch auf die individuelle Biographiegestaltung übertragen, wie die werbesprachliche Konzeptualisierung des »perfekten Momentes« und die durch sie wirksame »affektive Gedächtnisdressur« belegt (King in: Wolf 2003, 213).

Bereits parallel zur Verbesserung von Belichtungszeit und Handhabbarkeit der frühen Kameras erfolgten Experimente zum Farbfoto, das bereits 1861 möglich war, wobei noch bis ins 20. Jahrhundert die kolorierende Nachbehandlung der Bilder üblich blieb. Auch das Negativverfahren, die Talbotypie, wurde schon 1840 entwickelt und markiert einen folgenreichen Einschnitt: War das Positivfoto ein einzigartiges Zeugnis einer bestimmten Position im Raum zu einem bestimmten Zeitpunkt, so ist das originale Negativbild ein Zwischenprodukt für beliebig viele Abzüge. Im Zusammenspiel mit neuen Drucktechniken wurde das Foto von Anbeginn für verschiedene Distributionszusammenhänge genutzt, nicht allein für das Massenmedium der illustrierten Zeitung, sondern auch im privaten und semiöffentlichen Gebrauch, etwa für das Porträt im Visitenkartenformat oder für die Bildpostkarte.

Auch die Sofortbildkamera, genauer: die Verlegung der Bildentwicklung in die Apparatur, ist ein Produkt des 19. Jahrhunderts. Erst nach dem Zweiten Weltkrieg, als das Fotografieren bereits zum Allgemeingut geworden war, etablierte sich eine Sofortbildkamera für den Alltagsgebrauch, die Polaroid, und deckte nicht nur den Bedarf der schnellen Verfügbarkeit der Fotos, sondern lebte auch von der Faszination, dass das Bild in den 60 bis 90 Sekunden nach seinem Auslösen auf der Oberfläche erscheint, der Übergang vom »Dasein« zum »Dagewesensein« beobachtbar und folglich Teil des fotografischen Aktes wurde.

Der Einschnitt der heute dominierenden Digitalfotografie wiederum besteht erstens darin, dass die chemische Bildentwicklung vollends entfällt und das elektronische Bild seit dem Moment der Aufnahme sichtbar und verfügbar ist. Zweitens ist dadurch, dass die Daten elektronisch und nicht auf einem Negativ notiert werden, die Nachbearbeitung der Bilder in einer neuen Qualität möglich, da sie im digitalen Format nicht mehr rekonstruierbar ist. Und drittens ermöglicht die elektronische Speicherung Archivierungsformen, die die Bilder nicht materialiter, sondern im digitalen Code und somit unsichtbar verfügbar halten. Dieses Speicherverfahren birgt einerseits neue Möglichkeiten der Quantität und Distribution, andererseits neue technische Gefahren wie den unbemerkten Verlust ganzer Datensätze oder die Unmöglichkeit, ein einmal ins Web gestelltes Bild wieder restlos zu entfernen. Da seine Daten nicht substanziell mit dem Datenträger verbunden sind, auf den sie bei der Aufnahme notiert wurden, vielmehr die Speicherkarte regelmäßig einer partiellen oder gesamten *tabula rasa* unterzogen wird, ist das probeweise und exzessive Fotografieren in einer gesteigerten Quantität möglich. Das hat zur Folge, dass der Journalismus auch die neuesten Nachrichten in Bildform präsentieren kann, wobei nicht selten aktuelle Bildstrecken den Kontextualisierungen vorausgeschickt werden. Im privaten Bereich entfällt die Kommentierung angesichts der sofortigen Verfügbarkeit und Menge des Bildmaterials zusehends, was sich in einem Paradigmenwechsel vom Fotoalbum zum digitalen Bildarchiv äußert. Ins Zentrum der kollektiven und individuellen Fotopraxis rückt die anschließende Bearbeitung der archivierten Bildproduktion, die Sichtung, Auswahl, Ordnung und Distribution der Fotos in intime oder öffentlich zugängliche, analoge oder digitale Medien. War die Nachbearbeitung der analogen Bilder ein wesentlicher Bestandteil der professionellen Fotoproduktion, so ist dies für die digitalen Bilder in anwenderfreundlichen Programmen zum Allgemeingut geworden.

Die Miniaturisierung der Fototechnik und ihre Integration in das handliche Mobiltelefon seit 2005 erzielte eine weitere quantitative Steigerung der individuellen Bildproduktion, die nun vermehrt auch zur Entlastung des Alltagsgedächtnisses etwa von Fahrplänen, Warenangeboten, Textpassagen aus Büchern usw. eingesetzt wird. Auch die automatisch getaktete Dauerfotografie der Welt durch Webcams und Satellitenaufnahmen akzentuiert die Erinnerungsfunktion der Fotografie stärker auf die gegenwärtige Orientierung.

Keinesfalls ist es so, dass der soziokulturelle Wandel von Erinnerungsfunktionen sich allein in den aktuellsten fototechnischen Innovationen abbildet. Nach zwei Jahrhunderten Mediengeschichte mit ihren vielen hier nicht genannten Zwischenschritten und Randphänomenen steigt das Interesse am Spektrum der anachronistisch gewordenen Macharten der Fotografie, nicht nur in Hinblick auf die Konjunkturen bestimmter Gattungen und deren Bildrhetoriken, wie sie sich etwa durch Posen und Ausschnitte vermitteln, sondern auch auf die technisch bedingten Formate und Farbpaletten. So etwa ist zu vermuten, dass die im ausgehenden 20. Jahrhundert gefertigten Porträts mit auslaufenden Rändern in Sepiaton keinesfalls vortäuschen sollen, der Porträtierte habe im 19. Jahrhundert gelebt, wohl aber vermitteln, dass es sich – dem mittransportierten Zeitkolorit gemäß – um ein seiner Intention nach erinnerungswürdiges Bild handelt, dem bereits die Würde einer langen Aufbewahrung anhaftet.

Fotografie als Gedächtnismetapher

Metaphorisch wurden Fotografie und Gedächtnis immer wieder zur wechselseitigen Erhellung herangezogen. Besonders wirksam wurde dabei die Analogie der schwierigen Beziehung von Fotografiertem und Foto wie von Erinnertem und Erinnerung. Mit der Entdeckung der Fotografie wurde sie nicht nur in ihrer Funktion für das Gedächtnis, sondern als analoge Funktionsweise beschrieben, etwa als »Spiegel mit Gedächtnis« (Holmes in: Kemp 2006, I, 119), um zu akzentuieren, dass die simultanen Bilder von Spiegel oder *Camera obscura* nun auf Dauer gestellt sind. Umgekehrt ist die Metapher vom »fotografischen Gedächtnis« für das psychische Phänomen der Hypermnesie gebräuchlich. Gemeint ist der Sonderfall, dass die gesamte Wahrnehmung, auch deren periphere Details, abgespeichert werden, unabhängig davon, ob sie zum Perzeptionszeitpunkt als bedeutsam eingeschätzt werden oder nicht.

Am wirkungsvollsten konnte sich das fotografische Referenzmedium innerhalb der klassischen, bereits von Platon eingeführten und stets aktualisierend fortgeschriebenen Gedächtnismetaphern bewähren (s. Kap. IV.2). Diese anhaltende Faszination erklärt sich damit, dass die apparative Logik der Fotografie sich vorzüglich in beide Hauptgruppen fügte: (1) die Magazin-Metaphern, die das Gedächtnis als räumlichen Speicher konturieren, der intentional gefüllt wird und dem Zugriff seines Magazinmeisters unbegrenzt offen steht und (2) die Wachstafel-Metaphern, nach denen sich Erinnerungen prozessual in Form von Schriftzeichen einschreiben und nicht durchweg der Steuerung ihres Eigners unterliegen. Gerade mit ihrer Verschränkung von subjektiven und objektiven Faktoren im Produktionsprozess sowie von individuell steuerbaren und kollektiv überformten Aspekten im Rezeptionsprozess konnte die fotografische Technik nicht nur beide Bildfelder aktualisieren, sondern diese miteinander verknüpfen. Ausgerechnet das erste der ›neuen Medien‹ wurde »zu einer einzigartigen Probe aufs Exempel alter *ars memoriae*« (Haverkamp 1993, 48). Das Foto ermöglicht die Verbindung des Wahrnehmungsmodells der *Camera obscura* mit dem räumlichen Speichermodell, indem die Bilder, mit dem Zeitindex ihrer Perzeption versehen, als *imagines agentes* (bewegende

Bilder von hoher Intensität) angesammelt und geordnet werden können.

Obwohl das zugrunde liegende Konzept der *Camera obscura* wahrnehmungstheoretisch seit dem beginnenden 19. Jahrhundert überholt war, lebte es in der Gedächtnismetaphorik wieder auf (vgl. Crary in: Wolf 2002, 67 ff.). Freud positionierte seine Theorie vom Unbewussten in der Magazinmetapher, hob jedoch weniger auf die Fixierung der Bilder ab als auf die Ausdifferenzierung des »psychischen Apparates« durch die systematische Unterscheidung von Negativ- und Positivbildern und den Prozess der Bildentwicklung im Labor (vgl. Kofman in: Wolf 2002, 60 ff.). Freud illustrierte damit seine theoretischen Maximen, dass sich insbesondere frühkindliche oder traumatische Wahrnehmungen nicht direkt in das verfügbare Gedächtnismagazin, sondern in einen Zwischenspeicher übersetzen, der nicht zugänglich ist. Erst wenn von diesen gespeicherten, aber nicht lesbaren Bilder, den Negativen, ein Abzug gemacht wird, treten sie aus der Dunkelkammer des Unbewussten in die helle Kammer des Bewusstseins.

Wie schon die Etymologie der Fotografie anzeigt (griech. *phos*: Licht, *graphein*: schreiben, einritzen), ist sie über ihr technisches Verfahren von Anbeginn in Analogie zum Wachstafelmodell definiert worden. Dies fokussiert den Prozess der Erinnerung und gibt dem Fall Gewicht, dass Erinnerungen nicht intentional angelegt und unverändert abrufbar sind, sondern sich erstens auch ungewollt über die Wahrnehmung einschreiben und zweitens immer erst entziffert werden müssen, was die Möglichkeit der Fehllektüre einschließt. So ist es ebenfalls die psychoanalytische Theorie, etwa das Modell vom Wunderblock, die dieses unwillkürliche Einschreiben und die sich stets verändernden Bedingungen seiner Lesbarkeit zum Ausgangspunkt nehmen. Freud zeigte, dass diese dynamische Vorstellung durchaus mit der vom statischen Raum verbunden werden kann. Walter Benjamin konnte daran anknüpfen, als er die Fotografie in Analogie zum »Triebhaft-Unbewußten« als »Optisch-Unbewußtes« beschrieb (Benjamin in: Kemp 2006, II, 202). Das psychoanalytische Gedächtnismodell wurde zu einer Erinnerungspoetik ausgebaut, so am prominentesten in Marcel Prousts Konzept der *mémoire involontaire*: Der Zufall holt die ›Negative‹ aus dem latenten Archiv des Gedächtnisses, die dann in der Sprache, konkret im Schreibprozess, zu literarischen Erinnerungsbildern entwickelt werden (vgl. auch Claude Simon oder William Faulkner, dazu: Busch/Albers 2001, 546 ff.).

Fotografie in kollektiven und individuellen Erinnerungspraktiken

Die Fotografie wirkte nicht nur modifizierend in bestehende Erinnerungspraktiken hinein, wie etwa in die Zeitungsreportage oder die intime Andenkenkultur des 19. Jahrhunderts, sondern sie brachte auch neue Formen, Narrative, Methoden, Wissensordnungen und Institutionen der Erinnerung hervor. Entscheidend sind dabei nicht allein die oben ausgeführten Anschlussmöglichkeiten des apparativen Aspekts an Erinnerungsfunktionen und Gedächtnismodelle, sondern die fotografischen Sammlungsformen Bildarchiv, Fotoatlas und Fotoalbum. Erst die Fotografie eröffnete die Möglichkeit, qualitativ wie quantitativ Dinge in einem einheitlichen Abbildungsmodus von ihrem konkreten Umfeld abzulösen und in einem Ausmaß zusammenzuführen, das nur noch virtuell verfügbar ist (Wolf in: Wolf 2002, 350). André Malraux' Modell vom ›imaginären Museum‹, nach dem alle Kulturgüter unabhängig vom räumlichen und historischen Kontext in einer Zusammenschau verfügbar sind, lenkt den Blick darauf, dass sich die Fotografie im 19. Jahrhundert parallel mit der Etablierung von Museum und Archiv als öffentliche Einrichtungen entwickelte (s. Kap. III.6, III.7). Diese Entkontextualisierung radikalisiert sich in der Detailaufnahme, in der auch der Zusammenhang des Gegenstandes beschnitten und somit getilgt ist, die mediale Grundlage, die etwa der Stilgeschichtsschreibung innerhalb der Kunstgeschichte zum endgültigen Durchbruch verhalf. Zugleich eröffnete das kunsthistorische Fotoarchiv auch die Entwicklung neuer Methoden durch andere Gruppenbildungen als die der Chronologie und der häufig damit verbundenen teleologischen Geschichtsschreibung. Aby Warburg ging es in den stil- und gattungsgeschichtlich disparaten Anordnungen in seinem *Bilderatlas Mnemosyne* darum, die Kunst als Speicher des sozialen Gedächtnisses zu untersuchen, das sich quer zu kunsthistorischen Analysekategorien in ›Pathosformeln‹ Ausdruck verschafft (s. Kap. III.16).

Die großen denkmalpflegerischen wie auch ethnographischen Archivierungsprojekte von nicht musealisierbaren Kulturen und Kulturgütern zeugen erinnerungspolitisch von einer gewissen Melancholie, die nicht zuletzt im medienspezifischen Modus des »Dagewesenseins« gründet: So nehmen die großen europäischen Fotodokumentationen ihren Anfang meist in Zeiten der Krise etwa eines herannahenden Krieges, um die von Verfall und Zerstörung bedrohten Denkmale und Kulturen für die Zukunft präsent zu halten.

In den Naturwissenschaften geriet die Fotografie zur Voraussetzung der Analyse, Demonstration und Sicherung dessen, was dem bloßen Auge nicht sichtbar ist, wie die Bewegungsabläufe (Chronofotografie), das Körperinnere (Röntgen), das räumlich Allerfernste (Astrofotografie) oder Allernächste (Mikrofotografie). Mit diesen anwendungsbezogenen Erfindungen einer ging die epistemische Konzeptualisierung vom »Bild der Objektivität«, das die Formation und Kanonisierung von Wissensordnungen fortan maßgeblich strukturiert (Lorraine Daston/Peter Galison in: Geimer 2002, 29 ff.).

Ein weiterer und soziokulturell folgenreicher Anwendungsbereich der Fotografie besteht in Kriminalistik und Rechtssprechung. Die fotografische Archivierung von Tätern oder Tatverdächtigen sowie die Aufnahmen des Tatortes bleiben trotz molekularbiologischer Technologien immer noch das zentrale Instrument der Ermittlung und erhalten vor Gericht den Status von Zeugnissen der Vergangenheit.

Gerade die juristische Konzeptualisierung des Fotos als Augenscheinbeweis wirkte entscheidend auf die erinnerungspolitische Auseinandersetzung mit der jüngeren und jüngsten Geschichte. Eine radikale Zuspitzung erfährt die Frage nach dem Aussagegehalt eines Fotos in den wenigen Originaldokumenten von der nationalsozialistischen Vernichtungsmaschinerie des Holocaust. Hier erweist sich, dass die Bildzeugnisse immer auch ihre Aufnahmebedingungen mit transportieren, deren Rekonstruktion, wenn überhaupt, dann nur partiell möglich ist. So ist der Großteil des überlieferten Materials in den bereits seitens der Täter verlassenen Vernichtungslagern weniger zu archivarischen Dokumentations- als zu politischen Erziehungszwecken gemacht worden. Diese Bilder, die für die Zeitgenossen alle bisherigen Abbildungen von Gräueltaten überboten, entsprechen weitgehend dem Typus der »Schockfotos«, in denen dem »Faktum« die »intentionale Sprache des Schreckens« hinzugefügt wird (Barthes in: Kemp 2006, III, 106). Hingegen zeigen die sogenannten Auschwitzalben einen zensierten Ausschnitt des Geschehens im Vernichtungslager von 1944 aus der Sicht der Täter. Die wenigen Bilder, die heimlich durch die Opfer erstellt werden konnten, eignen sich aufgrund ihrer technischen Bildqualität weniger zu dokumentarischen Zwecken in Hinblick auf die abgebildeten Ereignisse, sondern sie dokumentieren vor allem die existenzielle Grenzsituation, in der sie zustande kamen und zugleich einen Akt des Widerstandes gegen die doppelte Auslöschung durch Tod und Vergessen. Während Distribution und Rezeption der von den Alliierten als auch der von den Tätern gemachten Bilder von der Aushandlung ästhetisch, moralisch und politisch begründeter »Sagbarkeits- und Zeigbarkeitsregeln« begleitet sind (Knoch 2001, 31), gelten die Bilder der Opfer als »Bilder trotz allem«, die in radikaler Weise das Ereignis des Fotos selbst zeigen (vgl. Didi-Huberman 2007, 63). Das Phänomen der Konstituierung und Ausdifferenzierung verschiedener Erinnerungsgemeinschaften zeigt sich besonders nachdrücklich am Umgang mit fotografischen Holocaust-Dokumenten: Als das Auschwitzalbum im Nürnberger Prozess als Augenscheinbeweis herangezogen wurde, stellte sich heraus, dass es für die Besitzerin, die als Überlebende und zugleich als Augenzeugin fungierte, den Status von Familienerinnerungen hatte. Für die Kinder der Überlebenden rückte das Foto auf prekäre Weise ins Zentrum der Nacherinnerung (*postmemory*), da es ein Näheverhältnis zu den Vorfahren erlaubt und zugleich, anders als bei gewöhnlichen Familienfotos der Fall, Bestandteil des kollektiven Bildgedächtnisses ist (vgl. Hirsch 1997). Wie an kaum einem anderen Gegenstandsbereich der Fotografie lässt sich an den Fotos vom Holocaust studieren, wie sich ein Bildgedächtnis durch erinnerungspolitische Interventionen kanonisiert, wie sich politische und generationelle Gegengedächtnisse formieren und wie diese nicht zuletzt durch Wiederentdeckungen neuen oder auch altbekannten Fotomaterials immer wieder umgeordnet werden.

Maßgeblicher als die institutionellen Archivierungsstrategien profiliert die medienpolitische Inszenierung des Einzelbildes das kollektive Gedächtnis. Viele historische Augenblicke entstehen erst durch ein Foto, Bilder machen also Geschichte wie etwa der sterbende Soldat im Spanischen Bürgerkrieg 1936, Willy Brandts Kniefall in Warschau 1970 oder die Errichtung der US-Flagge durch Feuerwehrleute im Ground Zero am 11. September 2001.

Auch die Bildproduktion im Privatbereich ist durch den kollektiven Bildhaushalt sowie durch die sozial eingeübte Bildpraxis gesteuert. So ging die Daguerreotopie fast vollends in der Selbstverständigung des Bürgertums auf, das sich in einem kanonischen Repertoire von Posen und Wohnkulissen als Familie präsentierte (Gisèle Freund, *Photographie und Gesellschaft*, 1936; vgl. Busch/ Albers 2001, 506f.). Das daraus entwickelte Familienbild wurde schichtenübergreifend zu einem stabilen Erinnerungsmedium, das die »Kontinuität und Integration der häuslichen Gruppe« bestätigte, auch wenn diese faktisch nicht existierte (Pierre Bourdieu: *Eine illegitime Kunst.* 1965; vgl. Hirsch 1997, 48). Im Zuge dieser verbreiteten Fotopraxis wurden nicht nur Ikonographien und Tauschrituale entwickelt, sondern auch ein medienspezifischer *familial gaze* eingeübt, der die Verbindung zu abwesenden oder verstorbenen Familienmitglieder aufrecht erhält, indem diese nicht nur in den eigenen Lebenskontext integriert werden, sondern umgekehrt auch einen Familienrahmen bereitstellen (Hirsch 1997, 53 ff.). Gerade diese quasi natürlich-überzeitliche Gedenkpraxis ist in hohem Maße von der ideologischen Verfasstheit der Familie strukturiert und entsprechend störanfällig.

Handelt es sich bei den wissenschaftlichen Fotoarchiven um einen Idealtypus des kollektiven Gedächtnisses, so lässt sich das Fotoalbum als Idealtypus des individuellen Gedächtnisses beschreiben: Im semantischen Rahmen der Buchform entfalten die Bilder ein narratives Potenzial. Dieses zielte in der Frühphase der Porträtfotografie, in der meist nur eine oder wenige Aufnahmen pro Person gefertigt wurden, auf die Genealogie, eine tradierte Form des Andenkens, die erst durch die Fotografie vom Privileg zu einem Breitenphänomen wurde. Mit der Zunahme der Fotoproduktion setzte sich das vorgefertigte Album zur Dokumentation der Individualgeschichte durch. Ausgangspunkt bildete die Integration des Fototermins in die kulturell tradierten *rites de passage* wie Taufe, Hochzeit, Tod. Bis heute wurden zahlreiche Bildnarrative solcher kulturell definierten Höhe- und Wendepunkte ausformuliert, etwa vom Ultraschallbild über die Geburt des Kindes zu seinen Schritten ins Leben oder von der Abreise über die Stationen der Sehenswürdigkeiten bis zur Heimkehr. Seit der Etablierung der Digitaltechnik ist eine grundlegende Erweiterung der individuellen Erinnerungspraxis zu beobachten: Zielte das Foto zuvor ausschließlich auf das identitätsbildende Langzeitgedächtnis mit generationeller oder biographischer Reichweite, so dient es nun darüber hinaus dem pragmatischen Kurzzeitgedächtnis der Alltagsorganisation. Doch unabhängig von dieser unübersehbaren digitalen Bildproduktion wurde bereits seit der Verfügbarkeit der Fotografie für den Privatbereich deren Effekt für die Erinnerung nicht nur bezweifelt, sondern mitunter umgekehrt dem Vergessen zugerechnet: »Man vergißt so viel, wenn man fotografiert« (Bierbaum in: Starl 1995, 149), eine Variation der seit Platons Schriftkritik nicht abbrechenden Vorbehalte gegenüber der medialen Ent-äußerung von mentaler Er-inne-rung. Umgekehrt wurde das psychische Phänomen beschrieben, dass man nur das erinnert, was fotografiert ist, folglich das Foto eines Ereignisses mit der Erinnerung an das Ereignis verwechselt, so wie viele Kindheitserinnerungen bei näherem Hinsehen Erinnerungen an Fotos sind (vgl. ebd.).

Innerhalb der privaten Erinnerungspraktiken entstand ein neuer Typus des Fotografen: der Knipser. Während sich der ambitionierte Fotoamateur über die Distanz von den kommerziellen Bildmustern definiert, ist der Knipser wenig mit der Machart seiner Bildproduktion befasst, sondern diese geht ganz in der Erinnerungsfunktion auf (Busch/Albers 2001, 511 ff.). Die spezifische Leistungsfähigkeit des individuellen Erinnerungsfotos erschließt sich gerade aus der Verschränkung von Produktions- und Rezeptionspraktiken: Was das Bild zeigt, ist gar nicht entscheidend, sondern dass auch die Aufnahmesituation miterinnert wird (Starl 1995, 9). Dabei sind es oft die unbeabsichtigt mitaufgenommenen Details, die den nachhaltigsten Effekt bei der späteren Vergegenwärtigung des Vergangenen haben. Diese spezifisch individuelle Erinnerungspraxis realisiert sich nicht allein mit Blick auf die fremd gewordene eigene Vergangenheit, sondern ebenso auf die fremde Vergangenheit eines Vertrauten sowie schließlich auf die Vergangenheit eines gänzlich Fremden: Sie reibt sich gerade am widerständigen Überschuss an gewesener und damit verschlossener Wirklichkeit, am *punctum* des Fotos (Barthes in: Kemp 2006, III, 285 f.).

Die Künste haben sich mit unterschiedlichen Aspekten und in immer wieder neuen intermedialen Konstellationen mit der kulturpraktischen, funktionellen und metaphorischen Affinität der Fotografie zur Erinnerung auseinandergesetzt. Für die Literatur war das Foto von Anbeginn poetologisch interessant, als Muster realistischer bzw. naturalistischer Speicherung von Wirklichkeit, wie es Émile Zola programmatisch in seinem *Experimentalroman* von 1880 vorführt. Zunehmend diente die Fotografie als poetologische Reflexionsfigur für eine Literatur, die sich dezidiert als »Platte der Erinnerung« verstand, wie Walter Benjamin, in seiner ab 1932 erscheinenden *Berliner Chronik* schreibt. In der Gegenwartsliteratur werden solche Text-Bild-Beziehungen häufig am konkreten Objekt, also durch die Integration von Fotografien in den Text und der dadurch erzeugten Spannung von Zeigen und Verbergen reflektiert, besonders eindrücklich im Erzählwerk von W.G. Sebald, so etwa in seinem Roman *Austerlitz* von 2001. Ebenfalls als intermediale Reflexionsfigur von Gedächtnis und Erinnerung treten Fotos im Film auf, häufig in kriminalistischen Plots bei der Rekonstruktion des Faktischen wie in Michelangelo Antonionis Klassiker *Blow up* von 1966, oder auch als konstitutives Element fiktiver Biographien wie in Ridley Scotts Erfolgsfilm *Blade Runner* von 1982. Die bildende Kunst stand zunächst vornehmlich in einem Konkurrenzverhältnis zur Fotografie. Dieser Streit wurde bis in die Moderne geführt, wobei die Kritiker der Fotografie sie als bloße »Funktion der fließenden Zeit« definierten, der entgegen allein das Kunstwerk die Geschichte darstellen und somit »Gedächtnisbilder« hervorbringen könne (Kracauer in: Kemp 2006, II, 105 f.). Parallel dazu fanden sich mit der Auflösung der Mimesis- und Gattungsnormen experimentierfreudige Befürworter des Fotos als eines zeitgemäßen Kunstmediums, bis es sich schließlich als solches in der zweiten Hälfte des 20. Jahrhunderts im Kunstbetrieb etablieren konnte. Neuere Fotoarbeiten reflektieren nicht nur das Gedächtnis der Bilder sondern auch die Erinnerungsstrategien der Bildpraxis, so z.B. die Lomografien, die in den 1990er Jahren mit ihrer charakteristischen farbintensivierenden Überbelichtung vom Stilmittel eines Kunstprojektes bezeichnenderweise zu dem der Selbstdokumentation einer Generation in ›Hüftschüssen‹ wurde. Mit der Ausdifferenzierung fotobasierter Erinnerungsformen sind es in der Gegenwartskunst vor allem die Konzepte des Atlas, so in Gerhard Richters gleichnamigem Werk von 1962 bis 1966, und des Archivs, wie es etwa Naomi Tereza Salmon in ihrer Arbeit *Asservate* von 1995 zeigt, die die ästhetische Debatte um Erinnerung und Gedächtnis inspiriert haben.

Literatur

Bickenbach, Matthias: Fotoalbum. In: Nicolas Pethes (Hg.): *Gedächtnis und Erinnerung: ein interdisziplinäres Lexikon*. Reinbek 2001, 177–178.

Busch, Bernd/Albers, Irene: Fotografie/fotografisch. In: Karlheinz Barck u.a. (Hg.): *Ästhetische Grundbegriffe. Historisches Wörterbuch in sieben Bänden.* Bd. 2. Stuttgart/Weimar 2001, 494–550.

Didi-Huberman, Georges: *Bilder trotz allem.* Aus dem Französischen von Peter Geimer. München 2007 (frz. 2003).

Geimer, Peter (Hg.): *Ordnungen der Sichtbarkeit. Fotografie in Wissenschaft, Kunst und Technologie.* Frankfurt a. M. 2002.

Haverkamp, Anselm: Lichtbild. Das Bildgedächtnis der Photographie: Roland Barthes und Augustinus. In: Ders./Renate Lachmann (Hg.): *Memoria. Vergessen und Erinnern.* München 1993, 47–66.

Hirsch, Marianne: *Family Frames: Photography, Narrative and Postmemory.* Cambridge, Mass. 1997.

Kemp, Wolfgang/Amelunxen, Hubertus von: *Theorie der Fotografie.* I–IV: 1839–1995. München 2006.

Knoch, Habbo: *Die Tat als Bild. Fotografien des Holocaust in der deutschen Erinnerungskultur.* Hamburg 2001.

Ruchatz, Jens: Fotografie. In: Nicolas Pethes (Hg.): *Gedächtnis und Erinnerung: ein interdisziplinäres Lexikon.* Reinbek 2001, 179–182.

Schulz, Martin: Die Thanatologie des photographischen Bildes. Bemerkungen zur Photographie. In: Jan Assmann/Rolf Trauzettel (Hg.): *Tod, Jenseits und Identität. Perspektiven einer kulturwissenschaftlichen Thanatologie.* München 2002, 740–763.

Sontag, Susan: *Das Leiden anderer betrachten.* Aus dem Englischen von Reinhard Kaiser. München 2003 (engl. 2003).

Starl, Timm: *Knipser. Die Bildgeschichte der privaten Fotografie in Deutschland und Österreich von 1880 bis 1980.* Ausstellungskatalog Fotomuseum im Münchner Stadtmuseum. München/Berlin 1995.

Wolf, Herta (Hg.): *Paradigma Fotografie. Fotokritik am Ende des Fotografischen Zeitalters.* Bd. I. Frankfurt a. M. 2002.

– (Hg.): *Diskurse der Fotografie. Fotokritik am Ende des Fotografischen Zeitalters.* Bd. II. Frankfurt a. M. 2003.

Christiane Holm

15. Internet

Das Internet hat sich seit den 1990er Jahren zu einem globalen Massenmedium entwickelt, das die ›klassischen‹ Medien des 20. Jahrhunderts (Printmedien, Radio, TV) bündelt und durch mobile Anwendungen ortsunabhängig macht (deshalb wird in Folge der irreführende Begriff ›neue Medien‹ für das Internet auch vermieden). Die Entwicklung eines dezentralen, überregionalen Datennetzwerkes begann kurz nach dem Zweiten Weltkrieg als sich die Idee des Hypertextes zur Verwaltung des seit Ende des 19. Jahrhunderts explodierenden Wissens konkretisierte und 1945 erstmals von Vannevar Bush beschrieben wurde. Der Sputnik-Schock in den USA 1957 – die Sowjetunion hatte den ersten künstlichen Erdsatelliten gestartet – war der Auslöser für die verstärkte Förderung der Computer- und Weltraumforschung und führte zur Gründung der Advanced Research Projects Agency (ARPA) und National Aeronautics and Space Administration (NASA). Die ARPA entwickelte in den folgenden Jahren die Grundlagen für ein dezentrales Computernetzwerk, das unter der Bezeichnung ›ARPA-Net‹ 1969 online ging – das Internet war damit eine US-amerikanische Schöpfung des Kalten Krieges, um die Kommunikation zwischen Militärs und Entscheidungsträgern im Falle eines Atombombenangriffes aufrecht erhalten zu können.

Das ARPA-Net wurde im Laufe der 1970er und 1980er Jahre ein Tummelfeld für Wissenschaftler aus Nordamerika und Westeuropa, die hier die wichtigsten heute gültigen Standards (Transmission Control Protocol, Internet Protocol, File Transfer Protocol) und Anwendungen (E-Mail, Chat, Telnet, Newsgroups, Mailinglisten usw.) etablierten. Immer mehr nationale Netzwerke schlossen sich zusammen. Nachdem sich das ›World Wide Web‹ (WWW) Anfang der 1990er Jahre als Hypertext-System, das mit einem benutzerfreundlichen, grafischen Browser verwendet werden konnte, durchgesetzt hatte, wurde das Internet auch für die breite Öffentlichkeit interessant (Hörisch 2004, 374–423). Konnektivität, Interaktivität, Multimedialität und Internationalität führten zu einer wechselseitigen Beeinflussung statt zu einer Verdrängung der bis dahin bestehenden Medien, die auch durch die beschleunigte Globalisierung nach dem Ende des Kalten Krieges befördert wurde.

Seit 2004 gibt die unter dem nun schon inflationär gebrauchten Begriff ›Web 2.0‹ zusammengefasste Entwicklung – der Begriff stammt von Tim O'Reilly – vor allem partizipativen, multimedialen und konnektiven Elementen einen neuerlichen Schub: Flickr, Twitter, Wiki-Systeme, blogging, MySpace, Facebook oder die verschiedenen Anwendungen von Google. Sie ermöglichen ohne hohen technischen Aufwand eine stärkere Selbstdarstellung der Nutzer, fördern die Vernetzung und die globale ›Kultur des Tauschens‹, verstärken aber auch urheber- und datenschutzrechtliche Probleme. Verschiedene zivilgesellschaftliche Organisationen wehren sich gegen ebenso zunehmende Überwachungs- und Kontrollversuche durch ökonomische und politische Faktoren. Die Dominanz der seit den späten 1990er Jahren entstandenen Internetgiganten (Google, Wikipedia, Microsoft, Yahoo) wirft ökonomische und demokratiepolitische Fragestellungen auf. Mit verschiedenen Impulsen (mobile Kommunikation, Aktion ›one laptop per child‹ etc.) hat sich das globale und soziale Ungleichgewicht im Internet seit etwa 2005 zwar etwas anzugleichen begonnen, 2009 sind aber vor allem Afrika, Lateinamerika und Teile Asiens im Verhältnis zu ihrem Anteil an der Weltbevölkerung noch immer deutlich unterrepräsentiert. Neben diesen geographischen Grenzen kommt noch das Problem unterschiedlicher Schriftsysteme und Sprachen hinzu.

Das Internet als Gedächtnismedium?

Seit den frühen 1990ern wurde das Internet zu einem Teil des Alltags und damit auch zu einem Gedächtnismedium. Grundsätzlich unterliegen zwei konstitutionelle Gedächtnis-Elemente im Internet einer starken Instabilität: Speichern und *kulturelles* Abrufen gesellschaftlich relevanter Informationen. Daten sind im WWW fluktuativ, ihre mittel- bis langfristige Speicherung ist fraglich; sie werden dezentral verwaltet und durch eine breite Masse von menschlichen und technischen (*bots/web robots*, Suchmaschinen) Teilnehmern abgerufen und interpretiert. Online-Informationen können jederzeit kopiert, gelöscht, verschoben oder verändert werden; lediglich gestreamt landen sie nur für begrenzte Zeit in Zwischenspeichern. Zwar werden seit dem Beginn der Breitenwirksamkeit des Internets immer wieder Versuche zum langfristigen Speichern von Web-Inhalten unternommen, doch sie waren und sind aufgrund vorherrschender Umstände nicht konsequent umsetzbar. Archive, Bibliotheken und Museen versuchen mit verschiedenen Projekten diesem Problem zu begegnen und zumindest gewisse Elemente des Internets (etwa Screenshots anstatt der gesamten Website) zu speichern. Auch die gesetzlichen Vorgaben zum Speichern von Informationen für Provider und Website-Betreiber konnten sich nicht global und nur unter bestimmten technischen und administrativen Einschränkungen durchsetzen.

Aleida Assmann diagnostiziert für das kulturelle Gedächtnis um 2000 die Übertragung von kulturellem Wissen von materiellen auf elektronische Datenträger, die Erweiterung der Speicherkapazität bei drastischer Reduktion der Langzeitstabilität, die beschleunigte Zirkulation und den erweiterten Zugriff durch die globale Digitalisierung des Internets. Sie folgert: »So eindrucksvoll Kommunikation durch das Internet ausgedehnt und beschleunigt worden ist, so wenig zuverlässig und beständig ist es in seiner Gesamtstruktur. Im Grunde ist das Internet ein Speichergedächtnis ohne Speicher« (Assmann 2004, 56). Im Zeitalter der ›universalen Informatisierbarkeit‹ aller Daten ginge die Materialität verloren, deshalb verschwinden Realität, Geschichte und Gedächtnis. Assmann meint, dass »die neuen digitalen Medien die Vorstellung von Kultur als Gedächtnis keineswegs obsolet gemacht, sondern umgekehrt erst wirklich hervor getrieben haben«. Deshalb kommt den Institutionen des Speichergedächtnisses (Museen, Archive und Bibliotheken) heute eine neue Bedeutung zu, denn sie bewahren die Objekte mit ihrer ›widerständig sperrigen Materialität‹ (Assmann 2004, 55–59). Im Diskurs über das Internet als Gedächtnismedium setzt sich die Perspektive vom Internet als ›sozialem Phänomen‹ oder als Kommunikations- statt als klassischem Speichermedium durch. Wobei Martin Zierold noch Widersprüchlichkeiten und Ambivalenzen als zentrale Faktoren bei der Analyse des Internets diagnostiziert (Zierold 2006, 177–182). Dies stimmt mit Assmanns Konzept der überlappenden und sich wechselseitig beeinflussenden Funktions- und Speichergedächtnisse auch überein (Assmann 2004, 59 f.). In seiner Praxis der sozialen Verarbeitung, Verbreitung und Darstellung von Informationen im und durch das Internet zeigen sich Formen kollektiver Erinnerungskulturen: In Chats, Postings sowie auf Webseiten unterliegen die Partizipienten diesen Mechanismen – somit wird das Internet zum Trägermedium von Erinnerung und Gedächtnis.

Diese Meinung wird unter anderem von Wolfgang Ernst vertreten, der die aktuelle Gedächtnis- und Medienkultur in einem Transformationsprozess von einer Kultur der ›Speicherung‹ zu einer Kultur der ›Übertragung‹ sieht. Daten werden verschickt, gestreamt oder hoch- und heruntergeladen. Die digitalen Speichermedien (Bänder, Schallplatten, Disketten, CDs, DVDs, Blu-ray Disks etc.) erfüllen nur mehr eine zweitrangige Funktion, die sich mit der zu erwartenden Explosion der stationären Speichermöglichkeiten und der mobilen Breitbandübertragung noch verstärken wird. Daten werden auf immer größere Festplatten oder Server transferiert oder über Breitband transportiert. Ernst spricht von der »Virtualisierung als Entortung des Speichers« (Ernst 2007, 315).

Ausformung von Erinnerungskulturen im Internet

Das Internet erweist sich also als Gedächtnismedium mit der Hauptfunktion des Übertragens, der Partizipation und zumindest vorübergehenden Speicherung (Meyer 2009, 178–180). Doch wie formen sich nun Gedächtnisse und Erzählungen von Gruppen und Individuen unter diesen geänderten Bedingungen? Die zunehmende Interaktivität, Konnektivität und Internationalität des Internets fördert die Bildung multipler Erinnerungskulturen. Wurden Gruppengedächtnisse bis ins beginnende 21. Jahrhundert durch gruppenspezifische Medien und zivilgesellschaftliche Organisationen gestärkt, begann sich dieser Prozess seit dem ausgehenden 20. Jahrhundert durch die Möglichkeit der Distribution verschiedenster Gruppen- und Individualgedächtnisse in der dritten Globalisierungsphase zu relativieren (Fäßler 2007, 153–175). Dadurch werden bestehende Kulturen transformiert, in andere Kontexte gestellt und neu interpretiert – sie werden zu Hybriden (Pieterse 1998). Gleichzeitig gibt es eine Reihe von gesellschaftlichen, politischen und ökonomischen Playern, die versuchen, diesem Prozess entgegenzuwirken. So ist es mit Hilfe des Internets etwa einfacher geworden, sich nur noch mit seinen eigenen, oder diesen ähnlichen ›fremden‹ Gruppengedächtnissen zu beschäftigen. Grundsätzlich wäre zwar eine Beschäftigung mit gegenläufigen Gedächtnissen möglich, aus Angst vor Identitätsverlust kommt es aber zum gegenteiligen Effekt. So formen sich beispielsweise nationalistische bzw. abschottende Gruppierungen, die in meist abgeschlossenen Foren oder weniger frequentierten Bereichen im Internet die Möglichkeiten der Vernetzung, Mobilisierung und Festigung von Gruppenidentitäten nutzen.

Tendenziell verstärkt das Internet jedoch die von Jean-François Lyotard diagnostizierte Dekonstruktion der ›großen Erzählungen‹ – der politisch-staatlichen und der philosophisch-spekulativen Legitimationserzählungen der Moderne (Lyotard 1999). So dominieren immer mehr individualisierte Gruppengedächtnisse, der Einzelne sucht sich die ansprechendsten Elemente unabhängig von seiner nationalen, klassen- oder genderspezifischen Herkunft zusammen (Leggewie 2009, 22). In sozialen Netzwerken, wie etwa MySpace, StudiVZ oder Facebook, kann jeder unter dem Motto ›Image-ist-alles‹ mit Hilfe von Versatzstücken und Erzählungen (Zitate oder Nennung von Vorbildern, Musikgruppen oder Literatur), *Postings* (Welche werden gelöscht? Welche werden erhalten? Welche werden selbst geschrieben?), Gruppen (Welcher trete ich bei? Welcher

trete ich nicht bei?) und der Freundesliste Bezüge zu Gruppenidentitäten schaffen. Genauso wichtig ist die Frage, welcher Plattform man überhaupt beitritt und welcher nicht. Diese Identitäten fußen auf hybriden Gruppen- und Individualgedächtnissen. Im Gegensatz zu den bestehenden nationalen Gedächtnissen, sind diese nun transnational und -kulturell determiniert. ›Vergangenheit‹ wird hier zur Betonung der eigenen Identität im Sinnbildungsprozess verwendet. Dabei wird auch ein Kanon entwickelt, der nicht nur durch die Nutzer, sondern auch durch Mediengiganten bestimmt wird. Beispielsweise sind bei der Informationsfilterung Suchmaschinen behilflich, wobei den ersten zehn bis maximal 15 Suchergebnisse maßgebliche Bedeutung zukommt. Dieser Kanon wird durch Werbung oder Rating der Suchmaschinenbetreiber beeinflusst, die Nutzer haben kaum Einflussmöglichkeiten (Lorenz 2009, 216–220).

Besonders in autoritären Staaten, wie China, Iran, Myanmar/Burma, Saudi-Arabien oder Syrien werden Webinhalte offensiv kontrolliert und gefiltert. China beispielsweise zensiert Ergebnisse von Suchmaschinen, von internationalen Konzernen (wie Google) als auch chinesischen Betreibern (wie Baidu); die Firmen fügen sich aus ökonomischen Gründen diesen Eingriffen. Der Zugriff aus China auf internationale Server wird erschwert, praktisch verhindert. Regimekritische Blogger werden festgenommen, das Aufrufen von Websites von Dissidenten wird gesperrt. Nur wenige, technisch Versierte haben die Möglichkeiten, diese Maßnahmen zu umgehen; die breite Masse ist ihnen weitgehend ausgesetzt. Ein Beispiel: Bei der Suche nach dem Schlagwort ›Tian'anmen‹ über einen chinesischen Server findet man schöne Urlaubs- und Familienfotos vor dem Portrait von Mao, vom deutschen Server aus aber hauptsächlich Bilder vom Massaker in Peking im Juni 1989 – Erinnerung wird im ›chinesischen‹ Internet nicht von Nutzern, sondern vom Staat gestaltet. Aber auch demokratische Staaten versuchen unter dem Vorwand der Terrorismus- und Kriminalitätsbekämpfung das Internet unter Kontrolle zu bekommen – nicht immer mit dem gewünschten Effekt, aber mit deutlichen Nebengeräuschen, die auch hier Zensurvorwürfe laut werden lassen. Der globale Demokratisierungs-Effekt des Internets ist unter diesem Aspekt zumindest kurz- bis mittelfristig in Zweifel zu ziehen.

Führt die Nutzung global verbreiteter Formate (Facebook, MySpace etc.), Suchmaschinen oder ›Wissensspeicher‹ (Wikipedia) zu einer globalen Homogenisierung der Erinnerungskulturen? Auch wenn sich Symbole und Erzählungen global verbreiten, werden sie doch in verschiedenen Kulturen unterschiedlich interpretiert und tradiert, lokal verortet – was regionale Gruppen- und individuelle Gedächtnisse stärkt (Pieterse 1998, 103; Hein 2009, 258 f.). Was Daniel Levy und Natan Sznaider für die Holocausterinnerung anhand von Museen, Gedenkstätten, TV- und Kino-Produktionen im letzten Drittel des 20. Jahrhunderts nachgewiesen haben – dass nämlich der Holocaust zu einem globalen Bezugsrahmen geworden ist, der jedoch auch in den jeweiligen lokalen Gedächtnissen unterschiedlich verortet wird –, ist ferner für das Internet zutreffend (Levy/Sznaider 2001; Dornik 2004). Dies unterstreichen etwa Websites, die global verwendete Darstellungsformen des Holocausts in den lokalen Gedächtnissen, mit dem ihnen eigentümlichen Symbolkanon oder regionalen Geschichtserzählungen, verorten (http://www.lebensgeschichten.net/, http://www.stolpersteine.com/, http://novemberpogrom1938.at/ etc.).

Wikipedia als Erinnerungskanon

Ein aufschlussreiches Beispiel für einen Web 2.0-spezifischen Erinnerungskanon ist die Wikipedia. In der Frühphase der breiten Computernutzung wurden noch digitalisierte Lexika – wie die Microsoft Encarta oder Brockhaus Enzyklopädie – als ›modernisierte‹ Gedächtnismedien des 18./19. Jahrhunderts genutzt. Die Wikipedia ermöglicht seit ihrem Start 2001 darüber hinaus Multimedialität, Transnationalität, Verlinkung und aktive Teilnahme. Die Idee war, eine einfach zu bearbeitende, global verbreitete, offene und permanent zu erweiternde Enzyklopädie zu schaffen. Oft selbsternannte ›Experten‹, vom Wissenschaftler bis zum begeisterten Laien, schreiben an den Artikeln, wobei laut Untersuchungen der englischen und deutschen Version alleinstehende Männer ohne akademisch fundiertes Fachwissen die aktivsten Autoren sind (Schuler 2007, 125–127). Bereits in der Selbstbeschreibung der deutschsprachigen Wikipedia wird die Gefahr hinter der tragenden Rolle von Nicht-Fachleuten erkannt, »dass die Inhalte der Wikipedia nicht den Wissensstand der Gesellschaft, sondern die vorherrschenden Vorurteile abbilden, bekräftigen und tradieren«. Gleichzeitig wird auch erkannt, dass diesem Umstand aufgrund der systemimmanenten Situation kaum entgegengewirkt werden kann (http://de.wikipedia.org/wiki/Wikipedia). Gerade deshalb sind partizipative Textproduktionen wie Wikipedia für erinnerungskulturelle Untersuchungen von besonderem Interesse. Wikipedia birgt aber auch zahlreiche Probleme in sich und fordert kritische Fragen heraus: die Kanonisierung dieses ›Lexikons‹ in der Öffentlichkeit bzw. im Bildungswesen; die mangelnde Nachvollziehbarkeit und hohe Fluktuation der Informationen; das fehlende Fachlektorat; die häufige Verletzung und oft nur mangelhafte Kennzeichnung von Urheberrechten; die Willkür und ökonomische Dominanz bei der Verwaltung; und die Diskrepanz zwischen dem hohen Anspruch – offenes Lexikon für ›freies Wissen‹ der Welt – und der Realität – willkürliches Löschen oder Verfälschen von richtigen Informationen durch Administratoren, fehlender Selbstregulierung und pseudodemokratischer Legitimierung (Petzold 2007, 236 f.). Auch wenn Wikipedia-Artikel nicht als kollektiv erarbeitetes ›Weltwissen‹ zu verstehen sind, sondern aus Spezialinteressen Einzelner entstehen, zeigen sie Prozesse von transnationalen Erinnerungsdiskursen innerhalb von offenen Sprachgruppen. Als konkretes Beispiel sei das deutschsprachige Lemma »Jugoslawienkriege« und die Diskussion darüber zwischen 2004 und 2005 angeführt (http://de.wikipedia.org/wiki/Diskussion:Jugoslawienkriege/Archiv). Auch wenn der Wikipedia-Hauptartikel nicht unbedingt wissenschaftlichen Standards entspricht, so ist er im Wesentlichen ausgewogen formuliert. Er wird aber durch die partizipative Textproduktion zu einer reinen Aneinanderreihung von Informationen ohne Interpretation und konkreten Erzählstrang, da genau diese Elemente aufgrund der verschiedenen Meinungen der Teilnehmer am schnellsten entfernt werden. Im Autorenforum wird über die unterschiedliche Bewertung von Schuld, den Ursachen und über verschiedene nationale Erzählungen diskutiert. Warum sich welcher Eintrag letzten Endes durchsetzt, ist aber aus dem Diskussionsforum nicht ersichtlich. Es ist zu vermuten, dass dies die hartnäckigsten User sind, oder dass hier von Administratoren, nicht fachlich, sondern willkürlich zugunsten einer Seite entschieden wird. Ein anderes, in der Öffentlichkeit häufig kritisiertes Beispiel für manipulatives Eingreifen sind die bereits zahlreichen Skandale um bewusst veränderte und ›geglättete‹ Biographien von öffentlich relevanten Persönlichkeiten.

An Wikipedia wird deutlich, dass die vornehmlich userdominierte Textproduktion von verschiedenen Seiten intransparenten und oft willkürlichen Eingriffen unterliegt. Trotz dieser Einschränkungen bieten partizipative Elemente des Internets den Nutzern die Möglichkeit, selbst Teil des Entstehungsprozesses von Gruppenerzählungen zu werden, auch wenn es hier zu Eingriffen von ›oben‹ kommt. Bei dementsprechenden Rahmenbedingungen können sich User bis zu einem gewissen Grad von den traditionellen Begründern von Metaerzählungen emanzipieren. Dies bestätigte auch Dörte Hein in einer empirischen Studie über Websites zu Nationalsozialismus und Holocaust (Hein 2009). Erik Meyer verweist in diesem Zusammenhang aber auch auf die zunehmende Subjektivierung und das Fehlen von Historikern als Ordnungsinstanz: »So relativiert die durch kommunikationstechnologische Innovation forcierte Dynamisierung etablierter Erinnerungsmodi im vorliegenden Zusammenhang schließlich auch die Möglichkeit einer deutlichen Differenzierung von kommunikativem und kulturellem Gedächtnis« (Meyer 2009, 203).

Fazit

Die kulturwissenschaftliche Erforschung des Internets steckt noch in einem frühen Stadium. Noch prägen Ambivalenzen und Widersprüche dieses scheinbar ›neue Medium‹; es weist zu Ende der 2000er Jahre aber bereits einige, mehr oder weniger deutlich erkennbare Muster auf: Die partizipativen Möglichkeiten bei der Herausbildung von Erinnerungskulturen führen zur Ausdifferenzierung und Individualisierung des Erinnerns: Heterogenisierung und Hybridität anstatt des befürchteten globalen ›Einheitsbreis‹; transnationale Meta- bzw. Gruppenerzählungen einer kollektiven Genese auf der einen und Abschottung von Gruppenidentitäten und -gedächtnissen durch die vereinfachte Vernetzung werden auf der anderen Seite gefördert. Die globale Emanzipations-Funktion des Internets bleibt aber beschränkt, ökonomische Zwänge und gesellschaftspolitische Machtverhältnisse benachteiligen die ›einfachen‹ User – je nach ihrem Standort und ihrem technischen Wissen unterschiedlich stark – auch in der digitalen Welt.

Das Internet hat durch seine Möglichkeiten und Entwicklungen die ›klassischen‹ Medien beeinflusst; es ist zu erwarten, dass sie noch mehr miteinander vernetzt und mobiler werden. Diese Entwicklung ist an den ›klassischen‹ Gedächtnismedien – öffentliche Archive, Nationalmuseen, Gedenkstätten etc. – nicht spurlos vorübergegangen: Nationalmuseen transportieren immer seltener große Metaerzählungen, sie werden zu fluktuativen und multimedial aufbereiteten Informations(kurzzeit)speichern – das neue Selbstverständnis von Kulturmanagern fördert zusätzlich Dekonstruktion und Differenzierung. Computerterminals, Rauminstallationen, Film-, Audio- und Medienstationen bieten hier immer mehr Wissen und differenziertere Gruppenerzählungen. Museen zeigen Sonder- und Spezialausstellungen in ihren Räumlichkeiten oder als Webausstellungen im ›virtuellen‹ Raum. Gleichzeitig bekommen Museen, Archive, Gedenkstätten und Bibliotheken als Wahrer der Materialität eine besondere Rolle unter den Speichermedien. Sie wurden und werden auch weiterhin durch das Internet dazu gedrängt, ihren Platz im Erinnerungs- und Gedächtnisprozess neu zu (er)finden.

Literatur

Assmann, Aleida: Zur Mediengeschichte des kulturellen Gedächtnisses. In: Astrid Erll/Ansgar Nünning (Hg.): *Medien des kollektiven Gedächtnisses*. Berlin 2004, 45–60.

Dornik, Wolfram: *Erinnerungskulturen im Cyberspace. Eine Bestandsaufnahme österreichischer Websites zu Nationalsozialismus und Holocaust.* Berlin 2004.

Erll, Astrid: *Kollektives Gedächtnis und Erinnerungskulturen. Eine Einführung.* Stuttgart/Weimar 2005.

Ernst, Wolfgang: *Das Gesetz des Gedächtnisses. Medien und Archive am Ende (des 20. Jahrhunderts).* Berlin 2007.

Fäßler, Peter E.: *Globalisierung. Ein historisches Kompendium.* Köln/Weimar/Wien 2007.

Hein, Dörte: *Erinnerungskulturen online. Angebote, Kommunikatoren und Nutzer von Websites zu Nationalsozialismus und Holocaust.* Konstanz 2009.

Hörisch, Jochen: *Eine Geschichte der Medien. Von der Oblate zum Internet.* Frankfurt a. M. 2004.

Kissau, Kathrin: Internetnutzung von Migranten – ein Weg zur Integration? In: *Aus Politik und Zeitgeschichte* 30 (2008), 29–34.

Krameritsch, Jakob: *Geschichte(n) im Netzwerk. Hypertext und dessen Potenziale für die Produktion, Repräsentation und Rezeption der historischen Erzählung.* Münster/New York/München/Berlin 2007.

Leggewie, Claus: Zur Einleitung: Von der Visualisierung zur Virtualisierung des Erinnerns. In: Meyer 2009, 9–28.

Levy, Daniel/Sznaider, Natan: *Erinnerung im globalen Zeitalter. Der Holocaust.* Frankfurt a. M. 2001.

Lorenz, Maren: Wikipedia als »Wissensspeicher« der Menschheit – genial, gefährlich oder banal? In: Meyer 2009, 207–236.

Lyotard, Jean-François: *Das postmoderne Wissen. Ein Bericht.* Wien ⁴1999.

Meyer, Erik: Erinnerungskultur 2.0? Zur Transformation kommemorativer Kommunikation in digitalen, interaktiven Medien. In: Meyer 2009, 175–206.

– (Hg.): *Erinnerungskultur 2.0. Kommemorative Kommunikation in digitalen Medien.* Frankfurt a. M. 2009.

Petzold, Christian: *Wikipedia. Diskussionsraum und Informationsspeicher im neuen Netz.* München 2007.

Pieterse, Jan: Der Melange-Effekt. Globalisierung im Plural. In: Ulrich Beck (Hg.): *Perspektiven der Weltgesellschaft.* Frankfurt a. M. 1998, 87–124.

Schuler, Günter: *Wikipedia inside. Die Online-Enzyklopädie und ihre Community.* Münster 2007.

Sick, Franziska/Ochsner, Beate (Hg.): *Medium und Gedächtnis. Von der Überbietung der Grenze(n).* Frankfurt a. M. 2004.

Zierold, Martin: *Gesellschaftliche Erinnerung. Eine medienkulturwissenschaftliche Perspektive.* Berlin 2006.

Wolfram Dornik

16. Körper

Mit der kulturwissenschaftlichen Öffnung der sogenannten geisteswissenschaftlichen Disziplinen seit den 1980er Jahren und mit einer anthropologisch ausgerichteten Kulturwissenschaft wurde die Frage nach historischen und kulturellen Mustern der Körperwahrnehmung, Körperdarstellung und deren Bedeutung in verschiedenen künstlerischen Kontexten verfolgt. Die von Norbert Elias' kritischen Überlegungen zur Geschichte der abendländischen Zivilisation beeinflussten Arbeiten von Dietmar Kamper und Christoph Wulf sprechen, entgegen der Distanzierungs- und Technisierungstendenzen der modernen Mediengesellschaft, von der »Wiederkehr des Körpers« und betrachten diesen als einen Zeichen-Träger kultureller Erinnerung, als »Gegenstand und Gedächtnis historischer ›Einschreibungen‹« (Kamper/Wulf 1989, 1–7). Damit waren Ansätze für die theoretische Beschreibung des Körpergedächtnisses formuliert, die in die Debatten um das kulturelle Gedächtnis Eingang fanden. Das Körpergedächtnis rückte metaphorisch und ganz buchstäblich an die Seite der kulturellen und kognitiven Speichermedien, für die eine Vielfalt von Metaphern (Wachstafel, Tempel, Bibliothek, Buch, Palimpsest, Spur, Schrift, Wunderblock etc.) gefunden worden waren.

Sigrid Weigel legte mit ihrer Studie *Bilder des kulturellen Gedächtnisses* (1994) aus literaturwissenschaftlicher Perspektive den Grundstein für eine psychoanalytische und eine kulturwissenschaftliche Theoretisierung des Körpergedächtnisses. Ihre Beobachtung ging zu diesem Zeitpunkt dahin, dass eine Reflexion über Repräsentationsformen körperlicher Erinnerung in der Gegenwartsliteratur ausgeprägter sei als in der Theoriebildung zum Gedächtnis (Weigel 1994, 11). Auch die angloamerikanischen Gender Studies riefen den Zusammenhang von Identität und Geschlecht ins Bewusstsein und damit den Körper, an dem sich Prozesse der (brüchigen) Identitätsbildung durch sich wiederholende Zuschreibungen vollziehen. Die Bedeutung des Körpers für geschlechtsspezifisches Erinnern wurde in einem 1996 erschienenen Band mit dem Titel *Körper-Gedächtnis-Schrift* zum Anlass genommen, um Strategien und Praktiken körperlichen Erinnerns genauer in den Blick zu nehmen. Beiträge unterschiedlicher Fachrichtungen (Theaterwissenschaft, Kunstgeschichte, Literaturwissenschaften) betrachten hier den Körper als Medium der Einschreibung, Speicherung und Transformation kultureller Zeichen und stellen mediale Verfahren der schriftlichen Fixierung und Archivierung von Körper-Wissen vor. Das Spektrum der Analysen reicht von der Entzifferung der Narbenschrift in Romanen der afroamerikanischen Schriftstellerin Toni Morrison über die Materialisierung sprachloser Erinnerung auf der Bühne der chilenischen Theatergruppe »La Memoria« bis hin zum Gedächtnis des gemarterten Körpers im spätmittelalterlichen Passionsspiel, zum Körpergedächtnis im Kontext des Mesmerismus, der modernen und postmodernen (Video-)Kunst und im Zeitalter der digitalen Evolution. Aus anthropologischer Perspektive (Clastres 1976) wurde auf den Zusammenhang von Schmerz und Gedächtnis am Beispiel von Initiationsriten verwiesen, auf die Verzeichnung des Schmerzes als Narbenschrift der empfangenen Wunden, die, so Aleida Assmann, zuverlässiger sei als das mentale Gedächtnis (Assmann 2009, 246). Schon Friedrich Nietzsche hatte vom »Schmerz als dem mächtigsten Hilfsmittel der Mnemotechnik« gesprochen (Nietzsche 1993, 295) und damit auf den Zusammenhang von Materialität und Gedächtnis angespielt, der bereits bei Platon und Aristoteles thematisiert wird: Zuverlässigkeit und Dauer einer Einprägung wurden hier in Abhängigkeit zu der Härte des Materials gedacht (vgl. Assmann 2009, 242).

Neurophysiologische und kultursemiotische Perspektiven

In jüngerer Zeit zeichnen sich zwei methodische Perspektiven ab, um das »unlöschbare«, da »unveräußerliche« Körpergedächtnis (Assmann 2009, 242) hinsichtlich seiner literarischen und künstlerischen Gestaltung und Geltung methodisch zu verorten:

1. In neurophysiologisch-biologischer Hin-

sicht ist das menschliche Gehirn der Ort, an dem Informationsspeicherung auf der Basis der Bahnung nervlicher Strukturen erfolgt (s. Kap. I.1). Die neuronalen Spuren, in denen sich sinnliche Eindrücke verkettet haben und codiert sind, werden im Prozess des Erinnerns assoziativ verknüpft, erweitert und reaktiviert. Erinnerung ist somit in neurophysiologischer Sicht nicht die Rekonstruktion von Vergangenheit, sondern das Ergebnis eines dynamischen Zusammenspiels von individueller Erlebnisgeschichte und gegenwärtigem Bewusstseinsstand. Auf die Wechselwirkung von abgespeicherten emotionalen Erfahrungen in den Nervenzell-Netzwerken von Hirnrinde und limbischem System und der neurobiologischen Bewertung späterer Ereignisse verweist aus medizinisch-neurobiologischer Perspektive Joachim Bauer (2008). Beziehungserfahrungen hinterlassen Spuren in den biologischen Abläufen des Körpers bis hin zur Veränderung der Aktivität genetischen Materials. Individuelle Erfahrungen können im Organismus Reaktionsmuster ausbilden, die einen Einfluss auf die Regulation der Genaktivität in zukünftigen Situationen haben (Bauer 2008, 9). In poetischen Konzepten der Gegenwartsliteratur spielen neurobiologische Fakten für das Verständnis dichterischer Produktion und ihrer Rezeption eine wichtige Rolle. Bei Durs Grünbein beispielsweise wird das »Engramm« als Medium und Markierung einer physiologischen Erinnerungs- und Gedächtnisspur zur Schlüsselidee, um zwischen Gehirn und Gedicht, aber auch zwischen Leser und Gedicht eine energetische Verbindung zu denken, die aus den »neurophysiologischen Tiefenschichtungen des Körpers« gewonnen wird (vgl. Birtsch 2007, 110).

2. In der oben skizzierten kultursemiotischen Perspektive lässt sich der Körper als ein Archiv denken, in dem sich Spuren individueller oder kollektiver Erinnerung eingeschrieben haben. Der kultursemiotische Ansatz setzt voraus, dass der Körper nicht als eine jenseits kultureller Markierungen vorzufindende geistig-leibliche Einheit zu denken sei, sondern vielmehr als ein Träger von Zeichen. Diese Zeichen konstituieren den Körper, weisen ihm geschlechtsspezifische und identifikatorische Eigenschaften zu. Gerade in Akten habitualisierten Handelns, in automatisierten Bewegungsabläufen und sich wiederholenden Zuschreibungen konstituiert sich das Gedächtnis des Körpers: Ist dieser doch den Diskursregeln von Macht, Sexualität, Wahrheit und Wissen (Foucault 1991) ausgesetzt und der Ort, an dem über die »Intelligibilität« einer Person – verstanden als Maß ihrer gesellschaftlichen Anerkennbarkeit – entschieden wird (Foucault 1970; Butler 1991).

Körpergedächtnis nach Sigmund Freud und Aby Warburg

Es sind insbesondere zwei Memoria-Konzepte des 20. Jahrhunderts, von denen aus die Funktionsweise der körperlichen Materialisierung und Repräsentation von Erinnerung erhellt werden kann: Das Gedächtniskonzept der klassischen Psychoanalyse Sigmund Freuds und das Mnemosyne-Projekt des Kunsthistorikers und Kulturwissenschaftlers Aby Warburg.

Freuds Psychoanalyse liefert keine umfassende Theorie des Gedächtnisses, wohl aber ein topologisches Gedächtnismodell, demzufolge sich sogenannte ›Erinnerungsspuren‹ in verschiedenen Systemen des psychischen Apparates deponieren. Die Verbindung zwischen Freuds Erinnerungsmodell und dem Körpergedächtnis besteht dort, wo sich diese Erinnerungsspuren ihren Weg nach außen bahnen und sich in der Affekten- und Gebärdensprache des Körpers verschlüsseln. Im Kontext seiner Studien zur weiblichen Hysterie betrachtete Freud in der Pariser Salpêtrière die bei Patientinnen auftretenden Symptome als Spuren, die den Weg zu verborgenen Erinnerungsinhalten und Anlässen seelischer Leiden bahnen (*figurationen* 2008, 6). Der Körper erscheint hier als ein nachträgliches Symbolisierungsfeld, das die Leidensspuren verzeichnet und eine Entzifferung der in der körperlichen Symptomatik eingeschmolzenen verdrängten Erfahrungen und Traumata anreizt. Allerdings entzieht sich eine solche Entzifferung der Eindeutigkeit. Vielmehr wird davon ausgegangen, dass der physischen Äußerung einer beispielsweise schmerzhaften

Erinnerung kein psychischer Parallelvorgang entspricht. Körpersprachliche Artikulationen – die Symptomsprache des Körpers – sind als »Teil einer Sprache des Unbewußten« zu beschreiben, die sich in verschlüsselter Weise äußert (Weigel 1994, 39 ff.). Die Erinnerung stellt sich erst in einer resignifizierenden, in einer Bedeutung rekonstruierenden und transformierenden Lektüre her. Diese Annahme setzt zum einen voraus, dass sich Bewusstsein und Gedächtnis ausschließen bzw. dass das Bewusstsein an Stelle der Erinnerungsspur entsteht (vgl. Freud 1986, 217); zum anderen folgt aus der Aktivierung abgelagerter Spuren, die durch bestimmte Reize von außen die »Wiederholung von Affekten und damit verbundenen Vorstellungsbildern« auslösen (Weigel 1994, 49), die entstellende Struktur von Erinnerungsprozessen: In einer Übersetzung ohne Original erscheint ein zurückliegendes Ereignis oder eine Erfahrung immer schon verschoben, in Differenz zu einem unerreichbaren Ort des Ursprungs.

Sigmund Freuds Einsicht in die Diskontinuität der Erinnerungstätigkeit wirkt sowohl in Benjamins Konzept des dialektischen Bildes (Zumbusch 2004) wie auch in Warburgs Theorem der Pathosformel weiter. Die Idee eines Bildgedächtnisses der europäischen Kulturgeschichte, das der Kunsthistoriker Aby Warburg zu Beginn des 20. Jahrhunderts entwickelte, kann als ein Versuch gelten, aus der Formen- und Symbolsprache vergangener Kulturen unausgesprochene und unaussprechliche Erinnerungen zu lesen und zu entziffern.

In seinem *Bilderatlas Mnemosyne* ordnete Warburg auf Bildtafeln Darstellungen von Ausdrucksgebärden (›Pathosformeln‹) aus verschiedenen Zeiten und Genres der bildenden Kunst, um ein Bildprogramm der europäischen Kultur zu erstellen, das auf die Antike rekurriert. Dieses ›visuelle Cluster‹ versteht sich als Bildgedächtnis, in dem die Gebärden- und Körpersprache als symbolische Form, in der sich Leid und Leidenschaft gleichermaßen verkörpern, gespeichert werden. Analog zu psychoanalytischen Erklärungen der körperlichen Affektensprache wird die Ausdrucksgebärde hier als eine sprachlich nicht übersetzbare Spur von ›Erregungen‹ gefasst, die sich in Erinnerungen aktualisieren (vgl. Weigel 1994, 45 f.).

Schmerzensspuren und ihre literarische Verarbeitung

Unter der Prämisse, dass die Beziehung zwischen Erfahrung und ihrer Repräsentation, zwischen Psychischem und Physischem von unumgänglichen Differenzmomenten bestimmt ist, handelt es sich bei der Gebärde um eine Ausdrucksform der Entstellung, der Unähnlichkeit, der Übersetzung ohne Original, um eine Artikulationsform des Unbewussten. Sigrid Weigel zeigt in *Bilder des kulturellen Gedächtnisses* (1994) an Texten von Ingeborg Bachmann und Christa Wolf, wie die Entzifferung erfahrener Traumata an den in der Schriftkultur verdrängten Körper gebunden ist, der in der »Materialität der Sprache« wiederkehrt: in Gestalt von Leibmetaphern und in Redewendungen, die auf den Körper Bezug nehmen. Die Gebärde, so Weigel, fungiert als eine symbolische Form, deren Bedeutung sich nicht in einer Übersetzung in Sprache erschließt, sondern nur über die Erinnerung der darin aktualisierten Form und Erfahrung. In ihr verkörpern sich Leid und Leidenschaft gleichermaßen (Weigel 1994, 45 f.). Ein weiteres einschlägiges Beispiel für die diskontinuierliche Verarbeitung traumatischer Erfahrungen und ihrer entstellten Wiederkehr in Form körpersprachlicher Affekte und Gebärden stellt Anne Dudens *Judasschaf* (1985) dar. Hier ist der Körper das Medium der Erregung, in das sich Dauerspuren vergangener Traumata eingeschrieben haben, die jedoch nur »blitzartig« und »fragmentarisch« aufscheinen und nur mühsam in entstellter Form, auf der Grundlage von Träumen, Medien und Bildern des kulturellen Gedächtnisses (Gemälde der Renaissance), entziffert werden können. Spuren erlittener Traumata bzw. Glückserfahrungen manifestieren sich gestisch, affektiv, mimisch. Friedrich Nietzsches Diktum, dass nichts furchtbarer und unheimlicher an der ganzen Vorgeschichte des Menschen sei als seine Mnemotechnik, ist für eine kultursemiotische Konzeption von Körpergedächtnis immer noch aktuell: »Wie macht man dem Menschen-Tiere ein Gedächtnis? Wie prägt man diesem teils stumpfen, teils faseligen Augenblicks-Verstande, dieser leibhaftigen Vergeßlichkeit etwas so ein, daß es gegenwärtig bleibt? [...] Man brennt etwas ein, damit es im Gedächtnis bleibt: nur was nicht aufhört, *weh zu thun*, bleibt im Gedächtnis« (Nietzsche 1993, 295). Indem Nietzsche den körperlichen Schmerz zum »mächtigsten Hülfsmittel der Mnemonik« erklärt, wird letzthin deutlich, dass die mnemotechnische Funktion gerade in der Schmerzfähigkeit des Körpers, in seiner äußeren und nach innen gerichteten Verwundbarkeit zu suchen ist (vgl. auch Scarry 1992). Der Körper wird zum »Wahrnehmungs- und Ausdrucksorgan« dort, wo Spuren erlittener Gewalt sich in das Fleisch eingegraben haben und die Narbenschrift die durch solche Gewalteinwirkungen verursachte seelische Versehrtheit lesbar macht.

Literarische Texte der Nachkriegszeit nähern sich individuellen und kollektiven Traumata auf den Spuren dieses kultursemiotischen und psychoanalytischen Konzepts von Körpergedächtnis, wobei es vorzugsweise Autorinnen sind, die das Körpergedächtnis auf seine geschlechtsspezifischen Implikationen hin befragen. Die österreichische Historikerin und Autorin Elisabeth Reichart etwa fokussiert in ihren Erzählungen »Wie nah ist Mauthausen?« und »Wie fern ist Mauthausen« aus ihrer Erzählsammlung *La Valse* das nationalsozialistische Lager Mauthausen als einen Ort, an den sich eine »kollektive Erinnerungsverweigerung« knüpft (Kecht 2002, 70) und dessen traumatische Dimension nach einer Erinnerungssprache verlangt, die sich nicht mit der offiziellen Historiographie verrechnen lässt. Mauthausen verbindet für die Protagonistin Wissen mit Erfahrung, das »Erfahrungsgedächtnis wird bei Reichart zu einem Körpergedächtnis« (ebd., 70). Auch hier wird die Erinnerung an einen Ort des Schreckens von körperlichen Affekten aus entschlüsselt, wobei sich das Augenmerk der Autorin auf die erfahrene Zeugenschaft, auf weibliche Solidarität unter den Häftlingen und die Geschlechtsspezifität eines persönlichen »Geschichtsnarrativs« richtet (Kecht 2002, 71 f.). Gebärden, Gesten, physische Symptome werden auch in Ingeborg Bachmanns imaginärer Autobiographie *Malina* (1971) und in Christa Wolfs Prosa zu Leitkategorien eines Gedächtnisses, das die Grenzen der Repräsentierbarkeit von traumatischer Erfahrung zur Darstellung bringt. In Ruth Klügers Autobiographie *weiter leben. Eine Jugend* (1992) wiederum ist es die schreibende Hand, die als Instrument der Selbstvergewisserung Zeugnis ablegt von einer Erinnerung, die sich im Ineinander von durchlittener Vergangenheit und schriftstellerischer Gegenwart prozessual entfaltet (vgl. Hoffmann 2008). Die schreibende Hand ist hier Garant einer Erfahrung, die sich im Körper der Schreibenden materialisiert hat, jedoch wird bei Klüger die Möglichkeit, Zeugnis ablegen zu können, zum Gegenstand literarischer Selbstreflexion. Selbst der durch das Körpergedächtnis garantierte Sinngehalt der Worte entbehrt der endgültigen Beweiskraft.

Wenn es, wie die neurophysiologische Hirnforschung versichert, »körperlich eingeschriebene Erfahrungen und Wunden« gibt, die sich dem Einfluss des Willens entziehen und sich deshalb als besonders stabil erweisen (Assmann 2009, 250), so bleibt doch auch im Fall der untrüglichen Affekt- und Gefühlssprache des Körpers die Frage nach der Authentifizierbarkeit von Erinnerung bestehen. Am Fall der Autobiographin Mary Antin demonstriert Assmann, dass Erinnerung nicht zwingend mit der empirisch gesicherten Erfahrungswelt übereinstimmen muss, sondern, gerade wenn sie affektiv ausgerichtet ist, einen Anspruch auf Wahrheit erheben kann, der historischen Zeugniswert besitzt. In Erinnerungspoetiken der Gegenwart wiederum, die noch nicht einmal den Anspruch auf Authentizität der geschilderten historischen Erfahrung erheben können, wird immer noch auf den Körper als Gedächtnisträger und untrüglichen Garanten erlittener Traumata zurück verwiesen. In W.G. Sebalds Œuvre sind es die melancholische Grundbefindlichkeit des Erzählers und daraus resultierende körperliche Affekte, die als Schlüssel der Lesbarkeit einer nicht nur individuellen, sondern kollektiven *historia calamitorum* in Anspruch genommen werden.

Literatur

Assmann, Aleida: *Erinnerungsräume: Formen und Wandlungen des kulturellen Gedächtnisses* [1999]. München ⁴2009.

Bauer, Joachim: *Das Gedächtnis des Körpers*. München ¹³2008.

Benjamin, Walter: *Gesammelte Schriften*. Hg. von Rolf Tiedemann und Hermann Schweppenhäuser. Frankfurt a. M. 1974.

Birtsch, Nicole: *Orientierungsversuche im Niemandsland zwischen Medizin und Poetik. Das Verhältnis zwischen Körpergedächtnis und Poesie in Texten von Durs Grünbein*. Würzburg 2007.

Butler, Judith: *Das Unbehagen der Geschlechter*. Frankfurt a. M. 1991.

Clastres, Pierre: *Staatsfeinde: Studien zur politischen Anthropologie*. Frankfurt a. M. 1976.

figurationen. gender literatur kultur 9. Jg., H. 1 (2008): Körpergedächtnis//Gedächtniskörper. Hg. von Therese Frey Steffen. Köln/Weimar/Wien 2008.

Foucault, Michel: *Sexualität und Wahrheit. Bd.1: Der Wille zum Wissen*. Frankfurt a. M. 1991.

–: *Die Ordnung des Diskurses*. Inauguralvorlesung am Collège de France. 2. Dezember 1970. Mit einem Essay von Ralf Konersmann. Frankfurt a. M. 1994.

Freud, Sigmund: *Briefe an Wilhelm Fließ. 1887–1904*. Frankfurt a. M. 1986.

Hoffmann, Lukas: *Die Repräsentation des Holocaust in der modernen Literatur vom authentischen Zeugnis zum bagatellisierenden »Shoah-Business«*. Unveröffentlichte Magisterarbeit Paderborn 2008.

Kamper, Dietmar/Wulf, Christoph (Hg.): *Transfigurationen des Körpers. Spuren der Gewalt in der Geschichte*. Berlin 1989.

Kecht, Maria-Regina: Wo ist Mauthausen? Weibliche Erinnerungsräume bei Elisabeth Reichart. In: *Modern Austrian literature* 35 (2002), 63–86.

Nietzsche, Friedrich: Zur Genealogie der Moral. Eine Streitschrift. In: Ders.: *Sämtliche Werke. Kritische Studienausgabe in 15 Einzelbänden*. Hg. von Giorgio Colli und Mazzino Montinari. Bd. 5. München ³1993, 245–412.

Scarry, Elaine: *Der Körper im Schmerz. Die Chiffren der Verletzlichkeit und die Erfindung der Kultur*. Frankfurt a. M. 1992.

Warburg, Aby: *Der Bilderatlas Mnemosyne*. Hg. von Martin Warnke unter Mitarbeit von Claudia Brink. Gesammelte Schriften II.1. Berlin 2000.

Weigel, Sigrid (Hg.): *Leib- und Bildraum. Lektüren nach Benjamin*. Köln/Weimar/Wien 1992.

–: *Bilder des kulturellen Gedächtnisses. Beiträge zur Gegenwartsliteratur*. Dülmen-Hiddingsel 1994.

Zumbusch, Cornelia: *Wissenschaft in Bildern. Symbol und dialektisches Bild in Aby Warburgs Mnemosyne-Atlas und Benjamins Passagen-Werk*. Berlin 2004.

Claudia Öhlschläger

IV. Forschungsgebiete

Einleitung

Obwohl individuelle Erinnerung sozial verfasst ist, und obwohl selbst das Gehirn als plastisches Organ in Teilen sozial geformt ist, kann mit guten Gründen analytisch zwischen individuellen und kollektiven Aspekten von Gedächtnis und Erinnerung unterschieden werden. Die Beschäftigung mit ersteren fokussiert darauf, woran ein Individuum sich erinnern kann, wie sich sein Gedächtnis herausgebildet hat und wie dieses funktioniert. Die kollektiven Dimensionen von Erinnerung und Gedächtnis hingegen werden zwar getragen von Individuen, die sie schaffen, aktualisieren und rezipieren, als Gegenstand der Forschung interessieren jedoch die Phänomene jenseits der an ein Individuum gebundenen Erinnerung. In den Vordergrund geraten die für jede Art von Kollektiv bedeutsamen Vergangenheitsrepräsentationen.

Insbesondere in den ersten beiden Kapiteln sind bereits eine Reihe von Disziplinen und Forschungsgebieten angesprochen worden, die sich genau dieser Dimensionen von Erinnerung annehmen. Die »Grundlagen des Erinnerns« betreffen das Individuum, seine organische und psychische Ausstattung. So galt die Aufmerksamkeit dem Gehirn als Organ der Erinnerung und dabei seiner Entwicklung, seiner Beschädigungen und der Veränderung seiner Leistungsfähigkeit. Hinzu traten verschiedene Spielarten psychologischer Forschung, die stärker auf das Individuum und seine Erinnerungsfähigkeit fokussieren. Die im zweiten Kapitel gestellte Frage »Was ist Gedächtnis/Erinnerung?«, welche weiteren diesbezüglichen Konzepte und Untersuchungsweisen existieren, führte immer stärker in die Bereiche kollektiver, ja politischer Erinnerung. Neben den dort bereits ausführlich vorgestellten Ansätzen, Gedächtnis zu verstehen, gibt es eine Reihe weiterer für diesen Gegenstandsbereich zentraler disziplinärer aber auch konzeptueller, sich über die Disziplinen erstreckender Zugänge, die in diesem Kapitel gesondert vorgestellt werden sollen.

Die *Geschichtswissenschaft* unterscheidet sich von all den anderen Fach- und Forschungsrichtungen vor allem dadurch, dass sie selbst eine fundamentale Rolle im Kreislauf der Vergegenwärtigung von Vergangenheit spielt. Sie gilt als letzte Instanz wenn es um möglichst akkurate Rekonstruktionen vergangener Ereignisse geht. Sie ordnet Artefakte, Akten und Berichte zu Erzählungen, die maßgebliche Orientierung für das Bild einer Vergangenheit sind, unabhängig davon wie dieses dann medial umformatiert und verbreitet wird. Zugleich, und darum geht es in diesem Abschnitt, ist die Beschäftigung mit Vergangenheitserzählungen in der Geschichte inzwischen zum integralen Bestandteil der Geschichtswissenschaft geworden. Die wohl längste Tradition des Nachdenkens darüber, was Erinnerung ist, findet sich zweifellos in der *Philosophie*. Beginnend in der klassischen Antike bis zur Philosophie des Geistes ist dieses Denken stets anschlussfähig an die jeweils parallel in anderen Denktraditionen und Untersuchungsansätzen geführten Diskussionen geblieben. Die im Verhältnis zu den beiden genannten Disziplinen noch junge *Soziologie* und *Literaturwissenschaft* knüpfen theoretisch durchaus an philosophische, geschichtstheoretische und theologische Diskurse zum Gedächtnis an. Während die Soziologie schon im frühen 20. Jahrhundert noch heute zentrale, ja paradigmatische Arbeiten hervorgebracht hat, trug sie selbst in Form neuer empirischer Studien angesichts dieser Tradition bemerkenswert wenig zum Boom der Gedächtnisforschung seit den späten 1980 Jahren bei. Ganz anders die Literaturwissenschaft, die neben der Geschichtswissenschaft eine der maßgeblichen Disziplinen der Erforschung kollektiver Erinnerung geworden ist.

Beide befinden sich übrigens an fast entgegengesetzten epistemologischen Polen. Während die eine sich zentral im Verhältnis zu dem was tatsächlich geschah definiert, ist genau dieser Bezug bei der anderen weitgehend bedeutungslos.

Neben den genannten Fächern, in denen die Erinnerungsforschung lediglich ein Teil ihrer Gesamtheit ausmacht, enthält das Kapitel Beiträge zu Forschungsgebieten, die jenseits solcher disziplinärer Zuordnungen originär gedächtnisrelevante Gegenstände untersuchen und dies unter Rückgriff auf Theorien und Methoden verschiedenster Provenienz tun. Noch relativ enge Bindungen zur Geschichtswissenschaft hat die mit dem Begriff der Oral History assoziierte *Biographieforschung* – ihr Gegenstand sind Lebensgeschichten –, die jedoch etwa in Gestalt diskurspsychologischer oder narratologischer Zugriffe starke Anleihen bei anderen Fächern macht. Ähnliches gilt für die *Tradierungsforschung*, deren Gegenstand kommunikative Weitergabeprozesse sind. *Geschlechter-* und *Generationenforschung* sind wiederum Gebiete, in denen Gedächtnis und Erinnerung lediglich Teilbereiche des Gesamtgegenstands ausmachen, deren Impulse jedoch fundamental für jede Form der empirischen und theoretischen Gedächtnisforschung sind.

1. Geschichtswissenschaft

Trotz bis heute inspirierender Schriften, wie Friedrich Nietzsches *Unzeitgemäße Betrachtungen* (1873–1876), *Was ist eine Nation?* (1882) von Ernest Renan oder das umfangreiche und nicht abgeschlossene *Passagen-Werk* (1927–1940) von Walter Benjamin, lässt sich ein besonderes Interesse der Geschichtswissenschaft an Erforschung des individuellen und des kollektiven Gedächtnisses (erst) seit Ende der 1970er bzw. seit den 1980er Jahren erkennen und seit den frühen 1990er Jahren ist mit Recht vom »Erinnerungsboom« die Rede. Im Hinblick auf die »Erinnerungswelle« (Hartog 2003, 114) nach 1989 und das starke Interesse an jüngster Vergangenheit in der Geschichtswissenschaft und im öffentlichen Diskurs betrachtet François Hartog den Präsentismus als einen neuen Geschichtlichkeitsmodus (*régime d'historicité*), in dem das Gedächtnis zu einer »metahistorischen, manchmal sogar theologischen Kategorie« (ebd., 17) wurde.

Von der Popularität erinnerungsgeschichtlicher Fragestellungen zeugen breit angelegte Forschungsprojekte, die kaum mehr zu überschauende Anzahl von Beiträgen, Monographien und Sammelbänden zu dieser Problematik, unzählige Konferenzen und Podiumsdiskussionen, in denen Gedächtnis und Erinnerung eine zentrale Rolle spielen oder die Präsenz der Termini Gedächtnis, Erinnerung und Erinnerungskultur in einschlägigen Einführungen und Lexika (wo sie oft mit den Attributen »Leitbegriff« oder (neues) »Paradigma« versehen werden).

In der Forschungspraxis werden Gedächtnis bzw. Erinnerung bemüht, um so unterschiedliche Phänomene zu beschreiben, wie: Vorstellungen von der Vergangenheit, Vergangenheitsbezüge jeglicher Art, Geschichtspolitik, -bewusstsein oder -wissen, Tradition, Gedenken und öffentlicher Diskurs über die Vergangenheit sowie Geschichte der Geschichtsschreibung. Gemeint sind sowohl Bedeutungsinhalte, als auch Bedingungen, Mechanismen und Wirkungen des »Gedächtnisses«, das sich wiederum auf die jeweilige Gegenwart sowohl der erlebten als auch der vermittelten Vergangenheit bezieht.

Es ist symptomatisch, dass sich die Bezeichnung ›Historische Erinnerungsforschung‹ in der wissenschaftlichen Kommunikation bis dato nicht wirklich eingebürgert hat. In Deutschland ist vielmehr von ›Gedächtnis-‹ bzw. ›Erinnerungsforschung‹ die Rede, was allerdings disziplinäre Mehrfachgebundenheit impliziert und somit unspezifisch ist; in Frankreich bedient man sich dagegen entweder der schlichten Bezeichnung Erforschung von *mémoire collective* oder aber des von Pierre Nora vorgeschlagenen Terminus »Geschichte zweiten Grades« (*histoire au second degré*). Die zweite Variante ist wiederum im deutschen Sprachgebrauch – von frankophilen Historikern abgesehen – kaum präsent. Die Bezeichnung ›Historische Erinnerungsforschung‹ hat infolgedessen mehrere Vorteile: (1) Sie bezieht sich auf die Historizität des Gedächtnisses; (2) sie impliziert beide Formen der Erinnerung bzw. des Gedächtnisses: die individuelle und die kollektive Erinnerung; (3) sie ist beschreibend, keinem konkreten Forschungsstrang verbunden und hat dadurch einen neutralen und umfassenden Charakter, was besonders wichtig ist, wenn man die Weite des begrifflichen Feldes der Historischen Erinnerungsforschung berücksichtigt. Zu diesem in terminologischer und konzeptueller Hinsicht ausgedehnten Gebiet gehören u.a. als Produkte diskursiver Praktiken verstandene kollektive Erinnerung, kollektives Gedächtnis und kollektive Identität, Erinnerungsort (s. Kap. III.9), Erinnerungs- und Geschichtskultur, sowie Geschichts-, Vergangenheits- und Gedächtnispolitik, Kulturerbe (frz. *patrimoine*, engl. *heritage*), Memoria, Semiophor (als ein sichtbarer Zeichenträger im Sinne von Krzysztof Pomian) als auch verschiedene Formen des Vergessens und Verdrängens.

Trotz der Heterogenität von Schlüsselbegriffen könnte der kleinste gemeinsame Nenner verschiedener Ansätze der Historischen Erinnerungsforschung in Abkehr von Linearität, politischer und Ereignisgeschichte sowie in Zuwendung zur symbolischen Dimension der Vergangenheit, kollektiven Imaginationen sowie der Analyse von Formen und Funktionen des Gebrauchs der Geschichte für die jeweils aktuellen Bedürfnisse gesucht werden. Es bedeutet allerdings weder Abschied von Erforschung der Faktizität noch ›Entrealisierung‹ der Geschichte, sondern eine Erweiterung des Realitätsbegriffs um das Problem der Präsenz der Vergangenheit in der jeweiligen Gegenwart: In der Historischen Erinnerungsforschung werden Konstruktionsprozesse des Gedächtnisses (Ursprünge, Architektur, Dis- und Kontinuitäten), seine Verbreitungsweisen (Träger und Medien sowie Zirkulationswege), Funktionen (z. B. Abgrenzung, Absicherung, Annäherung, Kompensation, Legitimation oder Rechtfertigung) und Wirkungen erforscht. Auf diese Weise können jeweils *in concreto* solche Eigenschaften der Erinnerungen aufgedeckt werden, wie Emotionalität, Formbarkeit und Plastizität, Historizität, Selektivität und – nicht selten – Widersprüchlichkeit.

Der Einzug des Gedächtnisses in den Bereich der historischen Forschung kann vor dem Hintergrund geschichtswissenschaftlicher Neuerungen der drei letzten Jahrzehnte sowie im Hinblick auf bestimmte gesellschaftliche Prozesse in diesem Zeitraum betrachtet werden. Erwähnt seien die Entstehung und Etablierung der Oral History, der Holocaust-Forschung, der Mentalitäts- und Alltagsgeschichte, der Historischen Anthropologie, der modernen Nationalismusforschung, des *linguistic turn* und der aus der Begriffsgeschichte Reinhart Kosellecks und Arbeiten Hayden Whites und Michel Foucaults schöpfenden historischen Diskursanalyse seit den 1970er sowie das Vordringen kulturwissenschaftlicher Fragestellungen in den 1980er Jahren. Aus realgeschichtlicher Perspektive handelt es sich in den westlichen Gesellschaften um eine Zeit diverser Umbrüche: »Zweite Französische Revolution« (Henri Mendras), »Ende des goldenen Zeitalters« (Eric Hobsbawm) oder »Nach dem Boom« (Anselm Doering-Manteuffel) verweisen auf die Wirtschaftskrise, den »langen Abschied vom Malocher« und die strukturelle Arbeitslosigkeit. Zu berücksichtigen sind darüber hinaus verschiedene Emanzipationsbewegungen – von der Dekolonialisierung bis zur Frauenbewegung –, der Medienwandel und bestimmte nationale Identitätsdebatten: z. B. im Zusammenhang mit dem Ende des Gaullismus und des Kommunismus oder der Debatte über das Vichy-Regime in Frankreich oder auch im Hinblick auf die Folgen der »Holocaust«-Serie (1979) in Westdeutschland (»Eine Nation ist betroffen«). Der Abschied von (nationalen) Meistererzählungen, die Abkehr von Fortschrittsideologien und das damit einhergehende Gefühl der Verunsicherung und der Zukunftslosigkeit begünstigten – so die Erkenntnis mehrerer v. a. französischer Historiker – den Rekurs auf die Vergangenheit. Nicht ohne Grund erfreut sich auch das »Plastikwort« ›kollektive Identität‹ (Lutz Niethammer) zu (bzw. seit) dieser Zeit einer großen Popularität.

Sowohl gesellschaftlich als auch geschichtswissenschaftlich gab es also günstige Bedingungen für die Konjunktur des Gedächtnisses. Angesichts der intensiven Präsenz dieser Kategorie in dem historiographischen Diskurs seit den 1980er Jahren und der imponierenden Anzahl von Publikationen zu diesem Thema, überrascht allerdings die Tatsache, dass es bis dato keine allgemeine Überblicksdarstellung zur Historischen Erinnerungsforschung gibt.

Historische Erinnerungsforschung in Frankreich und Deutschland

Im Folgenden wird näher auf zentrale Fragestellungen und Methoden der Historischen Erinnerungsforschung in Frankreich und Deutschland eingegangen, die durch kursorische Einblicke in das Gebiet der Memory Studies in den USA ergänzt werden. Die Fokussierung auf diese zwei Länder ermöglicht es, grundlegende Konzepte und international rezipierte Erkenntnisse der historischen Erforschung des individuellen und des kollektiven Gedächtnisses zu erörtern. Anschließend werden Chancen und Risiken der Historischen Erinnerungsforschung und – im abschließenden Kapitel – einige Kritikpunkte und Forschungsdesiderate diskutiert.

Frankreich: Das manifestartige Erscheinen des Gedächtnisses in der französischen Geschichtsschreibung geht auf Pierre Nora zurück, der 1978 in dem von Jacques Le Goff und Jacques Revel herausgegebenen Lexikon *La nouvelle histoire* im kollektiven Gedächtnis eine Möglichkeit sah, die historische Forschung zu erneuern. In den darauf folgenden Jahren setzte Nora seinen Ansatz in dem siebenbändigen Werk *Les lieux de mémoire* (1984–1992) um. Allerdings wurden schon ein paar Jahre früher interessante Beiträge zur Erforschung des kollektiven Gedächtnisses vorgelegt, auch wenn sich ihre Autoren der Kategorie »Gedächtnis« nicht explizit bedienten: *Le dimanche de Bouvines: 24 juillet 1214* von Georges Duby (1973, dt. 1988) und *La légende des camisards. Une sensibilité au passé* von Philippe Joutard (1977). Dem Mediävisten Duby gelang es, die mittelalterliche Schlacht bei Bouvines in doppelter Hinsicht zu hinterfragen, indem er herausarbeitete, dass sich unser Wissen über diese Schlacht auf eine winzige Anzahl von Fakten reduziere und indem er dieses Ereignis in einer langen historischen Perspektive betrachtete. Duby interessierte dabei nicht (mehr), was sich ›wirklich‹ am 27. Juli 1214 bei Bouvines abgespielt hatte, sondern das ›Nachleben‹ dieser Schlacht im kollektiven Gedächtnis der Franzosen. Das Werk des Frühneuzeitlers Philippe Joutard ist dagegen eine gelungene Verbindung der ›klassischen‹ Historiographie mit den Ergebnissen seiner historisch-ethnographischen Untersuchungen (Oral History) unter den Bauern in der Gebirgsregion Cévennes im Süden Frankreichs, wo es 1704 nach der Aufhebung des Edikts von Nantes (1685) und der erzwungenen Rekatholisierung einen Aufstand der unterdrückten Reformierten und folglich einen grausamen Guerilla-Krieg gab. Die Erforschung mündlicher Überlieferungen bestätigte Joutards Hypothese über die lang anhaltende Wirkung der kollektiven Erinnerung an die Auflehnung der Protestanten (die in den Cévennes als »camisards« bezeichnet wurden). Besonders spannend ist dabei der von Joutard unternommene Versuch, herauszufinden, welchen Ursprung die jeweiligen Schichten der Erinnerung hatten. Es gelang ihm, Erinnerungsbestände zu identifizieren, die den gedruckten Quellen gegenüber relativ resistent waren, solche, die auf Rezeption der diesbezüglichen Literatur zurückgingen sowie diverse Verschmelzungsprozesse zwischen diesen beiden Erinnerungskonstellationen.

1978 ist darüber hinaus die Gründung des Institut d'Histoire du Temps Présent (IHTP, Institut zur Erforschung der Zeitgeschichte) in Paris zu verzeichnen, die – wie dem offiziellen Selbstverständnis dieser Institution zu entnehmen ist – auf die »kollektive Amnesie« nach dem Zweiten Weltkrieg und die spätere Entstehung einer »europäischen und internationalen Erinnerung« an den Zweiten Weltkrieg zurückgehe (http://www.ihtp.cnrs.fr). Einer der zentralen Forschungsbereiche des IHTP waren von Anfang an die Erinnerungskulturen in Frankreich. 1980 wurde z.B. ein Forschungsprojekt (*Les Français et la Seconde Guerre mondiale depuis 1945*) initiiert, dessen Ziel es war, kollektive Imaginationen der Jahre 1939–1945 zu erforschen. In über zwanzig Departements wurden grundlegende Untersuchungen diverser Formen des Gedenkens des Zweiten Weltkrieges bis Ende der 1970er Jahre durchgeführt. Im Zentrum standen dabei der 8. Mai sowie die *Résistance* und die *Libération*. Während lokale, regionale und politische Spezifika der Gedenkveranstaltungen detailliert erforscht werden konnten, wurden generationelle, soziale oder auch genderfokussierte Schichten der Erinnerungskultur(en) kaum berücksichtigt.

In den darauf folgenden Jahren dominierten in der Historischen Erinnerungsforschung in Frankreich drei Themenkomplexe: das Vichy-Regime, der Algerien-Krieg und die Französische Revolution.

Aus mindestens drei Gründen begannen sich die französischen Historiker erst Ende der 1970er Jahre mit der Geschichte des Vichy-Regimes zu beschäftigen: (1) Maßgebliche Archive waren bis dahin geschlossen und alternative Quellen, wie Zeitzeugeninterviews spielten damals so gut wie keine Rolle. (2) Hinzu kam, dass bis in die 1970er Jahre hinein die Zeitgeschichte (*histoire du temps présent*) für die überwiegende Mehrheit der historischen Zunft als ein suspektes Terrain galt und die Oral History – als eines der wichtigsten Instrumente zur Erforschung der jüngsten Vergangenheit – weitgehend unbekannt war. (3) Von grundlegender Bedeutung war außerdem der gesellschaftliche Kontext: Die graduell zwar sehr unterschiedliche, aber doch verbreitete Verwicklung der Franzosen in die Kollaboration führte dazu, dass in der französischen Öffentlichkeit wenig Interesse an einer Auseinandersetzung mit den ›dunklen Jahren‹ bestand.

Intensiv erforscht wurde dagegen die (Erinnerungs-)Geschichte der französischen *Résistance*: Vor allem in den 1980er Jahren beschäftigten sich viele Historiker mit schriftlichen und mündlichen Zeugnissen der Widerstandskämpfer. Dabei zeigte sich, wie aus einer Anzahl individueller Erinnerungen eine anerkannte und allgemein geltende Geschichte des Widerstands (*le récit de la Résistance*) entstanden war und die individuellen Geschichten zugleich aus dem Gewebe der bereits etablierten Großerzählung geschöpft und bestimmte Momente, Inhalte und Akzente sogar übernommen haben. Die wichtigsten Vermittlerfiguren in diesem Prozess waren einerseits diverse Vereinigungen der Widerstandskämpfer als Initiatoren und Organisatoren von Gedenkveranstaltungen und Ideengeber zur Anbringung von Gedenktafeln oder Errichtung von Denkmalen und andererseits Presse, Radio und Fernsehen als öffentlichkeitswirksame Transporteure bestimmter Inhalte und Bilder. Weitere Studien untersuchten Mechanismen, Funktionen und Auswirkungen politischer Instrumentalisierung der Widerstandsbewegung, in deren Folge aus der *Résistance* das ins Deutsche kaum übersetzbare Phänomen des Resistenzialismus (*résistancialisme*) und dann ein Mythos (*le mythe résistancialiste*) entstehen konnten.

Eine Zäsur in der gesellschaftlichen Vichy-Rezeption markiert neben dem berühmten Film *Shoah* (1985) von Claude Lanzmann der viel früher entstandene Dokumentarfilm *Le Chagrin et la pitié* (1969, dt. *Zorn und Mitleid* oder *Das Haus nebenan – Chronik einer französischen Stadt im Kriege*) von Marcel Ophüls über das Alltagsleben unter der deutschen Besatzung in Clermont-Ferrand, in dem das Problem der Kollaboration und des Antisemitismus der Franzosen enthüllt wurde. Eine Wende hin zu einer Historisierung des Vichy-Regimes ist u. a. drei Werken ausländischer Historiker zu verdanken: Eberhard Jäckel (1966), Alan S. Milward (1970) und Robert O. Paxton (1972). Diese Entwicklung verlief parallel zu gesellschaftspolitischen Prozessen: Die Mitte der 1970er Jahre war zum einen durch das Ende des Gaullismus markiert, zum anderen verlor die Kommunistische Partei an gesellschaftlicher Relevanz. Somit wurden zwei Traditionen marginalisiert, für die die Hervorhebung der *Résistance* beim gleichzeitigen Schweigen über die wenig ruhmreiche Geschichte des Vichy-Regimes von identitätsstiftender Bedeutung war. Den damit verbundenen erinnerungskulturellen Wandel bezüglich der Vichy-Zeit analysierte u. a. Henry Rousso. Roussos Untersuchung in *Le syndrome de Vichy* (1987) ›beginnt‹ nach dem Ende des Regimes und widmet sich unterschiedlichen Formen des Umgangs der Franzosen mit der Vichy-Zeit. Auffallend in der Studie von Rousso ist sein Rekurs auf psychoanalytische Termini bei Periodisierung der analysierten Jahrzehnte: Auf die Zeit der Trauer (*temps du deuil*) 1944–1954 sei die Zeit der Verdrängung (*temps du refoulement*) gefolgt. Anfang der 1970er Jahre sei das Verdrängte zurückgekehrt (*retour de refoulé*) und die traumatische Neurose (*la névrose traumatique*) habe sich nach 1974 in eine Obsession verwandelt.

Die Psychoanalysierung der Vorstellungen von Vergangenheit ist heute zwar Geschichte, aber Rückgriffe auf Konzepte der Psychoanalyse (s. Kap. I.5) und insbesondere auf das Konzept des Traumas kommen in der Geschichtswissenschaft – vor allem in Bezug auf die Geschichte des 20. Jahrhunderts – nicht selten vor. Unter dem Begriff ›Trauma‹ wird ein unerwartetes und umstürzendes Ereignis verstanden, das Spuren hinterlässt, mit traditionellen Mitteln als nicht erklärbar erscheint und deswegen auf die Traumatisierten – womit sowohl Individuen als auch Kollektive gemeint sind – blockierend wirkt. Eine methodisch umstrittene Forschungsperspektive ist hierbei die im Grenzbereich zwischen Natur- und Geisteswissenschaften angesiedelte Psychohistorie, in der z. B. psychohistorische Interviews mit Überlebenden des Holocaust und ihren Familienmitgliedern zur Erforschung des Traumas der Shoah und der Vermittlung der Erinnerungen an das Trauma an die nächsten Generationen dienten. Eine durchaus andere Ausrichtung hat dagegen der Rückgriff auf das Konzept des Traumas bei dem US-amerikanischen Holocausthistoriker Dominick LaCapra: Auf Freudsche Kategorien des Durcharbeitens und der Übertragung (bzw. des Ausagierens) rekurrierend, unterscheidet er zwei Formen der Erinnerung an das Trauma und des geschichtswissenschaftlichen Schreibens über das Trauma. LaCapras Ziel ist es jedoch nicht, die Positionen der Psychohistorie zu stärken, sondern zur methodischen Selbstreflexion der Geschichtswissenschaft über die Verstrickung der Forschenden in den Untersuchungsgegenstand beizutragen.

Ähnlich wie im Falle des Vichy-Regimes wurden Erkenntnisinteressen der Historiker des Algerienkrieges von gesellschaftlich wirksamen Mechanismen des Vergessens bzw. des Nichterinnerns abgeleitet. Da nach 1962 – übrigens noch schneller als nach 1944/1945 – Amnestiegesetze erlassen, Radio- und Fernsehsendungen sowie Filmproduktionen zensiert wurden und in den Schulen über den Algerienkrieg nicht unterrichtet wurde, nimmt es nicht Wunder, dass im Zentrum der Aufmerksamkeit der Historiker zum einen verschiedene Formen von Vergessen und Verdrängen stehen (u. a. Stora 1992) und zum anderen gruppenspezifische Gedächtniskonstruktionen untersucht werden. Es wird gefragt, wer, warum und zu welchem Zweck vergessen bzw. verdrängen wollte und welche erinnerungskulturellen Gegenentwürfe zu der herrschenden Amnesie (nicht) entstehen konnten. Eine ›Verlängerung‹ dieses Forschungsstrangs ist die Erinnerungsgeschichte von Kolonialisierung, Dekolonialisation und Immigrationsgeschichte.

Der dritte rote Faden der Historischen Erinnerungsforschung in Frankreich ist die Nachgeschichte der Französischen Revolution (Furet 1978), die in der zweiten Hälfte der 1980er Jahre – mit Blick auf die anstehende Zweihundertjahrfeier – besonders intensiv in den Fokus geriet. Die Flut an Publikationen zur Französischen Revolution veranschaulichte die Verwicklung der Geschichtswissenschaft in die aktuellen politischen und ideologischen Debatten, was wiederum die Frage nach der Rolle und der Verantwortung der Disziplin insbesondere im Hinblick auf ihre Rolle in der Öffentlichkeit aufwirft. Zugleich zeigte sich erneut, dass die Historiographie selbst und somit auch die Historiker Akteure der Erinnerungskultur sind.

Deutschland: Anders als in Frankreich, gab es in der deutschen Geschichtswissenschaft keine progammatische Erklärung à la Pierre Nora, mit der man die Anfänge der Historischen Erinnerungsforschung verbinden könnte. Als *signum temporis* kann allerdings die Entstehung des Arbeitskreises *Archäologie der literarischen Kommunikation* bereits im Jahre 1978 gelten, in dem die Grundlagen der inzwischen auch in der Geschichtswissenschaft omnipräsenten Assmannschen Kategorien ausgearbeitet wurden. In der deutschen Geschichtswissenschaft gab es, ähnlich wie in Frankreich, bereits in den 1970er Jahren wichtige erinnerungsgeschichtliche Studien, in denen zwar nicht explizit vom Gedächtnis die Rede war, die jedoch als Vorläufer der späteren Forschungstendenzen betrachtet werden können. Von bis heute eminenter Bedeutung sind hierbei Thomas Nipperdeys Studien über Nationaldenkmale (1968; s. Kap. III.8) oder Reinhart Koselecks Arbeiten zum politischen Totenkult (1994) sowie zahlreiche, mit ihnen verwandte Untersuchungen zu nationalen Mythen, Symbolen und Festen im 19. und 20. Jahrhundert.

Der zentrale Untersuchungsgegenstand der Historischen Erinnerungsforschung in Deutschland ist jedoch die Zeitgeschichte, hier insbesondere der Zweite Weltkrieg und die NS-Zeit; und ähnlich wie in Frankreich kann sie ohne Berücksichtigung des gesellschaftlichen Rahmens der Nachkriegszeit – v. a. der für die Mehrheit der Bevölkerung willkommenen Unterscheidung zwischen den ›Deutschen‹ und den ›Nazis‹ – nicht vollständig erfasst werden. Die (Nicht-)Rezeption des grundlegenden Werkes *The Destruction of the European Jews* (1961, dt. 1982) Raul Hilbergs in Westdeutschland ist symptomatisch für die mangelnde Bereitschaft der Historiker, sich der Geschichte der Shoah anzunehmen. Das Hauptanliegen der Geschichtsforschung zu dieser Zeit war die Dokumentation des Handelns von Einzelpersonen (und zwar nicht Opfer, sondern Täter), was vor dem Hintergrund der aufeinander folgenden Prozesse gegen die Kriegsverbrecher zu sehen ist. Die gesellschaftliche Dimension – sowohl im Hinblick auf die ›Geschichte ersten Grades‹ als auch die Erinnerungsgeschichte – stand bis in die 1980er Jahre hinein nicht im Fokus der historischen Forschung und erfolgte erst im Zuge des Aufstiegs der Alltagsgeschichte und der Oral History. Als Initialzündung und »Entdeckung der Zeitzeugen« (Ulrike Jureit) gilt das von Lutz Niethammer geleitete und in einer dreibändigen Publikation (1983) dokumentierte Projekt *Lebensgeschichte und Sozialkultur im Ruhrgebiet 1930 bis 1960* – die erste und in der Geschichte der deutschen Historiographie bis dato umfangreichste Erforschung mündlicher Zeugnisse. Nach 1989 entstanden viele weitere, auf Oral History basierende Studien, in denen das Gedächtnis bestimmter soziokultureller Gruppen und Generationen erforscht wurde. Inzwischen liegen auch zahlreiche diskursanalytische Studien zum Umgang der Deutschen und anderer Gesellschaften mit dem Holocaust und der NS-Zeit vor, in denen unterschiedliche Phasen, soziale Gruppen, politisch-ideologische Bedingungen und Interessen sowie Medien (u. a. Literatur, Presse, Fernsehen, Ausstellungen und Geschichtsschulbücher) analysiert wurden.

Eine internationale und insbesondere in Deutschland intensive Debatte löste das 1999 erschienene Buch *Nach dem Holocaust. Der Umgang mit dem Massenmord* aus, in dem der US-amerikanische Historiker Peter Novick die Sakralisierung des Holocaust in den Vereinigten Staaten erforschte. In Novicks Untersuchung kristallisieren sich einige zentrale Probleme der Erinnerungsgeschichte des Holocaust: die Konkurrenz der Opfer, der Status der Judenvernichtung (Universalität vs. Singularität) und folglich die identitätsstiftende Rolle der Erinnerung, das Aussterben der Zeitzeugen, Medialisierung und Instrumentalisierung sowie Moralisierung, Kommerzialisierung und Dekontextualisierung der Erinnerung. Erwähnenswert ist darüber hinaus die 2003 erschienene diskursgeschichtliche Studie *Der Holocaust und die westdeutschen Historiker. Erforschung und Erinnerung* von Nicolas Berg, in der das »Doppelverhältnis« ausgewählter westdeutscher Historiker zur Vergangenheit – als Akteure bzw. Augenzeugen des Dritten Reiches und als Forschende – untersucht wurde. Berg unternahm damit einen innovativen, wenn auch – wie die kontroverse Diskussion über seine Thesen zeigt – oft nicht oder missverstandenen Versuch, einen Abschnitt der deutschen Historiographiegeschichte aus gedächtnisgeschichtlicher Perspektive zu erforschen und machte somit auf ein grundlegendes epistemologisches Problem aufmerksam: das Spannungsverhältnis zwischen (individueller und kollektiver) Erinnerung und wissenschaftlicher Erkenntnis.

Ein anderer Strang der Historischen Erinnerungsforschung der NS-Zeit konzentriert(e) sich auf die Ebene des politischen Handelns. Zu Standardwerken hierbei gehört der inzwischen in mehrere Sprachen übersetze Band *Vergangenheitspolitik. Die Anfänge der Bundesrepublik und die NS-Vergangenheit* (1996) von Norbert Frei. Unter Geschichtspolitik versteht Frei justizielle, legislative und exekutive Entscheidungen im Umgang mit der Vergangenheit. Seine Analyse bezog sich auf die ›politische Amnesie‹ und die Reintegration der NS-Mitläufer in den fünf ersten Jahren des Bestehens der BRD. Verwandte Ansätze erfreuen sich in der deutschen Geschichtswissenschaft einer großen Beliebtheit. Stellvertretend sei die Studie *Geschichtspolitik in der Bundesrepublik Deutschland* (1999) von Edgar Wolfrum erwähnt. Auf mehrere Konzepte rekurrierend (Gedächtnisorte, erfundene Tradition, kulturanthropologische Ritual- und historische Diskursanalyse), erforschte Wolfrum am Beispiel des Umgangs mit dem 17. Juni vier Phasen (bis 1953, seit 1953 bis Mitte der 1960er Jahre, von Mitte der 1960er Jahre bis 1974 und schließlich die Zeit bis 1989 mit Ausblicken in die Zeit nach der Wiedervereinigung Deutschlands) der bundesrepublikanischen Geschichtspolitik. Die Dimension des politischen Handelns im Hinblick auf vergangenheits- bzw. erinnerungspolitische Strategien (der Begriff ›Gedächtnispolitik‹ kam erst vor wenigen Jahren hinzu) wurde ebenfalls in Bezug auf die Geschichte der DDR untersucht (u. a. Sabrow 1997). Unterschiedliche Aspekte von Rezeption und Gegenentwürfen zu der offiziellen Politik der SED sowie diesbezügliche erinnerungskulturelle Konstellationen in der Zeit nach 1989 wurden u. a. in diversen Projekten des Potsdamer Zentrums für Zeithistorische Forschung untersucht und nach dem ›Supergedenkjahr 2009‹ kam eine beträchtliche Anzahl von neuen Publikationen hinzu, was wiederum die Abhängigkeit der Geschichtsschreibung (bzw. der Verlagslandschaft) von den aktuellen erinnerungskulturellen Anlässen deutlich vor Augen führt.

Im Hinblick auf die Erinnerungsgeschichte der DDR stellt sich ferner die Frage, ob es Ansätze einer Historischen Erinnerungsforschung in Ostdeutschland gab bzw. hätte geben können. Explizite Beispiele solcher Ansätze sind nicht zu finden, was möglicherweise zum einen daran liegt, dass das mit der Gedächtnisproblematik verwandte Konzept des (Kultur-)Erbes durch die Erbepolitik der SED kompromittiert wurde; zum anderen spielte sicherlich auch eine gewisse Subversivität der Erinnerungsforschung im Kontext der weitgehend parteitreuen Geschichtsschreibung in der DDR eine ausschlaggebende Rolle. Präsent war dagegen in den osteuropäischen Historiographien – erwähnt seien beispielhaft Jerzy Topolski in Polen oder František Graus und Miroslav Hroch in der Tschechoslowakei – das Konzept des ›Geschichtsbewusstseins‹.

Obwohl der Geschichtsdidaktiker Hans-Jürgen Pandel davon ausgeht, dass ›Geschichtsbewusstsein mit ›Erinnern‹ nichts zu tun‹ habe, sind bestimmte Überschneidungen und Überlappungen zwischen den u. a. von Karl-Ernst Jeismann und Jörn Rüsen seit den 1970er Jahren geprägten Begriffen ›Geschichtsbewusstsein‹ und ›Geschichtskultur‹ einerseits und den bedeutungspotenten ›Gedächtnis‹ und ›Erinnerungskultur‹ andererseits nicht von der Hand zu weisen. Der Hamburger Geschichtsdidaktiker Bodo von Borries bedauerte sogar, dass die in den »benachbarten Kultur-Wissenschaften« geführten Diskussionen über »Kultur, Gedächtnis und Erinnerung« keinen Bezug auf »die geschichtsdidaktische Theorie und Empirie zum ›Geschichtsbewußtsein‹ genommen hätten« (2001, 239). Diese Nicht-Rezeption ist insofern interessant, als sich einige Definitionen der Grundtermini der Historischen Erinnerungsforschung und der Geschichtsdidaktik beim Versuch der Substitution oft als austauschbar erweisen, was Begriffspaare ›Geschichtsbild‹ und ›Erinnerungsort‹ oder aber ›Erinnerungs-‹ und ›Geschichtskultur‹ belegen.

Ein völlig anderes Beispiel für Nichtrezeption und somit einen beinahe separaten Strang der Historischen Erinnerungsforschung stellen Untersuchungen zur Memoria dar, die der nichtmediävistischen Mehrheit der Historikerzunft oft kaum oder nur oberflächlich bekannt sind. Bereits in den 1950er und 1960er Jahren wurden die sogenannten Memorialüberlieferungen der Klöster – u. a. Aufzeichnungen, Graffiti in sakralen Räumen, Gedenkbücher (*Libri vitae*) und Nekrologe – ausgewertet. Auf die aus diesen Quellen schöpfende Erforschung des Adels, des Mönchtums oder der Städte folgten Studien zum Gedenken in der mittelalterlichen Gesellschaft von u. a. Michael Borgolte, Johannes Fried und Otto Gerhard Oexle in Deutschland oder Jacques Le Goff und Jean-Claude Schmitt in Frankreich, die einen erinnerungsgeschichtlichen Fragenkatalog nicht nur auf Memorialüberlieferungen sondern auch auf Bilder, Skulpturen, Architektur oder Grabkunst anwenden. Aus der Feder des Mediävisten Johannes Fried stammt außerdem der Entwurf einer geschichtswissenschaftlichen Memorik, deren Ziel »Kritik, Kontrolle und Rückführung der Verformungen auf eine ursprüngliche Wahrnehmung und wirkliche Sachverhalte« (2004, 380) sei. Der Frankfurter Historiker will seinen Entwurf zu einer »neuronalen Geschichtswissenschaft« weiterentwickeln, um kognitions- und neurowissenschaftliche Erkenntnisse (s. Kap. I.1) über mögliche Fehlleistungen des menschlichen Gedächtnisses für eine verfeinerte, für »Erinnerungsmodulationen« sensible Quellenkritik zu nutzen. Bei der Suche nach den Spuren der Veränderungen von Gedächtnisinhalten seien der erinnerungskritische Vergleich des zur Verfügung stehenden Quellenmaterials und ein grundlegender Zweifel an der Glaubwürdigkeit der Quellen von zentraler Bedeutung. Auf diese Weise könne die Geschichtswissenschaft Aussagen über den gesellschaftlich bedingten Formierungsprozess des kollektiven Gedächtnisses treffen und in Zukunft Forschungsfelder erschließen, »die bislang unbetretbar waren« (ebd., 390).

Erinnerungsgeschichte: Chancen und Risiken

Die oben angeführten Ansätze der Historischen Erinnerungsforschung weisen auf die Vielfältigkeit von Erkenntnissinteressen und Leitfragen hin, was eine entsprechend umfassende analytische Werkzeugkiste impliziert. Von zentraler Bedeutung ist hierbei neben der Oral History die historische Diskursanalyse, die die ›klassische‹ Quellenkritik um die Erforschung sprachlicher und bildlicher Darstellungen (Repräsentationen) der Quellen bereichert, Konstruktions-, (Um-)Deutungs- und Instrumentalisierungsprozessen nachgeht und nach interdiskursiven Verbindungen fragt. Forschungsdirektiven bezüglich der erinnerungsgeschichtlichen Anwendung der Diskursanalyse formulierte u. a. der österreichische Historiker Moritz Csáky, der für ein »dekonstruktivistisches Verfahren« (2004) bei der Erforschung der »Mehrdeutigkeit von Gedächtnis und Erinnerung« plädiert. Es soll von drei Prämissen ausgehen: (1) Die Erinnerung sei als ein prozesshafter und mehrdeutiger Akt zu analysieren, (2) die Kultur als ein lesbarer und dynamischer Text, »der sich in einer kontinuierlichen Performance immer wieder neu konstituiert, dem die Erinnerung (das Lesen) immer neue Facetten abgewinnt«, und (3) »in einer historisch-kulturellen Situation« gilt es, plausibel nachzuweisen, »dass die im Gedächtnis, […] inkludierten Elemente prinzipiell von translokaler kultureller Provenienz und von translokaler kultureller Relevanz sind«. Csáky plädiert also dafür, in erinnerungsgeschichtlichen Studien die Komplexität und die Hybridität des kulturellen Kontextes des kollektiven Gedächtnisses und insbesondere den »Verweischarakter« der jeweiligen Erinnerungsformationen zu untersuchen.

Nicht zu vergessen ist obendrein der Mut zu methodologischen ›Anleihen‹ in benachbarten Disziplinen: Anthropologie, Kunstgeschichte, Literatur- und Medienwissenschaft, Psychologie und Soziologie. Von marginaler Bedeutung für Historiker und als ein sehr problematisches Werkzeug galten bisher Meinungsumfragen. Die Heranführung der Umfrageergebnisse im Projekt »Memoria Austriae« (2004–2005) veranschaulichte sowohl Vorteile – Aktualität und gesellschaftlich repräsentative Überprüfung akademischer Intuitionen – als auch Grenzen – Vorläufigkeit und Selektivität – des demoskopischen Verfahrens.

Die Erforschung der Erinnerungsgeschichte bedeutet – trotz derartiger Befürchtungen – keinen Abschied von der ›traditionellen‹ Quellenanalyse und kann nicht auf Untersuchung der Rezeptionsgeschichte reduziert werden. Das Novum im Umgang mit Quellen in dieser Form der Geschichtsforschung bedeutet vielmehr in erster Linie eine erhebliche Erweiterung der Quellenbasis, denn mit Recht stellte der Warschauer Historiker Marcin Kula fest, dass »alles Träger des Gedächtnisses sein« (2002, 9) könne. Die Geschichtswissenschaft kann tatsächlich auf so unterschiedliche Quellen rekurrieren wie: Ansichtskarten, Archive, Ausstellungskataloge, Bilder, Chroniken, Comics, Denkmale, Festivals, Fernsehprogramme, Fotografien, Gedenkveranstaltungen, Historiographie, Internetseiten und -foren, Interviews, Jugendliteratur, Karikaturen, Kunstwerke, Landkarten, Märchen, Musikstücke, Reisebeschreibungen, Reiseführer, Rituale, Rundfunksendungen, schöngeistige und Trivialliteratur, Schul- und Tagebücher, Theateraufführungen, Werbeprospekte oder Zeitschriften und Zeitungen. Dies impliziert die Fähigkeit, sich eines breiten Methodenspektrums zu bedienen, um sprachliche, bildliche, materielle und performative Träger bestimmter Gedächtniskonstruktionen historisch zu analysieren oder eine quellengesättigte Diskursanalyse des jeweiligen Phänomens in der Geschichte zweiten Grades durchzuführen. Angesichts der Vielfalt und der Bandbreite der potenziellen Quellen in der diskursanalytischen Herangehensweise an die Erforschung der Erinnerungsgeschichte wäre ein Versuch, alle jeweils relevanten Quellen auszuwerten, kaum realistisch. Vielmehr muss es darum gehen, Tendenzen als Vehikel bestimmter Bedeutungen und Sinninhalte aufzuspüren und diese mit repräsentativen Exemplifikationen zu belegen. Sonst kann aus der erinnerungsgeschichtlichen Studie eine möglicherweise zwar sehr spannende, aber in Bezug auf die Geschichte der Erinnerung nicht tragfähige Kuriositätensammlung werden. Wie den oben erwähnten Beispielen zu entnehmen ist, stehen den Forschenden mehrere Möglichkeiten zur Verfügung: Sie können eine bestimmte Quellensorte auswählen, um die in ihr präsente Erinnerungsproblematik zu erforschen; sie können einen thematischen Zugriff wählen, um ein konkretes erinnerungsgeschichtliches Problem in möglichst vielen unterschiedlichen Quellen und somit die Mechanismen der Entstehung, Vermittlung, Wirkung und des Wandels sowie diverse Polyvalenzen bestimmter Gedächtniskonstruktionen zu untersuchen; oder sie können sich auf Akteure konzentrieren, um Gedächtniskonstruktionen einer konkreten gesellschaftlichen Gruppe, einer Generation (s. Kap IV.8) und einer Region nachzugehen.

Eben auf die Erweiterung des »Territoriums des Historikers« (Le Roy Ladurie: *Le territoire de l'historien*, 1977) geht die Skepsis vieler Fachkollegen gegenüber der erinnerungsgeschichtlichen Forschung zurück. In der Einschätzung des Kieler Osteuropahistorikers Rudolf Jaworski liegt der »eigentliche Stein des Anstoßes« vor allem darin, dass die erinnerungsgeschichtliche Perspektive »die Methodik und klassischen Arbeitsfelder der Fachhistorie zu verflüssigen« scheint. Jaworski spricht sogar von »einer generellen Verunsicherung des methodisch-theoretischen Selbstverständnisses und Instrumentariums vieler Historiker« und der »Sorge, Geschichte könne im Zuge der Erinnerungsforschung einfach in Diskurs- und Deutungsgeschichte aufgelöst und damit verwässert« (2009, 22–23) werden. Das Selbstverständnis der Geschichtswissenschaft würde damit deutlich strapaziert, wenn nicht sogar in Frage gestellt.

Diesbezüglich sind darüber hinaus noch drei Aspekte der Historischen Erinnerungsforschung von Bedeutung, die wiederum je nach Perspektive als Chancen oder Bedrohungen wahrgenommen werden können.

Der ›Gedächtnis-Boom‹ ermöglichte (auch) den Historikern – um auf den Titel eines berühmten Sammelbandes über die »Neue Geschichtswissenschaft« (1978, dt. 1990) zu rekurrieren – die »Rückeroberung des historischen Denkens«: Die große Anzahl diesbezüglicher Veröffentlichungen geht in gewisser Hinsicht (auch) auf die Popularität der Erinnerungsproblematik beim Lesepublikum zurück, das vielleicht nach ›klassischen‹ Geschichtsbüchern nicht greifen würde.

Die Popularität und manchmal sogar geschichtspolitische Brisanz einiger erinnerungsgeschichtlicher Forschungsprojekte verweist wiederum auf ein epistemologisches und ethisches Problem der Geschichtswissenschaft: die Frage nach der Unabhängigkeit der Forschenden. Eine gute Illustration sind hierfür die französischen *lois mémorielles*. Die sogenannten Erinnerungsgesetze hatten zum Ziel, bestimmte Aspekte der Vergangenheit in den Vordergrund der historischen Forschung, des Geschichtsunterrichts bzw. der öffentlichen Gedenkkultur zu rücken, andere dagegen zu marginalisieren. Als Antwort darauf wurde 2005 von vielen namhaften Historikern die Vereinigung »Liberté pour l'histoire« (http://www.lph-asso.fr) gegründet. Von der nicht unproblematischen Annahme ausgehend, dass Geschichte und Gedächtnis Gegensätze seien, erinnern ihre Vorsitzenden Pierre Nora und Françoise Chandernagor daran, dass die Geschichtswissenschaft weder Religion, noch Moral, noch Sklavin der Aktualität sei und nicht unter dem Diktat des Gedächtnisses geschrieben werden könne.

Die Entstehung und Entwicklung diverser erinnerungsfokussierter Ansätze in den Geistes- und Sozialwissenschaften hat außerdem eine historiographische Relevanzdebatte zur Folge, denn die Geschichtsschreibung wird mit einer gewissen ›Konkurrenz‹ seitens anderer Disziplinen konfrontiert, die sich – was vor allem für die Soziologie (s. Kap. IV.3) und die Politikwissenschaft (s. Kap. II.6) gilt – ebenfalls mit der Lebendigkeit der Vergangenheit befassen und oft interessantere Erkenntnisse über die Erinnerungsgeschichte gewinnen. Positiv betrachtet kann die steile Karriere der disziplinär mehrfachgebundenen Erinnerungsforschung zur Intensivierung von Inter- bzw. Transdisziplinarität führen, in der die Historiker ihre Kompetenzen besonders stark machen könnten. Im Gegensatz zu Soziologen, Anthropologen, Medien- oder Literaturwissenschaftlern, sind Historiker ausdrücklich dazu aufgerufen, die Historizität des kollektiven und des individuellen Gedächtnisses zu erforschen, vergangene Erinnerungsstrategien zu rekonstruieren, das Spannungsverhältnis zwischen den geschichtsmächtigen und den jeweils erinnerungsrelevanten Phänomenen zu untersuchen sowie der Frage nachzugehen, warum bestimmte Tatbestände in der Erinnerungskultur einer Gesellschaft oder einer sozialen Gruppe von langer Dauer sind, andere wiederum aus dem kollektiven Gedächtnis (vorübergehend) verschwinden. Das Interesse an Mechanismen des individuellen und des kollektiven Vergessens und Verdrängens in den verschiedenen kulturellen, politischen und sozialen Kontexten ermöglicht es, die jeweilige Funktionalität und den historischen Wandel erinnerungskultureller Strategien im Umgang mit der Vergangenheit zu analysieren.

Kritik und Forschungsdesiderate

Trotz Popularität und interessanter Erkenntnisse der Historischen Erinnerungsforschung mangelt es nicht an Forschenden, die die Tragfähigkeit des erinnerungsgeschichtlichen Ansatzes in Zweifel ziehen. Grundlegende Kritik betrifft schon den metaphorischen Charakter des Terminus ›kollektives Gedächtnis‹. Die Kritik richtet sich gegen die auf Analogie beruhende Übertragung eines biologischen bzw. naturwissenschaftlichen und sich auf Individuen beziehenden Begriffs auf soziale Gruppen. Ähnliche Vorbehalte wurden übrigens auch bezüglich der Übertragung des psychoanalytischen Konzepts des Traumas auf gesellschaftliche Gruppen geäußert. Ein weiteres Problem betrifft den Anspruch erinnerungsgeschichtlicher Erkenntnisse auf Wissenschaftlichkeit und somit ihre Überprüfbarkeit. Damit wird eine der Kernfragen der Geschichtsforschung angesprochen: die nach intersubjektiver Geltung geschichtswissenschaftlicher Erkenntnisse und nachvollziehbaren logischen Prozeduren der Interpretation. Eines der Hauptprobleme, mit denen die Historische Erinnerungsforschung konfrontiert wird, betrifft nämlich die Repräsentativität und die Bestimmung der gesellschaftlichen Verankerung, der Reichweite und der Relevanz der jeweiligen Erinnerungsdebatten.

Im Hinblick auf die aktuell in der Historischen Erinnerungsforschung dominierenden Tendenzen wären sicher einige Akzentverschiebungen lohnend. Eine starke Dominante ist z. B. die Erforschung der top-down-Dimension, d. h. der Formen und Mechanismen der Geschichts-, Vergangenheits- bzw. Gedächtnispolitik, was oft zur Benachteiligung der bottom-up-Perspektive führt, d. h. der Rezeptions- und Aneignungsweisen öffentlicher bzw. offizieller Gedächtniskonstruktionen oder der minoritären, dissidenten, von unten entstandenen Alternativen zu den dominierenden Erinnerungskulturen. Ein weiteres Defizit der Historischen Erinnerungsforschung ergibt sich aus der starken Fokussierung auf den nationalen Rahmen. Während es viele Studien zu subnationalen – z. B. regionalen, soziokulturellen oder generationellen – Aspekten der Erinnerungsgeschichte gibt, die Komparatistik ebenfalls praktiziert wird und Versuche unternommen werden, erinnerungsgeschichtliche Fragestellungen auf die Geschichte Europas anzuwenden, bleibt die Verschränkung des erinnerungsgeschichtlichen Ansatzes mit dem u. a. von Klaus Zernack geprägten beziehungsgeschichtlichen Ansatz nach wie vor ein Forschungsdesiderat. Dies ist verwunderlich angesichts der banalen Einsicht, dass kein historisches Phänomen eine einsame Insel ist, sondern immer in Beziehung zu anderen Phänomenen steht. Die Erkenntnis der Beziehungshaftigkeit jeglicher Geschichte wurde jedoch bisher ungenügend auf die Erinnerungsgeschichte übertragen, während gerade der Blick auf Gedächtniskonstruktionen in bi- und multilateralen Beziehungsgeflechten es ermöglichen würde, z. B. das Spannungsverhältnis zwischen Selbst- und Fremdwahrnehmungen und somit Prozesse der Identitätsstiftung genauer zu untersuchen.

1. Geschichtswissenschaft

Zu schreiben wären darüber hinaus eine Geschichte der Historischen Erinnerungsforschung, eine gedächtnisgeschichtlich konzipierte – d. h. auch Ego-Dokumente der Historiker umfassende – Historiographiegeschichte und eine systematische Geschichte der Geschichtsschreibung als (Mit-)Gestalterin des kollektiven Gedächtnisses. Es gibt nämlich je nach Kontext, Ziel und disziplinärer Verortung des Forschers diverse Beiträge zur Analyse und Konzeptualisierung des Verhältnisses zwischen Geschichte und Gedächtnis. Diese Beziehung wurde mit Hilfe so verschiedener Kategorien erfasst wie: friedliche Koexistenz und Gegnerschaft, Quelle und Instrument, Ergänzung und Korrektiv. Das Verhältnis zwischen Geschichte und Gedächtnis wird noch problematischer, wenn unterschiedliche Bedeutungen von Geschichte – als Vergangenheit, als Wissenschaft, als Teildisziplin oder Forschungsperspektive – und das reiche Bedeutungsspektrum des Gedächtnisses berücksichtigt werden. Eine systematische Analyse der Rolle der Geschichtswissenschaft im Getriebe der Konstruktion von Vergangenheitsbildern steht allerdings noch aus, wenngleich es bereits interessante Beiträge diesbezüglich gibt. Beispielhaft sei auf die inzwischen in mehrere Sprachen übersetze Studie *Zakhor: Jewish History and Jewish Memory* von Yosef Hayim Yerushalmi (1982, dt. 1996) hingewiesen. Von der Frage nach dem Stellenwert der Historiographie in der jüdischen Kultur ausgehend und im Hinblick auf sein eigenes Selbstverständnis als jüdischer Historiker, beschäftigte sich Yerushalmi mit dem Paradox, »dass zwar die Frage nach dem Sinn der Geschichte bei den Juden zu allen Zeiten eine entscheidende Rolle spielte, die Geschichtsschreibung dagegen entweder gar keine oder bestenfalls eine untergeordnete.« Indem er die Bedeutung und Funktionen des religiösen Imperativs *Zachor* erforschte, bewies Yerushalmi, dass die Erinnerung an die Vergangenheit zwar ein zentraler Aspekt der jüdischen Kultur sei, »aber nicht in erster Linie dem Historiker anvertraut war« (1996, 9 f.).

Neben den bereits erwähnten Defiziten der geschichtswissenschaftlichen Beschäftigung mit der Erinnerungsproblematik ist darüber hinaus die schwache Reflexion über Medien und Prozesse der Medialisierung sowie ein kaum vorhandenes Interesse an der Verknüpfung der Erinnerungsgeschichte mit der Geschichte der Emotionen auffallend. Wünschenswert wäre diesbezüglich ein intensiverer Austausch mit Kultur- und Medienwissenschaftlern, den z. B. entsprechende Zeitschriften fördern könnten. Allerdings haben interdisziplinär angelegte Periodika wie *History and Memory* (seit 1989) oder *Memory Studies* (seit 2008) im deutschsprachigen Raum keine Pendants. In Bezug auf diskursanalytische Studien ist außerdem oft der Vorwurf der Textlastigkeit bzw. der beschränkten Quellenbasis zutreffend, während interdisziplinäre Erfahrung und Medienkompetenz zu den wichtigsten Eigenschaften derjenigen gehören, die erinnerungsgeschichtlichen Fragestellungen nachgehen möchten.

Hinzu kommt, dass Gedächtnis und Erinnerung (auch) in der Geschichtswissenschaft unter terminologischem Überfluss leiden. In geschichtswissenschaftlichen Studien wurden inzwischen mehrere Arten und Kategorien des Gedächtnisses ausgesondert und die Grundtermini Erinnerung und Gedächtnis sind ein Paradebeispiel dafür, wie ein Begriff bis zur Beliebigkeit ausgedehnt werden kann. Nicht ohne Grund konstatierte Etienne François: »wo man vor zwanzig Jahren von Geschichte, von Vergangenheit oder von Geschichtsbewusstsein gesprochen hätte, spricht man heute wie selbstverständlich von Gedächtnis, was wieder einmal deutlich zeigt, wie fließend und durchlässig die Grenzen unserer Begrifflichkeit sind« (2006, 17).

Angesichts dieses inflationären Gebrauchs der Termini, der oft reflexionslosen Übernahme von Begriffen und Konzepten, sowie vieler Unklarheiten bezüglich der Grenzen der Historischen Erinnerungsforschung – im Hinblick auf Imagologie, Mythosforschung, Mentalitätengeschichte, Geschichte der Repräsentationen oder Historische Stereotypenforschung – stellt sich die Frage nach dem Status und nach dem Horizont der Historischen Erinnerungsforschung: Handelt es sich um eine neue geschichtswissenschaftliche (Sub-)Disziplin, eine attraktive transdisziplinäre Forschungsperspektive oder lediglich um eine vorübergehende Mode? Je nach wissenschaftlichem Temperament oder der eigenen Standortbestimmung kann man in der Historischen Erinnerungsforschung – wie Pierre Nora – eine Chance auf Erneuerung der Geschichtswissenschaft oder aber – um mit dem amerikanischen Philosophen Stephen Toulmin zu sprechen – lediglich eine *would-be discipline* sehen.

Literatur

Berg, Nicolas: *Der Holocaust und die westdeutschen Historiker. Erforschung und Erinnerung*. Göttingen 2003.
Borries, Bodo v.: Geschichtsbewusstsein als System von Gleichgewichten und Transformationen. In: Jörn Rüsen (Hg.): *Geschichtsbewusstsein. Psychologische Grundlagen, Entwicklungskonzepte, empirische Befunde*. Köln 2001, 239–280.
Csáky, Moritz: Die Mehrdeutigkeit von Gedächtnis und Erinnerung. Ein kritischer Beitrag zur historischen Gedächtnisforschung. In: *Digitales Handbuch zur Geschichte und Kultur Russlands und Osteuropas* 9/2004, online: http://epub.ub.uni-muenchen.de/603/1/csaky-gedaechtnis.pdf (20.12.2009).
Duby, Georges: *Der Sonntag von Bouvines. 27. Juli 1214*. Berlin 1988 (frz. 1973).
François, Etienne: Geteilte Erinnerungsorte, europäische Erinnerungsorte. In: Robert Born/Adam S. Labuda/Beate Störtkuhl (Hg.): *Visuelle Erinnerungskulturen und Geschichtskonstruktionen in Deutschland und Polen 1800 bis 1939*. Warschau 2006, 17–32.
Frei, Norbert: *Vergangenheitspolitik. Die Anfänge der Bundesrepublik und die NS-Vergangenheit*. München 1996.
Fried, Johannes: *Der Schleier der Erinnerung. Grundzüge einer historischen Memorik*. München 2004.
Furet, François: *Penser la Révolution française*. Paris 1978.
Hartog, François: *Régimes d'historicité. Présentisme et expériences du temps*. Paris 2003.
Jaworski, Rudolf: Die historische Gedächtnis- und Erinnerungsforschung als Aufgabe und Herausforderung der Geschichtswissenschaft. In: Martin Aust/Krzysztof Ruchniewicz/Stefan Troebst (Hg.): *Verflochtene Erinnerungen. Polen und seine Nachbarn im 19. und 20. Jahrhundert*. Köln 2009, 17–29.
Joutard, Philippe: *La légende des camisards. Une sensibilité au passé*. Paris 1977.
Koselleck, Reinhart/Jeismann, Michael (Hg.): *Der politische Totenkult: Kriegerdenkmäler in der Moderne*. München 1994.
Kula, Marcin: *Nośniki pamięci historycznej*. Warschau 2002.
LaCapra, Dominick: *Geschichte schreiben, Trauma schreiben*. Zürich 2003 (amer. 2000).
Le Goff, Jacques/Chartier, Roger/Revel, Jacques (Hg.): *Die Rückeroberung des historischen Denkens. Grundlagen der Neuen Geschichtswissenschaft*. Franfurt a. M. 1990 (frz. 1978).
Nipperdey, Thomas: Nationalidee und Nationaldenkmal in Deutschland im 19. Jahrhundert. In: *Historische Zeitschrift* Jg. 206, H. 3 (1968), 529–585.
Nora, Pierre: Mémoire collective. In: Jacques Le Goff/Jacques Revel (Hg.): *La nouvelle histoire*. Paris 1978, 398–401.
Novick, Peter: *Nach dem Holocaust. Der Umgang mit dem Massenmord*. Stuttgart 1999.
Rousso, Henry: *Le syndrome de Vichy*. Paris 1987.
Sabrow, Martin (Hg.): *Verwaltete Vergangenheit. Geschichtskultur und Herrschaftslegitimation in der DDR*. Leipzig 1997.
Stora, Benjamin: *La gangrène et l'oubli: la mémoire de la guerre d'Algérie*. Paris 1992.
Wolfrum, Edgar: *Geschichtspolitik in der Bundesrepublik Deutschland. Der Weg zur bundesrepublikanischen Erinnerung. 1948–1990*. Darmstadt 1999.
Yerushalmi, Yosef Hayim: *Zachor: Erinnere Dich! Jüdische Geschichte und jüdisches Gedächtnis*. Berlin 1996.

Kornelia Kończal

2. Philosophie

Die Frage nach der Funktion von Gedächtnis und Erinnerung scheint ein Signum kultureller Umbruchs- und Transformationsprozesse zu sein. Das gilt für die klassische Antike ebenso wie für die erste ihrer selbst als Umbruch bewusstwerdende Epoche, die Spätantike. Nahezu alle folgenden Epochenschwellen und -zäsuren haben Wesentliches zur Aufklärung von Sinn und Semantik von Gedächtnis und Erinnerung wie zur Differenzierung zwischen Gedächtnis und Erinnerung beigetragen: die beginnende Neuzeit – in je verschiedener Weise Hobbes, Locke, Leibniz und Vico –, die Diskussionen im Anschluss an Kant um 1800 und dann die Kritik am wissenschaftsgläubigen und positivistischen 19. Jahrhundert, mit der Nietzsche zum Herold der jüngsten Moderne wird. Und schließlich gilt dies für die gegenwärtigen Anforderungen, denen sich die philosophische Auseinandersetzung mit Sinn und Semantik der Leistungen des Gedächtnisses wie des Vermögens der Erinnerung gegenübersieht: auf der einen Seite (1) die Katastrophen, die zum Signum des 20. Jahrhunderts geworden sind und Praxis werdendes Erinnern zur irreduziblen ethischen Forderung haben werden lassen – auf der anderen Seite (2) die exponentiell gesteigerten Möglichkeiten der Speicherung von Gedächtnisdaten. Weiterhin (3) die Versuche, Erinnerung mit Gedächtnis und dessen Leistungen wiederum von seiner neurophysiologischen Hardware her zu erklären und schließlich ist (4) das mit den Leistungen des Gedächtnisses nicht identische Vermögen der Erinnerung eine, wenn nicht die zentrale Instanz im Netzwerk der Selbstreflexion kultureller Erfahrung: Spätestens seit Nietzsche und Freud kann nicht mehr unterstellt werden, dass sich das als Herr im Haus des Bewusstseins vorgestellte Ich des Erinnerns wie eines Instruments bedienen könne. In dieser vierfachen Perspektive stellt sich die Frage nach dem Verhältnis von Gedächtnis und Erinnerung gerade in philosophischer Hinsicht in neuer Weise. Der folgende Überblick skizziert in philosophiegeschichtlicher Anamnese Antwortoptionen, die es für diese Frage gibt.

Die Klassische Antike

Platon: Platon hat als erster zwischen Gedächtnis, Erinnerung und Wiedererinnerung unterschieden und seine Anamnesis-Lehre mit dem Mythos der Präexistenz der Seele verknüpft. Im *Menon* wird die These exponiert, dass Erkennen in der Aktualisierung von Wissen besteht, über das die Seele vor der Geburt und damit vor aller Erfahrung verfügt. Lernen ist in erfahrungsunabhängigen Strukturen fundiert und beruht auf Wissen, das sich in einer gemeinsamen Sprachgemeinschaft jederzeit aktivieren lässt. Vor ihrer ›Geburt‹ habe die Seele Kenntnisse, die unter der Bedingung von Raum und Zeit wachzurufen Lernen bedeute – wobei ›Seele‹ (*psyche*) hier nicht im neuzeitlichen Sinn einer individuellen Einzelseele zu verstehen ist, sondern als jene belebende Instanz gedacht wird, die in Erkennensakten jeweils individuell realisiert wird. Diese Lehre von der Wiedererinnerung wird dann umfänglicher im *Phaidon* umschrieben. »Alles Lernen« (*mathesis*) »sei Wiedererinnern«, heißt es (vgl. *Phaidon*, 72e). Platon ruft dabei insbesondere die semantische Evidenz auf, dass jedes Erinnern ein Wiedererinnern in sich schließe: Denn erinnern könne man nur, was man schon kennt. Was Erinnern und Wiedererinnern nicht zusammenfallen lässt, bleibt dabei undiskutiert.

Mit diesem Beginn der Analyse des Erinnerungsvermögens thematisiert Platon Erinnern von seinen Objekten her: von Daten, auf die wir uns erinnernd beziehen, um zugleich auf einen von der sinnlichen Empirie unabhängigen Maßstab (›Gleichheit‹) zu stoßen, der uns vergleichen lässt und den wir, als ›Idee‹ der Gleichheit, erinnert hätten. In neuzeitliche Terminologie übersetzt thematisiert der *Phaidon* die Struktur apriorischer, erfahrungsunabhängiger Erkenntnis, in der die Gültigkeit von Aussagen begründet ist.

Offenkundig genügt Platon dabei der Selbstbezug, der im Akt des Erinnerns gegeben ist, zur Sicherung der Gültigkeit von Aussagen nicht. Vielmehr versucht er, diese Gültigkeit auch vom ›Was‹ des Erinnerten her zu erklären, und setzt deshalb das Mythologem einer Präexistenz der Seele ein. Mit ihm soll die Evidenz einer bewusstseinstheoretischen Struktur auf eine naturalistische (mythische) Prämisse zurückgeführt werden. Gebunden wird Erkennen an das, was die Seele qua ›natürlicher Ausstattung‹ in sich findet – und Erinnern auf ein innerpsychisches Abrufen gegebener Daten beschränkt (in diversen Konjunkturen kehren vergleichbare Rückführungsstrategien bis in die jüngste Gegenwart wieder). Von dieser mythologisierenden Rückversicherung unberührt bleibt jedoch die Entdeckung der semantischen Evidenz, die dem Gedanken der Wiedererinnerung ursprünglich zugrunde liegt und sie zum Kriterium der Unterscheidung zwischen Wissen und Meinung macht. In diesen Kontext gehört auch die klassische – und bis in die digitale Gegenwart hinein wirksame (s. u.) – Definition, dass Vergessen das Ausgehen einer Erkenntnis sei: eine *epistemes apobole* (*Phaidon*, 75d). Erinnern wird damit (a) als eine mentale Speicherleistung gedacht, die (b) objektorientiert ist und der (c) als Verlust das Vergessen gegenüberstünde.

Nicht allein bezüglich der Differenzierung zwischen Gedächtnisleistungen und Erinnerungsvermögen sowie im Hinblick auf die Formen, in denen sich mitteilt, was Erinnern ist und was Erinnern bedeutet, ist Platons bedeutsamster Dialog der *Phaidros*. Über Vorgaben, dass Erinnern ein »Wiedererinnern dessen, was die Seele einst gesehen hat« bedeute und dass es Gegensatz des Vergessens (der *lethe*) sei (vgl. *Phaidros*, 249c–251d), hinaus fragt Platon im *Phaidros* nach den Bewusstseinsleistungen, die bei der Kunst der Rede als Seelenleitung durch Worte (vgl. *Phaidros*, 261a) im Spiel sind – Bewusstseinsleistungen, die ihn zwischen den mentalen Speicherleistungen des Aufbewahrens von Daten (der *hypomnesis*), der Kopierfunktion des Gedächtnisses (der *mneme*) und dem damit nicht identischen Vermögen des Erinnerns (der *anamnesis*) unterscheiden lassen.

In diesem Zusammenhang wird der Mythos von Theuth referiert (vgl. *Phaidros*, 274c–275b). Gefragt nach dem Nutzen der von ihm erfundenen Buchstaben antwortet der Techniker Theuth, dass diese ein Hilfsmittel für die Erinnerung (*mneme*) seien, da dadurch die Menschen gedächtnisreicher würden. Die Kritik an dieser Technik bzw. Kenntnis (*máthema*) wird durch die Zweideutigkeit des Wortes *phármakon* ausgedrückt. Hilfsmittel und zugleich Gift sei die Schrift als ein Verfahren der Speicherung von Gedächtnisinhalten. Natürlich entlaste der Gedächtnisspeicher der Schrift als Informationsaufzeichnungstechnik die Fähigkeit des Erinnerns. Aber im Vertrauen darauf, dass sich die Fähigkeit des Erinnerns durch eine solche Informationsaufzeichnungstechnik ersetzen lasse, werde diese Erfindung »de[n] lernenden Seelen Vergessen einflößen aus Unbesorgtheit um das Erinnern«. Daraus folgt als Zusammenfassung, dass die Schrift ein Hilfsmittel nicht für die Fähigkeit des Erinnerns (*mneme*), sondern allein für die Aufbewahrungsleistung (*hypomnésis*) des Gedächtnisses ist. Kein Akt der Aufzeichnung und Archivierung/Thesaurierung von Gedächtnisgehalten kann Erinnern als Fähigkeit und als Vermögen sui generis ersetzen. Gerade die Schrift ist keine Kopie des Erinnerns. Sie bedarf vielmehr der Erinnerung. Der schweigende Logos der Schrift wird erst durch (Wieder-)Erinnern zur sinnvollen Sprache lebender und beseelter Rede (vgl. *Phaidros*, 275d–276a).

Platon konstruiert damit keinen Gegensatz zwischen Schrift und Erinnerung: Er kritisiert vielmehr die Ansicht, dass sich der Akt des Erinnerns durch Technologien der Gedächtnisspeicherung ersetzen lasse. Die Schrift als die Form, in der die Übersetzung von Erinnerung in Sprache fixiert wird, ist nicht nur Objekt, sondern auch Subjekt der Kritik. Denn es ist die Schrift, die uns bemerken lässt, dass kein Austausch von Gedächtnisgehalten die Fähigkeit des Erinnerns zu ersetzen vermag.

Umgekehrt erschöpft sich diese Fähigkeit nicht in einer intramentalen Selbstbeziehung. Was Erinnern heißt, bedarf der Sprache. Erst in Formen der Äußerung können wir auf unser Erinnern zurückkommen und sei es – wie im *Phaidros* – durch die Kritik, dass keine Technologie den Akt des Erinnerns ersetzen kann. In sachlicher Hinsicht ist damit die Entdeckung der semantischen Evidenz, dass jedes Erinnern ein Wiedererinnern in sich schließt, um die Erkenntnis ergänzt, dass das Vermögen des Erinnerns nicht in Akten des Konservierens besteht: Erinnern ist nicht die (intramental) bedeutungsidentische Kopie vor-anamnetisch gegebener Daten. Erinnern ist vielmehr eine Bewusstseinsleistung sui generis, die sich weder durch Datenspeicherungsvorgänge noch gar durch Datenträger substituieren lässt.

Auf die erkenntnistheoretischen Themen, die sich aus der Einsicht in die Notwendigkeit ergeben, dass zwischen *hypomnesis - mneme - anamnesis* differenziert werden muss, kommt Platon in den Spätdialogen *Theaitetos* und *Sophistes* zu sprechen. Ad absurdum geführt wird die Meinung, dass die Erinnerung als ein mentaler Behälter und Erinnern als datenreduplizierendes ›Ver-Innern‹ vorgestellt werden könne. Als Modelle, die Erinnern auf die Speicherleistungen des Gedächtnisses und diese wiederum auf einen mentalen Kopiervorgang reduzieren, fungieren das Bild vom Erinnern als einem Abdruck in der ›prägbaren Wachsschicht‹ der *psyche* (vgl. *Theaitetos*, 191d) und dasjenige vom ›Taubenschlag‹ für die Tätigkeit der Seele (vgl. *Theaitetos*, 197c ff.). Zwei Argumente widerlegen diese repräsentationalistischen Modelle. Wäre die Seele ein mentales Behältnis und bestünde Erinnern in einem eineindeutigen (bedeutungsidentischen) Abspeichern gegebener Daten, ließe sich erstens falsches Vorstellen nicht erklären: Nun gibt es falsches Vorstellen – das Gedächtnis kann uns täuschen –, also stimmt das Repräsentationsmodell nicht. Zweitens: wenn Erkenntnis (auch falsches Vorstellen) auf vor- bzw. außerpsychisch Gegebenes zurückgeführt werden soll, entsteht ein infiniter Regress: Erkenntnisse müssten jeweils auf etwas vor dem Erinnern schon erinnerungsunabhängig Erinnertes zurückgeführt werden (vgl. *Theaitetos*, 200b/c). Über den Abweis der Repräsentationsmodelle hinaus beginnt Platon damit im *Theaitetos* explizit nach Struktur und Semantik der Bewusstseinsleistung des Erinnerns zu fragen. Die Vorstellung, dass es (a) als Spei*chern* und (b) als Spei*cher* von erinnerungsfrei gegebenen Daten zu denken sei – als mentaler Raum der Repräsentation – ist irrig. Daraus folgt zugleich, dass Erinnern nicht – bzw. nicht hinreichend – verstanden ist, wenn man es als Form oder Instrument mentaler Introspektion denkt. Die Frage, was Erinnern ist, wird dadurch zur Frage, wie es sich als Beziehung auf etwas von ihm Unterschiedenes zeigt. Was Erinnern ist, ist mit dem, was erinnert wird, nicht gleich. Diese Dialektik der Verschiedenheit, ohne die die semantische Natur der Erinnerung und ihres Bezugs zu den Zeichen, in denen sie sich zeigt, nicht gedacht werden kann, diskutiert Platon im *Sophistes* (vgl. *Sophistes*, 244d, 262e). Erinnernd wissen wir, dass das, was erinnert (und in Zeichen benannt) wird, vom Akt und der Präsenz des Erinnerns unterschieden ist und dass dieses Moment um sich selbst wissender Unterschiedenheit zum Sinn des Erinnerns wie der Natur des Verstehens von Zeichen gehört. Damit beginnt Platon der Evidenz, dass jedes Erinnern ein Wiedererinnern bedeutet, die Einsicht hinzuzufügen, dass das Was des Erinnerns nicht erklärt werden kann, wenn man es mit dem Was des Erinnerten in eins setzt.

Aristoteles: Auf die Frage, was sich ergibt, wenn man die semantische Evidenz, dass jedes Erinnern Wiedererinnern ist, ohne die mythische Annahme einer Präexistenz der Seele erklärt, hat als erster Aristoteles reagiert – und zwar in der kleinen Schrift *Peri mnemes kai anamneseos* (*Über Gedächtnis und Erinnerung*). Aristoteles schließt an Platons Unterscheidung zwischen Gedächtnis (dem aufbewahrenden Erinnern als *mnemoneuein*) und der Erinnerung als Wiedererinnerung (*anamnesis, anamimneskein*) an. Erinnern ist (a) von den Gegenständen, die erinnert werden, unterschieden und (b) nicht auf seine Gegenstände reduzibel. Es lässt sich nicht erklären durch das, ›was‹ erinnert wird. Es ist ›Bild von etwas‹ (*eikon*), nicht sekundärer Ab- oder Eindruck (*typos*) ›primärer‹, vorgängiger Daten. ›Semantisch‹ bedeutet Erinnern die ›Präsenz von Nichtpräsentem‹ – die erwähnte logische Entdeckung in Platons *Sophistes* bringt Aristoteles mit der zeitlichen Natur der Erinnerung zusammen: Erinnern richtet sich auf Vergangenes und zwar in einer von den Speicherleistungen des Gedächtnisses zu unterscheidenden Weise.

Doch »Erinnerung unterscheidet sich vom Gedächtnis nicht nur bezüglich der Zeit (*katà tòn chronon*), sondern auch darin, dass sich Gedächtnis (*mnemoneúein*) auch bei vielen anderen Lebewesen findet, Erinnerung aber (*anamimneskesthai*), so kann man sagen, sich bei keinem anderen Lebewesen findet, außer beim Menschen. Die Erinnerung ist nämlich gleichsam eine Art Schluß (*syllogismós*)« (*Peri mnemes kai anamneseos*, 453a6–10). Es ist die Fähigkeit des Erinnerns, die den Menschen unter den übrigen Lebewesen auszeichnet. Diese Fähigkeit muss, so Aristoteles weiter, »auf einem Prinzip gründen [...], das größer, d. h. erklärungsmächtiger (*pleíonos arches*) ist als das, von dem ausgehend man sich zu erinnern lernt« (*Peri mnemes kai anamneseos*, 451b9–11).

Aristoteles' Antwortansatz auf die Frage, was die *arche* ist, die die Fähigkeit des Erinnerns vom mentalen Speicher ›Gedächtnis‹ unterscheidet, erfolgt in drei Schritten. Ausgangspunkt ist die Common-sense-Auffassung: Es gebe *mneme* nur von Vergangenem (vgl. *Peri mnemes kai anamneseos*, 449b10–15). In einem zweiten Schritt fragt Aristoteles nun aber danach, auf welchen Leistungen die Speicherfunktion beruht, die wir als Gedächtnis denken. Er entdeckt dabei, dass das Erinnern, das dem Gedächtnis-Haben zugrunde liegt, sich nicht darin erschöpft, extramentale ›Dinge‹ – Reizeindrücke – in ein mentales Innen zu kopieren und informations- oder datenidentisch zu ›speichern‹. Das Gedächtnis-Haben, das Erinnern meint, heißt vielmehr, die Gegenstände oder Objekte des Erinnerns in ihrer gerade zeitlichen Verschiedenheit zu verbinden: Jede Art von Gedächtnis ist mit Zeit verbunden. Schon zur Struktur der Repräsentationsleistungen, die wir mit Gedächtnis meinen, gehört, dass es sie »nicht gibt, ehe eine Zeit vergangen ist« (vgl. *Peri mnemes kai anamneseos*, 451a31). Damit unterläuft Aristoteles die mythische Zusatzhypothese einer Präexistenz der Seele, mit der Platon die Evidenz, dass jedes Erinnern ein Wiedererinnern (ein ›Erinnern des Erinnerns‹) in sich schließt, absichern zu müssen meinte. Die Erfahrung von Zeit ist ursächlich mit dem Vermögen der Erinnerung (dem *anamimneskein*) verbunden. Erinnern bedeutet, zeitlich Verschiedenes gerade im Bewusstsein seiner Verschiedenheit zu verbinden – und zwar so, dass die Instanz, die das leistet, sich selbst als zeitlich bestimmte begreift: Das unterscheidet Erinnern vom Gedächtnis. Die Einsicht, dass das Erinnern deshalb auf einem Prinzip gründen muss, das erklärungsmächtiger ist als das, von dem ausgehend man sich zu erinnern lernt, hat Aristoteles freilich nur als Hypothese formuliert. Es wird Augustinus sein, der den von Aristoteles ausgelegten Faden aufgreift und expliziert, in welchem Sinne der Syllogismus der Erinnerung sich als die Kraft des Lebens im sterblich lebenden Menschen zeigt.

Plotin: Plotin setzt das Denken ausdrücklich dem Erinnern entgegen und denkt dieses Erinnern als eine Art von Abspeichern (als ein Aufbewahren) des Wahrgenommenen. Die Seelenkraft der *mneme* gehöre mit dem Vorstellungsvermögen (dem *phantastikon*) zusammen und sei im Unterschied zur Anamnesis, die mit der Zeit (dem *chrónos*) nichts zu tun habe, zeitgebunden. Die ›gute Seele‹ sei ›vergesslich‹ und fliehe aus dem Vielen in die Erinnerungslosigkeit des ›Einen‹ (vgl. *Enneade* IV.3.25–32). Habe die Seele durch Vergessen den Bereich des Noetischen erreicht, dann gebe es dort nicht nur keine erinnerten Dinge, sondern auch kein Erinnern mehr. Denn Erinnern erzeugt Andersheit: Es habe notgedrungen mit dem ›Vielen‹ und Zeit als Form wie Bedingung des Werdens zu tun. Erinnern verzeitlicht das Denken. Deshalb stehe das Vermögen der Erinnerung unterhalb der *psyche* (›psyche‹ wird hier wie bei Platon als Weltseele verstanden). Plotin verknüpft die Erinnerung mit Zeit als Bedingung (der Vielheit) diesseitiger Existenz und bindet dabei das Erinnern an die Zeitdimension ›Vergangenheit‹. Diesem zeitbedingten Erinnern wird das Vergessen als ekstatische Einung jenseits aller Verbindung mit dem Zeitlichen entgegengesetzt. Die Entgegensetzung, die Plotin damit auf klassische Weise formuliert, ist die Entgegensetzung zwischen einem Erinnern, das nur als Methode und Instrument des in sich gehenden Geistes erscheint, und einem Vergessen, das als Negation allen Erinnerns der Erinnerung gegenüber privilegiert wird, weil es die Sphäre des Endlichen hinter sich lasse. Wo Erinnern war, soll Vergessen werden – wobei dies Vergessen jene Tabula rasa bewirken soll, auf der

der Geist, in sich zurückgegangen und unberührt von allem Endlichen, allein sich noch auf sich bezieht. Umgekehrt wird damit bei Plotin deutlich, dass sich das Vermögen der Erinnerung als Selbstbezug endlicher Wesen gerade in dem Sinn erweist, dass dieser Selbstbezug nicht auf eine erinnerungsfrei gegebene noetische Struktur abzubilden ist. Erinnern ist ein irreduzibles Plus in der wissenden Selbstbeziehung endlicher Wesen.

Nachantike – Augustinus

Der nach Platon bedeutsamste Einschnitt im Denken der Erinnerung vollzieht sich an der Schnittstelle von antikem und nachantik- ›mittelalterlichem‹ Denken bei Augustinus. Er ist der erste, bei dem das Verhältnis zwischen Gedächtnis und Erinnerung wie die Frage nach der Semantik und den Strukturen wissender Selbstbeziehung, die sich im Vermögen der Erinnerung zeigen, in voller Breite erläutert werden. Das schließt die (von Aristoteles angeregte) Frage nach der zeitlichen Natur und dem zeitlichen Sinn dieses Vermögens ebenso ein wie das Wissen, dass sowohl repräsentationalistische Modelle wie mentalistische Engführungen dem Sinn der Erinnerung nicht gerecht werden. Augustinus hat die von Platon entdeckte Evidenz, dass jedes Erinnern ein Wiedererinnern in sich schließt (s. o.), als innerzeitliches Erfahrungsdatum ausgewiesen und plausibel gemacht. Dies geschieht vor allem in den *Confessiones* und in *De trinitate*.

Dass der Mythos einer Präexistenz der Seele im christlichen Kontext nicht akzeptabel ist, nötigt dazu, durch die Analyse des Erinnerungsvermögens den Gedanken der Wiedererinnerung zu fundieren, statt umgekehrt das Erinnern mit einem vorausgesetzten Wiedererinnern zu erklären. Die hier zu leistende Erinnerungsanalyse beginnt in Buch X der *Confessiones* mit der Einsicht, dass mit dem in allen Akten der Wahrnehmung tätigen ›Ich‹ nicht erklärt werden kann, was Erinnern im Grunde bedeutet (vgl. *Confessiones*, X.6.9–8.12). Um das zu verstehen, reicht weder der Rekurs auf ein in den verschiedenen Sinnesempfindungen sich gleichsam autark als ›Einer, Ich‹, als ›Geist‹ (als »unus ego animus«) durch- haltendes inneres Subjekt noch die verräumlichende Vorstellung aus, die Erinnern auf Gedächtnis und dessen Funktion auf einen inneren Aufbewahrungsort reduziert. Als Gedächtnis wird die Erinnerung gleichsam in räumlicher Form betrachtet. Sie erscheint als mentaler Thesaurus, auf den sich reproduzierende Akte der Repräsentation von Erinnertem beziehen. Was im Gedächtnis aufbewahrt ist, erinnert sich aber nicht von selbst – sondern will erinnert werden und wird meist unwillkürlich erinnert. Etwas erinnert zu haben bedeutet deshalb nicht dauernde oder ununterbrochene Präsenz. Zu erinnern setzt vielmehr Vergessen voraus. ›Vergessen‹ ist der Gegenbegriff zum Gedächtnis, sofern dieses als Konservierungsinstanz aufgefasst wird. Vergessen ist aber nicht der Gegensatz des Erinnerns. Was Erinnern heißt, setzt sich vielmehr aus beidem – der Speicherfunktion des Gedächtnisses und dem Vergessen – zusammen. Weil es Vergessen voraussetzt und in sich schließt, bedeutet Erinnern keine konservierte oder konservierende Präsenz, sondern einen Akt der Vergegenwärtigung. Erinnern ist nicht auf (urimpressional) einmalige Akte zurückzuführen, die durch ein Inwendigmachen konserviert würden, sondern ein wiederholendes und wiederholend sich auf sich selbst beziehendes Vermögen. Erinnern schließt die zwischen den jeweils erinnerten Jetzten und den Jetzten des Erinnerns vergangenen zeitlichen Zwischenräume (die *intervalla temporum*) auch – und gerade – qua Vergessen in sich. Nicht eine konservierende Präsenz, sondern Vergessen ist in diesem Sinn – auch wenn es paradox klingt – die innere Form der Erinnerung.

Die Selbstgegenwärtigkeit des Erinnerns besteht deshalb nicht darin, dass uns erinnernd alles gegenwärtig wäre und bliebe (vgl. *Confessiones*, X.13.20). Die Vorstellung, die Erinnern mit einem zeitlosen Gedächtnisspeicher identifiziert, ist die Vorstellung eines Geistes, der alle Endlichkeit und mit ihr das Vergessen in sich getilgt hätte. Dieser (traumatischen) Restriktion des Erinnerns auf ein Nicht-vergessen-Können widerspricht aber das triviale Faktum, dass wir deshalb erinnern müssen und erinnern können, weil wir vergessen. Entscheidend nun ist, dass sich diese

Trivialität in der Erinnerung selbst findet. Deshalb wird gerade daran, was sich dem Erinnern immer von neuem entzieht, bemerkbar, dass das Vermögen der Erinnerung die Kraft des Lebens im sterblich lebenden Menschen ist: die *vis vitae in homine vivente mortaliter* (*Confessiones*, X.17.26). Erinnern heißt nicht, Gedächtnisinhalte in zeitloser Präsenz zu konservieren. Es ist kein bloßes ›Andenken‹. Gäbe es eine zeitlose Präsenz der Gedächtnisinhalte, so bedürften wir des Erinnerns nicht. Erinnern müssen wir, weil wir vergessen und Zeit vorübergeht. An diesen beiden Evidenzen alltäglicher Erfahrung macht Augustinus eine doppelte Entdeckung. Die erste besteht darin, dass das Subjekt des Erinnerns nicht das bloß vorausgesetzte autarke Ich einer mentalen Innenwelt, nicht der »unus ego animus« ist (s. o.). Das ›Subjekt‹ des Erinnerns ist vielmehr jene Identität, die sich in der Verbindung von zeitlich Verschiedenem erst bildet. Erinnern vollzieht sich im Vergehen von Zeit. Es vollzieht sich so – und das ist die zweite Entdeckung, die Augustinus in Buch X der *Confessiones* macht –, dass das Vergehen der Zeit und dessen, was in der Zeit ›ist‹, d. h. auch das Vorübergehen des Erinnerns selbst, in der Erinnerung ist. Das – nicht eine Zeitlosigkeit des Geistes – ist der Grund, weshalb die *vis memoriae* von den Speicherleistungen des Gedächtnisses unterschieden und ›unendlich‹ ist. Genau durch das, was sich dem Vermögen der Erinnerung zu entziehen scheint und doch in der Erinnerung ist, wird uns die Erinnerung als produktives Vermögen bewusst.

Bringen die *Confessiones* die Erinnerung als Kraft des Lebens im sterblich lebenden Menschen zur exemplarischen Darstellung, so rückt in *De trinitate* die *memoria* in die Mitte der begrifflichen Rekonstruktion dessen, was das menschliche Bewusstsein als göttliche Trinität in sich findet (und erinnert). In der Erinnerung gründet die dynamische und zirkuläre Struktur des Bewusstseins, das sich wegen dieser Struktur als Entsprechung der schöpferisch gedachten Trinität begreift. In diesem Zusammenhang unterscheidet Augustinus zwischen dem Aspekt der *memoria*, in dem sie auf sich selbst (*ad se ipsam*) bezieht, und jenem, bei dem sie sich auf etwas bezieht (*ad aliquid*) und ›bezügliche‹ (*relative*) heißt (vgl. *De trinitate*, X.11.18). In ihrer Beziehung auf etwas – das Erinnerte – erscheint die *memoria* als Gedächtnis. In ihrer Beziehung auf sich selbst wird die Erinnerung als Kraft der Selbstbeziehung von Lebendigem einsichtig. Diese Beziehung-auf-sich in der Beziehung-auf-anderes, die Erinnern ist, gehört in dem Tätigsein, das *mens* als Geist und Bewusstsein heißt, mit Erkennen und Wollen zusammen. Erinnern geschieht nicht automatisch oder konditioniert, es ist als Auf- oder Abrufen von Daten untererklärt. Es ist Ausdruck einer Intentionalität: Ausdruck eines Erinnernwollens. Erkennen wir, dass wir erinnern wollen, so erkennen – und erinnern – wir einen ›inneren Vorgang‹, der sich in der Beziehung auf Gegenstände wiederholend auf sich selbst bezieht (vgl. *De trinitate*, X.11.18). In den Akten des Denkens gehören Erinnern, Einsehen und der Wille zusammen. Das Vermögen der Erinnerung ist als der Wille zum Erinnern wirklich. Es ist kein mentales Innen, sondern die Beziehung, in der die *mens* sich vorfindet. Die Einheit von ›Sich-Erinnern, Einsehen und Wollen‹ ist der Modus, in dem der Geist sich in seiner Endlichkeit vorfindet wie erkennt. Erinnern vollzieht sich hier in vielen, wenn man so will, ›kleinen‹ Erinnerungsvorgängen, die jeweils nicht eigens bewusst (als solche thematisch) werden. Sie sind als ›geheimes Wissen‹ (*arcana notitia*) in der Erinnerung, die dadurch zum »Verborgenen des Geistes« (*abditum mentis*) wird: zur »abgründigeren Tiefe der Erinnerung (der »abstrusior profunditas memoriae«; vgl. *De trinitate*, XIV.6.8; 7,9; XV.21.40). Der terminus *abditum mentis* und die Rede von der *abstrusior profunditas memoriae* sind keine Formeln für etwas, was die Kraft des Denkens überstiege oder zu dem über die Grenzen des Denkens hinaus aufzusteigen wäre. ›Abgrund‹ heißt, dass die Erinnerung auf keinen anderen (extramemorialen) ›Grund‹ zurückzuführen ist. Und das ›Verborgene des Geistes‹ ist der Terminus technicus dafür, dass wir ›mehr‹ im Bewusstsein haben, als uns jeweils aktual bewusst erscheint. Deshalb ist das Denken als ›Erinnern seiner selbst‹ (als »memoria sui«: *De trinitate*, XIV.6.8) aufzufassen – als der Wille und der

Wunsch, dasjenige, was im Grund des Bewusstseins (gewissermaßen ›immer schon‹) ist, zur Einsicht zu aktualisieren.

Das, was eingesehen wird, und der Wille, einzusehen und zu erinnern und dieses Einsehen und Erinnern zu wollen, sind als ›innere Erinnerung des Geistes‹ mit allem, was wir denken, gleichzeitig. Mit der *memoria interior* legt Augustinus offen, dass sich Erinnern nicht auf punktuell-abbildende Akte beschränkt, sondern ein kontinuierlich-›einbildendes‹ Tätigsein bedeutet. Nicht als mentale ›Blackbox‹ liegt die Erinnerung allen Denkakten zugrunde, sondern als jenes tätige Bezogensein, in dem der Geist sich vorfindet, wenn er sich in seiner Endlichkeit und darin sich als wissende Selbstbeziehung erkennt und zugleich dies, sein erkennendes Sich-auf-sichselbst-Beziehen, erinnert. In diesem Zusammenhang wird zugleich ein Vorurteil korrigiert, das die Vorstellungen, die es bezüglich des Sinns der Erinnerung gibt, so begleitet wie die klassische Festlegung, dass Vergessen das Gegenteil der Erinnerung und jene Tätigkeit sei, die Erinnern negiere. Es ist das Vorurteil, dass Erinnern sich ausschließlich auf Vergangenes richte und an die Zeitdimension Vergangenheit gebunden sei. Dem stellt Augustinus entgegen, dass das Vermögen der Erinnerung sich auch und insbesondere als Vermögen der Erinnerung des Gegenwärtigen erweist. Dass Vergangenes wiedererinnert werden kann, zeigt, dass es erinnert (worden) ist. Erinnern ist nur erklärbar dadurch, dass das Gegenwärtige immer schon erinnert ist. Es enthält (mindestens) zwei Gegenwärtigkeiten in sich: die des Vergangenen in seiner vergangenen Gegenwärtigkeit (wird es erinnert) und die des Erinnerns ›jetzt‹ (als dem gegenwärtigen Erinnern). Das Vermögen der Erinnerung ist sozusagen nichts anderes als das Vermögen der Erinnerung von Gegenwärtigkeit. Erinnern kommt der Empfindung des Gegenwärtigen nicht erst nachträglich – als allein sekundäres Reproduzieren eines primären Datums – hinzu. Es ist vielmehr in der Wahrnehmung des Gegenwärtigen selbst primär verortet, so dass »auch bei einer gegenwärtigen Sache, wie der Geist es ist, ohne Absurdität Erinnerung jenes Vermögen genannt [werden kann], durch das er sich gegenwärtig ist« (*De trinitate*, XIV.11.14).

Neuzeit – Hobbes, Locke, Leibniz, Vico

Bei Platon, Aristoteles und Augustinus finden sich die entscheidenden Anstöße zur philosophischen Bestimmung von Sinn und Semantik von Gedächtnis und Erinnerung. In der folgenden, bis zu Nikolaus von Kues reichenden Epoche des Denkens ›versteckt‹ sich die Auseinandersetzung mit Gedächtnis und Erinnerung in den Diskussionen der Trinitätslehre. Der Sache nach wird dabei an Augustinus' Memoria-Konzept angeknüpft. Die Erinnerung ist als ›Seelengrund‹ oder ›Grund im Bewusstsein‹ der Ort, an dem sich die Einheit von göttlicher und menschlicher Natur und mit ihr die irreduzible Dignität des sich in seiner Endlichkeit erinnernden Geistes zeigt. Insbesondere Dietrich von Freiberg und Eckhart von Hochheim radikalisieren diesen Grundgedanken der Trinität und verbinden ihn mit dem aristotelischen Konzept des ›tätigen Intellekts‹. Die Analyse des Objektes *memoria* wird – nach dem Ende der Hochscholastik in der Krisenzeit des 14. Jahrhunderts – zur Reflexion des Subjektes *memoria*. Was Erinnern heißt, ist als Grund des Bewusstseins zu begreifen, der sich in der dynamischen Struktur seiner Akte zeigt. Nikolaus von Kues wird die *memoria* als virtuellen Horizont des tätigen Geistes und in ausdrücklicher Anknüpfung an Augustinus die Intellekttätigkeit als *memoriae intellectus* begreifen. Ansätze zur Entfaltung der Natur des Denkens aus der *memoria* finden sich im Humanismus. Doch ist hier die Erinnerung vor allem als topologische Kunst des Gedächtnisses thematisch. Diese postmediävale Tradition der Gedächtniskunst bereitet die Optimierung der Speicherleistungen des Gedächtnisses vor, die vom Bau und der Einrichtung von Museen, in denen die mentalen Memorialorte vorgestellter Gedächtniskammern architektonisch umgesetzt werden, bis zu den Möglichkeiten digitalisierter Datenverarbeitung reichen. Die technische Optimierung der Speicherleistungen des Gedächtnisses begleitet dabei die sich entfaltende Neuzeit von Anfang an – und ist zugleich, ebenso von Anfang an, von einem Misstrauen dem Vermögen der Erinnerung gegenüber geprägt.

Descartes etwa setzt der ›lügnerischen Erinnerung‹, der »mendax memoria«, die er der Einbildungskraft und den Sinnen zuordnet, das »Aufdecken der eingeborenen Ideen« qua »Wiedererinnern« (*reminisci*) entgegen (vgl. *Meditationes de prima philosophia*, II.2; V.4; *Regula ad directionem ingenii* VIII.6). Damit ist ein Mentalismus verbunden, der Erinnern als innere Repräsentation gegebener (äußerer und vergangener) Objekte auffasst – als das Instrument imaginativer Repräsentation. Hobbes etwa (vgl. *Leviathan*, I.2) ist die Erinnerung ein Zerfallsprodukt, in das qua Imagination ursprüngliches Empfinden übergeht oder verwest. Erinnern wird auf die sekundäre Kopie primärer Reize reduziert.

Locke kritisiert die Annahme eingeborener Ideen, in der bei Descartes das Präexistenzmythologem wiederkehrt, mit dem Platon sein Anamnesistheorem verbunden hatte. In der Kritik an Descartes' mentalistischer Annahme eingeborener Ideen unterscheidet er die Erinnerung von ihrer Reduktion auf die Aufbewahrungsleistungen des Gedächtnisses und geht zugleich – wie vor ihm Augustinus – über den unreflektierten Gegensatz von Erinnern und Vergessen hinaus. Er nennt das Vermögen der Erinnerung *retention* und das aufbewahrende Gedächtnis »memory, the Store-house of our Ideas« (vgl. *Essay*, II.10.1–3). Neben dem ursprünglichen Wahrnehmen sei dieses aufbewahrende Gedächtnis am notwendigsten. Zwar bleibt er damit in der Vorstellung befangen, dass Erinnern eine sekundäre Art der Erfahrung sei (vgl. *Essay*, II.10.7). Gleichwohl betrachtet er das mit dem Aufbewahren zusammenhängende Erinnern als zentrales Element des als dynamische Prozesseinheit zu verstehenden Bewusstseinsstromes. Bei dem, was Locke hier als *consciousness* konzipiert oder begreift, werden zwei zentrale Entdeckungen Augustinus' in die Sprache neuzeitlichen Denkens übersetzt. Erstens unterscheidet sich Erinnern vom bloßen Aufbewahren (auch beispielsweise in Gestalt neuronaler Codierungen) ›angeborener‹, prä- wie extramemorialer ›Ideen‹. Was Erinnern heißt, kann hinreichend nicht von den Objekten des Erinnerns her erklärt werden. Die Bedeutungsgehalte von Äußerungsformen sind nicht im Gedächtnis deponiert, sondern in der Form erinnernd tätigen Bewusstseins gegeben. Erinnern ist keine bloße Software in Relation zur materiellen Hardware des Gedächtnisses. Zweitens schließt Erinnern Vergessen in sich. Was die Identität des Bewusstseins – und insbesondere auch die Identität personalen Daseins – ausmacht, ist stets durch Zustände des Vergessens ›unterbrochen‹ (vgl. *Essay*, II.27.10). ›Identität‹ ist nicht das Produkt eines sich durchhaltenden ›identischen Ich‹ (einer Ich-Substanz), sondern Resultat des von ›Vergessen‹ durchsetzten Erinnerns. Erinnern müssen endliche Wesen, weil sie vergessen – genau daran wird bewusst, was Erinnern heißt. Nicht ein Set mentaler Daten (oder extramemorialer Codierungen) konstituiert personale Identität, sondern das Vermögen der Erinnerung. Die aufbewahrenden Leistungen des Gedächtnisses sind ein Aspekt dieses Vermögens.

Leibniz greift auf Platons Gedanken der Anamnesis zurück. Die »Lehre der Wiedererinnerung sei gut überlegt«, wenn man sie von der Annahme einer Präexistenz reinige (*Discours de métaphysique*, § 26). Damit verweist Leibniz auf den sachlichen Kern von Platons Anamnesistheorem. Erinnern erscheint im Bewusstsein als Bemerken, etwas schon zu kennen. Der ›Irrtum der Präexistenz‹ besteht darin, dass Platon meinte, die interne Logik oder Semantik des Erinnerns auf ein erinnerungsunabhängiges – präexistent-primäres – Faktum zurückführen zu müssen, dem gegenüber Erinnern ein sekundäres Aktivieren sei. Will man diesen Irrtum vermeiden, dann muss man sich Aufklärung über die semantische Evidenz verschaffen, dass jedes Erinnern ein Wiedererinnern bedeutet. Das ›Faktum‹ des Wiedererinnerns gilt es aus der internen Struktur des Erinnerns und als innerzeitlichen Akt plausibel zu machen. Leibniz fügt hier den diesbezüglichen Erklärungsangeboten, die sich bei Augustinus finden, mit der Betonung der Bedeutung der »petites perceptions« (kleine Wahrnehmungen) eine wichtige Präzisierung hinzu. Er zeigt, dass die 0/1-Codierungen im Hinblick auf das, was Bewusstsein ist, dem Befund unseres Wahrnehmens nicht entsprechen. Dieses Wahrnehmen ist vielmehr von unmerklichen Perzeptionen dergestalt durchsetzt, dass etwas erinnert ist, ohne bewusst gespeichert worden zu sein (vgl. *Monadologie*, §§ 14–21). Diese ›kleinen‹ oder unmerklichen Wahrnehmungen seien von ›großem Nutzen‹ für die Erklärung der Identität individuellen Bewusstseins: »Diese unmerklichen Perzeptionen sind es auch, die dasjenige bezeichnen, was wir ein und dasselbe Individuum nennen: denn kraft ihrer erhalten sich im Individuum Spuren seiner früheren Zustände, durch die die Verknüpfung mit seinem gegenwärtigen Zustand hergestellt wird« (*Neue Abhandlungen*, Vorrede). Die Identität von Bewusstsein gründet in einer Intentionalität, die ›unter‹ den Daten bewussten oder absichtlichen Aufbewahrens jenen Subtext bilden, der Erinnern erklärt. Die unwillkürlichen Wahrnehmungsleistungen, die hier im Spiel sind, lassen sich nicht verlustlos in Formen mentaler Repräsentation, die als Abbildungsfunktionen aufgefasst werden, übersetzen. Deutungen, die Erinnern als bedeutungsidentische ›innere‹ Kopie eines gegebenen ›äußeren‹ Datums denken, muss der Sinn der Erinnerung dunkel bleiben. Er geht in einer zweistelligen ›Repräsentierendes-Repräsentiertes‹-Logik nicht auf. Das hat Konsequenzen für das Verhältnis Gedächtnis-Erinnerung.

Erinnern hängt mit den Speicherleistungen der Maschine Gehirn, die wir mit Gedächtnis meinen, zusammen. Aber es ist darauf nicht reduzibel (vgl. *Monadologie* § 17). Was wir erinnern, können wir gegebenenfalls auf Daten und Reize zurückführen – nicht aber, dass wir erinnern. Dass wir erinnern, ist ein um sich wissendes ›Sich-Beziehen-auf‹, in dem das jeweils erinnerte Jetzt in seinem Zusammenhang und in seiner Differenz zum Jetzt des Erinnerns ›bewusst‹ wird. Leibniz bringt die daraus folgende mehrstellige Logik des Erinnerns mit seinen ›petites perceptions‹ zu bewusstseinstheoretischer Sprache.

Die deutlichste Kritik am mentalistischen Vernunftbegriff der Neuzeit und seinem Misstrauen gegenüber dem Vermögen der Erinnerung, das sich nicht auf die ›dienende‹ Funktion der aufbewahrenden Speicherleistungen des Gedächtnisses beschränken lässt findet sich bei Giambattista Vico. Die *memoria* gilt ihm als sinn- wie sprachschöpferisches Vermögen. Als diese Äußerungsformen generierendes wie ihrer bedürftiges Vermögen erscheint die *memoria* innerhalb der kultursemiologischen Trias von *memoria, fantasia, ingegno* (Erinnerung, Einbildungs- und Erfindungskraft) als kulturstiftende Bedingung der Möglichkeit, die auf die Daten der Geschichte als Zeichen zurückkommen und Geschichte erzählen lässt. Hesiods Satz, dass Mnemosyne die Mutter der Musen ist, deutet Vico in dem Sinn, dass die Erinnerung sich damit als Matrix der Künste der Humanität erweise. Sie wird dies, indem sie in Formen kultureller Überlieferung übersetzt erscheint. Die Geschichte der Sprache – das *dizionario mentale commune* – erweist sich insofern als Naturgeschichte der Formen kultureller Erinnerung. Was ›Erinnern‹ heißt, enthält das Objekte erinnernde Gedächtnis (*rimembrare*). Es zeigt sich in der die erinnerten Gegenstände verändernden und nachschaffenden (*alterare e contraffare*) Phantasie, es beweist sich als Erfindungsgabe. Aufgrund dieser Natur des Sinns der Erinnerung ist Phantasie ein Wiederhervorspringen von Erinnertem und ›Ingenium‹ der erfinderische Umgang mit den Dingen, derer man sich entsinnt. Das produktive Ingenium der Erinnerung zeigt sich in der *ars inveniendi*, der Kunst des Findens. Als Ingenium verwirklicht sich dieses Vermögen der Erinnerung in der Fähigkeit, Verschiedenes zu verbinden. Verschiedenes zu verbinden ist der Sinn der Erinnerung. Darin gründet ihre unhintergehbares Verwiesensein auf die Materialität äußerer (dinghafter, von der ›Innenwelt‹ des Geistes unterschiedener) Zeichen. In ihrer verdinglichten Materialität sind sie die Formen, in denen der ›inwendige‹ Geist ›auswendig‹ erscheint. Der Sinn für die Beziehung zwischen dinghafter Materialität und freier Erinnerungsfähigkeit gelangt in den Zeichen der Kultur zu Ausdruck, in ihm besteht Kultur. Die kulturstiftende Fähigkeit des Erinnerns ist kein Besitzstand. Sie ist bedroht von der zyklisch wiederkehrenden »Barbarei der Reflexion«, die sich beispielsweise immer dann zeigt, wenn man meint, Erinnern durch Technologien der Gedächtnisspeicherung ersetzen zu können – das war im Übrigen bereits der Kern von Platons Kritik am Glauben, Erinnern ließe sich durch Techniken der Informationsaufzeichnung ersetzen.

Deutscher Idealismus – Hegel und Hölderlin

Die Zusammengehörigkeit des reproduktiven Aspekts des Vermögens der Erinnerung mit ihrem produktiven Sinn hat Kant in die Funktionen von reproduktiver und produktiver Einbildungskraft aufgespalten. Daran schließen die Diskussionen im Deutschen Idealismus an: Fichte sucht beide Aspekte der Einbildungskraft zusammenzuhalten, Schelling paraphrasiert Platons Präexistenzmythologem buchstäblich als Erinnern eines vorindividuellen Eins-Seins mit Natur. Zum Austrag kommt die mit dem neuzeitlichen Vernunftbegriff verbundene Evaluierung von Gedächtnis und Erinnerung und beider Verhältnis bei Hegel und Hölderlin.

Mit Hölderlin war Hegel zunächst der Ansicht, dass die Erinnerung als der reflexiv nicht hintergehbare Grund der dynamischen Struktur ›Bewusstsein‹ zu denken und vom Gedächtnis unterschieden ist, wenn er (im *Geist des Christentums*) vom »Gedächtnis« als »Beinhaus der Wirklichkeiten« spricht. Im ausgereiften System aber wird wieder das Gedächtnis privilegiert und die Erinnerung noch unter die Tätigkeit der Einbildungskraft herabgestuft. In den *Vorlesungen über Ästhetik* macht Hegel einen Hiatus zwischen der Erinnerung, die die »Einzelheit und äußere Art des Geschehens« bewahre, und der produktiven Phantasie. Als mit seinen Gegenständen identifiziertes Erinnern wird die Erinnerung unter das ›Allgemeine‹ des Geistes herabgestuft. Und in der *Enzyklopädie* fungiert die Erinnerung, von Einbildungskraft und Phantasie getrennt, nur noch als »nächtlicher Schacht der Intelligenz« und wird dem Gedächtnis subordiniert (vgl. *Enzyklopädie* [1830], §§ 452–462). Die Mitte dieses Übergangs zur Depotenzierung der Erinnerung bildet die *Phänomenologie des Geistes*. Sie kulminiert zwar geradezu in der »Er-Innerung« als jener »höheren Form der Substanz«, die zum Resultat der Erfahrung des Bewusstseins wird. Diese höhere Form der Substanz wird aber als ›nächtliches‹ Prinzip der Verinnerlichung aufgefasst (vgl. *Das absolute Wissen*). Schon in den *Jenaer Systementwürfen zur Philosophie des Geistes* reduziert er Erinnern auf ein Instrument, durch das die äußeren Gegenstände ›unter die Herrschaft des Selbsts‹ kommen. Damit wird die Erinnerung zum mentalen Innenraum – zu jener »Nacht des Fürmichseyns«, in der Erinnern mit dem Erinnerten (den ›verinnerten‹ Gegenständen) identifiziert wird. Es wird zum Speicher oder Behälter von Erfahrungsdaten bzw. Informationseinheiten. Dieser – und nur dieser – Form der Erinnerung, in der sie als Aufbewahrungsort vorgegebener Bilder bzw. als Archiv des Geistes (als ›Beinhaus der Wirklichkeiten‹, von dem der junge Hegel die Erinnerung gerade unterschieden hatte) gedacht wird, stehen Vergessen und Verdinglichung als konkurrierende Instanzen gegenüber. Würde das Gedächtnis nun als ein solcher Speicher bzw. Behälter tatsächlich funktionieren, gäbe es weder Vergessen noch müssten wir erinnern. Freilich ist das ein Selbstwiderspruch, der die Gedächtnisauffassungen bis in die Gegenwart verunklart. Bedeutsam sind dem gegenüber zwei Bemerkungen. Erstens kann sich, was Gedächtnis heißt, allein als produktives Vermögen darstellen: Die »Zeichen erschaffende Tätigkeit kann das productive Gedächtniß (die zunächst abstracte Mnemosyne) vornehmlich genannt werden, indem das Gedächtniß, das [...] mit [...] Vorstellung und Einbildungskraft verwechselt und gleichbedeutend gebraucht wird, es überhaupt nur mit Zeichen zu thun hat« (vgl. *Enzyklopädie*, § 458). Zweitens ist die Fassung der Stellung und Bedeutung des Gedächtnisses und das Begreifen seines »organischen Zusammenhangs mit dem Denken« in der Lehre vom Geist »einer der schwersten Punkte« (*Enzyklopädie*, § 464).

Aufschlüsse geben hier ursprüngliche Einsichten Hölderlins. Er hat daran festgehalten, dass Erinnern weder mit seinen Gegenständen zusammenfällt noch sich im erkennenden Rückbezug des Denkens auf sich selbst, d. h. in der zweistelligen Logik von ›Innen/Geist – Außen/Dinge‹ erschöpft. Die mehrstellige Relation des Erinnerns bedarf vielmehr äußerer Objektivationen, in denen sich in Differenz zur mentalistischen Selbstbezüglichkeit bloßer Reflexion die Erinnerung wirklich erhält. Das erklärt für Hölderlin die Notwendigkeit, dass die Forderung einer Selbstreproduktion des Geistes eine »poëtische Verfahrungsweise« bedingt. Deren bewusstseinstheoretische Grundlagen wie Implikationen und daraus folgende Forderungen hat er in seinen theoretischen Fragmenten diskutiert und dabei deutlich gemacht, was den Unterschied zwischen dem produktiven Sinn des Erinnerns und den reproduktiven Leistungen des Gedächtnisses ausmacht. Das Gedächtnis wiederholt, Erinnern bringt hervor. Dieser hervorbringende Sinn bedarf der Äußerung – es kann sich nur in Formen der Äußerung reproduzieren. Nur in Formen der Äußerung vermag der Geist wirklich zu werden. Dies resümiert der Satz, den Hölderlin als »Wink für die Darstellung und Sprache« gibt: »So wie die Erkenntniß die Sprache ahndet, so erinnert sich die Sprache der Erkenntniß« (vgl. *Wenn der Dichter einmal des Geistes mächtig ist …*).

Der Sinn der Erinnerung erschöpft sich nicht in einer »Er-Innerung«, die mentale Begriffsgehalte systematisiert – jenem ›Er-Innern‹, das Hegel zum Resultat der *Phänomenologie des Geistes* hat werden lassen. Erinnern gibt es vielmehr nur, sofern ein Erinnerungsgeschehen übersetzt wird: Es gibt den »Sinn«, der die Erinnerung ist und den sie zugleich hat, nicht im Selbstbezug des Geistes, sondern nur in den Formen ihrer Äußerung. Die zweistellige Logik, die ein zeitfrei gedachtes mentales Innen sich auf äußere Gegenstände beziehen lässt, reicht für die Bestimmung der Funktion des Gedächtnisses aus. Sie erklärt aber nicht, dass und inwiefern sich Erinnern selbst mitteilt. Soll sich Erinnern mitteilen, so ist das nur als eine in der und unter der Bedingung von Zeit sich erfüllende Selbstbeziehung zu denken. ›Zeit‹ wird damit zum Medium, deren Objektivität die Erinnerung im Unterschied zur vermeintlichen Zeitlosigkeit des Gedächtnisses bedarf. Ohne die Objektivität sprachlicher Formen, die der Bedingung der Zeit unterliegen, ist es unmöglich, dass wir auf unser Erinnern selbst zurückkommen. Ohne äußere Zeichen ist es unmöglich, dass der Geist des Erinnerns sich und in anderen reproduziert. Hat es das produktive Gedächtnis (Hegel, s. o.) mit der Hervorbringung von Zeichen zu tun, so ist es die als Tun verstandene Sprache, in der sich das Wesen der Erinnerung zeigt.

Das Erbe des 19. und 20. Jahrhunderts: Zum Stand der Diskussion

Angesichts der Erklärungsschwundstufen, die Gedächtnis wie Erinnerung im Kontext der positivistischen Epistemologien erleiden, die ab dem 19. Jahrhundert das Ende der idealistischen Systembildungen begleiten, erinnert Søren Kierkegaard an den lebensweltlichen Sinn, den die Thematisierung des spezifischen Sinns von Gedächtnis und Erinnerung seit Platon hat, und bezieht sich auf Platons Anamnesistheorem zurück. Gegenüber dessen Deutung, die Erinnern gedächtnisgleich an ein Vergangenes rückbindet, bedeute konkretes Erinnern eine Wiederholung und bewahrheite sich als die Praxis eines ›Erinnerns nach vorn‹ (vgl. *Die Wiederholung*). In Differenz zum Gedächtnis erfüllt sich Erinnern, indem es praktisch wird. Zugleich löst Kierkegaard die unglückliche Verquickung des Erinnerns mit dem Vergangenen: ›Wiederholen‹ lasse sich nur Gewesenes, dass es aber (in erinnernder Praxis) wiederholt werde, sei das jeweils Neue. Das Praktischwerden der Erinnerung wird in ethischer wie ästhetischer Hinsicht zur grundlegenden Unterscheidung zwischen Gedächtnis und Erinnerung.

Nietzsche rekurriert auf das klassische Vorurteil, das Vergessen als Negation des Erinnerns denkt, kehrt dieses Vorurteil gegen die Leistungen des Gedächtnisses und fordert zunächst als ›Diät des Bewusstseins‹ gegen das ›mumifizierende Wiederkäuen‹ des ansammelnden Gedächtnisses »Vergessen« (vgl. *2. Unzeitgemäße Betrachtungen*, 1). Abgesehen davon, dass willentliches Vergessen ein Selbstwiderspruch ist, hilft Nietzsches Kritik die Bestimmung des Erinnerns zwischen Gedächtnis und Vergessen zu klären. Das willentliche Konservieren und endlose Kumulieren, dem er »aktive Vergeßlichkeit« entgegenstellt, eignet der »Mnemotechnik« des Gedächtnisses: nur was nicht aufhöre »weh zu thun«, so Nietzsche später, bleibe im Gedächtnis (vgl. *Zur Genealogie der Moral*, II.1–3). Sich Dinge gemerkt zu haben, ist die Basis des Erinnerns, solche Konditionierung reicht aber zu seiner Erklärung nicht zu.

Kurz nach Nietzsche weist Bergson darauf hin, dass der *mémoire* Vergangenheit (Vergangenes) und Gegenwart (Gegenwärtiges) gleichberechtigt präsent sind. Dass (Wieder-)Erinnern deshalb ein wiederfindendes Sich-Entsinnen bedeutet und sich durch die Akte solchen Wiederfindens die Identität einer Lebensgeschichte bildet, bringt dann Marcel Prousts *À la recherche du temps perdu* zu poetischer Darstellung. Über Prousts Recherche hinaus zeichnet sich die erste Hälfte des 20. Jahrhunderts durch ein Wiederzurückkommen auf Sinn und Vermögen der Erinnerung gerade auch in philosophischer Hinsicht aus.

So erinnert Wittgenstein an einige Selbstverständlichkeiten. Das Faktum etwa, dass uns das Gedächtnis täuschen kann, widerlegt (a) die physikalistische Reduktion der Erinnerung auf die Speicherfunktion des Gedächtnisses (vgl. *Philosophische Untersuchungen*, § 56). Erinnern ist nicht die sekundäre Kopie einer primären Erfahrung oder einer vorgängigen Codierung. Das »Bild vom inneren Vorgang« gibt deshalb (b) nicht »die richtige Idee von der Verwendung des Wortes erinnern« (PU, § 305) – auch nicht das Bild von ihm als einer Art »Rohr in die Vergangenheit« (vgl. PU, § 604). Die ›richtige Verwendung‹ erschließt sich vielmehr (c) nur der Analyse der Äußerungsformen und Symbolisierungsleistungen, in denen sich Erinnern ›zeigt‹ – es zeigt sich in Zeichen: in objektiv-dinglicher, materiell verkörperter wie medial vermittelter Form. Ein solcher Begriff der Erinnerung lässt sie zum Schlüsselbegriff für die Netzwerke wie für die Selbstreflexion kultureller Erfahrung werden.

Auf einen Punkt, auf den es beim Begreifen der Erinnerung als Schlüssel zur Selbstreflexion kultureller Erfahrung ankommt, hat Theodor W. Adorno in einem Brief an Walter Benjamin hingewiesen. In der Reaktion auf dessen modellhafte Analyse *Über einige Motive bei Baudelaire* hält er programmatisch fest:

»Ob ein Mensch Erfahrungen machen kann oder nicht, ist in letzter Instanz davon abhängig, wie er vergißt. Sie spielen auf diese Frage an in der Fußnote, in der Sie feststellen, daß Freud keine explizite Unterscheidung zwischen Erinnerung und Gedächtnis mache (ich lese die Fußnote als Kritik). Wäre es aber nicht die Aufgabe, den ganzen Gegensatz von Erfahrung und Erlebnis an eine dialektische Theorie des Vergessens anzuschließen? [...] Ich muß dem kaum hinzufügen, daß es sich dabei für uns nicht darum handeln kann, das Hegelsche Verdikt gegen die Verdinglichung nochmals zu wiederholen, sondern recht eigentlich um eine Kritik der Verdinglichung, d.h. um eine Entfaltung der widersprechenden Momente, die im Vergessen gelegen sind.« (*Briefwechsel* 1928–1940, 417/18)

Nur wenn man Gedächtnis und Erinnerung nicht in eins setzt, lässt sich verstehen, worin beider Leistungen bestehen.

Aristoteles hatte das vom Gedächtnis unterschiedene Erinnern als eine den Menschen spezifisch auszeichnende Fähigkeit begriffen. Angesichts der Katastrophen des 20. Jahrhunderts ist solches Erinnern zu einem unverzichtbaren Bestandteil praktisch-werdender Vernunft geworden. Benjamin hat inmitten dieser Katastrophen vom »Eingedenken« als Kategorie des Messianischen gesprochen (vgl. *Über den Begriff der Geschichte*, Anhang B). Der Verlust dieses Sinns der Erinnerung wäre – angesichts oder vielleicht gerade wegen der enorm gesteigerten Möglichkeiten, die Speicherleistungen des Gedächtnisses technologisch zu perfektionieren – Index des Rückfalls in selbstverschuldete Unmündigkeit. Gerade deshalb gilt es, die erkenntnis- wie bewusstseinstheoretische ›Grammatik‹ des Verhältnisses von Gedächtnis und Erinnerung mit ihrer gegenwartsdiagnostischen, geschichtsphilosophischen, ästhetischen und nicht zuletzt auch ethischen Bedeutung zu verbinden. Hier gewinnen Antwortoptionen, die es seit Platon und Augustinus gibt, unverzichtbare Sachaktualität.

Johann Kreuzer

Philosophie des Geistes

Die Extended Mind-Hypothese: Seit den späten 1990er Jahren wuchs das Interesse der Philosophie des Geistes an Diskussionen zur Gedächtnisthematik beständig, eine Debatte, die in anderen Disziplinen, zum Beispiel mit dem Problem der falschen Erinnerung in der Kognitionspsychologie, bereits in den späten 1970er und frühen 1980er Jahren eingesetzt hatte. In weniger als zwei Jahrzehnten entstand so eine fachübergreifende Debatte. Die gegenwärtigen Diskussionen zur Gedächtnisthematik in der Philosophie des Geistes, oder in dem Bereich, den einige Autoren bevorzugt als ›Philosophische Psychologie‹ (Carruthers 1996) bezeichnen, basiert zum Großteil auf einer relativ neuen Hypothese, die Andy Clarks und David Chalmers 1998 mit der Veröffentlichung ihres Aufsatzes »The Extended Mind« auslösten. Die Hypothese des erweiterten Geistes oder der ›verteilten Kognition‹ behauptet, dass, während einige mentale Zustände und Erfahrungen intern ablaufen, es daneben viele andere gibt, bei denen externe Faktoren in einem hohen Grad die Bedeutungszuschreibungsprozesse beeinflussen. Das heißt, Umwelteinflüsse üben einen wesentlichen Einfluss auf den Verlauf kognitiver Prozesse aus. Kognition beruht auf einer Vielzahl von Verbindungen zwischen Gehirn, Körper und sowohl der physischen als auch der sozialen Welt. Deshalb können Dinge unter bestimmten Umständen ein kognitives Eigenleben besitzen.

Die Hypothese des erweiterten Geistes oder der verteilten Kognition entfachte Diskussionen zwischen sogenannten Externalisten und Internalisten. Jerry Fodor (1983, 2009), nach eigenen Aussagen ein Internalist, vertritt ein architektonisches und modulares Verständnis des menschlichen Geistes. Er behauptet, dass der Geist aus zwei Teilen besteht: Die ›Input-Systeme‹ bestehen aus einer Reihe einzelner Module mit dazugehöriger Architektur, die das Seh-, Hör- und haptische Vermögen usw. bestimmen. Sprache wird ebenfalls als Input-System betrachtet. Das ›kognitive‹ oder ›zentrale System‹ verfügt jedoch über keinerlei Architektur – hier finden Gedanken, Imagination und das Problemlösen statt und hier ist die Intelligenz verortet. Jedes Input-System basiert auf unabhängig voneinander ablaufenden Prozessen im Gehirn, die sich, je nach Zweck, untereinander stark unterscheiden. Diese Systeme sind in bestimmten Gehirnarealen verortet. Die Input-Systeme sind automatisiert: So kann nach dieser Theorie etwa das Hörmodul nicht abgestellt werden, selbst wenn die Umweltgeräusche – etwa Gespräche Dritter – als störend empfunden werden. Dieser vermeintliche Mangel hat jedoch den Vorteil, Zeit zu sparen, die sonst für den Entscheidungsprozess in Anspruch genommen würde. Fodor ist der Ansicht, dass die Input-Systeme ›verkapselt‹ sind, was bedeutet, dass sie keinen direkten Zugang zu den von anderen Systemen empfangenen Informationen haben. Kurz gesagt, was man zu einer bestimmten Zeit mit der einen sensorischen Modalität erfährt, wird nicht auch gleichzeitig von den anderen erfahren.

Folgen für das Verständnis von Erinnerung: Erinnerungsprozesse, die als situierte und zielorientierte Handlungen verstanden werden, entwickeln sich im Rahmen realer Interaktionen mit der unmittelbaren Umwelt, kulturellen Methoden und anderen Personen. Sie werden üblicherweise von emotionalen Zuständen, von der Laune, der Motivation, der durch die Brille bestimmter kultureller Modelle wahrgenommen Umwelt usw., geprägt. Die Frage ist nun, wie Internalisten die Komplexität der sich ständig verändernden situierten Rekonstruktionen von Erinnerungen in den verschiedenen Kontexten der realen Welt erklären können? Zweifelsohne können sie es nicht, und zwar aus dem einfachen Grund, dass interne (Geist/Gehirn) und externe (Körper und Welt) Ressourcen erweiterte Gedächtnissysteme schaffen, die viel mehr beinhalten, als den aktiven Einsatz eines zentralen Prozessors, der Informationen aus verschiedenen Wahrnehmungssystemen (Sehvermögen, Geruch und Sprachverständnis als autonome Module) im Gedächtnis speichert. Aus der Sicht von Internalisten wie Fodor bedürften die Ressourcen des externen Gedächtnisses (Körper und Welt) einer direkten Verbindung mit den neuralen Systemen, um als Teil des individuellen Gedächtnisses verstanden werden zu können (Clark 2009).

Im Folgenden werden zwei Beispiele vorgestellt – eines aus dem Alltagsleben und eines aus einem populären Film –, mit deren Hilfe anschaulicher erklärt werden soll, wie die Hypothese des erweiterten Geistes/der verteilten Kognition zum besseren Verständnis von Erinnerungsprozessen nicht nur innerhalb kleiner Gruppen, sondern auch auf der individuellen Ebene beiträgt. Im Einzelnen handelt es sich bei den Beispielen um Unterhaltungen im familiären Kreis über in der Vergangenheit gemeinsam gemachte Erfahrungen und um eine kurze Analyse von Christopher Nolans Film *Memento* (2000).

Wahrgenommen aus einer dialogischen und interaktiven Perspektive sind die Gespräche zwischen Familienmitgliedern schlechthin ein Alltagsbeispiel für die auf verschiedene Individuen verteilte Kognition. Die Prozesse der Schaffung kommunikativer Erinnerungen, die für gewöhnlich im Rahmen von Praktiken des gemeinschaftlichen Erinnerns innerhalb von Familien entstehen, können als einleuchtende Beispiele der verteilten Kognition im Blick auf vergangene Erfahrungen bezeichnet werden. In vielen Fällen umfassen diese Prozesse nicht nur die Interaktion zwischen Familienmitgliedern, sondern auch die Interaktion zwischen ihnen und kulturellen Instrumenten, Artefakten und Symbolsystemen, die für Eltern und Kinder emotional aufgeladen sind (z. B. Fotos, alte Notizbücher, Videos usw.). Insgesamt liefern diese Arten bedeutungsvoller Interaktionen die Grundlage für das Entstehen situativer soziokognitiver Systeme, die auf Familienmitglieder und kulturelle Ressourcen verteilt sind. Diese Systeme funktionieren, indem sie autobiographisches Wissen verbinden, das auf die Familienmitglieder verteilt ist, insgesamt aber einen Teil gemeinsamer vergangener Erfahrungen darstellt. Indem eine Verknüpfung zwischen verteilten episodischen Erinnerungen (z. B. die Darstellung der Geburt des ersten Kindes aus der Sicht der Gefühlswelt der Mutter im Vergleich zum Bericht desselben autobiographischen Ereignisses durch den Vater) hergestellt wird, vermittelt das soziokognitive System den Familienmitgliedern die Fähigkeit, mit dem verteilten autobiographischen Wissen umzugehen.

Christopher Nolans Film *Memento* (2000) erzählt die Geschichte von Leonard, einem Ermittler für Versicherungsbetrug, der unter einer anterograden Amnesie leidet. Seit er sich bei dem Versuch, die Ermordung seiner Frau zu vereiteln, eine Kopfverletzung zuzog, kann er keine neuen Erinnerungen mehr speichern. Leonard versucht verzweifelt, den Mord an seiner Frau zu rächen, aber aufgrund seiner Gedächtnisschädigung gestaltet sich diese Aufgabe recht schwierig. Er entwickelt jedoch ein kognitives System, indem er sich Notizen auf seinen Körper tätowiert und mit einer Polaroidkamera Dinge fotografiert. Dieses System spielt in dem Film eine zentrale Rolle. Es funktioniert wie eine Art verkörperlichtes GPS-System, das Leonards Verhalten so lenkt, dass er das von ihm gesetzte Ziel, die Rache für die Ermordung seiner Frau, erreichen kann. Leonards Versuch, mit Hilfe von Tätowierungen und Fotos ein erweitertes kognitives System aufzubauen, um die Beeinträchtigung seines episodischen Gedächtnisses auszugleichen, ist ein augenfälliges Beispiel für die Komplexität des Gedächtnisses. Leonards externes Gedächtnissystem zeigt viel besser als die dem architektonischen Ansatz entsprechende Darstellung, wie und warum das Gedächtnis viel mehr als nur integrative Funktionen erfüllt und stattdessen auch komplex verwoben ist. Leonards Fall unterminiert die rationalistische Unterscheidung zwischen Geist und Körper, da der Geist sich aus emotionalen, kognitiven und körperlichen Erfahrungen konstituiert. So hat die vermeintliche Abtrennung von Geist und Körper, wie sie als Folge intensiven Betens oder Meditierens beschrieben wird, ein auf Hirnebene zu beobachtendes, also körperliches Korrelat. Weiter sind solche Zustände auch über extreme und gleichförmige Aktivität zu erreichen (Newberg u. a. 2003).

Abschließend soll hervorgehoben werden, dass die autobiographischen Erinnerungen daran, *Memento* gesehen zu haben, wahrscheinlich der Dunkelheit des vergesslichen Gehirns des Autors überlassen worden wären, hätte dieser nicht die Möglichkeit gehabt, drüber zu schreiben. Anders gesagt ist Erinnern situiert, zielorientiert und, wie zu erwarten war und es der Einflussnahme der soeben erwähnten Merkmale entspricht, gewöhnlich ein kognitiver Prozess, der durch das Zusammenspiel unserer Gehirne, Körper und der direkten Umwelt in Gang gebracht wird. Das ist der Grund, warum das Gedächtnis und Erinnern als kognitive Aktivität verstanden werden müssen, die nicht nur auf Individuen und kulturelle Instrumente verteilt ist, sondern die sich auch zwischen Individuen und einer Vielzahl von Artefakten, mit denen wir im alltäglichen Leben ständig umgehen, abspielt.

Lucas M. Bietti/Übers. Jessica Rodemann

Literatur

Berns, Jörg Jochen/Neuber, Wolfgang (Hg.): *Seelenmaschinen. Gattungstraditionen, Funktionen und Leistungsgrenzen der Mnemotechniken vom späten Mittelalter bis zum Beginn der Moderne*. Wien/Köln/Weimar 2000.

Bormann, Carl von: Erinnerung. In: *Historisches Wörterbuch der Philosophie*. Hg. von Joachim Ritter u. a. Bd. 2. Basel/Darmstadt 1972, 636–643.

Carruthers, Peter: *Language, Thought and Consciousness: An Essay on Philosophical Psychology*. Cambridge 1996.

Clark, Andy: Commentary on Jerry Fodor's Where is the Mind. In: *London Review of Books*. 31, 6 (2009).

– /Chalmers, David: The Extended Mind. In: *Analysis* 58 (1998) 7–19.

Derrida, Jacques: Platons Pharmazie. In: Ders.: *Dissemination*. Hg. von Peter Engelmann, übers. von Hans-Dieter Gondek. Wien 1995, 71–190 (frz. 1972).

Fodor, Jerry: *The Modularity of Mind: An Essay on Faculty Psychology*. Cambridge, Mass. 1983.

–: Where is the Mind? *London Review of Books* 31, 3 (2009), 13–15.

Haverkamp, Anselm/Lachmann, Renate (Hg.): *Memoria – Vergessen und Erinnern* (= Poetik und Hermeneutik XV). München 1993.

Kreuzer, Johann: *Pulchritudo – Vom Erkennen Gottes bei Augustin*. München 1995.

–: Zeit, Sprache, Erinnerung (Dichtung als Zeitlogik). In: Ders. (Hg.): *Hölderlin-Handbuch. Leben – Werk – Wirkung*. Stuttgart/Weimar 2002, 147–161.

–: Zeichen machende Phantasie. Über ein Stichwort Hegels und eine ursprüngliche Einsicht Hölderlins. In: *Zeitschrift für Kulturphilosophie* 2 (2008), 253–278.

Metz, Johann Baptist: Erinnerung. In: *Handbuch philosophischer Grundbegriffe*. Bd. 2. München 1973, 386–396.

Newberg, Andrew/D'Aquili, Eugene/Rause, Vince: *Der gedachte Gott: Wie Glaube im Gehirn entsteht*. München 2003.

Oeing-Hanhoff, Ludger: Zur Wirkungsgeschichte der platonischen Anamnesislehre. In: *Collegium Philosophicum. Festschrift für Joachim Ritter*. Basel/Stuttgart 1965, 240–271.

Ricœur, Paul: *Gedächtnis, Geschichte, Vergessen*. Aus dem Frz. von Hans-Dieter Gondek, Heinz Jatho und Markus Sedlaczek. München 2004 (frz. 2000).

Weinrich, Harald: *Lethe. Kunst und Kritik des Vergessens*. München 1997.

Yates, Frances Amelia: *The Art of Memory*. London 1966 (dt.: *Gedächtnis und Erinnerung*. Weinheim 1990).

3. Soziologie

Gedächtnisvergessene Theoriebildung in der Soziologie?

Mit den Worten »Ich bin nicht Stiller!« versucht der Protagonist Anatol Ludwig Stiller in Max Frischs gleichnamigem Roman nicht nur unter dem Decknamen Mr. White, seine ›Identität‹ vor der schweizerischen Justiz zu verbergen. Der Satz versinnbildlicht auch den Versuch eines völligen Neuanfangs, der die Ausgangsproblematik des Buches darlegt. Seiner selbst ebenso wie seiner Umwelt überdrüssig taucht der Bildhauer Stiller unter, um in der Ferne ein neues Leben zu beginnen. Das Vorhaben scheitert jedoch und führt ihn letztlich zurück in die alte ›Heimat‹, wobei auch hier der Wunsch, das alte Ich zu ersetzen – wenngleich unerfüllt – erhalten bleibt. Frischs Roman wirft ein Gedächtnisproblem auf, das nicht auf das vergessen wollende Individuum begrenzt ist. Das Problem des Gedächtnisses wird auch in der Gesellschaft angesiedelt: Stiller hat es nämlich einerseits mit einer Gesellschaft zu tun, die sich gleichsam im Kopf des Einzelnen befindet und den Neuanfang in einem anderen sozialen Umfeld verhindert. So muss er erfahren, dass viele Probleme auf ihn selbst in seinem biographischen Gewordensein zurückfallen und sich nicht einfach durch eine Veränderung der äußeren Umstände lösen lassen. Andererseits sieht er sich nach seiner Rückkehr mit einer Gesellschaft konfrontiert, die geradezu gnadenlos an die alten Bindungen anknüpft.

Wegen kleinerer Delikte gesucht, wird Stiller an der Grenze festgenommen und aufgrund seiner beharrlichen Weigerung, sich als der Alte auszuweisen mit zahlreichen Gewährsleuten seiner Vergangenheit konfrontiert. Die, die er vergessen haben wollte, haben ihn nicht vergessen. Stillers egozentrischer Wunsch nach Tabula rasa bleibt somit auf tragische Weise unerfüllt. Frischs Werk berührt Probleme des eigenen Gedächtnisses, des Gedächtnisses der Anderen und der Beziehungsgedächtnisse, wodurch das ›Kammerspiel‹ *Stiller* auch eine Parabel auf Formen des sozialen Gedächtnisses wird, in dem nicht allein die gemeinsame Erinnerung im Mittelpunkt steht, sondern auch das wechselseitige Nicht-Vergessen-Können oder -Wollen. Die Chance, ›Gras über eine Sache wachsen zu lassen‹, scheint nur in engen Grenzen zu bestehen.

Das soziologische Nachdenken über die Trias von Gedächtnis, Erinnerung und Vergessen ist mit Blick auf den Diskussionsstand der Kultur- oder der Neurowissenschaften bislang unterentwickelt. Zwar verfügt die Soziologie mit Maurice Halbwachs über einen bedeutenden Theoretiker, dessen Pionierleistungen für eine Theorie des kollektiven Gedächtnisses heute als ›klassisch‹ aufgefasst werden können. Nach seinem Tod am 16. März 1945 im KZ Buchenwald wurde jedoch die soziologische Auseinandersetzung mit der Gedächtnisthematik nur noch vereinzelt fortgeführt. Man kann auch vermuten, dass die Soziologien des auf Wiederaufbau und damit Zukunftsorientierung konzentrierten Nachkriegseuropas die jüngste Vergangenheit zunächst nicht in den Blick nehmen konnten (oder wollten) und so ihren Teil zum Beschweigen der Vorgänge beitrugen. Aber auch in der Konstitutionsphase der Soziologie Ende des 19. Jahrhunderts findet sich ein möglicher weiterer Grund für diese weitgehend gedächtnisvergessene Theoriebildung: Die Modernität soziologischer Theorien und Diagnosen, wie sie etwa bei Max Weber und Karl Marx zu finden sind, kommt gerade in ihrer Konzentration auf gegenwärtige Wirklichkeiten und mögliche Zukünfte zum Ausdruck. Erinnerung und Gedächtnis werden – implizit wie explizit – mit überkommener Vergangenheit und Tradition gleichgesetzt. Was auch immer die Gründe sein mögen, so lassen sich im soziologischen Theorieangebot kaum eigenständige und ausgewiesene Ansätze zu Phänomenen des sozialen Gedächtnisses, Erinnerns und Vergessens finden. Genauer betrachtet zeigt sich allerdings, dass zahlreichen soziologischen Theorien die Gedächtnisproblematik innewohnt.

Ziel dieses Kapitels ist es dementsprechend, zunächst auf bedeutsame Ausgangspunkte soziologischer Gedächtniskonzeptionen hinzuweisen. Dann sollen mit den Theorien von Maurice Halbwachs, Alfred Schütz und Niklas Luhmann exemplarisch drei soziologische Ansätze vorgestellt werden, bei denen die Frage nach Gedächtnis, Erinnern und Vergessen explizit als Bestandteil der Theorie selbst oder als elementarer Baustein in der Theorieentwicklung aufgeworfen wird.

Ausgangspunkte soziologischer Gedächtniskonzeptionen

Überlegungen zu Fragen des Gedächtnisses, die für soziologische Theoriebildung Pate gestanden haben könnten, finden sich bereits in der griechischen Antike. Drei neuzeitliche Denker waren jedoch mit Blick auf die Theorieentwicklung besonders einflussreich: der französische Soziologe Émile Durkheim sowie die Philosophen Henri Bergson und Edmund Husserl.

Erinnerung und Ritual: Émile Durkheim

Émile Durkheim (1858–1917), Mitbegründer der akademischen Soziologie, greift den Begriff des Gedächtnisses in seinem Werk zunächst im Rahmen einer strategischen Argumentation auf. Sein Ziel ist es, dem noch jungen Fach einen eigenen, mit genuin soziologischen Mitteln zu erforschenden Gegenstand zu sichern. In einer Zeit, in der die Soziologie noch keineswegs zu den etablierten wissenschaftlichen Disziplinen gehört, geht es ihm in seiner 1898 erschienenen Schrift *Individuelle und kollektive Vorstellungen* darum, ihre »relative Unabhängigkeit« (Durkheim 1976, 46) gegenüber der Psychologie herauszustellen. Durkheim widersetzt sich der Auffassung, dass die Soziologie »nur ein Korrolarium der Individualpsychologie« darstelle (ebd.). Genauso, wie die Psychologie ihren Gegenstand – die individuellen Vorstellungen – nicht aus einem organischen Modell des Gedächtnisses ableiten kann, könne auch die Soziologie nicht von individuellen Psychen auf die von ihr zu untersuchenden sozialen Vorstellungen schließen. Im organischen Gedächtnismodell der Psychologie verschwinden die individuellen Vorstellungen, sobald die ihnen entsprechenden Nervenbahnen nicht mehr von äußeren Reizen stimuliert werden. Jedes Erinnern stellt damit einen Akt der Neuschöpfung dar, der sich einem einfachen Reiz-Reaktions-Schema ohne Lerneffekt und Speichermöglichkeit verdankt. Doch bestehen von diesem materiellen Substrat unabhängige »Ideenassoziationen« (ebd., 64), die das Wiedererinnern steuern und anders möglich machen. Äußere Reize, die in das Bewusstsein eindringen, sind nach Durkheim »einer Verarbeitung sui generis« (ebd., 47) unterworfen. Sie bewirkt, dass Ähnlichkeiten zwischen Vorstellungen festgestellt und diese entsprechend lokalisiert werden. Das Gedächtnis kann somit »kein rein physisches Faktum« (ebd., 60) sein, in dem Vorstellungen immer wieder verschwinden und neu hervorgebracht werden. Vielmehr muss es ein Gedächtnis geben, das eine Verknüpfung von Vergangenheit und Gegenwart erlaubt. Gerade weil das Gedächtnis für eine besondere Wechselwirkung zwischen Vergangenem und Gegenwärtigem sorgt, die »die vergangenen Vorstellungen unter bestimmten Umständen hinreichend zu intensivieren vermag, um sie von neuem bewußt zu machen« (ebd.), verweist es auf einen eigenständigen Bereich der individuellen Vorstellungen. Durkheim geht es an dieser Stelle jedoch nicht um ein Weiterdenken psychologischer Ideen. Er möchte zeigen, dass die Soziologie vor einem ähnlichen Problem steht: Die »kollektiven Vorstellungen, die von den Wirkungen und Gegenwirkungen der elementaren Psychen hervorgebracht werden, aus denen die Gesellschaft sich aufbaut« ergeben sich nicht unmittelbar aus den individuellen Vorstellungen, sondern gehen über diese hinaus (ebd., 70 f.). Auch die Soziologie hat es also mit einer Wirklichkeit sui generis zu tun, die ihr eine theoretische und methodologische Eigenständigkeit verleiht. Der Gedächtnisbegriff des frühen Durkheim dient dazu, die Soziologie insbesondere gegenüber der Psychologie als Wissenschaft zu legitimieren. Ein Instrument für soziologische Analysen stellt er zu diesem Zeitpunkt noch nicht dar.

Durkheim schließt diese Lücke im Jahr 1912 in seinem Werk *Die elementaren Formen des religiösen Lebens*, das sich mit den Funktionen des gemeinschaftlichen Erinnerns im Rahmen religiöser Rituale und Zeremonien in vormodernen Gesellschaften auseinandersetzt. Als Beispiel dient ihm dabei der Totemismus bei den australischen Ureinwohnern. Der Begriff der Erinnerung steht jetzt im Zusammenhang mit Solidarität und Kollektivbewusstsein, den bestimmenden Themen des Durkheim'schen Werks. Im religiösen Ritual, so lautet seine zentrale These, geht es nicht um die Beschwörung eines Gottes. Vielmehr erfüllt das Ritual die rein immanente Funktion der gemeinsamen Erinnerung. Durch die Gedenkriten der Aborigines, in denen die Vergangenheit als dramatisierte Darstellung vergegenwärtigt wird, erneuert sich die Solidarität unter den Gruppenmitgliedern. Der zu Krisenzeiten durchgeführte Ritus, der von Durkheim auch als »Erinnerungsfeier« beziehungsweise eine »Art impliziter Gedächtnisfeier« (Durkheim 2007, 548) bezeichnet wird, ruft jedem Gruppenmitglied die Geschichte der für die Gruppe wichtigen Vorfahren ins Gedächtnis und bindet den Einzelnen (wieder) an die Werte und Normen des Kollektivs. Die Autorität des gegenwärtigen Ritus vermischt sich dabei »mit der Autorität der Tradition, die im höchsten Grad eine soziale Angelegenheit ist. Man begeht ihn, um den moralischen Charakter der Kollektivität zu bewahren und nicht wegen physischer Wirkungen, die er bewirken könnte« (ebd., 544).

Die Verknüpfung von Gegenwart und Vergangenheit wird als gemeinschaftliches Erinnern zu einem soziologischen Gegenstand. Es entsteht eine soziologische Perspektive, die die integrative Funktion kollektiver Erinnerung hervorhebt. Dies gilt allerdings zunächst nur für die in Durkheims Beispiel untersuchte vormoderne Gesellschaft. Modernen säkularisierten und arbeitsteiligen Gesellschaften attestiert er den Verlust einer mechanisch entstehenden Solidarität, wie sie im religiösen Ritual Ausdruck und Bestätigung findet. Zwar lassen sich auch hier implizite Hinweise auf die Veränderung kollektiver Erinnerung im Übergang zur Moderne und die dort stattfindende Verknüpfung von Erinnerung und Recht finden. Explizit ausbuchstabiert werden die Begriffe der Erinnerung und des Gedächtnisses dort jedoch nicht mehr. Durkheims Schüler Maurice Halbwachs wird es sein, der die Figur der kollektiven Erinnerung wenige Jahre später aufgreifen und im Rahmen moderner, pluralistisch organisierter Gesellschaften ausarbeiten wird.

Dauer und Gedächtnis: Henri Bergson

Henri Bergson (1859–1941), französischer Philosoph und Nobelpreisträger für Literatur, schafft in seinen zeittheoretischen Untersuchungen eine für die spätere Entwicklung soziologischer Gedächtnistheorien wesentliche Grundlage. Zwei Begriffe stehen dabei im Mittelpunkt seiner Betrachtungen: das Problem der Dauer, das er in seinem erstmals 1888 erschienenen Werk *Zeit und Freiheit* entfaltet und das Phänomen des Gedächtnisses, welches maßgeblich in der 1896 veröffentlichten Abhandlung *Materie und Gedächtnis* untersucht wird.

Unter Dauer (*durée*) wird dabei ein im Bewusstsein des Individuums fortlaufender Strom aufeinander folgender Momente verstanden, die sich nicht nur qualitativ voneinander unterscheiden, sondern auch in der erlebten Zeit entfalten und ineinander verschachteln. Auf diese Weise findet eine ständige Aktualisierung dieser Momente im individuellen Bewusstsein statt. Was genau damit gemeint ist, macht folgender Vergleich klar: Wenn das Verstreichen von Zeit an äußeren Gegenständen – etwa einer Uhr – beobachtet wird, handelt es sich bereits um die fiktive Konstruktion einer künstlich verräumlichten Zeitvorstellung. Die reine Dauer verweist demgegenüber auf das Erleben im Hier und Jetzt, ohne dass dabei jedoch der Ablauf von Momenten gemessen und reflektiert würde. Und dennoch wird das Hören des gleichmäßigen Tickens eines Weckers in der Dauer nicht als immer wieder neues Ticken erlebt, sondern als eine sich erlebnismäßig aufbauende Gesamtsequenz: Man schläft nicht beim ersten »Tick« ein; die ermüdende Wirkung ergibt sich erst im Verlauf des Tickens – allerdings ohne dass man über die gesamte Zahl der Tick-Geräusche nachdenken würde. In dem Augenblick, da an das fortlaufende Ticken an sich gedacht wird, hat man das Erleben in der reinen Dauer bereits verlassen. Ähnlich wie Émile Durkheim geht Bergson davon aus, dass die zur damaligen Zeit vorherrschende materialistische Psychologie, die sich allein auf die Wirklichkeit organischer Vorgänge konzentrierte und sie mit der Wirklichkeit des Bewusstseins gleichsetzte, irrt (vgl. Bergson 1982). Im steten Fortgang des ablaufenden Bewusstseins gibt es kein Nebeneinander, sondern lediglich eine mitunter sehr schnell zwischen zwei oder mehreren Gegenständen wechselnde Aufmerksamkeit. Das schnelle Ticken des Weckers und das langsame der Wanduhr sind nur voneinander abgegrenzte Symbole, die das Bewusstsein über unterschiedliche Gruppen von Zuwendungserlebnissen konstruiert und mit jeder hinzutretenden Wahrnehmung fortschreibt.

Die Funktion des Gedächtnisses besteht nach Bergson nun darin, vergangene Wahrnehmungen, die der gegenwärtigen Wahrnehmung ähnlich sind, aufzurufen. Damit ermöglicht es dem Individuum, ein Vorher und ein Nachher zu denken und Entscheidungen zu treffen. Mit anderen Worten hebt das Gedächtnis das Bewusstsein aus dem Fluss der Dinge und befreit es vom unerbittlichen Rhythmus der Notwendigkeit. Während die Wahrnehmung in der reinen Dauer den Körper als Wahrnehmungs*instrument* verändert, ist die Erinnerung ausschließlich ein Rückgriff auf die Vorstellung abwesender oder gewesener und deshalb nur in Form von Symbolen abrufbarer Gegenstände. Die Leistung des Gehirns besteht dann nicht darin, Erinnerungsgegenstände aufzubewahren, sondern vielmehr darin, ihren aktualisierenden, situationsadäquaten Abruf im Sinne des Wiedererkennens zu gewährleisten. Dieses Wiedererkennen kann einerseits automatisch im Zuge von körperlichen Reaktionsroutinen erfolgen – es kommt etwas angeflogen und man geht in Deckung. Andererseits kann das Wiedererkennen auch als eine Erinnerung erfolgen, die sich der aktuellen Wahrnehmung entgegen drängt und sie teilweise überlagert. Bergson stellt dabei fest, dass es »keine Wahrnehmung (gibt), die nicht mit Erinnerungen gesättigt ist. Dem, was unsere Sinne uns unmittelbar und gegenwärtig geben, mengen wir tausend und abertausend Elemente aus unserer vergangenen Erfahrung bei« (ebd., 18). Dabei holt das Gedächtnis stets nicht die volle Summe aller Erinnerungen hervor, sondern nur eine begrenzte Auswahl ähnlicher oder benachbarter Assoziationen, die nützlich für das Individuum sind. »Das Interesse eines lebenden Wesens verlangt, dass es in einer gegenwärtigen Lage erfaßt, was einer früheren ähnlich ist, mit ihr in Verbindung bringt, was damals vorausging und besonders was nachfolgte, und so aus seiner vergangenen Erfahrung Nutzen zieht. Von allen denkbaren Assoziationen sind also die der Ähnlichkeit und der Kontiguität zunächst die einzigen, die eine vitale Nützlichkeit haben« (ebd., 242). Was man im Allgemeinen unter Wahrnehmung versteht, ist also nach Bergson eine Synthese aus reiner Wahrnehmung (Körper) und reiner Erinnerung (Geist). Wahrnehmung ist also nicht etwas, das einem objektiven Gegenstand hinzugefügt wird, beispielsweise als subjektiver Standpunkt, sondern etwas, das ein Objekt um all das reduziert, was für das wahrnehmende Bewusstsein nicht interessant ist.

Mit seinen Überlegungen zu einer in der fortlaufenden Dauer notwendig eindimensionalen reinen Wahrnehmung, die durch assoziative Erinnerungen ständig beeinflusst wird, schafft Bergson eine Grundlage für den Begriff des ›Schemas‹. Das Schema ist ein durch ein kognitives Symbol vertretenes Muster aus einander zugeordneten vergangenen Erlebnissen, das in der Wahrnehmungssituation abgerufen und gegebenenfalls aktualisiert wird. Der von Bergson nicht vollzogene Schritt von der geistig-körperlichen Routine des Wiedererkennens zur sozial geprägten Vorstellung des Typischen wird später zu einem zentralen Motiv sowohl der sozialphänomenologischen als auch konstruktivistischen Soziologie.

Inneres Zeitbewusstsein, Erinnerung und Vorerinnerung: Edmund Husserl

Der in Österreich geborene Philosoph Edmund Husserl (1859–1938) setzt sich im Rahmen der von ihm entwickelten Phänomenologie umfassend mit Fragen der Wahrnehmung und der Zeit auseinander. Ein zentrales Moment seiner Überlegungen ist, dass das Ich andere Personen und

Dinge immanent, also im Rahmen seiner inneren Erfahrung als raumzeitlich fixierte Realitäten wahrnimmt. Da auch Prozesse oder Abfolgen von Dingen in der Zeit erlebbar sind, führt Husserl das Konzept des inneren Zeitbewusstseins beziehungsweise – in Anlehnung an Bergson – der inneren Dauer ein.

In der inneren Dauer verläuft die zeitliche Wahrnehmung zunächst linear – ein Erlebnis folgt auf das andere; Gleichzeitigkeit ist ausgeschlossen. Die Gegenwart kann allerdings nicht als ein einzelner Punkt auf dem Zeitstrahl der Dauer begriffen werden. Husserls Auffassung von der Gegenwartswahrnehmung des Bewusstseins kann man sich wie einen Mondhof vorstellen, der um den jeweiligen Punkt des Gegenwärtigen liegt und ins Dunkel der Vergangenheit wie der Zukunft strahlt. Mit Blick auf Zurückliegendes leitet sich daraus die Unterscheidung von zwei Vergangenheiten ab: Einerseits haben wir es mit einer Vergangenheit innerhalb dieses Mondhofes zu tun, die noch Bestandteil des originären Erlebnisses ist, andererseits gibt es auch eine Vergangenheit außerhalb des Lichtscheins, die nur durch erinnernde Reproduktion wieder (re-)konstruiert werden kann. Die noch frische Erinnerung bezeichnet Husserl als Retention, die zurückgeholte Vergangenheit als Wiedererinnerung. Alles, was von der Gegenwart aus entlang des Zeitstrahls in die Zukunft gerichtet ist, nennt er Protention. Hierbei handelt es sich um vorblickende Erwartungen oder Vorerinnerungen, deren Erfüllung das Bewusstsein harrt (vgl. Husserl 1913).

Husserl entwickelt in seinen Untersuchungen keine eigenständige Theorie des Gedächtnisses – ihm geht es um die Frage der Wahrnehmung in der Zeit. Insofern sollte man bei ihm eher von einer in seine Überlegungen zum Zeitbewusstsein eingebetteten Theorie des Erinnerns und erinnerungsbasierten Erwartens (Vorerinnerns) sprechen. Das Gedächtnis wird damit in jedem Jetzt aufs Neue aktualisiert. Eine Wahrnehmung schließt sich an die andere an und verändert dabei das Erinnerungsbild – gleichgültig, ob die neu hinzugetretenen Erlebnisse auf aktueller Sinneswahrnehmung oder bereits auf wieder aktualisierten Erinnerungen beruhen.

Den drei ›Ideengebern‹ für soziologische Zugänge zu Fragen des Gedächtnisses, des Erinnerns sowie des Vergessens ist gemeinsam, dass sie sich sowohl gegen eine psychologistische Vereinnahmung des Themenbereichs als auch gegen eine psychologisierende Anwendung ihrer Ideen verwahren. Darüber hinaus fällt auf, dass jeder Ansatz zwar umfassende Analysen zu diesem Bereich integriert; allerdings entfaltet keiner der Autoren eine als solche ausgewiesene Gedächtnistheorie: Allen geht es um etwas anderes, für dessen Konstruktion jedoch ein gut durchdachtes Verständnis von Zeit und von Gedächtnis grundlegend ist. Durkheim entwickelt eine Gedächtniskonzeption, um die Entstehung und Erhaltung eines kollektiven Bewusstseins theoretisch zu untermauern. Mit seinem Hinweis auf das Ritual schafft er zugleich die Möglichkeit, Gedächtnis überindividuell, kollektiv und damit als genuin soziologischen Tatbestand zu verstehen. Bergson entfaltet den Begriff des Gedächtnisses im Rahmen seiner fortdauernden sowie unterschiedliche Aspekte ausleuchtenden Beschäftigung mit der inneren Dauer, was ihn zu der Annahme führt, dass keine Wahrnehmung ohne Rückbezug auf das Gedächtnis denkbar ist. Husserl schließlich formuliert in seiner Zeittheorie den Standpunkt eines doppelten Vergangenheits- und eines einfachen Zukunftsbewusstseins. Nicht nur wird die Wahrnehmung des Gegenwärtigen an Wiedererinnertes ebenso wie an Vergangenes, das im Bewusstsein noch nachwirkt – man könnte sagen: noch ›warm‹ ist – angeschlossen; auch die zukünftigen Erwartungen können sich, als Vermutungen oder Annahmen über das was kommen wird, nur auf der Grundlage des Zurückliegenden ausbilden.

Das gesellschaftlich bedingte Gedächtnis: Soziologische Perspektiven

Das Nachdenken über eine soziologische Interpretation der mit sozialen Beziehungen verbundenen Probleme des Gedächtnisses, des Erinnerns sowie des Vergessens entzündete sich maßgeblich an den drei vorangehend vorgestellten Wegbereitern. Im Weiteren werden drei Theoretiker in den Blick genommen, in deren Werken Bezüge auf solche Fragen deutlich zu erkennen sind und die daher als Gedächtnistheoretiker der Soziologie Geltung beanspruchen können. Diese Auswahl bedeutet nicht, dass das Gedächtnisthema nicht auch in anderen soziologischen Ansätzen zu finden ist – kaum eine soziologische Theorie kommt ohne zumindest implizite Annahmen über das Gedächtnisphänomen aus. Allerdings stechen die Arbeiten von Maurice Halbwachs, Alfred Schütz und Niklas Luhmann durch eine gewisse Prominenz des Themas heraus. Nur Halbwachs betrachtet dabei das kollektive Gedächtnis als seinen zentralen Forschungsgegenstand. Sowohl Schütz als auch Luhmann bearbeiten gedächtnis-, erinnerungs- und vergessensbezogene Fragestellungen mit Blick auf ihr theoretisches Gesamtprojekt einer sozialphänomenologisch-handlungsorientierten Sozialtheorie beziehungsweise einer radikalkonstruktivistischen Theorie sozialer Systeme.

Die gesellschaftlichen Rahmen des Gedächtnisses: Maurice Halbwachs

Für Maurice Halbwachs (1877–1945), französischer Philosoph und Soziologe – er war sowohl Schüler Bergsons als auch Durkheims –, stellt sich die Frage nach dem Zusammenhang von Vergangenheit und Gegenwart ausschließlich als eine Frage der Gegenwart. Die Vergangenheit, so Halbwachs in seinem 1925 erschienenen Werk *Das Gedächtnis und seine sozialen Bedingungen*, zeige sich in der Gegenwart nicht wie die »intakten Wirbel fossiler Tiere« (Halbwachs 1985, 132), die die eindeutige Rekonstruktion des Vergangenen erlauben, sondern erscheine in der Form von »vagen Spuren« (ebd.), die im Licht der Gegenwart interpretiert und dieser angepasst würden. Erinnerungen stellen somit je eigene Versionen von Vergangenheit dar, die die Vergangenheit nicht aufbewahren oder speichern, sondern perspektivisch vor dem Hintergrund gegenwärtiger Problem- und Interessenlagen verarbeiten, formen und repräsentieren. Erinnern könnte man also gleichsetzen mit der sozial bedingten Konstruktion von Vergangenheit.

In dieser Argumentationsfigur wird insbesondere der Einfluss Durkheims spürbar, der das religiös-ritualisierte Erinnern bereits als ein auf gegenwärtige Krisen und Problemlagen gerichtetes und reagierendes Geschehen interpretiert hat. Stärker jedoch als Durkheim betont Halbwachs den schöpferischen Aspekt des Erinnerns: Mit Erinnern ist immer eine (Re-)Konstruktion von Vergangenheit im Sinne einer Neuschöpfung verbunden, die freilich nicht beliebig ist. Denn Halbwachs führt die Frage nach dem soziologischen Gehalt von Erinnerungen auf die gesellschaftlichen Rahmen des Gedächtnisses zurück, auf die kollektiv geteilten Kategorien und Konzepte, die in sozialen Beziehungen und deren Wissensordnungen verankert sind, und mit deren Hilfe Vergangenheit in der Gegenwart angeeignet wird. Individuelle Erinnerungen sind damit immer schon in soziale Verhältnisse eingebettet, die die Art und Weise der Vergangenheitsvergegenwärtigung bestimmen. Dies kann das von Halbwachs untersuchte Kollektivgedächtnis der Familie sein, aber auch Freundeskreise, Städte, Regionen, Nationen und religiöse Gemeinschaften lassen sich als solche Rahmen verstehen, die einen Einfluss auf das Erinnern Einzelner haben.

Anschaulich illustriert wird dies in dem posthum 1950 erschienenen Werk *Das kollektive Gedächtnis* am Beispiel eines Spaziergangs durch London. Halbwachs erzählt hier den Weg eines Neuankömmlings, der die Stadt ohne Begleitung erkunden will. Doch auch wenn der Spaziergang alleine erfolgt, behält der Spaziergänger nicht nur individuelle, gleichsam ungeteilte und unteilbare Erinnerungen zurück. Auf seinem Weg durch die Stadt ermöglichen ihm etwa ein Stadtplan, in der Kindheit gelesene Romane von Charles Dickens, ein vorher betrachtetes Gemälde einer Londoner Brücke oder das Geschichtsbuch ein nach innen verlagertes, persönliches Gespräch, das unter Abwesenheit des Gegenübers beziehungsweise der Erinnerungsgemeinschaft stattfindet. Durch das Wirken von Medien hat das Individuum die Betrachtungsweisen unterschiedlicher Gruppen, der Autoren, Maler, Historiker, Architekten und Stadtplaner, die sich mit London beschäftigt haben, gewissermaßen im Kopf – und damit auch die zu diesen Gruppen gehörenden und in diesem Sinne kollektiven Erinnerungen. Auch wenn das Individuum alleine ist, ermöglichen ihm die unterschiedlichen Medien, sich »von neuem in die Gruppe ein[zufügen]« (Halbwachs 1991, 3), sich im sozialen Raum zu verorten und dort zu erinnern.

Vom Individuum aus gesehen ist das Verhältnis von individuellem und kollektivem Gedächtnis demnach eine Frage des Standpunkts: »Wir würden sagen, jedes individuelle Gedächtnis ist ein ›Ausblickspunkt‹ auf das kollektive Gedächtnis; dieser Ausblickspunkt wechselt je nach der Stelle, die wir darin einnehmen, und diese Stelle selbst wechselt den Beziehungen zufolge, die ich mit anderen Milieus unterhalte« (ebd., 31). Das Individuum ist Mitglied verschiedener Gruppen und damit immer auch von einer Vielzahl sozialer Gedächtnisrahmen abhängig. Löst es sich von der Gruppe und ihren Rahmen, so setzt das Vergessen ein. Das Phänomen der kollektiven Erinnerung wird auf diese Weise nicht nur multiperspektivisch gedacht, sondern lässt sich auch als Ergebnis von Aushandlungsprozessen verstehen: Unterschiedliche Gruppen können verschiedene Erinnerungen an ein und dasselbe vergangene Ereignis haben, was zu Definitionskämpfen führen kann.

Das, was in vielen aktuellen Studien – etwa zur gesellschaftlichen Verarbeitung von Holocaust und Nationalsozialismus – als *Erinnerungspolitik* bezeichnet wird, greift mehr oder weniger explizit auf die Halbwachssche Argumentationsstruktur zurück. Mit der Rede von einem kollektiven Gedächtnis ist jedoch gerade nicht gemeint, dass alle Individuen, die für Halbwachs die eigentlichen Träger kollektiver Erinnerungen sind, gleiche Erinnerungen haben. Vielmehr wird der individuelle Akt des Erinnerns selbst von Rahmenbedingungen bestimmt, die über das Individuelle hinausgehen und im Sinne einer Realität sui generis einen Zwang auf das Individuum ausüben. Das Soziale wird in dieser Lesart zur Bedingung der Möglichkeit von Erinnerungen, die erst »unter dem Druck der Gesellschaft« (Halbwachs 1985, 159) zustande kommen. Hier greift Halbwachs die von Durkheim entwickelte Idee der sozialen Tatsache auf, doch geht er, der stets von verschiedenen kollektiven Gedächtnissen innerhalb einer gegebenen Gesellschaft spricht, wesentlich feinsinniger in der Bestimmung dessen vor, was das Soziale ausmacht.

Im Gegensatz zu Bergson sieht Halbwachs keinen Wesensunterschied zwischen dem Rahmen und den in ihm ablaufenden Ereignissen. Auch stimmt er der Unterscheidung zwischen dem spontanen Gedächtnis der Wahrnehmung und dem auf Wiederholung basierenden Gedächtnisses der Gewohnheiten nicht zu. Die Gedächtniskonzeption, die Halbwachs im Sinn hat, sieht den Unterschied zwischen einem Gedächtnisrahmen und den davon abhängigen Erinnerungen als Abstufung innerhalb eines Kontinuums. Halbwachs stellt fest, »daß zwischen dem Rahmen und den Ereignissen von Natur eine Identität (besteht): Die Ereignisse sind Erinnerungen, aber der Rahmen ist gleichfalls aus Erinnerungen gebildet« (ebd., 144). Die gesellschaftlichen Rahmen, die unser Erinnern organisieren, sind also selbst Ergebnis einer Konstruktion: Sie werden durch die Verdichtung und Verallgemeinerung individueller Erinnerungen gebildet und geben als stabilisierte Erinnerung den sozialen Kontext vor, innerhalb dessen sich spontane Ereignisse des individuellen Erinnerns abspielen. Würde man beispielsweise alle Erinnerungen, die einen beim Lesen eines Buches überkommen, aneinanderreihen, dann ließen sich dadurch nicht nur die Umstände des Lesens rekonstruieren, sondern dann würde auch der gesellschaftliche Druck, der von den Umständen beziehungsweise dem wirkmächtigen Gedächtnisrahmen ausgeht, erkennbar werden. Eine Auflösung des Rahmens führt dementsprechend zu einem Verschwinden von Erinnerungen, also zum Vergessen.

Dabei darf jedoch nicht übersehen werden, dass zwischen Erinnerungen und Rahmen Wechselwirkungen auch in anderer Richtung bestehen: Ebenso, wie sich die spontanen Erinnerungen durch eine Veränderung der Rahmen wandeln, können sich aufgrund der Rekursivität des Erinnerns auch die stabilen Rahmen durch spontane Erinnerungen verändern. Halbwachs nimmt somit keine grundlegende Trennung zwischen den gesellschaftlichen Rahmen des Gedächtnisses und dem individuellen Erinnern vor, wenn er auch hier von graduellen Unterschieden ausgeht, die seiner Gedächtniskonzeption Stringenz und hohe Anschlussfähigkeit für die Analyse gesellschaftlicher Wandlungsprozesse verleihen.

Gesellschaftlicher Wissensvorrat und Relevanz: Alfred Schütz

Das Werk des österreichischen Soziologen Alfred Schütz (1899–1959) ist von dem Willen geprägt, den Sozialwissenschaften eine philosophische Grundlage zu geben. Dazu bedarf es nach Schütz einer genauen Untersuchung der Konstitution der sozialen Wirklichkeit, die weder allein durch das vernunftbegabte Handeln Einzelner noch ausschließlich durch festgelegte soziale Strukturen geprägt ist. Schütz geht davon aus, dass die Lebenswelt, die die Menschen im Alltag vorfinden und als gegeben hinnehmen, nicht nur ihr Tun bestimmt, sondern auch durch ihr Tun und Unterlassen verändert wird.

Die für die Wissenssoziologie charakteristische Untersuchung des im Alltag vermeintlich Gegebenen muss auch Antworten auf die Frage nach der Entstehung dieser Lebenswelt geben können. Schütz entlehnt die hierfür zentralen Grundelemente bei Bergson und Husserl. So kommt den Bergsonschen Begriffen der Dauer und des Gedächtnisses insbesondere in Schütz' frühen Arbeiten, die Mitte der 1920er Jahre entstanden sind (vgl. Schütz 1981), den Husserlschen Konzepten des inneren Bewusstseinsstroms sowie der Retention und der Protention im weiteren Verlauf seines Schaffens ein grundlegender Stellenwert zu (vgl. Schütz 1974).

Die Lebenswelt ist der Bereich der Wirklichkeit, in den die Individuen eingreifen können. Die Voraussetzung eines solchen gestaltenden Handelns ist, dass man die Lebenswelt interpretieren muss. Bei der Auslegung jeder einzelnen Situation greift man auf etwas zurück, das Schütz als ›subjektiven Wissensvorrat‹ bezeichnet. Er meint damit die Summe aller bisherigen Erfahrungen, die ein Mensch gemacht hat und die somit zum Bezugsschema seiner Weltauslegung werden. Diese Erfahrungen erschließen sich allerdings nur über Erinnerung beziehungsweise das Gedächtnis. Einen solchen Prozess der Sinnsetzung – als Sinn bezeichnet Schütz das Resultat der Auslegung vergangener Erlebnisse – beschreibt er folgendermaßen: »Subjektiv sinnvoll sind also nur Erlebnisse, die über ihre Aktualität hinaus erinnert, auf ihre Konstitution befragt und auf ihre Position in einem zuhandenen Bezugsschema ausgelegt werden. Demnach wird mir mein eigenes Verhalten erst in der Auslegung sinnvoll« (Schütz/Luckmann 1979, 38). Wenn ein Eingriff in die Lebenswelt geplant wird, muss auf den Sinn aus vergangenen Handlungen zurückgegriffen und das zukünftige Tun im Husserlschen Verständnis ›vorerinnert‹ werden. Allerdings wird bei weitem nicht jedes Handeln auf diese Weise entworfen. Der subjektive Wissensvorrat verfügt auch über eine sehr große Menge an im Bewusstsein abgelagerten Wissensbeständen, auf die das sich erinnernde Individuum gar nicht mehr ohne weiteres zugreifen kann, weil die alltägliche Praxis durch und durch routinisiert ist. So ist das Gehen für ein Kleinkind eine große Herausforderung – ein erwachsener Mensch vollzieht diesen anspruchsvollen Balanceakt völlig automatisch. Auch im Hinblick auf die Gedächtniskonzeption Bergsons kann hier von verkörperlichtem Wissen gesprochen werden.

Die Auslegung von Situationen in der Lebenswelt greift auf den subjektiven Wissensvorrat zurück. Für Schütz stellt sich dabei die Frage, aus welchem Grund die Aufmerksamkeit des Bewusstseins in bestimmte Bahnen gelenkt wird. Hierzu führt er den Begriff der ›Relevanzstruktur‹ ein (vgl. Schütz 1971; Schütz/Luckmann 1979). Wenn ein Mensch Wissen erwirbt, fügt sein Bewusstsein alle Erfahrungen nach Relevanz und Typik in Sinnstrukturen ein, die dann wiederum als Vorgang der inneren Dauer die Grundlage der Auslegung von Situationen und Erfahrungen sind. In der Regel leben die Menschen in ihren Relevanzen, indem sie sich von ihnen lenken lassen. Relevanzen sind ein Bestandteil des subjektiven Wissensvorrats und gründen daher in den vielfach sozial geprägten Erfahrungen des Einzelnen. Das von Schütz entworfene System der Relevanzstrukturen ist mit seinen mannigfachen wechselseitigen Einflussverhältnissen hoch differenziert. Festzuhalten ist jedoch, dass es keine kausale Erklärung dafür gibt, welche der unterschiedlichen Relevanzen im Einzelfall bei der Definition einer Situation bemüht werden. Hier kann nur im Rahmen von mitunter soziokulturell spezifischen Wahrscheinlichkeiten darüber gemutmaßt werden, auf welchen bewusstseinsmäßigen Grundlagen der Eingriff in die alltägliche Lebenswelt beruht.

Der soziologische Beitrag von Schütz beginnt dort, wo er die egologischen Überlegungen eines umfassend durch die Erfahrung des Sozialen geprägten subjektiven Wissensvorrats auf Fragen der Intersubjektivität und Sozialität mit dem Ziel der Konzipierung eines gesellschaftlichen Wissensvorrats bezieht. Und auch für die Frage nach Gedächtnis und Erinnerung erfolgt hier der Schritt von einem gesellschaftlich geprägten Individualgedächtnis, auf dessen Grundlage die Lebenswelt gestaltet wird, zur Annahme kulturspezifisch geprägter Strukturen der Lebenswelt.

Der gesellschaftliche Wissensvorrat gründet auf den subjektiven Wissensvorräten der in einer Gesellschaft versammelten Individuen. Schütz weist immer wieder darauf hin, dass es keine strukturelle Ähnlichkeit zwischen diesen beiden Konzeptionen gibt (vgl. Schütz/Luckmann 1979). Subjektive Erfahrungselemente werden vielmehr durch den intersubjektiven Vorgang der Objektivierung in den gesellschaftlichen Wissensvorrat aufgenommen. Infolge der grundlegenden Annahme, dass der oder die Andere im Prinzip über ein ähnliches Bewusstsein verfügt, also ähnlich intelligent ist und die Gegenstände in der Umwelt auf ähnliche Weise erfährt, geht das Individuum davon aus, dass die Standpunkte von Ich und Du vertauscht werden können, ohne dass sich die Lebenswelt dadurch ändert. Wenn das Individuum zudem davon ausgeht, dass die biographischen und sozialräumlichen Unterschiede zwischen ihm und seinem Gegenüber nicht so gravierend und auch die Relevanzstrukturen ähnlich sind, kann es dazu kommen, bestimmte Erfahrungen nicht nur als subjektiv, sondern darüber hinaus als notwendig geteilt und damit für dich und mich gleichermaßen verständlich oder eben ›sozial‹ zu begreifen. Durch die Typisierung subjektiver Erfahrungen, denen wechselseitig eine prinzipielle Ähnlichkeit und Gültigkeit zugemessen wird, kann ein gemeinsames Symbolsystem – zum Beispiel die Sprache – entstehen. Dieses symbolische und überindividuelle Wissen ergänzt den subjektiven Wissensvorrat und wird in den mannigfaltigen alltäglichen Interaktionen der Menschen fortlaufend reproduziert und verändert. Zugleich bestimmt es die individuellen Relevanzstrukturen und damit die Auslegung der Situation und das Gestalten der Lebenswelt mit.

Auch wenn die Begriffe Gedächtnis, Erinnerung und Vergessen an manchen Stellen des Schützschen Werks zur Sprache kommen, kann die Wissenssoziologie von Alfred Schütz nicht als genuine Gedächtnistheorie bezeichnet werden. Gleichwohl sind Überlegungen zur Frage des Behaltens sozialer Sinnsetzungsprozesse ein zentraler Bestandteil seiner Arbeiten, und es ist naheliegend, in der Konzeption des gesellschaftlichen Wissensvorrats Motive eines überindividuellen Gedächtnisses oder in den Relevanzstrukturen die Vorstellung eines sozial geprägten Selektionsprinzips der erinnernden Wahrnehmung aufzuzeigen.

Soziale Gedächtnisse: Niklas Luhmann

Im Rahmen seiner Theorie sozialer Systeme entwirft Niklas Luhmann (1927–1998) ein Gedächtniskonzept funktional differenzierter Gesellschaften, bei dem soziale Kommunikationssysteme im Mittelpunkt stehen. Im Unterschied zu anderen soziologischen Theorieperspektiven geht es hier nicht um handelnde Individuen oder Gruppen, sondern um die Strukturen ihrer Kommunikations- oder Austauschbeziehungen. Luhmanns Überlegungen orientieren sich einerseits an der Philosophie Husserls; andererseits greift er auf neurowissenschaftliche Gedächtniskonzepte zurück, die in der Tradition des radikalen Konstruktivismus – und dabei insbesondere der Arbeiten Heinz von Foersters – stehen. Soziale Systeme bestehen nicht aus festen Körpern, sondern erzeugen und erhalten sich selbst aus Kommunikation beziehungsweise kommunikativen Ereignissen, die geschehen und wieder verschwinden. In fortdauernden Systemen – dies können Gespräche unter Anwesenden sein, aber auch Organisationen oder Gesellschaften – folgt Kommunikation auf Kommunikation. Maßgeblich für die Charakterisierung solcher Kommunikationsketten als System ist, dass der so entstandene Zusammenhang erstens nicht abbricht und zweitens identifizierbar bleibt. Luhmann bezeichnet dies als ›Autopoiesis‹ (wörtlich übersetzt: Selbst-Herstellung). Gesellschaft wird dabei radikal als Gegenwartsgesellschaft gedacht: Ihre Dauer besteht in der Abfolge von aneinander anschließenden Kommunikationsereignissen, die, jedes für sich, nicht anders als in der Gegenwart angesiedelt sein können. Um angesichts der Vielfalt gegenwärtiger Kommunikationen Bekanntes zu erkennen und von Neuem zu unterscheiden – kurz: neue Informationen zu erzeugen –, müssen soziale Systeme über Vorrichtungen des Erinnerns und Vergessens verfügen, die in der Lage sind, Ordnung in eine zunächst aufgrund unendlicher Möglichkeiten völlig unübersichtliche Welt zu bringen. Nur wenn es gelingt, die Beliebigkeit der Welt auf wesentliche Aspekte zu reduzieren, können Kommunikationen als ähnlich erkannt und gegebenenfalls wiederholt werden.

Diese Vorüberlegungen führen zu einer Theorie des Gedächtnisses, die Antworten auf die Frage gibt, wie sich Systeme über die Zeit erhalten und wie sie mit dem Ablaufen der Zeit umgehen (vgl. Luhmann 1996). Luhmann unterscheidet dabei das Systemgedächtnis als Instrument der Informationsselektion vom psychisch-personalen Gedächtnis, wobei die systemspezifische Kommunikation regelt, was aus den Individualgedächtnissen aktualisiert werden soll. So interessiert sich zum Beispiel das Systemgedächtnis der Organisation nur für die Erinnerung an zurückliegende organisationsrelevante Entscheidungen und nicht dafür, was es Tags zuvor zum Abendessen gegeben hat. Das Systemgedächtnis ist also nicht als Summe der irgendwie beteiligten Individualgedächtnisse zu verstehen. Vielmehr adressiert das Systemgedächtnis nur bestimmte und eben systemrelevante Aspekte des Individualgedächtnisses, um das System nicht mit Informationen zu überlasten und den ungehinderten Fortgang der systemspezifischen Kommunikation zu gewährleisten (vgl. Luhmann 2002). Luhmann trennt in diesem Zusammenhang erinnerungsrelevante von zu vergessenden Informationen. Nur diejenigen Ereignisse werden für speicherungswürdig befunden, die sich vom vorliegenden systemrelevanten Wissen so weit unterscheiden, dass sie die systemeigenen Schemata zu ergänzen vermögen. Oder anders: Nur wenige Gedächtnisinhalte werden nicht einer bereinigenden Löschung durch Vergessen zugeführt, die aus der Sicht des Systems die Spreu vom Weizen trennt. Das von Luhmann als ›sozial‹ bezeichnete Gedächtnis ist demnach maßgeblich mit systemspezifischem Vergessen beschäftigt (vgl. Luhmann 1998). Wie das Bewusstsein des Individuums bilden sich auch in sozialen Systemen Schemata aus, mit deren Hilfe sie nicht etwas Vergangenes erinnern, sondern durch die sie in neuen Situationen Vertrautheit herstellen. Schemata mobilisieren das Systemgedächtnis, indem sie den Eindruck von Bekanntheit erzeugen. Sie sind als Ereignis zu verstehen, mit dem sich das System sein Gedächtnis zugänglich macht (vgl. Luhmann 2002) und damit eine selektive Wiederherstellung des unwiederbringlich Vergangenen ermöglicht.

Dies lässt sich am Beispiel von Organisationen veranschaulichen, deren Abfolge von Kommunikationen (Autopoiesis) in aneinander anschließenden Entscheidungen besteht. Das Gedächtnis der Organisation hält nicht fest, warum so oder so entschieden wurde; es speichert einerseits die durch Entscheidungen geschaffenen Situationen, um bei neuen Entscheidungsproblemen eine Wiederverwendbarkeit zu prüfen. Andererseits erinnert es an Stellen oder Personen, die etwas entschieden haben. Durch das Gedächtnis wird eine Zeitdifferenz zwischen Vergangenheit und Zukunft überbrückt, indem aktuelle Situationen mit bereits Bekanntem abgeglichen werden. Vergessen sorgt in der Organisation für die Freisetzung von Kapazitäten, während im Erinnern die Konstruktion von Identitäten zum wiederholten Gebrauch – im Rahmen von Entscheidungsprogrammen – besteht. Vergessen ist dabei der Regelfall; Erinnern kommt nur durch die Verhinderung des Vergessens zustande (vgl. Luhmann 2000). Die für Organisationen hoch relevante Schriftlichkeit darf allerdings nicht mit Gedächtnis gleichgesetzt werden. Schrift begreift Luhmann vielmehr als ein physisches Substrat des Gedächtnisses, das wiederum selbst auswählt, was erinnert und was vergessen wird. Akten zum Beispiel organisieren nicht nur das Erinnern, sondern auch das Vergessen. Jede erneute Lektüre kann zu Konformität ebenso motivieren wie zu Abweichung. Das Gedächtnis der Organisation wirkt an allen Operationen des Systems mit, indem es die grundlegende Unsicherheit, die vor jeder Entscheidung liegt, ebenso vergisst wie die vielen Zuträger- oder Unterentscheidungen. Erinnert wird lediglich, was als Entscheidungsprämisse für weitere Entscheidungen bedeutsam ist. Damit erklärt sich, dass sich viele organisatorische Routinen, die in Organisationen ablaufen, dem reflexiven Zugriff entziehen und scheinbar intuitiv oder automatisch ablaufen. Als Prämissen bewahrt werden nur bestimmte Entscheidungen, die oft mit Hierarchien zusammenhängen, weshalb das, was als maßgebliche Steuerung erinnert wird, in der Regel mit einem Herrschaftsindex versehen ist.

Festgehalten werden kann damit, dass Organisationen als Sozialsysteme ein von den an ihnen beteiligten Individuen weitgehend unabhängiges soziales Gedächtnis entwickeln, dessen Aufgabe darin besteht, auszuwählen, welche organisationalen Entscheidungen erinnert und welche vergessen werden sollen. Auch wenn es durch Kommunikation – mitunter auf der Basis von Texten, die ihrerseits auf Wahrnehmung und Wiedererkennen angewiesen sind – fortgeführt wird und so eine über die Zeit sich weiter entwickelnde Struktur aus Entscheidungsprämissen bildet, greift das soziale Gedächtnis nur ausnahmsweise auf die Gedächtnisse von Personen zurück.

Die Unhintergehbarkeit des Gruppengedächtnisses

Soziologische Konzeptionen betrachten kollektive Gedächtnisse beziehungsweise Gruppengedächtnisse als soziale Tatsachen in dem Sinne, dass sie dem Einzelnen als gegeben erscheinen und einen zwingenden Einfluss auf sein Verhalten ausüben. Zumindest in alltäglichen Handlungsabläufen sind diese soziologischen Gedächtnisse insofern unhintergehbar als sie bestimmte Erinnerungen auftauchen lassen und infolgedessen vieles nicht aktualisieren, das dann aus Sicht der Gruppe vergessen werden kann. Als Konstitutionsbedingungen von institutionalisierten Wissensstrukturen sind sie wirkmächtige Determinanten der Aufrechterhaltung sozialer Ordnung. Auch den drei exemplarisch entfalteten soziologischen Standpunkten ist gemeinsam, dass sie die Vorstellung einer verdinglichten und gespeicherten Vergangenheit, die sich zu einem späteren Zeitpunkt wieder herstellen ließe, ablehnen. Die Erinnerung an Vergangenes unterliegt immer der Auslegung unter den Bedingungen der gegenwärtigen Situation.

Neben diesen nicht zuletzt auch eine spezifisch soziologische Sicht repräsentierenden Übereinstimmungen bestehen zwischen den drei Positionen jedoch auch grundlegende Unterschiede. So gibt es für Halbwachs so viele Kollektivgedächtnisse, wie es Gruppen gibt. Dieses Motiv findet sich bei den sozialen Systemen Luhmanns wieder: Jedes System verfügt über sein eigenes spezifisches Gedächtnis. Anders verhält es sich dagegen bei Schütz, dessen individualistische Gedächtniskonzeption in der Vorstellung eines subjektiven Wissensvorrats ebenso wie des gesellschaftlichen Wissensvorrats zwar von Fall zu Fall variieren kann aber stets unter der Annahme prinzipieller Ähnlichkeit behandelt wird. Es gibt viele Individualgedächtnisse, aber nur ein sich auf deren Grundlage konstituierendes Gruppengedächtnis. Der gesellschaftliche Wissensvorrat steht als objektive Struktur den Gesellschaftsmitgliedern zur Verfügung. Unterschiedliche Gebrauchsweisen dieses Wissensvorrats ergeben sich vor allem aus den gruppenspezifischen Zugriffsweisen durch jeweils andere Relevanzsetzungen. Luhmann wiederum grenzt sich von Halbwachs ab, dem er die Konstruktion einer raumzeitlichen Erinnerungsdeterminante und damit eine unnötige Starrheit unterstellt, und betont die Rekursivität des sozialen Gedächtnisses, das als Eigenleistung aus kommunikativen Operationen erwachse. In diesem Punkt ähneln sich die Konzeptionen von Luhmann und Schütz – möglicherweise aufgrund des bei beiden prominenten Bezugs auf Husserl – ungeachtet der unterschiedlichen Theoriesprachen.

Nicht zuletzt in Auseinandersetzung mit solchen Grundsatzfragen finden sich neuerdings vermehrt Studien, die der soziologischen Theoriebildung neue Wege des Verständnisses kollektiver und sozialer Gedächtnisse eröffnen. So versucht etwa die italienische Soziologin Elena Esposito in systemtheoretischer Perspektive die Evolution des Gedächtnisses der Gesellschaft in Abhängigkeit vom Entwicklungsstand der verfügbaren Kommunikationstechnologien zu beschreiben und zu prognostizieren (vgl. Esposito 2007). Die stetig fortschreitende Vernetzung durch Computer, so ihre These, verändere gegenwärtig nicht nur die gesellschaftliche Organisation des Gedächtnisses, sondern auch die Art und Weise, wie Menschen an diesem Gedächtnis teilhaben und es nutzen. Auf eine andere Entwicklungsdynamik weisen Daniel Levy und Natan Sznaider hin (vgl. Levy/Sznaider 2001): Am Beispiel der Globalisierung der Holocaust-Erinnerung zeigen sie, dass mit der Loslösung kollektiver Erinnerung vom nationalstaatlichen Rahmen dieser nicht aufgehoben wird, sondern neue Möglichkeiten einer, wie sie es nennen, ›kosmopolitischen Erinnerung‹ geschaffen werden, die über nationale und kulturelle Grenzen hinausgeht.

Für die soziologische Forschung ist damit die Erkenntnis verbunden, dass durch Prozesse der Globalisierung und Medialisierung die Themen Gedächtnis, Erinnerung und Vergessen nicht obsolet werden – sie müssen vielmehr neu verortet, begriffen und ausgerichtet werden. Damit stellen diese neu entdeckten Tendenzen sozialen Wandels nicht nur eine empirische Herausforderung für die Soziologie dar. Sie weisen auf einen in den letzten Jahrzehnten soziologischen Nachdenkens vergessenen Themenbereich hin und fordern dazu auf, ihr theoretisches Werkzeug unter den Gesichtspunkten ›Gedächtnis, Erinnern und Vergessen‹ zu überprüfen und gegebenenfalls zu erweitern.

Literatur

Bergson, Henri: *Zeit und Freiheit*. Meisenheim 1949.
–: *Materie und Gedächtnis. Eine Abhandlung über die Beziehung zwischen Körper und Geist*. Frankfurt a. M./Berlin/Wien 1982.
Durkheim, Émile: Individuelle und kollektive Vorstellungen. In: Ders.: *Soziologie und Philosophie*. Frankfurt a. M. 1976, 45–83.
–: *Die elementaren Formen des religiösen Lebens*. Frankfurt a. M. 2007.
Esposito, Elena: *Soziales Vergessen. Formen und Medien des Gedächtnisses der Gesellschaft*. Frankfurt a. M. 2007.
Halbwachs, Maurice: *Das kollektive Gedächtnis*. Stuttgart 1991 (frz. 1950).
–: *Das Gedächtnis und seine sozialen Bedingungen*. Frankfurt a. M. 1985 (frz. 1925).
Husserl, Edmund: *Ideen zu einer reinen Phänomenologie und phänomenologischen Philosophie*. Halle 1913.
–: *Texte zur Phänomenologie des inneren Zeitbewusstseins* (1893–1917). Hamburg 1985.
Levy, Daniel/Sznaider, Natan: *Erinnerung im globalen Zeitalter. Der Holocaust*. Frankfurt a. M. 2001.
Luhmann, Niklas: Zeit und Gedächtnis. In: *Soziale Systeme* Jg. 2, H. 2 (1996), 307–330.
–: *Die Gesellschaft der Gesellschaft*. 2 Bde. Frankfurt a. M. 1998.
–: *Organisation und Entscheidung*. Wiesbaden 2000.
–: *Das Erziehungssystem der Gesellschaft*. Frankfurt a. M. 2002.
Schütz, Alfred: *Das Problem der Relevanz*. Frankfurt a. M. 1971.
–: *Der sinnhafte Aufbau der sozialen Welt*. Frankfurt a. M. 1974.
–: *Theorie der Lebensformen*. Frankfurt a. M. 1981.
– /Luckmann, Thomas: *Strukturen der Lebenswelt*. Bd. 1. Frankfurt a. M. 1979.

Michael Heinlein/Oliver Dimbath

4. Literaturwissenschaft

Wer eine Abfrage in der Datenbank der MLA (*Modern Language Association*) unter den Schlagworten ›memory + literature‹ macht, der findet für das Jahr 1980 noch eine recht übersichtliche Anzahl von etwa 30 literaturwissenschaftlichen Forschungsbeiträgen verzeichnet. Die Zahl der jährlichen Publikationen wächst 1990 bereits auf 139 an; im ›Erinnerungsjahr‹ 2000 auf spektakuläre 568; und seitdem erscheinen pro Jahr im Schnitt 430 Beiträge zum Thema ›Literatur und Gedächtnis‹. Wie in den anderen kulturwissenschaftlichen Disziplinen, so ist also auch in der Literaturwissenschaft seit den frühen 1990er Jahren ein rapider Anstieg der Veröffentlichungen zum Gedächtnis-Thema zu beobachten. Neben Begriffen wie ›Kultur‹, ›Gender‹ oder ›Medialität‹ hat ›Gedächtnis‹ heute den Status einer literaturwissenschaftlichen Schlüsselkategorie. Aber wir haben es nicht nur mit einer Konjunktur im aktuellen Diskurs zu tun. Auch in historischer Perspektive zeigt sich, dass das Konzept des Gedächtnisses die Disziplin nachhaltig geprägt hat. Zentrale Konzepte der literaturwissenschaftlichen Gedächtnisforschung sind bis in das frühe 20. Jahrhundert zurückzuverfolgen.

Für die Literaturwissenschaft ist ›Gedächtnis‹ – mit Manfred Weinbergs (2006) Worten – ein »unendliches Thema«, nicht nur weil es grundsätzlich niemals abschließend fassbar sein kann (denn jede für die Untersuchung des Gedächtnisses gewählte Perspektive impliziert notwendig das ›Vergessen‹ bzw. Ausblenden oder Marginalisieren anderer Blickrichtungen). Es handelt sich auch aufgrund der vielfältigen wörtlichen und metaphorischen Bedeutungsdimensionen des Gedächtnis-Begriffs um ein Thema, mit dem eine kaum mehr zu überblickende Vielzahl höchst unterschiedlicher Gegenstandsbereiche, Erkenntnisinteressen und Methoden verbunden ist. Diese Heterogenität zeigt sich bereits in den acht Bänden der Reihe *Literature as Cultural Memory* (D'haen 2000), die zwar einen ersten Eindruck von der ganzen Spannbreite möglicher Verknüpfungen von Literatur und Gedächtnis vermitteln, aber damit zugleich auch belegen, wie wenig klar umrissen das Gebiet einer literaturwissenschaftlichen Gedächtnisforschung ist.

Die literaturwissenschaftliche Gedächtnisforschung reicht heute von im engeren Sinne philologischen bis hin zu stark kulturwissenschaftlich und interdisziplinär geprägten Ansätzen. Sie wird in der Allgemeinen Literaturwissenschaft ebenso wie innerhalb der verschiedenen Nationalphilologien praktiziert. Sie nimmt Bezug auf antike, mittelalterliche und neuzeitliche Literaturen. Und sie ist überdies in unterschiedlichen nationalen Wissenschaftskulturen anzutreffen, deren jeweilige Forschungstraditionen und -konventionen stark voneinander abweichen können. In den USA beispielsweise dreht sich die literaturwissenschaftliche Diskussion in erster Linie um psychoanalytische und poststrukturalistische Konzepte von Trauma, während in der deutschen Literaturwissenschaft unter Rückgriff auf Maurice Halbwachs, Aby Warburg und Pierre Nora stärker kontextorientiert und kulturhistorisch gearbeitet wird.

Aus der Fülle der literaturwissenschaftlichen Beiträge zur Gedächtnisforschung können einige grundlegende *Gedächtniskonzepte der Literaturwissenschaft* (Erll/Nünning 2005) abgeleitet werden. Ausgehend von diesen Konzepten werden im Folgenden fünf deutlich konturierte Hauptrichtungen der literaturwissenschaftlichen Gedächtnisforschung vorgestellt:

1. *Ars memoriae* als Gegenstand der Literaturgeschichte: Ein literaturhistorisch ausgerichteter Zweig der Gedächtnisforschung widmet sich der Bedeutung antiker Mnemotechnik in mittelalterlicher und frühneuzeitlicher Literatur.
2. ›Gedächtnis *der* Literatur I‹: Topoi-, Intertextualität- und Gattungsforschung beschäftigen sich mit dem ›erinnernden‹ Rückgriff literarischer Werke auf Elemente vorgängiger Literatur. In diesem Zusammenhang ist von einem ›Gedächtnis der Literatur‹ die Rede.
3. ›Gedächtnis *der* Literatur II‹: Mit dieser Metapher können zudem Prozesse der Kanonbildung und Literaturgeschichtsschreibung beschrieben werden.
4. ›Gedächtnis *in* der Literatur‹: Das außerordentlich breite Spektrum der Beiträge zur lite-

rarischen Repräsentation von Gedächtnis und Erinnerung reicht von narratologischen und diskursanalytischen Ansätzen bis hin zur literaturwissenschaftlichen Traumaforschung.
5. ›Literatur und die Medialität des Gedächtnisses‹: Unter diesem Schlagwort werden schließlich neuere Ansätze gefasst, die das Verhältnis von Literatur und Gedächtnis im Spannungsfeld von (inter-)medialen und medienkulturellen Prozessen beschreiben.

Ars memoriae als Gegenstand der Literaturgeschichte

Anders als die Sozial- und Geschichtswissenschaften (s. Kap. IV.3 und IV.1), deren Gedächtnisforschung schon seit Halbwachs und Nora die konstruktive und identitätsstiftende Aneignung von Vergangenheit in sozialen Kontexten fokussiert, hat sich die Literaturwissenschaft traditionell vor allem der Bedeutung antiker Mnemotechniken (*ars memoriae*) für Kunst und Kultur gewidmet. Gedächtnis wurde im Rahmen der Literaturwissenschaft – mit Aleida Assmanns (1999/2009) Worten – dominant als *ars* (künstliches, raumorientiertes Gedächtnis) untersucht, während Geschichte und soziales Gedächtnis stärker als *vis* (natürliches, zeitorientiertes Gedächtnis) konzipiert wurden.

Als Forschungsgegenstand der modernen Literatur- und Kulturwissenschaft etabliert wurde die *ars memoriae* von der Literaturhistorikerin Frances A. Yates. Ihre Studie *The Art of Memory* (1966) ist eine Geschichte der Gedächtniskunst von der Antike bis zur frühen Neuzeit. Yates bringt die in der Literaturwissenschaft weitgehend in Vergessenheit geratene *ars memoriae* wieder in Erinnerung und argumentiert, dass sich Kunst, Wissensorganisation und Denksysteme des Mittelalters und der Renaissance in nicht unwesentlichem Maße aus einem Rückgriff auf die antike Mnemonik speisen. Yates argumentiert, dass wir es in Mittelalter und Renaissance mit einer tiefgreifenden Umgestaltung der klassischen Gedächtniskunst zu tun haben. Durch den Rückgriff auf römische Quellen und deren Verknüpfung mit platonischen Schriften und christlichem Gedankengut erhält das künstliche Gedächtnis eine ganz neue Dimension, eine moralische Funktion: Von Scholastikern wie Albertus Magnus oder Thomas von Aquin wird die *memoria* als Teil der *prudentia*, einer der vier Kardinaltugenden, verstanden. Die eindrucksvollen Bildwelten in Dantes *Göttlicher Komödie* (um 1310), die gotische Architektur oder Bilder von Giotto oder Tizian werden, so Yates, besser verständlich, wenn man sie als Ausdruck einer mittelalterlichen Gedächtniskunst versteht. Sie stellen eine christliche Form der platonischen Wiedererinnerung (*anamnesis*) – an Paradies und Hölle, Laster und Tugenden – dar, und zwar mit Hilfe der den antiken Quellen entnommenen mnemonischen Technik, Orte mit *imagines agentes* zu verbinden (s. Kap. III.2). Yates Ausführungen zur Geschichte der Gedächtniskunst von der Mnemotechnik der Antike über die Bildwelten des Mittelalters bis hin zu den magisch-hermetischen Gedächtnissystemen Giulio Camillos, Giordano Brunos oder Robert Fludds in Renaissance und früher Neuzeit verdeutlichen, dass die Gedächtniskunst eine lebendige und recht wandlungsfähige Tradition war, die nicht nur zu rhetorischen Zwecken, sondern auch zum christlichen Gedenken, zur kulturellen Wissensorganisation oder als Möglichkeit künstlerischen Ausdrucks diente (zu einer umfassenden Bestandsaufnahme der *ars memorativa* in Mittelalter und Früher Neuzeit vgl. auch Berns/Neuber 1993).

Mary Carruthers zeigt in ihrem Buch *The Book of Memory* (1990), Yates' Thesen relativierend, dass im Mittelalter die Buchseite selbst zum mnemotechnischen Gedächtnisraum wird. Damit zeichnet sich schon der Übergang von einem bild- und raumgeprägten Gedächtnis in Antike und Mittelalter zu einem schriftgeprägten Gedächtnis in der Neuzeit ab; und damit auch von der Rhetorik und Auswendigkeit zur Hermeneutik. Obgleich die *ars memoriae* um 1800 aus der kulturellen Praxis verschwindet, wirkt ihre Methode dennoch nach; ihr Fortleben wird insbesondere durch Kunst und Literatur gesichert, für die die Verknüpfung von Bildern und Orten ein grundlegendes Verfahren bleiben (vgl. Haverkamp/Lachmann 1991).

Das ›Gedächtnis *der* Literatur‹ I: Topoi-, Intertextualitäts- und Gattungsforschung

Die zeitliche Dimension des Zusammenhangs von Literatur und Gedächtnis wird üblicherweise unter dem Begriff ›Gedächtnis der Literatur‹ verhandelt. Dabei handelt es sich um eine stark metaphorische Ausdrucksweise, die immer wieder auch Kritik erfährt. Denn natürlich ›hat‹ Literatur ebenso wenig ein Gedächtnis wie Denkmale und andere kulturelle Artefakte eines haben. Konzepte von einem Gedächtnis der Literatur basieren vielmehr auf der Annahme, dass Literatur nur in einem diachronen Zusammenhang zu begreifen ist. Dabei kann zwischen zwei Gebrauchsweisen des Begriffs ›Gedächtnis der Literatur‹ unterschieden werden: (1) Als *genitivus subiectivus*: Durch Intertextualität ›erinnert‹ Literatur ›an sich selbst‹; (2) als *genitivus obiectivus*: In gesellschaftlich institutionalisierter Weise wird an Literatur erinnert, z. B. durch Kanonbildung und Literaturgeschichtsschreibung (s. folgender Abschnitt).

Im Sinne des *genitivus subiectivus* verweist das Konzept ›Gedächtnis *der* Literatur‹ auf die Vorstellung von einem innerliterarischen Gedächtnis, einem Gedächtnis des Symbolsystems Literatur, das sich in einzelnen Texten manifestiert. Im literarischen Werk wird durch intertextuelle Bezugnahmen an vorgängige Texte, Topoi, Formen und Gattungsmuster erinnert. Literaturtheoretische Ansätze, die sich mit Intertextualität als literarischer ›Erinnerungspraktik‹ beschäftigen, haben stets die *ars memoriae* als ein Denkmodell genutzt, weit ausgedeutet und mit verschiedenen anderen Konzepten zu neuartigen Theorien verknüpft. Ihr Ziel ist es, Phänomene der Wiederkehr und Veränderungen von ästhetischen Formen beschreibbar zu machen.

Am Beginn der gedächtnistheoretischen Untersuchung von Kontinuitäten und Wandlungen in Kunst und Literatur stehen Aby Warburgs *Mnemosyne*-Atlas und sein Konzept eines ›sozialen Gedächtnisses‹ (s. Kap. III.16). Bis heute ist Warburgs Arbeit vor allem an literaturwissenschaftliche Theorien anschließbar, die Literatur und Kultur zeichentheoretisch als fortlaufenden Prozess der »De- und Resemiotisierung« begreifen (vgl. Haverkamp/Lachmann 1991). Das Gedächtnis der Literatur basiert auf einer Resemiotisierung von Zeichen, auf einem ›Wieder-Aufladen‹ von Elementen überlieferter Texte mit Bedeutung. Dieser Prozess wird in der Literaturwissenschaft als ›Intertextualität‹ im weitesten Sinne – als Rückgriff auf überkommene Topoi, als Einzeltext- oder als Gattungsreferenzen – bezeichnet.

Die Vorstellung von einem ›Gedächtnis der Literatur‹ liegt auch der historischen Topik von Ernst Robert Curtius zugrunde, die der Romanist in seiner Monographie *Europäische Literatur und lateinisches Mittelalter* (1948) entfaltet. Die Theorie und Methode der historischen Topik ist in der Zeit zwischen den Weltkriegen zu verorten, in der Curtius kulturkonservativ ein Geschichtsbild von europäischer Kontinuität und Einheit beschwört. Europa ist für Curtius eine historische und geistesgeschichtliche Einheit: Die europäische Literatur »umfaßt einen Zeitraum von etwa sechsundzwanzig Jahrhunderten (von Homer bis Goethe gerechnet)« (Curtius 1948/1993, 22). Bei der Beschränkung der Literaturbetrachtung auf bestimmte Epochen und Nationen geraten daher, so Curtius, wichtige Traditionslinien aus dem Blick. Um Kontinuitäten und Wandlungen literarischer Formen aufzuzeigen, richtet er seine Aufmerksamkeit auf Topoi, d. h. auf in der antiken Rhetorik zur *inventio* gehörende Gemeinplätze bzw. feste Denk- und Ausdrucksschemata. Hierzu zählt Curtius rhetorische Topoi wie den Bescheidenheits- oder den Unsagbarkeitstopos und Vorstellungen wie die von der verkehrten Welt, im weiteren Sinne aber auch Metaphern wie ›das Leben als Schifffahrt‹ oder ›die Welt als Theater‹. Curtius verfolgt mit seiner historischen Topik zwei Ziele: Erstens geht es ihm um Gattungs- und Formengeschichte, um die »genetische Erkenntnis literarischer Form-Elemente« (ebd., 92). Zweitens leitet ihn ein geistesgeschichtliches Interesse, denn die Untersuchung der Wiederkehr literarischer Ausdrucksformen trägt Curtius zufolge zu einem »Verständnis der abendländischen Seelengeschichte« (ebd., 92) bei. Das Gedächtnis der Literatur, wie es mit Curtius' historischer Topik in den Blick kommt, zeichnet sich dadurch aus, dass literarische *inventio* auf *memoria* basiert: Künstlerische Tätigkeit ist immer auch ein Erinnerungsakt, denn sie muss auf Elemente der kulturellen Tradition zurückgreifen. Curtius' Toposforschung verdeutlicht zudem, dass Literatur eine diachrone und transkulturelle Dimension hat. So wie Aby Warburgs Pathosformeln die ›Energiekonserven‹ eines kollektiven Bildgedächtnisses sind, findet das europäische literarische Gedächtnis in Topoi seinen Ausdruck. Curtius' vager und restaurativer Toposbegriff ist in der Literaturwissenschaft stark kritisiert worden. Er hat aber auch beträchtliche Wirkung entfaltet und wird gerade im Kontext der neueren kulturwissenschaftlichen Gedächtnisforschung wieder neu entdeckt (vgl. Berndt in: Erll/Nünning 2005).

Die Ursprünge poststrukturalistischer Intertextualitätskonzepte, wie sie etwa von Harold Bloom und Renate Lachmann entwickelt wurden, sind bis in die 1920er Jahre zurückzuverfolgen, etwa zu Michail Bachtins Dialogizitätskonzept (vgl. Scheiding in: Erll/Nünning 2005). Ende der 1960er Jahre prägte Julia Kristeva in Anlehnung an Bachtins Überlegungen zum »Wort im Roman« den Begriff der Intertextualität. Das Gedächtnis der Literatur erscheint aus der Perspektive der poststrukturalistischen Theoriebildung als der sich auf textinterner Ebene manifestierende Bezug zu Prätexten, als deren Aktualisierung und Transformation.

Harold Bloom geht es in *The Anxiety of Influence* (1973, 5) um »intra-poetic relationships«. Am Beispiel der Lyrik englischer Romantiker zeigt er, dass Einflussangst (von Bloom freudianisch gewendet: die Angst eines jungen Dichters – *ephebe* – vor den Werken eines scheinbar übermächtigen ›Dichtervaters‹) literarische Produktion erst ermöglicht. Einflussangst führt zu literarischen Abwehrmechanismen, vor allem zum *misreading*. Bloom unterscheidet verschiedene Ausprägungen solcher »revisionary ratios« (ebd., 14) – Formen der intertextuellen Aktualisierung und Variation von Elementen der literarischen Tradition, die als rhetorische Strategien im Text erkennbar sind.

Diese agonale Dimension des Gedächtnisses der Literatur unterstreicht bereits T.S. Eliot im Jahr 1919 in seinem Essay »Tradition and the Individual Talent«. Eliot argumentiert, dass wahre Neuheit und Originalität eines literarischen Textes nur auf der Auseinandersetzung mit der Tradition basieren kann. Umgekehrt wirkt sich jedes neue, ›große‹ literarische Werk auf das bestehende Gefüge überkommener klassischer oder kanonischer Texte aus.

Auf den Begriff gebracht wurde das ›Gedächtnis der Literatur‹ in Renate Lachmanns einflussreicher Monographie *Gedächtnis und Literatur: Intertextualität in der russischen Moderne* (1990). Kennzeichnend für Lachmanns Ansatz ist die konsequente Gleichsetzung von Gedächtnis mit der Kategorie der Intertextualität: »Das Gedächtnis des Textes ist seine Intertextualität« (ebd., 35). Lachmann verortet das literarische Phänomen der Intertextualität in einem gedächtnistheoretischen Bezugsrahmen. Ihr geht es um »die Interpretation der Intertextualität (konkreter Texte) als eines mnemonischen Raums, der sich zwischen den Texten entfaltet, und um den Gedächtnisraum innerhalb konkreter Texte, der durch die Intertexte aufgebaut wird, die in diese eingetragen werden« (ebd., 11). Literatur erweist sich also als in mehrfacher Hinsicht mit Gedächtnis und Kultur verwoben: Sie ist eine »mnemonische Kunst *par excellence*, indem sie das Gedächtnis für eine Kultur stiftet; das Gedächtnis einer Kultur aufzeichnet; Gedächtnishandlung ist; sich in einen Gedächtnisraum einschreibt, der aus Texten besteht; einen Gedächtnisraum entwirft, in den die vorgängigen Texte über Stufen der Transformation aufgenommen werden« (ebd., 36).

Seit einigen Jahren wendet sich die literaturwissenschaftliche Gedächtnisforschung zunehmend Phänomenen zu, die man als ›Gattungsgedächtnis‹ und ›Gedächtnisgattungen‹ bezeichnen kann (vgl. Humphrey in: Erll/Nünning 2005). Im Rahmen der Intertextualitätsforschung wird grundlegend zwischen Einzeltext- und Gattungsreferenzen unterschieden. Gattungen sind daher erstens Resultat intertextueller Bezüge; auch sie basieren auf einem ›Gedächtnis der Literatur‹ (bzw. dem ›Gattungsgedächtnis‹). Zweitens dienen bestimmte Gattungen, wie Autobiographie, Biographie oder Epos, als konventionalisierte ›Formulare‹ zur Kodierung von Vergangenheitsversionen (›Gedächtnisgattungen‹). Aufgeladen mit ideologischer Bedeutung tradieren Gattungen dabei auch Werte, Normen und Identitätskonzepte. Ein dritter Aspekt des Verhältnisses von Gattung und Gedächtnis ist schließlich, dass Gattungen ein ›Lesergedächtnis‹ voraussetzen: Nur wenn Autoren und Leser einer Erinnerungskultur das Wissen um Gattungskonventionen teilen (und beispielsweise ahnen, dass am Ende eines Krimis die Auflösung des Mordfalls stehen wird), kann von der Existenz einer Gattung die Rede sein.

Die vorgestellten Konzepte von einem ›Gedächtnis der Literatur‹ weisen einige wichtige Gemeinsamkeiten auf. So wird in der Literaturwissenschaft nicht nur häufig auf Begriffe und Vorstellungen zurückgegriffen, die der antiken Rhetorik entstammen. Dieser Rekurs ist zudem meist mit einer produktiven Aneignung und (häufig tiefgreifenden) Veränderung der historischen Rede- und Gedächtnislehre verbunden. Zwei wichtige Modifikationen der *ars memoriae* nimmt die Literaturwissenschaft vor: Erstens erhält das abstrakte und auf das individuelle Gedächtnis ausgerichtete Verfahren der Verbindung von *loci* und *imagines* eine kollektive, mediale und diachrone Dimension, denn mit den mnemotechnischen Konzepten werden nun literarische Traditionen und deren Wandlungen beschrieben. Zweitens konzipieren literaturwissenschaftliche Ansätze die fünf Schritte der antiken Rhetorik als einen Zirkel. *Memoria* verweist im Sinne der Literaturwissenschaft nicht auf das bloße Memorieren eines bereits Vorhandenen, sondern stellt die Basis für die Erzeugung neuer Literatur dar. *Inventio, dispositio, elocutio* basieren auf *memoria*. Jeder neue literarische Text ist bezogen auf vorgängige Texte, auf kulturell verfügbare Gattungsmuster, auf literarische Formen und Topoi.

Das ›Gedächtnis *der* Literatur‹ II: Kanonforschung und Theorie der Literaturgeschichtsschreibung

Während Intertextualitätstheorien literaturwissenschaftliche Ansätze darstellen, mit denen ein Gedächtnis des *Symbol*systems Literatur untersucht werden kann, ermöglichen Kanonforschung und Theorie der Literaturgeschichtsschreibung Einblicke in die Funktionsweisen des *Sozial*systems Literatur: Kanonbildung und Literaturgeschichte sind zentrale Mechanismen und Medien, durch die in Gesellschaften an Literatur erinnert und kollektive Identität gestiftet wird. Es bedarf der Institutionen, um aus der Fülle der verfügbaren literarischen Werke ein Korpus von zu erinnernden Texten auszuwählen, zusammenzustellen und dessen Überlieferung zu sichern.

Neben Literaturwissenschaftlern beschäftigen sich vor allem Vertreter der Religions-, Altertums- und Geschichtswissenschaften mit Kanonisierungsprozessen als zentrale Vorgänge bei der Herausbildung und Tradierung von kulturellem Gedächtnis. Der Kanon – ein Begriff, der ursprünglich auf das Korpus anerkannter heiliger Schriften bezogen war – hat eine hohe gesellschaftliche und kulturelle Relevanz. Zu den Funktionen, die Literaturgeschichtsschreibung und Kanonisierungsprozesse erfüllen können, gehören die Stiftung kollektiver Identitäten, die Legitimierung gesellschaftlicher und politischer Verhältnisse sowie die Aufrechterhaltung oder Unterwanderung von Wertesystemen. Mit ihrem Korpus an »Wiedergebrauchs-Texten« (J. Assmann) beschreiben Kulturen sich selbst. Und so wie sich die Identitätskonzepte und Wertstrukturen von Kulturen wandeln, verändert sich auch ihr Kanon. Das Gedächtnis des Sozialsystems Literatur ist daher kulturell und historisch variabel.

Mit Beginn der 1970er Jahre setzte in der Literaturwissenschaft Kritik an überkommenen literaturwissenschaftlichen Kanon- und Geschichtskonzepten ein. Im Zuge von Ideologiekritik und feministischer Forschung wurden Auswahlkriterien bei der Kanonbildung hinterfragt. Gefordert wurde eine Kanonrevision, ein Aufbrechen des bildungsbürgerlichen und elitären Kanons sowie eine Berücksichtigung zuvor marginalisierter Autoren. Im Sinne des poststrukturalistischen Paradigmas wurde gar ein Verzicht auf jegliche Art von Kanonbildung angeregt. Vor allem in Amerika haben diese Kanondebatten, die als »The Great Canon Controversy« oder »Culture Wars« in der Presse hohe Wogen schlugen, enorme Wirkung entfaltet.

Im Umfeld des *linguistic turn* und der Diskussion um die Möglichkeiten der Repräsentation von Geschichte wurden auch die der Literaturgeschichtsschreibung zugrunde liegenden Konstruktionsprozesse untersucht. Das Erkenntnisinteresse der Theorie der Literaturgeschichtsschreibung gilt damit weniger dem historischen Prozess der Literatur selbst (dem Objektbereich) als dem Vorgang seiner retrospektiven Erkenntnis, Deutung und Darstellung. Auch jene auf den Bereich der Literatur konzentrierte Form der Historiographie basiert auf bestimmten Selektionsprinzipien und Konstruktionsmechanismen, durch die eine vergangene Wirklichkeit mehr erzeugt als abgebildet wird. Heute rücken zunehmend auch Fragen nach der Nationenspezifik und den erinnerungskulturellen Funktionen von Literaturgeschichtsschreibung in den Blick der Literaturwissenschaft.

Die Literaturwissenschaft – das haben die Debatten um Kanonrevision und um den konstrukthaften Charakter der Literaturgeschichte gezeigt – erzeugt und tradiert kulturelles Gedächtnis. Da Literaturgeschichtsschreibung und die Bildung oder Veränderung von Kanones seit jeher zu den zentralen Aufgaben der Disziplin gehören, ist das institutionalisierte Literaturgedächtnis ein Phänomen, das die Literaturwissenschaft implizit, allerdings nachhaltig prägte und noch prägt. Die Literaturwissenschaft ist eine Gedächtniswissenschaft. Die Mechanismen und die vielfältigen gesellschaftlichen Funktionen des literaturwissenschaftlichen Bezugs auf Vergangenheit sind erst in den letzten Jahrzehnten deutlich ins Bewusstsein ihrer Vertreter gerückt. Daher beschäftigt sich die Literaturwissenschaft heute nicht mehr nur mit der Erzeugung von Kanones und Literaturgeschichten, sondern auch mit der kritischen Reflexion solcher disziplinspezifischen Konstruktionsprozesse. Sie betrachtet ihr eigenes Tun – die Hervorbringung und Tradierung von kulturellem Gedächtnis – aus kulturwissenschaftlicher und gedächtnistheoretischer Perspektive.

›Gedächtnis *in* der Literatur‹: Studien zur literarischen Repräsentation von Gedächtnis und Erinnerung

Während sich Intertextualitäts- und Kanonforschung mit der diachronen Dimension des Verhältnisses von Gedächtnis und Literatur beschäftigen, rückt in Untersuchungen zur literarischen Repräsentation bzw. Inszenierung von Gedächtnis stärker die synchrone Dimension, die dialogische Beziehung zwischen Literatur und außerliterarischen Gedächtnisdiskursen in den Blick. Studien zum ›Gedächtnis *in* der Literatur‹ liegt zumeist ein Konzept von Literatur als ›Interdiskurs‹ zugrunde: Literarische Werke nehmen auf die außerliterarische Wirklichkeit und ihre Diskurse Bezug, reorganisieren sie im Medium der Fiktion und machen sie auf diese Weise beobachtbar. So greift Literatur auf die Vergangenheitsversionen und Gedächtniskonzepte anderer Symbolsysteme (Psychologie, Psychoanalyse, Neurowissenschaften, Religion, Geschichtswissenschaft, Soziologie, Alltagsdiskurse etc.) zu, kodiert kulturelles Wissen über das Gedächtnis in ästhetischen Formen (narrative Strukturen, Symbolik, Metaphern) und bringt es damit prägnant zur Anschauung. Diese literarische Inszenierung von Gedächtnis steht allerdings nicht nur in einem dynamischen Austauschverhältnis zu gesellschaftlichen Memorialkonzepten, sondern wandelt sich auch mit diesen selbst. In ihrer für die kulturwissenschaftliche Gedächtnisforschung insgesamt wegweisenden Studie *Erinnerungsräume* (1999/2009) erzählt Aleida Assmann die Geschichte der literarischen Inszenierung von kulturellem Gedächtnis, und zeigt in ihren Interpretationen von William Shakespeare bis Durs Grünbein, dass Literatur in der Erinnerungskultur Darstellungs-, Kritik- und Reflexionsfunktionen übernehmen kann.

Die Forschung zum historischen Roman kann in der Literaturwissenschaft auf eine sehr lange

Tradition zurückblicken. Durch die neuerliche Einbeziehung von Fragestellungen der kulturwissenschaftlichen Gedächtnisforschung werden historische Romane als Produkte ihrer Erinnerungskulturen begriffen. Das Genre hat sich seit Beginn des 19. Jahrhunderts, im engen Dialog mit der Geschichtsschreibung, herausgebildet. Dieser Dialog wird bis heute auf vielfältige Weise literarisch inszeniert: So finden sich in historischen Romanen Belege für das Dargestellte in den Fußnoten oder Verweise auf Quellen und geschichtswissenschaftliche Abhandlungen in den Paratexten (Buchrücken, Klappentexte usw.). Der sogenannte ›Professorenroman‹, der in der zweiten Hälfte des 19. Jahrhunderts von deutschen Historikern verfasst wurde und in dem germanische Mythen im Vordergrund stehen, ist auch ein Symptom für die damalige Erinnerungskultur, die durch einen starken Historismus und Nationalismus geprägt war. Eine aktuelle Entwicklung des Genres ist der postmoderne historische Roman, der sich durch seine Inszenierung und Problematisierung von Prozessen und Problemen der Historiographie auszeichnet, wie sie im Rahmen der Geschichtstheorie etwa von Hayden White aufgedeckt wurden. Die von Ansgar Nünning (1995) mit Blick auf den englischen historischen Roman seit 1950 unterschiedenen Subgattungen (dokumentarischer, realistischer, revisionistischer und metahistorischer Roman sowie historiographische Metafiktion) beschreiben stets auch verschiedene Formen des literarischen Umgangs mit dem kulturellen Gedächtnis.

Die Untersuchung von Erinnerungskonzepten der klassischen Moderne hat sich als ein eigenständiger Forschungszweig innerhalb der literaturwissenschaftlichen Gedächtnisforschung herausgebildet. Als Paradigma der modernistischen Erinnerungsliteratur gilt Marcel Prousts *À la recherche du temps perdu* (1913–1927), ein Roman, in dem die zu Beginn des 20. Jahrhunderts kursierenden Vorstellungen um unwillkürliche Erinnerung (Sigmund Freuds Konzept des Unbewussten und Henri Bergsons *mémoire involontaire* etwa) mit spezifisch literarischen Mitteln inszeniert werden (s. Kap. I.5). Studien zur modernistischen Erinnerung widmen sich neben Proust auch Virginia Woolf, Charles Baudelaire und vor allem Walter Benjamin, dessen *Passagen*-Werk und Essay »Über des Begriff der Geschichte« auch konzeptuell zu zentralen Bezugspunkten für weite Teile der literaturwissenschaftlichen Gedächtnisforschung geworden sind (vgl. z. B. Huyssen 1995).

Das gerade in der internationalen Diskussion außerordentlich wirkmächtige Konzept von ›Trauma als Krise der Repräsentation‹ wurde im Kontext der poststrukturalistischen, psychoanalytisch ausgerichteten Literaturtheorie entwickelt, v. a. von Shoshana Felman und Cathy Caruth. Der poststrukturalistische Traumadiskurs geht von der Annahme aus, dass wir uns seit dem Holocaust mit einer epistemologisch-ontologischen Krise der Zeugenschaft (*witnessing*) konfrontiert sehen, die sich auf der Ebene der Sprache selbst manifestiert. In dekonstruktivistischer Argumentation und in Anknüpfung an Paul de Man verbindet Caruth in ihrer Studie *Unclaimed Experience* (1996) das Konzept des Traumas mit den generellen Grenzen der Sprache: Der für das psychologische Trauma kennzeichnende Bruch (oder die ›Aporie‹) in Bewusstsein und Repräsentation steht so für die ›Materialität‹ des Signifikanten, der ebenfalls durch einen Bruch prinzipiell von der Bedeutung geschieden ist. Felman fragt in diesem Zusammenhang auch nach den Möglichkeiten und Grenzen einer Übertragung (*transmission*) von Traumata durch Literatur (Felman/Laub 1992). Kritiker des poststrukturalistischen Traumakonzepts (wie etwa Wulf Kansteiner) haben allerdings wiederholt zu bedenken gegeben, dass es sich hierbei um ein vages, metaphorisches Konzept von Trauma handelt, das das konkrete Leiden der Opfer von Gewalt gleichsetzt mit ontologischen Fragen nach der fundamentalen Ambivalenz der menschlichen Existenz und Kommunikation.

Im Rahmen der literaturwissenschaftlichen Erzählforschung beschäftigt man sich mit den Formen narrativer Inszenierung von Gedächtnis und Erinnerung. Tatsächlich kann argumentiert werden, dass der Narratologie schon immer (zumeist unausgesprochen) bestimmte Annahmen über das Gedächtnis zugrunde lagen. So beruht bereits die erzähltheoretische Unterscheidung zwischen ›erlebendem Ich‹ und ›erzählendem Ich‹ auf einem Gedächtniskonzept: auf der Vorstellung von einer Differenz zwischen pränarrativer Erfahrung einerseits und der die Vergangenheit narrativ überformenden, retrospektiv Sinn und Identität stiftenden Erinnerung andererseits. Die Beschäftigung mit Ich-Erzählsituationen ist daher stets auch eine Beschäftigung mit der literarischen Inszenierung von Erinnerung. Die verschiedenen Verfahren der Bewusstseinsdarstellung sind ein weiteres Beispiel für das Leistungsvermögen der Erzählliteratur als Darstellungsform des Gedächtnisses, die durch ihre ›fiktionalen Privilegien‹ (Nünning 1995) bewusste und unbewusste Prozesse des Erinnerns zur Anschauung bringen kann (vgl. dazu Erll 2005).

Das Spektrum der Gedächtnisthematiken, die durch literarische Werke inszeniert werden, ist nahezu grenzenlos. Und so fächert sich auch die Forschung zum ›Gedächtnis *in* der Literatur‹ in eine kaum mehr überschaubare Fülle von Beiträgen zu verschiedenen Ereignissen, Epochen und Kulturräumen, Gattungen und Autoren auf. Zahlreiche Studien widmen sich bestimmten, besonders ›erinnerungsträchtigen‹ Autoren, wie etwa Marcel Proust, W. G. Sebald, Toni Morrison, Günter Grass oder Uwe Timm. Die Erinnerung an traumatische historische Erfahrungen – wie Krieg, Vertreibung und Völkermord – hat sich als ein zentrales literaturwissenschaftliches Forschungsthema und als eine Art Prüfstein für die Frage nach den Möglichkeiten und Grenzen literarischer Vergangenheitsrepräsentation erwiesen. In diesem Zusammenhang werden Darstellungen des Ersten und Zweiten Weltkriegs, des Spanischen Bürgerkriegs und vor allem des Holocaust, zunehmend auch in komparatistischer Perspektive, untersucht. Wie die anderen Disziplinen der kulturwissenschaftlichen Gedächtnisforschung widmet sich auch die Literaturwissenschaft dabei neuerdings verstärkt der Transnationalisierung von Erinnerung, zumeist am Beispiel der ›globalen Erinnerungsorte‹ Holocaust und Zweiter Weltkrieg. Zu den weiteren Themen, die sich im gesellschaftlichen Gedächtnis-Diskurs durch ihre aktuelle Brisanz auszeichnen und auf ihre literarische Repräsentation hin untersucht worden sind, gehören die Erinnerung in der Nachwendeliteratur, die Erinnerung an Kolonialismus, Sklaverei und Dekolonisierung, diasporische Erinnerung, ›Wahrheit und Versöhnung‹, Generationalität und Gedächtnis, Flucht und Vertreibung sowie die literarische Erinnerung an den ›11. September‹.

Schließlich liefert auch die literaturwissenschaftliche Metaphernforschung wichtige Erkenntnisse über das ›Gedächtnis *in* der Literatur‹, denn die Metapher als basisliterarisches Verfahren gehört seit jeher zu den bevorzugten ästhetischen Formen, durch die Gedächtnis und Erinnerung zur Anschauung gebracht werden. Bei der Beschäftigung mit dem unbeobachtbaren organischen Gedächtnis waren notwendigerweise immer sprachliche Bilder im Spiel: das Gedächtnis als Wachstafel (Platon), als Siegel (Aristoteles) oder als Wunderblock (Freud). Seit der Antike diente dabei die jeweils vorherrschende Medientechnologie zur Bildung von Gedächtnismetaphern (von der Schrift über die Fotografie bis hin zum Computer). Die Literaturwissenschaft hat insbesondere zur Systematisierung der – vornehmlich philosophischen – Gedächtnismetaphorik beigetragen (vgl. Butzer in: Erll/Nünning 2005; zur Metaphorik des Vergessens vgl. Weinrich 1997). Das Verhältnis von ›Metapher und Gedächtnis‹ kann jedoch auch aus einer etwas anderen Perspektive beleuchtet werden, etwa indem man fragt, wie und warum Metaphern als wirkmächtige Sprachbilder unsere Vorstellungen vom Sinn und Gang der Geschichte oder von ganz spezifischen historischen Erfahrungen prägen. Diese Frage markiert jedoch bereits den Übergang von der literarischen Repräsentation zur Konstruktion und Prägung des Gedächtnisses bzw. vom ›Gedächtnis *in* der Literatur‹ zu der im folgenden Abschnitt zu erörternden Wirkung von ›Literatur als *Medium* des Gedächtnisses‹.

Literatur und die Medialität des Gedächtnisses: Intermedialitätsforschung und medienkulturwissenschaftliche Perspektiven

Sowohl die sich in der kulturwissenschaftlichen Gedächtnisforschung allgemein durchsetzende Einsicht in die »konstitutionelle Medialität des Gedächtnisses« (V. Borsò) als auch die in der Literaturwissenschaft immer stärker werdende Tendenz, Literatur als Bestandteil der Medienkultur zu betrachten, haben für die literaturwissenschaftliche Gedächtnisforschung wichtige Konsequenzen: Literatur wird heute als ein Medium sowohl des individuellen als auch des kollektiven Gedächtnisses begriffen. Gerade der Intermedialität als einem wirksamen Verfahren kulturellen Erinnerns misst die Literaturwissenschaft dabei große Bedeutung zu. Das Interesse gilt dem Zusammenspiel und den Übergängen zwischen Mündlichkeit und Schriftlichkeit oder zwischen Text und Bild (Dickhaut in: Erll/Nünning 2005). Einhergehend mit dem *performative turn* in den Kulturwissenschaften wird neben inter/medialen Prozessen verstärkt auch die Performativität der Erinnerung, die Zentralität des konkreten, transistorischen Erinnerungsvollzugs, hervorgehoben.

Literatur ist ein Medium, das kulturelle Erinnerung maßgeblich mitprägt. Die Entstehungsbedingungen, Formen und Wirkungsweisen solcher ›gedächtnisbildender‹ Literatur stellen einen für die heutige Diskussion ebenso wichtigen wie noch viel zu stark unterbelichteten Untersuchungsbereich dar. Gerade mit tiefergehenden Einsichten in die gedächtnismediale Kraft der Literatur ist jedoch die Anschlussfähigkeit literaturwissenschaftlicher Studien an die kulturwissenschaftliche Gedächtnisforschung und die Möglichkeit zum interdisziplinären Dialog, etwa mit den Geschichts- und Sozialwissenschaften oder der Psychologie, verknüpft.

Darauf, dass Literatur als Gedächtnismedium wirkt, verweist Aleida Assmanns (1995) Konzept der ›kulturellen Texte‹ – verbindliche, kanonisierte Texte, wie die Bibel, Homers Epen oder Shakespeares Dramen, die kulturelle, nationale oder religiöse Identität stiften sowie kollektiv geteilte Werte und Normen vermitteln. Anders als in der literaturwissenschaftlichen Kanonforschung (s. o. Kap. »Das Gedächtnis der Literatur II«) geht es in dieser Perspektive also nicht so sehr um die Prozesse der Kanonisierung, sondern um die möglichen Funktionalisierungen von kanonisierter Literatur durch die Leserschaft. Allerdings ist zu betonen, dass nicht nur Werke der Hochliteratur, sondern auch Texte der Populärliteratur Einfluss auf die Erinnerungskultur nehmen. Als ›kollektive Texte‹ vermögen populäre Vergangenheitsfiktionen (wie etwa Erich Maria Remarques *Im Westen Nichts Neues* oder Margaret Mitchells *Vom Winde verweht*) Geschichtsbilder nachhaltig zu prägen.

Wie literarische Erzähltexte als Medien des kollektiven Gedächtnisses operieren, kann in Anlehnung an Paul Ricœurs ›Kreis der Mimesis‹ gezeigt werden: Auf der Ebene der ›Konfiguration‹ erzeugt Literatur narrative Gedächtnis-Fiktionen. Aber auch das Vorher und Nachher des literarischen Textes ist mit erinnerungskulturellen Prozessen verknüpft, denn literarische Werke sind stets erinnerungskulturell ›präfiguriert‹ (d. h. durch Erinnerungskulturen bereits vor-geformt), und erst bestimmte kollektive ›Refigurationen‹ (oder Lesarten) machen einen literarischen Text zum ›kollektiven‹ Text (vgl. Erll 2005).

Literarische Werke sind nicht nur an der Produktion kultureller Erinnerung beteiligt; sie vermögen überdies unsere individuellsten Erinnerungen zu prägen. Gerade durch die Erzeugung, Tradierung und Verbreitung kultureller Plots dient Literatur als eine Art *cadre médial de la mémoire* – als ›medialer Rahmen des Gedächtnisses‹ (der analog zu Halbwachs' einflussreicher Idee von der sozialen Gerahmtheit des Gedächtnisses zu denken ist). Literatur kann die Erinnerung an Lebenserfahrung vorprägen oder nachträglich überformen. Dies wurde im Rahmen der Oral History und Tradierungsforschung wiederholt gezeigt, etwa von Harald Welzer, den die Lebensgeschichten der von ihm interviewten Kriegsveteranen deutlich an bestimmte Kriegs-Filme und -Romane erinnerten. Wie grundlegend Literatur und Gedächtnis zusammenwirken, verdeutlicht das Konzept der narrativen Schemata, das von Frederic C. Bartlett (in: *Remembering*, 1932) popularisiert wurde. Der Psychologe konnte in einem Experiment zeigen, dass Probanden eine fremdkulturelle Geschichte nach Maßgabe eigenkultureller literarischer Schemata (und damit verzerrt) wiedergeben. Unsere Erinnerung an Geschichte und Geschichten, aber auch an ganz persönliche Erlebnisse wird durch solche Erzählschemata in bestimmte Bahnen gelenkt. Die Bedeutung von kulturellen Plots, narrativen Schemata, aber auch von Metaphorik für individuelles Erinnern zeigt, dass wir es mit einer inhärenten ›Literarizität des Gedächtnisses‹ zu tun haben. Es gehört zu den zukünftigen Aufgaben der Literaturwissenschaft, in der interdisziplinären Kollaboration mit Psychologie und Neurowissenschaften zu erforschen, wie Literatur im weitesten Sinne (mündlich erzählte Geschichten, Romane, Spielfilme) das organische Gedächtnis prägt.

Die dringendste methodische Herausforderung für eine Literaturwissenschaft, die verstehen will, wie Literatur soziale Erinnerung mitformt, liegt auf dem Gebiet der Rezeptions- bzw. Wirkungsforschung. Wie kann bestimmt werden, ob ein literarisches Werk, ein Drama oder ein Spielfilm tatsächlich die in einer Gesellschaft kursierenden Vorstellungen von Vergangenheit beeinflusst? Eine mögliche Vorgehensweise, die der Rekonstruktion ›plurimedialer Netzwerke‹, wurde in der Auseinandersetzung mit dem aktuellen Erinnerungsfilm erprobt (Erll/Wodianka 2008). Spielfilme können beträchtliche Wirkung im gesellschaftlichen Erinnerungsdiskurs entfalten. Das zeigt sich nicht zuletzt an neueren deutschen Produktionen, wie *Das Leben der Anderen* und *Der Untergang*. Der ›plurimediale Ansatz‹ geht davon aus, dass filmische Repräsentationen der Vergangenheit erst durch ihre Einbettung in ein komplexes mediensystemisches Netzwerk zu Erinnerungsfilmen gemacht werden – durch Marketing-Aktionen, Rezensionen, das ›Buch zum Film‹ (und seiner Zensur), öffentliche Debatten, TV-Sondersendungen, wissenschaftliche Diskussionen oder didaktische Handreichungen.

Bei der Erforschung des Zusammenhangs von Literatur und der Medialität des Gedächtnisses befindet sich die Literaturwissenschaft in einer Konvergenzzone, in der ein intensiver Dialog mit psychologischer, sozial- und geschichtswissenschaftlicher Forschung sowie verschiedenen medienwissenschaftlichen Ansätzen nicht nur eine interessante Möglichkeit darstellt, sondern zu den fundamentalen Voraussetzungen gehört. Wichtige Konzepte für ein Verständnis von Gedächtnismedialität sind beispielsweise im Rahmen der Film studies entwickelt worden. Mit dem Begriff der *prosthetic memory* beschreibt Alison Landsberg (2004) die ›Erinnerungsübertragung‹ des Films, d.h. die Möglichkeit, über dieses Medium, das durch ästhetische Verfahren Empathie erzeugt, fremde Vergangenheit nachzuerleben. Mit Blick auf das Medium Fotografie hat Marianne Hirsch (1997) das Konzept des *postmemory* eingeführt. Damit beschreibt sie die transgenerationelle Übertragung von Erinnerung durch Fotos und Narrationen. Solche und andere Konzepte setzen bei den Kernfragen medienkulturwissenschaftlicher Gedächtnisforschung an: Fragen etwa nach den Scharnieren zwischen medialer und organischer Erinnerung, nach der Authentizität medialer Vergangenheitsrepräsentation sowie nach der Bedeutung von ästhetischen und narrativen Verfahren im erinnerungskulturellen Prozess.

Mit dem neueren Konzept der ›Remediation‹ schließlich wird die Tradition der literaturwissenschaftlichen Forschung zu ›Intertextualität als Gedächtnis‹ konsequent medienkulturwissenschaftlich gewendet. Remediation ist eine Art diachroner Intermedialität, die Übersetzung oder ›Transkription‹ (L. Jäger) von Erinnerungsgegenständen von einem Medium in das nächste. Zu erinnernde Ereignisse wie Kriege oder Terroranschläge etwa werden üblicherweise von Augenzeugenberichten und Fotografien in Zeitungsartikel und von dort aus in Geschichtswerke, Romane und Spielfilme übersetzt. Ann Rigney (2005) argumentiert, dass erst eine solche intermediale Dynamik einen Erinnerungsort lebendig erhält. Untersuchungen zur Remediation als einer Form kultureller Erinnerung stellen Fragen nach der Medienspezifik von Erinnerung und nach den Spuren, die vorgängige Medien in neuen Repräsentationen hinterlassen.

Auch wenn es schwierig ist, Aussagen über die allgemeineren Tendenzen der literaturwissenschaftlichen Gedächtnisforschung zu treffen (und die interessantesten Beiträge werden wohl stets diejenigen sein, die sich außerhalb solcher erkennbaren Tendenzen bewegen), scheinen doch zwei aktuelle Entwicklungen besonders bedeutsam: (1) eine immer stärker werdende interdisziplinäre Öffnung der literaturwissenschaftlichen Forschung zu Gedächtnis und Erinnerung und der sich daraus ergebende, fruchtbare methodische Synkretismus; (2) eine Erweiterung und Dynamisierung des Gegenstandsbereichs – vom statischen Text zur dynamischen Performance, von literarischen Gedächtnisprodukten zu plurimedialen Erinnerungsprozessen, von der Nationalliteratur zu interkulturellen und transnationalen Formationen und von der Fokussierung auf Erinnerungsliteratur im engeren Sinne hin zur gedächtnisprägenden Rolle des Literarischen im weitesten Sinne.

Literatur

Assmann, Aleida: Was sind kulturelle Texte? In: Andreas Poltermann (Hg.): *Literaturkanon – Medienereignis – kultureller Text. Formen interkultureller Kommunikation und Übersetzung.* Berlin 1995, 232–244.
–: *Erinnerungsräume. Formen und Wandlungen des kulturellen Gedächtnisses* [1999]. München [4]2009.
Berns, Jörg Jochen/Neuber, Wolfgang (Hg.): *Ars memorativa. Zur kulturgeschichtlichen Bedeutung der Gedächtniskunst 1400–1750.* Tübingen 1993.
Bloom, Harold: *The Anxiety of Influence. A Theory of Poetry.* New York 1973.
Carruthers, Mary: *»The Book of Memory.« A Study of Memory in Medieval Culture.* Cambridge 1990.
Caruth, Cathy: *Unclaimed Experience. Trauma, Narrative, and History.* Baltimore/London 1996.
Curtius, Ernst Robert: *Europäische Literatur und lateinisches Mittelalter* [1948]. Tübingen/Basel [11]1993.
D'haen, Theo (Hg.): *Literature as Cultural Memory.* 8 Bde. Amsterdam/Atlanta 2000.
Erll, Astrid: *Kollektives Gedächtnis und Erinnerungskulturen.* Stuttgart/Weimar 2005.
– /Nünning, Ansgar (Hg.): *Gedächtniskonzepte der Literaturwissenschaft* (unter Mitarbeit von Hanne Birk und Birgit Neumann). Berlin/New York 2005 (= Media and Cultural Memory/Medien und kulturelle Erinnerung 2).
– /Wodianka, Stephanie (Hg.): *Plurimediale Konstellationen: Film und kulturelle Erinnerung.* Berlin/New York 2008 (= Media and Cultural Memory/Medien und kulturelle Erinnerung 9).
Haverkamp, Anselm/Lachmann, Renate (Hg.): *Gedächtniskunst. Raum – Bild – Schrift. Studien zur Mnemotechnik.* Frankfurt a. M. 1991.
Hirsch, Marianne: *Family Frames. Photography, Narrative, and Postmemory.* Cambridge, Mass. 1997.
Huyssen, Andreas: *Twilight Memories: Marking Time in a Culture of Amnesia.* New York 1995.
Lachmann, Renate: *Gedächtnis und Literatur. Intertextualität in der russischen Moderne.* Frankfurt a. M. 1990.
Landsberg, Alison: *Prosthetic Memory: The Transformation of American Remembrance in the Age of Mass Culture.* New York 2004.
Felman, Shoshana/Laub, Dori: *Testimony. Crises of Witnessing in Literature, Pychoanalysis and History.* New York 1992.
Nünning, Ansgar: *Von historischer Fiktion zu historiographischer Metafiktion.* 2 Bde. Trier 1995.
Rigney, Ann: Plenitude, Scarcity and the Circulation of Cultural Memory. In: *Journal of European Studies* 35. Jg., 1 (2005), 11–28.
Weinberg, Manfred: *Das »unendliche Thema«. Erinnerung und Gedächtnis in der Literatur/Theorie.* Tübingen 2006.
Weinrich, Harald: *»Lethe«: Kunst und Kritik des Vergessens.* München 1997.
Yates, Frances A.: *Gedächtnis und Erinnern: Mnemonik von Aristoteles bis Shakespeare.* Berlin [6]2001 (engl. 1966).

Astrid Erll

5. Biographieforschung

Prominente Erinnerungslücken oder: Zur Relevanz des Gedächtnisdiskurses

»Was wusste Walter Jens?«, fragten Journalisten und Historiker, als im November 2003 Dokumente bekannt wurden, wonach der Tübinger Literaturwissenschaftler 1942 in die NSDAP aufgenommen worden war. Weniger die Tatsache selbst erregte die Gemüter als vielmehr das hartnäckige Beharren des so Beschuldigten darauf, er habe von diesem Beitritt nichts gewusst. War dies nun eine bewusste Lüge, notwendige Konsequenz jahrzehntelangen Verschweigens, auf das sich nicht nur die damals jungen Mitläufer wortlos verständigt hatten? Oder war das von Jens behauptete Nichtwissen subjektiv vielleicht sogar zutreffend, Resultat erfolgreichen Verdrängens eines mit späteren Wertorientierungen nicht zu vereinbarenden Fehltritts? Oder handelte es sich um das schlichte Vergessen eines im späteren Umfeld nicht kommunizierbaren Faktums, eine Erinnerung, die durch jahrzehntelanges Nicht-Abrufen dem Gedächtnis nicht mehr zur Verfügung stand? Oder konnte Walter Jens sich nicht erinnern, weil das Ganze tatsächlich ohne sein Wissen und Zutun geschehen war? Er sei Mitglied der Hitlerjugend und später des NS-Studentenbundes gewesen, das hatte Jens stets freimütig bekannt; und vielleicht habe er auch »irgendeinen Wisch unterschrieben«, dessen Bedeutung ihm damals gar nicht klar gewesen sei, räumte er im Licht der neuen Faktenlage ein. Zu einem bewussten Beitritt in die NSDAP habe er jedoch keine »Erinnerungsbilder«.

Während einige in der nunmehr offenbar gewordenen NSDAP-Mitgliedschaft den Schlüssel zum Verständnis späterer Äußerungen, ja sogar der Demenzerkrankung von Jens sahen, verwiesen andere – wie Günter Grass – auf die Lebensleistung, die man nicht mit Enthüllungen über eine vergessene oder verschwiegene NSDAP-Mitgliedschaft zudecken könne. Auch die Historikerzunft war uneins: Götz Aly z. B. rekonstruierte auf der Basis zeitgenössischer Quellen – belegbare Äußerungen und Veröffentlichungen von Walter Jens sowie die verfügbaren biographischen Fakten – Einstellung und Verhalten des Schülers und Studenten Walter Jens zum Nationalsozialismus, in deren Licht zumindest ein aktives Bemühen um den Beitritt in die NSDAP mehr als unwahrscheinlich erschien. Ein historisches Gutachten analysierte dagegen die damalige Aufnahmepraxis und kam zu dem Ergebnis, es sei nicht möglich gewesen, unwissend in die NSDAP aufgenommen worden zu sein. Kollektive Aufnahmeverfahren wie die Überführung ganzer HJ-Jahrgänge in die Partei – eine Möglichkeit, die in diesem Zusammenhang erwogen worden war – seien nicht nachweisbar und müssten als »Entlastungsstrategien« der Betroffenen bewertet werden.

Als 2007 weitere Mitgliedskarteikarten auftauchten, die nunmehr auch Martin Walser, Siegfried Lenz, Dieter Hildebrandt und Dieter Wellershoff der bisher verschwiegenen NSDAP-Mitgliedschaft »überführten«, wurde auch der Fall Walter Jens erneut aufgerollt. Denn wie Jens bestritten auch die vier anderen vehement, von ihrer Parteimitgliedschaft gewusst zu haben. Tatsächlich erwies sich die Aktenüberlieferung bei kritischer Prüfung als höchst lückenhaft: In keinem der Fälle liegen Aufnahmeanträge vor oder ist die Aushändigung eines Parteibuchs belegt. Und auch die Mitgliedskarten weisen Besonderheiten auf – vor allem das Fehlen von Unterschriften und Adressen –, die durchaus für die Aufnahme ohne eigene Kenntnis bzw. Initiative sprechen könnten.

Vergessen, Verdrängen, Lüge oder eine unwahrscheinliche, aber zutreffende Erinnerung bzw. Nicht-Erinnerung – all das sind Fragen, die die Biographieforschung in ihrem Kern treffen. Eine Forschung, die sich mit Lebenserinnerungen beschäftigt, ist in hohem Maße mit den Untiefen des Gedächtnisses und den Fallstricken des Erinnerns konfrontiert. Die Vergewisserung über die Konstitutionsbedingungen ihrer Quellen nimmt deshalb in den methodischen Debatten der Biographieforschung breiten Raum ein. Und auch die Kritik an dieser Art Forschung macht sich ganz wesentlich an der offensichtlichen Unzuverlässigkeit biographischer Selbstauskünfte fest. Das Beispiel zeigt aber zugleich, dass der historischen Wahrheit, dem, »wie es damals gewesen ist«, auch mit anderen Quellen nicht immer beizukommen ist. Und schließlich vermittelt es eine Ahnung davon, dass beides, individuelles Erinnern und historische Überlieferung, in soziale Prozesse eingebettet ist.

Was ist Biographieforschung? Erste Antworten und Probleme

»Unter biographischer Forschung werden alle Forschungsansätze und -wege in den Sozialwissenschaften verstanden, die als Datengrundlage (oder als Daten neben anderen) Lebensgeschichten haben, also Darstellungen der Lebensführung und der Lebenserfahrung aus dem Blickwinkel desjenigen, der sein Leben lebt« (Fuchs-Heinritz 2005, 9). Diese Definition aus einer 1984 erstmals erschienen Einführung in Praxis und Methoden der biographischen Forschung unterstreicht die große Bedeutung der Quellen für die Biographieforschung. Sie macht somit aber auch darauf aufmerksam, dass eine andere Bestimmung schwerfällt. Biographieforschung ist nicht einer Wissenschaft zuzurechnen oder durch spezifische Methoden eindeutig abzugrenzen. Vielmehr zeichnet sich Biographieforschung durch eine beinahe unübersichtliche Vielfalt aus, deren Gemeinsamkeit in der Tat noch am ehesten im Charakter der zur Auswertung gelangenden Daten besteht. Nahezu in allen Humanwissenschaften wird inzwischen biographische Forschung betrieben, namentlich in der Soziologie und Pädagogik, in der Volkskunde und Ethnologie, in der Geschichtswissenschaft und Literaturwissenschaft, in Psychoanalyse und Psychologie. Dabei haben die verschiedenen Disziplinen teils gemeinsame, aber doch auch unterschiedliche Fragestellungen und Begriffe, Methoden und Forschungsstrategien entwickelt – nicht selten sogar innerhalb einer Disziplin.

Dass auch die Datengrundlage vielfältig ist, lässt die umständliche Formulierung von den »Darstellungen der Lebensführung [...]« erahnen. Neben der in der Biographieforschung inzwischen bevorzugten Datengrundlage, der als Interview im Rahmen des Forschungsprozesses eigens erhobenen Lebensgeschichte, kommen auch vorgefundene Texte, sogenannte Ego-Dokumente, in Frage, etwa für den familiären Gebrauch geschriebene Lebenserinnerungen, Tagebücher oder Briefsammlungen. Dass letztere sich auf bestimmte Abschnitte des Lebens beschränken, ist kein Ausschlusskriterium. Wichtig ist jedoch, dass die Beschreibungen »aus dem Blickwinkel desjenigen [stammen], der sein Leben lebt«, weswegen man genauer von autobiographischen Daten bzw. Texten sprechen müsste, wenn es um die Grundlage biographischer Forschung geht – während die begrifflich naheliegende historische Biographik als geschichtswissenschaftliche Darstellungsform nicht zur Biographieforschung gehört.

Und schließlich ist der Begriff der Biographie selbst doppeldeutig. Zusammengesetzt aus den griechischen Wörtern *bios* für ›Leben‹ und *graphein* für ›Schreiben‹, meint der Begriff im wörtlichen Sinn die Lebensbeschreibung, eben die »Darstellung der Lebensführung und Lebenserfahrung«. Zugleich bezeichnet der Begriff aber auch das gelebte Leben selbst. Die gleiche Doppeldeutigkeit schwingt in dem deutschen Begriff ›Lebensgeschichte‹ und in dem englischen *life story* mit. Für die Biographieforschung ist dieser Doppelcharakter ihres Gegenstands ein zentrales Thema, das zumeist als Problem der Retrospektive diskutiert wird: Wenn Biographien oder Lebensgeschichten immer erinnernde Rekonstruktionen der Vergangenheit aus der Gegenwart sind, können sie dann überhaupt Informationen über vergangene Lebensführung und Lebensauffassung liefern? Oder lassen sich auf ihrer Grundlage nur Aussagen über heutige Deutungsmuster und Orientierungen treffen?

Von der (Wieder-)Entdeckung bis zur Etablierung biographischer Forschung in Deutschland

Die Entdeckung, teils Wiederentdeckung biographischer Forschungsmethoden setzte in der Bundesrepublik in den frühen 1970er Jahren ein und ging einher mit einer Renaissance qualitativer

Forschungsverfahren insgesamt. Auffallend ist, dass diese Entwicklung zeitgleich in verschiedenen Disziplinen zu beobachten war, die dabei an je eigene Theorie- und Forschungstraditionen anschlossen, und dass dies im Austausch mit anderen Ländern stattfand, wo sich zeitgleich ähnliche Entwicklungen vollzogen. In einzelnen Disziplinen gab es schon frühere Ansätze zu einer biographischen Forschung, etwa in der Psychologie in den 1950er Jahren durch Hans Thomae, die allerdings keine breite Wirkung entfalteten.

Gemeinsam war all diesen Strömungen die Betonung des Subjektiven bzw. des Individuums im Verhältnis zur Gesellschaft. Eine wichtige Rolle spielte die Auseinandersetzung mit der von Alfred Schütz (s. Kap. IV.3) begründeten phänomenologischen Sozialphilosophie, wonach das konstitutive Merkmal soziologischer Forschung darin besteht, dass sie es immer mit bereits interpretierter Realität zu tun hat, und zwar interpretiert durch diejenigen, die als handelnde Personen selbst Teil der untersuchten Realität sind. Soziologische Forschung muss demnach die subjektiven Interpretationen der in einem Handlungsfeld agierenden Personen in ihre Analysen einbeziehen. Dass biographische Selbstauskünfte das dazu geeignete Datenmaterial bieten, davon waren schon der Chicagoer Soziologe Isaac Thomas und sein polnischer Kollege Florian Znaniecke überzeugt. In ihrer Studie *The Polish Peasant in Europe and America* (1918–1920), die als Beginn der biographischen Methode in der Soziologie gilt, vertreten sie die Auffassung, »daß persönliche Lebensberichte [...] den *perfekten* Typ von soziologischem Material darstellen« (zitiert nach Fuchs-Heinritz 2005, 90), weil nur durch die Berücksichtigung der subjektiven Perspektiven von Menschen und Gruppen soziale Prozesse erklärt werden könnten.

Für die Frage, wie persönliche Lebensberichte, individuelle Erinnerungen, mit sozialen Prozessen zusammenhängen, war die Rezeption der Arbeiten von Maurice Halbwachs (s. Kap. IV.3) aus den 1920er Jahren richtungweisend. In den 1960er Jahren waren seine wichtigsten Werke auch auf Deutsch erschienen: *Das Gedächtnis und seine sozialen Bedingungen* 1966 (französische Erstausgabe 1925) und *Das kollektive Gedächtnis* 1967 (französische Erstausgabe posthum 1950). Halbwachs war der erste, der umfassend die Prägung des menschlichen Gedächtnisses durch gesellschaftliche Interaktion untersuchte und die These formulierte, dass gesellschaftliche Gruppen ihre je eigene Erinnerung pflegen und untereinander kommunizieren. Mit dem Begriff des ›kollektiven Gedächtnisses‹ fasste er die Institutionalisierung der Überlieferung in sozialen Organisationen und die durch Interaktionen gestützte Rekonstruktionsbedürftigkeit aller Erinnerung. Für die Begründung der Biographieforschung von weitreichender Bedeutung war das laut Halbwachs reziproke Verhältnis zwischen kollektivem und individuellem Gedächtnis. Kollektive Gedächtnisse konstituieren sich durch Interaktion von Individuen und beeinflussen ihrerseits die Bildung individueller Gedächtnisse. Kollektive und individuelle Erinnerung sind praktisch nicht voneinander zu trennen. Halbwachs formulierte dies so: »Es genügt in der Tat nicht zu zeigen, daß die Individuen immer gesellschaftliche Bezugsrahmen verwenden, wenn sie sich erinnern. [...] Man kann ebensogut sagen, daß das Individuum sich erinnert, indem es sich auf den Standpunkt der Gruppe stellt, und daß das Gedächtnis der Gruppe sich verwirklicht und offenbart in den individuellen Gedächtnissen« (Halbwachs 1967/1991, 23).

Was die Einbeziehung von Subjektivität in soziologische Untersuchungen meint, hat Martin Kohli in der Einleitung der 1978 von ihm herausgegebenen *Soziologie des Lebenslaufs* formuliert: die Wahrnehmung der eigenen Sinnstrukturen der untersuchten Subjekte, die Wahrnehmung individueller Besonderheiten in den Lebensverhältnissen als kritisches Potential gegenüber verallgemeinernden Abstraktionen zur Kennzeichnung sozialer Lagen und die Wahrnehmung individueller Handlungsbeiträge der Subjekte. Denn »gegenüber den verbreiteten Spielballmodellen wird in handlungstheoretischer Sicht daran festgehalten, dass das Subjekt selber aktiv an der Gestaltung seiner Lebensverhältnisse beteiligt ist« (Kohli 1978, 24).

Dass hier zunehmender Zweifel an umfassenden Erklärungsansprüchen großer Theorieentwürfe eine Rolle spielte, sprachen auch Dieter Baacke und Theodor Schulze in der Einleitung ihres 1979 erschienen Readers *Aus Geschichten lernen. Zur Einübung pädagogischen Verstehens* an mit der »Einsicht, die gerade um Reform bemühte Pädagogen, gerade Anhänger der Kritischen Theorie, Vertreter der Studentenbewegung machen mußten, daß eine umfassende gesellschaftskritische Programmatik fehlgeht, wenn sie nicht den Anschluß im Subjekt sucht. [...] Die gesellschaftlichen Bedingungen«, so ihre Schlussfolgerung, »finden ihren Counterpart im Detail einer Biographie, einer Situation, eines Erlebnisses« (Baacke/Schulze 1979, 7).

Bei einigen Historikern hörte sich das ganz ähnlich an. In kritischer Wendung gegen den traditionellen Historismus, dem allein die Herrschenden als Subjekte gegolten hatten, aber auch gegen eine auf Strukturen und Gesetzmäßigkeiten orientierte Historische Sozialwissenschaft wandte sich eine neu entstehende qualitative Sozialgeschichte dem »Eigensinn der Subjekte und alltäglichen Erfahrungswelten« zu (Niethammer 1985, 427 f.). Parallel entwickelte sich im außeruniversitären Bereich eine Geschichtsbewegung, die sich die Erforschung einer ›Geschichte von unten‹ auf die Fahnen schrieb, verbunden mit dem demokratischen Impuls, die von der herrschenden Geschichtsschreibung notorisch Übergangenen in die Geschichte zu holen. Mit seinem 1980 erschienen Band *Lebenserfahrung und ›kollektives Gedächtnis‹. Die Praxis der Oral History* machte Lutz Niethammer in Deutschland eine in den USA und Großbritannien bereits etablierte Methode der mündlichen Befragung von Zeitzeugen bekannt, die zum Synonym dieser Art Forschung wurde. Die historische Biographieforschung firmiert bis heute zumeist unter der Bezeichnung ›Oral History‹.

Dass somit die Methode der Produktion mündlicher Quellen zum Kennzeichen der Forschung wurde, geht am deutlich weiter gesteckten Anspruch der Biographieforschung sowohl in der Geschichtswissenschaft wie auch in anderen Disziplinen vorbei. So hat die Nutzung mündlicher Erinnerungszeugnisse als Quelle für die Geschichtsschreibung eine lange Tradition; und auch in der Soziologie wurden biographische Zugänge genutzt, jedoch lediglich als explorative Vorstudie oder fallbezogene Unterfütterung quantitativer Untersuchungen. Demgegenüber entwickelte die Biographieforschung zunehmend den Anspruch, nicht nur eine Methode unter anderen, sondern ein eigenständiges Forschungskonzept oder sogar eine neue Perspektive einzubringen, indem sie die Wirkungsmacht individuellen Handelns gegenüber der determinierenden Kraft struktureller Bedingungen betont. Die rein instrumentelle Nutzung biographischer Materialien ist der Erforschung des Biographischen als soziale Größe gewichen.

Die in den 1970er Jahren wohl kaum vermutete Anziehungs- und Ausstrahlungskraft von ›Biographie‹ als Forschungsgegenstand fällt zusammen mit einer Radikalisierung und Universalisierung des Individualisierungsprozesses seit den 1960er Jahren, wie ihn Ulrich Beck, Anthony Giddens und andere ausmachten. Ob dieser Prozess nun institutionell abgesicherte Lebensläufe hervorgebracht hat, die Spielraum für individuelle Lebensgestaltung bieten (Institutionalisierung des Lebenslaufs nach Kohli), oder ob Lebensläufe zunehmend als kontingent erfahren werden und Biographie die Funktion übernimmt, die auseinanderdriftenden Teilwelten zusammenzuhalten (Biographisierung des Lebenslaufs nach Fuchs), sei dahingestellt. Entscheidend ist, dass beide Varianten wachsende Ansprüche an biographische Kompetenz beinhalten. ›Biographie‹ ist gleichsam das Brennglas, in dem sich individuelle und gesellschaftliche Prozesse bündeln, und deshalb als Forschungsgegenstand höchst attraktiv.

Was zu Beginn als Modetrend beargwöhnt wurde, etablierte und institutionalisierte sich innerhalb weniger Jahre. Eine Entwicklung, die hier nur in Schlaglichtern angedeutet werden kann: 1978 konstituierte sich auf der Jahrestagung der Deutschen Gesellschaft für Erziehungswissenschaft (DGfE) eine Arbeitsgruppe zur wissenschaftlichen Erschließung autobiographischer und literarischer Quellen für pädagogische Erkenntnis (vgl. Baacke/Schulze 1979), aus der die heutige Kommission Qualitative Bildungs- und Biographieforschung in der DGfE hervorgegangen ist. In der Deutschen Gesellschaft für Soziologie wurde 1979 die Arbeitsgruppe Biographieforschung gegründet, die 1986 den Status einer Sektion erhielt. Für die Geschichtswissenschaft entstand mit dem 1992 von Alexander von Plato an der Fernuniversität Hagen gegründeten Institut für Geschichte und Biographie ein Zentrum biographischer Forschung. Schon Mitte der 1980er Jahre verfolgten über fünfzig Forschungsprojekte in der Bundesrepublik biographische Ansätze. 1984 erschien ein erstes Lehrbuch biographischer Forschung (Fuchs-Heinritz 2005). Seit 1989 erscheint mit zwei Heften pro Jahr die interdisziplinäre Zeitschrift *BIOS*, gegründet als *Zeitschrift für Biographieforschung und Oral History*, 2002 erweitert um den Bereich Lebensverlaufsforschung.

Methoden zur Generierung biographischer Erinnerungen

Biographische Quellen haben ohne Zweifel ihren ganz besonderen Charme. Ob sie aber als Datengrundlage wissenschaftlicher Erkenntnis taugen, ist immer wieder bezweifelt worden. Weder die Soziologie noch die Geschichtswissenschaft oder die Pädagogik sind am individuellen Einzelfall als solchem interessiert. Das Individuum ist insofern von Belang, als es Träger von etwas Allgemeinem ist. Die persönliche Färbung biographischen Erinnerns kann man sich dabei durchaus als störend vorstellen. »Das autobiographische Individuum ist in der Regel nicht darauf eingestellt, bestimmte soziale Gegebenheiten und Verhältnisse sachgemäß zu beschreiben. [...] Vieles von dem, was das autobiographische Individuum erinnert, scheint nur für es selbst und einen relativ kleinen Kreis von Verwandten, Bekannten, Freunden und Weggenossen bedeutsam, kaum von öffentlichem Interesse,« beschreibt Theodor Schulze das biographische Quellenmaterial (Schulze 1991, 162f.).

Ein entscheidender Schritt für die Etablierung der Biographieforschung in Deutschland war deshalb die Bereitstellung einer eigenständigen Methode »Zur Hervorlockung und Analyse von Erzählungen thematisch relevanter Geschichten im Rahmen soziologischer Feldforschung« durch Fritz Schütze, der 1976 einen Aufsatz unter diesem Titel veröffentlichte. Das von Schütze vorgeschlagene Interviewverfahren geht von der Grundannahme aus, dass die Erzählung dem Ablauf vergangener Ereignisse mit gewisser Notwendigkeit folgt, Erzählungen also die geeignete sprachliche Form sind, vergangene Wirklichkeit zu vergegenwärtigen – während die Sprachmodi des Berichts und der Argumentation eine größere Distanz zum Gegenstand aufweisen. Begründet wird diese Annahme mit der Tatsache, dass Erzählungen einem festen Schema folgen, angefangen von der Vorstellung der Ausgangssituation und der handelnden Personen über die Darstellung des Geschehens in seinem Verlauf bis zur Auflösung bzw. einer neuen Situationskonstellation. Lässt sich der Befragte auf den Modus des Erzählens ein, wird er durch das Erzählschema selbst dazu gebracht, damaliges Geschehen und seine Beteiligung daran so darzustellen, wie sie gewesen sind. Vor allem die von Schütze identifizierten Zugzwänge des Erzählens – der Zugzwang der Gestaltschließung, der Zugzwang der Kondensierung und der Zugzwang der Detaillierung – sollen dazu führen, dass der Erzähler die Dinge so erzählt, wie sie sich zugetragen haben.

Die Interviewführung ist deshalb darauf ausgerichtet, unvorbereitete Stegreiferzählungen von Geschehensverläufen hervorzulocken, an denen der Erzähler aktiv oder passiv beteiligt war. Dafür wird der Interviewte gebeten, ausführlich und nach eigenen Relevanzkriterien seine Lebensgeschichte zu erzählen, während der Interviewer in dieser Phase möglichst gar nicht interveniert, sondern allein durch aufmerksames Zuhören den Interviewten zur Fortsetzung seiner Erzählung motiviert. Rückfragen des Interviewers sind erst späteren Phasen des Interviews vorbehalten, die jedoch wiederum darauf gerichtet sind, den Interviewten zum Erzählen anzuregen. Die ebenfalls von Schütze entwickelte Methode der Narrationsanalyse – auch als formale Text- und strukturelle Inhaltsanalyse bekannt – ist speziell auf nach seinem Verfahren geführte Interviews zugeschnitten und soll es ermöglichen, den »wesentlichen Ereignisablauf und die grundlegende biographische Erfahrungsaufschichtung« (Schütze 1983, 286) aufzudecken.

Neben dem narrativen Interview nach Schütze gibt es weitere Erhebungsverfahren wie Leitfadeninterviews, thematisch fokussierte Interviews oder auch Gruppeninterviews. Nicht selten werden auch Mischformen praktiziert. Gleichwohl hat sich das narrative Interview als anerkanntes Verfahren der Datenerhebung durchgesetzt. Vielleicht ist es sogar das am meisten genutzte Datenerhebungsverfahren der qualitativen Sozialwissenschaften – auch wenn nicht alle, die vorgeben, narrative Interviews zu führen, dies tatsächlich tun.

Zwar wurde, wie wir noch sehen werden, die sogenannte Homologie-Annahme Schützes, also die Vorstellung einer Widerspiegelung oder Entsprechung der Biographie als erzählter Lebensgeschichte und der Biographie als gelebtes Leben, äußerst kritisch diskutiert. Wenn auch oft missverstehend vereinfacht, beinhaltet die Methode Schützes gleichwohl vermutlich die idealistischste Annahme hinsichtlich der Möglichkeit, durch das biographische Interview hindurch zum erzählten Leben selbst vorzudringen. Dass sich die narrative Form der Interviewführung trotz ihrer problematischen erkenntnistheoretischen Voraussetzungen durchsetzen konnte, ist in dem Vorzug einer relativen Offenheit der Befragung begründet. Je mehr Raum dem Interviewten überlassen wird, je geringer ist die Gefahr, das Interview mit Vorannahmen zu befrachten, die das Ergebnis präformieren. Dies gilt umso mehr, wenn die Eigenlogik biographischer Konstruktionsprozesse Gegenstand des Interesses ist.

In der Tradition Schützes wurde das Problem des Erinnerns im biographischen Interview vor allem erzähltheoretisch expliziert. Besonders Stegreiferzählung gelten nach diesem Verständnis als angemessene Form des Erinnerns, weil hier der »Erzählstrom mit dem Strom der ehemaligen Erfahrungen im Lebensablauf« parallelisiert wird. Der erzähltheoretischen Fundierung des Erinnerns entspricht die Wahrnehmung und Analyse des Interviews als Text bei weitgehender Vernachlässigung des Interaktionsgeschehens, ein Zugang, der die methodische Debatte lange Zeit bestimmt hat. Dazu beigetragen hat auch das von Ulrich Oevermann entwickelte und in der deutschen Biographieforschung breit rezipierte Interpretationsverfahren der Objektiven Hermeneutik, das Interviews ebenfalls als Texte analysiert.

Mal Illusion, mal Artefakt.
Das biographische Interview in der Kritik

Das narrative Interview, bei dem der Befragte möglichst ungehindert seine Lebensgeschichte erzählt, ist immer wieder heftig in die Kritik geraten. Für eine Forschungsrichtung, die sich über die spezifische Qualität ihrer Daten definiert, keine Kleinigkeit.

Eine frühe Kritik stammt von Pierre Bourdieu, der die Lebensgeschichte als ›biographische Illusion‹ entlarvte – so auch der Titel seines kurzen Textes, der 1986 im französischen Original, 1990 in deutscher Übersetzung erschien. Analog der Aufgabe der linearen Erzählung in der Literatur stellt er die Sicht auf das Leben als »Existenz mit gegebenem Sinn« grundsätzlich infrage. »Man ist zweifellos berechtigt zu unterstellen, daß die autobiographische Erzählung sich immer, mindestens teilweise, von dem Ziel anregen läßt, Sinn zu machen, zu begründen, eine gleichzeitig retrospektive und prospektive Logik zu entwickeln, Konsistenz und Konstanz darzustellen, indem sie einsehbare Beziehungen wie die der Folgewirkung von einem verursachenden oder letzten Grund zwischen aufeinanderfolgenden Zuständen herstellt, die so zu Etappen einer notwendigen Entwicklung gemacht werden« (Bourdieu 1990, 76). Mit dieser »artifiziellen Kreation von Sinn« werde der Erzähler zum »Ideologen seines eigenen Lebens«, in seinem Bemühen unterstützt durch die »natürliche Komplizenschaft« des zuhörenden Forschers. Im biographischen Interview, so nochmals zugespitzt die Kritik Bourdieus, verbindet sich das Interesse des Erzählers an einer sinnhaften Lebensgeschichte mit dem Interesse des Forschers an einer guten Geschichte zu der »Konstruktion des perfekten sozialen

Artefakts […], das da ›Lebensgeschichte‹ heißt« (Bourdieu 1990, 80).

Auch Armin Nassehi will die Biographieforschung mit einem fundamentalen Missverständnis, ihre bevorzugten Quellen, narrative, biographische Interviews, betreffend, konfrontieren. Zwar gehört die Unterscheidung zwischen biographischer Erzählung bzw. Text und dem erzählten Lebensverlauf zum Grundbestand biographischer Forschung; Nassehi radikalisiert diese Unterscheidung jedoch mit dem Nachweis der prinzipiellen Unmöglichkeit, über das narrative Interview zu dem vorzudringen, ›wie es wirklich war‹. Hatte Bourdieu noch eine mehr oder minder intentionale Zurichtung der biographischen Erzählung unterstellt, ist die von der Systemtheorie kommende Kritik Nassehis fundamentaler, weil erkenntnistheoretisch begründet. Die aus der dekonstruktivistischen Sprachphilosophie Jacques Derridas stammende Annahme von der Unüberschreitbarkeit der Grenze zwischen Zeichen und Bezeichnetem bezieht Nassehi auf das Verhältnis von Biographie und Lebenslauf mit der Folge, dass »der Lebenslauf, also das, was tatsächlich stattgefunden hat, gewissermaßen die dunkle Seite der Biographie« bleibt und als solche der biographischen Kommunikation nicht zugänglich ist (Nassehi 1994, 54). Deshalb, so Nassehi weiter, sind »Gegenstand biographischer Forschung […] nicht Lebensverläufe, sondern biographische Kommunikationen bzw. deren Resultat: biographische Texte« (ebd., 59).

Damit nicht genug: Auch von einer »vorgängig zu konstatierenden Homologie von Lebenslauf und Biographie auszugehen, wie es die biographische Forschung – zumindest in der Schützeschen Variante – zumeist tut« (Nassehi 1994, 53), weist Nassehi scharf zurück. Biographien beobachten bzw. thematisieren zwar die Vergangenheit eines Lebenslaufs, sie sind aber »keine Reproduktionen von Vergangenem, sondern stets Neuproduktionen einer operativen Gegenwart« (ebd.). Ein dieser Quelle angemessenes Erkenntnisinteresse ist die Frage, »welche Formen der Thematisierung ein biographischer Text in der Erzählgegenwart dafür findet, was dieser thematisiert« (ebd., 59).

Wie Nassehi hebt auch die kritische Analyse Harald Welzers darauf ab, dass das biographische Interview nicht als Quelle dafür zu betrachten sei, wie etwas gewesen ist, sondern wie etwas von heute aus als vergangenes Ereignis wahrgenommen wird (Welzer 2000, 61). Interessant ist weniger diese weitgehend geteilte Schlussfolgerung als vielmehr die von Welzer eingebrachte gedächtnispsychologische und interaktionstheoretische Perspektive, die die bisher vornehmlich auf die narrative und subjektive Qualität der Quellen fokussierte methodische Debatte um die Fragen nach Erinnerung und Gedächtnis erweitert – Fragen, die bis dahin bestenfalls implizit mitdiskutiert wurden, wiewohl ihre Relevanz evident ist. Zum einen zeigt Welzer, dass das biographische Interview in hohem Maße geprägt ist von seinem Entstehungszusammenhang, von der Interaktionsbeziehung zwischen Interviewer und Interviewtem, den unterstellten und tatsächlichen Erwartungen und Reaktionen, von der Interaktionsgeschichte und anderem mehr. Die Methode des narrativen Interviews nach Schütze sieht aber genau davon ab und ignoriert so eine der Grundannahmen interaktionistischer Sozialpsychologie, nämlich »daß man so spricht, wie man erwartet, daß der andere erwartet, daß man sprechen wird« (ebd., 52). Ob es nicht unbeschadet dessen sinnvoll sein kann, das Interview nach den Regeln Schützes zu führen, sei dahingestellt. Mit Sicherheit weiterführend ist aber der Hinweis, dass die Interpretation beim Interaktionsgeschehen ansetzen muss, wenn sie der Qualität der Daten gerecht werden will. Entsprechend hat Welzer, in Abwandlung der Objektiven Hermeneutik Oevermanns, das Verfahren der hermeneutischen Dialoganalyse entwickelt, das die Aushandlungsprozesse der Interakteure in den Mittelpunkt stellt. Bei der gängigen Auswertung des Interviews als Text, zumal als Monolog, wie im Fall der Narrationsanalyse gerät das Interview hingegen zum Artefakt.

Auch Ergebnisse der neueren Gedächtnisforschung stützen die These, dass Erinnerung in sozialen Bezügen entsteht und nicht als einmal eingespeichertes Erinnerungsbild abgerufen wird. Jeder Abruf von Erinnerungen ist ein komplexer neuronaler Vorgang, bei dem Erinnerung »*anwendungsbezogen*« gestaltet wird (Welzer 2000, 52, im Org. kursiv). Beunruhigend sind indessen weitere von Welzer vorgetragene Befunde, die geeignet sind, jedes Vertrauen in die Leistungsfähigkeit des Gedächtnisses zu erschüttern. Eine ganze Reihe von Faktoren – darunter besondere emotionale Betroffenheit wie Angst oder Stress – können schon die Einspeicherung von Erinnerungen beeinträchtigen. Unter Umständen wird dann zwar die emotionale Reaktion stabil erinnert, große Unklarheit kann aber über das auslösende Ereignis bestehen. Auch Erinnerung kann zum Artefakt werden, dann nämlich wenn Ereignisse, die mit visueller Präsenz erinnert werden, tatsächlich imaginierte oder aus anderen Zusammenhängen adaptierte Ereignisse sind – obwohl der Sich-Erinnernde subjektiv überzeugt ist, das fragliche Ereignis selbst erlebt zu haben. Die skeptische Schlussfolgerung Welzers kann kaum überraschen: Das Zeitzeugeninterview kann lediglich als Quelle dafür genutzt werden, »wie etwas von heute aus als vergangenes Ereignis wahrgenommen wird« (ebd., 61). Aber kann sich die Biographieforschung damit begnügen?

Zunächst einmal kann man feststellen, dass die Kritik an den Quellen biographischer Forschung aus gut unterrichteten Kreisen stammt: Bourdieu hat in einer späteren Untersuchung über die Vororte von Paris intensiv mit biographischen Interviews gearbeitet. Die Ergebnisse wurden 1993 unter dem Titel *La misère du monde* sogar als reiner Interviewband veröffentlicht. Und auch die anderen beiden Kritiker sind in der Biographieforschung erfahren: Armin Nassehi mit einem Projekt zur Emigration der Siebenbürger Sachsen, Harald Welzer mit einer Untersuchung zur familiären Tradierung von Erinnerungen an den Nationalsozialismus. Die hier vorgetragene Kritik ließe sich also durchaus als Ausweis des hohen Niveaus der methodischen Debatte innerhalb der Biographieforschung interpretieren.

Tatsächlich besteht ein entwickeltes Bewusstsein vom konstruktiven Charakter biographischer Daten. Kaum ein soziologischer Text, der nicht den Hinweis enthielte, dass das Thema der Biographieforschung nicht das Individuum mit seiner je eigenen Lebensgeschichte ist, sondern das soziale Konstrukt ›Biographie‹, dass es nicht darum gehe, wie das erzählte Leben ›wirklich gewesen ist‹, sondern um die Rekonstruktion biographischer Konstruktionsprozesse. In der historischen Biographieforschung entspricht diesem methodischen Bewusstsein die Entwicklung von der Oral History zur Erfahrungsgeschichte, der es um »die Verarbeitung früherer Wahrnehmung als Vorstrukturierung künftiger Wahrnehmung« geht (Niethammer 1985, 428). Aber auch wenn es im weiten Feld der Biographieforschung zweifellos Fragestellungen gibt, die mit der Beschränkung ihrer Quellen auf die Gegenwartsperspektive keine Probleme haben, lässt sich doch in vielen Fällen die Frage nach dem, ›wie es wirklich gewesen ist‹, nicht vollständig suspendieren. In diese Richtung geht auch die Feststellung Nassehis, »daß die Schützesche Homologie-Annahme zwar selten forschungsmethodologisch explizit geteilt wird, forschungspraktisch aber sehr wohl implizit zur Anwendung kommt« (Nassehi 1994, 49). Allerdings steckt dahinter weniger Nachlässigkeit als einmal mehr der Charakter der biographischen Daten selbst, für die die Dimension der Zeitlichkeit konstitutiv ist. »Die für die soziale Konstitution sozialen Sinns unabdingbare Perspektivität gegenüber historischem Geschehen definiert sich nämlich nicht nur aus dem – möglicherweise opportunistischen – Interesse der interagierenden Personen in der Gegenwart, sondern auch aus dem, was sich in der Gegenwart an objektiv möglichen neuen Lesarten der Vergangenheit erschließt« (Apitzsch 2003, 99). Und auch die Erfahrungsgeschichte stößt schnell an die Grenzen der Gegenwärtigkeit, geht es doch zumeist gerade um frühere Wertorientierungen und deren Wirkungsmacht in der Geschichte.

Ob Walter Jens Mitglied der NSDAP war oder nicht, lässt sich nicht einfach als belanglos abtun. Die Antwort, wenn wir sie denn wüssten, hätte Auswirkungen sowohl auf unser Wissen über die vergangene Wirklichkeit, hier: Rekrutierungsvorgänge in die NSDAP, als auch auf die Rekonstruktion der biographischen Konstruktion eines Walter Jens.

Zum Umgang mit dem Erinnerungscharakter biographischer Quellen

Die Frage nach der historischen ›Wahrheit‹ spielte ebenso wie Fragen nach Erinnerung und Gedächtnis im engeren Sinn in den methodischen Debatten der Biographieforschung nach innen wie nach außen über weite Strecken keine nennenswerte Rolle. Der Begriff des Gedächtnisses war im Zuge der Rezeption der Theorie des kollektiven Gedächtnisses von Maurice Halbwachs soziologisch-kulturhistorisch belegt. Die biologische oder neurologische Dimension blieb hingegen weitgehend ausgeblendet. Was es bedeutet, wissenschaftliche Forschung auf individuelle Gedächtnisleistung zu gründen, wurde methodisch kaum hinterfragt. Erst seit der Jahrtausendwende findet der Aspekt der Erinnerung vermehrt Eingang in die Diskussion. In der historischen Biographieforschung war dies etwas anders.

Man wird der Geschichtswissenschaft eine gewisse Zuständigkeit für historische Wahrheitsfragen nicht absprechen können. Es ist von daher sicher kein Zufall, dass sich noch am ehesten die historische Biographieforschung der Frage gestellt hat, inwieweit biographische Interviews etwas über die vergangene Wirklichkeit aussagen können, statt im erkenntnistheoretischen Spagat zu verharren, nämlich forschungsmethodologisch die Quellen extrem kritisch als reine Konstruktionen zu qualifizieren, forschungspraktisch diesen Quellen gleichwohl Daten zu entnehmen, als wären sie wirklich. Zum einen ist das Problem für die Geschichtswissenschaft alles andere als neu. Letztlich ist jede historische Quelle durch den konstruktiven Charakter von Wahrnehmung und Erinnerung geprägt. Solcherart Quellen mit geeigneten Methoden auf ihren Aussagewert hin zu analysieren ist das tägliche Brot des Historikers und Ausweis der Geschichte als Wissenschaft. Die historische Biographieforschung kann deshalb nicht ohne ernsthaften Verlust auf die Frage verzichten, ›wie es wirklich gewesen ist‹. Zum anderen tut sie sich vielleicht auch leichter als etwa die Soziologie, weil ihre Ergebnisse anderer Natur sind. Die Lehren der Geschichte enthalten keine unmittelbar praktizierbaren Handlungsanweisungen, denn in Bezug auf die Vergangenheit besteht kein Handlungsbedarf. Deshalb ist für die Erforschung der Vergangenheit »auch jenseits meßbarer Präzision jede vernünftige Annäherungsstrategie recht, die in ihren Aussagen den Stoff ihrer Erkenntnis und den Weg ihrer Gewinnung reflektiert« (Niethammer 1985, 410). Genau dies hat Lutz Niethammer im Anschluss an das unter seiner Leitung durchgeführte erste große Oral History-Projekt in der Bundesrepublik getan in einem methodologischen Text mit der Überschrift »Fragen – Antworten – Fragen«. Anders als in vielen anderen Debatten dieser Zeit wird hier der Erinnerungscharakter reflektiert, was auch in der sonst unüblichen Bezeichnung der Quellen als Erinnerungsinterview zum Ausdruck kommt. Rund zweihundert lebensgeschichtliche Interviews wurden Anfang der 1980er Jahre im Rahmen des Projekts *Lebensgeschichte und Sozialkultur im Ruhrgebiet 1930 bis 1960* geführt. Für die am Projekt beteiligten Wissenschaftler war dies ein erstes Experimentieren mit der Methode der Oral History, das von intensiven methodischen Reflexionen begleitet war.

Systematische Forschungen zum Gedächtnis, auf die man sich hätte beziehen können, standen zu dieser Zeit kaum zur Verfügung. Lange war die Auffassung verbreitet, das Gedächtnis sei eine Art Speichermaschine, in der jedes Erlebnis und jedes Ereignis einen Eindruck hinterlässt, der grundsätzlich unverändert abrufbar sei, wobei allein das Wiederauffinden der Informationen an den jeweiligen Speicherorten Probleme bereiten könne. Gegen diese Speicherthese setzte sich allmählich die Vorstellung durch, wonach Wahrnehmungen und Informationen im Geflecht der Nervenzellen Bahnen und Schaltstellen bilden, die umso deutlicher hervortreten und deshalb umso besser funktionieren, je häufiger sie benutzt werden. Immerhin interpretierte diese Bahnen-Hypothese Wahrnehmen und Erinnern bereits als selektive, sinnhafte Zusammenhänge herstellende Vorgänge. Gleichwohl war der wissenschaftliche Kenntnisstand insbesondere das Langzeitgedächtnis betreffend dürftig.

Hilfreicher als die Forschungen zum Gedächtnis war die Tatsache, dass Erinnern Gegenstand alltäglicher Erfahrung ist, wo es mal mehr, mal weniger zuverlässig funktioniert, bei der Bewältigung des Alltags aber doch ganz brauchbare Dienste leistet. Auf dieser Erfahrung beruhen auch in unserer Kultur entwickelte spezifische Formen geregelter Erinnerungsarbeit, wie sie etwa in der Psychoanalyse (s. Kap. I.5) und als Zeugenbefragung vor Gericht praktiziert werden, die »ihre praktischen Möglichkeiten nicht aus einer allgemeinen Gedächtnistheorie, sondern aus einem Interaktionsprozeß im Rahmen eines je spezifischen ›Setting‹ herleiten« (Niethammer 1985, 397). Analog dazu wird auch der Erinnerungsvorgang im Rahmen einer Zeitzeugenbefragung aus der Spezifität des sozio-kulturellen Arrangements, das ihn hervorbringt und überliefert, aufgefasst.

Ausgehend von einer Analyse der Erinnerungsvorgänge in den genannten Settings – der Psychoanalyse, der gerichtlichen Zeugenbefragung sowie dem narrativen Interview der Sozialforschung – identifiziert Niethammer einen Latenzbereich zwischen dem aktiven Gedächtnis und dem völligen Vergessen, der durch Information und Interaktion aktiviert werden kann. Eben dies wird als Aufgabe des Interviewers bei der Durchführung eines Erinnerungsinterviews bestimmt. Notwendig ist dafür eine weitgehende Vertrautheit des Interviewers mit dem untersuchten Sachverhalt, die es ihm gestattet, im Bedarfsfall die Erinnerung des Befragten gezielt anzuregen, bei gleichzeitiger Offenheit und Aufmerksamkeit für die selbstgeformten Lebensgeschichten und Erfahrungsberichte des Interviewten. Niethammer spricht von Erinnerungsräumen, die es durch geeignete Interviewstrategien zu öffnen gilt (vgl. Niethammer 1985, 401). Als dem Vorgang des Erinnerns angemessen wird eine offene Form des Interviews eingeschätzt, die die Initiative ein Stück weit dem Befragten überlässt und so dem assoziativen und rekonstruktiven Charakter von Erinnerungen Raum gibt und ›Abschweifungen‹ des Gedächtnisses ermöglicht.

Dass sich die Überlegungen Niethammers von 1985 in künftigen Befragungsprojekten bestätigt und bewährt haben, lässt sich aus Ausführungen Alexander von Platos aus dem Jahr 2000 schließen. Aus langjähriger Erfahrung in der historischen Biographieforschung empfiehlt er die Anwendung bestimmter Interviewtechniken, um Erinnerungen zu generieren, die möglichst nahe an vergangene Wirklichkeit heranführen und dabei besonders die Verarbeitung dieser Wirklichkeit in der Lebensgeschichte zur Geltung bringen (Plato 2000, 17 ff.). Die Kunst des Interviewers sei es, schreibt Plato, den Interviewten dabei zu unterstützen, ein ganzes »Erzählnetz« von Bezügen und Beschreibungen, Episoden und Informationen zu spinnen, ein Bild, das an die Metapher ›neuronaler Netze‹ in den Kognitionswissenschaften anschließt. Eine »qualifizierende Vielfalt« ist demnach am besten geeignet, die Erinnerungsfähigkeit des Interviewpartners zu aktivieren. Sie kann entstehen, wenn die gesamte Lebensgeschichte des Befragten zum Gegenstand des Interviews gemacht wird und wenn das Interview möglichst viel Raum zur Präsentation biographischer Eigenkonstruktion zulässt, wie es das narrative Drei-Phasen-Interview nach Schütze vorsieht, das hieraus seine eigentliche Begründung erfährt. Die lebensgeschichtliche Dimension und die narrative Form, so Plato, entsprechen dem Prozess des Erinnerns und begünstigen so die Hervorbringung vielfältiger Erinnerungen. Auch sei es hilfreich, das Gedächtnis in seinen unterschiedlichen Bereichen sinnlichen und bildlichen ebenso wie emotionalen und räumlichen Erinnerns anzusprechen, etwa durch die Einbeziehung persönlicher Dokumente wie Fotos, die den Prozess des Erinnerns über visuelle Impulse in Gang setzen können.

Natürlich müssen solcherart im Interview generierte Erinnerungen nicht notwendig wahr sein. Ob Auskünfte richtig sind, geht aus ihnen selbst nicht hervor, und es gibt viele denkbare Gründe für unrichtige Auskünfte. Niethammer weist darauf hin, dass ein unkritisches Glauben dessen, was Zeitzeugen im Interview erinnern, angesichts der Strukturen der Interaktion und des Gedächtnisses nicht nur absurd wäre, sondern den Befragten auch die historische Dienstleistung verweigere, sie in die Geschichte zu holen

(Niethammer 1985, 409). Notwendig sei vielmehr eine kritische Auswertung und Interpretation, zu der auch die Prüfung des Wahrheitsgehalts von Aussagen gehört. Ein nach oben genannten Gesichtspunkten geführtes Interview bietet, davon sind beide Autoren überzeugt, dafür eine Fülle von Ansatzpunkten. Als durchaus hilfreich und angemessen erweisen sich dabei die üblichen Verfahren der historischen Quellenkritik, namentlich die Prüfung der inneren Plausibilität, der Vergleich mit Aussagen anderer Befragter und die Konfrontation mit anderen Quellenarten. Im Ergebnis ist letztendliche Gewissheit nicht zu erwarten, wohl aber erfahrungsgesättigte, plausible Annäherungen, die der intersubjektiven Überprüfung offenstehen. Alle qualitative Forschung, so noch einmal Niethammer, ist im Kern heuristisch, im Sinne von Beweisbarkeit aber zunächst ergebnislos. Ihre Ergebnisse generieren eher Hypothesen und neue Fragestellungen.

Was lässt sich von den Neurowissenschaften lernen?

Es wäre sicherlich übertrieben, würde man für das Jahr 2000 von einer neurobiologischen Wende in der Biographieforschung sprechen. Immerhin fallen in diesem Jahr aber gleich zwei Ereignisse – ein Aufsatz und eine Tagung – dadurch auf, dass Themen neuerer neurobiologischer Forschung in der soziologischen und historischen Biographieforschung diskutiert wurden – was sicher nicht zuletzt mit den rasanten Fortschritten der Neurobiologie durch die Möglichkeiten bildgebender Verfahren zusammenhängt.

Für die soziologische Biographieforschung haben Bettina Dausien und Peter Alheit die Arbeiten des Hirnforschers Gerhard Roth rezipiert, der im Anschluss an Humberto Maturana einen radikalen Konstruktivismus vertritt. Seine die Biographieforschung herausfordernde Entdeckung besteht darin, dass die Wirklichkeitsverarbeitungen durch das Gehirn »selbstreferentiell strukturiert sind, sich eben nicht durch den Charakter von äußeren Einflüssen, sondern allein durch eine zuvor bereits existierende innere ›Logik‹ bestimmen lassen« (Alheit/Dausien 2000, 262). Das bedeutet, dass das Gehirn Wirklichkeit nicht abbildet, sondern konstruiert. Zum Glück für die Biographieforschung verbleit ein gewisser Spielraum dadurch, dass Roth nur einen relativ autopoietischen Charakter aller Organismen annimmt, so dass äußere Einflüsse doch eine gewisse Rolle bei der Wirklichkeitskonstruktion spielen. Ebenso bemerkenswert wie die Befunde an sich ist für unseren Zusammenhang die einleitende Feststellung von Alheit und Dausien, dass in der bisherigen Biographieforschung »bei allem Mißtrauen gegenüber der Genauigkeit subjektiver Wahrnehmung […] die Tatsache, daß das Gedächtnis (allgemeiner: das Gehirn als synthetisches ›Wahrnehmungsorgan‹) einen unmittelbaren Zugang zur Wirklichkeit habe, völlig unproblematisiert« geblieben ist (Alheit/Dausien 2000, 259).

Für die Auseinandersetzung mit neueren Befunden der Neurowissenschaften innerhalb der historischen Biographieforschung steht die Anfang 2000 von Harald Welzer als Vertreter der Gedächtnisforschung sowie Alexander von Plato und Almut Leh als Vertreter der historischen Biographieforschung durchgeführte Konferenz »Der Zeitzeuge als natürlicher Feind der historischen Zunft?«, deren Beiträge im gleichen Jahr in der Zeitschrift *BIOS* veröffentlicht wurden. Die Beiträge von Harald Welzer – »Das Interview als Artefakt« – und Alexander von Plato – »Zeitzeugen und die historische Zunft« – wurden bereits zitiert. Über »Die Erinnerung von Zeitzeugen aus der Sicht der Gedächtnisforschung« sprach der Psychologe und Gedächtnisforscher Hans J. Markowitsch. Wie Roth bestreitet auch er die Existenz eines freien Willens, was für die Biographieforschung für sich genommen schon Probleme verursacht. Kaum weniger beunruhigend sind seine Ausführungen hinsichtlich der Erinnerungsfähigkeit von Zeitzeugen bzw. des Wahrheitsgehalts ihrer Erinnerungen (vgl. zum Folgenden Markowitsch 2000).

Das episodisch-autobiographische Gedächtnis, mithin das für die Befragung von Zeitzeugen in erster Linie relevante Gedächtnis, ist in neurologischer Sicht besonders komplex und damit leider auch besonders verletzlich (s. Kap. I.1). Probleme bei der Einspeicherung einer Erinnerung können ebenso für defizitäre Gedächtnisleistungen verantwortlich sein wie Störungen beim Abruf. Insbesondere Stress aller Art beeinträchtigt diese Vorgänge, so dass Informationen, die unter Stress aufgenommen oder abgerufen werden, eine stark verminderte Glaubwürdigkeit besitzen. Personen in Stress- und Traumasituationen – aber auch Kinder und labile Persönlichkeiten – sind besonders suggestibel und anfällig für massenpsychologische Phänomene. In diesen Fällen kann es besonders leicht dazu kommen, dass die betreffende Person nicht zwischen real und nicht real erlebten Gedächtnisinhalten unterscheiden kann. Die eingeschränkte Erinnerungsfähigkeit an traumatische Erlebnisse ist bisweilen sogar in Form physischer Veränderungen nachweisbar. So zeigten sich bei Kriegsveteranen signifikante Schrumpfungen im Bereich des Hippocampus, den für die Übertragung von Informationen ins Langzeitgedächtnis wichtigen Strukturen. Weniger störanfällig als das autobiographische Gedächtnis ist hingegen das Wissensgedächtnis. Allerdings ist es nicht möglich, die Güte der autobiographischen Behaltensleistung durch Fragen nach allgemeinen Fakten aus der Vergangenheit zu verifizieren, weil die Gedächtnissysteme zu unterschiedlich sind. Verbessern lässt sich der Informationsabruf grundsätzlich, wenn dieser in einer Situation stattfindet, die möglichst weitgehend der Einspeicherungssituation entspricht. Anderseits gibt es viele Gründe, die das Bewusstsein stören oder beeinträchtigen – die sinnfälligsten sind Müdigkeit und Erschöpfung, aber auch Drogen- und Alkoholkonsum – und damit zu einer eingeschränkten Informationsverarbeitung führen können.

Seine Ausführungen zusammenfassend, schreibt Markowitsch: »Es gibt damit eine Reihe die Gedächtnisleistung ungünstig beeinflussender Faktoren, von denen angenommen werden muss, dass gerade Zeitzeugen ihnen mit gewisser Wahrscheinlichkeit ausgesetzt waren« (Markowitsch 2000, 46). Umso erstaunlicher sein nachfolgender Rat, man solle trotz dieser pessimistischen Sicht Zeitzeugenbefragungen nicht aufgeben. Man müsse sich aber »der Bedingungen bewusst sein, die während ihres (erstmaligen) Erlebens, während möglicher nachfolgender ›Reproduktionen‹ und während des aktuellen Abrufs herrschten« (ebd., 47). Der Aufsatz schließt mit dem Hinweis auf die nicht unbeträchtlichen Abbauvorgänge auf Hirnebene mit zunehmendem Alter.

Diese Befunde lassen den Biographieforscher einigermaßen ratlos zurück. Zu skeptisch sind die Aussagen, zu weit liegen sie aber auch von dem entfernt, was sich in der Praxis biographischer Forschung vollzieht, wo Erinnern ebenso wie in vielen anderen Kommunikationsbereichen bei allen Einschränkungen doch erstaunlich gut funktioniert. Möglicherweise liegt dies daran, dass sich die im Labor und nicht selten an für biographische Forschung untypischen Versuchspersonen gewonnenen Erkenntnisse der Gedächtnisforschung nur bedingt auf die Situation des biographischen Interviews übertragen lassen. Doch auch der umgekehrte Weg ist schwierig, lässt sich doch die Komplexität des biographischen Erinnerns, wie es sich im Interview vollzieht, kaum ohne Verluste auf eine neurowissenschaftliche Versuchsanordnung reduzieren.

Dabei gäbe es seitens der Biographieforschung durchaus eine ganze Reihe von Fragen an die Neurowissenschaften, vor allem ob und welche Möglichkeiten der Interviewführung bestehen, Erinnerungsprozesse zu aktivieren und valide Erinnerungen zu produzieren. Umgekehrt könnten die in biographischen Interviews generierten Erinnerungen durch die Gedächtnisforschung ausgewertet werden, der so wirklichkeitsnäheres Material bereitstehen würde. Vielleicht müssen weitere Fortschritte der Neurowissenschaften abgewartet werden, bevor ein solcher Austausch hilfreich sein kann. Gegenwärtig führen die Befunde der neurobiologischen Gedächtnisforschung die Biographieforschung ebenso in den erkenntnistheoretischen Spagat wie der radikale soziale und kulturelle Konstruktivismus früherer Jahre. Lassen die extrem skeptischen Befunde doch keinen Raum für die Erfahrung der biographischen Forschungspraxis, dass Erinnerung zwar trügen kann, dass Menschen bisweilen auch bewusst lügen, dass es in sehr vielen Fällen aber durchaus möglich ist, mit hinreichender Genauigkeit und Verlässlichkeit vergangene Ereignisse zu erinnern.

Gleichwohl und ohne Zweifel ist eine interdisziplinäre Perspektive den Fragen nach Erinnerung und Gedächtnis angemessen. Weiterführend scheint zur Zeit ein weiterer Blickwinkel, der Erkenntnisse der Neurowissenschaften, des Sozialkonstruktivismus und der Kulturwissenschaften umgreift und auf die Praxis biographischer Forschung bezieht. In der Biographieforschung ist seit den späten 1990er Jahren ein verstärktes Interesse an solchen interdisziplinären Zugängen zu beobachten. Neben einigen Aufsätzen und Sammelbänden sind inzwischen auch zwei Monographien erschienen – *Das kommunikative Gedächtnis. Eine Theorie der Erinnerung* von Harald Welzer (2002) und *Der lange Schatten der Vergangenheit. Erinnerungskultur und Gedächtnispolitik* von Aleida Assmann (2006) –, die ausgearbeitete, methodische Ansätze zur Verknüpfung der genannten Disziplinen entwickeln. Man darf vermuten, dass die Diskussion dieser Fragen und die Weiterentwicklung breit angelegter Erinnerungskonzepte die Biographieforschung auch zukünftig noch beschäftigen werden.

Literatur

Alheit, Peter/Dausien, Bettina: Die biographische Konstruktion der Wirklichkeit. Überlegungen zur Biographizität des Sozialen. In: Erika M. Hoerning (Hg.): *Biographische Sozialisation*. Stuttgart 2000, 257–283.

Apitzsch, Ursula: Biographieforschung. In: Barbara Orth/Thomas Schwietering/Johannes Weiß (Hg.): *Soziologische Forschung: Stand und Perspektiven. Ein Handbuch*. Opladen 2003, 95–110.

Baacke, Dieter/Schulze, Theodor (Hg.): *Aus Geschichten lernen. Zur Einübung pädagogischen Verstehens*. München 1979.

Bourdieu, Pierre: Die biographische Illusion. In: *BIOS. Zeitschrift für Biographieforschung und Oral History* 3. Jg. (1990), 75–81 (frz. 1986).

Fuchs-Heinritz, Werner: *Biographische Forschung. Eine Einführung in Praxis und Methoden* [1984]. Wiesbaden 2005.

Halbwachs, Maurice: *Das kollektive Gedächtnis*. Frankfurt a. M. 1991 (frz. 1950).

Kohli, Martin (Hg.): *Soziologie des Lebenslaufs*. Darmstadt/Neuwied 1978.

Markowitsch, Hans J.: Die Erinnerung von Zeitzeugen aus der Sicht der Gedächtnisforschung. In: *BIOS. Zeitschrift für Biographieforschung und Oral History* 13. Jg. (2000), 30–50.

Nassehi, Armin: Die Form der Biographie. Theoretische Überlegungen zur Biographieforschung in methodologischer Absicht. In: *BIOS. Zeitschrift für Biographieforschung und Oral History* 7. Jg. (1994), 46–63.

Niethammer, Lutz: Fragen – Antworten – Fragen. Methodische Erfahrungen und Erwägungen zur Oral History. In: Ders./Alexander von Plato (Hg.): *»Wir kriegen jetzt andere Zeiten«. Auf der Suche nach der Erfahrung des Volkes in nachfaschistischen Ländern*. Berlin/Bonn 1985, 392–445.

Plato, Alexander von: Zeitzeugen und die historische Zunft. Erinnerung, kommunikative Tradierung und kollektives Gedächtnis in der qualitativen Geschichtswissenschaft – ein Problemaufriss. In: *BIOS. Zeitschrift für Biographieforschung und Oral History* 13. Jg. (2000), 5–29.

Schulze, Theodor: Pädagogische Dimensionen der Biographieforschung. In: Erika M. Hoerning u. a. (Hg.): *Biographieforschung und Erwachsenenbildung*. Bad Heilbrunn 1991, 135–181.

Schütze, Fritz: Zur Hervorlockung und Analyse von Erzählungen thematisch relevanter Geschichten im Rahmen soziologischer Feldforschung – dargestellt an einem Projekt zur Erforschung von kommunalen Machtstrukturen. In: Arbeitsgruppe Bielefelder Soziologen (Hg.): *Kommunikative Sozialforschung*. München 1976, 159–260.

–: Biographieforschung und narratives Interview. In: *Neue Praxis* 13 (1983), 283–293.

Welzer, Harald: Das Interview als Artefakt. Zur Kritik der Zeitzeugenforschung. In: *BIOS. Zeitschrift für Biographieforschung und Oral History* 13. Jg. (2000), 51–63.

Almut Leh

6. Tradierungsforschung

Begriff

Unter ›tradieren‹ wird gemeinhin ›weitergeben‹ verstanden. Regelmäßig findet der Begriff Verwendung im Zusammenhang mit der Weitergabe von Umgangsweisen oder Tätigkeiten (z. B. Bräuchen, Ritualen), praktischem Wissen (z. B. Baukunst, Heilkunst), aber auch Werten, vor allem jedoch von Wissen über die Vergangenheit, mithin also Geschichten und Geschichte. Die Tradierungsforschung widmet sich vor allem Letzterem. Wobei damit viel mehr gemeint ist, als die bloße Weitergabe von Episoden *aus* sowie Daten und Fakten *über* eine Vergangenheit. Tradiert werden zugleich Deutungen, Strukturen und Gebrauchsweisen von Vergangenheitsrepräsentationen.

Geschichte

Die Bezeichnung ›Tradierungsforschung‹ steht nicht für eine Disziplin oder Schule, sie ist nicht in Zeitschriften, Lehrstühlen oder nach ihr benannten Forschungseinrichtungen institutionalisiert. Sie ist vielmehr ein theoretisch-methodisches Konzept, das sich in der empirischen Arbeit als eigenständiger Zugriff auf eine zentrale menschliche Tätigkeit entwickelt hat: Vergangenheiten zu erzählen. Es handelt sich um ein außerordentlich funktionales heuristisches Konzept, um eine Denk- und Arbeitsweise, die sich in Folge und Kritik der Zeitzeugenforschung sowie der Oral History und Biographieforschung (s. Kap. IV.5), ohne die sie nicht denkbar ist, herausgebildet hat. Es geht ihr allerdings weder um eine Rekonstruktion von Lebensgeschichten, noch hat sie einen therapeutischen Anspruch.

In konzeptioneller Hinsicht knüpft sie an die kulturwissenschaftlich inspirierte Gedächtnistheorie (s. Kap. II.3) und an die vor allem sozialpsychologische Erinnerungsforschung (s. Kap. I.2) an. Beide Forschungsrichtungen entwickelten sich im ersten Viertel des 19. Jahrhunderts. Fast zeitgleich kamen auf methodisch völlig unterschiedlichen Wegen und unter ebenso unterschiedlichen theoretischen Paradigmen der Soziologe Maurice Halbwachs und der (Sozial-)Psychologe Frederic C. Bartlett zu einer bemerkenswert ähnlichen Einsicht: Die individuelle Erinnerung ist ein soziales Konstrukt. Faktoren sind u. a. kulturelle Rahmung (z. B. erinnern Bauern die Musterung von Rindern und die für sie gezahlten Preise besser als andere nichtspezialisierte Menschen; das Gleiche gilt für Architekten bezüglich geometrischer Formen), soziale und psychologische Funktionalität (Narrationen, die geeignet sind Sinn, Orientierung und Kohärenz zu erzeugen) und kulturelle Skripte (Erzählweisen, Plotstrukturen, Plausibilitätsvorstellungen). Entsprechend ist, was Individuen aber auch Kollektive als ihre Vergangenheit erzählen nur zum Teil so geschehen, wie es als Geschichte und in Geschichten wieder- und vor allem weitergegeben wird.

Aus diesen Annahmen folgen zwei Sichtweisen auf Vergangenheitserzählungen. Eine erste interessiert sich dafür, was wirklich geschah und deutet entsprechend Abweichungen, soweit diese feststellbar oder gar messbar sind als Verzerrung oder schlicht als Fehler. Solche Deutungen finden sich beispielsweise in Bereichen der Geschichtswissenschaft (s. Kap IV.1) und ausgeprägt in der Psychologie (s. Kap I.2, II.1). Die zweite Sichtweise, der die Tradierungsforschung entspricht, fokussiert auf die Erzählung, die sie als soziale und zeitgebundene Konstruktion interpretiert, die allenfalls mit anderen Erzählungen von Vergangenheit abgeglichen werden kann, nicht jedoch mit einer ›Masterversion‹. Sie untersucht, wie solche Erzählungen verfasst sind, was also wie erzählt wird. In dieser Orientierung zeigt sich ein gemildertes Erbe postmoderner Repräsentationstheorien, die Geschichte und Geschichten als Ergebnis von Erzähltraditionen, also als Poetisierungsweisen von Vergangenheit deuten. Anders als das viel zu oft in polemischer Absicht wiedergegeben worden ist, folgt daraus keinesfalls eine Relativierung von vergangenen Geschehnissen, wie etwa von Großverbrechen. Ganz im Gegenteil: Das Wissen über die Konstruktionsprinzipien von Vergangenheitserzählungen ermöglicht eine erheblich differenziertere Form der Quellenkritik, insbesondere für nicht durch Belege gestützte Erzählungen wie etwa Zeitzeugenberichte.

Studien

Das paradigmatische Thema der Erinnerungsforschung in Deutschland war lange Jahre der Themenkomplex Nationalsozialismus, Zweiter Weltkrieg, Holocaust und damit verbunden die Ver- oder Bearbeitung dieser Zeit. Entsprechend fokussieren fast alle Studien, die sich mit der Weitergabe von Vergangenheit beschäftigen, auf diese Zeit. Während lange die offizielle öffentliche Umgangsweise der – um einem Wort Reinhart Kosellecks zu folgen – ›negativen Geschichte‹ Deutschlands galt, also dem was an Wissen und Deutungen die öffentlich zugängigen Diskurse prägte, interessierten sich ab Mitte der 1990er Jahre eine Reihe von empirisch arbeitender Forscherinnen und Forscher zunehmend dafür, was jenseits dieser Ebene, was im mehr oder weniger Privaten für Versionen dieser Vergangenheit kursieren. So entstanden in den folgenden Jahren Studien, die auf unterschiedliche Weise das Sprechen über diese Vergangenheit insbesondere mit dem Blick auf Angehörige verschiedener Generationen (s. Kap. IV.8) untersuchen. Gabriele Rosenthal beispielsweise analysierte das Sprechen über Nationalsozialismus und Holocaust in Familien von Verfolgern und Verfolgten. Ihr ging es dabei um die Aufdeckung »latenter biografischer Sinnstrukturen« (Rosenthal 1997, 12) und in diesem Rahmen um die Fokussierung auf die biographische und familiensystemische Funktion der biographischen Erzählungen (Rosenthal 1998). Nina Leonhard hingegen war zentral am Zusammenhang von Geschichtsbewusstsein und Politikbewusstsein interessiert (Leonhard 2002). Friedhelm Boll untersuchte die Funktion des Sprechens für ehemals Verfolgte und die Bedeutung gesellschaftlicher Konjunkturen der Vergangenheitsthematisierung für die Möglichkeit dieses Sprechens (Boll 2003). Michael Kohlstruck konstruierte Thematisierungstypen der NS-Vergangenheit bei Angehörigen der Jahrgänge 1951 bis 1967 als private Vergangenheitsbewältigung (Kohlstruck 1997). Viola Georgi studierte, wie junge (15- bis 20-jährige) in Deutschland lebende Menschen mit Migrationshintergrund sich zu dieser Geschichte verorten und konstruierte ebenfalls Typen von Geschichtsbezügen (Georgi 2003). Die Gruppe um Harald Welzer unternahm in zunächst zwei Studien, aus denen eine Reihe von Monographien hervorging, den Versuch, die Tradierung der Geschichte des Nationalsozialismus und des Zweiten Weltkriegs innerhalb von Familien zu untersuchen (Welzer u. a. 1997; Welzer u. a. 2008).

Wie die Aufzählung zeigt, handelt es sich durchweg um qualitative Sozialforschung, in der Regel um Interviewstudien. Welzer und Kolleginnen beispielsweise haben Einzelinterviews von Familienangehörigen dreier Generationen (Erlebnisgeneration des Nationalsozialismus und deren Kinder und Enkel) mit gemeinsamen Gesprächen der gesamten Familie kombiniert, um so einerseits die Familien in Interaktion beobachten und anderseits die in den Einzelgesprächen erzählten Geschichten untereinander und mit den Familiengesprächen abgleichen zu können. Von der Annahme ausgehend, dass alle an den Gesprächen Beteiligten, also auch die Interviewenden, kommunikativ an der Konstruktion der Erzählungen mitwirken, ist genau dieser Aspekt in der Auswertung durch Rückgriff auf die maßgeblich von Harald Welzer entwickelte ›hermeneutische Dialoganalyse‹ ausgewertet worden. Das für die Tradierungsforschung zentral gewordene Verfahren ermöglicht es, den Prozess der ›gemeinsamen Verfertigung‹ von Vergangenheitserzählungen nachzuvollziehen, ein Aspekt, der auch heute noch häufig übersehen wird. Die Vorstellung, Geschichtsbewusstsein wäre etwas, das tief in den Menschen verborgen ist und nur mit dem entsprechenden Methodenarsenal ans Tageslicht gebracht werden muss, lässt sich empirisch nicht bestätigen. Vielmehr ist die Herstellung von Geschichtsdeutungen, ebenso wie jene von Meinungen, ein hochgradig kommunikativer und somit sozial verfasster Vorgang. Narrationen entstehen in verschiedenen situativen und kommunikativen Settings unter – wenn auch oft asymmetrischer – Teilnahme aller an der Situation Beteiligten. Das gilt übrigens selbst dann, wenn diese nur zuhören, also nicht selbst sprechen. Eine Rede, ein Vortrag, eine Führung, eine Analyse bringen verschiedene Dramatisierungsformen, Sprechweisen und thematische Fokussierungen hervor.

Ein weiterer beobachteter Effekt ist als ›kumulative Heroisierung‹ bezeichnet worden. Gemeint ist damit die Umdeutung von aus heutiger Sicht problematischen Erzählungen der Erlebnisgeneration, die auf Antisemitismus, Rassismus und sogar Verbrechen hinweisen. In den Interviews mit Kindern und insbesondere den Enkeln werden diese entweder überhört oder gar positiv in Geschichten von Widerstand umgedichtet. Eine wesentliche Ursache für diese in einer quantitativen Befragung bestätigte Beobachtung ist die Aufhebung kognitiver Dissonanzen. Das Bild der affektiv positiv besetzten Familienmitglieder – bzw. die Vorstellung, die Sprechende von der Familie geben wollen – lässt sich nur schwer mit dem über alle Bildungs- und Informationskanäle vermittelten Bild des Nazis in Übereinstimmung bringen. Einschränkend ist anzumerken, dass natürlich nur solche Familien Teil der Untersuchung waren, in denen miteinander gesprochen wurde und für die somit von einem Mindestmaß an gegenseitiger Wertschätzung auszugehen ist. Die angesprochene Umdeutung geschieht, wie das auch für autobiographische Erzählungen beobachtet werden kann (s. Kap II.1), überwiegend nicht vorsätzlich, sondern entsprechend der automatisierten Umformungsprozesse von Vergangenheit in eine Gegenwart, die Kohärenz, Orientierung und Sinn liefert. In dieser Veränderung von Geschichten nach den Sinn- und Plausibilitätsbedürfnissen jener, die sie wiedererzählen, liegt der Kern dessen, was Tradierung genannt wird. »Das«, so Harald Welzer, »was wir als Tradierung bezeichnen, braucht die aktive Aneignung des Berichteten – das heißt, tradierbare Geschichten brauchen einen Anknüpfungspunkt an die eigene Lebenswirklichkeit [...], eine Erzählgestalt, die Raum für Einfügungen lässt, sowie eine Erzählsituation, die selbst Erlebnisqualität hat [...]. Unter diesen Bedingungen wird eine Erzählung tradierbar, d.h. zu einer Erzählung, die von einer fremden zu einer eigenen wird« (Welzer u. a. 2008, 35).

Indikator für eine Tradierung ist also die Wiedererzählung. Folglich ist Rezeption im Sinne einer neuen, eigenen, angeeigneten Wiedergabe der Kern dessen, was mit Tradierung beschrieben wird. Das bedeutet auch, jede Erzählung über Vergangenheit ist zugleich immer in kommunikationstheoretischer Hinsicht Ausgangspunkt und Ende einer Weitergabekette. Jede Erzählung beruht auf Erzählungen – und zwar nicht nur auf einer. Vielmehr konstituieren sich individuelle Deutungen in vielen kommunikativen Prozessen und sind folglich auch, zumindest theoretisch, unbegrenzt veränderbar. Also ist jede Erzählung Ausgangspunkt neuer Erzählungen. Fehlt letzteres, gibt es also keine neue angeeignete Erzählung, die Kette bricht ab und es wird nicht tradiert. Das gilt auch für die Darstellungen der Erlebnisgeneration. Wie aus der psychologischen Erinnerungsforschung bekannt ist, beruhen Erinnerungen nur zum Teil auf Selbsterlebtem. Autobiographie ist also in relevanten Teilen fiktiv. Jede Erzählung beruht auf einer Vielzahl von Quellen, die in Montageprozessen gemäß der kommunikativen Notwendigkeiten einer Situation aber auch der jeweils psychologischen Bedürfnisse der Sprechenden zusammengesetzt wird. Aufgrund von Quellenkonfusion oder gar Quellenamnesie können selbst die Sprechenden den Eigenanteil des Erzählten nur sehr bedingt bestimmen.

Weiterhin folgen die Erzählungen dramaturgischen Logiken, die, wie seit den Untersuchungen Frederic C. Bartletts bekannt ist, kulturspezifisch sind (s. Kap. I.2). Geschichten werden so plausibilisiert, dass sie mit dem Selbstbild der Sprechenden bzw. dem Bild das sie von anderen haben und den jeweiligen ›kulturellen Skripten‹ (Robyn Fivush), also den etablierten Erzählweisen von beispielsweise Autobiographien, übereinstimmen (s. Kap II.1). All diese Aspekte bestimmen was und wie erinnert, erzählt, wiedererzählt und damit auch tradiert wird. Empirisch zeigt sich die hochgradige Geformtheit von Vergangenheitserzählungen in Gestalt der zwar idealisierten aber eben dennoch vorfindlichen sogenannten Tradierungstypen. Dabei handelt es sich um Dramatisierungsweisen von Vergangenheit, die etablierten Skripten folgen: ›Opferschaft‹, ›Rechtfertigung‹, ›Distanzierung‹, ›Faszination‹ und ›Heldentum‹ (Jensen 2004). In ihnen kommt zum Ausdruck, in welche Form die Vergangenheit im Gespräch gegossen wird, es ließe sich auch von Poetisierungsweisen sprechen. Tradiert werden also – in Form mal kleinerer, nur aus einer Bemerkung bestehender, mal großer, die ganze Biographie umfassender Erzählungen – Interpretationen, die sich häufig in Topoi und Deutungsmustern sedimentiert haben.

Topoi und Deutungsmuster

›Topoi‹ sind Wörter, die über ihre ursprüngliche Bedeutung hinaus Deutungen und damit auch Qualifizierungen beinhalten. Der dominante Topos beim Sprechen über den Nationalsozialismus ist jener von den ›Nazis‹. ›Die Nazis‹ sind diejenigen, die den Krieg begonnen haben, die die Juden verfolgten und ermordeten, die Konzentrationslager bauten und betrieben. Sie sind eine nicht näher bestimmte Gruppe von Personen, die für alles Negative in dieser Vergangenheit verantwortlich waren. Dieses sich hier offenbarende Nebeneinander von Klarheit (das sind die Verantwortlichen) und Vagheit (wer war denn ein ›Nazi‹?) zeichnet viele der Topoi aus. Gerade diese Charakteristika lassen einen Topos wie den der ›Nazis‹ zu Dreh- und Angelpunkten von tradierbaren Geschichten werden. Die vermeintliche, fiktive Einigkeit darüber, was genau gemeint ist, erlaubt jedem, eine je eigene Deutung damit zu verbinden, die durchaus offen sein kann. So wird erneut deutlich, dass Tradierung neben Versionen der Vergangenheit selbst (was ist wann wie unter welchen Umständen aus welchen Gründen geschehen) eben Bewertungen, Deutungen und Erzählweisen beinhaltet.

Unter ›Deutungsmuster‹ ist eine verbreitete, also regelmäßig anzutreffende, Deutung vergangener Geschehnisse zu verstehen, deren sprachliche Erscheinungsform – die Wörter, in denen sie geäußert wird – variieren kann. Diese Deutungen müssen nicht zwangsläufig intentional weitergegeben werden. Oft geschieht dies beiläufig, wenn die Rede ist ›vom bösen und gefährlichen Russen‹ oder den ›schlimmen Zeiten‹, in denen man lebte, oder auch den ›reichen Juden, die plötzlich weg waren‹. Entsprechend betont, wie Georg Bollenbeck feststellt, »die Erforschung des in Sprache eingebauten Deutungsmusters kollektive statt individueller, nachwissenschaftliche statt wissenschaftlicher Einstellungen« (Bollenbeck 1996, 20). Demnach sind Deutungsmuster und Topoi Indikatoren für das kollektive Element im Sprechen über jedes beliebige Thema. Genau an dieser Stelle schließt die Tradierungsforschung an eine Grundfrage sozialwissenschaftlicher Forschung an: am Verhältnis von Individuum und Kollektiv (je nach theoretischer Provenienz kann auch von Kultur, Gesellschaft, Struktur oder Ähnlichem gesprochen werden). Hier zeigt sich eine zweite Dialektik der Untersuchung von Tradierungsvorgängen. Die erste betraf den Fakt, dass Erzählungen immer zugleich Ausgangs- und Endpunkt von Weitergabeprozessen sind. Die zweite Dialektik besteht darin, dass Deutungsmuster und Topoi, ebenso wie kulturelle Skripte, Sprechen und Denken, Wahrnehmung und Interpretation von Menschen präformieren, aber zugleich von ihnen hervorgebracht werden. Ähnlich wie das für Institutionen oder Normengefüge der Fall ist, wird das Deutungsmuster, der Erzählmodus performativ immer wieder aufs Neue bestätigt – oder eben nicht. So besteht immerhin theoretisch die Möglichkeit, gegenüber virulenten Deutungen eine zumindest graduelle Autonomie zu entwickeln. Jedes Abweichen von Erzählmustern, jede Dekonstruktion von Topoi und Deutungsmustern kann also aus dieser Sicht als Ausdruck von Freiheit gedeutet werden.

Kontextualisierung

Neben Inhalt (was geschah) und Struktur (wie wird erzählt) ist auch der Einsatz, die Benutzung, die Kontextualisierung des Geschichtsbezugs fundamentaler Bestandteil der Tradierung. Wann spricht man wie über welche Vergangenheit? Wie setzt man die Bezeichnung ›Nazi‹ ein, wann sind Vergleiche opportun, wann nicht? Sabine Moller hat in ihrer Studie zu öffentlichen Erinnerungskulturen und Familienerinnerung an die NS-Zeit in Ostdeutschland (Moller 2003) gezeigt, wie Ostdeutsche im Jahr 1999 gegenüber den westdeutschen Interviewern, die über den Nationalsozialismus sprechen wollten, dieses Thema als Folie nutzten, ihre ihnen erheblich wichtigere Geschichte zu erzählen. Zensur, soziale Kontrolle durch Organisationen wie die FDJ und Ähnliches wurden unter Verweis auf strukturell vergleichbare Elemente des NS, etwa im Verweis auf die Jugendorganisationen oder die Partei, erzählt. Kontextualisierung und das Paar Topoi/Deutungsmuster tauchen in Kombination auf. So, wenn gesagt wird, ›man müsse über die Geschichte Bescheid wissen, um daraus zu lernen, damit es nie wieder geschähe‹. Die das Sprechen über ein Thema begleitende Rahmung kann bedeutsamer werden als der ursprüngliche Inhalt (das, was geschah). Tradierung kann im Extremfall fast ohne Inhalt auskommen. Nicht die weitererzählten Geschichten sind relevant, sondern das Wissen um ihre Kontextualisierung.

Tradierung beinhaltet also in verschiedener Zusammensetzung: das Bild einer Zeit bestehend aus Beschreibung der Geschehnisse, der Benennung und Charakterisierung der Akteure (Individuen, Gruppen beziehungsweise Kollektive oder Institutionen) inklusive der Motivationen, der Ursachen und der Gründe für deren Handeln. Damit einher gehen Bewertungen des Geschehens (das war gut, das war schlecht), Deutungen (was das zu bedeuten hat) und schließlich das Wissen um die angemessene, nutzbringende, Dritte zufriedenstellende Kontextualisierung. All dies wird hervorgebracht durch sprachliche Konventionen, kulturelle Skripte, Deutungsmuster und Topoi, Plotstrukturen und schließlich situative, also soziale und psychologische Notwendigkeiten.

Privat – Öffentlich

Die bisher angeführten Arbeiten haben einen wesentlichen Beitrag zur Vermessung nicht ausschließlich öffentlich-offizieller Weitergabeprozesse in Deutschland geleistet. Immer implizit, aber durchaus auch explizit, wie etwa im Falle von Sabine Moller, die das »Spannungsfeld von lebensgeschichtlicher Erfahrung, familiärer Überlieferung, öffentlicher Erinnerungskultur und Geschichtswissenschaft« (Moller 2003, 13) ausgeleuchtet hat. Konsequent ausgebaut zu einer vergleichenden, internationalen Forschung steht eben genau dieses Verhältnis von privat und öffentlich/offiziell, aber auch jenes verschiedener Aggregatzustände von Vergangenheitsbezügen, ihre mediale und kommunikative Verfasstheit, im Fokus des Interesses (Welzer 2007). In Mehrgenerationeninterviews sowie Gruppendiskussionen verschiedener Altersgruppen und mit Akteuren der Erinnerungskultur (aus Politik, Bildung und Öffentlichkeit) wurde dem Verhältnis von nationaler Basiserzählung und familialen/privaten Geschichtsdeutungen nachgegangen. Zunächst ließ sich beobachten, dass diese Basiserzählungen, dort wo sie sich als solche überhaupt etablieren konnten, sich nach einem dreischrittigen Muster veränderten. Für ehemals besetzte westliche Länder wie etwa Dänemark, Norwegen oder die Niederlande geriet eine ursprüngliche zumeist heroisch verfasste Ausgangserzählung von Widerstand in einer geeinten Nation in die Krise, in der negative Seiten der Vergangenheit wie Kollaboration oder der Umgang mit ›Deutschenmädchen‹ und ihren Kindern thematisiert wurden. Nach einer Zeit oft heftiger öffentlicher Auseinandersetzungen kam es zu diesen Schuld einbeziehenden Reformulierungen der jeweiligen Basiserzählung, die nicht selten an transnationale Erzählungen (z. B. Menschenrechte) anschlossen. Bemerkenswerterweise fand sich über Erzählungen von den jungen attraktiven deutschen Soldaten in solchen Ländern ein durchaus positives Deutschenbild, das nicht selten einherging mit tendenziell antisemitischen Äußerungen, die sich vor allem auf die aktuelle Politik Israels gegenüber den Palästinensern bezogen. Wie schon in Deutschland spielten in west- als auch in osteuropäischen Ländern Filme eine stellenweise zentrale Referenz in der Konstruktion von nationalen aber eben auch von privaten familialen Geschichtsbildern. Und ebenfalls wie in Deutschland konstruiert sich das private Narrativ in Auseinandersetzung mit nationalen Basiserzählungen – die gerade im Fall (süd-)osteuropäischer oft junger Nationen keinesfalls stabil sind – selbst wenn es im Ergebnis diesen möglicherweise sogar widerspricht. Dieses Verhältnis von privaten, öffentlichen/offiziellen (und somit nationalen) und schließlich transnationalen Erzählweisen und nicht nur von jeweils zwei Ebenen untereinander – ist zweifellos noch immer ein Desiderat der Forschung. Michael Heinlein hat mit einer Untersuchung zum Phänomen der deutschen ›Kriegskinder‹ begonnen, diese Lücke zu schließen (Heinlein 2009).

Ausblick

Die Tradierungsforschung verlässt, wie die Forschung zu kollektiver Erinnerung generell, mit großen Schritten das Thema ›Nationalsozialismus und Zweiter Weltkrieg‹. In Luxemburg etwa untersucht ein interdiziplinär angelegtes Projekt Tradierungsvorgänge in ganz unterschiedlich verfassten Milieus. Die Erinnerung von Migranten verschiedener Generationen, Stahlarbeitern und Bauern fokussieren eben weniger oder kaum auf Krieg, sondern auf die Bedeutung von Konzepten wie Heimat, Integration, Konstruktion beruflicher Biographien oder auf spezifisch verfasste Erinnerungsgemeinschaften für Tradierungsvorgänge. Neben dieser auf eine thematische Verschiebung und gleichzeitig vergleichend angelegten Forschung liegen weitere Potenziale für die Forschung in einer Reihe von Bereichen. So konzentrieren sich bisherige Studien stark auf eine recht klein konzipierte Familie, andere Konstellationen von erinnerungsrelevanten Peers (z. B. Freunde) sind noch wenig untersucht. Neben einer Verbreitung des Feldes muss es um eine Vertiefung gehen, also darum, das Soziale der Erinnerung, insbesondere methodisch, etwa durch Rückgriff auf ethnographische Ansätze, tiefer aufzuschließen. Darüber hinaus hat Karoline Tschuggnall (2004) gezeigt, wie fruchtbar der Blick zu benachbarten Disziplinen wie etwa der Diskurspsychologie oder auch zur Narratologie ist. Bezüge zur klassisch sozialpsychologischen Forschung, etwa in Form der Untersuchung von Erzählketten innerhalb der Weitererzählforschung (Koch/Welzer 2005), können ebenso ausgebaut werden wie die stärkere Suche nach grundlegenden Aspekten narrativen und kommunikativen Erinnerns, wie sie etwa in bestimmten Erzählmodi vorzuliegen scheinen (Gudehus 2010). In fast allen Bereichen der Erinnerungsforschung, insbesondere in jenen zur kollektiven Erinnerung, fehlen Metastudien völlig. Die Zukunft der Tradierungsforschung allerdings gehört vor allem dem Thema ›Zukunft‹ selbst, der Frage also, welche Bedeutung Erwartungen an und Konzepte von Zukunft für Vergangenheitsdeutungen haben (Bleakney/Welzer 2009). Dringend notwendig ist der Ausbau jeder Form von Rezeptionsforschung als Grundlagenforschung insbesondere im Hinblick auf die Bedeutung filmischer Vergangenheitsrepräsentationen für die Herausbildung von Geschichtsbildern auf verschiedensten Ebenen. Erste Studien deuten an, dass Filme zu tatsächlichen Ereignissen, wie andere Deutungsangebote auch, gemäß individueller Dispositionen angeeignet werden. So kann ein und dasselbe Produkt ebenso Ausgangspunkt von hochemotionalen Selbstthematisierungen wie von Reflexionen über den konstruktiven Charakter von Geschichtsdeutungen sein (Gudehus/Anderson 2010).

Wie der Blick in die Vergangenheit, Gegenwart und Zukunft der noch jungen Tradierungsforschung zeigt, ist der Ansatz in steter Entwicklung begriffen, transdisziplinär angelegt und im Hinblick auf andere Disziplinen, Methoden und Theorien anschlussfähig.

Literatur

Bleakney, Lesley Ann/Welzer, Harald: Strukturwandel des Familiengedächtnisses: Ein Werkstattbericht. In: *Familiendynamik* 34. Jg., H. 1 (2009), 2–9.
Boll, Friedhelm: *Sprechen als Last und Befreiung. Holocaust-Überlebende und politisch Verfolgte zweier Diktaturen.* Bonn 2003.
Bollenbeck, Georg: *Bildung und Kultur. Glanz und Elend eines deutschen Deutungsmusters.* Frankfurt a. M. 1996.
Georgi, Viola B.: *Entliehene Erinnerung. Geschichtsbilder junger Migranten in Deutschland.* Hamburg 2003.
Gudehus, Christian: Remembering WWII in Europe – Structures of Remembrance. In: Eric Langenbacher/

William Niven/Ruth Wittlinger (Hg.): *Dynamics of Memory in the New Europe.* New York/Oxford 2010.

– /Anderson, Stewart: Lesarten eines Films über Geschichte. In: *WerkstattGeschichte* 53 (2010, im Erscheinen).

Heinlein, Michael: *Die Erfindung der Erinnerung. Zur Repräsentation deutscher Kriegskindheiten im Gedächtnis der Gegenwart.* Unveröffentlichte Dissertation. München 2009.

Jensen, Olaf: *Geschichte machen. Strukturmerkmale des intergenerationellen Sprechens über die NS-Vergangenheit in deutschen Familien.* Tübingen 2004.

Koch, Torsten/Welzer, Harald: Weitererzählforschung. Zur seriellen Reproduktion erzählter Geschichten. In: Thomas Hengartner/Brigitta Schmidt-Lauber (Hg.): *Leben – Erzählen. Beiträge zur Biographie- und Erzählforschung. Festschrift für Albrecht Lehmann zum 65. Geburtstag.* Berlin 2005.

Kohlstruck, Michael: *Zwischen Erinnerung und Geschichte. Der Nationalsozialismus und die jungen Deutschen.* Berlin 1997.

Leonhard, Nina: *Politik- und Geschichtsbewusstsein im Wandel. Die politische Bedeutung der nationalsozialistischen Vergangenheit im Verlauf von drei Generationen in Ost- und Westdeutschland.* Münster 2002.

Moller, Sabine: *Vielfache Vergangenheit. Öffentliche Erinnerungskulturen und Familienerinnerungen an die NS-Zeit in Ostdeutschland.* Tübingen 2003.

Rosenthal, Gabriele: Fragestellung und Methode. In: Dies. (Hg.): *Der Holocaust im Leben von drei Generationen. Familien von Überlebenden der Shoah und von Nazi-Tätern.* Gießen 1997.

–: Trennende und bindende Vergangenheiten. Zur familienbiographischen Arbeit und Dynamik in Ehen zwischen Nachkommen und Überlebenden der Shoah und von Nazi-Tätern. In: Christian Staffa/Katharina Klinger (Hg.): *Die Gegenwart der Geschichte des Holocaust. Intergenerationelle Tradierung und Kommunikation der Nachkommen.* Berlin 1998.

Tschuggnall, Karoline: *Sprachspiele des Erinnerns. Lebensgeschichte, Gedächtnis und Kultur.* Gießen 2004.

Welzer, Harald (Hg.): *Der Krieg der Erinnerung. Holocaust, Kollaboration und Widerstand im europäischen Gedächtnis.* Frankfurt a. M. 2007.

– /Moller, Sabine/Tschuggnall, Karoline: *»Opa war kein Nazi«. Nationalsozialismus und Holocaust im Familiengedächtnis* [2002]. Frankfurt a. M. ⁶2008.

– /Montau, Robert/Plaß, Christine. *»Was wir für böse Menschen sind!«. Der Nationalsozialismus im Gespräch zwischen den Generationen.* Tübingen 1997.

Christian Gudehus

7. Geschlechterforschung

Seit Anfang der 1970er Jahre formierte sich die ›Neue Frauenbewegung‹ und die daraus erwachsende feministische Forschung, die zunächst unter dem Begriff ›Frauenforschung‹ firmierte. Eine sowohl für die politische Bewegung als auch für die Frauenforschung entscheidende Annahme war, das ein Verständnis der historisch gewachsenen patriarchalen und frauenunterdrückenden Strukturen eine der Grundbedingungen für deren Überwindung wäre. Damit war nicht nur eine enge Verbindung zwischen einem feministischen *Erkenntnisprojekt* und dem *politischen Projekt* des Kampfes um Gleichberechtigung zwischen den Geschlechtern geknüpft. Vielmehr war auch eine Verbindung zwischen dem Blick in die Vergangenheit und der emanzipatorischen Veränderung der Gegenwart und Zukunft geschaffen. Das Thema der Erinnerung spielt somit in der feministischen Forschungsliteratur eine bedeutende Rolle – sowohl in direkter wie indirekter Weise. So lautete einer der entscheidenden Kritikpunkte an der als ›männlich dominiert‹ kritisierten geistes- und sozialwissenschaftlichen Praxis, dass die Erfahrungs-, Lebens- und Sichtweisen von Frauen systematisch ausgeblendet und damit deren Ausschluss von sozialer und politischer Teilhabe perpetuiert würde. Anliegen feministischer Wissensproduktion war somit, weibliche Lebenswirklichkeit ›in Erinnerung zu rufen‹ und Frauen in einer historischen und Gegenwartsperspektive den Status als handelnde Subjekte zu geben. Neben der Betonung weiblicher Erfahrungen ging es jedoch auch um weibliche Erkenntnisweisen. Einem Großteil vorherrschender wissenschaftlicher Standards wurde ein *male bias* nachgewiesen, dem eine feministische Epistemologie entgegengesetzt wurde. Wie zu zeigen sein wird, spielte auch auf dieser Ebene der Wissensproduktion die Kategorie der Erinnerung eine zentrale Rolle. Der ›weiblichen (Gegen-)Erinnerung‹ wurde somit ein emanzipatorisches Potenzial zugesprochen, wodurch sie sowohl zum Gegenstand als auch zur Methode feministischer Forschungspraxis avancierte.

In der frühen Phase der Frauenforschung sind die Grenzen zwischen akademischen und nicht akademischen Formen der Wissensproduktion noch fließend. Der Grund dafür besteht darin, dass die Etablierung der akademischen Frauenforschung zwar ein Resultat der Frauenbewegung war, zugleich jedoch starke Vorbehalte gegenüber der institutionalisierten Wissenschaft bestanden. Diese wurde mit ihren tradierten Regeln und Erkenntnisidealen sowie aufgrund ihrer elitären Struktur geradezu als Inbegriff männlicher Hegemonie betrachtet. Wenn im Folgenden nachgezeichnet wird, in welcher Weise die Kategorien ›Erinnerung‹ und ›Gedächtnis‹ in der Frauen- und Geschlechterforschung seit deren Anfängen eine Rolle gespielt haben, so wird an manchen Stellen auch deutlich werden, dass es dabei zumindest in den Anfängen auch darum ging, die tradierten akademischen Spielregeln selbst in Frage zu stellen, bewusst die politische Dimension von Wissensproduktion zu mobilisieren und die Grenzen zwischen akademischer und nichtakademischer Erkenntnis in Frage zu stellen. Gleichzeitig wird dieser Beitrag jedoch auch den Wandel nachzeichnen, den der theoretische und methodologische Status der Erinnerungs-Kategorie im Zuge der Etablierung und Professionalisierung feministischer Forschung durchlaufen hat.

Von zentraler Bedeutung ist zudem die unterschiedliche Konzeptualisierung der Kategorie ›Geschlecht‹, die verschiedene ›Generationen‹ von Geschlechterforschung voneinander trennt. Dabei können im Wesentlichen drei Ansätze unterschieden werden, die der Frage nach Erinnerung und Gedächtnis einen jeweils grundlegend verschiedenen Status zuweisen:

1. Frauenforschung als ›Erinnerungsprojekt‹: Patriarchatskritik und Suche nach ›weiblichen Genealogien‹.
2. Die konstruktivistische Wende: Erinnerung als Werkzeug der Dekonstruktion von Geschlechterdiskursen.
3. Queer Theorie: Performanz als Erinnerung – Erinnerung als Performanz.

Frauenforschung als ›Erinnerungsprojekt‹

Die Anfänge der Frauenforschung können in vielfacher Weise als ›Erinnerunsprojekt‹ beschrieben werden. Zum einen ging es darum, die feministische Analyse, wonach die Frauenunterdrückung eine der zentralen Achsen gewaltförmiger Herrschaft darstellt, und damit den Kampf um die Befreiung von dieser Herrschaft auf ein historisches Fundament zu stellen. Weiterhin ging es darum, Frauen als Akteurinnen in die Geschichte einzuschreiben und damit Genealogien selbstbewusster und handelnder weiblicher Subjekte zu etablieren. Darüber hinaus handelte dieses Projekt vielfach um die ›Wiederentdeckung‹ verschütteter oder verschwiegener weiblicher Denk- und Ausdrucksweisen.

Betrachtet man die feministische Literatur der 1970er und frühen 1980er Jahre, so taucht der Begriff des ›Patriarchats‹ in einer Vielzahl der Titel auf. In vielen Fällen hat dieser Begriff den Status einer analytischen Kategorie für eine Beschreibung gegenwärtiger männlicher Vorherrschaft, in einem anderen Teil der Literatur hat er den Status einer historischen Kategorie, durch den die Geschichte der Frauenunterdrückung angezeigt wird. Der Ansatz der ›Patriarchatsgeschichte‹ kam dem Anspruch gleich, die Weltgeschichte radikal unter dem Vorzeichen der Geschlechterherrschaft umzuschreiben. Eine zentrale Referenz stellte dabei Ernest Bornemanns Buch *Das Patriarchat. Ursprung und Zukunft unseres Gesellschaftssystems* von 1976 dar. Da jedoch das ›master narrative‹ der patriarchalen Herrschaft, das – anders als der historische Materialismus im Marxismus – keine Eschatologie der Befreiung aufzuweisen hatte, Frauen in einer ›ewig währenden‹ Opferposition festzuschreiben drohte, bedurfte es utopischer Gegenmodelle.

Die Suche nach solchen Gegenmodellen in der Geschichte führte zu einem Interesse an matriarchalen Gesellschaften. Die prominenteste deutschsprachige Vertreterin der Matriarchatsforschung ist Heide Göttner-Abendroth. Matriarchale Gesellschaftsformen gewannen den Status einer teils historischen, teils mythischen ›vergangenen Utopie‹. Göttner-Abendroth betrachtet die Matriarchatsforschung als explizites Erinnerungsprojekt, durch das eine verborgene und bewusst verschwiegene zivilisatorische Tradition – und damit Alternativen zu bestehenden Geschlechterordnungen – wieder ins Gedächtnis gerufen werden sollten (vgl. Göttner-Abendroth 1982a; 1982b).

Weniger radikal im Hinblick auf die Suche nach ›weiblichen Gegenentwürfen‹ zur männlichen Vorherrschaft verhalten sich große Teile der frühen Frauengeschichtsschreibung. Hier geht es vielmehr darum, weibliche Erfahrungs- und Lebenswelten in unterschiedlichen historischen Epochen sichtbar zu machen, die in der traditionellen, auf männlich dominierte Herrschaftseliten hin orientierten Geschichtsschreibung keine Beachtung fanden. Im Gegensatz zu der oben besprochenen ›Patriarchatskritik‹ stellen historische Studien über Frauen im Mittelalter, der Frühen Neuzeit etc. häufig gerade die Vorstellung einer vollkommenen Frauenunterdrückung in Frage und beleuchten Handlungsspielräume oder heben markante historische Frauenfiguren hervor, die Macht und Einfluss gewinnen konnten. Aber auch hier spielt das Anliegen eine Rolle, dass die Einschreibung weiblicher Handlungsmöglichkeiten und Akteurinnen in die Geschichte eine entscheidende Rolle im Hinblick auf die Möglichkeit von Frauen spielt, sich selbst als handelnde Subjekte aufzufassen und zu realisieren.

In besonders starkem Maße galt dies für die Erforschung der Geschichte der bürgerlichen Aufklärung. Die Erforschung der Genese und Durchsetzung der bürgerlichen Geschlechterordnung, mit ihrer radikalen Trennung von öffentlicher und privater Sphäre und der damit verbundenen geschlechtsspezifischen Arbeitsteilung, hatte eine wesentliche Funktion für feministische Selbstverständigung und Standortbestimmung (vgl. die Literaturübersicht von Paletschek 1993). Der Titel von Karin Hausens Buch *Frauen suchen ihre Geschichte. Studien zum 19. und 20. Jahrhundert* (1983) kann diesbezüglich als programmatisch angesehen werden.

Besondere Aufmerksamkeit wurde natürlich

auch der ›Ersten Frauenbewegung‹ und dem Kampf um die politische Partizipation von Frauen zu Beginn des 20. Jahrhunderts gewidmet. Je nach politischem Standort der Autorinnen, stellten die Aktivistinnen der bürgerlichen und/oder sozialistischen Frauenbewegung die Grundlage einer ›weiblichen politischen Genealogie‹ dar. Angesichts der weiterhin bestehenden männlichen Dominanz im Feld des Politischen erschien diese Erinnerung an weibliche Vorkämpferinnen als ein Reservoir positiver Identifikationsmöglichkeit.

In ähnlicher Weise widmete sich auch die frühe feministische Literaturwissenschaft der Suche nach weiblichen Genealogien in der Literaturgeschichte. Die Beschäftigung mit weiblicher Autorschaft blieb dabei nicht immer bei der Einschreibung ›vergessener‹ Autorinnen in den literarischen Kanon stehen. Zum Teil ging es auch darum, ein spezifisches »weibliches Schreiben« zu behaupten, das sich mit den Vorstellungen einer anderen, weiblichen Rationalität in Teilen der feministischen Philosophie deckte (vgl. Erhart/ Herrmann 1996).

Erinnerung als Methode: Oral History, Selbsterfahrung und Biographieforschung

In dem Anliegen, die Geschichten historischer Akteurinnen sichtbar zu machen und deren Erfahrung und Wissen in den autorisierten kulturellen Kanon einzuschreiben, richtete sich das feministische Interesse auch auf die Methode der Oral History, also die Dokumentation mündlich überlieferter Erinnerungen. Die Methode der Oral History, mit ihrem Anspruch, »Geschichte von unten« zu schreiben und denjenigen historischen Akteurinnen und Akteuren eine Stimme zu geben, die in den traditionell verwendeten Quellen der Geschichtsschreibung nicht zu Wort kommen, entsprach den Anliegen feministischer Forschung. In ihren »Methodischen Postulaten zur Frauenforschung« hatte Maria Mies 1984 die Prinzipien der Parteilichkeit und Subjektivität gegen das als männlich dominiert erachtete Objektivitätsideal in der Wissenschaft eingefordert. Die Frauenforschung sollte Position im politischen Kampf um die Gleichberechtigung beziehen und deshalb Frauen mit ihren individuellen Lebens- und Unterdrückungserfahrungen – und Erinnerungen – Stimme und Autorität verleihen.

Diese Vorstellung von der Autorisierung weiblicher Erfahrung und Erinnerung innerhalb wissenschaftlicher Praxis wurde auch durch die Etablierung des Feldes der ›Alltagsgeschichte‹ in den 1980er Jahren unterstützt. In Bezug auf zeitgeschichtliche Themen und hier vor allem die Herrschaft des Nationalsozialismus versprachen die Methode der Oral History und der Ansatz der Alltagsgeschichte Frauenerinnerungen in den Rang relevanter Quellen der Geschichtsschreibung zu setzen und ihnen den Status eines Korrektivs vorherrschender, männlich dominierter Geschichtsbilder zuzuweisen. Allerdings gab es auch innerhalb der feministischen Wissenschaft Einwände. Die einseitige identifikatorische Ausrichtung auf weibliche Erfahrungen als Opfer- und Unterdrückungserfahrungen wurde vor allem im Hinblick auf die Geschichte des Nationalsozialismus als zusehends problematisch angesehen. Die Publikation eines Buches von Claudia Koonz (1987), in dem sie die aktive Teilhabe von Frauen am Projekt im nationalsozialistischen Volksgemeinschafts- und Rassenprojekt thematisierte, löste eine heftige Debatte innerhalb der deutschen Frauenforschung aus. Als einer der Kulminationspunkte kann die von Christina Thürmer-Rohr (1989) geprägte Wendung von der weiblichen (Mit-)Täterschaft betrachtet werden. Damit hatte sich das Schwergewicht des feministischen Interesses von einer parteilichen, viktimisierenden Perspektive auf weibliche Erfahrungen auf die Frage hin verlagert, in welcher Weise die Geschlechterverhältnisse beschaffen waren, die das NS-Regime an die Macht brachten und dort hielten. Das Erinnerungsprojekt war dabei, sich von einem rein affirmativen zu einem kritisch-dekonstruktiven zu wandeln.

›Weibliche Erinnerungen‹ rückten jedoch auch in anderen Disziplinen ins Zentrum feministischer Methodologie. Die oben bereits erwähnten Postulate Maria Mies', in denen Parteilichkeit und Subjektivität als wissenschaftliche Leitprinzipien behauptet wurden, beeinflussten die Methodologie der sozialwissenschaftlichen und zum Teil psychologischen Frauenforschung. Aus der Erkenntnis heraus, dass das wissenschaftliche Objektivitätsideal ein hierarchisches Verhältnis zwischen Forschenden und Beforschten hervorbringt, in dem die ausschließliche Definitionsmacht auf Seiten der Forschenden liegt, wurde ›Selbsterfahrung‹ aus ihrem ursprünglich therapeutischen Kontext herausgelöst und als alternative wissenschaftliche Methode entwickelt. Der Grundgedanke bestand darin, dass ein kritisches Wissen über gesellschaftliche Verhältnisse und vor allem über die geschlechtsspezifischen Diskriminierungsmechanismen seinen Ausgangspunkt in den individuellen Erinnerungen und Erfahrungen der Forscherin hätte. Frauen sollten nicht Objekte der Forschung sein, sondern in jedem Schritt des Forschungsprozesses als deren Subjekte zu Geltung kommen. Unter dem Vorzeichen der Parteilichkeit wurden die subjektiven Erfahrungen und Erinnerungen jedoch keiner systematischen kritisch-distanzierenden Reflexion unterzogen. Basierend auf der Forderung nach der analytischen Aufhebung der Kategorien von privat und öffentlich/politisch wurde das Aufzeigen subjektiver Unterdrückungs-Erinnerungen und der daraus möglicherweise resultierende persönliche Befreiungsprozess als eine Form politischer Praxis betrachtet.

Jedoch blieb auch hier die innerfeministische Kritik nicht aus. Vor allem marxistisch orientierte Soziologinnen wie Frigga Haug betrachteten die Welle von ›Selbsterfahrungsgruppen‹ und die Überbewertung subjektiver Erfahrungen in der Frauenforschung als Abrutschen in eine therapeutische und vor allem auch: in eine bürgerlich-individualisierte Praxis. Der ausschließliche Fokus auf biographisches Erinnern wurde als Anzeichen der Entpolitisierung der Frauenbewegung im Allgemeinen und der Frauenforschung im Besonderen betrachtet. Die von Frigga Haug und Kornelia Hauser entwickelte Methode der ›kollektiven Erinnerungsarbeit‹ kann als marxistisch-feministisch inspirierter Gegenentwurf der als individualisierend erachteten ›Selbsterfahrung‹ angesehen werden. Bei dieser Methode, die zunächst auch auf dem Festhalten subjektiver Erinnerungen beruht, geht es gerade nicht um empathisches Einleben und parteiliche Bestärkung der ›weiblichen‹ Perspektive. Vielmehr werden die Erinnerungstexte bewusst distanzierenden Techniken unterzogen, die darauf abzielen, sich von den darin enthaltenen ›selbstverständlichen‹ Sichtweisen zu lösen und die eigene, weibliche Positionierung als Bestandteil bestehender Herrschafts- und Geschlechterverhältnisse zu erachten. Diese kritische Durchleuchtung von Erinnerungskonstruktionen soll Aufschluss darüber geben, wie gesellschaftliche Normen, Werte und Identifikationen internalisiert wurden und Wege der De-identifizierung und gesellschaftlichen Veränderung aufzeigen – Haug nennt dies den Prozess der »Entselbstverständlichung« (vgl. Haug 1988; 1999).

Diese Sichtweise gewann ab Ende der 1980er Jahre unter dem Einfluss der postmodernen Theorie und hier vor allem der Foucaultschen Diskursanalyse und der von Jacques Derrida entwickelten Theorie der Dekonstruktion an Bedeutung. An die Stelle von ›Weiblichkeit‹ trat ›Geschlecht‹ als zentraler Referenzpunkt und der Weg von der parteilichen Frauenforschung zur dekonstruktiven Geschlechterforschung war beschritten.

Hiermit ist ein Zugang zu Phänomenen der Erinnerung innerhalb der feministischen Forschung beschrieben, in der ›Weiblichkeit‹ nicht mehr als unproblematische und rein affirmativ verwendete Kategorie erscheint, die es nur von unterdrückenden, patriarchalen Beschädigungen zu befreien gilt. Ganz im Gegenteil, Weiblichkeit wird hier als selbst zutiefst verstrickt in die Herrschafts- und Unterdrückungsverhältnisse betrachtet. Somit kommt der Erinnerung nicht die Funktion der utopischen Rekonstruktion, sondern diejenige der kritischen Dekonstruktion zu.

Die konstruktivistische Wende: Erinnerung als Werkzeug der Dekonstruktion von Geschlechterdiskursen

Wenn Weiblichkeit nicht mehr als unhinterfragter Referenzpunkt feministischer Forschung fungiert, sondern ›Geschlecht‹ schlechthin als soziales Konstrukt, d. h. als Effekt von kulturellen Repräsentationsweisen und individuellen Erwerbungsprozessen verstanden wird, dann erhalten die Phänomene der Erinnerung eine neue Bedeutung: Zum einen wird die Kategorie ›Geschlecht‹ entessentialisiert und historisiert. Die Erforschung kultureller Erinnerung kann somit Aufschluss darüber geben, wie zu unterschiedlichen historischen Zeitpunkten Männlichkeit und Weiblichkeit kulturell repräsentiert und sozial hervorgebracht wurden, also wie, in Andrea Maihofers Worten, »Geschlecht als Existenzweise« konstituiert und reguliert wurde (Maihofer 1994). Zum anderen verändert diese Perspektive auch die Sicht auf individuelle Geschlechteridentitäten. Erinnerungspraktiken geben somit nicht länger Aufschluss über eine – möglicherweise verschüttete oder beschädigte – authentische Weiblichkeit oder Männlichkeit –, sondern darüber, wie Weiblichkeit und Männlichkeit individuell innerhalb kultureller und sozialer Kontexte erworben wurden.

Dies hat Konsequenzen für sämtliche Felder der Geschlechterforschung. Im Bereich der historischen und gerade auch zeitgeschichtlichen Forschung, aber auch innerhalb der sozialwissenschaftlichen Forschung gewinnt das Geschlecht als *Strukturkategorie* an Bedeutung. Gemäß der Definition Joan Scotts (1986) beinhaltet ein solcher Zugang vier unterschiedliche Dimensionen:

1. Kulturelle *Symbole* und *Repräsentationsformen* sind stets auch an geschlechtliche Bedeutungsdimensionen gebunden;

2. die *normativen Strukturen* und Konzepte, die sowohl soziale und politische Strukturen als auch Artikulationsmöglichkeiten innerhalb einer Gesellschaft regulieren, strukturieren zugleich auch die Geschlechterordnung;

3. gesellschaftliche *Institutionen* stellen auch Materialisierungen der kulturellen Geschlechterordnung dar;

4. der mit der Herausbildung einer Geschlechtsidentität verbundene Prozess der *Subjektkonstitution* ist von den herrschenden kulturellen Repräsentationssystemen und deren strukturellen Materialisierungen nicht zu trennen.

Für den Status der Erinnerung in der Geschlechterforschung bedeutet dies, dass die in gesellschaftlichen Strukturen und Institutionen materialisierte Geschlechterordnung sowie individuelle/private als auch kollektive/öffentliche Erinnerung Aufschluss über die Art und Weise geben, in der Geschlechtlichkeit hervorgebracht, reguliert und stabilisiert wird. Zugleich ruft dieser anti-essentialistische Zugang jedoch auch in Erinnerung, dass ›Geschlecht‹ eine im stetigen historischen Wandel befindliche und kontingente Kategorie ist.

Für die Biographieforschung repräsentieren zwei Projekte der letzten Jahre diesen Schritt vom Ansatz der Frauen- hin zur Geschlechterforschung. Seit 2001 existiert die von Luise F. Pusch geschaffene Datenbank »FemBio – Frauen.Biographieforschung«(http://www.fembio.org/biographie.php). Laut Selbstdarstellung des Projektes auf der Homepage widmet sich das Projekt »der Aufklärung der Gesellschaft über ihre bessere Hälfte«. Die Datenbank umfasst über 30.000 Biographien von, so wiederum die Homepage, »bedeutenden Frauen aller Länder«. Geht es hier also darum, Frauen qua Frausein in Erinnerung zu rufen, schlagen die Initiatorinnen der 2005 durchgeführten Tagung »Biographieforschung im sozialwissenschaftlichen Diskurs«, dem im gleichen Jahr eine Publikation folgte, einen anderen Weg ein (vgl. Völter/Dausien u. a. 2005). Hier richtet sich das Interesse auf die Frage, wie biographische Erinnerungen vergeschlechtlichte Sozialisations- und Identitätsbildungsprozesse widerspiegeln. Untersucht werden kulturell vorherrschende ›Geschlechtererzählungen‹, also jene Skripte, an denen entlang sich Geschlechteridentitäten im Rückgriff auf vergangene individuelle Erfahrungen sowie auf kulturell gespeichertes und zirkulierendes ›Geschlechtswissen‹ formieren. Zudem kommt auch die Verschränkung der Kategorie ›Geschlecht‹ mit anderen für die Identitätsbildung bedeutsamen Strukturkategorien, wie z. B. Ethnizität oder soziale Schicht-/Klassenzugehörigkeit in den Blick. Dieser Ansatz der Intersektionalität lässt individuelle Erinnerungen analytisch als Brenngläser gesellschaftlicher Herrschaftsverhältnisse begreifen.

Im Zuge der konstruktivistischen Wende in der Geschlechterforschung ist neben dem individuellen auch das kollektive Erinnern ins Zentrum der Aufmerksamkeit gerückt. Dabei richtet sich ein Hauptinteresse auf institutionalisiertes Erinnern und Gedenken im Rahmen des Nationalen. Nira Yuval-Davis (1997) verweist in ihren Arbeiten darauf, dass die Konstruktion des Nationalen und nationaler Identitäten und damit auch die Konstruktion nationaler Traditionen und kollektiven Gedenkens eng mit der Durchsetzung der bürgerlichen Geschlechterordnung verbunden waren. Die weiblichen und männlichen Figuren, die im nationalen Gedenken repräsentiert werden, stehen für gesellschaftliche Ordnungsmodelle. In den Monumenten und Ritualen des Gedenkens eingeschriebenes männliches Heldentum und weibliche Mütterlichkeit und Opferbereitschaft spiegeln die Aufteilung in einen aktiv und männlich konnotierten öffentlichen Raum und eine passiv und weiblich konnotierte Privatsphäre wider (Hoffmann-Curtius 2002). Dies korrespondierte mit einer Autorisierung individueller wie kollektiver Akteure, wenn es darum ging, über die Vergangenheit oder im Namen der Vergangenheit zu sprechen.

Inzwischen gut bearbeitet sind die Erinnerungskulturen im Bezug auf den Nationalsozialismus und den Holocaust, wobei auf die Doppelfunktion von Geschlechterbildern innerhalb dieser Vergangenheitsdiskurse verwiesen wird. Diese liegt einerseits in der Konstituierung identifikationsfähiger geschichtspolitischer Diskurse und andererseits in der Konsolidierung und Legitimierung bestehender Geschlechterordnungen. Insa Eschebach (2002) verweist darauf, dass Männern und Frauen in den Repräsentationssystemen und Diskursen öffentlichen Erinnerns je unterschiedliche Akteurspositionen, Handlungsspielräume und damit Autorisierungen für die Gegenwart und Zukunft zugewiesen werden. Somit stellen sich öffentliche Vergangenheitsdiskurse als Teil der Verhandlung gesellschaftlicher Deutungs- und Definitionsmacht dar. Die methodologische Antwort darauf sind analytische Instrumente, mit denen die inhärenten Geschlechterentwürfe öffentlich und medial vermittelter Vergangenheitsvorstellungen untersucht werden können (vgl. Heinsohn/Lenz 2005).

Die Erkenntnis, dass in der öffentlichen Erinnerung entlang geschlechtsspezifischer Muster reguliert wird, wer etwas Relevantes, Wahres und Legitimes zur Verhandlung der Vergangenheit beizutragen hat, spiegelt sich auch in der Tradierungsforschung wider, wenn es um die Untersuchung familiärer Erinnerung geht. Die Familie stellt als soziale Erinnerungsgemeinschaft eine besondere Scharnierstelle zwischen den Dimensionen der individuellen und öffentlichen Erinnerung dar (Lenz/Welzer 2007). Eine geschlechtsspezifische Analyse familiärer Kommunikationsprozesse über die Vergangenheit zeigt, dass es hier, ebenso wie im öffentlichen Raum, autorisierte SprecherInnenpositionen und ›männliche‹ bzw. ›weibliche‹ Zuständigkeiten gibt (Bjerg/Lenz 2008). Hier schlägt sich die kulturelle Zuweisung nieder, wonach weibliche Erfahrungen einen subjektiven Charakter haben, männliche hingegen einen objektiven (vgl. Schraut/Paletschek 2008). Allerdings führt die in den letzten Jahren gewachsene Aufmerksamkeit für den Kriegsalltag und nicht zuletzt für die damit verbundenen Aspekte des Leidens und der Entbehrung dazu, dass Zeitzeuginnen von den Angehörigen der nachfolgenden Generationen doch als relevante Sprecherinnen betrachtet werden (Bjerg/Lenz 2008).

Somit lässt sich für die gegenwärtige Geschlechterforschung feststellen, dass individuelle wie auch kulturelle Erinnerungen einerseits eine Grundlage der Analyse der sozialen Konstruktion von Geschlecht darstellen, andererseits aber auch weiterhin eine Referenz für die Thematisierung und Autorisierung der Erfahrungen konkreter Frauen und Männer bleiben. Einen weiteren Schritt in der Demontage der Kategorien ›Männlichkeit‹ und ›Weiblichkeit‹ geht die Queer Theory in ihrer anti-essentialistischen und anti-normativen Programmatik.

Queer Theorie: Performanz als Erinnerung – Erinnerung als Performanz

Zentrales Anliegen der Queer Theory ist die Aufhebung von Normalitätsvorstellungen und normativer Begrenzungen im Denken über Geschlechtlichkeit. Dies gilt vor allem im Hinblick auf die Konzepte von Zweigeschlechtlichkeit und Heterosexualität. Ziel der Queer Studies ist es, einen kulturellen Raum für andere geschlechtliche Existenzweisen und Begehrensformen zu eröffnen. Zentrale theoretische Bezugspunkte der Queer Theory sind die Konzepte der Iteration (Wiederholung) und der Performativität, die beide in direkter Weise das Problem von Erinnerung und Gedächtnis berühren (vgl. Enderwitz 2008). Der Grundgedanke besteht darin, dass Geschlecht und sexuelles Begehren keinerlei natürlichen Festlegungen unterliegen, sondern durch stetige Wiederholungspraktiken hervorgebracht werden. Die theoretisch unbegrenzte Vielfalt von Geschlechts- und Begehrensformen wird jedoch durch kulturelle Normierungen und deren Internalisierung begrenzt, die das Kontingente als unabänderlich und natürlich erscheinen lassen. Das Anliegen der Queer Theory besteht darin, diese Norm(alis)ierungsmecha-nismen zu dekonstruieren und das in performativen Praktiken angelegte Potenzial radikaler Veränderung und Neuschöpfung zu mobilisieren. In der Figur der Wiederholung liegt eine Verbindung zum Gedächtnis und zur Erinnerung. Denn in gewisser Weise ›schöpft‹ sich Geschlechtlichkeit also stets aus dem Material vergangener Geschlechtsdiskurse und -praktiken. Statt jedoch deshalb die Vergangenheit zu einer identitätsstiftenden Referenz werden zu lassen wird sie zum Gegenstand permanenter Dekonstruktion. Die Annahme der stetigen performativen Generierung von Geschlecht reduziert das Erinnern auf den Akt der Wiederholung selbst. Vorstellungen von Genealogie oder Traditionsbildung sind stets dem Verdacht normativer und normalisierender Engführung ausgesetzt.

Geschichtspolitisch führt diese zugespitzte Position der Verweigerung von Tradierung allerdings zu Dilemmata, wie sich anhand der Diskussion um das Denkmal für die Verfolgung der Homosexuellen im Nationalsozialismus gezeigt hat. Dem Anliegen, die Verfolgung dieser Gruppe in das kollektive Gedächtnis einzuschreiben, steht die Skepsis entgegen, durch deren Repräsentation in einem Denkmal enthistorisierende und normative Vorstellungen über Homosexualität festzuschreiben.

Ausblick: Das Geschlecht der Erinnerung und seine Zukunft

›Geschlecht‹ und ›Erinnerung‹ sind in der gegenwärtigen Forschungspraxis in zweierlei Richtung miteinander verbunden: Zum einen eröffnet der erinnernde Rückbezug auf die Vergangenheit Erkenntnismöglichkeiten im Hinblick auf die Bedeutung der Kategorie ›Geschlecht‹ für individuelle Lebensweisen, soziale Strukturen und politische Herrschaft. Zum anderen stellt die Kategorie ›Geschlecht‹ einen wichtigen analytischen Zugang im Hinblick auf die Formierungsmechanismen und Funktionen individuellen und kollektiven Erinnerns dar. Gegenwärtig dominieren auf dem Feld der Geschlechterforschung sozialkonstruktivistische und dekonstruktivistische Zugänge, allerdings bleibt das Moment der ›identitätspolitischen‹ Funktion dieser Forschung durchweg erhalten. Wie es scheint, werden in absehbarer Zukunft wohl die Rekonstruktion von weiblichen Genealogien und verborgenen Traditionen, die kritische Untersuchung der Bedeutung von Geschlecht in der historischen Regulierung von Macht und Autorität als auch radikal identitätskritische und dekonstruktivistische Bemühungen, die historische Kontingenz und performative Gestaltbarkeit von Geschlecht zu behaupten, in der Geschlechterforschung anzutreffen sein. Interessant ist es, entlang welcher aktuellen geschichtspolitischen und geschlechterpolitischen Debatten sich dieser Zugang zukünftig entwickeln wird.

Literatur

Bjerg, Helle/Lenz, Claudia: »If only grandfather were here to tell us...« Gender as a Category in the Culture of Memory of the Occupation in Denmark and Norway. In: Sylvia Paletschek/Sylvia Schraut (Hg.): *The Gender of Memory. Cultures of Remembrance in Nineteenth- and Twentieth-Century Europe*. Frankfurt a. M./New York 2008, 221–237.

Enderwitz, Anne: Ereignis und Wiederholung als Koordinaten von Geschlecht und Gedächtnis. In: Anja Schwarz/Sabine Lucia Müller/Anita Runge (Hg.): *Querelles. Jahrbuch für Frauen- und Geschlechterforschung* 2008, 29–48.

Erhart, Walter/Herrmann, Britta: Feministische Zugänge – Gender studies. In: Heinz Ludwig Arnold/Heinrich Detering (Hg.): *Grundzüge der Literaturwissenschaft*. München 1996, 498–515.

Eschebach, Insa: Heilige Stätte – imaginierte Gemeinschaft. Geschlechtsspezifische Dramaturgien im Gedenken. In: Dies./Sigrid Jacobeit/Silke Wenk (Hg.): *Gedächtnis und Geschlecht. Deutungsmuster in Darstellungen des nationalsozialistischen Genozids*. Frankfurt a. M. 2002, 117–136.

Göttner-Abendroth, Heide: *Die tanzende Göttin: Prinzipien einer matriarchalen Ästhetik*. München 1982a.

–: *Die Göttin und ihr Heros: die matriarchalen Religionen in Mythos, Märchen und Dichtung*. München 1982b.

Haug, Frigga: Erinnerungsarbeit – Frauen und Selbsthilfe. In: Selbsthilfezentrum München (Hg.): *Zurück in die Zukunft. Selbsthilfe und gesellschaftliche Entwicklung*. München 1988.

–: *Vorlesungen zur Einführung in die Erinnerungsarbeit*. The Duke Lectures. Hamburg 1999.

Hausen, Karin: *Frauen suchen ihre Geschichte. Studien zum 19. und 20. Jahrhundert*. München 1983.

Heinsohn, Kirsten/Lenz, Claudia: Dekodieren als kritische Methode: Lektüren zu einer Geschlechterordnung der Erinnerung am Beispiel von »Hitlers Frauen«. In: Cilija Harders/Heike Kahlert/Delia Schindler (Hg.): *Methodologie und Methode*. Opladen 2005, 283–300.

Hoffman-Curtius, Kathrin: Feminisierte Trauer und aufgerichtete Helden. Figürliche Denkmäler der frühen Nachkriegszeit in Deutschland und Österreich. In: Insa Eschebach/SigridJacobeit/Silke Wenk (Hg.): *Gedächtnis und Geschlecht. Deutungsmuster in Darstellungen des nationalsozialistischen Genozids*. Frankfurt a. M. 2002, 363–394.

Koonz, Claudia: *Mothers in the Fatherland: Women, the Family, and Nazi Politics*. New York 1987.

Lenz, Claudia/Welzer, Harald: Opa in Europa. Erste Befunde einer vergleichenden Tradierungsforschung. In: Harald Welzer (Hg.): *Krieg der Erinnerung. Krieg der Erinnerungen. Holocaust, Kollaboration und Widerstand im europäischen Gedächtnis*. Frankfurt a.M 2007, 7–41.

Maihofer, Andrea: Geschlecht als Existenzweise. Einige kritische Anmerkungen zu aktuellen Versuchen zu einem neuen Verständnis von »Geschlecht«. In: Institut für Sozialforschung Frankfurt (Hg.): *Geschlechterverhältnisse und Politik*. Frankfurt a. M. 1994, 168–185.

Mies, Maria: Methodische Postulate zur Frauenforschung – dargestellt am Beispiel der Gewalt gegen Frauen. In: *beiträge zur feministischen theorie und praxis* 11 (1984), 7–23.

Paletschek, Sylvia: Das Dilemma von Gleichheit und Differenz. Eine Auswahl neuerer Forschungen zur Frauengeschichte zwischen Aufklärung und Weimarer Republik. In: *Archiv für Sozialgeschichte* 33 (1993), 548–569.

Schraut, Sylvia/Paletschek, Sylvia: Remembrance and Gender: Making Gender Visible and Inscribing Women into Memory Culture. In: Sylvia Paletschek/Sylvia Schraut (Hg.): *The Gender of Memory. Cultures of Remembrance in Nineteenth- and Twentieth-Century Europe*. Frankfurt a. M./New York 2008, 267–287.

Scott, Joan: Gender as a Useful Category. In: *The American Historical Review* 91, 5 (1986), 1053–1075.

Thürmer-Rohr, Christina: *Mittäterschaft und Entdeckungslust*. Berlin 1989.

Völter, Bettina/Dausien, Bettina/Lutz, Helma/Rosenthal, Gabriele (Hg.): *Biographieforschung im Diskurs*. Wiesbaden 2005.

Yuval-Davis, Nira: *Gender & Nation*. London 1997.

Claudia Lenz

8. Generationenforschung

Das Konzept der Generation erfreut sich seit den 1990er Jahren zunehmender Beliebtheit, nicht nur im öffentlichen Diskurs, sondern auch in der Wissenschaft. Zu den untrüglichen Zeichen einer solchen Konjunktur gehört die Etablierung von Forschungsschwerpunkten (wie das 2005 eingerichtete DFG-Graduiertenkolleg Generationengeschichte an der Georg-August-Universität Göttingen) ebenso wie die Veröffentlichung von Lehrbüchern (z. B. Jureit 2006) und Handbuchartikeln (z. B. Weigel 2002). Die Beschäftigung mit Generationsphänomenen ist an sich jedoch nicht neu. Die Zeitgenossenschaft einer Alterskohorte und ihre Verortung in einer Generationenreihe stellt gewissermaßen eine anthropologische Grundkonstante dar; Generationenkonflikte, d. h. Klagen der Älteren über die Jüngeren bzw. das Aufbegehren der Jungen gegen die Alten, sind bereits für die Antike dokumentiert. Seit Ende des 18. Jahrhunderts werden gesellschaftliche Veränderungen und Diskontinuitäten zudem bevorzugt unter der Perspektive der ›Generation‹ öffentlich thematisiert und – mit einer gewissen Verzögerung – wissenschaftlich untersucht.

Dies gilt auch für die jüngste Konjunktur des Begriffs, die sowohl in Zusammenhang mit dem Umbruch von 1989/90 als auch mit der Neubestimmung des ›Generationenvertrags‹, also der sozialstaatlichen Neuregelung des Verhältnisses zwischen Älteren und Jüngeren im Zuge demographischer Entwicklungen, zu sehen ist. Darüber hinaus spiegelt der Aufschwung der Generationenforschung die gestiegene Aufmerksamkeit für vergangene Erlebnisse und deren Verarbeitung bzw. Deutung bis in die Gegenwart, kurz: für Phänomene von Erinnerung und Gedächtnis wider. Das Konzept der Generation findet dabei auf zweierlei Art Anwendung: Zum einen werden Generationen inzwischen nicht nur als Erfahrungsgemeinschaften, sondern zunehmend auch als Erinnerungsgemeinschaften verstanden. Zum anderen ist im Zuge der in den 1980er Jahren aufkommenden Beschäftigung mit der nationalsozialistischen Vergangenheit als Familiengeschichte der ursprüngliche genealogische Bedeutungszusammenhang von Generation im Sinn von Erbschaft und Tradierung wiederbelebt worden. ›Generation‹ ist somit zu einer Art Gedächtniskategorie geworden, mit der das Nachwirken ebenso wie die Rekonstruktion von Vergangenem in den Blick genommen werden kann.

Damit sind zwei unterschiedliche Perspektiven auf die jeweils betrachtete Generation und den sie umgebenden historischen Kontext verbunden: Im Verständnis von Generation als Rekonstruktion von Vergangenheit wird das Element der Gemeinschaftsbildung, das den Generationenbegriff ausmacht, durch die Interpretation vergangener Ereignisse hergestellt. Die zweite Betrachtungsweise von Generation betont die Vergemeinschaftung durch das Fortwirken eines generationsformierenden Ereignisses – gegebenenfalls über mehrere Generationen hinweg. Im ersten Fall ist also ein historisches Ereignis der Kristallisationspunkt für eine nachfolgende Vergangenheitskonstruktion, die zur Entstehung einer Generation führt. Im zweiten Fall ist das ursprüngliche Ereignis der gemeinsame Bezugspunkt, der – auch nachfolgende – Generationen konstituiert bzw. prägt.

Diese beiden Thematisierungsformen des Zusammenhangs von historischem Ereignis, Erinnerung sowie Generationenbildung, die zusammen mit der Analyse der Generationenbeziehungen, also der Merkmale und Modalitäten des (ideellen wie materiellen) Austausches zwischen Eltern und Kindern oder Älteren und Jüngeren, zu den zentralen Forschungsachsen im aktuellen Feld der Generationenforschung gehören (für einen Gesamtüberblick vgl. Jureit 2006), werden im Folgenden näher beleuchtet. Im nächsten Abschnitt wird zunächst das in den Geistes- und Sozialwissenschaften vorherrschende Generationenverständnis in der Tradition von Karl Mannheim dargestellt, das die Nutzung des Generationenbegriffs bis heute maßgeblich prägt. Anschließend wird anhand ausgewählter Beispiele die zunehmende Berücksichtigung von ›Erinnerungsfaktoren‹ für die Analyse von historischen Generationen aufgezeigt. Darauf folgt eine Erörterung der Bedeutung des genealogischen Generationsverständnisses im Bereich der Forschung zur Aufarbeitung der NS-Vergangenheit, bevor schließlich die Verwendung des Generationenbegriffs im Rahmen der Auseinandersetzung mit Erinnerungs- und Gedächtnisphänomenen kritisch zusammengefasst wird.

Generation als Gleichzeitigkeit und Motor sozialen Wandels: Karl Mannheim

»Wenn man Generation genau definieren will, [...] stolpert man unweigerlich in die Falle, die im Begriff selbst versteckt ist, und zwar gleich doppelt. Auf der einen Seite ist Generation von Natur aus ein rein individuelles Phänomen, das jedoch nur kollektiv Sinn macht; auf der anderen Seite erhält der Begriff, der von seinem Ursprung her Kontinuität bedeutet, seinen Charakter erst im Zusammenhang mit Diskontinuität und Bruch« (Nora 1997, 2983, dt. Übers. N. L.).

Wie zahlreiche andere wissenschaftliche Grundbegriffe zeichnet sich auch der Generationenbegriff durch eine Vielzahl von Bedeutungszusammenhängen aus: Er wird zur Beschreibung des Verhältnisses von Familienangehörigen und unterschiedlichen Altersgruppen ebenso verwendet wie für die Analyse von Jugendkulturen oder politischen Bewegungen. ›Generation‹ wird sowohl analytisch als auch für alltagssprachliche Selbst- und Fremdzuschreibungen gebraucht und beinhaltet somit ein deskriptives wie reflexives Moment. Als Forschungskonzept ist der Begriff aufgrund dieser Mehrdeutigkeit umstritten, findet jedoch vermutlich gerade deshalb in ganz unterschiedlichen Disziplinen (wie der Soziologie, Geschichte, Politikwissenschaft, Pädagogik, Psychologie, Literaturwissenschaft) Anwendung.

Außerhalb des familiären Kontextes wird der Generationenbegriff von den meisten Autoren als Bezeichnung für eine Gruppe von (ungefähr) Gleichaltrigen verwendet, die dasselbe Ereignis (z. B. die Geburt, den Schulabschluss, aber auch ein bestimmtes historisches Ereignis) im gleichen Zeitintervall erleben bzw. erlebt haben, wobei ›Zeit‹ hier sowohl geschichtlicher Zeitpunkt als auch Lebenszeit (Alter) bedeuten kann. Neben dieser Gleichzeitigkeit, die zumeist als notwendige, wenn auch nicht hinreichende Bedingung für die Konstitution einer Generation angesehen wird, wird zusätzlich eine gewisse Gleichartigkeit der Orientierungen und Verhaltensweisen der Mitglieder einer Generation vorausgesetzt, die diese von der ›bloßen‹ Zugehörigkeit zu einer bestimmten Alterskohorte unterscheidet.

Diese Auffassung geht maßgeblich auf die Überlegungen zum »Problem der Generationen« des ungarisch-deutschen Soziologen Karl Mannheim (1893–1947) aus dem Jahr 1928 zurück, der wie die meisten seiner Zeitgenossen ›Generation‹ mit dem Neuen und Zukünftigen assoziierte. Dieses Generationenverständnis hat seinen Ursprung in der Beschleunigung der Zeiterfahrung infolge der Französische Revolution, die der französische Historiker Pierre Nora daher auch als »Schöpferin« des modernen Generationenbegriffs bezeichnet hat, »weil sie das Universum der Veränderung und die egalitäre Welt eröffnet, ermöglicht, beschleunigt und begründet hat, woraus ein ›Generationsbewusstsein‹ entstehen konnte« (Nora 1997, 2979, dt. Übers. N. L.). Wie von Auguste Comte und John Stuart Mill um 1840 erstmals wissenschaftlich formuliert, wird der Generationswechsel, der bis dahin vor allem als Faktor für Kontinuität angesehen wurde, seitdem als Motor gesellschaftlicher Entwicklungen thematisiert.

Mannheim selbst rekurriert für seine Konzeption auf Wilhelm Diltheys Definition von Generation als einem »engen Kreis von Individuen, welche durch Abhängigkeit von denselben großen Tatsachen und Veränderungen, wie sie im Zeitalter ihrer Empfänglichkeit auftraten, trotz der Verschiedenheit anderer hinzutretender Faktoren, zu einem homogenen Ganzen verbunden sind« (Dilthey 1875, zit. nach Jaeger 1977, 432). Mannheim will sich damit von den zu seiner Zeit einflussreichen Vorstellungen einer quasi naturgegebenen, in gleichmäßigen Abständen erfolgenden Generationenabfolge abgrenzen und betont stattdessen die Bedeutung der »inneren Erlebniszeit« einer Generation. Dabei beruft er sich auf das Diktum des Kunsthistorikers Wilhelm Pinder von der »Gleichzeitigkeit des Ungleichzeitigen«, um deutlich zu machen, dass der gleiche historische Zeitpunkt je nach Generationszugehörigkeit unterschiedlich erlebt wird (Mannheim 1964, 516 f.). Dahinter steht die Annahme, dass sich die Eindrücke, die man in der Jugendzeit erfährt, »als natürliches Weltbild« festsetzen, an dem sich alle späteren Erfahrungen orientieren (ebd., 536). Die Jüngeren zeichnen sich daher gegenüber den Älteren stets durch einen »›neuen Zugang‹ zum akkumulierten Kulturgut« aus (ebd., 530). Die Frage nach den Bedingungen für die Entstehung einer Generation beantwortet Mannheim, indem er zwischen drei verschiedenen Ebenen differenziert: Die *Generationslagerung*, die Mannheim in Analogie zur Klassenlage bestimmt, bezeichnet die Tatsache, dass eine Gruppe von Personen im selben historisch-sozialen Raum zur selben Zeit geboren wurde. Durch die »*Partizipation* an den *gemeinsamen Schicksalen* dieser historisch-sozialen Einheit« (ebd., 542) kann sich daraus ein *Generationszusammenhang* entwickeln. Die Mitglieder eines solchen Generationszusammenhangs sind durch die Bezugnahme auf dieselben »realen sozialen und geistigen Gehalte« und durch eine gemeinsame Orientierung an »derselben historisch-aktuellen Problematik« gekennzeichnet (ebd., 543 f.). Aus einem solchen Zusammenhang können schließlich unterschiedliche, mitunter polarisierend einander gegenüberstehende *Generationseinheiten* mit einem eigenen *Generationsstil* hervorgehen. Mannheim versteht darunter »konkrete Gruppen«, deren Mitglieder sich hinsichtlich der Verarbeitung und Interpretation gemeinsamer Erlebnisse voneinander unterscheiden und sich jeweils durch ein gemeinsames Bewusstsein auszeichnen (ebd., 547). Ob sich aus einer Generationslagerung ein Generationszusammenhang oder gar eine (bzw. mehrere) Generationseinheit(en) ausbilden, hängt nach Mannheim »von außerbiologischen und außervitalen Faktoren« ab, »und zwar in erster Reihe von der Eigenart der jeweils besonders gearteten gesellschaftlichen Dynamik« (ebd., 552 f.). Dies gilt ebenso für die Frage, ob und wann ein *Generationstyp*, der den *Generationsstil* einer Generationseinheit verkörpert, darüber hinaus für den Generationszusammenhang »führend« und einflussreich wird, oder ob er sich als »umgelenkter« Typus einem anderen Generationsstil anpasst oder von diesem »unterdrückt« wird (ebd., 559).

Angesichts der Betonung der prägenden Erfahrungen in der Jugendzeit ist der Begriff der Generation unter Berufung auf Mannheim in der Folge vorwiegend für die Analyse des Jugendalters, von Jugendbewegungen bzw. ›Jugendgenerationen‹ verwendet worden. Seit den Studentenprotesten Ende der 1960er Jahre wird Mannheims Konzeption zudem als besonders geeignet angesehen, um Entstehungsbedingungen wie Handlungsformen ›politischer Generationen‹ zu untersuchen (z. B. Fogt 1982). Folgt man der werkgeschichtlichen Interpretation von Lutz Niethammer (2006), beruht diese Rezeption des Mannheim'schen Textes allerdings auf einem grundlegenden Missverständnis. Trotz der Allgegenwart zeitgenössischer Diskurse über die junge Generation galt Mannheims Interesse demnach weniger der sozialhistorischen Prägung konkreter Jugendkohorten, als vielmehr den seltenen »Neuformierungsprozessen des Geistes, die aus tiefen und beschleunigten Transformationsprozessen der Gesellschaft hervorgehen mögen«, also den Entstehungsbedingungen »neuer Paradigma des Welt- und Selbstverständnisses« im Zuge sozialer Veränderungen (ebd., 60 f.). Die Engführung des Generationenproblems auf die Identifikation konkreter, sozial beschreibbarer Altersgruppen oder Generationseinheiten wurde auch schon zwanzig Jahre zuvor von Joachim Matthes (1987) unter Berufung auf Mannheims spätere wissenssoziologische Arbeiten kritisiert. Matthes plädierte vor diesem Hintergrund dafür, generationelle Verhältnisse als eine Form der »gesellschaftlichen Regelung von Zeitlichkeit« angesichts von Erfahrungen der Ungleichzeitigkeit des Gleichzeitigen zu verstehen. Generationelle Selbstthematisierungen, die über bestimmte Gruppen in Erscheinung treten, geben demnach Aufschluss über kulturelle Wahrnehmungs-, Deutungs- und Verhaltensmuster in der entsprechenden Gesellschaft und sind als solche zu analysieren.

Jenseits solcher bis heute selten gebliebenen Ansätze, sich mit der Generationenkonzeption Mannheims theoretisch auseinander zu setzen, konzentriert sich die Kritik am Generationenbegriff auf die Schwierigkeit, eine Generation, verstanden als eine Gruppe von Personen innerhalb eines bestimmten historisch-sozialen Raumes anhand klar definierter Kriterien, entweder als Generationszusammenhang in Mannheims Verständnis oder gar als sozial bzw. politisch handelnde Generationseinheit zu identifizieren und in Abgrenzung zu anderen Generationen empirisch zu untersuchen. Wie die Arbeiten zur sogenannten ›Hitlerjugend-Generation‹, die je nach Standpunkt bzw. Erkenntnisinteresse auch unter dem Label der ›skeptischen Generation‹, der ›Flakhelfer‹-Generation oder der ›45er‹ firmiert, sowie insbesondere zur 68er-Generation zeigen, wird die Frage, welche Geburtsjahrgänge eine bestimmte Generation ausmachen und worin die generationsbildende Erfahrung für die Mitglieder dieser Generation besteht, unterschiedlich beantwortet. Dass sich die Kontur jeder identifizierten Generation durch eine gewisse Unschärfe auszeichnet, wird inzwischen allerdings nicht mehr nur als Defizit, sondern unter Berufung auf die Reflexivität des Begriffs auch als Stärke proklamiert. Damit ist die Eigenschaft von ›Generation‹ als kollektives Deutungsmuster in den Blick gerückt – die auch schon Mannheim mit dem Verweis auf den Generationsstil hervorgehoben hat.

Zwischen Ereignis, Erfahrung und Erinnerung: Generationen als Konstruktionen und Konstrukteure der Vergangenheit

Bei seiner Gegenüberstellung von 1789 und 1968 als bedeutenden generationsbildenden Ereignissen hat Pierre Nora (1997, 2976f.) mit kaum verhüllter Ironie festgestellt, dass sich 1968 als Ereignis vor allem dadurch auszeichne, dass eigentlich nichts passiert sei – bis durch die nachträgliche Berufung darauf eine Generation hervorgegangen sei oder sich vielmehr selbst erschaffen habe. In Zukunft, so lautete sein Fazit, werden Generationen nicht mehr durch einschneidende Ereignisse hervorgerufen, sondern entstehen nur noch dann, wenn und insoweit es ihnen gelingt, eine Vergangenheit für sich zu reklamieren (vgl. ebd., 2992).

Das Phänomen der 68er-Generation lässt es in der Tat als besonders wichtig erscheinen, zwischen dem tatsächlichen Ereignis, den damit verbundenen Erfahrungen und der nachträglichen Erinnerung zu unterscheiden: Die protestierenden Studierenden und ihre Anhänger stellten Ende der 1960er zahlenmäßig nur eine kleine Gruppe dar, deren Aktivitäten außerdem zumeist auf wenige Orte beschränkt blieben. Erst in der Folge wurden die Ereignisse dieser Zeit soweit verdichtet, dass die damit verbundenen Ideen und Aktionen weit über die aktiv Beteiligten hinaus zu Bezugspunkten der positiven wie negativen Identifikation wurden und die ›68er‹ auf diese Weise für die Gesellschaft als Ganzes Geschichte ›machten‹.

Für die Auseinandersetzung mit der Generationsthematik seit den 1990er Jahren ist nicht zuletzt vor diesem Hintergrund eine gewisse Relativierung der mit Mannheim assoziierten »Prägungs-Hypothese« (Jaeger 1977) zu konstatieren, und zwar in doppelter Hinsicht. Zum einen ist die starke Bindung von Generationsphänomenen an das Jugendalter insoweit gelockert worden, als die für eine Generation als relevant erachteten Erlebnisse und Erfahrungen nicht mehr ausschließlich für die Zeit der Adoleszenz, sondern zunehmend für alle Lebensphasen betrachtet werden. Als Beispiel hierfür sei eine historische Gesellschaftsanalyse der DDR aus generationeller Perspektive von Thomas Ahbe und Rainer Gries (2006) genannt, die darauf abzielt, für unterschiedliche Alterskohorten die jeweiligen Entwicklungsmöglichkeiten und -grenzen für die gesamte vierzigjährige Geschichte der DDR nachzuzeichnen und im Vergleich unterschiedliche ›Generationsbündnisse‹ (Niethammer) und Konflikte herauszuarbeiten. Zum anderen und vor allem wird bei der Verwendung des Generationenkonzepts der Fokus zunehmend auf die reflexive Dimension von Generationserfahrungen gelegt. Dies zeigt sich nicht nur bei Studien über die erwähnte 68er-Generation und den Prozess ihrer sozialen Konstruktion (z.B. Bude 1995). Vielmehr findet die identitätsstiftende Rolle von ›Generation‹ bzw. Generationszugehörigkeit beispielsweise auch in neueren geschichtswissenschaftlichen Arbeiten über Eliten des NS-Staates Berücksichtigung. Wie für den NS-Funktionär Werner Best (Herbert 1996) oder das Führungskorps im Reichssicherheitshauptamt (Wildt 2002) im Einzelnen gezeigt wurde, verstanden sich diese explizit als Angehörige einer bestimmten Generation – der sogenannten Kriegsjugendgeneration der zwischen 1900 und 1910 geborenen Männer – und handelten in und mit diesem Generationsbewusstsein. Auf das ›neue‹ Interesse für die generationelle (Selbst-)Verortung einer bestimmten (Alters-)Gruppe verweist auch das vor einigen Jahren eingeführte historische Konzept der »Generationalität« (Reulecke 2003), das ähnlich wie die Definition von ›Generation‹ als eine Form des ›Wir-Gefühls‹ (z. B. Bude 1997) auf die subjektiven Selbst- bzw. Fremdbeschreibungen abhebt, die auf dem Bewusstsein bestimmter gemeinsamer Erfahrungen und Erinnerungen beruhen.

Mit der Betrachtung historischer Erfahrungen (im Sinne Mannheims) aus dem Blickwinkel der generationellen Selbstwahrnehmung (oder Stilisierung) ist das generationskonstitutive Ereignis zumindest vorerst etwas in den Hintergrund gerückt. Dies mag auch daran liegen, dass das an den beiden Weltkriegen geschulte Vertrauen in die generationsbildende Kraft von historischen Großereignissen durch die – bislang – unerfüllt gebliebenen Erwartungen an eine aus dem Zusammenbruch des Staatssozialismus hervorgehende ›89er‹-Generation erschüttert wurde. Ob man für diesen konkreten Fall daraus schließen muss, dass die alltäglichen Lebensumstände durch die ›Wende‹ von 1989/90 letztlich doch weniger radikal verändert wurden als durch die beiden Weltkriege, oder ob dieser Befund wenigstens für Deutschland auf ein fehlendes bzw. von der Ost-West-Problematik überlagertes Konfliktpotenzial zwischen den Generationen zurückzuführen ist, lässt sich gegenwärtig nicht beantworten. Angesichts der jüngsten Neuerfindung der 68er als Kriegskindergeneration – mehr als ein halbes Jahrhundert nach Kriegsende – kann immerhin nicht grundsätzlich ausgeschlossen werden, dass eine wie auch immer geartete ›Wendegeneration‹ in Zukunft irgendwann entstehen wird.

Da Generationen die Vergangenheit zwar nicht beliebig erfinden, aber als ›Wirklichkeit‹ erst durch die Bezugnahme darauf gestalten, ist jede Generation immer (auch) als ein ›Produkt der Erinnerung‹ zu verstehen. Dies wirft die Frage nach den entsprechenden ›Produzenten‹ (die Öffentlichkeit bzw. Medien, die Wissenschaft, die Generationsangehörigen selbst – oder alle zusammen) auf, die von Fall zu Fall wohl unterschiedlich beantwortet werden muss. Bei aller Aufmerksamkeit für die Konstruktivität jedes Generationenbezugs gilt es umgekehrt nicht zu vergessen, dass Generationen aufgrund ihres spezifischen ›Zugangs‹ zur Welt die gesellschaftliche Wahrnehmung der Vergangenheit tatsächlich beeinflussen (können). Dies zeigt etwa die vergleichende Betrachtung der Erinnerungspolitik nach 1945 in sieben europäischen Ländern von Claudio Fogu und Wulf Kansteiner (2006), die den transnational beobachtbaren, sich mehr oder weniger gleichzeitig vollziehenden Wandel der öffentlichen Erinnerung an den Zweiten Weltkrieg und den Holocaust zwischen Ende der 1960er und Mitter der 1980er Jahre explizit und länderübergreifend auf die (konfliktreiche) Beziehungskonstellation von Kriegsjugendgeneration und erster Nachkriegsgeneration zurückführen (ebd., 296 ff.).

Generationen und Generationszugehörigkeiten entstehen jedoch nicht nur durch den Rückgriff von der Gegenwart aus auf die Vergangenheit, sondern auch durch das Fortwirken der Vergangenheit in die Gegenwart und Zukunft hinein – nämlich dann, wenn der Wechsel von einer Generation zur nächsten nicht als Bruch bzw. Neuanfang, sondern als Fortsetzung eines über die Generationen hinweg tradierten Erbes in den Blick genommen wird, welches die Zugehörigkeit zu einer Generation bzw. einer Generationsfolge bestimmt.

Generation als Erbschaft, Tradierung und genealogische Verpflichtung

In ihrer Genealogie des Generationsbegriffs hat die Literaturwissenschaftlerin Sigrid Weigel (2002) die Fixierung auf das Generationsverständnis in der Tradition Mannheims kritisiert und das ›kurze‹ Gedächtnis der Generationenforschung beklagt, welche die ursprüngliche genealogische Bedeutung von ›Generation‹ vergessen habe. In der Tat hat ›Generation‹ als Begriff zunächst nichts mit Zeitgenossenschaft und Gleichzeitigkeit zu tun. Es ist vielmehr vom lateinischen Wort *generatio*, also Zeugung(sfähigkeit), abgeleitet, das wiederum auf das lateinische *genus* bzw. das griechische *genos* zurückgeht, die jeweils für Art, Gattung, Geschlecht bzw. Nachkommenschaft stehen. Das damit verbundene Bedeutungsfeld von Generation als Abstammung und Erbschaft verweist sowohl auf den biologischen Prozess der Vererbung (der sich z. B. im Begriff ›Genetik‹ wiederfindet) als auch auf das kulturelle Verständnis von Überlieferung, Tradition und in diesem Sinne ›Gedächtnis‹ (vgl. ebd., 166, 173), das auf Kontinuität in der Zeit abhebt. Die Vorstellung von der Generationsabfolge als Voraussetzung und Faktor für die Bewahrung bzw. Fortdauer des Bestehenden schwingt ebenfalls mit, wenn der Begriff der Generation, wie z. B. in der Bibel oder in der antiken Geschichtsschreibung, als eine Art Maßeinheit für die (soziale) Zeit verwendet wird. Dabei wird von einem durchschnittlichen Zeitabstand zwischen Eltern und Kindern ausgegangen; ein Jahrhundert besteht entsprechend aus drei (oder vier) Generationen bzw. Menschenaltern. Diese Idee findet sich auch bei Jan und Aleida Assmanns Unterscheidung zwischen dem ›kommunikativen‹ und dem ›kulturellen Gedächtnis‹ wieder. So wird das kommunikative Gedächtnis, das sich auf Erinnerungen an die jüngste, noch selbst erlebte Vergangenheit bezieht, die durch die Kommunikation im Alltag informell zwischen den mitlebenden Generationen ausgetauscht werden, als ›Generationengedächtnis‹ definiert, das sich über drei bis vier Generationen bzw. über einen Zeitraum von etwa 80 bis 100 Jahren erstreckt und danach im ›kulturellen Gedächtnis‹ aufgeht oder verschwindet (Assmann 2007, 50 f.).

Entscheidender Bestimmungsfaktor für die (individuelle wie gesellschaftliche) Befindlichkeit der einzelnen Generation wie auch für das Verhältnis zwischen den Generationen ist aus genealogischer Perspektive nicht die Gleichzeitigkeit der Erfahrung, sondern die historische Erbschaft, die sich aus einem ›Ursprungserlebnis‹ oder einer als solches gedeuteten historischen Zäsur ergibt, von der aus die nachfolgenden Generationen gezählt werden. Die Einteilung in eine erste, zweite, dritte und inzwischen vierte Generation im Kontext von Flucht, Vertreibung und Migration ebenso wie mit Blick auf die Erfahrungen von NS-Diktatur und Holocaust folgt genau dieser Logik (vgl. Weigel 2002, 162).

In der Tat ist in der Bundesrepublik die Auseinandersetzung um die ›Bewältigung‹ des Nationalsozialismus und die damit verbundene Frage nach der intergenerationellen Verstrickung in diese Vergangenheit bis heute eng mit einem solchen genealogischen Verständnis von Generation verknüpft. Wichtig hierfür sind neben der biblischen Idee der drei bis vier Generationen, die für eine Schuld einstehen müssen, Konzepte aus dem Bereich der Psychoanalyse, welche die Wiederkehr des Verdrängten sowie (zumeist unbewusste) Tradierungsprozesse zwischen den Generationen thematisieren (s. Kap. I.5). Phänomene der transgenerationellen Weitergabe von schwierigen, nicht-bearbeiteten Erfahrungen aus der Zeit der NS-Diktatur wurden in den 1980er Jahren denn auch zunächst im Rahmen der psychotherapeutischen Praxis entdeckt und analysiert. Damit verbundene Vorstellungen von der ›Last‹ der Vergangenheit, die wie ein ›Schatten‹ auf den nachfolgenden Generationen liegt, haben seitdem nicht nur in publizistischen Diskursen über die NS-Zeit ihren Niederschlag gefunden, sondern lassen sich auch bei wissenschaftlichen Studien finden. Exemplarisch hierfür sind die Arbeiten der Soziologin Gabriele Rosenthal, die unter Rückgriff auf Ansätze aus dem Bereich der Oral History- und Biographieforschung als eine der ersten die lebens- und familiengeschichtliche Bedeutung der NS-Vergangenheit für verschiedene Generationen in Deutschland untersucht und als Forschungsthema etabliert hat. Rosenthals erste Studien analysieren, auf welche Art die Zeit des Nationalsozialismus von Zeitzeugen unterschiedlicher Alters- und in diesem Sinne Generationszugehörigkeit (Hitlerjugend-Generation, Kriegsgeneration) erinnert oder vielmehr: verharmlost und verdrängt wird. Als Vorläuferin kann die Psychoanalytikerin Haydée Faimberg gelten, die in den späten 1960er Jahren den Begriff »the telescoping of generations« prägte und mit Menschen arbeitete, die unter transgenerationellen Traumata litten. Der Fokus der späteren Arbeiten von Rosenthal liegt dagegen auf den problematischen Folgen des familiären Schweigens über die NS-Vergangenheit für die ›zweite‹ und ›dritte‹ Generation. Die starke Betonung der transgenerationellen Tradierung eines bestimmten Erbes mit der entsprechenden Verpflichtung, der sich im Prinzip keine Generation entziehen kann, beschränkt sich dabei nicht nur auf den familiären Kontext, sondern wird auch auf die Generationenbeziehung in der (west)deutschen Gesellschaft als Ganzes bezogen. Dies zeigt sich beispielsweise in der Modellierung von Generationsabfolgen, bei der neben der Prägung durch den gesellschaftshistorischen Kontext (im Sinne Mannheims) auch die aus der Familientherapie übernommene Idee der ›Auftragsdelegation‹ als Faktor für die Generationenbildung berücksichtigt wird (vgl. Rosenthal 1997 mit den entsprechenden Hinweisen auf die Vorgängerstudien).

Demgegenüber hat sich seit Ende der 1990er Jahre eine weitere Forschungsperspektive entwickelt, die zwar weiterhin danach fragt, was von den Erfahrungen der ›ersten‹ Generation bei den nachfolgenden Generationen ›ankommt‹, die Vergangenheit jedoch weniger als unausweichliche Erbschaft, sondern eher als ›Traditionsangebot‹ in der Gegenwart bestimmt. So konzentriert sich die Untersuchung über die familiäre Tradierung der NS-Vergangenheit von Welzer/Moller/Tschuggnall (2008) unter Berufung auf konstruktive Gedächtnistheorien (in der Tradition von Maurice Halbwachs) darauf, wie ›Geschichte‹ im Familiengespräch kommunikativ ›verfertigt‹ wird. Im Mittelpunkt stehen dabei die Diskrepanzen, die zwischen dem öffentlichen Geschichtsbild und den privaten Erinnerungen an den Nationalsozialismus sichtbar werden. Die vergangenen Erfahrungen der ›ersten‹ Generation sind aus dieser Perspektive nicht für sich genommen von Bedeutung, sondern erst wenn sie zu einem Gegenstand des Familiengedächtnisses geworden sind.

In anderen Arbeiten spielt ›Generation‹ als erfahrungsgeschichtliche Dimension dagegen noch insoweit eine Rolle, als Differenzen in der Haltung zur Vergangenheit zwischen Familienangehörigen generationell, d.h. mit Blick auf die jeweilige zeitliche wie lebensgeschichtliche Distanz zum ursprünglichen Ereignis erklärt werden (z.B. Leonhard 2002). Damit rückt der Generationenbegriff allerdings wieder in die Nähe der Mannheimschen Vorstellung vom neuartigen Zugang jeder Generation zur Welt und löst sich von der Idee der generationellen Erbschaft. ›Generation‹ ist in diesem Verständnis weniger eine von außen, anhand der Zeitgenossenschaft vorzunehmende Setzung, als vielmehr eine empirisch zu überprüfende Konstruktion von Zusammenhängen.

Während die Frage nach Abstammung, Herkunft und Tradition in den wissenschaftlichen Diskursen über die Erinnerung an den Nationalsozialismus also seit einigen Jahren etwas in den Hintergrund gerückt ist, gewinnt sie gegenwärtig andernorts dafür zunehmend an Einfluss, wie die neuere Konjunktur der Familien- und Generationenromane zeigt, in denen die NS-Vergangenheit u.a. aus der Perspektive der Töchter, Brüder, Söhne oder Enkelkinder thematisiert wird (Eigler 2005; Eichenberg 2009). Abzuwarten bleibt, ob der Begriff der Generation, der nicht nur in der NS- und Erinnerungsforschung, sondern im Übrigen auch in der Wissenschaftsforschung bereits seit längerem angewendet wird, um Ursprünge und Entwicklungen einer bestimmten Fachdisziplin nachzuzeichnen, irgendwann auch einmal auf Generationenforschung selbst übertragen wird, um den erfahrungsgeschichtlichen wie erinnerungskulturellen Hintergründen des genealogischen Forscherblicks auf die NS-Vergangenheit, der dagegen bei der Beschäftigung mit der DDR-Vergangenheit weitgehend zu fehlen scheint, reflexiv nachzuspüren.

Generation und Erinnerung

Ob man ›Generation‹ als Ersatzkategorie versteht, auf die immer dann zurückgegriffen wird, wenn andere, präzisere Konzepte zur Bestimmung gesellschaftlicher Veränderungen nicht zur Verfügung stehen, wie es Wolfgang Knöbl im Rahmen eines Seminars des eingangs erwähnten Göttinger Graduiertenkollegs formuliert hat, oder ob Generationszugehörigkeit im Anschluss an Pierre Nora oder Lutz Niethammer als Ausdruck einer neuen, ›postmodernen‹ Identitätskonstruktion, die andere Formen der Zugehörigkeit wie die der Klasse, Schicht und vielleicht sogar Nation ersetzt hat verstanden wird – ›Generation‹ ist und bleibt ein vieldeutiges Konzept, das je nach Forschungsintention und disziplinärem Hintergrund trotz gemeinsamer Berufung auf Karl Mannheim unterschiedlich verwendet wird.

Die aktuelle Attraktivität des generationellen Forschungsansatzes liegt nicht zuletzt darin begründet, dass dieser es ermöglicht, die Dichotomie zwischen Subjektivität und Objektivität, zwischen individuellen Handlungsspielräumen und gesellschaftlichen Gegebenheiten zu überwinden. Dies passt gut zur kulturwissenschaftlich inspirierten Forschungsausrichtung, wie sie sich im Verlauf der letzten beiden Jahrzehnte in den Geistes- und Sozialwissenschaften hierzulande etabliert hat und die in der Generationenforschung ebenfalls ihren Niederschlag gefunden hat. Während Generationszugehörigkeit lange Zeit ausschließlich auf prägende Erfahrungen in der Vergangenheit bezogen wurde, hat sich in den letzten Jahren eine konstruktivistische, reflexive Sicht auf Generationsphänomene entwickelt, die diese auch und vor allem in der gemeinschaftlichen Vergegenwärtigung des Vergangenen in der Gegenwart begründet sieht, und zwar unabhängig davon, ob das Verhältnis zwischen den Generationen synchron oder diachron gedacht und auf die Familie oder die Gesellschaft als Ganzes bezogen wird. Damit ist ›Erinnerung‹ als gemeinschafts- und in diesem Sinne generationsstiftender Faktor gegenüber der erfahrungsgeschichtlichen Dimension des erinnerten Ereignisses, das unter gewissen Bedingungen auch transgenerationell von Bedeutung sein kann, in den Vordergrund gerückt.

In der Forschungspraxis hat sich der Generationenansatz vor allem dort als anschlussfähig erwiesen, wo es um die Analyse des subjektiven Erlebens und Deutens geht, also etwa in der Alltagsgeschichte, der Oral History- oder Biographie- und Lebenslaufforschung (s. Kap. IV.5). Denn er erlaubt es, den Einzelnen aufgrund seiner »jahrgangsbedingten Teilhabe an spezifischen historischen Ereignissen« als Teil einer Gruppe und umgekehrt als deren »gleichsam natürlichen Repräsentanten« zu konzipieren: »Auf diese Weise wird seine biographische Erzählung zur Mikroerzählung der Geschichte, während umgekehrt der Verlauf seiner individuellen Lebensgeschichte wiederum im Takt von generationstypischen Lebensabschnitten erzählbar« und analysierbar ist (Weigel 2002, 164). Auf der anderen Seite können unter Rückgriff auf das Konzept der Generation unterschiedliche Sichtweisen der Vergangenheit bestimmten Altersgruppen mit ihren spezifischen Erfahrungen zugeordnet werden: ›Erinnerung‹ erhält auf diese Weise eine soziale wie historische Verortung. Der Begriff der Generation eröffnet somit den Zugang zu Gedächtnisphänomenen, die gewissermaßen zwischen der individuellen und der politischen, offiziellen Ebene liegen. In dieser Stärke liegt gleichzeitig auch eine entscheidende Schwäche, denn von der mit dem Generationenbegriff assoziierten Alters- und Erfahrungsgleichheit wird häufig vorschnell auf die reale Existenz ähnlicher Einstellungen und/oder Verhaltensweisen geschlossen bzw. diese ohne weitere empirische Prüfung vorausgesetzt. Aus diesem Grund erscheint der Gebrauch des Generationenbegriffs dann besonders überzeugend, wenn Generationszugehörigkeit reflexiv auftritt, d. h. als Selbst- bzw. Fremdbeschreibung wirksam wird und auf diese Art untersucht werden kann.

›Generation‹ als Forschungsansatz in der Tradition von Mannheim erlaubt schließlich eine Verzeitlichung und Differenzierung geschichtlicher Erfahrung sowie deren Interpretation. Und dies in zweierlei Hinsicht: Generationen erschaffen sich durch die gemeinsame Bezugnahme auf eine Vergangenheit nicht nur selbst, sondern werden auch von der Vergangenheit geschaffen bzw. dadurch geprägt – ohne eigenes Zutun und mitunter sogar gegen den eigenen Willen. Beide Sichtweisen von Generationsphänomenen haben ihre Berechtigung und sollten idealerweise zusammen betrachtet werden, ohne das eine oder andere absolut zu setzen. So zeigt sich insbesondere bei der Forschung über die Erinnerung an den Nationalsozialismus, wie notwendig es ist, generationelle Zuschreibungen, wie sie in der Rede von der ›zweiten‹ und ›dritten‹ Generation zum Ausdruck kommen, nicht nur als Tatsachenbeschreibungen, sondern auch als Konstruktionen zu untersuchen, die etwas über den gesellschaftlichen Umgang mit dieser Vergangenheit aussagen. Wird die Frage nach dem Verhältnis zwischen den Generationen auf die unbewusste Tradierung nicht-bearbeiteter Erfahrungen verkürzt, gerät all das, was Generationszugehörigkeit mit und ohne expliziten Bezug zur Vergangenheit unter sozialen, politischen oder kulturellen Gesichtspunkten interessant und zugleich problematisch macht, aus dem Blickfeld. Umgekehrt sollte bei aller Konstruktivität, die jede Generationszugehörigkeit auszeichnet, die genealogische Pfadabhängigkeit bestimmter Generationsphänomene nicht vergessen werden. In der Tat gibt es Generationen »allein schon deshalb, weil Leute sich als Angehörige einer Generation fühlen, bezeichnen und als solche auftreten« (Bude 2005, 30). Warum das so ist und auf welche Weise sich dies in der sozialen Wirklichkeit niederschlägt, wird man für die ›68er‹ und die ›Kriegskinder‹, für die ›zweite‹ und ›dritte‹ Generation teils ähnlich, teils unterschiedlich beantworten müssen.

Literatur

Ahbe, Thomas/Gries, Rainer: Die Generationen der DDR und Ostdeutschlands. Ein Überblick. In: *Berliner Debatte Initial* 17. Jg., 4 (2006), 90–109.
Assmann, Jan: *Das kulturelle Gedächtnis. Schrift, Erinnerung und politische Identität in frühen Hochkulturen* [1992]. München ⁶2007, 48–66.
Bude, Heinz: Das *Altern einer Generation. Die Jahrgänge 1938–1948*. Frankfurt a. M. 1995.
–: Die »Wir-Schicht der Generation. In: *Berliner Journal für Soziologie* 7. Jg., 2 (1997), 197–204.
–: »Generation« im Kontext. Von den Kriegs- zu den Wohlfahrtsstaatsgenerationen. In: Ulrike Jureit/Michael Wildt (Hg.): *Generationen. Zur Relevanz eines wissenschaftlichen Grundbegriffs*. Hamburg 2005, 28–44.
Dilthey, Wilhelm (1875), Über das Studium der Geschichte der Wissenschaften vom Menschen, der Gesellschaft u. dem Staat [1875]. In: Ders.: *Gesammelte Schriften*. Bd. 5. Leipzig 1924, 37.
Eichenberg, Ariane: *Familie – Ich – Nation. Narrative Analysen zeitgenössischer Generationenromane*. Göttingen 2009.
Eigler, Friederike: *Geschichte und Gedächtnis in Generationenromanen seit der Wende*. Berlin 2005.
Fogt, Helmut: *Politische Generationen*. Opladen 1982.
Fogu, Claudio/Kansteiner, Wulf: The Politics of Memory and the Poetics of History. In: Richard Ned Lebow/Wulf Kansteiner/Claudio Fogu (Hg.): *The Politics of Memory in Postwar Europe*. Durham/London 2006, 284–310.
Herbert, Ulrich: *Best: Biographische Studien über Radikalismus, Weltanschauung und Vernunft, 1903–1989*. Bonn 1996.
Jaeger, Hans: Generationen in der Geschichte. Überlegungen zu einer umstrittenen Konzeption. In: *Geschichte und Gesellschaft* 3. Jg., 4 (1977), 429–452.
Jureit, Ulrike: *Generationenforschung*. Göttingen 2006.
Leonhard, Nina: *Politik- und Geschichtsbewusstsein im Wandel. Die politische Bedeutung der nationalsozialistischen Vergangenheit im Verlauf von drei Generationen in Ost- und Westdeutschland*. Münster 2002.
Mannheim, Karl: Das Problem der Generationen [1928]. In: Ders.: *Wissenssoziologie*. Berlin/Neuwied 1964.
Matthes, Joachim: Karl Mannheims »Problem der Generationen«, neu gelesen. In: *Zeitschrift für Soziologie* 14. Jg., 5 (1987), 363–372.
Niethammer, Lutz: Generation und Geist. Eine Station auf Karl Mannheims Weg zur Wissenssoziologie. In: Annegret Schüle/Thomas Ahbe/Rainer Gries (Hg.): *Die DDR aus generationengeschichtlicher Perspektive. Eine Inventur*. Leipzig 2006, 47–64.
Nora, Pierre: La génération. In: Ders. (Hg.): *Les lieux de mémoire II*. Paris 1997, 2975–3015.
Reulecke, Jürgen (Hg.): *Generationalität und Lebensgeschichte im 20. Jahrhundert*. München 2003.
Rosenthal, Gabriele: Zur interaktionellen Konstitution von Generationen. Generationenabfolge in Familien von 1890 bis 1970 in Deutschland. In: Jürgen Mansel/Gabriele Rosenthal/Angelika Tölke (Hg.): *Generationen-Beziehungen. Austausch und Tradierung*. Opladen 1997, 57–73.

Weigel, Sigrid: Generation, Genealogie, Geschlecht. Zur Geschichte des Generationskonzepts und seiner wissenschaftlichen Konzeptualisierung seit Ende des 18. Jahrhunderts. In: Lutz Musner/Gotthart Wunberg (Hg.): *Kulturwissenschaften. Forschung – Praxis – Positionen*. Wien 2002, 161–190.

Wildt, Michael: *Generation des Unbedingten. Das Führungskorps des Reichssicherheitshauptamtes*. Hamburg 2002.

Welzer, Harald/Moller, Sabine/Tschuggnall, Karoline: *»Opa war kein Nazi« Nationalsozialismus und Holocaust im Familiengedächtnis* [2002]. Frankfurt a. M. ^{6}2008.

Nina Leonhard

V. Anhang

1. Auswahlbibliographie

Assmann, Aleida: *Erinnerungsräume. Formen und Wandlungen des kulturellen Gedächtnisses* [1999]. München ⁴2009.

Assmann, Jan: Kollektives Gedächtnis und kulturelle Identität. In: Ders./Tonio Hölscher (Hg): *Kultur und Gedächtnis*. Frankfurt a. M. 1988, 9–19.

–: *Das kulturelle Gedächtnis. Schrift, Erinnerung und politische Identität in frühen Hochkulturen* [1992]. München ⁶2007.

Bartlett, Frederic C.: *Remembering. A Study in Experimental and Social Psychology*. Cambridge 1932.

Carruthers, Mary: *»The Book of Memory.« A Study of Memory in Medieval Culture*. Cambridge 1990.

Connerton, Paul: *How Societies Remember*. Cambridge 1989.

Dunlosky, John (Hg.): *Handbook of Metamemory and Memory*. New York u. a. 2008.

Erll, Astrid: *Kollektives Gedächtnis und Erinnerungskulturen. Eine Einführung*. Stuttgart/Weimar 2005.

– /Nünning, Ansgar (Hg.): *Cultural Memory Studies. An International and Interdisciplinary Handbook*. Berlin/New York 2008.

Fogu, Claudio/Kansteiner, Wulf: The Politics of Memory and the Poetics of History. In: Richard Ned Lebow/Wulf Kansteiner/Claudio Fogu (Hg.): *The Politics of Memory in Postwar Europe*. Durham/London 2006, 284–310.

François, Etienne/Schulze, Hagen (Hg.): *Deutsche Erinnerungsorte*. 3 Bde. München 2001.

Freud, Sigmund: Über Deckerinnerungen. In: Ders.: *Gesammelte Werke*. Bd. 1. Frankfurt a. M. ²1999, 529–554.

Halbwachs, Maurice: *Das kollektive Gedächtnis*. Frankfurt a. M. 1991 (frz. 1950).

–: *Das Gedächtnis und seine sozialen Bedingungen*. Frankfurt a. M. 1985 (frz. 1925).

Lachmann, Renate: *Gedächtnis und Literatur. Intertextualität in der russischen Moderne*. Frankfurt a. M. 1990.

Levy, Daniel/Sznaider, Natan: *Erinnerung im globalen Zeitalter. Der Holocaust*. Frankfurt a. M. 2001.

Loftus, Geoffrey R./Loftus, Elizabeth F.: *Human Memory. The Processing of Information*. Hillsdale 1976.

Lübbe, Hermann: *Geschichtsbegriff und Geschichtsinteresse*. Basel 1977.

Mannheim, Karl: Das Problem der Generationen [1928]. In: Ders.: *Wissenssoziologie*. Berlin/Neuwied 1964.

Markowitsch, Hans J./Welzer, Harald: *Das autobiographische Gedächtnis. Hirnorganische Grundlagen und biosoziale Entwicklung*. Stuttgart 2005.

Niethammer, Lutz (Hg.): *Lebenserfahrung und kollektives Gedächtnis. Die Praxis der Oral History*. Frankfurt a. M. 1985.

Nora, Pierre (Hg.): *Les lieux de mémoire*. 7 Bde. Paris 1984–1992.

–: *Zwischen Geschichte und Gedächtnis*. Berlin 1990.

Rhetorica ad Herennium. Lateinisch-deutsch. Hg. von Theodor Nüßlein. Zürich 1994.

Schacter, Daniel L.: *Wir sind Erinnerung*. Reinbek 2001.

Tausch, Harald (Hg.): *Gehäuse der Mnemosyne. Architektur als Schriftform der Erinnerung*. Göttingen 2003.

Tulving, Endel/Donaldson, Wayne (Hg.): *Organisation of Memory*. New York 1972.

– (Hg.): *The Oxford Handbook of Memory*. Oxford u. a. 2000.

Weinberg, Manfred: *Das »unendliche Thema«. Erinnerung und Gedächtnis in der Literatur/Theorie*. Tübingen 2006.

Welzer, Harald (Hg.): *Das Soziale Gedächtnis: Geschichte, Erinnerung, Tradierung*. Hamburg 2001.

– /Markowitsch, Hans J. (Hg.): *Warum Menschen sich erinnern können. Fortschritte in der interdisziplinären Gedächtnisforschung*. Stuttgart 2006.

– /Moller, Sabine/Tschuggnall, Karoline: *»Opa war kein Nazi.« Nationalsozialismus und Holocaust im Familiengedächtnis* [2002]. Frankfurt a. M. ⁶2008.

Yates, Frances A.: *Gedächtnis und Erinnern: Mnemonik von Aristoteles bis Shakespeare*. Berlin ⁶2001 (engl. 1966).

Young, James E.: *Beschreiben des Holocaust. Darstellung und Folgen der Interpretation*. Frankfurt a. M. 1992.

2. Institutionen, Projekte, Zeitschriften

Institutionen

Abteilung für Psychologie der Fakultät für Psychologie und Sportwissenschaft der Universität Bielefeld
Prof. Dr. Hans J. Markowitsch, Dr. Gerald Echterhoff
http://www.uni-bielefeld.de/psychologie/
Prof. Markowitsch forscht u. a. zu Wechselwirkungen zwischen Umwelt, Entwicklung und Gehirn, Bewusstsein und Gedächtnis; Dr. Echterhoff u. a. zur sozialen Kognition, zu sozialen Einflüssen auf das Gedächtnis und zu Erinnerungsprozessen in kulturellen und politischen Kontexten.

Annual New School for Social Research (NSSR) Interdisciplinary Memory Conference
New School for Social Research, New York
http://www.nssrmemoryconference.com/index.html
Jährlich stattfindende Konferenz der NSSR Interdisciplinary Memory Group.

Berlin School of Mind and Brain
Leitung: Prof. Dr. Michael Pauen, Prof. Dr. Arno Villringer
International Graduate School der Humboldt Universität zu Berlin
http://www.mind-and-brain.de/
Die BSMB beschäftigt sich zentral mit dem Zusammenhang zwischen Human-, Verhaltens- und Neurowissenschaft.

Bernstein Center for Computational Neuroscience Berlin
Koordination: Michael Brecht
Humboldt Universität zu Berlin
http://www.bccn-berlin.de/Home
Das Bernstein Center erforscht neuronale Aktivitäten des menschlichen Gehirns.

Center for Interdisciplinary Memory Research (CMR)
Leitung: Prof. Dr. Harald Welzer
Kulturwissenschaftliches Institut Essen (KWI)
http://www.memory-research.de/
Interdisziplinäres Forschungskolleg der Sozial-, Geistes- und Kulturwissenschaften am KWI der Universitätsallianz Metropole Ruhr (UAMR). Forschungsschwerpunkte bilden u. a. Erinnerung und Gedächtnis.

Center for Psychology and Law
Leitung: Prof. Elizabeth F. Loftus
Institute of Social Ecology, University of California, Irvine
http://socialecology.uci.edu/research/psychlaw/
Das CPL forscht am Schnittpunkt zwischen Sozial- und Rechtswissenschaft. Ein zentraler Bestandteil sind Elizabeth Loftus' Studien zum False Memory Syndrome.

Center on Autobiographical Memory Research (CON AMORE)
Leitung: Prof. Dorthe Berntsen
Psykologisk Institut det Samfundsvidenskabelige Fakultet, Aarhus Universitet
http://www.psy.au.dk/forskning/forskningscentre-og-klinikker/center-on-autobiographical-memory-research-con-amore/
Das CON AMORE will die verschiedenen Aspekte der Erforschung des autobiographischen Erinnerns vor allem unter Berücksichtigung psychologischer Forschung integrieren.

Centre for Research in Memory, Narrative and Histories
Vorsitz: Prof. Deborah Philips, Mark Bhatti u. a.
Centre for Research and Development at the University of Brighton
http://artsresearch.brighton.ac.uk/research/centre/centre-for-research-in-memory-narrative-and-histories
Das Centre for Research in Memory, Narrative and Histories erforscht die Beziehungen zwischen Erinnern, Narrativen und den darin enthaltenen pluralen Geschichten im Hinblick auf deren Konstitution.

Centre for the Study of Cultural Memory (CRM)
Vorsitz: Dr. Katia Pizzi u. a.
Insitute of Germanic and Romance Studies, University of London
http://igrs.sas.ac.uk/research/CCM.html
Das im Februar 2010 zu eröffnende CRM soll ein interdisziplinäres und kulturübergreifendes Forum zur Erforschung des kulturellen Gedächtnisses sein.

Center for the Study of History and Memory (CSHM)
Leitung: Prof. John Bodnar
Indiana University, Bloomington
http://www.indiana.edu/~cshm/
Das CSHM erforscht auf der Basis der Oral History die Art und Weise, in der Menschen erinnern, Erinnerungen repräsentieren und im öffentlichen und privaten Leben nutzen.

Cognition Laboratory of the Human-Automation Integration Research Branch (COGLAB) at National Aeronautics and Space Administration (NASA)
Gesamtleitung: Patricia M. Jones
Ames Research Center
Moffett Field, California
http://human-factors.arc.nasa.gov/cognition/coglab.html
Das COGLAB ist ein experimentelles Forschungslabor der US-amerikanischen Raumfahrtagentur NASA, das zur Erforschung und Optimierung menschlicher Verhaltensweisen in der Raumfahrt beitragen soll.

DFG-Graduiertenkolleg 1083 der Georg-August-Universität Göttingen
Generationengeschichte: Generationelle Dynamik und historischer Wandel im 19. und 20. Jahrhundert
Sprecher: Prof. Bernd Weisbrod
Georg-August-Universität Göttingen
http://www.generationengeschichte.uni-goettingen.de/
Das Forschungsprogramm will die verschiedenen Ansätze in den Forschungsfeldern zur Generationsfrage verbinden, um aus deren Elementen einen integralen Ansatz für Generation Studies in den historischen Kultur- und Sozialwissenschaften zu begründen.

Emory Center for Myth and Ritual in American Life (MARIAL)
Leitung: Dr. Bradd Shore
Emory University
Atlanta, Georgia
http://www.marial.emory.edu/
Das MARIAL konzentriert seine Forschungsarbeit allgemein auf Funktion und Bedeutung von Ritual und Mythos in amerikanischen Familien sowie auf die Genese des autobiographischen wie familiären Erinnerns.

Eva and Marc Besen Institute for the Study of Historical Consciousness
Leitung: Prof. Gadi Algazi
School of History at Tel Aviv University
http://www.tau.ac.il/humanities/besen/
Das 1989 auf Initiative Prof. Saul Friedländers gegründete Institut widmet sich vor allem der halbjährigen Herausgabe der Zeitschrift *History & Memory* zum Studium der Repräsentation der Vergangenheit.

Forschungsgruppe Centre Maurice Halbwachs (CMH)
Leitung: André Grelon
Centre National de la Recherche Scientifique, Ecole des Hautes Etudes en Sciences Sociale, Ecole Normale Supérieure
Paris
http://www.cmh.ens.fr/index.php
Das CMH ist eine Forschungsgruppe der genannten Institutionen zu den Methoden empirischer Sozialforschung, die sich ihrem Namen entsprechend, auch mit Fragen von Erinnerung und Gedächtnis auseinandersetzt.

Forschungsgruppe Centre for Popular Memory (CPM)
Leitung: Dr. Sean Field
University of Cape Town
http://www.popularmemory.org/
Das CPM ist eine Methodenforschungsgruppe der Historischen Fakultät der University of Cape Town.

Forschungsgruppe Dynamics of Memories: Re-membering in the Plural
Vorsitz: Prof. Ruth Wodak, Prof. Mercedes Camino u. a.
Faculty of Arts and Social Sciences, University Lancaster
http://www.lancs.ac.uk/fass/groups/dynamicsofmemories/
Die internationale und interdisziplinäre Forschungsgruppe untersucht die Frage, inwiefern kulturelle und historische Gedächtnisse sich in der Gegenwart als Machtkämpfe darstellen.

Forschungsgruppe Núcleo de Estudios sobre Memoria de Instituto de Desarollo Económico y Social
Leitung: Elizabeth Jelin
Instituto de Desarollo Económico y Social Buenos Aires
http://www.ides.org.ar/grupoestudios/memoria/
Die Núcleo de Estudios sobre Memoria ist eine Forschungsgruppe, die sich u. a. mit den Prozessen sozialer Erinnerung in Ländern des Cono Sur, des südlichen Lateinamerika, auseinandersetzt.

Fritz-Bauer Institut
Leitung: Prof. Raphael Gross
Frankfurt am Main
http://www.fritz-bauer-institut.de
Studien- und Dokumentationszentrum zur Geschichte und Wirkung des Holocaust. Forschungsschwerpunkte bilden u. a. Erinnerungskultur und Rezeptionsforschung sowie die Datenbank »Cinematographie des Holocaust«.

Gedächtnisambulanz des Universitätsklinikums Heidelberg
Leitung: Prof. Johannes Schröder
Sektion Gerontopsychiatrie
http://www.rzuser.uni-heidelberg.de/~bc2/geronto/gedaechtnisambulanz.html
Die Gedächtnisambulanz des Universitätsklinikums Heidelberg behandelt Patienten mit nachlassender Gedächtnisleistung.

Hamburger Institut für Sozialforschung (HIS)
Leitung: Prof. Jan Philipp Reemtsma
http://www.his-online.de/
Das HIS erforscht in seinen Projekten u. a. die Aufarbeitung und Genese von sowie die Erinnerung an Phänomene kollektiver Gewalt.

Hochschule für Film und Fernsehen Konrad Wolff
Leitung: Prof. Dieter Wiedemann
Potsdam-Babelsberg
http://www.hff-potsdam.de/
Die Hochschule für Film und Fernsehen Konrad Wolff widmet sich u. a. auch der Erforschung der Medien Film und Fernsehen in Bezug auf ihre historische und aktuelle Rezeption.

Institut für Geschichte und Biographie Lüdenscheid
Leitung: apl. Prof. Arthur Schlegelmilch
Fern-Universität Hagen
Lüdenscheid und Hagen
http://www.fernuni-hagen.de/geschichteundbiographie/
Das Institut für Geschichte und Biographie der Fern-Universität Hagen führt lebensgeschichtliche Forschungsprojekte durch, betreibt das Archiv »Deutsches Gedächtnis« für subjektive Erinnerungszeugnisse und gibt die Zeitschrift für Biographieforschung, Oral History und Lebensverlaufsanalysen – BIOS heraus.

International Center for Transitional Justice (ICTJ)
Vorsitz: Prof. Alex Boraine u. a.
New York
http://www.ictj.org/en/index.html
Das ICTJ arbeitet und forscht u. a. im Bereich der gesellschaftlichen Aufarbeitung diktatorischer Vergangenheiten.

International Oral History Association (IOHA)
Institut für Geschichte und Biographie der Fern-Universität Hagen
Lüdenscheid und Hagen
http://www.iohanet.org/
Die IOHA ist ein internationales Fachforum zur Diskussion um Dokumentation und Interpretation menschlicher Erfahrung in der Geschichte.

Jena Center für Geschichte des 20. Jahrhunderts
Leitung: Prof. Dr. Norbert Frei
Historisches Institut der Friedrich-Schiller-Universität Jena
http://www.jenacenter.uni-jena.de/
Schwerpunkt der jährlichen Gastprofessur ist die interdisziplinäre Erforschung des Holocaust und seiner Nachwirkungen in Deutschland und Europa.

Life Story Center (LSC)
Leitung: Prof. Robert Atkinson
Osher Liefelong Learning Institute (OLLI) National Resource Center, University of Southern Maine
Portland
http://usm.maine.edu/olli/national/lifestorycenter/
Das LSC erforscht lebensgeschichtlich bedingte Persönlichkeitsveränderungen, intergenerationelle Tradierung und historische Bedeutungs- und Sinnkonstruktion.

Luce Program in Individual and Collective Memory
Leitung: Prof. Pascal Boyer
Washington University St. Louis
http://artsci.wustl.edu/~pboyer/LuceWebSite/IndexGrey2.html
Das Luce Program erforscht Prozesse des individuellen und des kollektiven Gedächtnisses als »integrales Feld, das die Grenzen der Fachdisziplinen transzendiert«.

Macquarie Centre for Cognitive Science (MACCS)
Leitung: Prof. Max Coltheart
Macquarie University Sydney
http://www.maccs.mq.edu.au/
Forschung und Lehre des MACCS konzentriert sich allgemein auf die Kognitionswissenschaft unter besonderer Betonung der Psychologie der Sprache, der visuellen Kognition und der kognitiven Neuropsychiatrie.

Max Planck Institut für Kognitions- und Neurowissenschaften Leipzig
Leitung: Prof. Dr. Angela Friederici
http://www.cbs.mpg.de/index.html
Das Institut untersucht die kognitiven Fähigkeiten und Gehirnprozesse des Menschen.

Mercator Research Group (MRG) Strukturen des Gedächtnisses
Leitung: Dr. Magdalena Sauvage, Dr. Sen Cheng, Dr. Markus Werning
Ruhr-Universität Bochum
http://www.stiftung-mercator.org/cms/front_content.php?client=1&lang=1&parent=2&idcat=92&idart=431
Die MRG wird ab 1. Januar 2010 zu den Themen Neurobiologie, Funktionelle Architektur und Theorie des Gedächtnisses forschen.

Rutgers University Center for Cognitive Science (RuCCS)
Leitung: Prof. Rochel Gelman, Prof. Randy Gallistel
School of Arts and Sciences, Rutgers University
New Brunswick, New Jersey
http://ruccs.rutgers.edu/ruccs/index.php
Das RuCCS erforscht auf der rechnerischen Ebene die symbolischen Prozesse, die Intelligenz konstituieren sollen.

Warwick Centre for Memory Studies
Leitung: Andrew Hoskins
Department of Sociology, University of Warwick
http://www2.warwick.ac.uk/fac/soc/sociology/rsw/research_centres/memorystudies/
Das Warwick Centre for Memory Studies untersucht vor allem die Frage, wie technologische, politische, interpersonale, soziale und kulturelle Veränderungen individuelle und gesellschaftliche Erinnerung verändern. Mitherausgeber der Buchreihe »Memory Studies« (Palgrave Macmillan) und der Zeitschrift *Memory Studies* (Sage).

Washington University Memory Lab
Leitung: Prof. Henry L. Roediger III.
Department of Psychology, Washington University St. Louis
http://psych.wustl.edu/memory/
Das Memory Lab forscht in den Bereichen der angewandten kognitiven Psychologie, der False Memories und der impliziten und expliziten Erinnerung.

Zentrum für Allgemeine Sprachwissenschaft Berlin (ZAS)
Leitung: Prof. Dr. Manfred Krifka
Geisteswissenschaftliche Zentren Berlin
http://www.zas.gwz-berlin.de/
Das ZAS untersucht die biologischen, kognitiven, kulturellen und kommunikativen Faktoren der menschlichen Sprachfähigkeit.

Projekte

Forschungsprojekt »Das Gehirn – ein Beziehungsorgan. Interdisziplinäre Perspektiven auf die Entwicklung sozial induzierter Fähigkeiten«
Leitung: Prof. Dr. Dr. Thomas Fuchs, Prof. Dr. Michael Pauen
Universität Heidelberg
http://www.rzuser.uni-heidelberg.de/~qy7/index.html
Das Forschungsprojekt untersucht das menschliche Gehirn als Organ eines sozialen Lebewesens, wobei die Umwelt und ihr Einfluss auf die Gehirnentwicklung besonders berücksichtigt werden sollen.

Forschungsprojekt »Die Entwicklung des autobiographischen Gedächtnisses im Kulturvergleich«
Leitung: Prof. Dr. Heidi Keller
Institut für Migrationsforschung und interkulturelle Studien der Universität Osnabrück
http://www.imis.uni-osnabrueck.de/FORSCHUNG/autobio.htm
Das Forschungsprojekt erforscht kulturvergleichend die Entstehung und Entwicklung des autobiographischen Gedächtnisses.

Forschungsprojekt »Dynamics of Cultural Remembrance: an intermedial Perspective«
Leitung: Prof. Ann Rigney
Research Institute for History and Culture, Universiteit Utrecht
http://www.let.uu.nl/cultural-remembrance/
Das Projekt erforscht die Rolle verschiedener Medien in der Entwicklung und Aufrechterhaltung von Erinnerungsorten und deren Einfluss auf die Formung der sozialen Erinnerung.

Forschungsprojekt »Memoria in der Megacity: Erinnerung, Urbanität und Geschlecht in Lateinamerika«
Leitung: Dr. Anne Huffschmid
Lateinamerika-Institut der Freien Universität Berlin
http://www.lai.fu-berlin.de/forschung/forschungsprojekte/aktuelle_projekte/Memoria_in_der_Megacity/index.html
Das Forschungsprojekt untersucht die Veränderungen der politischen und kulturellen Topographie der lateinamerikanischen Megastädte durch aktuelle Erinnerungsprojekte und -praktiken im städtischen Raum (Mexiko City und Buenos Aires).

Red Interdisciplinaria de Estudios sobre Historia Reciente (RIEHR)
Leitung: Marina Franco, Florencia Levín
http://www.riehr.com.ar/index.php

Internet-Publikations- und Kommunikationsnetzwerk von und für Wissenschaftlerinnen und Wissenschaftler, die zur Verbindung zwischen Ereignissen der jüngsten lateinamerikanischen Geschichte und ihrem (traumatischen) Einfluss auf individuelle Identitätskonstruktionen arbeiten.

Sonderforschungsbereich 636 der DFG: Lernen, Gedächtnis und Plastizität des Gehirns – Implikationen für die Psychopathologie
Sprecher: Prof. Herta Flor
Universität Heidelberg u. a.
http://www.sfb636.de/
Der SFB 636 konzentriert sich in seinem Forschungsprofil auf Lern- und Gedächtnismechanismen, die hieraus resultierenden plastischen Veränderungen des Gehirns und deren Einfluss auf die Psychopathologie.

Zeitschriften

BIOS – Zeitschrift für Bigraphieforschung, Oral History und Lebensverlaufsanalysen
Herausgegeben vom Institut für Geschichte und Biographie an der Fernuniversität Hagen u. a.
Verlag Barbara Budrich, Leverkusen Opladen
http://www.fernuni-hagen.de/geschichteundbiographie/bios/

History & Memory: Studies in Representation of the Past
Herausgegeben vom Eva and Marc Besen Institute for the Study of Historical Consciousness, School of History at Tel Aviv University
Indiana University Press, Baltimore
http://muse.jhu.edu/journals/history_and_memory/
Die Zeitschrift veröffentlicht Beiträge und Studien aus allen Bereichen der Erforschung der Repräsentation der Vergangenheit.

Journal of Memory and Language
Herausgegeben von Victor Ferreira
Elsevier
http://www.elsevier.com/wps/find/journaldescription.cws_home/622888/description#description

Memory
Herausgegeben von Susan E. Gathercole, Martin A. Conway
Psychology Press (Taylor & Francis)
http://www.tandf.co.uk/journals/authors/pmemauth.asp

Memory Studies
Herausgegeben vom Warwick Centre for Memory Research u. a.
Sage Publications, London
http://mss.sagepub.com/

Social Cognition
Herausgegeben vom International Social Cognition Network
Guilford Press, New York
http://www.guilford.com/cgi-bin/cartscript.cgi?page=pr/jnco.htm&dir=periodicals/per_psych&cart_id=

Ressourcen

Applied Cognition Website
Cognition Laboratory of the Human-Automation Integration Research Branch at National Aeronautics and Space Administration (NASA)
http://human-factors.arc.nasa.gov/cognition/tutorials/index.html
In fünf Online-Spielen werden Felder der angewandten kognitiven Psychologie vorgestellt: Recognition, Mnemotic techniques, Recall, Interference und Short Term Memory.

Archiv »Deutsches Gedächtnis«
Leitung: apl. Prof. Arthur Schlegelmilch
Institut für Geschichte und Biographie der Fern-Universität Hagen
Lüdenscheid und Hagen
http://www.fernuni-hagen.de/geschichteundbiographie/deutschesgedaechtnis/
Im »Deutschen Gedächtnis« werden subjektive Erinnerungszeugnisse aller Art archiviert.

Norman Brown's Website
Department of Psychology, University of Alberta
Edmonton
http://www.ualberta.ca/~nrbrown/

Center for the Study of History and Memory (CSHM): Resources Website
http://www.indiana.edu/~cshm/resources.html
Große Datensammlung des CSHM mit Textreferenzen, Bibliographien und Internetlinks.

David Chalmers' Website
Department of Philosophy, Australian National University
Canberra, Australien
http://consc.net/chalmers/

Texte zu Erinnerung und Gedächtnis in der Philosophie der Psychologie.

Cinematographie des Holocaust
http://www.cine-holocaust.de/
Datenbank zu vor allem englischsprachigen Filmen und Filmzeugnissen über den Holocaust. Ein Projekt des Fritz-Bauer-Instituts.

Collected Visions Website
http://cvisions.cat.nyu.edu/
Internetdatenbank enthält ca. 3000 Familienschnappschüsse und will demonstrieren, wie Fotografien die menschliche Erinnerung formen.

Corridos sin Fronteras Website
Smithsonian Museum
Washington, DC
http://www.corridos.org/
Wanderausstellung und interaktive Internetdatenbank über mexikanische und mexikanisch-amerikanische Balladen, die die »inoffizielle Geschichte ihrer communities erzählen« (Guillermo E. Hernandez).

Critical Discourse Studies 6, No. 4 (2009): Sonderausgabe »Discourse, History and Memory«
Herausgegeben von John E. Richardson
Routledge
http://www.informaworld.com/smpp/title~db=all~content=g915188733

Cultural Memory in Romance Studies (CMRS) Website
Insitute of Germanic and Romance Studies, University of London
http://igrs.sas.ac.uk/research/CMRS/Index.htm
Internetdatenbank für Literatur zur Erforschung des kulturellen Gedächtnisses der romanischen Länder.

Culture and Psychology 8, No. 1 (2002): Sonderausgabe »Cultural Memory«
Herausgegeben von Jaan Valsiner
Sage Publications
http://cap.sagepub.com/content/vol8/issue1/

Definitions of Collective Memory: Harold Marcuses Website
Modern German History and Public History, Department of History
University of California, Santa Barbara
http://www.history.ucsb.edu/faculty/marcuse/classes/201/CollectiveMemoryDefinitions.htm
Eine Liste von Definitionen des »kollektiven Gedächtnisses« von Maurice Halbwachs bis ins 21. Jahrhundert.

Erinnerungskulturen (1997–2008): Website des Sonderforschungsbereichs 434 der Justus-Liebig-Universität und der deutschen Forschungsgemeinschaft (DFG)
Sprecher: Prof. Jürgen Reulecke, Prof. Günter Oesterle, u. a.
Justus-Liebig-Universität Gießen
http://www.uni-giessen.de/erinnerungskulturen/home/index.html
Ziel des mittlerweile ausgelaufenen SFBs war die Untersuchung von Formen und Inhalten kultureller Erinnerung von der Antike bis zur Gegenwart sowie eine kritische Auseinandersetzung mit dem Konzept des »kulturellen Gedächtnisses« (A. und J. Assmann); knapp 40 Publikationen liegen vor.

Global Cultural Memory Website
Getty Information Institute und University of Illinois at Urbana-Champaign
http://images.library.uiuc.edu/projects/gcm/
Das Ziel der Global Cultural Memory war die Schaffung eines kollektiven Archivs digitaler Informationen über Ereignisse, die in den letzten 50 Jahren das globale kulturelle Gedächtnis geprägt haben.

Tilmann Habermas' Website
Institut für Psychologie der Goethe-Universität Frankfurt am Main
http://www.psychoanalyse.uni-frankfurt.de/personen/habermas/index.html
Prof. Dr. Habermas forscht über Narration und Emotion sowie zur Entwicklung des autobiographischen Gedächtnisses.

Human Ecology of Memory: John F. Kihlstroms Website
Institute for the Study of Healthcare Organisations and Transactions, Department of Psychology
University of California, Berkeley
http://socrates.berkeley.edu/~kihlstrm/mnemosyne.htm
Große Link- und Stichwortsammlung zur Human Ecology of Memory.

Journal of Language and Politics (2006): Sonderausgabe »Critical Linguistic Perspectives on Coping with Traumatic Pasts«
Herausgegeben von Ruth Wodak, Paul Chilton
John Benjamins Publishing Company
http://www.benjamins.com/cgi-bin/t_bookview.cgi?bookid=JLP%205%3A1

Konstruktion der Erinnerung Website
Goethe Institut München
http://www.goethe.de/erinnerung
Website des Goethe Instituts, die einen multithematischen Zugriff auf »Erinnerung« vor allem im historischen Kontext versucht. Es werden verschiedene Wissenschaftlerinnen und Wissenschaftler und ihre Konzepte und Themenspektren anhand kurzer Aufsätze vorgestellt und verlinkt.

Daniel Levy's Website
Department of Sociology, Stony Brook University
New York
http://www.sunysb.edu/sociol/?faculty/Levy/levy

Elizabeth Loftus' Website
Institute of Social Ecology, University of California, Irvine
http://socialecology.uci.edu/faculty/eloftus/
Viele Texte von Prof. Loftus im Kontext des False Memory Syndrome.

Memory Arena Website
Psychology Press London
http://www.memoryarena.com/
Die Website informiert fortlaufend über die bei den Verlagen Routledge, Psychology Press und Guilford Press publizierten Fachbücher zum Themenkomplex Erinnerung und Gedächtnis.

Museu da Pessoa
http://www.museudapessoa.net/ingles/
Das Museu da Pessoa ist ein virtuelles Museumsprojekt zur Integration persönlicher Lebensgeschichten »in ein Netzwerk sozialer Erinnerung«.

NS-Gedenkstätten und Dokumentationszentren in der Bundesrepublik Deutschland
Landeszentrale für politische Bildung Nordrhein-Westfalen
Düsseldorf
http://www.ns-gedenkstaetten.de/portal/index.php
Interaktive Datenbank zu NS-Gedenkstätten und Dokumentationszentren in Deutschland.

Jeffrey Olick's Website
University of Virginia
Charlottesville
http://www.virginia.edu/sociology/peopleofsociology/jolick.htm

Oral-History Archiv
Leitung: Prof. Gerald Schöpfer
Institut für Wirtschafts-, Sozial- und Unternehmensgeschichte der Karl-Franzens-Universität Graz
http://www-classic.uni-graz.at/wsgwww/oral.html
Eine kontinuierlich erweiterte Sammlung von Erinnerungsinterviews zur Zeitgeschichte Österreichs, insbesondere der Steiermark.

Projekt »Memories«
Koordination: Dr. Michel Merten
Information Society Technologies
Brüssel
http://www.memories-project.eu/
Ausgelaufenes Forschungs- und Entwicklungsprojekt zu Management und Vernetzung von Archivbeständen.

Recovered Memories of Sexual Abuse: Scientific Research and Scholary Resources
Jim Hopper's Website
Massachussetts General Hospital/Harvard Medical School
Cambridge (USA)
http://www.jimhopper.com/memory/

Daniel Schacter's Website
Department of Psychology, Harvard University
Cambridge (USA)
http://www.wjh.harvard.edu/~dsweb/

Sir Frederic Bartlett Archive
Cambridge University
Cambridge (UK)
http://www.ppsis.cam.ac.uk/bartlett/index.html
Onlinekatalog des Frederic Bartlett Archivs.

John Sutton's Website
Department of Philosophy, Macquarie University Sydney
http://www.phil.mq.edu.au/staff/jsutton/Memory.html
Enthält neben Hinweisen zu seinen eigenen Arbeiten und Projekten innerhalb des Macquarie Centre for Cognitive Science (MACCS) eine große Datenbank mit Links, Textreferenzen und Bibliographien zum interdisziplinären Feld der Gedächtnisforschung.

The American Memory Project Website
Library of Congress
Washington, DC
http://memory.loc.gov/ammem/index.html
Internetdatenbank über die Bestände der Library of Congress das amerikanische kulturelle Gedächtnis betreffend.

The Memory Debate Archives
http://www.tmdarchives.org/
Internetdatenbank v. a. zu den Themen der ›wiedergewonnenen‹ und der False Memories.

The Memory Exhibition Website
Exploratorium Museum San Francisco
http://www.exploratorium.edu/memory/
Interaktive Website, die eine Ausstellung des Museums zu Aufbau, Funktion, Genese und Erforschung von Erinnerung und Gedächtnis 1998/99 archiviert.

World Memory Championship Website
http://www.worldmemorychampionships.com/
Medaillen werden in 10 Disziplinen verliehen: Abstract Images, Binary Numbers, Names and Faces, One Hour Numbers, 5 Minute Numbers, Historic and Future Dates, Random Words, One Hour Cards, Spoken Numbers, Speed Cards.

James E. Young's Website
Department of Judaic and Near Eastern Studies, University of Massachussetts, Amherst
http://www.umass.edu/judaic/faculty/jamesyoung.html
Enthält viele Texte und Links zu Erinnerung und Gedächtnis in Kunst, Gedenkstätten u. a.

3. Mitarbeiterinnen und Mitarbeiter

Aleida Assmann ist Professorin für Anglistik und Allgemeine Literaturwissenschaft an der Universität Konstanz (III.6 Archive und Bibliotheken).

Andre Bartoniczek ist Deutsch- und Geschichtslehrer und Dozent an der Freien Hochschule Stuttgart, Seminar für Waldorfpädagogik sowie beim Fernstudium Waldorfpädagogik, Jena (III.12 Bilder).

Lucas M. Bietti ist Doktorand an der Pompeu Fabra Universität Barcelona und der Macquarie Universität Sydney (IV.2 Philosophie, Kap. Philosophie des Geistes).

Oliver Dimbath ist akademischer Rat am Lehrstuhl für Soziologie der Universität Augsburg (IV.3 Soziologie).

Wolfram Dornik ist Wissenschaftlicher Mitarbeiter am Ludwig Boltzmann-Institut für Kriegsfolgen-Forschung Graz-Wien-Klagenfurt (III.15 Internet).

Gerald Echterhoff ist Professor für Psychologie, »Area Social Psychology« der School of Humanities and Social Sciences an der Jacobs University Bremen (II.4 Das kommunikative Gedächtnis).

Astrid Erll ist International Fellow-in-Residence am Netherlands Institute for Advanced Study in the Humanities and Social Sciences (NIAS) (IV.4 Literaturwissenschaft).

Robyn Fivush ist Samuel Candler Dobbs Professor of Psychology an der Emory University Atlanta (I.3 Die Entwicklung des autobiographischen Gedächtnisses).

Rainer Gries ist Professor für Neuere und Neueste Geschichte; er forscht und lehrt an der Friedrich Schiller-Universität Jena, der Universität Wien und an der Sigmund Freud Privat Universität Wien (III.4 Produkte).

Christian Gudehus ist wissenschaftlicher Geschäftsführer des Center for Interdisciplinary Memory Research am Kulturwissenschaftlichen Institut in Essen (IV.6 Tradierungsforschung).

Tilmann Habermas ist Professor für Psychoanalyse an der Goethe Universität Frankfurt a.M (I.5 Psychoanalyse als Erinnerungsforschung).

Corinne Heaven ist Wissenschaftliche Mitarbeiterin am Lehrstuhl für Internationale Beziehungen und Entwicklungspolitik am Institut für Politikwissenschaft der Universität Duisburg-Essen und Associate Fellow am Institut für Entwicklung und Frieden (INEF); sie arbeitet als freie Übersetzerin und Lektorin für verschiedene Forschungsinstitute (Übersetzungen: II.3 Das kulturelle Gedächtnis, III.3 Rituale).

Michael Heinlein ist Wissenschaftlicher Mitarbeiter am Institut für Soziologie der Ludwig-Maximilians-Universität München (IV.3 Soziologie).

Florian Hessel ist studentische Hilfskraft am Center for Interdisciplinary Memory Research am Kulturwissenschaftlichen Institut in Essen (V.2, Übersetzung: I.3 Die Entstehung des autobiographischen Gedächtnisses).

Christiane Holm ist Wissenschaftliche Mitarbeiterin an der Klassik Stiftung Weimar im BMBF-Projekt »Sinnlichkeit – Materialität – Anschauung« (III.14 Fotografie).

Wulf Kansteiner ist Associate Professor für Geschichte an der State University of New York in Binghamton (III.13 Film und Fernsehen).

Carlos Kölbl vertritt z.Z. den Lehrstuhl für Pädagogische Psychologie am Georg-Elias-Müller-Institut für Psychologie der Georg-August-Universität Göttingen (I.2 Zur Psychologie des Erinnerns).

Kornelia Kończal ist Wissenschaftliche Mitarbeiterin am Zentrum für Historische Forschung Berlin der Polnischen Akademie der Wissenschaften und Doktorandin an der Freien Universität Berlin (IV.1 Geschichtswissenschaft).

Helmut König ist Professor für Politische Theorie und Ideengeschichte am Institut für Politische Wissenschaft der RWTH Aachen (II.6 Das Politische des Gedächtnisses).

Johann Kreuzer ist Professor für Geschichte der Philosophie an der Carl von Ossietzky Universität-Oldenburg (IV.2 Philosophie).

Jens Kroh ist Wissenschaftlicher Mitarbeiter am Center for Interdisciplinary Memory Research am Kulturwissenschaftlichen Institut in Essen (III.9 Erinnerungsorte).

Renate Lachmann ist emeritierte Professorin für Allgemeine Literaturwissenschaft und Slavische Literaturen an der Universität Konstanz (III.2 Gedächtniskünste).

Anne-Katrin Lang ist Wissenschaftliche Mitarbeiterin am Center for Interdisciplinary Memory Research am Kulturwissenschaftlichen Institut in Essen (III.9 Erinnerungsorte).

Marc Montgomery Lässer ist Wissenschaftlicher Mitarbeiter an der Sektion für Gerontopsychiatrische Forschung der Ruprecht-Karls-Universität Heidelberg (I.4 Das Gedächtnis im Alter).

Almut Leh ist Wissenschaftliche Mitarbeiterin am Institut für Geschichte und Biographie der Fernuniversität Hagen (IV.5 Biographieforschung).

Claudia Lenz ist Forschungskoordinatorin am European Wergeland Centre for Education on Intercultural Understanding, Human Rights and Democratic Citizenship in Oslo (IV.7 Geschlechterforschung).

Nina Leonhard ist Dozentin für Allgemeine Soziologie und Politikwissenschaft an der Führungsakademie der Bundeswehr in Hamburg (IV.8 Generationenforschung).

3. Mitarbeiterinnen und Mitarbeiter

Daniel Levy ist Professor für Soziologie an der State University of New York – Stony Brook (II.3 Das kulturelle Gedächtnis).

Gilbert Lupfer ist wissenschaftlicher Projektleiter an den Staatlichen Kunstsammlungen Dresden und außerplanmäßiger Professor für Kunstgeschichte an der TU Dresden (III.7 Museen).

Hans J. Markowitsch hat den Lehrstuhl für Physiologische Psychologie an der Universität Bielefeld (I.1 Neuroanatomische und neurofunktionelle Grundlagen von Gedächtnis).

Sabine Moller ist Wissenschaftliche Mitarbeiterin am Institut für Geschichte der Carl von Ossietzky Universität Oldenburg und z. Z. als Visiting Scholar an der Stanford University School of Education (II.2 Das kollektive Gedächtnis).

Claudia Öhlschläger ist Professorin für Vergleichende Literatur-/Kulturwissenschaft und Intermedialität in der Fakultät für Kulturwissenschaften an der Universität Paderborn (III.16 Körper).

Jeffrey K. Olick ist Professor für Soziologie und Geschichte an der University of Virginia, USA (II.5 Das soziale Gedächtnis).

Dennis Pausch ist Akademischer Rat auf Zeit am Lehrstuhl für Latinistik des Instituts für Altertumswissenschaften der Justus-Liebig-Universität Gießen (III.1 Schrift).

Martina Piefke vertritt z. Z. den Lehrstuhl für Physiologische Psychologie an der Universität Bielefeld (I.1 Neuroanatomische und neurofunktionelle Grundlagen von Gedächtnis).

Rüdiger Pohl ist apl. Professor für Psychologie an der Sozialwissenschaftlichen Fakultät der Universität Mannheim (II.1 Das autobiographische Gedächtnis).

Jessica Rodemann ist Dozentin für Englisch an der Universität Duisburg-Essen (Übersetzungen: II.5 Das soziale Gedächtnis, IV.3 Philosophie des Geistes).

Martin Roth ist Generaldirektor der Staatlichen Kunstsammlungen Dresden und Honorarprofessor für Kultur und Management an der Dresden International University (III.7 Museen).

Johannes Schröder ist Professor für Klinische Psychiatrie und Leiter der Sektion für Gerontopsychiatrische Forschung an der Ruprecht-Karls-Universität Heidelberg (I.4 Das Gedächtnis im Alter).

Bradd Shore ist Goodrich C. White Professor und Director of MARIAL Center at Emory University in Atlanta (III.3 Rituale).

Cornelia Siebeck ist Historikerin und promoviert an der Ruhr Universität Bochum zu »Buchenwald« als Gedächtnisort in Geschichte und Gegenwart (III.8 Denkmale und Gedenkstätten).

Jürgen Straub ist Professor/Inhaber des Lehrstuhls für Sozialtheorie und Sozialpsychologie an der Fakultät für Sozialwissenschaft an der Ruhr-Universität Bochum (I.2 Zur Psychologie des Erinnerns).

Harald Tausch ist Privatdozent für Neuere deutsche Literaturgeschichte und AVL an der Justus-Liebig-Universität Gießen und Wissenschaftlicher Mitarbeiter am Kunsthistorischen Institut der Friedrich-Schiller-Universität Jena (III.5 Architektur).

Manfred Weinberg ist Professor für Neuere deutsche und Allgemeine Literaturwissenschaft an der Universität Konstanz sowie regelmäßiger Gastprofessor am Lehrstuhl für Germanische Studien der Karls-Universität Prag (III.10 Literatur).

Harald Welzer ist Direktor des Center for Interdisciplinary Memory Research am Kulturwissenschaftlichen Institut in Essen, und Forschungsprofessor an der Universität Witten-Herdecke (Einleitung).

Martin Zierold ist Geschäftsführer und Principal Investigator des International Graduate Centre for the Study of Culture an der Justus-Liebig-Universität Gießen (III.11 Printmedien und Radio).

4. Sachregister

Abecedarium 138
Abruf 3 f., 14 ff., 19, 26, 33 ff., 56, 58, 61 f., 75 f., 78 f., 81, 83 f., 102 f., 105, 136, 145, 152, 203, 230, 235, 262, 266, 279, 299, 305, 307, 310
Abrufhilfen 26, 36, 83
Abrufprozesse 37, 76, 83
Absolutismus 159
abspeichern 263 f.
Abwehr 64 ff., 68, 72 ff., 291
Abwehrmechanismus 65, 68, 291
Adoleszenz 2, 74, 79, 90, 330
Ägypten 101, 125, 129 ff., 133, 165 f., 203 f.
Agenda setting 177
Agnosie 41
aisthesis 136 (s. a. Wahrnehmung)
Allegorese 190
Alltagsferne 93
Alltagsgeschichte 250, 254, 321, 334 (s. a. Oral History)
Alltagskommunikation 86, 116
Alltagsnähe 24
Alphabet 129 f., 132, 135, 138 f., 140, 167, 191
Alterität 165, 170
Alterskohorte 327 f., 330
Altersstereotypie 54
Altersvergesslichkeit 59 f.
- benigne 59 f.
- maligne 59 f.
Alterungsprozess 54 f., 57, 62
Alzheimer-Demenz 1, 41, 54, 59 ff., 78, 222,
Amnesie 14 ff., 20, 41, 66, 69, 79, 83, 251, 253 f., 274, 314
- anterograde 14, 16, 41, 274
- domänenspezifische 41
- funktionelle 41
- globale 41
- Kindheitsamnesie 66, 79, 83
- kollektive 251
- materialspezifische 41
- modalitätsspezifische 41
- organische 41
- partielle 41
- psychogene 15 f., 20
- Quellenamnesie 314
- retrograde 14, 16, 41
- zeitlich begrenzte 41
- zeitlich unbegrenzte 41
Anamnesis 136, 189, 261 ff., 268, 271, 275, 289
Anamnesistheorie 136, 261 ff., 268, 271, 275
Antike 34, 64, 101, 104, 117, 127 ff., 131 ff., 136 ff., 141 f., 156 ff., 162 f., 175, 177 f., 187, 189, 204 ff., 211 f., 243, 247, 261, 265, 277, 288 ff., 292, 295, 327, 332

- ägyptische 101
- griechische 129, 178, 277
- klassische 136, 247, 261
- römische 117, 129, 157, 178
- Spätantike 134, 261
Aphasie 41
Apraxie 41
arche, Archetyp 264, 211
Architecture parlante 161 f.
Archiv 26 f., 45, 83, 90, 93 f., 99, 128, 139, 153 f., 165 ff., 171 f., 174, 188, 196 f., 200 f., 208 f., 222, 228 ff., 236, 238 ff., 241 f., 251, 256, 262, 270
Archivierung 27, 45, 90, 128, 139, 168 f., 172, 196 f., 201, 228 f., 231, 241, 262
Archivkonstruktion 169, 228, 232
ars 136 ff., 157, 190, 229, 269, 288 ff., 292, 298
- memoria 136, 229, 288 ff., 292 (s. a. Gedächtniskunst)
- memorativa 138 f., 142, 157, 289, 298
Artefakte 45, 85, 138, 171, 247, 274 f., 290, 304 ff., 309, 311
Assoziation 11, 13 f., 23, 38, 65, 67 f., 87, 89, 107, 156, 159 f., 174, 209, 277, 279
Assoziationslernen 23, 38
Asymmetriereduktion 58
Aufbewahren 3, 5, 75, 94, 141, 156, 209, 229, 262 ff., 268 f., 281
Aufbewahrungsorte 75, 94, 265, 270
Aufklärung 155, 161 f., 187, 192, 261, 268, 320, 323, 326
Aura 151, 172 ff., 204 f., 218
Authentizität 4, 128, 173, 175, 177 f., 185, 205, 208, 244 f., 297, 323
Autobiographie 15, 39, 45 f., 49, 52 f., 244, 291, 314
Autopoiesis 285, 309

backward telescoping 77
Barock 139, 160, 167, 173, 191 f.
Behaltensleistung 22 ff., 32 f., 38 f., 310
Behaviorismus 24
Belastungsstörungen (PTSD) 18 ff., 84
Beschwörung 166, 278
Bewusstsein 2, 4, 16 ff., 27, 32, 39, 45, 65, 68, 86, 88, 100, 109, 111, 113, 119, 123 f., 132, 145 f., 163, 165, 168 ff., 178 f., 186, 203, 205, 209, 219, 224 f., 227 f., 230, 241 ff., 249, 255, 259, 261 ff., 266 ff., 277 ff., 283 ff., 293 ff., 306, 310, 313, 328 f., 331
- anoetisches 17
- autonoetisches 16 f.
- Generationsbewusstsein 328, 331
- Geschichtsbewusstsein 32, 88, 100, 113, 163, 169 f., 178, 186, 219, 224 f., 249, 255, 259, 313
- Kollektivbewusstsein 278
- kollektives 109, 280

4. Sachregister

- noetisches 16
- Politikbewusstsein 313
- Zeitbewusstsein 279 f.
- Zukunftsbewusstsein 280

Bewusstseinsstrom 65, 269, 283
Bezugsrahmen 85, 89, 92, 109, 111, 117, 238, 291, 301
Bibel 134, 138, 140, 157, 166 f., 191, 211, 296, 332
Bibliothek 93, 128, 132 f., 165 ff., 171, 236, 239, 241
Bildgebungstechniken 18 f., 26, 58, 309
Bildlichkeit 190, 209
Bildungskanon 174, 185
Bindungsmuster 73
Biographie 15, 39, 45 f., 49, 52 f., 141, 211, 214, 221, 239, 244, 248, 291, 299 ff., 312, 314 f., 317, 321, 323, 332, 334 (s. a. Lebensgeschichte)
Biographieforschung 248, 299 ff., 312, 321, 323, 332, 334
Black box 181
Briefsammlung 300
Buch 121, 128, 129, 131 ff., 157 ff., 166, 191 ff., 196 f., 206 f., 232, 241, 262, 282, 289, 291, 294, 303
Buchdruck 128, 129, 134, 191, 196 f., 206 f.
Buchmarkt 132

Cadres sociaux 85
Camera obscura 229 f.
Cera 137
Cerebellum 58
Christentum 134, 187, 204 f., 270
Codierung 2, 35, 79 f., 193, 268, 272
Coping-Strategien 83
Culture war 179 f.

Daten 4, 29, 130 ff., 138 ff., 165 ff., 223, 228, 235 f., 261 ff., 300 ff., 312, 323
Datendepot 165
Datenspeicherungsvorgänge 175, 263
Datenträger 138, 140 f., 223, 228, 236, 263
Datenverarbeitung 267
Dauer 3, 28 f., 90, 93 ff., 109 ff., 129 ff., 165 ff., 197, 203 ff., 229, 241, 243, 258, 265, 278 ff 332
Deckerinnerung 66
Dekolonisierung 250, 295
Dekonstruktion 192, 237, 239, 315, 319, 322 f., 325
Demenz 1, 41, 54, 56, 59 ff., 299
Demenzsyndrom 54, 62
Denkmal 117, 127 f., 141, 160, 162 f., 177 ff., 190, 231, 253, 325
- Baudenkmal 177
- Gartendenkmal 160, 177
- Gegendenkmal 178
- Heldendenkmal 178
- Kriegerdenkmal 117

- Nationaldenkmal 253
- Naturdenkmal 177

Denkmallandschaft 177
Denkmalkonflikt 180
Denkmalkult 141
Denkmalkultur 177 f.
Denkpsychologie 24
Denkstein 160
Depot 165, 175
Deutungsmuster 7, 53, 300, 315 f., 330 (s. a. Topoi)
Dialoganalyse 305, 313
Dialogizität 291
Diskontinuität 243, 327 f.
Diskurs 33, 118, 121, 137, 156, 160 ff., 178 f., 180 ff., 221, 223, 225, 238, 242, 248, 249 f., 256 f., 289, 293, 299, 319, 322 ff., 327, 329, 332 f.
- transnationaler 238

Diskursanalyse 33, 88, 181 f., 254, 256 f., 259, 289, 322
Dokumente 42, 113, 165 ff., 200, 231, 259, 299 f., 308
Dreispeichermodell 27 f., 32 f.
Druckerpresse 167
Druckmedien 196 f.
Druckverfahren 196

Ego-Dokumente 259, 300
eikon 263
Einschreibung 3, 241, 320 f.
- neuronale 3

Elaboration 47 ff., 107
Emotion 2, 11 ff., 37, 39, 46 f., 49 ff., 67 f., 71, 73 f., 75 ff., 80, 92, 99 f., 102, 111, 141, 144, 155, 174, 182, 203, 205, 207, 218, 221, 242, 250, 259, 273 f., 306, 308, 317
Engramm 2 ff., 13, 32, 242
Enkodierung 11 ff., 26, 36, 39, 61, 77, 79, 81, 106
Enkodierungsphase 26
Entkontextualisierung 96, 230
Enzyklopädie 142, 238
Epistemologie 248, 254, 271, 294, 319
Epos 141, 189, 291
Erbe 109, 177 f., 249, 255, 312, 331 ff., 333
- kulturelles 177 f., 249, 255

Erbschaft 327, 331 ff.
Erfahrungsdaten 270
Erfahrungsgemeinschaft 327
Erfahrungsgeschichte 306
Erinnern
- gemeinschaftlich 45 ff., 317 f., 324
- geschlechtsspezifisch 49 ff., 322 f.
- individuell 45 ff., 75 ff., 85 ff., 299 ff.
- körperlich 241 ff.

Erinnerung
- assoziative 145, 242, 279, 308

- Deckerinnerung 66
- externalisierte 3, 93 f., 225
- falsche 4, 30 f., 76, 81 f., 103, 238, 263, 273 (s. a. Falschinformation; false memory syndrome)
- implizite 89 f.
- kollektive 31 ff., 85 ff., 115 ff., 177 ff., 184 ff., 312 ff.
- mediale 127 ff., 147, 154, 218 f., 222, 296 ff., 316
- Nacherinnerung 232 (s. a. post memory)
- organische 297
- Vorerinnerung 8, 279 f.
- Wiedererinnerung 261 ff., 280, 289

Erinnerungsakte 45, 291
Erinnerungsanweisung 121
Erinnerungsarbeit 108, 308, 322
Erinnerungsbild 159, 202 f., 230, 280, 299, 305
Erinnerungserzählung 71, 74
Erinnerungsgegenstände 136, 147, 279, 297
Erinnerungsgemeinschaft 4, 86, 89 f., 119 f., 177, 186 f., 231, 281, 317, 324, 327
Erinnerungsgeschichte 4, 99, 185, 253 ff.
Erinnerungsgespräch 45 ff., 74, 80 (s. a. memory talk)
Erinnerungshäufung 79 f.
Erinnerungshilfe 132
Erinnerungskanon 238 f.
Erinnerungskonstruktion 322
Erinnerungskonzepte 172 f., 294, 311
Erinnerungskultur 2, 7, 88 ff., 95, 97, 101, 115, 117 ff., 130 f., 133, 155, 184, 186, 196, 201, 223, 236 ff., 249, 251 ff., 292 ff., 315 f., 324, 333
Erinnerungsleistung 24 f., 27, 29, 34 f., 39 f., 57, 83 f., 105, 213
Erinnerungsmilieu 86, 88, 184 f.
Erinnerungsmuster 7, 88
Erinnerungsort 91, 128, 163, 175, 184 ff., 218, 249, 255, 295, 297
Erinnerungspoetik 230, 244
Erinnerungspolitik 7, 115 ff., 157, 248, 331
Erinnerungspraktik 95, 99, 227, 230 f., 233, 290, 323
Erinnerungsprojekt 319 ff.
Erinnerungsprozess 75 f., 83, 85, 147, 196 f., 207, 218, 223, 243, 273 f., 298, 310
Erinnerungsspur 38, 193, 242 f.
Erinnerungsstil 48 ff.
Erinnerungsstrategie 35, 233, 258
Erinnerungstechnik 94
Erinnerungsverfälschung 81 ff.
Ersparnismethode 22 f., 26
Erwachsenenalter 5, 18 f., 47, 53, 55, 57, 59 f., 64, 69, 79, 90
Erzählung 4, 24, 26 f., 42, 45 ff., 57, 66, 71 f., 74, 81, 88 f., 92, 96, 125, 127, 130, 142, 157, 165 f., 194, 219, 221, 236 ff., 244, 247 f., 252, 303 ff., 312 ff., 323, 334 (s. a. Narrativ)
Erzählstrukturen 80

Erzähltradition 312
Eselsbrücke 142
Ethnologie 171, 174, 300
Evolution 2 ff., 29, 32, 80, 141, 223, 241, 287
Exklusion 180
Exogramm 2 ff.
Exponat 171 ff.

Faktographie 190
Fälschung 66
Falschinformation 103
false memory syndrom 4, 24, 30 f., 81 ff.
Familie 17, 45 ff., 86, 88 ff., 93, 95, 100, 112, 115, 117, 185, 201, 206, 217, 221 f., 231 f., 274, 281, 313 ff., 324, 333 f.
Familiengeschichte 89, 100, 124, 327
Fehler 22 ff., 81 f., 102, 104, 106, 312
Fehlleistungen 36, 255
Fiktionalität 68
Flashback 69, 219
forward telescoping 77
Fotoinstallation 169
Frauenbewegung 250, 319, 321 f.
Frauenforschung 319 ff.
Fremdbilder 153
Frontallappen 78

Galton-Crovitz-Stichworttechnik (cue-word method) 78
Gedächtnis
- aktives 24 ff., 75 f., 165, 167, 308
- Arbeitsgedächtnis 11, 28, 56 ff., 61 f., 75
- archivarisches 94
- artifizielles 23
- autobiographisches 2, 4 f., 11 ff., 45 ff., 72 f., 75 ff., 102, 210
- Beziehungsgedächtnis 276
- Bildgedächtnis 85 f., 210 f., 227 ff., 243, 291
- deklaratives 2, 29, 54, 61 f., 72, 75, 145 f.
- dynamisches 24, 64 ff., 242, 267 f.
- Echogedächtnis 28
- einheitliches 11, 27 f., 89, 94, 124
- elementares 25
- episodisches 2, 11 ff., 27, 29, 31 f., 45, 55 ff., 75 f., 78, 146, 274, 309
- epochales 97 f., 101
- Erfahrungsgedächtnis 2, 169, 244
- ethnisches 93, 98
- europäisches 178, 186 f., 211, 291
- Familiengedächtnis 27, 88 ff., 115, 333
- fotografisches 229
- fragmentiert kulturelles
- Funktionsgedächtnis 94, 165, 167
- Gattungsgedächtnis 291

4. Sachregister

- Generationengedächtnis 88 ff., 332, 334 f.
- göttliches 189
- Gruppengedächtnis 87, 237, 286 f.
- gruppenspezifisches 95 f., 210, 253,
- habituelles 29
- hegemonial kulturelles 99, 180 f.
- implizites 2, 11 f., 38 ff., 72 f., 89 f., 113, 153, 155, 278
- Individualgedächtnis 192 f., 237, 284 ff.
- individuelles 1, 4, 110, 192 f.
- informatives 141
- innerliterarisches 290
- Körpergedächtnis 241 ff.
- kollektives 4, 31 f., 85 ff., 93, 109 ff., 117, 127, 141, 147 f., 152 ff., 161 ff., 178, 181, 184 ff., 198, 209 ff., 220, 223 ff., 230 ff., 247, 249 ff., 276 ff., 291, 296, 301 f., 307, 325
- kollektiv-episodisches 32
- kollektiv-semantisches 32
- kollektiv-prozedurales 32
- kommunikatives 1, 86 ff., 93 f., 99, 102 ff., 111 ff., 115, 150, 187, 218, 224, 239, 311, 322, 332
- konstruktives 24, 31
- kosmopolitisches 98 f., 287
- kreatives 24, 141
- künstliches 137, 289
- kulturelles 1, 87 ff., 93 ff., 111 ff., 115 f., 131, 150, 165, 167 ff., 180, 203, 207 f., 210, 212, 215, 217 f., 221, 224, 227, 236, 239, 241, 243, 292 ff., 332
- Kurzzeitgedächtnis 11, 27 ff., 41, 56 ff., 68, 232
- Langzeitgedächtnis 11 ff., 17, 27 ff., 57 ff., 68, 232, 307, 310
- Lesergedächtnis 292
- mechanisches 22, 25
- mentales 241
- Metagedächtnis 38
- monolithisches 27
- nationales 90 f., 97 ff., 120 ff., 163, 187, 237
- natürliches 25, 289
- operatives 29
- organisches 295, 297
- passives 22, 167
- perzeptuelles 2, 11 f., 16, 29, 55 f.
- primäres 27 f., 62
- Produktgedächtnis 149 ff.
- produktives 24, 271
- prospektives 2, 8 f.
- prozedurales 2, 11 f., 16 f., 29, 32, 55 ff., 72 f., 75 f.
- psychisch-personales 285
- reproduktives 22, 271
- sekundäres 27 f.
- semantisches 2, 11, 29 ff., 55 f., 75 f., 146
- soziales 1, 85 ff., 109 ff., 115, 147, 150, 152 ff., 217, 231, 276, 284 ff., 289, 296

- Speichergedächtnis 27 f., 94, 165, 167 ff., 236
- Systemgedächtnis 285
- Totengedächtnis 157
- überindividuelles 31, 280, 284
- Ultrakurzzeitgedächtnis 11, 27 ff.
Gedächtnisabruf 14
Gedächtnisambulanz 54
Gedächtnisarchiv 94, 165 ff.
Gedächtnisdaten 261
Gedächtnisdefizit 15, 18 ff., 54 f., 60 ff.
Gedächtnisdressur 228
Gedächtniseinbußen 14 f.
Gedächtnisfiktionen
Gedächtnisforschung 1 ff., 4, 8 f., 24, 33, 85 f., 92, 96, 107, 109, 117, 119, 128, 184, 188, 189, 191, 202, 218, 222 f., 225, 247 f., 288 f., 291, 293 ff., 305, 309 f.
Gedächtnisgattungen 291 f.
Gedächtnishandlung 291
Gedächtnisindikatoren 26
Gedächtnisinhalt 3 f., 22, 25 f., 30, 36 ff., 57 ff., 62, 77, 80, 83, 118, 127 f., 150, 153 ff., 255, 262, 266, 285, 310
Gedächtnis-Interview 57, 78
Gedächtniskapazität 37
Gedächtniskonsolidierung 13 ff.
Gedächtniskonzept 31, 69, 141, 242, 288, 293, 295
Gedächtniskonzeption 69, 276 ff.
Gedächtniskunst 136 f., 141, 209 f., 267, 289
Gedächtniskünste 27, 127 f., 136 ff. (s. a. ars memoria)
Gedächtnislandschaft 98, 116, 120, 123
Gedächtnisleistung 16 f., 22 ff., 26, 35, 41, 54, 56, 58 f., 62 f., 77, 102, 131, 262, 307, 310
Gedächtnismanipulation 117 f.
Gedächtnismaße 26
Gedächtnismetapher 194, 227, 229 f., 295
Gedächtnismodell 67 f., 71, 141, 230, 242, 277
Gedächtnismuster 76
Gedächtnisort 91, 137, 171, 175, 184 ff., 220, 254
Gedächtnisphänomen 9, 42, 281, 328, 334
Gedächtnispolitik 115 ff., 177, 179 ff., 249, 254, 258, 311
Gedächtnispraktiken 1, 8, 113, 178
Gedächtnisprüfung 36
Gedächtnispsychologie 22 ff., 72 f., 77, 102 f.
Gedächtnisrahmen 86 f., 112, 282
Gedächtnisraum 117, 137, 140, 193, 289, 291
Gedächtnisregime 121 ff.
- nationales 123,
- postnationales 122 f
- postkommunistisches 123
Gedächtnisreligion 123 ff.
Gedächtnisrepertoire 12 ff.
Gedächtnisrepräsentation 78, 104, 289, 293 f.
Gedächtnisritual 141, 143 ff.

Gedächtnisspeicher 3, 29, 32 f., 94, 166, 262, 265
Gedächtnisspur 3, 13, 32 f., 36 ff., 242 (s. a. Engramm)
Gedächtnisstörung 14 f., 41, 54, 78
Gedächtnisstütze 34 f., 38 f.
Gedächtnisstruktur 79 f., 219 f.
Gedächtnissuche 76 f.
Gedächtnissystem 2, 4, 11 f., 16, 29, 41 f., 55 ff., 61 f., 73, 127, 145 f., 273 f., 289, 310
Gedächtnistheater 139, 158 f., 167
Gedächtnistheorie 33, 73, 194, 278, 280, 284, 308, 312, 333
Gedächtnistraining 34 f., 141
Gedächtnisverzerrung 73, 83
Gedächtniswissenschaft 293
Gedenkfeier 113, 184
Gedenklandschaft 182
Gedenkritual 179
Gedenkstätte 7, 91, 127, 177 ff., 184, 238, 239
Gedenkstättenarchäologie 182
Gedenktag 91, 124, 141
Gefühle 37, 45 ff., 65 f., 71, 73, 153 f., 187, 212 f., 217 f., 244, 274, 331
Gehirnareale 19, 273
Gehirnregionen 13 f., 19
Gemeinschaften 4, 6 f., 85 f., 89 f., 95 f., 119 f., 127, 134, 144, 146 ff., 152 f., 177 f., 184, 186 ff., 220, 231, 261, 274, 277 f., 281, 317, 321, 324, 327, 334
Gemeinwesen 118 f.
Genealogie 232, 319 ff., 325, 331
Generationalität 295, 331
Generation(en) 5, 8, 32, 69, 88 ff., 93 ff., 99, 111 f., 117 f., 131, 152 ff., 165, 167, 169, 201, 218 ff., 232 f., 251 f., 254, 257 f., 297, 313 f., 316 f., 319, 324, 327 ff.
- Wendegeneration 331
Generationenabfolge 328
Generationenbeziehung 327, 333
Generationenbildung 327, 333
Generationenforschung 327 ff.
Generationenkonflikt 327
Generationenverständnis 327 f.
Generationenvertrag 327
Generationsbewusstsein 328, 331
Generationsbündnis 330
Generationseinheit 329 f.
Generationslagerung 329
Generationstyp 329
Generationswechsel 328,
Generationszugehörigkeit 330 ff.
Generationszusammenhang 329 f.
Genozid 118, 180, 220
Geschichtsschemata 40
Geschichtsbewusstsein 32, 88, 163, 178 f., 186, 219, 224 f., 255, 259, 313
Geschichtsnarrativ 244

Geschichtsschreibung 87, 120, 131, 133, 141, 185, 190, 224, 230 f., 249 f., 255, 257, 259, 288, 290, 292 ff., 302, 320 f., 332 (s. a. Historiographie)
Geschlecht (gender) 50 f., 169, 237, 241, 251, 288, 319 ff.
Geschlechterbilder 324
Geschlechterdiskurs 319, 322 f.
Geschlechterentwürfe 324
Geschlechteridentität 323
Geschlechterordnung 320, 323 f.
Gesellschaften 4, 6, 9, 25, 34, 42 f., 70, 86, 88, 90 f., 93, 95 f., 101, 111, 113, 115 ff., 127, 129 f., 132 ff., 143, 145, 149, 152 f., 155, 160, 162, 165, 167 ff., 171, 173, 175, 177 ff., 185 ff., 196, 199, 202, 207, 213 ff., 218 ff., 235, 238, 242, 250 ff., 276 ff., 290, 292 f., 297, 301 ff., 313, 315, 320, 322 ff., 327 ff.
- heiße 95 f
- kalte 95
Gestaltpsychologie 24
Gleichzeitigkeit 99, 127, 156, 215, 219, 280, 328 f., 332
Globalisierung 98, 115, 235, 237, 287
Grabbaukunst 178
Grotte 160, 203
Gruppen 6, 19, 26 f., 32, 40 ff., 47, 50 ff., 55, 85 ff., 93 ff., 102 ff., 109 ff., 143 ff., 150 ff., 168, 174, 177, 182, 197, 210, 218, 220, 222, 230, 232, 236 ff., 253 f., 257 f., 274, 278 f., 281, 284, 286 f., 301, 304, 316, 322, 325, 328 ff., 334,
Gruppenerinnerung 86 f., 90, 111
Gruppenerzählung 239
Gruppenidentität 93, 109, 222, 237, 239
Gyrus cinguli 12 ff., 19

Hagiographie 141
Handeln 2 f., 8 f., 16, 34, 37, 67, 93, 116, 118 f., 121 f., 127, 143, 154, 179, 190, 242, 253 f., 283, 301 f., 316, 319 f., 330
- gedächtnispolitisches 118, 179
Handlungsorientierung 9, 117
Hegemonie 118, 121, 179 f., 319
- Diskurshegemonie 121
Heldentum 187, 315, 324
Hermeneutik 192 f., 289, 304 f.
Herrschaftselite 320
Herrschaftsindex 286
Hieroglyphe 158
Hippocampus 12 ff., 29, 58, 61, 310
Hippocampusschädigung 14
Hirnrinde 11, 13, 242
Hirnschäden 78
Historienmalerei 141
Historiographie 22, 87, 131, 244, 251, 253 ff., 259, 293 f. (s. a. Geschichtsschreibung)
Historismus 162, 168, 294, 302

4. Sachregister

Holocaust 70, 88, 96, 117, 123 f., 163, 181 f., 187, 223 ff., 231 f., 238 f., 250, 252 ff., 282, 287, 294 f., 313, 324, 331 f. (s. a. Shoah)
Hortus 159
Humanwissenschaften 300
Hypermnesie 229
Hypnose 65, 82
Hysterie 64 f., 69, 242

Idealismus 270 f.
Ideenlehre 189, 204
Identität 16 f., 30, 32, 39, 47, 52 f., 79 f., 83, 86 f., 90, 92, 93, 98 ff., 109, 116 f., 119, 127 f., 144, 159 ff., 165, 168, 172, 177 ff., 182, 185, 187 f., 203, 207, 214, 218, 220, 222 f., 225, 232, 237, 239, 241, 249 f., 252, 254, 258, 266, 268 f., 272, 276, 282, 285, 289, 292, 295 f., 323 ff., 330, 334
Identitätsstiftung 32, 117, 128, 144, 172, 177 ff., 185, 252, 254, 258, 289, 295 f., 325, 330
Identitätsbildungsprozesse 39, 47, 52, 218, 232, 323, 334
Imagination 95, 137 f., 148, 156, 170, 249, 251, 268, 273
Imagines agentes 136, 156 f., 212, 229, 289
imago 136, 138, 259
Individuum 4, 17 f., 20, 31, 33 f., 64, 82, 85, 86 ff., 95, 102 f., 105, 107, 111, 127, 143 f., 148, 247, 269, 276, 278 f., 281 ff., 301, 303, 306, 315
Informationsverarbeitung 11, 28, 30, 33, 54, 81 f., 310
Informationsverlust 36, 102, 228, 310
Informationsselektion 81 f., 105, 285, 293
Ingenium 269
Initiationsriten 146, 241
Inklusion 180
Inquisition 168
Instrumentalisierung 95 f., 252, 254, 256
Intelligenzstrukturmodell 41
Intelligibilität 242
Interaktion 38 f., 46, 50, 73 f., 80, 85 f., 89, 93, 102, 107, 111, 113, 127, 144, 147, 150, 179, 181, 273 f., 284, 301, 304 f., 308, 313
Interaktivität 45, 80, 101, 107, 175, 219, 235 f., 274
Interferenz 36, 61
Intersubjektivität 45, 72, 147, 193, 258, 284, 309
Intertextualität 169, 192 f., 288, 290 ff., 297
Intertextualitätskonzept 192 f., 290 ff.
Intertextualitätstheorie 192 f., 290 ff.
Interview 8, 26 f., 42, 57, 78, 88, 200, 251 f., 256, 296, 300, 303 ff., 313 f., 316
- biographisches 27, 88, 300, 304 ff., 310
- Erinnerungs-Interview 307 f.
- Gruppen-Interview 26, 304
- Leitfadeninterview 304
- Mehrgenerationen-Interview 313 f., 316
- narratives 42, 304 f., 308

- Zeitzeugeninterview 88, 200, 251, 296, 306, 308
inventio 290 ff.

Jugendkultur 328

Kabbala 138
Kanon 40, 76 f., 79, 94, 117 f., 128, 130, 133 f., 158, 160, 165 ff., 169 f., 173 f., 185, 191, 224, 231 f., 237 f., 288, 290 ff., 296, 321
Kanonforschung 292 f., 296
Kanonisierung 118, 128, 130, 167, 173, 191 f., 231 f., 238, 292, 296
Kanonizität 167
Kanonrevision 292 f.
Katalogisierung 165, 168
Kategorienlehre 139
Kindheitsentwicklung 47 ff.
Kindheitserinnerung 14 f., 49, 66, 233
Klassizismus 162
Körper 113, 128, 138, 146, 153, 184, 189, 204, 211 f., 231, 241 ff., 273 f., 279, 283 f.
Körperdarstellung 241
Körperwahrnehmung 241
Kognition 3, 12 f., 17 f., 24, 26, 30, 33 f., 36, 38, 42, 45, 51, 54 ff., 58 ff., 72, 77 f., 94, 99 f., 102 ff., 107, 146 ff., 182, 211 f., 241, 273 ff., 279, 314
Kollektivpsyche 86 f.
Kommunikation 3 ff., 31, 41, 45, 65, 79 f., 85 ff., 94, 99 ff., 102 ff., 116, 127, 130, 132, 135, 147, 150 ff., 166, 179, 181, 202, 220 ff., 235 f., 248, 284 ff., 294, 305, 310, 313 ff., 324, 332 f.
- adressatorientierte (audience turning) 41, 105 ff.
- interpersonale 80, 92, 153
- interpersonelle 102, 107
- systemspezifische 284 f.
Kommunikationskultur 152
konditionieren 38, 266, 272
Konfabulation 78, 82
Konnektivität 18, 20, 235 f.
Konservieren 128, 141, 165, 168, 263, 265 f., 272
Konservierung 165
Konstruktion 22, 47, 51 ff., 65 f., 76 f., 88 f., 102, 107, 116, 169, 191 f., 206, 208, 210, 215, 218 ff., 250, 253, 256 ff., 278, 280 ff., 293, 295, 304, 306 ff., 312 f., 316 f., 322, 324, 327, 330 f., 334 f.
Konstruktivismus 284, 309, 310 f.
Kontiguität 68, 279
Konzentrationslager 178, 182, 209, 276, 315
Korsakow-Syndrom 78
Kryptomnesie 82
Kult 136, 166, 192, 204 ff., 253
Kultur 1 ff., 22 ff., 46 ff., 49 ff., 76 ff., 85 ff., 93 ff., 111 ff., 127, 129 ff., 141, 165 ff., 179 f., 291 f., 312 ff.
Kulturtechnik 129, 141, 227

Kulturwissenschaft 1, 9, 31, 43, 85, 91, 117, 128, 159, 163, 184, 188, 239, 241 f., 250, 288 f., 291, 293 ff., 311 f., 334
Kulturzeugnis 165
Kunstkammer 171
Kythera-Gärten 159

Labyrinth 137, 157, 160 f., 167, 169
Landmark 179
late-life forgetfullness 59
Lebensabschnitt 57, 76 ff., 334
Lebensereignis 39, 76, 84,
Lebenserfahrung 17, 88, 296, 300
Lebenserinnerung 299 f.
Lebensführung 300
Lebensgeschichte (life story) 2, 18, 45 ff., 66, 68, 70 ff., 77 ff., 248, 272, 296, 300, 303 ff., 312, 334 (s. a. Autobiographie)
Lebenslauf 6, 46, 77, 79, 302, 305, 334
Lebensrückschau (life review) 80, 83
Leistungsminderung 54, 57 ff., 63
Lektüre 40, 42, 129, 166, 191, 199, 230, 243, 286
Lerneffekt 277
Lerntheorie 33 f., 38
Lernvorgänge 38 f.
Levels of processing 32
Lexikon 99 f., 238, 250
Libido 67 f.
Lieux de mémoire 91, 163, 184 ff., 251 (s. a. Erinnerungsort)
linguistic turn 250, 293
littera(e) 137
Locitechnik 34
locus 130, 136
Loi Gayssot 118
Lüge 299, 311

Macht 37, 67, 83, 98, 117, 124, 147, 159 ff., 167 f., 179 f., 207 f., 217, 239, 241 f., 302, 306, 320 f., 324 f.
Magazin 196 ff., 229 f.
Magnetresonanztomographie 16 ff. (s. a. Bildgebungstechnik)
Markenprodukt 149 ff.
Mathesis 261
Matriarchat 320
Medialisierung 100, 219, 254, 259, 287
Medialität 158, 218, 219, 288 f., 296 f.
Medien 7, 27, 32, 85 f., 89, 91 f., 93 f., 112 f., 115, 127 f., 129 ff., 136 ff., 143 ff., 149 ff., 156 ff., 165 ff., 171 ff., 177 ff., 184 ff., 189 ff., 196 ff., 202 ff., 217 ff., 227 ff., 235 ff., 241 ff., 250, 254, 259, 282, 289, 292, 295 f.
– externe 93, 127 ff.
Medienwandel 129 ff., 250
Meditation 137, 157

Mehrspeichermodell 27 ff.
mémoire involontaire 230, 294,
Memoiren 113, 141
Memorabile 141
Memoria 132, 134, 136, 139, 157 f., 161, 193, 242, 255, 266 f., 269, 288 ff., 292
Memorialkonzept 293
Memorialort 267
Memorialvers 138
memory sharing 80
memory talk 6, 41, 80, 127 (s. a. Erinnerungsgespräch)
mens 266
Merkhilfe 138, 140
Merktechnik 137
Merkvers 138
Merkwörter 140, 142,
Mesmerismus 241
Mesopotamien 129 f., 133, 165 f., 203, 210
Metaerzählung 239
Metapher 31, 34, 68, 72, 83, 86, 94, 128, 137, 158, 169, 194, 227, 229 f., 241, 243, 288, 290, 293, 295, 308
– Leibmetapher 243
– Magazinmetapher 229 f.
Milieu 30, 85 f., 88, 184 f., 282, 317
Mimesis 189 f., 194, 233, 296 (s. a. Nachahmung)
misinformation 81
Mittelalter 6, 134, 137, 157, 190, 205 f., 209, 212, 217, 224, 241, 251, 255, 265, 288 f., 320
– Spätmittelalter 137 f., 157, 212, 241
Mneme 131, 136, 262 ff.
mnemoneuein 263 f.
Mnemonik 137 ff., 244, 289
– kryptographische 139
Mnemosyne 189 f., 209, 269 f.
Mnemosyneatlas 211, 231, 242 f., 290
Mnemotechnik 34 f., 38 f., 136 ff., 140 f., 156 f., 189 f., 212, 241, 243, 272, 288 f.
Mnemotope 178
Moderne 6, 25, 94, 96 f., 101, 109, 118, 120, 131, 152 f., 156, 158, 161 f., 166, 168, 172, 178, 196, 207 f., 214, 218 ff., 233, 237, 241, 261, 278, 294
Mündlichkeit 113, 129 f., 134, 190, 296
Multimedialität 235, 238
Museumslandschaft 171
Muster 76 f., 117, 146 f., 155, 233, 239, 279, 316, 324
– Deutungsmuster 7, 53, 300, 315 f., 329 f. (s. a. Topoi)
– historische 241
– kulturelle 46, 50, 241
Mythos 66, 136, 252, 259, 261 f., 265

Nachahmung 141, 189 f., 222 (s. a. Mimesis)
Narben 18, 20, 209
Narbenschrift 241, 244
Narration 8, 127, 153, 202, 297, 303, 305, 312 f.

4. Sachregister

Narrativ 24f., 40, 42, 45ff., 77, 80, 89, 96ff., 149f., 153, 187, 213, 219ff., 230, 232, 244, 293ff., 316f., 320 (s. a. Erzählung; Interview, narratives)
Narratologie 294, 317
Nation 7, 85, 90f., 93, 96ff., 115ff., 127, 145, 172f., 178f., 184ff., 207, 220f., 239, 250, 253, 258, 281, 287, 288, 290, 293, 298, 316f., 324, 334
Nation building 178f.
Nationalismen 178
Nationalismus 98, 185, 250, 294
Nationalsozialismus 89, 117f., 122, 124, 149f., 180, 186, 196, 209f., 224, 231, 239, 244, 253f., 282, 299, 306, 313, 315ff., 321, 324f., 327f., 331ff., 335
Neokortex 29
Nervenbahnen 67f., 277
Netzwerkmodelle 30, 67
Neuroanatomie 14
Neurofibrillenbündel 61
Neurose 64, 69, 252
Neuschöpfung 277, 281, 325
Neuzeit 177, 206ff., 217, 261, 267ff., 277, 288f.
– frühe 6, 135, 138f., 157f., 160f., 251, 288, 320
Nicht-vergessen-Können 265, 276
nota(e) 137 (s. a. Zeichen)
NS-Regime 89, 321
NS-Vergangenheit 89, 122, 254, 313, 328, 332f.
Nucleus Caudatus 58

Objektbeziehungstheorie 67f.
Oral History 88ff., 248, 250f., 254, 256, 296, 302f., 306f., 312, 321f., 334 (s. a. Alltagsgeschichte)
oral poetry 111, 189

Paarassoziationslernen 23
Palastbibliothek 166
Palimpsest 241
Papyrus 166
Parodie 141
Pathosformel 211, 231, 243, 291
Patriarchat 319f.
Performanz 134, 256, 296, 315, 324f.
performative turn 296
Permutation 138
Persönlichkeit 17f., 27, 40f., 75, 82, 184, 239, 310
Persönlichkeitsstörung 66
Personengedenken 227
Perzeption 100, 160, 229, 269
Phänomenologie 91, 279f.
Phantasie 123, 190, 221, 269f.
phantasma 136
Plastizität 250
– neuronale 17ff.
Plausibilität 68, 116, 218, 309, 312
Plausibilitätsbedürfnisse 314

Politik 42, 90f., 95, 100, 115ff., 158, 187, 254f., 316 (s. a. Erinnerungspolitik; Gedächtnispolitik; Handeln, erinnerungspolitisches)
– Geschichtspolitik 91, 249, 254, 258
Politkbewusstsein 313
Politikwissenschaft 116, 121, 257, 328
Positivitätsbias 82f.
Positronenemissionstomographie 18 (s. a. Bildgebungstechnik)
Postmemory 232, 297 (s. a. Erinnerung/Nacherinnerung)
Präexistenzmythologem 261, 268, 270
Präkuneus 14
primacy-Effekt 33, 61
Primingsystem 11f., 17, 55f.
prosthetic memory 297
Protention 9, 280, 283
Psychophysik 23

Queer Theory 319, 324f.
Quellenamnesie 314
Quellenkonfusion 314

Rahmen 24, 26, 46, 53, 85f., 88f., 90, 93, 95, 98, 100, 109ff., 117, 146, 152, 157, 179, 182, 218, 221, 232, 238, 253, 258, 273f., 281f., 287, 296, 308
– gesellschaftlicher 85f., 89, 90, 93, 98, 109ff., 117, 179, 253, 278, 281f., 301
Raum 2f., 9, 11, 16f., 28f., 36, 42, 75, 113, 117, 136ff., 156ff., 193, 206f., 220ff., 229, 261, 263, 270, 289
– mnemonischer 291ff.,
Recency-Effekt 33, 61
recollectio 136
Re-Enkodierung 14
Reformation 138, 206
Regression 67, 192, 263
Reifungsprozess 79
Reiz-Reaktions-Schema 277
Rekognition 26
Rekonstruktion 17f., 65, 70f., 78, 81f., 84, 85, 92, 199, 233, 242, 247, 266, 273, 281, 300f., 306, 312, 322, 327
Relevanz 8, 41, 57, 71, 88, 96, 101, 105, 129, 152, 165, 168, 180, 188, 221, 224, 256, 283f., 286, 292, 303
Relevanzstruktur 283f.
Remediation 297
reminiscence bump 79, 90
reminiscentia 136
Renaissance 97, 147, 156, 158, 160, 173f., 177, 206, 211, 243, 289
– Preußen-Renaissance 182
Re-Oralisierung 129
Repräsentation 3f., 7, 30f., 35, 42, 87, 96, 100, 106f., 109, 127, 139f., 143, 165, 173, 177, 179ff., 241ff., 256, 259, 263ff., 293ff., 297f., 312, 323f.

Repräsenationstheorie 312
Repressor 66
Reproduktion 22 ff., 33 ff., 85, 168, 222 f., 280, 305, 310
Resemiotisierung 290
Retention 9, 268, 280, 283
Rezeption 8, 24, 39, 85, 100, 132, 138, 157, 162, 172, 177 f., 180 ff., 190, 193, 207, 212 f., 218 ff., 223 ff., 231, 233, 242, 252 ff., 314
Rezeptionsforschung 1, 87, 92, 223 ff., 297, 317 (s. a. Wirkungsforschung)
Rezeptionspraktiken 174, 178, 212 f., 233
Rhetorik 34, 132, 134, 136 f., 147, 189, 191 f., 229, 289 f., 292
Rhetoriklehre 132, 156
Ritual 32, 93, 96, 99, 112 f., 115, 124, 125, 127 f., 141, 143 ff., 149, 165, 179, 184, 188, 198, 218 ff., 254, 256, 277 f., 280, 312, 324
Ritus 88, 101, 112, 127, 143 ff., 174, 241, 278
Ruine 64, 149, 160, 209
ruminatio 137, 157

Sammlung 76, 134, 147, 163, 165, 171 ff., 184, 186, 207, 230, 257,
Sammlungskonzept 172 f.
Saying-is-Believing-Paradigma 105 f.
Schatzhaus 166
Scheitellappen 11, 14 f.
Schemata 24 f., 30 f., 37, 40, 42, 76, 79, 86, 140 f., 285, 290, 297
Schläfenlappenspitze 14
Schlüsselwortmethode 34 f.
Schmerz 64, 66, 68, 71, 76, 241 ff.
Schockerlebnis 16, 18
Schrift 3, 127, 129 ff., 137 ff., 190 f., 203 f., 262 f., 286, 296 f.
– Heilige Schrift 134, 166, 292
Schriftkritik 134, 190, 232
Schriftkultur 130, 134, 165 f., 243
Schriftlichkeit 113, 129 ff., 134, 190, 285, 296
Schriftsinn, vierfacher 190 f.
Schriftsystem 142, 235
Schrifttum 134, 165 ff.,
Schuld 69, 89, 118, 122, 168, 192, 239, 272, 299, 316, 332
Schuldgefühle 71
Skripte 24 f., 30 f., 37, 76 ff., 94, 312, 314 ff., 323
scriptura 138 f.
Sekundartraumatheorie 69
Selbstbild(er) 9, 50 ff., 66, 123, 314
Selbstkonzept 2, 5, 17, 57, 75 f., 79 f., 83
self-defining-memories 83
Sexualität 18, 31, 64, 67 ff., 242
Shoah 69, 123 f., 252 f. (s. a. Holocaust)

Signalentdeckungstheorie 26
simulacra 137
Sinneswahrnehmung 202 f., 280
Source Monitoring 103
soziale Realitätsbildung (shared reality) 106 f.
Speicher 3 ff., 13 f., 27 ff., 131 ff., 165 ff., 171 ff., 228 ff., 235 f. (s. a. Gedächtnisspeicher)
Speichermaschine 307
Speichermöglichkeit 127, 236, 277
Speicherorte 13, 307
Speicherrolle 175
Speicherstätte 171
Speicherung 5, 11, 13, 19, 30, 35, 56, 61, 64, 68, 79, 84, 95, 130, 132 f., 139, 165 ff., 175, 228, 233, 235 f., 241 f., 261 ff., 270, 285, 306, 310
Sprache 3, 5, 35, 37, 39 f., 45 ff., 53, 87, 104, 119, 127, 134, 161 f., 243 f., 262, 269, 273, 294, 315
Sprachproduktion 39
Sprachrezeption 39
Sozialisationshintergrund 46 f.
– Affektensprache 243 f.
– Gebärdensprache 242 f.
– Gefühlssprache 244
Spracheinfluss 48 f.
Sprachverständnis 41, 273
Sprechvermögen 41
Spurenzerfall 36
Stämme 127, 174
Stegreiferzählung 303 f.
Stichwort-Technik 77 ff. (s. a. Galton-Crovitz-Stichworttechnik)
Stimmungskongruenz 39
Stirnhirn (präfrontaler Kortex) 11, 13 f., 18 f., 82
Store-House 159, 268
Stress 18 ff., 306, 310
Stresshormone 18
Symbol 3, 5, 29, 34, 46, 64, 70, 72, 86 f., 90, 93, 98, 100, 109 f., 112 ff., 129, 138 f., 143 ff., 153 ff., 158, 178 ff., 184 f., 205, 211, 213, 220, 238, 242 f., 253, 272, 279, 323
Symbolsystem 274, 284, 290, 292 f.
Symptom 16, 18 f., 41, 54, 60 ff., 64 f., 69, 71, 144, 213, 242 ff., 294
Symptombildung 36, 64
Symptomsprache 243
Synkretismus 298
System
– Input-System 273 f.
– kognitives 273 f.
– limbisches 11 ff., 242
– politisches 115 ff.
– soziales 6, 143, 152, 281, 284 ff., 292
Systemtheorie 284 ff., 305

4. Sachregister

Tagebuch 26 f., 76, 78, 102, 113, 193, 256, 300
Teilberichtmethode 28
Tempel 137, 166, 204, 241
Temporallappen 14, 61
Thalamus 13
Theater 132, 139, 158 f., 167, 193, 217, 241, 256, 290
Thesaurus 136, 159, 265
Tip-of-the-tongue-Phänomen 56
Tontafel 166
Topoi 137, 288, 290 f., 315 f. (s. a. Deutungsmuster)
Topos 137, 166, 267, 315
Toposbegriff 137, 291, 315 f.
Totemismus 278
Totenklage 157
Transformation 25, 95, 98 ff., 146, 193, 236, 241, 261, 291, 329
transmission 294
Traum 36, 65, 72, 211, 243
Trauma 18 ff., 31, 36, 47, 64 f., 69 ff., 83, 147, 220, 242 ff., 252 f., 258, 265, 288 f., 294 f., 310, 333
Traumatheorie 69, 252 f., 258, 294
Travestie 141
Treffermethode 23
Trigger-Signale 14
Trinität, göttliche 266 f.
Trinitätslehre 266 f.
Triumpharchitektur 159 f.
Tropen 137 f.

Übertragung 65 ff., 69, 71, 253, 297
Umkodierung 190
unbewusst 11 f., 17, 30, 56, 64 ff., 87, 144 f., 185
Unbewusste, das 64 f., 72 f., 113, 141, 145, 202, 211, 230, 243, 294
211, 214, 222 f., 295, 332, 335
Ungleichzeitigkeit 9, 96 f., 329
Universalsammlung 171
Unsterblichkeit 132, 169

Verbal-Overshadowing-Effekt 104 f.
verdrängen 206, 215, 222, 242 f.
Verdrängung 36, 39, 64 ff., 235, 249, 252 f., 258, 299, 332 f.
Verfälschung 81 f., 103
Vergangenheitsbewältigung 313
Vergangenheitspolitik 91, 258
Vergangenheitsthematisierung 7, 48, 112, 123, 196 f., 305, 313, 316, 333
Vergangenheitsvergegenwärtigung 127, 136, 175, 188, 203, 215, 233, 247, 265, 278, 281, 303, 334
Vergessen 9, 22 ff., 35 ff., 59, 61, 64, 67, 70, 73, 76 ff., 94, 96, 101, 102, 104, 117, 121 ff., 165, 232, 253, 258, 262, 264 f., 276 ff.

– motiviertes 36
– prospektives 36
Vergessenskurve 22 f., 79
Vergessensprozess 22 f., 36 f., 39, 76
Vergesslichkeit 58 ff., 264, 274
Verhaltensmuster 18, 49 f., 52, 143, 222, 329
Verhaltensrepertoire 38
Veridikalität 27, 68, 71
Vernetzung 6, 17 f., 235, 237, 239, 287
Verzerrung 8, 30, 36, 64 ff., 68 f., 71, 73 f., 77, 83, 95, 102, 106, 147, 166, 297, 312
Vinca-Symbole 129
vis 266, 289
– memoria 266
Visualität 76
Vitalismus 123
Vorderhirn 12 f.
Vorerinnerung 8, 279 f.
Vorstellung 8, 14, 27, 35, 53, 67 f., 71, 75, 82, 85, 89, 91, 131, 136, 139 ff., 147 f., 156 ff., 173, 191, 202 ff., 227, 230, 243, 249, 252, 264 f., 270, 277 ff., 312, 324,

Wachstafel 137, 229 f., 241, 295
Wachträumen 65
Wahrheit 4, 78, 83, 105, 116, 161, 189 f., 194 f., 242, 244, 271, 295, 300, 307, 309
Wahrnehmung 17, 37, 40, 45 f., 50 f., 53, 54, 56, 65 ff., 73, 86, 90, 99, 104, 129, 136, 147 f., 155, 157, 159, 161, 202 ff., 210 f., 213 f., 217 f., 227, 229 f., 241, 244, 255, 258, 265, 267 ff., 273, 279 f., 282, 284, 286, 301, 306 f., 309, 315, 331
Wahrnehmungsprozess 37 f., 208
Wandlungsprozess 109, 283
Wende
– kognitive (cognitive turn) 24
– konstruktivistische 319, 322 f.
– linguistische (linguistic turn) 250, 293
– neurobiologische 309
– visuelle Wende (visual/iconic turn) 202, 208 f.
Wiedererinnerung 261 ff., 280, 289
Wiedererkennen 11, 23, 59, 61 f., 77 f., 279, 286
Wieder-Erleben 75
Wiedergabe 26, 130 f., 194, 203, 314
– offene 77 ff.,
Wiedererzählung 314
Wikipedia 142, 235, 238 ff.
Wirkungsforschung 225, 297 (s. a. Rezeptionsforschung)
Wissen
– Körperwissen 241 ff.
– göttliches 189
– subjektives 283 f.
– verkörperlichtes 146, 283
Wissenskompendien 140

Wissensrepräsentation 42, 140
Wissensspeicher 162, 166 f., 169, 238
Wissensvorrat 166, 168, 283 f., 286
Wortfindungsstörung 61
Wunderblock 230, 241, 295

Zahlen 29, 46, 139, 142, 145
Zahlenmagie 139
Zeichen 24 f., 130, 137 ff. 152, 190, 193, 203 f., 206, 219, 227, 241 f., 263, 269 ff., 290, 305 (s. a. nota(e))

Zeit 2 f., 5, 11 ff., 97 f., 141, 156, 218 f.
Zeitbewusstsein 279 f.
Zeitdiagnose 97 f.
Zeitlichkeit 93, 97, 101, 209, 211, 213, 306, 329
Zeremonie 124, 144, 174, 277
Zitat 141, 193, 220 f., 237
Zwangsneurose 64
Zweikomponententheorie 27 f., 54

5. Personenregister

Adler, Alfred 66
Adorno, Theodor W. 272
Ahbe, Thomas 330
Alanus ab Insulis 205
Alberti, Leon Battista 158
Albertus Magnus 136, 289
Alexandrinus, Clemens 166
Alheit, Peter 309
Allport, Gordon W. 102
Alsted, Johann Heinrich 140
Althusser, Louis 179
Aly, Götz 299
Alzheimer, Alois 60
Anders, Günther 208
Annan, Kofi 124
Antin, Mary 244
Antonioni, Michelangelo 233
Arasse, Daniel 210
Aristoteles 132, 136, 189, 190, 227, 241, 263, 264, 265, 267, 272, 295
Arndt, Ernst Moritz 120
Asklepios 204
Assmann, Aleida 1, 93, 94, 113, 158, 236, 241, 244, 289, 293, 296, 311, 332
Assmann, Jan 1, 86, 87, 90, 93, 94, 95, 101, 111, 112, 113, 119, 130, 178, 191, 203, 212, 292, 332
Atkinson, Richard C. 27, 28, 33
Atwood, Margaret 168
Auer, Olaf 209
Auerhahn, Nanette C. 70
Augé, Marc 163, 221
Augustinus 136, 190, 264, 265, 266, 267, 268, 272

Baacke, Dieter 302
Bachmann, Ingeborg 243, 244
Bachtin, Michail 291
Bacon, Francis 190
Baddeley, Alan 28, 33
Balint, Alice 67
Balint, Michael 67
Bandura, Albert 38
Barthes, Roland 193
Bartlett, Frederic C. 22, 24, 25, 26, 30, 31, 37, 82, 85, 110, 147, 297, 312, 314
Baudelaire, Charles 294
Bauer, Joachim 242
Baxandall, Michael 147, 148
Beck, Ulrich 302
Becker, James T. 61
Belting, Hans 203, 205
Benjamin, Walter 94, 110, 163, 230, 233, 243, 249, 272, 294

Berg, Nicolas 254
Bergson, Henri 141, 272, 277, 278, 279, 280, 281, 282, 283, 294
Best, Werner 331
Binet, Alfred 40
Bion, Wilfred 65
Blondel, François 158
Bloom, Harold 291
Boll, Friedhelm 313
Bollenbeck, Georg 315
Boltanski, Christian 169
Bolz, Norbert 193
Borges, Jorge Luis 169, 194
Borgolte, Michael 255
Bornemann, Ernest 320
Borries, Bodo von 255
Borsò, Vittoria 296
Bourdieu, Pierre 113, 232, 304, 305, 306
Bowlby, John 67, 69
Brandt, Willy 232
Bredekamp, Horst 212, 213
Bremner, Douglas J. 19
Broadbent, Donald 27
Brueghel, Pieter d. Ä. und d. J., Jan d. Ä. 208
Bruner, Jérôme 33, 45
Bruno, Giordano 139, 289
Bucer, Martin 138
Buno, Johann 140
Burke, Peter 87, 89, 112
Bush, Vannevar 235

Cabeza, Roberto 58
Caesar, Gaius Julius 133
Calle, Sophie 181
Calvin, Johannes 138
Camillo, Giulio 139, 159, 289
Carpenter, John 222
Carruther, Mary 289
Caruth, Cathy 294
Cattell, Raymond B. 41, 54
Certeau, Michel de 163
Chalmers, David 273
Chandernagor, Françoise 257
Chauvin, Nicolas 185
Christo und Jeanne-Claude 213
Churchill, Winston 122
Cicero, Marcus Tullius 121, 132, 137, 157
Clark, Andy 273
Colonna, Francesco 158
Comenius, Johannes Amos 140
Comte, Auguste 328
Confino, Alon 87
Connerton, Paul 113
Conway, Martin 65, 74

Cooley, Charles Horton 110
Cortez, Hernán 206
Craik, Fergus 32, 34
Cranach d. Ä., Lukas 207
Cresswell, Tim 182
Cruise, Tom 201
Csáky, Moritz 256
Curtius, Ernst Robert 290, 291
Curtiz, Michael 221

Dante Alighieri 289
Darboven, Hanne 209
Dausien, Bettina 309
David, Jacques-Louis 207
Dean, John 27, 31
Derrida, Jacques 190, 192, 305, 322
Descartes, René 268
Dewey, John 38
Diana, Prinzessin 221
Dickens, Charles 281
Dilthey, Wilhelm 192, 328
Diokletian 156
Doering-Manteuffel, Anselm 250
Donald, Merlin 3
Driessen, Martin 19
Duby, Georges 251
Duden, Anne 243
Duhamel, Georges 208
Durkheim, Émile 109, 110, 111, 147, 277, 278, 280, 281, 282

Ebbinghaus, Hermann 22, 23, 24, 25, 26, 29, 37
Eisenman, Peter 163
Ekman, Paul 144
Elias, Norbert 5, 241
Eliot, T. S. 291
Elizabeth II., Königin von Großbritannien und Nordirland 218
Erdelyi, Mathew Hugh 72
Erhard, Ludwig 150
Erll, Astrid 87
Ernst, Wolfgang 236
Eschebach, Insa 324
Esposito, Elena 287

Faimberg, Haydée 333
Fairbairn, Ronald 67
Faulkner, William 230
Felman, Shoshana 294
Fentress, James 111
Ferenczi, Sandor 67
Ferro, Antonino 72, 73
Fichte, Johann Gottlieb 120, 270
Fivush, Robyn 74, 314

Fludd, Robert 140, 289
Fodor, Jerry 273
Foerster, Heinz von 284
Fogu, Claudio 7, 331
Fonagy, Peter 72, 73
Fontane, Theodor 194
Forster, E.M. 169
Foucault, Michel 163, 168, 250, 322
François, Etienne 91, 186, 259
Frei, Norbert 254
Freiberg, Dietrich von 267
Freud, Sigmund 4, 39, 64, 65, 66, 67, 68, 69, 70, 73, 86, 122, 230, 242, 243, 253, 261, 272, 294, 295
Freund, Gisèle 232
Fried, Johannes 255
Friedländer, Saul 7
Friedrich II., Preußischer König 182
Frisch, Max 276
Fuchs-Heinritz, Werner 302

Gadamer, Hans-Georg 192
Gallagher, Shaun 16
Galton, Francis 40
Gasset, Ortega y 123
Gehry, Frank 212
Genoa, John of 148
Georgi, Viola 313
Gergen, Kenneth 33
Gerz, Jochen 163
Gesner, Konrad 191
Giddens, Anthony 302
Giotto di Bondone 289
Gladstone, William Ewart 122
Goebbels, Joseph 220
Goethe, Johann Wolfgang 140, 290
Goetz, Rainald 193
Goffman, Erving 144
Göttner-Abendroth, Heide 320
Graevenitz, Gerhart von 193
Granzow, Stefan 73
Grass, Günter 295, 299
Graumann, Carl 33
Graus, František 255
Gries, Rainer 330
Grigorjewitsch, Grigori 207
Gross, David 97
Grubrich-Simitis, Ilse 69
Grünbein, Durs 242, 293
Grundig, Hans 214
Guilford, Joy P. 41
Gurvits, Tamara 18

Hadrian 157
Halbwachs, Maurice 31, 85, 86, 87, 88, 89, 91, 93, 109,

110, 111, 112, 113, 117, 162, 163, 185, 276, 278, 281, 282, 286, 288, 289, 296, 301, 307, 312, 333
Haller von Hallerstein, Carl 162
Hamann, Christoph 212, 213, 215
Harré, Rom 33
Hartog, François 249
Haug, Frigga 322
Hausen, Karin 320
Hauser, Kornelia 322
Havelock, Eric A. 130
Hegel, Georg Wilhelm Friedrich 270, 271, 272
Hein, Dörte 239
Heinlein, Michael 317
Heinrich II., dt.-röm. Kaiser 207
Hering, Ewald 29
Hermann der Cherusker 120
Hermes 204
Herodot 131
Hesiod 269
Hilberg, Raul 253
Hildebrandt, Dieter 299
Hirsch, Marianne 297
Hirst, William 31, 104
Hitchcock, Alfred 222
Hitler, Adolf 201
Hobbes, Thomas 261, 268
Hobsbawm, Eric 96, 250
Hochheim, Eckhart von 267
Hoheisel, Horst 169
Hölderlin, Friedrich 270, 271
Holodynski, Manfred 74
Holzkamp, Klaus 33, 34
Homer 189, 190, 290, 296
Horaz, d. i. Quintus Horatius Flaccus 132, 190
Horn, John L. 41, 54
Horowitz, Mardi 69
Hroch, Miroslav 255
Husserl, Edmund 8, 9, 277, 279, 280, 283, 284, 287
Hutton, Patrick 95

Illies, Florian 153

Jäckel, Eberhard 252
Jäger, Ludwig 297
Jahn, Friedrich Ludwig 120
James, William 27
Janet, Pierre 25, 70
Jaworski, Rudolf 257
Jeismann, Karl-Ernst 255
Jens, Walter 299, 306
Jesus Christus 138, 148, 204, 205, 206, 213
Josia (König von Juda) 121
Joutard, Philippe 251
Jureit, Ulrike 88, 254

Kamper, Dietmar 241
Kandel, Eric 2
Kansteiner, Wulf 7, 100, 294, 331
Kant, Immanuel 261, 270
Keilson, Hans 69
Kennedy, John F. 147, 221
Keos, Simonides von 136
Keppler, Angela 89
Kernberg, Otto 66, 74
Kerschensteiner, Georg 39
Kertész, Imre 208
Kiefer, Anselm 169, 210, 213
Kierkegaard, Søren 271
Kircher, Athanasius 140
Kirsch, Jan Holger 7
Klee, Paul 208
Klein, Melanie 67
Klenze, Leo von 162
Klüger, Ruth 244
Knigge, Volkhard 178
Knöbl, Wolfgang 334
Koeppen, Wolfgang 156
Koffka, Kurt 38
Köhler, Robert 207
Köhler, Wolfgang 38
Kohli, Martin 301, 302
Kohlstruck, Michael 313
Koonz, Claudia 321
Kopelman, Martin D. 62
Koselleck, Reinhart 87, 156, 250, 253, 313
Kracauer, Siegfried 163
Kral, Viktor A. 59, 60
Kris, Ernst 66
Kristeva, Julia 193, 291
Kues, Nikolaus von 267
Kuhl, Julius 41
Kuhn, Thomas S. 1
Kula, Marcin 256

LaCapra, Dominick 253
Lachmann, Renate 193, 194, 291
La Fontaine, Jean de 158
Lamb, Charles 211
Landsberg, Alison 217, 297
Lanzmann, Claude 252
Laub, Dori 70
Lave, Jean 38
Lebow, Richard Ned 7
Ledoux, Claude Nicolas 161
Le Goff, Jacques 250, 255
Leh, Almut 309
Leibniz, Gottfried Wilhelm 261, 268, 269
Lenin, d. i. Vladimir Iljitsch Uljanov 181, 182
Lenz, Siegfried 299

Leo III., byzantinischer Kaiser 205
Leonardo da Vinci 206, 207
Leonhard, Nina 313
Leont'ev, Aleksej N. 22, 24, 25
Le Roy Ladurie, Emmanuel 257
Lessing, Gotthold Ephraim 228
Levine, Brian 57
Lévi-Strauss, Claude 95
Levy, Daniel 238, 287
Levy, Robert 143
Lévy-Bruhl, Lucien 25
Lewin, Kurt 72
Liberzon, Israel 19
Lichtwark, Alfred 172
Lincoln, Abraham 91
Livius, Titus 133
Locke, John 159, 261, 268
Lockhart, Robert 32, 34
Loftus, Elisabeth 4
Lohenstein, Daniel Casper von 191
Lotman, Jurij 141
Ludwig XIV., König von Frankreich 158, 159
Luhmann, Niklas 276, 281, 284, 285, 286, 287
Lullus, Raimundus 138, 139, 140
Lurija, Aleksandr 27
Luther, Martin 138, 191, 206
Lyotard, Jean-François 237

Madonna, d. i. Madonna Louise Ciccone 8
Maguire, Eleanor 17
Maier, Michael 158
Maihofer, Andrea 323
Main, Margaret 74
Malraux, André 230
Man, Paul de 294
Mandelstam, Osip 169
Manier, David 31
Mann, Thomas 193
Mannheim, Karl 89, 327, 328, 329, 330, 331, 332, 333, 334
Mao Tse-Tung 237
Maria (Mutter Jesu) 204, 205, 213
Markowitsch, Hans J. 80, 309, 310
Marx, Karl 276
Matthes, Joachim 329
Maturana, Humberto 309
McDermott, Kathleen 103
McGee, Peter 198
McLuhan, Marshall 94, 193
Mead, George Herbert 110
Meinhof, Ulrike 209
Mendras, Henri 250
Menzel, Adolph 207
Meyer, Erik 239

Michelangelo, Buonarotti 206
Mies, Maria 321
Mill, John Stuart 328
Miller, George 29
Milward, Alan S. 252
Minsky, Marvin 24
Mirandola, Pico della 138
Mitchell, Don 180
Mitchell, Margaret 296
Moller, Sabine 315, 316
Morel, A. A. (Kupferstecher) 207
Morrison, Toni 241, 295
Moses 121
Mucha, Stanislav 212
Münsterberg, Hugo 40

Nassehi, Armin 305, 306
Neisser, Ulric 24, 27, 31
Nelson, Katherine 6
Niethammer, Lutz 88, 250, 254, 302, 307, 308, 309, 329, 330, 334
Nietzsche, Friedrich 119, 241, 243, 244, 249, 261, 271, 272
Nilsson, Lars-Göran 56
Nipperdey, Thomas 253
Nolan, Christopher 219, 274
Nora, Pierre 91, 128, 163, 184, 185, 186, 187, 188, 249, 250, 251, 253, 257, 260, 288, 289, 328, 330, 334
Novick, Peter 254
Nünning, Ansgar 294

Oevermann, Ulrich 304, 305
Oexle, Otto Gerhard 255
Olick, Jeffrey 90, 110, 113
Ophüls, Marcel 252
O'Reilly, Tim 235
Orsini, Vicino 158
Orwell, George 168
Otto, Adolf 41
Otto III., dt.-röm. Kaiser 207, 208
Overman, Amy 61

Paleotti, Gabriele 158
Pandel, Hans-Jürgen 255
Panofsky, Erwin 213
Paracelsus 138
Paulus 204
Pavlov, Ivan P. 38
Paxton, Robert O. 252
Persson, Göran 124
Piaget, Jean 4, 5
Piefke, Martina 15, 19
Pinder, Wilhelm 328
Plato, Alexander von 303, 308, 309

5. Personenregister

Platon 104, 130, 131, 133, 136, 189, 190, 204, 241, 261, 262, 263, 264, 265, 267, 268, 270, 271, 272, 295
Plinius, d. i. Gaius Plinius Secundus Maior 157
Plotin 264, 265
Poirier, Anne 209
Poirier, Patrick 209
Polanski, Roman 222
Pomian, Krzysztof 249
Porsina, König der Etrusker 157
Possevino, Antonio 191
Potter, Jonathan 33
Proust, Marcel 230, 272, 294, 295
Pusch, Luise F. 323
Puymège, Gérard de 185

Quintilian, Marcus Fabius 137, 157

Raffael, d. i. Raffaello Santi 174, 213
Ranger, Terrence 96
Ranke, Leopold von 162
Raz, Naftali 58
Reichart, Elisabeth 244
Remarque, Erich Maria 296
Rembrandt, d. i. Rembrandt Harmenszoon van Rijn 207
Renan, Ernest 120, 249
Repin, Ilja 208
Revel, Jacques 250
Richelieu, Armand Jean du Plessis, Comte de 159
Richter, Gerhard 209, 233
Ricœur, Paul 296
Ries, Henry 212
Rigney, Ann 297
Robbins, Joyce 110, 113
Roediger, Henry 103
Rogoff, Barbara 38
Romulus 178
Rosenthal, Gabriele 313, 332, 333
Roth, Gerhard 309
Rousso, Henry 252
Rüsen, Jörn 255

Sallust 133
Salmon, Naomi Tereza 209, 233
Sapir, Edward 104
Sartre, Jean-Paul 123
Schacter, Daniel L. 80, 86
Schafer, Roy 71, 72
Schelling, Friedrich Wilhelm 270
Schleiermacher, Friedrich 192
Schmitt, Jean-Claude 255
Schulze, Hagen 91, 186
Schulze, Theodor 302, 303
Schuman, Howard 90, 91

Schütz, Alfred 9, 276, 281, 283, 284, 286, 287, 301
Schütze, Fritz 303, 304, 305, 306, 308
Schwartz, Barry 91
Scott, Jacqueline 90
Scott, Joan 323
Scott, Ridley 233
Sebald, W. G. 233, 244, 295
Seidl, Ulrich 62
Semon, Richard W. 211
Seneca, Lucius Annaeus 190
Sevilla, Isidor von 134
Shakespeare, William 293, 296
Shereshevskij, Solomon 27, 141
Shiffrin, Richard M. 27, 28, 33
Sigurdsson, Sigrid 169, 209
Simon, Claude 230
Simon, Theodore 40
Simonides von Keos 141, 157
Skinner, Burrhus F. 38
Sokrates 130
Sperling, George 28
Spielberg, Steven 208
Stauffenberg, Klaus Graf von 201
Stern, Daniel 73
Stern, William 40
Stierle, Karlheinz 193
Storm, Theodor 194
Sueton, d. i. Gaius Suetonius Tranquillus 191
Sznaider, Natan 238, 287

Tacitus, Publius Cornelius 191
Tarantino, Quentin 220
Terr, Leonore 69, 70
Tertullian, Quintus Sepptimius Florens 204
Theagenes von Rhegion 190
Theodor, Friedrich 211
Thomae, Hans 301
Thomas, Isaac 301
Thomas von Aquin 136, 205, 289
Thukydides 131
Thürmer-Rohr, Christina 321
Thurnwald, Richard 25
Timm, Uwe 295
Tizian, d. i. Tiziano Vecellio 289
Tomasello, Michael 5
Tomkıns, Sylvan 66
Tönnies, Ferdinand 96
Topolski, Jerzy 255
Toulmin, Stephen 260
Trevarthen, Colwyn 73
Trumbull, John 207
Tschuggnall, Karoline 317
Tulving, Endel 2, 16, 17, 55

Varus, Publius Quintilius 120
Verville, Béroalde de 158
Vico, Giambattista 261, 269
Vischer, Robert 211
Vitruv, d. i. Marcus Vitruvius Pollio 158
Vorherr, Gustav 162
Vygotsky, Lev 110

Wachowski, Andy und Larry 219
Walser, Martin 299
Wang, Qi 6
Warburg, Aby 31, 85, 86, 110, 112, 163, 211, 212, 213, 231, 242, 243, 288, 290, 291
Watson, John B. 38
Weber, Max 120, 276
Weckherlin, Georg Rodolf 191
Weigel, Sigrid 241, 243, 331
Weinberg, Manfred 288
Wellershoff, Dieter 299
Welzer, Harald 7, 80, 89, 99, 111, 112, 113, 296, 305, 306, 309, 311, 313, 314, 333
Werner, Anton von 207
Wertheimer, Max 38
Wetherell, Margaret 33

White, Hayden 250, 294
Whorf, Benjamin 104
Wickham, Chris 111
Wilhelm II., Preußischer König 207
Winnicott, Donald 67, 69
Wirtz, Thomas 192
Wittgenstein, Ludwig 272
Wolf, Christa 243, 244
Wolfrum, Edgar 254
Woolf, Virginia 169, 294
Wulf, Christoph 241

Yates, Frances A. 147, 148, 159, 163, 189, 289
Yerushalmi, Yosef Hayim 259
Young, James E. 7, 181
Yuval-Davis, Nira 324

Zernack, Klaus 258
Zierold, Martin 236
Znaniecke, Florian 301
Zola, Émile 233
Zumthor, Peter 163
Zwingli, Ulrich 138

MIX
Papier aus verantwortungsvollen Quellen
Paper from responsible sources
FSC® C105338

If you have any concerns about our products,
you can contact us on
ProductSafety@springernature.com

In case Publisher is established outside the EU,
the EU authorized representative is:
**Springer Nature Customer Service Center GmbH
Europaplatz 3, 69115 Heidelberg, Germany**

Printed by Libri Plureos GmbH
in Hamburg, Germany